근로복지공단

NCS + 전공 + 최종점검 모의고사 5회

SD에듀
(주)시대고시기획

2024 최신판 SD에듀 All-New 근로복지공단
NCS + 전공 + 최종점검 모의고사 5회 + 무료NCS특강

PREFACE **머리말**

세계 최고 수준의 사회보장서비스기관을 지향하는 근로복지공단은 2024년에 신입직원을 채용할 예정이[illegible]서 접수 → 서류전형 → 필기전형 → 직업성격검사 [illegible]발표」 순서로 이루어진다. 필기전형은 행정직 6급(일[illegible]으로 진행된다. 그중 직업기초능력은 의사소통능력, [illegible] 4개의 영역을 평가하며, 2023년에는 PSAT형으로 진행되었다. 또한, 직무기초지식은 법학, 행정학, 경영학, 경제학, 사회복지학 총 5개의 영역을 통합전공으로 평가하므로 반드시 확정된 채용공고를 확인해야 한다. 따라서 필기전형에서 고득점을 받기 위해서는 다양한 유형에 대한 폭넓은 학습과 문제풀이능력을 높이는 등의 철저한 준비가 필요하다.

근로복지공단 합격을 위해 SD에듀에서는 근로복지공단 판매량 1위의 출간 경험을 토대로 다음과 같은 특징을 가진 도서를 출간하였다.

도서의 특징

❶ 기출복원문제를 통한 출제 유형 확인!

- 2023년 주요 공기업 NCS 기출복원문제를 수록하여 공기업별 NCS 필기 경향을 파악할 수 있도록 하였다.
- 2023년 주요 공기업 전공(법 · 행정 · 경영 · 경제) 기출복원문제를 수록하여 공기업별 전공 출제 경향을 확인할 수 있도록 하였다.

❷ 근로복지공단 필기전형 출제 영역 맞춤 문제를 통한 실력 상승!

- NCS 직업기초능력 출제유형분석&실전예제를 수록하여 유형별로 꼼꼼히 대비할 수 있도록 하였다.
- 직무기초지식 적중예상문제를 수록하여 모든 과목에 완벽히 대비할 수 있도록 하였다.

❸ 최종점검 모의고사를 통한 완벽한 실전 대비!

- 철저한 분석을 통해 실제 유형과 유사한 최종점검 모의고사를 2회분 수록하여 자신의 실력을 최종 점검할 수 있도록 하였다.

❹ 다양한 콘텐츠로 최종 합격까지!

- 근로복지공단 채용 가이드와 면접 기출질문을 수록하여 채용 전반에 대비할 수 있도록 하였다.
- 온라인 모의고사를 무료로 제공하여 필기전형을 준비하는 데 부족함이 없도록 하였다.

끝으로 본 도서를 통해 근로복지공단 채용을 준비하는 모든 수험생 여러분이 합격의 기쁨을 누리기를 진심으로 기원한다.

SDC(Sidae Data Center) 씀

근로복지공단 이야기 INTRODUCE

미션

사회적 위험으로부터 일하는 삶을 보호하는 **희망버팀목**

비전

일하는 사람의 행복을 이어주는 세계적 사회보장 선도기관
Worker's Happy Bridge

핵심가치

소통과 공감

- 충분히 의견을 듣고 반영하기 위해 노력한다.
- 서로의 입장에서 이해하고 배려하며 존중한다.

변화와 혁신

- 관행을 탈피하는 도전과 열정으로 함께 성장한다.
- 창의적 생각을 장려하고 제도화되도록 노력한다.

안전과 책임

- 건강하고 안전한 일터를 만들기 위해 노력한다.
- 과정과 결과를 공유하며 투명하게 일한다.

인재상

일하는 사람에게 희망을 드리는 **동반자**

고객
따뜻한 가슴으로 고객을 섬기는 사람

효율
끊임없는 자기계발로 전문성을 갖춘 사람

미래
창의와 열정으로 미래를 개척하는 사람

경영방침

산재보험 업무 고도화
직업병에 대한 효율적 판단과 보장성을 확장하고, 질 높은 요양 · 재활 서비스를 제공하며, 효과적 · 효율적으로 공단병원을 운영한다.

근로자 복지사업 확충
취약근로자 대상 생활안정자금을 지원하고 여가 · 취미 등 문화적 혜택을 제공하며, 육아 지원 및 퇴직연금제도를 확충한다.

효율적 업무수행
공정하고 투명한 인사와 보상이 이루어질 수 있도록 하며, 업무 분석을 통해 효율적으로 업무를 배분한다.

중장기 경영전략

일터 안전망 확충	• 산재 · 고용보험 적용 확대 • 보험 사각지대 해소 • 촘촘한 일터 복지 • 퇴직 · 임금체불 보호
사회복귀지원 강화	• 신속한 산재 결정 • 공정한 재해 보상 • 공공의료 전문서비스 • 사회적응과 일터 복귀 촉진
고객중심가치 실현	• 혁신경영 강화 • 데이터 기반 서비스 강화 • 성과창출역량 제고 • 고객중심 맞춤 서비스
지속가능경영 선도	• 국민 소통 지속가능경영 • 지역과 함께 성장 • ESG경영 활성화 • 자율 · 책임 거버넌스 확립

신입 채용 안내 INFORMATION

지원자격(공통)

❶ 성별 · 학력 · 연령 : 제한 없음(단, 만 60세 미만인 자)
❷ 대한민국 국적을 보유한 자
❸ 국가공무원법 제33조 및 근로복지공단 인사규정 제14조(결격사유)에 해당하지 않는 자
❹ 남성의 경우 군필 또는 병역 면제자

필기전형

과목	직렬	세부영역
NCS 직업기초능력 (70문항)	전 직렬 공통	의사소통능력, 자원관리능력, 문제해결능력, 수리능력
직무기초지식 (30문항)	행정직 6급 (일반전형)	법학, 행정학, 경영학, 경제학, 사회복지학(각 6문항)

인성검사 및 면접전형

구분	전형내용 및 평가기준
인성검사 (온라인 직업성격검사)	• 필기전형 합격자에 한해 온라인 개별 실시 • 미실시자 면접전형 포기로 간주
면접전형	• 필기전형 합격자에 한해 별도 안내 • 1인 집중면접(경험행동면접 + 상황면접)

❖ 위 채용안내는 2023년 채용공고를 기준으로 작성하였으므로 세부사항은 확정된 채용공고를 확인하기 바랍니다.

2023년 기출분석 ANALYSIS

총평

근로복지공단의 필기전형은 PSAT형으로 진행되었으며, 예년에 비하여 NCS의 난이도는 평이하였으나 전공의 난이도가 어려워졌다는 의견이 많았다. 전과 달리 NCS와 전공을 구분하지 않고 한 교시에 함께 시험을 보았으며, 시험시간이 110분으로 변동되었다. NCS는 채용공고에 기재된 것과 달리 의사소통능력 ➞ 수리능력 ➞ 문제해결능력 ➞ 자원관리능력의 순서대로 출제되었다.

의사소통능력

출제 특징	• 세트형 문제가 다수 출제됨 • 대부분이 내용 일치 문제였으며, 지문이 한 장을 다 차지할 정도로 길었음
출제 키워드	• 외국인 근로자, 청소년 멘토링, 고객 응대 쿠션어, 환불 처리 프로세스, 근로복지공단, 산업재해 보험 등

자원관리능력

출제 특징	• 전형적인 PSAT 유형의 문제로, 시간관리 · 예산관리 · 인적자원 · 물적자원 유형이 골고루 출제됨
출제 키워드	• 최단거리, 업무 소요시간, 교통비, 필요한 비품 재고 등

문제해결능력

출제 특징	• 여러 개의 조건을 토대로 결과를 도출하는 문제가 출제됨 • 표와 그래프를 활용한 자료해석 문제가 출제됨
출제 키워드	• 작업에 걸리는 시간, 일정 등

전공 출제 키워드

법학	• 죄형법정주의, 위헌법률심판, 형법의 대상자, 과태료, 형벌의 특징 등
행정학	• 거버넌스, 신공공관리론, 귤릭의 행정기능 7요소 등
경영학	• 본원적 전략, 투자자본수익률(ROI), 인간관계론, 변혁저거 리더십, 호손실험, OJT 등
경제학	• 수요의 가격탄력성, 한계소비성향, 실질이자율 계산, 조업중단점, 중앙은행의 공개 시장 조작 방법 등
사회복지학	• 국민건강보험법 제정 연도, 사회복지실천, 국민기초생활보장제도, 사회복지사 조건 등

PSAT형

※ 다음은 K공단의 국내 출장비 지급 기준에 대한 자료이다. 이어지는 질문에 답하시오. [15~16]

〈국내 출장비 지급 기준〉

① 근무지로부터 편도 100km 미만의 출장은 공단 차량 이용을 원칙으로 하며, 다음 각호에 따라 "별표 1"에 해당하는 여비를 지급한다.
  ㉠ 일비
    ⓐ 근무시간 4시간 이상 : 전액
    ⓑ 근무시간 4시간 미만 : 1일분의 2분의 1
  ㉡ 식비 : 명령권자가 근무시간이 모두 소요되는 1일 출장으로 인정한 경우에는 1일분의 3분의 1 범위 내에서 지급
  ㉢ 숙박비 : 편도 50km 이상의 출장 중 출장일수가 2일 이상으로 숙박이 필요할 경우, 증빙자료 제출 시 숙박비 지급
② 제1항에도 불구하고 공단 차량을 이용할 수 없어 개인 소유 차량으로 업무를 수행한 경우에는 일비를 지급하지 않고 이사장이 따로 정하는 바에 따라 교통비를 지급한다.
③ 근무지로부터 100km 이상의 출장은 "별표 1"에 따라 교통비 및 일비는 전액을, 식비는 1일분의 3분의 2 해당액을 지급한다. 다만, 업무 형편상 숙박이 필요하다고 인정할 경우에는 출장기간에 대하여 숙박비, 일비, 식비 전액을 지급할 수 있다.

〈별표 1〉

구분	교통비				일비 (1일)	숙박비 (1박)	식비 (1일)
	철도임	선임	항공임	자동차임			
임원 및 본부장	1등급	1등급	실비	실비	30,000원	실비	45,000원
1, 2급 부서장	1등급	2등급	실비	실비	25,000원	실비	35,000원
2, 3, 4급 부장	1등급	2등급	실비	실비	20,000원	실비	30,000원
4급 이하 팀원	2등급	2등급	실비	실비	20,000원	실비	30,000원

1. 교통비는 실비를 기준으로 하되, 실비 정산은 국토해양부장관 또는 특별시장・광역시장・도지사・특별자치도지사 등이 인허한 요금을 기준으로 한다.
2. 선임 구분표 중 1등급 해당자는 특등, 2등급 해당자는 1등을 적용한다.
3. 철도임 구분표 중 1등급은 고속철도 특실, 2등급은 고속철도 일반실을 적용한다.
4. 임원 및 본부장의 식비가 위 정액을 초과하였을 경우 실비를 지급할 수 있다.
5. 운임 및 숙박비의 할인이 가능한 경우에는 할인 요금으로 지급한다.
6. 자동차임 실비 지급은 연료비와 실제 통행료를 지급한다.
   (연료비)=[여행거리(km)]×(유가)÷(연비)
7. 임원 및 본부장을 제외한 직원의 숙박비는 70,000원을 한도로 실비를 정산할 수 있다.

특징
▸ 대부분 의사소통능력, 수리능력, 문제해결능력을 중심으로 출제(일부 기업의 경우 자원관리능력, 조직이해능력을 출제)
▸ 자료에 대한 추론 및 해석 능력을 요구

대행사
▸ 엑스퍼트컨설팅, 커리어넷, 태드솔루션, 한국행동과학연구소(행과연), 휴노 등

모듈형

| 대인관계능력

60 다음 자료는 갈등해결을 위한 6단계 프로세스이다. 3단계에 해당하는 대화의 예로 가장 적절한 것은?

1단계 사전 준비하기 ⇨ 2단계 긍정적인 분위기에서 대화 시작하기 ⇨ 3단계 상대방의 입장 파악하기
⇩
6단계 최종적으로 해결책 선택 및 실행하기 ⇦ 5단계 해결책 평가하기 ⇦ 4단계 상대방의 입장에서 해결책 생각해보기

① 그럼 A씨의 생각대로 진행해 보시죠.

특징
- 이론 및 개념을 활용하여 푸는 유형
- 채용 기업 및 직무에 따라 NCS 직업기초능력평가 10개 영역 중 선발하여 출제
- 기업의 특성을 고려한 직무 관련 문제를 출제
- 주어진 상황에 대한 판단 및 이론 적용을 요구

대행사
- 인트로맨, 휴스테이션, ORP연구소 등

피듈형(PSAT형 + 모듈형)

| 문제해결능력

60 P회사는 직원 20명에게 나눠 줄 추석 선물 품목을 조사하였다. 다음은 유통업체별 품목 가격과 직원들의 품목 선호도를 나타낸 자료이다. 이를 참고하여 P회사에서 구매하는 물품과 업체를 바르게 연결한 것은?

〈업체별 품목 금액〉

구분		1세트당 가격	혜택
A업체	돼지고기	37,000원	10세트 이상 주문 시 배송 무료
	건어물	25,000원	
B업체	소고기	62,000원	20세트 주문 시 10% 할인
	참치	31,000원	
C업체	스팸	47,000원	50만 원 이상 주문 시 배송 무료
	김	15,000원	

〈구성원 품목 선호도〉

특징
- 기초 및 응용 모듈을 구분하여 푸는 유형
- 기초인지모듈과 응용업무모듈로 구분하여 출제
- PSAT형보다 난도가 낮은 편
- 유형이 정형화되어 있고, 유사한 유형의 문제를 세트로 출제

대행사
- 사람인, 스카우트, 인크루트, 커리어케어, 트리피, 한국사회능력개발원 등

근로복지공단

내용 일치 ▶ 유형

2023년 적중

04 다음 글의 내용으로 적절하지 않은 것은?

동남아시아 고전 시대의 통치 체제를 설명할 때 통상 사용되는 용어는 만다라이다. 만다라는 본래 동심원을 뜻하는 불교 용어인데 동남아의 통치 체제를 설명하기 위해 차용되었다. 통치 체제로서의 만다라는 내부로부터 외부로 점차 나아갈수록 왕의 세력이 약화되는 모습을 형상화한 여러 개의 동심원들이 배열되어 있는 형태를 뜻한다. 간단하게 말해서 만다라는 왕의 힘이 유동적으로 움직이는 공간을 뜻하기 때문에 만다라적 통치 체제에서는 국경 개념이 희미해진다.
한 왕의 세력 범주 내에 있는 백성들은 왕에게 충성을 바치고 부역과 조세의 의무를 지지만, 만일 왕이 하늘로부터 위임 받은 카리스마를 상실했다고 판단되면 외곽의 동심원에 있는 백성들부터 느슨한 경계를 넘어 다른 만다라로의 이주가 자유롭게 일어났다. 만다라적 통치 체제에서의 왕은 백성들에게 카리스마를 유지하기 위해 자신이 하늘로부터 계시를 받은 자, 즉 신과 인간의 중간자임을 보여 주는 화려한 제왕의 의식, 군무행진 등을 정기적으로 시행했다. 또한 각종 보석과 마법이 담겨 있다고 여겨지는 무기들을 보유하여 권위를 과시했다.
이러한 만다라적 통치 체제로 미루어 볼 때, 캄보디아의 앙코르와트 사원을 통해 유추해 볼 수 있는 앙코르 왕국의 왕권은 예외적이라고 평가되었다. 유명한 역사학자 토인비는 거대한 앙코르와트 사원 근처에 놓인 바레이라 불리는 저수지를 농업을 위한 관개시설이라 보고 앙코르와트를 이집트의 피라미드 건설과 같은 맥락으로 이해했다. 그는 농업을 위한 관개의 필요라는 도전을 받아 앙코르인이 저수지 건설이라는 응전을 한 것으로 보았다. 그 결과로 앙코르의 왕은 중앙 집중화된 왕권의 기초를 다졌고, 왕국의 막강한 정치력을 앙코르와트 사원을 통해 드러내고 있다고 분석했다.
그런데 몇 년 전 토인비의 의견을 뒤집는 학설이 제기되었다. 액커라는 지리학자는 바레이의 용량을

비용 계산 ▶ 유형

2023년 적중

18 C공사는 노후된 직원휴게실을 새롭게 단장하기 위해 도배 비용을 추산하고자 한다. 직원휴게실의 규모와 도배지의 가격정보가 다음과 같을 때, 도배에 필요한 예산은 얼마인가?(단, 최소 비용의 10%를 여유자금으로 보유하여 최종 예산을 추산한다)

〈직원휴게실〉

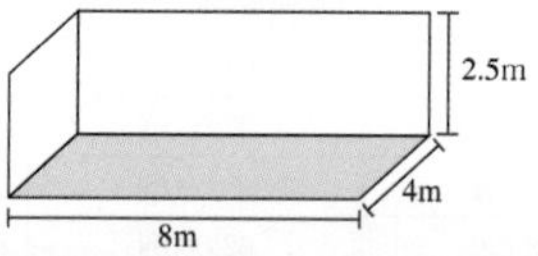

재질	규격	가격
물결무늬 실크벽지	(폭) 100cm×(길이) 150cm/Roll	40,000원
	(폭) 100cm×(길이) 100cm/Roll	30,000원
	(폭) 50cm×(길이) 100cm/Roll	20,000원

※ 무늬를 고려하여 도배지는 위에서 아래로 붙이며, 남는 부분은 잘라서 활용한다.
※ 직원휴게실 내 도배해야 하는 벽은 4면이며, 비용 산정 시 창문과 문은 없는 것으로 간주한다.

① 1,628,000원
② 1,672,000원
③ 1,760,000원
④ 1,892,000원
⑤ 1,980,000원

국민건강보험공단

질병 ▸ 키워드

2023년 적중

03 다음 글의 빈칸에 들어갈 내용으로 가장 적절한 것은?

> 알레르기는 도시화와 산업화가 진행되는 지역에서 매우 빠르게 증가하고 있는데, 알레르기의 발병 원인에 대한 20세기의 지배적 이론은 알레르기는 병원균의 침입에 의해 발생하는 감염성 질병이라는 것이다. 하지만 1989년 영국 의사 S는 이 전통적인 이론에 맞서 다음 가설을 제시했다. ________________ S는 1958년 3월 둘째 주에 태어난 17,000명 이상의 영국 어린이를 대상으로 그들이 23세가 될 때까지 수집한 개인 정보 데이터베이스를 분석하여, 이 가설을 뒷받침하는 증거를 찾았다. 이들의 가족 관계, 사회적 지위, 경제력, 거주 지역, 건강 등의 정보를 비교 분석한 결과, 두 개 항목이 꽃가루 알레르기와 상관관계를 가졌다. 첫째, 함께 자란 형제자매의 수이다. 외동으로 자란 아이의 경우 형제가 서넛인 아이에 비해 꽃가루 알레르기에 취약했다. 둘째, 가족 관계에서 차지하는 서열이다. 동생이 많은 아이보다 손위 형제가 많은 아이가 알레르기에 걸릴 확률이 낮았다.
> S의 주장에 따르면 가족 구성원이 많은 집에 사는 아이들은 가족 구성원, 특히 손위 형제들이 집안으로 끌고 들어오는 온갖 병균에 의한 잦은 감염 덕분에 장기적으로는 알레르기 예방에 오히려 유리하다. S는 유년기에 겪은 이런 감염이 꽃가루 알레르기를 비롯한 알레르기성 질환으로부터 아이들을 보호해 왔다고 생각했다.

① 알레르기는 유년기에 병원균 노출의 기회가 적을수록 발생 확률이 높아진다.
② 알레르기는 가족 관계에서 서열이 높은 가족 구성원에게 더 많이 발생한다.
③ 알레르기는 성인보다 유년기의 아이들에게 더 많이 발생한다.

의료기관 ▸ 키워드

2023년 적중

17 다음 기사의 제목으로 가장 적절한 것은?

> 지난 달 17일 첫 홍역의심환자(남자 / 41세, 중국유입사례로 확인, 질병관리본부) 신고 이후 병원 내 접촉자로 추정되는 2명(여자 / 23세, 여자 / 51세)이 추가 확진되어 현재 격리 치료 중이다.
> 이에 따라 감염병 관리 정보시스템을 활용해 관련 기관과 민간전문가 간 긴급 영상회의를 갖고 환자 · 의심환자 및 접촉자 관리 강화, 해당 의료기관 의료진 중 홍역 예방 접종력(2회)이 확인되지 않은 사람을 대상으로 임시 예방접종을 시행하기로 했다.
> 홍역 유행 차단을 위해 현재 의료기관 내 접촉자와 일반 접촉자 352명을 대상으로 모니터링을 실시하는 한편, 병원과 신속대응 체계를 구축했다. 추가 환자 · 접촉자가 있는지 추가 확인을 실시하고, 의심증상자 발생 시 출근 및 등교 중지 등의 조치를 시행하고 있다. 이밖에도 모든 의료기관에 발열, 발진이 동반된 환자 진료 시 홍역 여부를 주의 깊게 관찰하고, 홍역이 의심되는 경우 격리치료 및 관할 보건소에 즉시 신고해 줄 것을 요청하였다.
> 관계자는 "최근 서울에서도 3명의 홍역환자가 발생했고, 유럽 · 일본 등에서도 홍역 유행이 지속되고 있어 국내유입 가능성이 커지고 있다."라면서 "홍역은 호흡기나 비말(침방울 등), 공기를 통해 전파되므로 감염예방을 위해 손씻기, 기침예절 지키기 등 개인위생을 철저히 준수하고, 발열 등 의심 증상이 있는 경우 출근 · 등교를 중지해야 한다."라고 당부했다.
> 홍역은 예방접종으로 예방이 가능하므로 표준 예방접종 일정에 따라 접종을 완료하고, 특히 유럽 등 해외여행을 계획하고 있는 경우에는 사전 예방접종을 반드시 확인해야 한다.
> 유럽 등 여행 후 홍역 의심 증상(발열, 발진, 기침, 콧물, 결막염 등)이 발생한 경우 다른 사람과의 접촉을 최소화하고 관할 보건소 또는 질병관리본부 콜센터에 문의하여 안내에 따라 병원에 방문해 줄 것을 거듭 당부하였다.

① 홍역환자 발생, 전파 차단 조치 나서

건강보험심사평가원

엑셀 함수 ▶ 유형

2023년 적중

02 다음 시트에서 [E2] 셀에 「=DCOUNT(A1:C9,2,A12:B14)」 함수를 입력했을 때 결괏값은?

	A	B	C	D	E
1	부서	성명	나이		결괏값
2	영업부	이합격	28		
3	인사부	최시대	29		
4	총무부	한행복	33		
5	영업부	김사랑	42		
6	영업부	오지현	36		
7	인사부	이수미	38		
8	총무부	이지선	37		
9	총무부	한기수	25		
10					
11					
12	부서	나이			
13	영업부				
14		>30			

① 0
② 2
③ 3
④ 6
⑤ 7

응용 수리 ▶ 유형

2023년 적중

02 10% 설탕물 480g에 20% 설탕물 120g을 섞었다. 이 설탕물에서 한 컵의 설탕물을 퍼내고, 퍼낸 설탕물의 양만큼 다시 물을 부었더니 11%의 설탕물 600g이 되었다. 이때 컵으로 퍼낸 설탕물의 양은?

① 30g
② 50g
③ 60g
④ 90g
⑤ 100g

국민연금공단

명제 ▶ 유형

2023년 적중

03 K공사 인사팀의 A사원, B대리, C팀장, D주임과 홍보팀의 E사원, F팀장은 신입사원 채용시험 진행을 위해 회의실에 모였다. A ~ F가 〈조건〉에 따라 원형 테이블에 앉는다고 할 때, 다음 중 항상 옳은 것은?

조건

- 홍보팀의 E사원과 F팀장은 서로 나란히 앉는다.
- 채용시험의 총괄을 맡은 인사팀의 C팀장은 홍보팀 F팀장과 마주 앉는다.
- B대리와 C팀장은 서로 사이가 좋지 않아 나란히 앉지 않는다.
- D주임은 C팀장 왼쪽에 앉아 회의록을 작성한다.

① E사원은 D주임과 마주 앉는다.
② D주임은 B대리와 마주 앉는다.
③ B대리는 D주임 옆자리에 앉는다.
④ A사원은 F팀장과 나란히 앉지 않는다.

국민연금 ▶ 키워드

2023년 적중

17 다음은 국민연금 자산별 수익률과 연말에 계획하는 다음 해의 자산별 투자 비중에 관한 그래프이다. 자료에 대한 해석으로 옳지 않은 것은?

〈국민연금 자산별 수익률〉

(단위 : %)

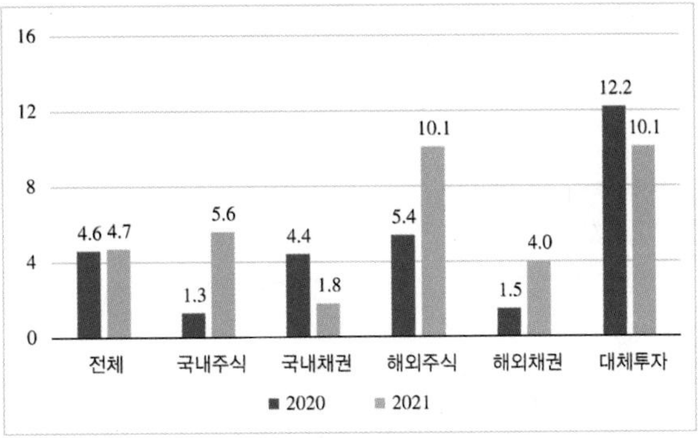

〈국민연금 자산별 비중 및 계획〉

(단위 : %)

도서 200% 활용하기 STRUCTURES

1 기출복원문제로 출제 경향 파악

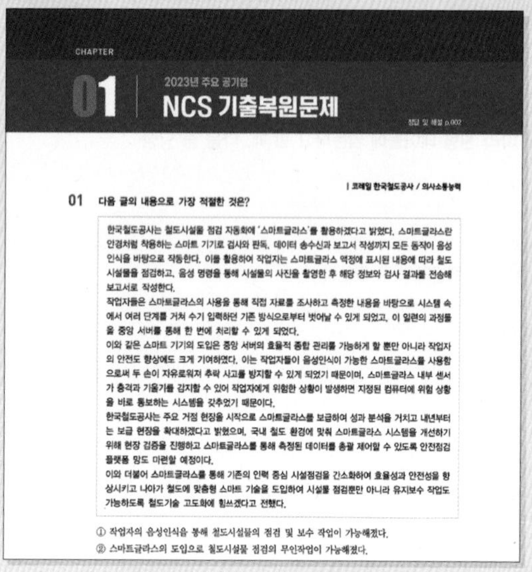
CHAPTER 01 2023년 주요 공기업 NCS 기출복원문제

정답 및 해설 p.002

| 코레일 한국철도공사 / 의사소통능력

01 다음 글의 내용으로 가장 적절한 것은?

한국철도공사는 철도시설물 점검 자동화에 '스마트글라스'를 활용하겠다고 밝혔다. 스마트글라스란 안경처럼 착용하는 스마트 기기로 검사와 판독, 데이터 송수신과 보고서 작성까지 모든 동작이 음성인식을 바탕으로 작동한다. 이를 활용하여 작업자는 스마트글라스 액정에 표시된 내용에 따라 철도 시설물을 점검하고, 음성 명령을 통해 시설물의 사진을 촬영한 후 해당 정보와 검사 결과를 전송해 보고서로 작성한다.

작업자들은 스마트글라스의 사용을 통해 직접 자료를 조사하고 측정한 내용을 바탕으로 시스템 속에서 여러 단계를 거쳐 수기 입력하던 기존 방식으로부터 벗어날 수 있게 되었고, 이 일련의 과정들을 중앙 서버를 통해 한 번에 처리할 수 있게 되었다.

이와 같은 스마트 기기의 도입은 중앙 서버의 효율적 종합 관리를 가능하게 할 뿐만 아니라 작업자의 안전도 향상에도 크게 기여하였다. 이는 작업자들이 음성인식이 가능한 스마트글라스를 사용함으로써 두 손이 자유로워져 추락 사고를 방지할 수 있게 되었기 때문이며, 스마트글라스 내부 센서가 충격과 기울기를 감지할 수 있어 작업자에게 위험한 상황이 발생하면 지정된 컴퓨터에 위험 상황을 바로 통보하는 시스템을 갖추었기 때문이다.

한국철도공사는 주요 거점 현장을 시작으로 스마트글라스를 보급하여 성과 분석을 거치고 내년부터는 보급 현장을 확대하겠다고 밝혔으며, 국내 철도 환경에 맞춰 스마트글라스 시스템을 개선하기 위해 현장 검증을 진행하고 스마트글라스를 통해 측정된 데이터를 총괄 제어할 수 있도록 안전점검 플랫폼 망도 마련할 예정이다.

이와 더불어 스마트글라스를 통해 기존의 인력 중심 시설점검을 간소화하여 효율성과 안전성을 향상시키고 나아가 철도에 맞춤형 스마트 기술을 도입하여 시설물 점검뿐만 아니라 유지보수 작업도 가능하도록 철도기술 고도화에 힘쓰겠다고 전했다.

① 작업자의 음성인식을 통해 철도시설물의 점검 및 보수 작업이 가능해졌다.
② 스마트글라스의 도입으로 철도시설물 점검의 무인작업이 가능해졌다.

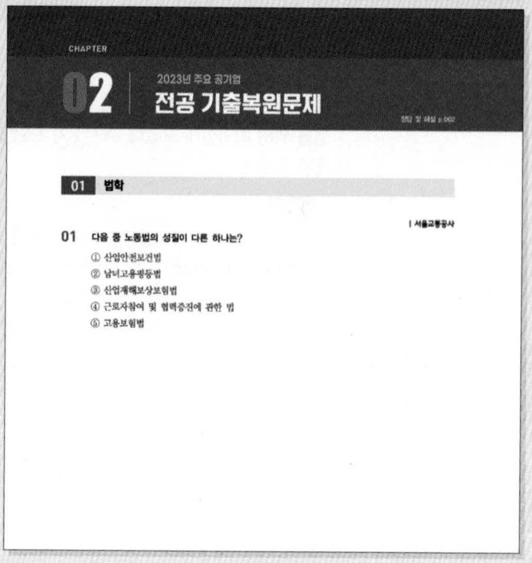
CHAPTER 02 2023년 주요 공기업 전공 기출복원문제

정답 및 해설 p.002

01 법학

| 서울교통공사

01 다음 중 노동법의 성질이 다른 하나는?

① 산업안전보건법
② 남녀고용평등법
③ 산업재해보상보험법
④ 근로자참여 및 협력증진에 관한 법
⑤ 고용보험법

▸ 2023년 주요 공기업 NCS 기출복원문제를 수록하여 공기업별 NCS 필기 경향을 파악할 수 있도록 하였다.
▸ 2023년 주요 공기업 전공(법 · 행정 · 경영 · 경제) 기출복원문제를 수록하여 공기업별 전공 출제 경향을 확인할 수 있도록 하였다.

2 출제유형분석 + 예상문제로 필기전형 완벽 대비

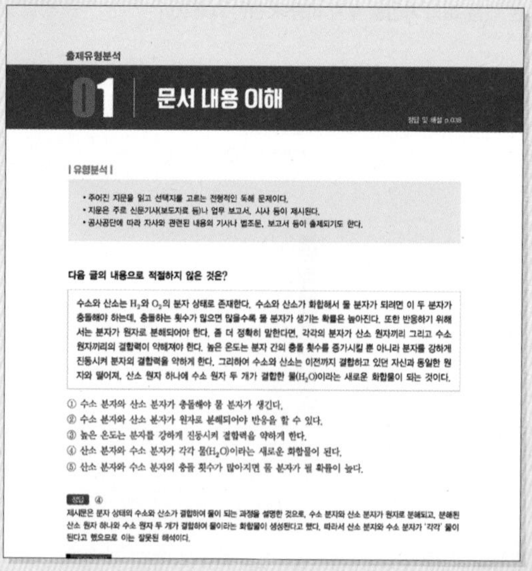
출제유형분석 01 문서 내용 이해

정답 및 해설 p.038

| 유형분석 |

- 주어진 지문을 읽고 선택지를 고르는 전형적인 독해 문제이다.
- 지문은 주로 신문기사(보도자료 등)나 업무 보고서, 시사 등이 제시된다.
- 공사공단에 따라 자사와 관련된 내용의 기사나 법조문, 보고서 등이 출제되기도 한다.

다음 글의 내용으로 적절하지 않은 것은?

수소와 산소는 H_2와 O_2의 분자 상태로 존재한다. 수소와 산소가 화합해서 물 분자가 되려면 이 두 분자가 충돌해야 하는데, 충돌하는 횟수가 많으면 많을수록 물 분자가 생기는 확률은 높아진다. 또한 반응하기 위해서는 분자가 원자로 분해되어야 한다. 좀 더 정확히 말한다면, 각각의 분자가 산소 원자끼리 그리고 수소 원자끼리의 결합력이 약해져야 한다. 높은 온도는 분자 간의 충돌 횟수를 증가시킬 뿐 아니라 분자를 강하게 진동시켜 분자의 결합력을 약하게 한다. 그리하여 수소와 산소는 이전까지 결합하고 있던 자신과 동일한 원자와 떨어져, 산소 원자 하나에 수소 원자 두 개가 결합한 물(H_2O)이라는 새로운 화합물이 되는 것이다.

① 수소 분자와 산소 분자가 충돌해야 물 분자가 생긴다.
② 수소 분자와 산소 분자가 원자로 분해되어야 반응을 할 수 있다.
③ 높은 온도는 분자를 강하게 진동시켜 결합력을 약하게 한다.
④ 산소 분자와 수소 분자가 각각 물(H_2O)이라는 새로운 화합물이 된다.
⑤ 산소 분자와 수소 분자의 충돌 횟수가 많아지면 물 분자가 될 확률이 높다.

정답 ④

제시문은 분자 상태의 수소와 산소가 결합하여 물이 되는 과정을 설명한 것으로, 수소 분자와 산소 분자가 원자로 분해되고, 분해된 산소 원자 하나와 수소 원자 두 개가 결합하여 물이라는 화합물이 생성된다고 했다. 따라서 산소 분자와 수소 분자가 '각각' 물이 된다고 했으므로 이는 잘못된 해석이다.

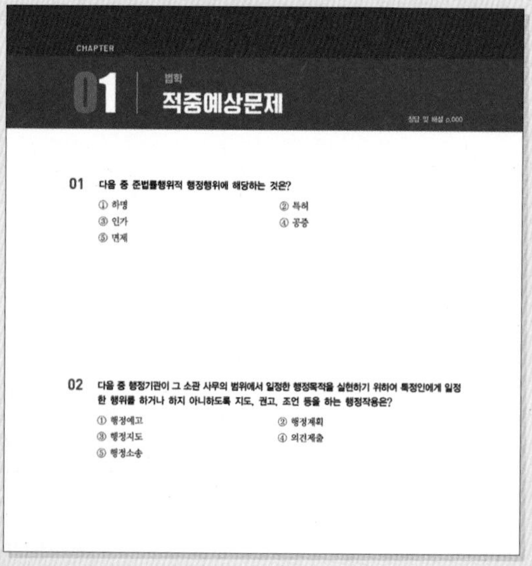
CHAPTER 01 법학 적중예상문제

정답 및 해설 p.000

01 다음 중 준법률행위적 행정행위에 해당하는 것은?

① 하명
② 특허
③ 인가
④ 공증
⑤ 면제

02 다음 중 행정기관이 그 소관 사무의 범위에서 일정한 행정목적을 실현하기 위하여 특정인에게 일정한 행위를 하거나 하지 아니하도록 지도, 권고, 조언 등을 하는 행정작용은?

① 행정예고
② 행정계획
③ 행정지도
④ 의견제출
⑤ 행정소송

▸ NCS 출제 영역에 대한 출제유형분석과 유형별 실전예제를 수록하여 NCS 문제에 대한 접근 전략을 익히고 점검할 수 있도록 하였다.
▸ 직무기초지식 적중예상문제를 수록하여 필기전형에 완벽히 대비할 수 있도록 하였다.

3 최종점검 모의고사 + OMR을 활용한 실전 연습

▸ 최종점검 모의고사 2회분과 OMR 답안카드를 수록하여 실제로 시험을 보는 것처럼 최종 마무리 연습을 할 수 있도록 하였다.

▸ 모바일 OMR 답안채점/성적분석 서비스를 통해 필기전형에 대비할 수 있도록 하였다.

4 인성검사부터 면접까지 한 권으로 최종 마무리

▸ 인성검사 모의테스트를 수록하여 인성검사 유형 및 문항을 확인할 수 있도록 하였다.

▸ 근로복지공단의 면접 기출질문을 수록하여 면접에서 나오는 질문을 미리 파악하고 면접에 대비할 수 있도록 하였다.

이 책의 차례 CONTENTS

Add+ 특별부록

PART 1 직업기초능력

PART 2 직무기초지식

PART 3 최종점검 모의고사

PART 4 채용 가이드

별 책 정답 및 해설

Add+

특별부록

01 2023년 주요 공기업 NCS 기출복원문제

정답 및 해설 p.002

▎코레일 한국철도공사 / 의사소통능력

01 다음 글의 내용으로 가장 적절한 것은?

> 한국철도공사는 철도시설물 점검 자동화에 '스마트 글라스'를 활용하겠다고 밝혔다. 스마트 글라스란 안경처럼 착용하는 스마트 기기로, 검사와 판독, 데이터 송수신과 보고서 작성까지 모든 동작이 음성인식을 바탕으로 작동한다. 이를 활용하여 작업자는 스마트 글라스 액정에 표시된 내용에 따라 철도 시설물을 점검하고, 음성 명령을 통해 시설물의 사진을 촬영한 후 해당 정보와 검사 결과를 전송해 보고서로 작성한다.
>
> 작업자들은 스마트 글라스의 사용을 통해 직접 자료를 조사하고 측정한 내용을 바탕으로 시스템 속에서 여러 단계를 거쳐 수기 입력하던 기존 방식으로부터 벗어날 수 있게 되었고, 이 일련의 과정들을 중앙 서버를 통해 한 번에 처리할 수 있게 되었다.
>
> 이와 같은 스마트 기기의 도입은 중앙 서버의 효율적 종합 관리를 가능하게 할 뿐만 아니라 작업자의 안전성 향상에도 크게 기여하였다. 이는 작업자들이 음성인식이 가능한 스마트 글라스를 사용함으로써 두 손이 자유로워져 추락 사고를 방지할 수 있게 되었기 때문이며, 스마트 글라스 내부 센서가 충격과 기울기를 감지할 수 있어 작업자에게 위험한 상황이 발생하면 지정된 컴퓨터에 위험 상황을 바로 통보하는 시스템을 갖추었기 때문이다.
>
> 한국철도공사는 주요 거점 현장을 시작으로 스마트 글라스를 보급하여 성과 분석을 거치고 내년부터는 보급 현장을 확대하겠다고 밝혔으며, 국내 철도 환경에 맞춰 스마트 글라스 시스템을 개선하기 위해 현장 검증을 진행하고 스마트 글라스를 통해 측정된 데이터를 총괄 제어할 수 있도록 안전점검 플랫폼망도 마련할 예정이다.
>
> 이와 더불어 스마트 글라스를 통해 기존의 인력 중심 시설점검을 간소화하여 효율성과 안전성을 향상시키고, 나아가 철도 맞춤형 스마트 기술을 도입하여 시설물 점검뿐만 아니라 유지보수 작업도 가능하도록 철도기술 고도화에 힘쓰겠다고 전했다.

① 작업자의 음성인식을 통해 철도시설물의 점검 및 보수 작업이 가능해졌다.
② 스마트 글라스의 도입으로 철도시설물 점검의 무인작업이 가능해졌다.
③ 스마트 글라스의 도입으로 철도시설물 점검 작업 시 안전사고 발생 횟수가 감소하였다.
④ 스마트 글라스의 도입으로 철도시설물 작업 시간 및 인력이 감소하고 있다.
⑤ 스마트 글라스의 도입으로 작업자의 안전사고 발생을 바로 파악할 수 있게 되었다.

02 다음 글에 대한 설명으로 적절하지 않은 것은?

2016년 4월 27일 오전 7시 20분경 임실역에서 익산으로 향하던 열차가 전기 공급 중단으로 멈추는 사고가 발생해 약 50여 분간 열차 운행이 중단되었다. 바로 전차선에 지어진 까치집 때문이었는데, 까치가 집을 지을 때 사용하는 젖은 나뭇가지나 철사 등이 전선과 닿거나 차로에 떨어져 합선과 단전을 일으킨 것이다.
비록 이번 사고는 단전에서 끝났지만, 고압 전류가 흐르는 전차선인 만큼 철사와 젖은 나뭇가지만으로도 자칫하면 폭발사고로 이어질 우려가 있다. 지난 5년간 까치집으로 인한 단전사고는 한 해 평균 3 ~ 4건 발생해 왔으며, 한국철도공사는 사고방지를 위해 까치집 방지 설비를 설치하고 설비가 없는 구간은 작업자가 육안으로 까치집 생성 여부를 확인해 제거하고 있는데, 이렇게 제거해 온 까치집 수가 연평균 8,000개에 달한다. 하지만 까치집은 빠르면 불과 4시간 만에 완성되어 작업자들에게 큰 곤욕을 주고 있다.
이에 한국철도공사는 전차선로 주변 까치집 제거의 효율성과 신속성을 높이기 위해 인공지능(AI)과 사물인터넷(IoT) 등 첨단 기술을 활용하기에 이르렀다. 열차 운전실에 영상 장비를 설치해 달리는 열차에서 전차선을 촬영한 화상 정보를 인공지능으로 분석함으로써 까치집 등의 위험 요인을 찾아 해당 위치와 현장 이미지를 작업자에게 실시간으로 전송하는 '실시간 까치집 자동 검출 시스템'을 개발한 것이다. 하지만 시속 150km로 빠르게 달리는 열차에서 까치집 등의 위험 요인을 실시간으로 판단해 전송하는 것이다 보니 그 정확도는 65%에 불과했다.
이에 한국철도공사는 전차선과 까치집을 정확하게 식별하기 위해 인공지능이 스스로 학습하는 '딥러닝' 방식을 도입했고, 전차선을 구성하는 복잡한 구조 및 까치집과 유사한 형태를 빅데이터로 분석해 이미지를 구분하는 학습을 실시한 결과 까치집 검출 정확도는 95%까지 상승했다. 또한 해당 이미지를 실시간 문자메시지로 작업자에게 전송해 위험 요소와 위치를 인지시켜 현장에 적용할 수 있다는 사실도 확인했다. 현재는 이와 더불어 정기열차가 운행하지 않거나 작업자가 접근하기 쉽지 않은 차량 정비 시설 등에 드론을 띄워 전차선의 까치집을 발견 및 제거하는 기술도 시범 운영하고 있다.

① 인공지능도 학습을 통해 그 정확도를 향상시킬 수 있다.
② 빠른 속도에서 인공지능의 사물 식별 정확도는 낮아진다.
③ 사람의 접근이 불가능한 곳에 위치한 까치집의 제거도 가능해졌다.
④ 까치집 자동 검출 시스템을 통해 실시간으로 까치집 제거가 가능해졌다.
⑤ 인공지능 등의 스마트 기술 도입으로 까치집 생성의 감소를 기대할 수 있다.

| 코레일 한국철도공사 / 의사소통능력

03 다음 글을 이해한 내용으로 적절하지 않은 것은?

> 열차 내에서의 범죄가 급격하게 증가함에 따라 한국철도공사는 열차 내 범죄 예방과 안전 확보를 위해 2023년까지 현재 운행하고 있는 열차의 모든 객실에 CCTV를 설치하고, 모든 열차 승무원에게 바디캠을 지급하겠다고 밝혔다.
> CCTV는 열차 종류에 따라 운전실에서 비상시 실시간으로 상황을 파악할 수 있는 '네트워크 방식'과 각 객실에서의 영상을 저장하는 '개별 독립 방식'이라는 2가지 방식으로 사용 및 설치가 진행될 예정이며, 객실에는 사각지대를 없애기 위해 4대 가량의 CCTV가 설치된다. 이 중 2대는 휴대 물품 도난 방지 등을 위해 휴대 물품 보관대 주변에 위치하게 된다.
> 이에 따라 한국철도공사는 CCTV 제품 품평회를 가져 제품의 형태와 색상, 재질 등에 대한 의견을 나누고 각 제품이 실제로 열차 운행 시 진동과 충격 등에 적합한지 시험을 거친 후 도입할 예정이다.

① 현재는 모든 열차의 객실 전부에 CCTV가 설치되어 있진 않을 것이다.
② 과거에 비해 승무원에 대한 승객의 범죄행위 증거 취득이 유리해질 것이다.
③ CCTV 설치를 통해 인적 피해와 물적 피해 모두 예방할 수 있을 것이다.
④ CCTV 설치를 통해 실시간으로 모든 객실을 모니터링할 수 있을 것이다.
⑤ CCTV의 내구성뿐만 아니라 외적인 디자인도 제품 선택에 영향을 줄 수 있을 것이다.

| 코레일 한국철도공사 / 수리능력

04 작년 K대학교에 재학 중인 학생 수는 6,800명이고 남학생과 여학생의 비는 8 : 9이었다. 올해 남학생 수와 여학생 수의 비가 12 : 13만큼 줄어들어 7 : 8이 되었다고 할 때, 올해 K대학교의 전체 재학생 수는?

① 4,440명
② 4,560명
③ 4,680명
④ 4,800명
⑤ 4,920명

05 다음 자료에 대한 설명으로 가장 적절한 것은?

• KTX 마일리지 적립
- KTX 이용 시 결제금액의 5%가 기본 마일리지로 적립됩니다.
- 더블적립(×2) 열차로 지정된 열차는 추가로 5%가 적립됩니다(결제금액의 총 10%).
  ※ 더블적립 열차는 홈페이지 및 코레일톡 애플리케이션에서만 승차권 구매 가능
- 선불형 교통카드 Rail+(레일플러스)로 승차권을 결제하는 경우 1% 보너스 적립도 제공되어 최대 11% 적립이 가능합니다.
- 마일리지를 적립받고자 하는 회원은 승차권을 발급받기 전에 코레일 멤버십카드 제시 또는 회원번호 및 비밀번호 등을 입력해야 합니다.
- 해당 열차 출발 후에는 마일리지를 적립받을 수 없습니다.

• 회원 등급 구분

구분	등급 조건	제공 혜택
VVIP	• 반기별 승차권 구입 시 적립하는 마일리지가 8만 점 이상인 고객 또는 기준일부터 1년간 16만 점 이상 고객 중 매년 반기 익월 선정	• 비즈니스 회원 혜택 기본 제공 • KTX 특실 무료 업그레이드 쿠폰 6매 제공 • 승차권 나중에 결제하기 서비스 (열차 출발 3시간 전까지)
VIP	• 반기별 승차권 구입 시 적립하는 마일리지가 4만 점 이상인 고객 또는 기준일부터 1년간 8만 점 이상 고객 중 매년 반기 익월 선정	• 비즈니스 회원 혜택 기본 제공 • KTX 특실 무료 업그레이드 쿠폰 2매 제공
비즈니스	• 철도 회원으로 가입한 고객 중 최근 1년간 온라인에서 로그인한 기록이 있거나, 회원으로 구매실적이 있는 고객	• 마일리지 적립 및 사용 가능 • 회원 전용 프로모션 참가 가능 • 열차 할인상품 이용 등 기본서비스와 멤버십 제휴서비스 등 부가서비스 이용
패밀리	• 철도 회원으로 가입한 고객 중 최근 1년간 온라인에서 로그인한 기록이 없거나, 회원으로 구매실적이 없는 고객	• 멤버십 제휴서비스 및 코레일 멤버십 라운지 이용 등의 부가서비스 이용 제한 • 휴면 회원으로 분류 시 별도 관리하며, 본인 인증 절차로 비즈니스 회원으로 전환 가능

- 마일리지는 열차 승차 다음날 적립되며, 지연료를 마일리지로 적립하신 실적은 등급 산정에 포함되지 않습니다.
- KTX 특실 무료 업그레이드 쿠폰 유효기간은 6개월이며, 반기별 익월 10일 이내에 지급됩니다.
- 실적의 연간 적립 기준일은 7월 지급의 경우 전년도 7월 1일부터 당해 연도 6월 30일까지 실적이며, 1월 지급은 전년도 1월 1일부터 전년도 12월 31일까지의 실적입니다.
- 코레일에서 지정한 추석 및 설 명절 특별수송기간의 승차권은 실적 적립 대상에서 제외됩니다.
- 회원 등급 조건 및 제공 혜택은 사전 공지 없이 변경될 수 있습니다.
- 승차권 나중에 결제하기 서비스는 총 편도 2건 이내에서 제공되며, 3회 자동 취소 발생(열차 출발 전 3시간 내 미결제) 시 서비스가 중지됩니다. 리무진+승차권 결합 발권은 2건으로 간주되며, 정기권, 특가상품 등은 나중에 결제하기 서비스 대상에서 제외됩니다.

① 코레일에서 운행하는 모든 열차는 이용 때마다 결제금액의 최소 5%가 KTX 마일리지로 적립된다.
② 회원 등급이 높아져도 열차 탑승 시 적립되는 마일리지는 동일하다.
③ 비즈니스 등급은 기업회원을 구분하는 명칭이다.
④ 6개월간 마일리지 4만 점을 적립하더라도 VIP 등급을 부여받지 못할 수 있다.
⑤ 회원 등급이 높아도 승차권을 정가보다 저렴하게 구매할 수 있는 방법은 없다.

※ 다음 자료를 보고 이어지는 질문에 답하시오. **[6~8]**

〈2023년 한국의 국립공원 기념주화 예약 접수〉

- 우리나라 자연환경의 아름다움과 생태 보전의 중요성을 널리 알리기 위해 K공사는 한국의 국립공원 기념주화 3종(설악산, 치악산, 월출산)을 발행할 예정임
- 예약 접수일 : 3월 2일(목) ~ 3월 17일(금)
- 배부 시기 : 2023년 4월 28일(금)부터 예약자가 신청한 방법으로 배부
- 기념주화 상세

화종	앞면	뒷면
은화Ⅰ – 설악산		
은화Ⅱ – 치악산		
은화Ⅲ – 월출산		

- 발행량 : 화종별 10,000장씩 총 30,000장
- 신청 수량 : 단품 및 3종 세트로 구분되며 단품과 세트에 중복신청 가능
  - 단품 : 1인당 화종별 최대 3장
  - 3종 세트 : 1인당 최대 3세트
- 판매 가격 : 액면금액에 판매 부대비용(케이스, 포장비, 위탁판매수수료 등)을 부가한 가격
  - 단품 : 각 63,000원(액면가 50,000원+케이스 등 부대비용 13,000원)
  - 3종 세트 : 186,000원(액면가 150,000원+케이스 등 부대비용 36,000원)
- 접수 기관 : 우리은행, 농협은행, K공사
- 예약 방법 : 창구 및 인터넷 접수
  - 창구 접수
    신분증[주민등록증, 운전면허증, 여권(내국인), 외국인등록증(외국인)]을 지참하고 우리·농협은행 영업점을 방문하여 신청
  - 인터넷 접수
    ① 우리·농협은행의 계좌를 보유한 고객은 개시일 9시부터 마감일 23시까지 홈페이지에서 신청
    ② K공사 온라인 쇼핑몰에서는 가상계좌 방식으로 개시일 9시부터 마감일 23시까지 신청
- 구입 시 유의사항
  - 수령자 및 수령지 등 접수 정보가 중복될 경우 단품별 10장, 3종 세트 10세트만 추첨 명단에 등록
  - 비정상적인 경로나 방법으로 접수할 경우 당첨을 취소하거나 배송을 제한

| 코레일 한국철도공사 / 문제해결능력

06 다음 중 한국의 국립공원 기념주화 발행 사업의 내용으로 옳은 것은?

① 국민들을 대상으로 예약 판매를 실시하며, 외국인에게는 판매하지 않는다.
② 1인당 구매 가능한 최대 주화 수는 10장이다.
③ 기념주화를 구입하기 위해서는 우리·농협은행 계좌를 사전에 개설해 두어야 한다.
④ 사전예약을 받은 뒤, 예약 주문량에 맞추어 제한된 수량만 생산한다.
⑤ K공사를 통한 예약 접수는 온라인에서만 가능하다.

| 코레일 한국철도공사 / 문제해결능력

07 외국인 A씨는 이번에 발행되는 기념주화를 예약 주문하려고 한다. 다음 상황을 참고했을 때 A씨가 기념주화 구매 예약을 할 수 있는 방법으로 옳은 것은?

〈외국인 A씨의 상황〉

- A씨는 국내 거주 외국인으로 등록된 사람이다.
- A씨의 명의로 국내은행에 개설된 계좌는 총 2개로, 신한은행, 한국씨티은행에 1개씩이다.
- A씨는 우리은행이나 농협은행과는 거래이력이 없다.

① 여권을 지참하고 우리은행이나 농협은행 지점을 방문한다.
② K공사 온라인 쇼핑몰에서 신용카드를 사용한다.
③ 계좌를 보유한 신한은행이나 한국씨티은행의 홈페이지를 통해 신청한다.
④ 외국인등록증을 지참하고 우리은행이나 농협은행 지점을 방문한다.
⑤ 우리은행이나 농협은행의 홈페이지에서 신청한다.

| 코레일 한국철도공사 / 문제해결능력

08 다음은 기념주화를 예약한 5명의 신청내역이다. 이 중 가장 많은 금액을 지불한 사람의 구매 금액은?

(단위 : 세트, 장)

구매자	3종 세트	단품		
		은화Ⅰ - 설악산	은화Ⅱ - 치악산	은화Ⅲ - 월출산
A	2	1	-	-
B	-	2	3	3
C	2	1	1	-
D	3	-	-	-
E	1	-	2	2

① 558,000원
② 561,000원
③ 563,000원
④ 564,000원
⑤ 567,000원

※ 다음 글을 읽고 이어지는 질문에 답하시오. [9~10]

척추는 신체를 지탱하고, 뇌로부터 이어지는 중추신경인 척수를 보호하는 중요한 뼈 구조물이다. 보통 사람들은 허리에 심한 통증이 느껴지면 허리디스크(추간판탈출증)를 떠올리는데, 디스크 이외에도 통증을 유발하는 척추 질환은 다양하다. 특히 노인 인구가 증가하면서 척추관협착증(요추관협착증)의 발병 또한 늘어나고 있다. 허리디스크와 척추관협착증은 사람들이 혼동하기 쉬운 척추 질환으로, 발병 원인과 치료법이 다르기 때문에 두 질환의 차이를 이해하고 통증 발생 시 질환에 맞춰 적절하게 대응할 필요가 있다.

허리디스크는 척추 뼈 사이에 쿠션처럼 완충 역할을 해주는 디스크(추간판)에 문제가 생겨 발생한다. 디스크는 찐득찐득한 수핵과 이를 둘러싸는 섬유륜으로 구성되는데, 나이가 들어 탄력이 떨어지거나, 젊은 나이에도 급격한 충격에 의해서 섬유륜에 균열이 생기면 속의 수핵이 빠져나오면서 주변 신경을 압박하거나 염증을 유발한다. 허리디스크가 발병하면 초기에는 허리 통증으로 시작되어 점차 허벅지에서 발까지 찌릿하게 저리는 방사통을 유발하고, 디스크에서 수핵이 흘러나오는 상황이기 때문에 허리를 굽히거나 앉아 있으면 디스크에 가해지는 압력이 높아져 통증이 더욱 심해진다. 허리디스크는 통증이 심한 질환이지만, 흘러나온 수핵은 대부분 대식세포에 의해 제거되고, 자연치유가 가능하기 때문에 병원에서는 주로 통증을 줄이고, 안정을 취하는 방법으로 보존치료를 진행한다. 하지만 염증이 심해져 중앙 척수를 건드리게 되면 하반신 마비 등의 증세가 나타날 수 있는데, 이러한 경우에는 탈출된 디스크 조각을 물리적으로 제거하는 수술이 필요하다.

반면, 척추관협착증은 대표적인 척추 퇴행성 질환으로 주변 인대(황색 인대)가 척추관을 압박하여 발생한다. 척추관은 척추 가운데 신경 다발이 지나갈 수 있도록 속이 빈 공간인데, 나이가 들면서 척추가 흔들리게 되면 흔들리는 척추를 붙들기 위해 인대가 점차 두꺼워지고, 척추 뼈에 변형이 생겨 결과적으로 척추관이 좁아지게 된다. 이렇게 오랜 기간 동안 변형된 척추 뼈와 인대가 척추관 속의 신경을 눌러 발생하는 것이 척추관협착증이다. 척추관 속의 신경이 눌리게 되면 통증과 함께 저리거나 당기게 되어 보행이 힘들어지며, 지속적으로 압박받을 경우 척추 신경이 경색되어 하반신 마비 증세로 악화될 수 있다. 일반적으로 서 있을 경우보다 허리를 구부렸을 때 척추관이 더 넓어지므로 허리디스크 환자와 달리 앉아 있을 때 통증이 완화된다. 척추관협착증은 자연치유가 되지 않고 척추관이 다시 넓어지지 않으므로 발병 초기를 제외하면 일반적으로 변형된 부분을 제거하는 수술을 하게 된다.

이와 같이 허리디스크와 척추관협착증은 똑같이 허리 통증을 유발하지만 원인과 증상, 치료법이 서로 상이하다. 비교적 고령인 60대 이상의 사람이 만성적으로 서 있을 때 통증이 나타난다면 ___㉠___을/를 의심해야 하며, 비교적 젊은 20 ~ 50대의 사람이 앉아 있을 때 통증이 급작스럽게 나타날 때는 ___㉡___을/를 의심해야 한다. 척추는 우리의 몸을 지탱하는 중요한 골격이며, 신경계와 밀접한 관련이 있으므로 통증이 발생한다면 자신의 몸 상태를 잘 파악하고, 초기에 치료를 받는 것이 중요하다.

| 국민건강보험공단 / 의사소통능력

09 다음 중 윗글의 내용으로 적절하지 않은 것은?

① 일반적으로 허리디스크는 척추관협착증에 비해 급작스럽게 증상이 나타난다.

② 허리디스크는 서 있을 때 통증이 더 심해진다.

③ 허리디스크에 비해 척추관협착증은 외과적 수술 빈도가 높다.

④ 허리디스크와 척추관협착증 모두 증세가 심해지면 하반신 마비의 가능성이 있다.

| 국민건강보험공단 / 의사소통능력

10 다음 중 빈칸 ㉠과 ㉡에 들어갈 단어가 바르게 연결된 것은?

	㉠	㉡
①	허리디스크	추간판탈출증
②	허리디스크	척추관협착증
③	척추관협착증	요추관협착증
④	척추관협착증	허리디스크

| 국민건강보험공단 / 의사소통능력

11 다음 문단을 논리적 순서대로 바르게 나열한 것은?

(가) 주장애관리는 장애정도가 심한 장애인이 의원뿐만 아니라 병원 및 종합병원급에서 장애 유형별 전문의에게 전문적인 장애관리를 받을 수 있는 서비스이다. 이전에는 대상 관리 유형이 지체장애, 시각장애, 뇌병변장애로 제한되어 있었으나, 3단계부터는 지적장애, 정신장애, 자폐성 장애까지 확대되어 더 많은 중증장애인들이 장애관리를 받을 수 있게 되었다.

(나) 이와 같이 3단계 장애인 건강주치의 시범사업은 기존 1・2단계 시범사업보다 더욱 확대되어 많은 중증장애인들의 참여를 예상하고 있다. 장애인 건강주치의 시범사업에 신청하기 위해서는 국민건강보험공단 홈페이지의 건강IN에서 장애인 건강주치의 의료기관을 찾은 후 해당 의료기관에 방문하여 장애인 건강주치의 이용 신청사실 통지서를 작성하면 신청할 수 있다.

(다) 장애인 건강주치의 제도가 제공하는 서비스는 일반건강관리, 주(主)장애관리, 통합관리로 나누어진다. 일반건강관리 서비스는 모든 유형의 중증장애인이 만성질환 등 전반적인 건강관리를 받을 수 있는 서비스로, 의원급에서 원하는 의사를 선택하여 참여할 수 있다. 1・2단계까지의 사업에서는 만성질환관리를 위해 장애인 본인이 검사비용의 30%를 부담해야 했지만, 3단계부터는 본인부담금 없이 질환별 검사바우처로 제공한다.

(라) 마지막으로 통합관리는 일반건강관리와 주장애관리를 동시에 받을 수 있는 서비스로, 동네에 있는 의원급 의료기관에 속한 지체・뇌병변・시각・지적・정신・자폐성 장애를 진단하는 전문의가 주장애관리와 만성질환관리를 모두 제공한다. 이 3가지 서비스들은 거동이 불편한 환자를 위해 의사나 간호사가 직접 집으로 방문하는 방문 서비스를 제공하고 있으며 기존까지는 연 12회였으나, 3단계 시범사업부터 연 18회로 증대되었다.

(마) 보건복지부와 국민건강보험공단은 2021년 9월부터 3단계 장애인 건강주치의 시범사업을 진행하였다. 장애인 건강주치의 제도는 중증장애인이 인근 지역에서 주치의로 등록 신청한 의사 중 원하는 의사를 선택하여 장애로 인한 건강문제, 만성질환 등 건강상태를 포괄적이고 지속적으로 관리 받을 수 있는 제도로, 2018년 5월 1단계 시범사업을 시작으로 2단계 시범사업까지 완료되었다.

① (다) – (마) – (가) – (나) – (라)
② (다) – (가) – (라) – (마) – (나)
③ (마) – (가) – (라) – (나) – (다)
④ (마) – (다) – (가) – (라) – (나)

| 국민건강보험공단 / 수리능력

12 다음은 K지역의 연도별 건강보험금 부과액 및 징수액에 대한 자료이다. 직장가입자 건강보험금 징수율이 가장 높은 해와 지역가입자의 건강보험금 징수율이 가장 높은 해를 바르게 짝지은 것은?

〈건강보험금 부과액 및 징수액〉

(단위 : 백만 원)

구분		2019년	2020년	2021년	2022년
직장가입자	부과액	6,706,712	5,087,163	7,763,135	8,376,138
	징수액	6,698,187	4,898,775	7,536,187	8,368,972
지역가입자	부과액	923,663	1,003,637	1,256,137	1,178,572
	징수액	886,396	973,681	1,138,763	1,058,943

※ $(\text{징수율})=\frac{(\text{징수액})}{(\text{부과액})}\times 100$

	직장가입자	지역가입자
①	2022년	2020년
②	2022년	2019년
③	2021년	2020년
④	2021년	2019년

| 국민건강보험공단 / 수리능력

13 다음은 K병원의 하루 평균 이뇨제, 지사제, 진통제 사용량에 대한 자료이다. 이에 대한 설명으로 옳지 않은 것은?

〈하루 평균 이뇨제, 지사제, 진통제 사용량〉

구분	2018년	2019년	2020년	2021년	2022년	1인 1일 투여량
이뇨제	3,000mL	3,480mL	3,360mL	4,200mL	3,720mL	60mL/일
지사제	30정	42정	48정	40정	44정	2정/일
진통제	6,720mg	6,960mg	6,840mg	7,200mg	7,080mg	60mg/일

※ 모든 의약품은 1인 1일 투여량을 준수하여 투여했다.

① 전년 대비 2022년 사용량 감소율이 가장 큰 의약품은 이뇨제이다.
② 5년 동안 지사제를 투여한 환자 수의 평균은 18명 이상이다.
③ 이뇨제 사용량은 증가와 감소를 반복하였다.
④ 매년 진통제를 투여한 환자 수는 이뇨제를 투여한 환자 수의 2배 이하이다.

14 다음은 분기별 상급병원, 종합병원, 요양병원의 보건인력 현황에 대한 자료이다. 분기별 전체 보건인력 중 전체 사회복지사 인력의 비율로 옳지 않은 것은?

〈상급병원, 종합병원, 요양병원의 보건인력 현황〉

(단위 : 명)

구분		2022년 3분기	2022년 4분기	2023년 1분기	2023년 2분기
상급병원	의사	20,002	21,073	22,735	24,871
	약사	2,351	2,468	2,526	2,280
	사회복지사	391	385	370	375
종합병원	의사	32,765	33,084	34,778	33,071
	약사	1,941	1,988	2,001	2,006
	사회복지사	670	695	700	720
요양병원	의사	19,382	19,503	19,761	19,982
	약사	1,439	1,484	1,501	1,540
	사회복지사	1,887	1,902	1,864	1,862
계		80,828	82,582	86,236	86,707

※ 보건인력은 의사, 약사, 사회복지사 인력 모두를 포함한다.

① 2022년 3분기 : 약 3.65%

② 2022년 4분기 : 약 3.61%

③ 2023년 1분기 : 약 3.88%

④ 2023년 2분기 : 약 3.41%

15 다음은 건강생활실천지원금제에 대한 자료이다. 〈보기〉의 신청자 중 예방형과 관리형에 해당하는 사람을 바르게 분류한 것은?

〈건강생활실천지원금제〉

• 사업설명 : 참여자 스스로 실천한 건강생활 노력 및 건강개선 결과에 따라 지원금을 지급하는 제도

• 시범지역

지역	예방형	관리형
서울	노원구	중랑구
경기·인천	안산시, 부천시	인천 부평구, 남양주시, 고양일산(동구, 서구)
충청권	대전 대덕구, 충주시, 충남 청양군(부여군)	대전 동구
전라권	광주 광산구, 전남 완도군, 전주시(완주군)	광주 서구, 순천시
경상권	부산 중구, 대구 남구, 김해시, 대구 달성군	대구 동구, 부산 북구
강원·제주권	원주시, 제주시	원주시

• 참여대상 : 주민등록상 주소지가 시범지역에 해당되는 사람 중 아래에 해당하는 사람

구분	조건
예방형	만 20 ~ 64세인 건강보험 가입자(피부양자 포함) 중 국민건강보험공단에서 주관하는 일반건강검진 결과 건강관리가 필요한 사람*
관리형	고혈압·당뇨병 환자

* 건강관리가 필요한 사람 : 다음에 모두 해당하거나 ①, ② 또는 ①, ③에 해당하는 사람

① 체질량지수(BMI) 25kg/m^2 이상

② 수축기 혈압 120mmHg 이상 또는 이완기 혈압 80mmHg 이상

③ 공복혈당 100mg/dL 이상

보기

〈건강생활실천지원금제 신청자 목록〉

신청자	주민등록상 주소지	체질량지수	수축기 혈압 / 이완기 혈압	공복혈당	기저질환
A	서울 강북구	22kg/m^2	117mmHg / 78mmHg	128mg/dL	–
B	서울 중랑구	28kg/m^2	125mmHg / 85mmHg	95mg/dL	–
C	경기 안산시	26kg/m^2	142mmHg / 92mmHg	99mg/dL	고혈압
D	인천 부평구	23kg/m^2	145mmHg / 95mmHg	107mg/dL	고혈압
E	광주 광산구	28kg/m^2	119mmHg / 78mmHg	135mg/dL	당뇨병
F	광주 북구	26kg/m^2	116mmHg / 89mmHg	144mg/dL	당뇨병
G	부산 북구	27kg/m^2	118mmHg / 75mmHg	132mg/dL	당뇨병
H	강원 철원군	28kg/m^2	143mmHg / 96mmHg	115mg/dL	고혈압
I	제주 제주시	24kg/m^2	129mmHg / 83mmHg	108mg/dL	–

※ 단, 모든 신청자는 만 20 ~ 64세이며, 건강보험에 가입하였다.

	예방형	관리형
①	A, E	C, D
②	B, E	F, I
③	C, E	D, G
④	F, I	C, H

16 K동에서는 임신한 주민에게 출산장려금을 지원하고자 한다. 출산장려금 지급 기준 및 K동에 거주하는 임산부에 대한 정보가 다음과 같을 때, 출산장려금을 가장 먼저 받을 수 있는 사람은?

〈K동 출산장려금 지급 기준〉

- 출산장려금 지급액은 모두 같으나, 지급 시기는 모두 다르다.
- 지급 순서 기준은 임신일, 자녀 수, 소득 수준 순서이다.
- 임신일이 길수록, 자녀가 많을수록, 소득 수준이 낮을수록 먼저 받는다(단, 자녀는 만 19세 미만의 아동 및 청소년으로 제한한다).
- 임신일, 자녀 수, 소득 수준이 모두 같으면 같은 날에 지급한다.

〈K동 거주 임산부 정보〉

임산부	임신일	자녀	소득 수준
A	150일	만 1세	하
B	200일	만 3세	상
C	100일	만 10세, 만 6세, 만 5세, 만 4세	상
D	200일	만 7세, 만 5세, 만 3세	중
E	200일	만 20세, 만 16세, 만 14세, 만 10세	상

① A임산부
② B임산부
③ D임산부
④ E임산부

17 다음 글의 주제로 가장 적절한 것은?

> 현재 우리나라의 진료비 지불제도 중 가장 주도적으로 시행되는 지불제도는 행위별수가제이다. 행위별수가제는 의료기관에서 의료인이 제공한 의료서비스(행위, 약제, 치료 재료 등)에 대해 서비스별로 가격(수가)을 정하여 사용량과 가격에 의해 진료비를 지불하는 제도로, 의료보험 도입 당시부터 채택하고 있는 지불제도이다. 그러나 최근 관련 전문가들로부터 이러한 지불제도를 개선해야 한다는 목소리가 많이 나오고 있다.
> 조사에 의하면 우리나라의 국민의료비를 증대시키는 주요 원인은 고령화로 인한 진료비 증가와 행위별수가제로 인한 비용의 무한 증식이다. 현재 우리나라의 국민의료비는 OECD 회원국 중 최상위를 기록하고 있으며 앞으로 더욱 심화될 것으로 예측된다. 특히 행위별수가제는 의료행위를 할수록 지불되는 진료비가 증가하므로 CT, MRI 등 영상검사를 중심으로 의료 남용이나 과다 이용 문제가 발생하고 있고, 병원의 이익 증대를 위하여 환자에게는 의료비 부담을, 의사에게는 업무 부담을, 건강보험에는 재정 부담을 증대시키고 있다.
> 이러한 행위별수가제의 문제점을 개선하기 위해 일부 질병군에서는 환자가 입원해서 퇴원할 때까지 발생하는 진료에 대하여 질병마다 미리 정해진 금액을 내는 제도인 포괄수가제를 시행 중이며, 요양병원, 보건기관에서는 입원 환자의 질병, 기능 상태에 따라 입원 1일당 정액수가를 적용하는 정액수가제를 병행하여 실시하고 있지만 비용 산정의 경직성, 의사 비용과 병원 비용의 비분리 등 여러 가지 문제점이 있어 현실적으로 효과를 내지 못하고 있다는 지적이 나오고 있다.
> 기획재정부와 보건복지부는 시간이 지날수록 건강보험 적자가 계속 증대되어 머지않아 고갈될 위기에 있다고 발표하였다. 당장 행위별수가제를 전면적으로 폐지할 수는 없으므로 기존의 다른 수가제의 문제점을 개선하여 확대하는 등 의료비 지불방식의 다변화가 구조적으로 진행되어야 할 것이다.

① 신포괄수가제의 정의
② 행위별수가제의 한계점
③ 의료비 지불제도의 역할
④ 건강보험의 재정 상황
⑤ 다양한 의료비 지불제도 소개

18 **다음 중 제시된 단어와 그 뜻이 바르게 연결되지 않은 것은?**

① 당위(當爲) : 마땅히 그렇게 하거나 되어야 하는 것
② 구상(求償) : 자연적인 재해나 사회적인 피해를 당하여 어려운 처지에 있는 사람을 도와줌
③ 명문(明文) : 글로 명백히 기록된 문구 또는 그런 조문
④ 유기(遺棄) : 어떤 사람이 종래의 보호를 거부하여 그를 보호받지 못하는 상태에 두는 일
⑤ 추계(推計) : 일부를 가지고 전체를 미루어 계산함

19 **질량이 2kg인 공을 지표면으로부터 높이가 50cm인 지점에서 지표면을 향해 수직으로 4m/s의 속력으로 던져 공이 튀어 올랐다. 다음 〈조건〉을 보고 가장 높은 지점에서 공의 위치에너지를 구하면?(단, 에너지 손실은 없으며, 중력가속도는 10m/s^2으로 가정한다)**

조건

- (운동에너지)$=\left[\frac{1}{2}\times(\text{질량})\times(\text{속력})^2\right]$J
  (위치에너지)=[(질량)×(중력가속도)×(높이)]J
  (역학적 에너지)=[(운동에너지)+(위치에너지)]J
- 에너지 손실이 없다면 역학적 에너지는 어떠한 경우에도 변하지 않는다.
- 공이 지표면에 도달할 때 위치에너지는 0이고, 운동에너지는 역학적 에너지와 같다.
- 공이 튀어 오른 후 가장 높은 지점에서 운동에너지는 0이고, 위치에너지는 역학적 에너지와 같다.
- 운동에너지와 위치에너지를 구하는 식에 대입하는 질량의 단위는 kg, 속력의 단위는 m/s, 중력가속도의 단위는 m/s^2, 높이의 단위는 m이다.

① 26J
② 28J
③ 30J
④ 32J
⑤ 34J

❙ 건강보험심사평가원 / 수리능력

20 A부장이 시속 200km의 속력으로 달리는 기차로 1시간 30분 걸리는 출장지에 자가용을 타고 출장을 갔다. 시속 60km의 속력으로 가고 있는데, 속력을 유지한 채 가면 약속시간보다 1시간 늦게 도착할 수 있어 도중에 시속 90km의 속력으로 달려 약속시간보다 30분 일찍 도착하였다. A부장이 시속 90km의 속력으로 달린 거리는?(단, 달리는 동안 속력은 시속 60km로 달리는 도중에 시속 90km로 바뀌는 경우를 제외하고는 그 속력을 유지하는 것으로 가정한다)

① 180km ② 210km
③ 240km ④ 270km
⑤ 300km

❙ 건강보험심사평가원 / 수리능력

21 S공장은 어떤 상품을 원가에 23%의 이익을 남겨 판매하였으나, 잘 팔리지 않아 판매가에서 1,300원 할인하여 판매하였다. 이때 얻은 이익이 원가의 10%일 때, 상품의 원가는?

① 10,000원 ② 11,500원
③ 13,000원 ④ 14,500원
⑤ 16,000원

❙ 건강보험심사평가원 / 수리능력

22 A ~ G 7명은 일렬로 배치된 의자에 다음 〈조건〉과 같이 앉는다. 이때 가능한 경우의 수는?

조건
- A는 양 끝에 앉지 않는다.
- G는 가운데에 앉는다.
- B는 G의 바로 옆에 앉는다.

① 60가지 ② 72가지
③ 144가지 ④ 288가지
⑤ 366가지

| 건강보험심사평가원 / 수리능력

23 **S유치원에 다니는 아이 11명의 키는 평균 113cm이다. 키가 107cm인 원생이 유치원을 나가게 되어 원생이 10명이 되었을 때, 남은 유치원생 10명의 평균 키는?**

① 113cm
② 113.6cm
③ 114.2cm
④ 114.8cm
⑤ 115.4cm

| 서울교통공사 / 의사소통능력

24 **다음 글과 같이 한자어 및 외래어를 순화한 내용으로 적절하지 않은 것은?**

> 열차를 타다 보면 한 번쯤은 다음과 같은 안내방송을 들어 봤을 것이다.
> "○○역 인근 '공중사상사고' 발생으로 KTX 열차가 지연되고 있습니다."
> 이때 들리는 안내방송 중 한자어인 '공중사상사고'를 한 번에 알아듣기란 일반적으로 쉽지 않다. 실제로 S교통공사 관계자는 승객들로부터 안내방송 문구가 적절하지 않다는 지적을 받아 왔다고 밝혔으며, 이에 S교통공사는 국토교통부와 협의를 거쳐 보다 이해하기 쉬운 안내방송을 전달하기 위해 문구를 바꾸는 작업에 착수하기로 결정하였다고 전했다.
> 우선 가장 먼저 수정하기로 한 것은 한자어 및 외래어로 표기된 철도 용어이다. 그중 대표적인 것이 '공중사상사고'이다. S교통공사 관계자는 이를 '일반인의 사상사고'나 '열차 운행 중 인명사고' 등과 같이 이해하기 쉬운 말로 바꿀 예정이라고 밝혔다. 이 외에도 열차 지연 예상 시간, 사고복구 현황 등 열차 내 안내방송을 승객에게 좀 더 알기 쉽고 상세하게 전달할 것이라고 전했다.

① 열차시격 → 배차간격
② 전차선 단전 → 선로 전기 공급 중단
③ 우회수송 → 우측 선로로 변경
④ 핸드레일(Handrail) → 안전손잡이
⑤ 키스 앤 라이드(Kiss and Ride) → 환승정차구역

25 다음 글에서 언급되지 않은 내용은?

> 전 세계적인 과제로 탄소중립이 대두되자 친환경적 운송수단인 철도가 주목받고 있다. 특히 국제에너지기구는 철도를 에너지 효율이 가장 높은 운송 수단으로 꼽으며, 철도 수송을 확대하면 세계 수송 부문에서 온실가스 배출량이 그렇지 않을 때보다 약 6억 톤이 줄어들 수 있다고 하였다.
> 특히 철도의 에너지 소비량은 도로의 22분의 1이고, 온실가스 배출량은 9분의 1에 불과해, 탄소배출이 높은 도로 운행의 수요를 친환경 수단인 철도로 전환한다면 수송 부문 총배출량이 획기적으로 감소될 것이라 전망하고 있다.
> 이에 발맞춰 우리나라의 S철도공단도 '녹색교통'인 철도 중심 교통체계를 구축하기 위해 박차를 가하고 있으며, 정부 역시 '2050 탄소중립 실현' 목표에 발맞춰 저탄소 철도 인프라 건설·관리로 탄소를 지속적으로 감축하고자 노력하고 있다.
> S철도공단은 철도 인프라 생애주기 관점에서 탄소를 감축하기 위해 먼저 철도 건설 단계에서부터 친환경·저탄소 자재를 적용해 탄소 배출을 줄이고 있다. 실제로 중앙선 안동 ~ 영천 간 궤도 설계 당시 철근 대신에 저탄소 자재인 유리섬유 보강근을 콘크리트 궤도에 적용했으며, 이를 통한 탄소 감축효과는 약 6,000톤으로 추정된다. 이 밖에도 저탄소 철도 건축물 구축을 위해 2025년부터 모든 철도건축물을 에너지 자립률 60% 이상(3등급)으로 설계하기로 결정했으며, 도심의 철도 용지는 지자체와 협업을 통해 도심 속 철길 숲 등 탄소 흡수원이자 지역민의 휴식처로 철도부지 특성에 맞게 조성되고 있다.
> S철도공단은 이와 같은 철도로의 수송 전환으로 약 20%의 탄소 감축 목표를 내세웠으며, 이를 위해서는 정부의 노력도 필요하다고 강조하였다. 특히 수송 수단 간 공정한 가격 경쟁이 이루어질 수 있도록 도로 차량에 집중된 보조금 제도를 화물차의 탄소배출을 줄이기 위한 철도 전환교통 보조금으로 확대하는 등 실질적인 방안의 필요성을 제기하고 있다.

① 녹색교통으로 철도 수송이 대두된 배경
② 철도 수송 확대를 통해 기대할 수 있는 효과
③ 국내의 탄소 감축 방안이 적용된 설계 사례
④ 정부의 철도 중심 교통체계 구축을 위해 시행된 조치
⑤ S철도공단의 철도 중심 교통체계 구축을 위한 방안

26 다음 글의 주제로 가장 적절한 것은?

> 지난 5월 아이슬란드에 각종 파이프와 열교환기, 화학물질 저장탱크, 압축기로 이루어져 있는 '조지 올라 재생가능 메탄올 공장'이 등장했다. 이곳은 이산화탄소로 메탄올을 만드는 첨단 시설로, 과거 2011년 아이슬란드 기업 '카본리사이클링인터내셔널(CRI)'이 탄소 포집・활용(CCU) 기술의 실험을 위해서 지은 곳이다.
> 이곳에서는 인근 지열발전소에서 발생하는 적은 양의 이산화탄소(CO_2)를 포집한 뒤 물을 분해해 조달한 수소(H_2)와 결합시켜 재생 메탄올(CH_3OH)을 제조하였으며, 이때 필요한 열과 냉각수 역시 지열발전소의 부산물을 이용했다. 이렇게 만들어진 메탄올은 자동차, 선박, 항공 연료는 물론 플라스틱 제조 원료로 활용되는 등 여러 곳에서 활용되었다.
> 하지만 이렇게 메탄올을 만드는 것이 미래 원료 문제의 근본적인 해결책이 될 수는 없었다. 왜냐하면 메탄올이 만드는 에너지보다 메탄올을 만드는 데 들어가는 에너지가 더 필요하다는 문제점에 더하여 액화천연가스(LNG)를 메탄올로 변환할 경우 이전보다 오히려 탄소배출량이 증가하고, 탄소배출량을 감소시키기 위해서는 태양광과 에너지 저장장치를 활용해 메탄올 제조에 필요한 에너지를 모두 조달해야만 하기 때문이다.
> 또한 탄소를 포집해 지하에 영구 저장하는 탄소포집 저장방식과 달리, 탄소를 포집해 만든 연료나 제품은 사용 중에 탄소를 다시 배출할 가능성이 있어 이에 대한 논의가 분분한 상황이다.

① 탄소 재활용의 득과 실
② 재생 에너지 메탄올의 다양한 활용
③ 지열발전소에서 탄생한 재활용 원료
④ 탄소 재활용을 통한 미래 원료의 개발
⑤ 미래의 에너지 원료로 주목받는 재활용 원료, 메탄올

| 서울교통공사 / 수리능력

27 다음은 A～C철도사의 연도별 차량 수 및 승차인원에 대한 자료이다. 이에 대한 설명으로 옳지 않은 것은?

〈철도사별 차량 수 및 승차인원〉

구분	2020년			2021년			2022년		
철도사	A	B	C	A	B	C	A	B	C
차량 수(량)	2,751	103	185	2,731	111	185	2,710	113	185
승차인원 (천 명/년)	775,386	26,350	35,650	768,776	24,746	33,130	755,376	23,686	34,179

① C철도사가 운영하는 차량 수는 변동이 없다.

② 3년간 전체 승차인원 중 A철도사 철도를 이용하는 승차인원의 비율이 가장 높다.

③ A～C철도사의 철도를 이용하는 연간 전체 승차인원 수는 매년 감소하였다.

④ 3년간 차량 1량당 연간 평균 승차인원 수는 B철도사가 가장 적다.

⑤ C철도사의 차량 1량당 연간 승차인원 수는 200천 명 미만이다.

| 한국산업인력공단 / 수리능력

28 다음은 A～H국의 연도별 석유 생산량에 대한 자료이다. 이에 대한 설명으로 옳은 것은?

〈연도별 석유 생산량〉

(단위 : bbl/day)

국가	2018년	2019년	2020년	2021년	2022년
A	10,356,185	10,387,665	10,430,235	10,487,336	10,556,259
B	8,251,052	8,297,702	8,310,856	8,356,337	8,567,173
C	4,102,396	4,123,963	4,137,857	4,156,121	4,025,936
D	5,321,753	5,370,256	5,393,104	5,386,239	5,422,103
E	258,963	273,819	298,351	303,875	335,371
F	2,874,632	2,633,087	2,601,813	2,538,776	2,480,221
G	1,312,561	1,335,089	1,305,176	1,325,182	1,336,597
H	100,731	101,586	102,856	103,756	104,902

① 석유 생산량이 매년 증가한 국가의 수는 6개이다.

② 2018년 대비 2022년에 석유 생산량 증가량이 가장 많은 국가는 A이다.

③ 매년 E국가의 석유 생산량은 H국가 석유 생산량의 3배 미만이다.

④ 연도별 석유 생산량 상위 2개 국가의 생산량 차이는 매년 감소한다.

⑤ 2018년 대비 2022년에 석유 생산량 감소율이 가장 큰 국가는 F이다.

| 한국산업인력공단 / 수리능력

29 A씨는 최근 승진한 공무원 친구에게 선물로 개당 12만 원인 수석을 보내고자 한다. 다음 부정청탁 및 금품 등 수수의 금지에 관한 법률에 따라 선물을 보낼 때, 최대한 많이 보낼 수 있는 수석의 수는?(단, A씨는 공무원인 친구와 직무 연관성이 없는 일반인이며, 선물은 한 번만 보낸다)

> **금품 등의 수수 금지(부정청탁 및 금품 등 수수의 금지에 관한 법률 제8조 제1항)**
> 공직자 등은 직무 관련 여부 및 기부·후원·증여 등 그 명목에 관계없이 동일인으로부터 1회에 100만 원 또는 매 회계연도에 300만 원을 초과하는 금품 등을 받거나 요구 또는 약속해서는 아니 된다.

① 7개 ② 8개
③ 9개 ④ 10개
⑤ 11개

| 한국산업인력공단 / 수리능력

30 S대리는 업무 진행을 위해 본사에서 거래처로 외근을 가고자 한다. 본사에서 거래처까지 가는 길이 다음과 같을 때, 본사에서 출발하여 C와 G를 거쳐 거래처로 간다면 S대리의 최소 이동거리는?(단, 어떤 곳을 먼저 가도 무관하다)

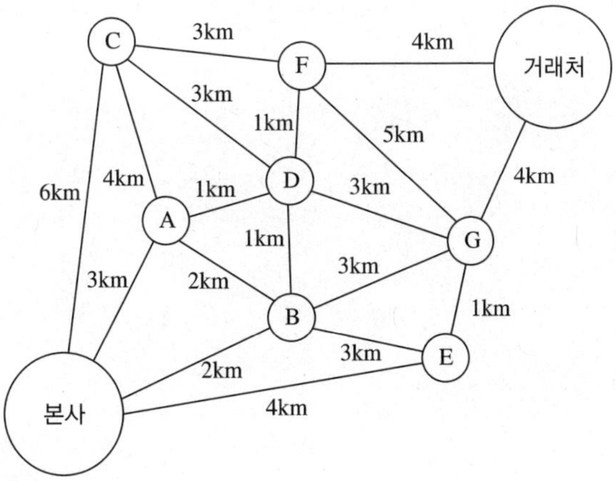

① 8km ② 9km
③ 13km ④ 16km
⑤ 18km

31 총무부에 근무하는 A사원은 각 부서에 필요한 사무용품을 조사한 결과, 볼펜 30자루, 수정테이프 8개, 연필 20자루, 지우개 5개가 필요하다고 한다. 다음 〈조건〉에 따라 비품을 구매할 때, 지불할 수 있는 가장 저렴한 금액은?(단, 필요한 비품 수를 초과하여 구매할 수 있고, 지불하는 금액은 배송료를 포함한다)

조건

- 볼펜, 수정테이프, 연필, 지우개의 판매 금액은 다음과 같다(단, 모든 품목은 낱개로 판매한다).

품목	가격(원/1EA)	비고
볼펜	1,000	20자루 이상 구매 시 개당 200원 할인
수정테이프	2,500	10개 이상 구매 시 개당 1,000원 할인
연필	400	12자루 이상 구매 시 연필 전체 가격의 25% 할인
지우개	300	10개 이상 구매 시 개당 100원 할인

- 품목당 할인을 적용한 금액의 합이 3만 원을 초과할 경우, 전체 금액의 10% 할인이 추가로 적용된다.
- 전체 금액의 10% 할인 적용 전 금액이 5만 원 초과 시 배송료는 무료이다.
- 전체 금액의 10% 할인 적용 전 금액이 5만 원 이하 시 배송료 5,000원이 별도로 적용된다.

① 51,500원 ② 51,350원
③ 46,350원 ④ 45,090원
⑤ 42,370원

32 S사는 개발 상품 매출 순이익에 기여한 직원에게 성과급을 지급하고자 한다. 기여도에 따른 성과급 지급 기준과 〈보기〉를 참고하여 성과급을 차등지급할 때, 가장 많은 성과급을 지급받는 직원은? (단, 팀장에게 지급하는 성과급은 기준 금액의 1.2배이다)

〈기여도에 따른 성과급 지급 기준〉

매출 순이익	개발 기여도			
	1% 이상 5% 미만	5% 이상 10% 미만	10% 이상 20% 미만	20% 이상
1천만 원 미만	–	–	매출 순이익의 1%	매출 순이익의 2%
1천만 원 이상 3천만 원 미만	5만 원	매출 순이익의 1%	매출 순이익의 2%	매출 순이익의 5%
3천만 원 이상 5천만 원 미만	매출 순이익의 1%	매출 순이익의 2%	매출 순이익의 3%	매출 순이익의 5%
5천만 원 이상 1억 원 미만	매출 순이익의 1%	매출 순이익의 3%	매출 순이익의 5%	매출 순이익의 7.5%
1억 원 이상	매출 순이익의 1%	매출 순이익의 3%	매출 순이익의 5%	매출 순이익의 10%

보기

〈개발 상품 매출 순이익 및 개발 기여도〉

직원	직책	매출 순이익	개발 기여도
A	팀장	4,000만 원	25%
B	팀장	2,500만 원	12%
C	팀원	1억 2,500만 원	3%
D	팀원	7,500만 원	7%
E	팀원	800만 원	6%

① A
② B
③ C
④ D
⑤ E

33 다음은 S시의 학교폭력 상담 및 신고 건수에 대한 자료이다. 이에 대한 설명으로 옳지 않은 것은?

〈학교폭력 상담 및 신고 건수〉

(단위 : 건)

구분	2022년 7월	2022년 8월	2022년 9월	2022년 10월	2022년 11월	2022년 12월
상담	977	805	3,009	2,526	1,007	871
상담 누계	977	1,782	4,791	7,317	8,324	9,195
신고	486	443	1,501	804	506	496
신고 누계	486	929	2,430	3,234	3,740	4,236
구분	2023년 1월	2023년 2월	2023년 3월	2023년 4월	2023년 5월	2023년 6월
상담	( )	( )	4,370	3,620	1,004	905
상담 누계	9,652	10,109	14,479	18,099	19,103	20,008
신고	305	208	2,781	1,183	557	601
신고 누계	4,541	4,749	7,530	( )	( )	( )

① 2023년 1월과 2023년 2월의 학교폭력 상담 건수는 같다.

② 학교폭력 상담 건수와 신고 건수 모두 2023년 3월에 가장 많다.

③ 전월 대비 학교폭력 상담 건수가 가장 크게 감소한 월과 학교폭력 신고 건수가 가장 크게 감소한 월은 다르다.

④ 전월 대비 학교폭력 상담 건수가 증가한 월은 학교폭력 신고 건수도 같이 증가하였다.

⑤ 2023년 6월까지의 학교폭력 신고 누계 건수는 10,000건 이상이다.

34 다음은 5년 동안 발전원별 발전량 추이에 대한 자료이다. 이에 대한 설명으로 옳지 않은 것은?

〈2018 ~ 2022년 발전원별 발전량 추이〉

(단위 : GWh)

자원	2018년	2019년	2020년	2021년	2022년
원자력	127,004	138,795	140,806	155,360	179,216
석탄	247,670	226,571	221,730	200,165	198,367
가스	135,072	126,789	138,387	144,976	160,787
신재생	36,905	38,774	44,031	47,831	50,356
유류·양수	6,605	6,371	5,872	5,568	5,232
계	553,256	537,300	550,826	553,900	593,958

① 매년 원자력 자원 발전량과 신재생 자원 발전량의 증감 추이는 같다.
② 석탄 자원 발전량의 전년 대비 감소폭이 가장 큰 해는 2021년이다.
③ 신재생 자원 발전량 대비 가스 자원 발전량이 가장 큰 해는 2018년이다.
④ 매년 유류·양수 자원 발전량은 전체 발전량의 1% 이상을 차지한다.
⑤ 전체 발전량의 전년 대비 증가폭이 가장 큰 해는 2022년이다.

35 다음 중 〈보기〉에 해당하는 문제해결방법이 바르게 연결된 것은?

보기

㉠ 중립적인 위치에서 그룹이 나아갈 방향과 주제에 대한 공감을 이룰 수 있도록 도와주어 깊이 있는 커뮤니케이션을 통해 문제점을 이해하고 창조적으로 해결하도록 지원하는 방법이다.
㉡ 상이한 문화적 토양을 가진 구성원이 사실과 원칙에 근거한 토론을 바탕으로 서로의 생각을 직설적인 논쟁이나 협상을 통해 의견을 조정하는 방법이다.
㉢ 구성원이 같은 문화적 토양을 가지고 서로를 이해하는 상황에서 권위나 공감에 의지하여 의견을 중재하고, 타협과 조정을 통해 해결을 도모하는 방법이다.

	㉠	㉡	㉢
①	하드 어프로치	퍼실리테이션	소프트 어프로치
②	퍼실리테이션	하드 어프로치	소프트 어프로치
③	소프트 어프로치	하드 어프로치	퍼실리테이션
④	퍼실리테이션	소프트 어프로치	하드 어프로치
⑤	하드 어프로치	소프트 어프로치	퍼실리테이션

36 A ~ G 7명은 주말 여행지를 고르기 위해 투표를 진행하였다. 다음 〈조건〉과 같이 투표를 진행하였을 때, 투표를 하지 않은 사람을 모두 고르면?

조건

- D나 G 중 적어도 한 명이 투표하지 않으면, F는 투표한다.
- F가 투표하면, E는 투표하지 않는다.
- B나 E 중 적어도 한 명이 투표하지 않으면, A는 투표하지 않는다.
- A를 포함하여 투표한 사람은 모두 5명이다.

① B, E
② B, F
③ C, D
④ C, F
⑤ F, G

37 다음과 같이 G마트에서 파는 물건을 상품코드와 크기에 따라 엑셀 프로그램으로 정리하였다. 상품코드가 S3310897이고, 크기가 '중'인 물건의 가격을 구하는 함수로 옳은 것은?

	A	B	C	D	E	F
1						
2		상품코드	소	중	대	
3		S3001287	18,000	20,000	25,000	
4		S3001289	15,000	18,000	20,000	
5		S3001320	20,000	22,000	25,000	
6		S3310887	12,000	16,000	20,000	
7		S3310897	20,000	23,000	25,000	
8		S3311097	10,000	15,000	20,000	
9						

① =HLOOKUP(S3310897,$B$2:$E$8,6,0)

② =HLOOKUP("S3310897",$B$2:$E$8,6,0)

③ =VLOOKUP("S3310897",$B$2:$E$8,2,0)

④ =VLOOKUP("S3310897",$B$2:$E$8,6,0)

⑤ =VLOOKUP("S3310897",$B$2:$E$8,3,0)

38 다음 중 Windows Game Bar 녹화 기능에 대한 설명으로 옳지 않은 것은?

① 〈Windows 로고 키〉+〈Alt〉+〈G〉를 통해 백그라운드 녹화 기능을 사용할 수 있다.

② 백그라운드 녹화 시간은 변경할 수 있다.

③ 녹화한 영상의 저장 위치는 변경할 수 없다.

④ 각 메뉴의 단축키는 본인이 원하는 키 조합에 맞추어 변경할 수 있다.

⑤ 게임 성능에 영향을 줄 수 있다.

※ 다음 글을 읽고 이어지는 질문에 답하시오. [39~41]

우리나라에서 500MW 규모 이상의 발전설비를 보유한 발전사업자(공급의무자)는 신재생에너지 공급의무화 제도(RPS; Renewable Portfolio Standard)에 의해 의무적으로 일정 비율 이상을 기존의 화석연료를 변환시켜 이용하거나 햇빛 · 물 · 지열 · 강수 · 생물유기체 등 재생 가능한 에너지를 변환시켜 이용하는 에너지인 신재생에너지로 발전해야 한다. 이에 따라 공급의무자는 매년 정해진 의무공급비율에 따라 신재생에너지를 사용하여 전기를 공급해야 하는데 의무공급비율은 매년 확대되고 있으므로 여기에 맞춰 태양광, 풍력 등 신재생에너지 발전설비를 추가로 건설하기에는 여러 가지 한계점이 있다. ___㉠___ 공급의무자는 의무공급비율을 외부 조달을 통해 충당하게 되는데 이를 인증하는 것이 신재생에너지 공급인증서(REC; Renewable Energy Certificates)이다. 공급의무자는 신재생에너지 발전사에서 판매하는 REC를 구매하는 것으로 의무공급비율을 달성하게 되며, 이를 이행하지 못할 경우 미이행 의무량만큼 해당 연도 평균 REC 거래가격의 1.5배 이내에서 과징금이 부과된다.

신재생에너지 공급자가 공급의무자에게 REC를 판매하기 위해서는 먼저 「신에너지 및 재생에너지 개발 · 이용 · 보급 촉진법(신재생에너지법)」 제12조의7에 따라 공급인증기관(에너지관리공단 신재생에너지센터, 한국전력거래소 등)으로부터 공급 사실을 증명하는 공급인증서를 신청해야 한다. 인증 신청을 받은 공급인증기관은 신재생에너지 공급자, 신재생에너지 종류별 공급량 및 공급기간, 인증서 유효기간을 명시한 공급인증서를 발급해 주는데, 여기서 공급인증서의 유효기간은 발급받은 날로부터 3년이며, 공급량은 발전방식에 따라 실제 공급량에 가중치를 곱해 표기한다. 이렇게 발급받은 REC는 공급인증기관이 개설한 거래시장인 한국전력거래소에서 거래할 수 있으며, 거래시장에서 공급의무자가 구매하여 의무공급량에 충당한 공급인증서는 효력을 상실하여 폐기하게 된다.

RPS 제도를 통한 REC 거래는 최근 더욱 확대되고 있다. 시행 초기에는 전력거래소에서 신재생에너지 공급자와 공급의무자 간 REC를 거래하였으나, 2021년 8월 이후 에너지관리공단에서 운영하는 REC 거래시장을 통해 한국형 RE100에 동참하는 일반기업들도 신재생에너지 공급자로부터 REC를 구매할 수 있게 되었고 여기서 구매한 REC는 기업의 온실가스 감축실적으로 인정되어 인센티브 등 다양한 혜택을 받을 수 있게 된다.

| 한국남동발전 / 의사소통능력

39 다음 중 윗글의 내용으로 적절하지 않은 것은?

① 공급의무자는 의무공급비율 달성을 위해 반드시 신재생에너지 발전설비를 건설해야 한다.

② REC 거래를 위해서는 먼저 공급인증기관으로부터 인증서를 받아야 한다.

③ 일반기업도 REC 구매를 통해 온실가스 감축실적을 인정받을 수 있다.

④ REC에 명시된 공급량은 실제 공급량과 다를 수 있다.

❙ 한국남동발전 / 의사소통능력

40 다음 중 빈칸 ㉠에 들어갈 접속부사로 가장 적절한 것은?

① 한편　　② 그러나
③ 그러므로　　④ 예컨대

❙ 한국남동발전 / 자원관리능력

41 다음 자료를 토대로 신재생에너지법상 바르게 거래된 것은?

〈REC 거래내역〉

(거래일 : 2023년 10월 12일)

설비명	에너지원	인증서 발급일	판매처	거래시장 운영소
A발전소	풍력	2020.10.06	E기업	에너지관리공단
B발전소	천연가스	2022.10.12	F발전	한국전력거래소
C발전소	태양광	2020.10.24	G발전	한국전력거래소
D발전소	수력	2021.04.20	H기업	한국전력거래소

① A발전소　　② B발전소
③ C발전소　　④ D발전소

※ 다음 기사를 읽고 이어지는 질문에 답하시오. [42~43]

N전력공사가 밝힌 에너지 공급비중을 살펴보면 2022년 우리나라의 발전비중 중 가장 높은 것은 석탄(32.51%)이고, 두 번째는 액화천연가스(27.52%) 즉 LNG 발전이다. LNG의 경우 석탄에 비해 탄소 배출량이 적어 화석연료와 신재생에너지의 전환단계인 교량 에너지로서 최근 크게 비중이 늘었지만, 여전히 많은 양의 탄소를 배출한다는 문제점이 있다. 지구 온난화 완화를 위해 어떻게든 탄소 배출량을 줄여야 하는 상황에서 이에 대한 현실적인 대안으로 수소혼소 발전이 주목받고 있다. ____(가)____

수소혼소 발전이란 기존의 화석연료인 LNG와 친환경에너지인 수소를 혼합 연소하여 발전하는 방식이다. 수소는 지구에서 9번째로 풍부하여 고갈될 염려가 없고, 연소 시 탄소를 배출하지 않는 친환경에너지이다. 발열량 또한 1kg당 142MJ로, 다른 에너지원에 비해 월등이 높아 같은 양으로 훨씬 많은 에너지를 생산할 수 있다. ____(나)____

그러나 수소를 발전 연료로서 그대로 사용하기에는 여러 가지 문제점이 있다. 수소는 LNG에 비해 7 ~ 8배 빠르게 연소되므로 제어에 실패하면 가스 터빈에서 급격하게 발생한 화염이 역화하여 폭발할 가능성이 있다. 또한 높은 온도로 연소되므로 그만큼 공기 중의 질소와 반응하여 많은 질소산화물(NOx)을 발생시키는데, 이는 미세먼지와 함께 대기오염의 주요 원인이 된다. 마지막으로 연료로 사용할 만큼 정제된 수소를 얻기 위해서는 물을 전기분해해야 하는데, 여기에는 많은 전력이 들어가므로 수소 생산 단가가 높아진다는 단점이 있다. ____(다)____

이러한 수소의 문제점을 해결하기 위한 대안이 바로 수소혼소 발전이다. 인프라적인 측면에서 기존의 LNG 발전설비를 활용할 수 있기 때문에 수소혼소 발전은 친환경에너지로 전환하는 사회적·경제적 충격을 완화할 수 있다. 또한 수소를 혼입하는 비율이 많아질수록 그만큼 LNG를 대체하게 되므로 기술발전으로 인해 혼입하는 수소의 비중이 높아질수록 발전으로 인한 탄소의 발생을 줄일 수 있다. 아직 많은 기술적·경제적 문제점이 남아있지만, 세계의 많은 나라들은 탄소 배출량 저감을 위해 수소혼소 발전 기술에 적극적으로 뛰어들고 있다. 우리나라 또한 2024년 세종시에 수소혼소 발전이 가능한 열병합발전소가 들어설 예정이며, 한화, 포스코 등 많은 기업들이 수소혼소 발전 실현을 위해 사업을 추진하고 있다. ____(라)____

| 한국남동발전 / 의사소통능력

42 다음 중 윗글의 내용으로 적절하지 않은 것은?

① 수소혼소 발전은 기존 LNG 발전설비를 활용할 수 있다.
② 수소를 연소할 때에도 공해물질은 발생한다.
③ 수소혼소 발전은 탄소를 배출하지 않는 발전 기술이다.
④ 수소혼소 발전에서 수소를 더 많이 혼입할수록 탄소 배출량은 줄어든다.

| 한국남동발전 / 의사소통능력

43 다음 중 〈보기〉의 문장이 들어갈 위치로 가장 적절한 곳은?

보기

따라서 수소는 우리나라의 2050 탄소중립을 실현하기 위한 최적의 에너지원이라 할 수 있다.

① (가)
② (나)
③ (다)
④ (라)

44 다음은 N사의 비품 구매 신청 기준이다. 부서별로 비품 수량 현황과 기준을 참고하여 비품을 신청해야 할 때, 비품 신청 수량이 바르게 연결되지 않은 부서는?

〈비품 구매 신청 기준〉

비품	연필	지우개	볼펜	수정액	테이프
최소 수량	30자루	45개	60자루	30개	20개

- 팀별 비품 보유 수량이 비품 구매 신청 기준 이하일 때, 해당 비품을 신청할 수 있다.
- 각 비품의 신청 가능한 개수는 최소 수량에서 부족한 수량 이상 최소 보유 수량의 2배 이하이다.

예 연필 20자루, 지우개 50개, 볼펜 50자루, 수정액 40개, 테이프 30개가 있다면 지우개, 수정액, 테이프는 신청할 수 없고, 연필은 10자루 이상 60자루 이하, 볼펜은 10자루 이상 120자루 이하를 신청할 수 있다.

〈N사 부서별 비품 수량 현황〉

팀＼비품	연필	지우개	볼펜	수정액	테이프
총무팀	15자루	30개	20자루	15개	40개
연구개발팀	45자루	60개	50자루	20개	30개
마케팅홍보팀	40자루	40개	15자루	5개	10개
인사팀	25자루	50개	80자루	50개	5개

	팀	연필	지우개	볼펜	수정액	테이프
①	총무팀	15자루	15개	40자루	15개	0개
②	연구개발팀	0자루	0개	100자루	20개	0개
③	마케팅홍보팀	20자루	10개	50자루	50개	40개
④	인사팀	45자루	0개	0자루	0개	30개

※ 다음은 N사 인근의 지하철 노선도 및 관련 정보이다. 이어지는 질문에 답하시오. [45~47]

〈N사 인근 지하철 노선도〉

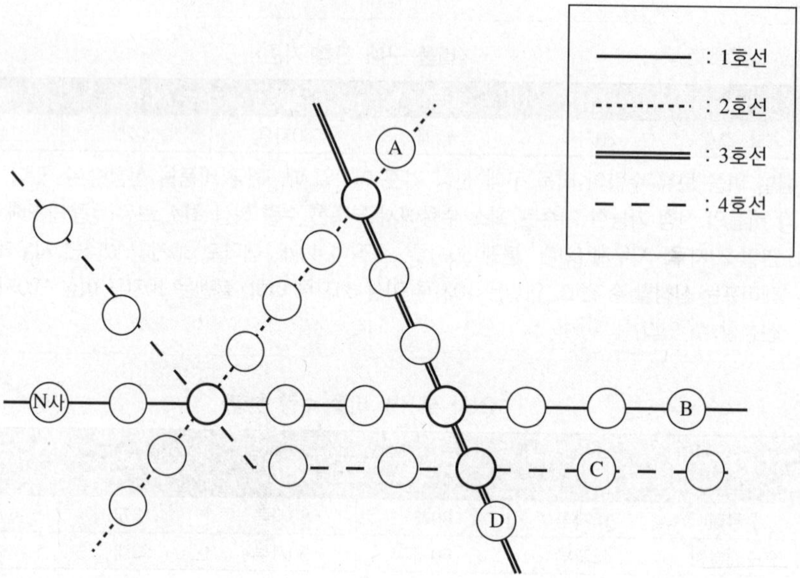

〈N사 인근 지하철 관련 정보〉

- 역간 거리 및 부과요금은 다음과 같다.

열차	역간 거리	기본요금	거리비례 추가요금
1호선	900m	1,200원	5km 초과 시 500m마다 50원 추가
2호선	950m	1,500원	5km 초과 시 1km마다 100원 추가
3호선	1,000m	1,800원	5km 초과 시 500m마다 100원 추가
4호선	1,300m	2,000원	5km 초과 시 1.5km마다 150원 추가

- 모든 노선에서 다음 역으로 이동하는 데 걸리는 시간은 2분이다.
- 모든 노선에서 환승하는 데 걸리는 시간은 3분이다.
- 기본요금이 더 비싼 열차로 환승할 때에는 부족한 기본요금을 추가로 부과하며, 기본요금이 더 저렴한 열차로 환승할 때에는 요금을 추가로 부과하거나 공제하지 않는다.
- 1회 이상 환승할 때의 거리비례 추가요금은 이용한 열차 중 기본요금이 가장 비싼 열차를 기준으로 적용한다.

예 1호선으로 3,600m 이동 후 3호선으로 환승하여 3,000m 더 이동했다면, 기본요금 및 거리비례 추가요금은 3호선 기준이 적용되어 1,800+300=2,100원이다.

| 한국남동발전 / 문제해결능력

45 다음 중 N사와 A지점을 왕복하는 데 걸리는 최소 이동시간은?

① 28분
② 34분
③ 40분
④ 46분

| 한국남동발전 / 문제해결능력

46 다음 중 N사로부터 이동거리가 가장 짧은 지점은?

① A지점
② B지점
③ C지점
④ D지점

| 한국남동발전 / 문제해결능력

47 다음 중 N사에서 이동하는 데 드는 비용이 가장 적은 지점은?

① A지점
② B지점
③ C지점
④ D지점

※ 다음 글을 읽고 이어지는 질문에 답하시오. [48~50]

SF 영화나 드라마에서만 나오던 3D 푸드 프린터를 통해 음식을 인쇄하여 소비하는 모습은 더 이상 먼 미래의 모습이 아니게 되었다. 2023년 3월 21일 미국의 컬럼비아 대학교에서는 3D 푸드 프린터와 땅콩버터, 누텔라, 딸기잼 등 7가지의 반죽형 식용 카트리지로 7겹 치즈케이크를 만들었다고 국제학술지 'NPJ 식품과학'에 소개하였다. (가) 특히 이 치즈케이크는 베이킹 기능이 있는 레이저와 식물성 원료를 사용한 비건식 식용 카트리지를 통해 만들어졌다. ㉠ 그래서 이번 발표는 대체육과 같은 다른 관련 산업에서도 많은 주목을 받게 되었다.

3D 푸드 프린터는 산업 현장에서 사용되는 일반적인 3D 프린터가 사용자가 원하는 대로 3차원의 물체를 만드는 것처럼 사람이 섭취가 가능한 페이스트, 반죽, 분말 등을 카트리지로 사용하여 사용자가 원하는 디자인으로 압출·성형하여 음식을 만들어 내는 것이다. (나) 현재 3D 푸드 프린터는 산업용 3D 프린터처럼 페이스트를 층층이 쌓아서 만드는 FDM(Fused Deposition Modeling) 방식, 분말형태로 된 재료를 접착제로 굳혀 찍어내는 PBF(Powder Bed Fusion), 레이저로 굳혀 찍어내는 SLS(Selective Laser Sintering) 방식이 주로 사용된다.

(다) 3D 푸드 프린터는 아직 대중화되지 않았지만, 많은 장점을 가지고 있어 미래에 활용가치가 아주 높을 것으로 예상되고 있다. ㉡ 예를 들어 증가하는 노령인구에 맞춰 씹고 삼키는 것이 어려운 사람을 위해 질감과 맛을 조정하거나, 개인별로 필요한 영양소를 첨가하는 등 사용자의 건강관리를 수월하게 해 준다. ㉢ 또한 우주 등 음식을 조리하기 어려운 곳에서 평소 먹던 음식을 섭취할 수 있게 하는 등 활용도는 무궁무진하다. 특히 대체육 부분에서 주목받고 있는데, 3D 푸트 프린터로 육류를 제작하게 된다면 동물을 키우고 도살하여 고기를 얻는 것보다 환경오염을 줄일 수 있다. (라) 대체육은 식물성 원료를 소재로 하는 것이므로 일반적인 고기보다는 맛은 떨어지게 된다. 실제로 대체육 전문 기업인 리디파인 미트(Redefine Meat)에서는 대체육이 축산업에서 발생하는 일반 고기보다 환경오염을 95% 줄일 수 있다고 밝히고 있다.

㉣ 따라서 3D 푸드 프린터는 개발 초기 단계이므로 아직 개선해야 할 점이 많다. 가장 중요한 것은 맛이다. 3D 푸드 프린터에 들어가는 식용 카트리지의 주원료는 식물성 재료이므로 실제 음식의 맛을 내기까지는 아직 많은 노력이 필요하다. (마) 디자인의 영역도 간과할 수 없는데, 길쭉한 필라멘트(3D 프린터에 사용되는 플라스틱 줄) 모양으로 성형된 음식이 '인쇄'라는 인식과 함께 음식을 섭취하는 데 심리적인 거부감을 주는 것도 해결해야 하는 문제이다. ㉤ 게다가 현재 주로 사용하는 방식은 페이스트, 분말을 레이저나 압출로 성형하는 것이므로 만들 수 있는 요리의 종류가 매우 제한적이며, 전력 소모 또한 많다는 것도 해결해야 하는 문제이다.

48 윗글의 내용에 대한 추론으로 적절하지 않은 것은?

① 설탕 케이크 장식 제작은 SLS 방식의 3D 푸드 프린터가 적절하다.
② 3D 푸드 프린터는 식감 등으로 발생하는 편식을 줄일 수 있다.
③ 3D 푸드 프린터는 사용자 맞춤 식단을 제공할 수 있다.
④ 현재 3D 푸드 프린터로 제작된 음식은 거부감을 일으킬 수 있다.
⑤ 컬럼비아 대학교에서 만들어 낸 치즈케이크는 PBF 방식으로 제작되었다.

49 윗글의 (가) ~ (마) 중 삭제해야 할 문장으로 가장 적절한 것은?

① (가)
② (나)
③ (다)
④ (라)
⑤ (마)

50 윗글의 접속부사 ㉠ ~ ㉤ 중 문맥상 적절하지 않은 것은?

① ㉠
② ㉡
③ ㉢
④ ㉣
⑤ ㉤

CHAPTER

02 2023년 주요 공기업 전공 기출복원문제

정답 및 해설 p.016

01 법학

| 서울교통공사

01 다음 중 노동법의 성질이 다른 하나는?

① 산업안전보건법
② 남녀고용평등법
③ 산업재해보상보험법
④ 근로자참여 및 협력증진에 관한 법
⑤ 고용보험법

| 서울교통공사

02 다음 〈보기〉 중 용익물권에 해당하는 것을 모두 고르면?

보기

가. 지상권
나. 점유권
다. 지역권
라. 유치권
마. 전세권
바. 저당권

① 가, 다, 마
② 나, 라, 바
③ 가, 라, 바
④ 다, 라, 마
⑤ 라, 마, 바

| 서울교통공사

03 다음 중 선고유예와 집행유예의 내용에 대한 분류가 옳지 않은 것은?

구분	선고유예	집행유예
실효	유예한 형을 선고	유예선고의 효력 상실
요건	1년 이하 징역·금고, 자격정지, 벌금	3년 이하 징역·금고, 500만 원 이하의 벌금형
유예기간	1년 이상 5년 이하	2년
효과	면소	형의 선고 효력 상실

① 실효
② 요건
③ 유예기간
④ 효과
⑤ 없음

| 서울교통공사

04 다음 〈보기〉 중 형법상 몰수가 되는 것은 모두 몇 개인가?

보기

- 범죄행위에 제공한 물건
- 범죄행위에 제공하려고 한 물건
- 범죄행위로 인하여 생긴 물건
- 범죄행위로 인하여 취득한 물건
- 범죄행위의 대가로 취득한 물건

① 1개
② 2개
③ 3개
④ 4개
⑤ 5개

| 서울교통공사

05 다음 중 상법상 법원이 아닌 것은?

① 판례
② 조례
③ 상관습법
④ 상사자치법
⑤ 보통거래약관

| 건강보험심사평가원

06 다음 〈보기〉의 빈칸에 들어갈 연령이 바르게 연결된 것은?

> **보기**
> • 촉법소년 : 형벌 법령에 저촉되는 행위를 한 10세 이상 ___㉠___ 미만인 소년
> • 우범소년 : 성격이나 환경에 비추어 앞으로 형벌 법령에 저촉되는 행위를 할 우려가 있는 10세 이상 ___㉡___ 미만인 소년

	㉠	㉡
①	13세	13세
②	13세	14세
③	14세	14세
④	14세	19세
⑤	19세	19세

| 건강보험심사평가원

07 다음 중 국민에게만 적용되는 기본 의무가 아닌 것은?

① 근로의 의무
② 납세의 의무
③ 교육의 의무
④ 환경보전의 의무
⑤ 국방의 의무

| 건강보험심사평가원

08 다음 중 헌법재판소의 역할로 옳지 않은 것은?

① 행정청의 처분의 효력 유무 또는 존재 여부 심판
② 탄핵의 심판
③ 국가기관 상호 간, 국가기간과 지방자치단체간 및 지방자치단체 상호 간의 권한쟁의에 관한 심판
④ 정당의 해산 심판
⑤ 법원의 제청에 의한 법률의 위헌여부 심판

| 건강보험심사평가원

09 다음 중 민법상 채권을 몇 년 동안 행사하지 아니하면 소멸시효가 완성되는가?

① 2년
② 5년
③ 10년
④ 15년
⑤ 20년

| K-water 한국수자원공사

01 **다음 중 정책참여자에 대한 설명으로 옳지 않은 것은?**

① 의회와 지방자치단체는 모두 공식적 참여자에 해당된다.
② 정당과 NGO는 비공식적 참여자에 해당된다.
③ 사회구조가 복잡해진 현대에는 공식적 참여자의 중요도가 상승하였다.
④ 사회적 의사결정에서 정부의 역할이 줄어들수록 비공식적 참여자의 중요도가 높아진다.

| K-water 한국수자원공사

02 **다음 중 정책문제에 대한 설명으로 옳지 않은 것은?**

① 정책문제는 정책결정의 대상으로, 공적인 성격이 강하고 공익성을 추구하는 성향을 갖는다.
② 주로 가치판단의 문제를 포함하고 있어 계량화가 난해하다.
③ 정책문제 해결의 주요 주체는 정부이다.
④ 기업경영에서의 의사결정에 비해 고려사항이 단순하다.

| K-water 한국수자원공사

03 **다음 중 회사모형의 특징에 대한 설명으로 옳은 것은?**

① 사이어트와 드로어가 주장한 모형으로, 조직의 의사결정 방식에 대해 설명하는 이론이다.
② 합리적 결정과 점증적 결정이 누적 및 혼합되어 의사결정이 이루어진다고 본다.
③ 조직들 간의 연결성이 강하지 않은 경우를 전제로 하고 있다.
④ 정책결정 단계를 초정책결정 단계, 정책결정 단계, 후정책결정 단계로 구분하여 설명한다.

K-water 한국수자원공사

04 다음 〈보기〉 중 블라우와 스콧이 주장한 조직 유형에 대한 설명으로 옳지 않은 것을 모두 고르면?

보기

ㄱ. 호혜조직의 1차적 수혜자는 조직 내 의사결정의 참여를 보장받는 구성원이며, 은행, 유통업체 등이 해당된다.
ㄴ. 사업조직의 1차적 수혜자는 조직의 소유자이며, 이들의 주목적은 이윤 추구이다.
ㄷ. 봉사조직의 1차적 수혜자는 이들을 지원하는 후원조직으로, 서비스 제공을 위한 인프라 및 자금조달을 지원한다.
ㄹ. 공공조직의 1차적 수혜자는 공공서비스의 수혜자인 일반대중이며, 경찰, 소방서, 군대 등이 공공조직에 해당된다.

① ㄱ, ㄴ
② ㄱ, ㄷ
③ ㄴ, ㄷ
④ ㄷ, ㄹ

K-water 한국수자원공사

05 다음 중 우리나라 직위분류제의 구조에 대한 설명으로 옳지 않은 것은?

① 직군 : 직위분류제의 구조 중 가장 상위의 구분 단위이다.
② 직위 : 개인에게 부여되는 직무와 책임이다.
③ 직류 : 동일 직렬 내 직무가 동일한 것이다.
④ 직렬 : 일반적으로 해당 구성원 간 동일한 보수 체계를 적용받는 구분이다.

K-water 한국수자원공사

06 다음 중 엽관주의와 실적주의에 대한 설명으로 옳지 않은 것은?

① 공공조직에서 엽관주의적 인사가 이루어질 시 조직구성원들의 신분이 불안정해진다는 단점이 있다.
② 엽관주의와 실적주의 모두 조직 수반에 대한 정치적 정합성보다 정치적 중립성 확보가 강조된다.
③ 민주주의적 평등 이념의 실현을 위해서는 엽관주의보다 실적주의가 유리하다.
④ 미국의 경우, 엽관주의의 폐단에 대한 대안으로 펜들턴 법의 제정에 따라 인사행정에 실적주의가 도입되었다.

| K-water 한국수자원공사

07 다음 〈보기〉 중 지방세에 대한 설명으로 옳은 것을 모두 고르면?

> **보기**
> ㄱ. 재산세는 시군세에 포함된다.
> ㄴ. 도세는 보통세와 목적세로 구분된다.
> ㄷ. 취득세는 도세에 포함된다.

① ㄱ　　② ㄴ
③ ㄱ, ㄷ　　④ ㄱ, ㄴ, ㄷ

| 한국가스기술공사

08 다음 중 행정지도에 대한 설명으로 옳은 것은?

① 상대방의 임의적 협력 또는 동의하에 일정 행정질서의 형성을 달성하기 위한 권력적 사실행위이다.
② 행정 강제와 같이 강제력을 갖는 행위이다.
③ 행정환경 변화에 대해 신속한 적용이 어렵다.
④ 분쟁의 가능성이 낮다는 장점이 있다.
⑤ 강제력 있는 행위로, 통한 상대방의 행위에 대해 행정주체는 감독권한을 갖는다.

| 한국가스기술공사

09 다음 중 시장실패에 따른 정부의 대응에 대한 설명으로 옳지 않은 것은?

① 공공재에 대한 무임승차 현상 발생 시 정부는 공적공급을 통해 해결할 수 있다.
② 외부효과가 발생할 때는 규제를 통한 부정적 외부효과 제한만이 문제를 해결할 수 있다.
③ 정보의 비대칭 발생 시 공적규제를 통해 사회주체 간 정보격차를 완화할 수 있다.
④ 불완전경쟁 문제를 해결하기 위해서는 공적규제를 시행하는 것이 효과적이다.
⑤ 자연독점에 따른 시장실패 발생 시 정부에 의한 공급뿐만 아니라 규제를 통해서도 해결할 수 있다.

| 한국가스기술공사

10 다음 중 정책네트워크에 대한 설명으로 옳지 않은 것은?

① 하위정부모형은 의회 상임위원회, 정부관료, 이익집단에 의해 정책적 의사결정이 이루어진다고 본다.
② 이슈네트워크는 참여자의 범위에 제한을 두지 않아 개방적 의견수렴이 가능하다.
③ 정책공동체는 동일한 목표를 공유하는 사회주체들에 의해 정책적 의사결정이 이루어진다.
④ 정책공동체는 일정 기준을 충족하는 주체에 한해 정책네트워크 참여가 가능하다.
⑤ 정책공동체의 경우 하위정부모형에 비해 정책참여자의 범위가 더 제한적이다.

| 한국가스기술공사

11 다음 중 발생주의 회계의 특징으로 옳은 것은?

① 현금의 유출입 발생 시 회계 장부에 기록하는 방법을 의미한다.
② 실질적 거래의 발생을 회계처리에 정확히 반영할 수 있다는 장점이 있다.
③ 회계연도 내 경영활동과 성과에 대해 정확히 측정하기 어렵다는 한계가 있다.
④ 재화나 용역의 인수 및 인도 시점을 기준으로 장부에 기입한다.
⑤ 수익과 비용이 대응되지 않는다는 한계가 있다.

| 한국가스기술공사

12 다음 〈보기〉 중 맥그리거(D. McGregor)의 인간관에 대한 설명으로 옳지 않은 것을 모두 고르면?

보기

ㄱ. X이론은 부정적이고 수동적인 인간관에 근거하고 있고, Y이론은 긍정적이고 적극적인 인간관에 근거하고 있다.
ㄴ. X이론에서는 보상과 처벌을 통한 통제보다는 직원들에 대한 조언과 격려에 의한 경영전략을 강조하였다.
ㄷ. Y이론에서는 자율적 통제를 강조하는 경영전략을 제시하였다.
ㄹ. X이론의 적용을 위한 대안으로 권한의 위임 및 분권화, 직무 확대 등을 제시했다.

① ㄱ, ㄴ
② ㄱ, ㄷ
③ ㄴ, ㄷ
④ ㄴ, ㄹ
⑤ ㄷ, ㄹ

| 한국중부발전

13 다음 중 대한민국 중앙정부의 인사조직형태에 대한 설명으로 옳지 않은 것은?

① 독립합의형 인사기관은 일반적으로 일반행정부처에서 분리되어 있으며, 독립적 지위를 가진 합의체의 형태를 갖는다.
② 비독립단독형 인사기관은 독립합의형 인사기관에 비해 의사결정이 신속하다는 특징이 있다.
③ 독립합의형 인사기관의 경우 비독립단독형 인사기관에 비해 책임소재가 불분명하다는 특징이 있다.
④ 실적주의의 인사행정을 위해서는 독립합의형보다 비독립단독형 인사조직이 적절하다.

| 한국중부발전

14 다음 〈보기〉 중 정부실패의 원인으로 옳지 않은 것을 모두 고르면?

보기
㉠ 정부가 민간주체보다 정보에 대한 접근성이 높아서 발생한다.
㉡ 공공부문의 불완전경쟁으로 인해 발생한다.
㉢ 정부행정이 사회적 필요에 비해 장기적 관점에서 추진되어 발생한다.
㉣ 정부의 공급은 공공재라는 성격을 가지기 때문에 발생한다.

① ㉠, ㉡ ② ㉠, ㉢
③ ㉡, ㉢ ④ ㉡, ㉣

| 한국중부발전

15 다음 〈보기〉의 행정의 가치 중 수단적 가치가 아닌 것을 모두 고르면?

보기
㉠ 공익 ㉡ 자유
㉢ 합법성 ㉣ 민주성
㉤ 복지

① ㉠, ㉡, ㉣ ② ㉠, ㉡, ㉤
③ ㉠, ㉢, ㉣ ④ ㉠, ㉣, ㉤

| 한국중부발전

16 다음 중 신공공관리론과 뉴거버넌스에 대한 설명으로 옳은 것은?

① 신공공관리론은 정부실패를 지적하며 등장한 이론으로, 민간에 대한 충분한 정보력을 갖춘 크고 완전한 정부를 추구한다.
② 뉴거버넌스는 정부가 사회의 문제해결을 주도하여 민간 주체들의 적극적 참여를 유도하는 것을 추구한다.
③ 영국의 대처주의, 미국의 레이거노믹스는 모두 신공공관리론에 토대를 둔 정치기조이다.
④ 뉴거버넌스는 민영화, 민간위탁을 통한 서비스의 공급을 지향한다.

| 한국중부발전

17 **다음 중 지방의회에 대한 설명으로 옳지 않은 것은?**

① 지방의회는 재적위원 3분의 2 이상의 출석으로 개의한다.
② 지방의회는 지방자치단체에 대해 연 1회 행정감사를 실시한다.
③ 지방자치단체에 대한 행정조사를 실시하기 위해서는 의원 3분의 1 이상의 발의가 필요하다.
④ 지방의회는 매년 2회 정례회를 개최한다.

| 한국동서발전

18 **다음 중 사물인터넷을 사용하지 않은 경우는?**

① 스마트 팜 시스템을 도입하여 작물 재배의 과정을 최적화, 효율화한다.
② 비상전력체계를 이용하여 재난 및 재해 등 위기상황으로 전력 차단 시 동력을 복원한다.
③ 커넥티드 카를 이용하여 차량 관리 및 운행 현황 모니터링을 자동화한다.
④ 스마트홈 기술을 이용하여 가정 내 조명, 에어컨 등을 원격 제어한다.

| 한국동서발전

19 **다음 〈보기〉 중 수평적 인사이동에 해당하지 않는 것을 모두 고르면?**

보기

ㄱ. 강임 ㄴ. 승진
ㄷ. 전보 ㄹ. 전직

① ㄱ, ㄴ ② ㄱ, ㄷ
③ ㄴ, ㄷ ④ ㄷ, ㄹ

| 한국동서발전

20 **다음 〈보기〉 중 유료 요금제에 해당하지 않는 것을 모두 고르면?**

보기

ㄱ. 국가지정문화재 관람료
ㄴ. 상하수도 요금
ㄷ. 국립공원 입장료

① ㄱ ② ㄷ
③ ㄱ, ㄴ ④ ㄴ, ㄷ

| 코레일 한국철도공사

01 다음 중 고전적 경영이론에 대한 설명으로 옳지 않은 것은?

① 고전적 경영이론은 인간의 행동이 합리적이고 경제적인 동기에 의해 이루어진다고 가정한다.
② 차별 성과급제, 기능식 직장제도는 테일러의 과학적 관리법을 기본이론으로 한다.
③ 포드의 컨베이어 벨트 시스템은 표준화를 통한 대량생산방식을 설명한다.
④ 베버는 조직을 합리적이고 법적인 권한으로 운영하는 관료제 조직이 가장 합리적이라고 주장한다.
⑤ 페이욜은 기업활동을 기술활동, 영업활동, 재무활동, 회계활동 4가지 분야로 구분하였다.

| 코레일 한국철도공사

02 다음 중 광고의 소구 방법에 대한 설명으로 옳지 않은 것은?

① 감성적 소구는 브랜드에 대한 긍정적 느낌 등 이미지 향상을 목표로 하는 방법이다.
② 감성적 소구는 논리적인 자료 제시를 통해 높은 제품 이해도를 이끌어 낼 수 있다.
③ 유머 소구, 공포 소구 등이 감성적 소구 방법에 해당한다.
④ 이성적 소구는 정보제공형 광고에 사용하는 방법이다.
⑤ 이성적 소구는 구매 시 위험이 따르는 내구재나 신제품 등에 많이 활용된다.

| 코레일 한국철도공사

03 다음 〈보기〉 중 JIT시스템의 장점으로 옳지 않은 것을 모두 고르면?

보기
㉠ 현장 낭비 제거를 통한 생산성 향상
㉡ 다기능공 활용을 통한 작업자 노동부담 경감
㉢ 소 LOT 생산을 통한 재고율 감소
㉣ 단일 생산을 통한 설비 이용률 향상

① ㉠, ㉡　② ㉠, ㉢
③ ㉡, ㉢　④ ㉡, ㉣
⑤ ㉢, ㉣

| 코레일 한국철도공사

04 다음 중 마이클 포터의 가치사슬에 대한 설명으로 옳지 않은 것은?

① 가치사슬은 거시경제학을 기반으로 하는 분석 도구이다.
② 기업의 수행활동을 제품설계, 생산, 마케팅, 유통 등 개별적 활동으로 나눈다.
③ 구매, 제조, 물류, 판매, 서비스 등을 기업의 본원적 활동으로 정의한다.
④ 기술개발, 조달활동 등을 기업의 지원적 활동으로 정의한다.
⑤ 가치사슬에서 말하는 이윤은 수입에서 가치창출을 위해 발생한 모든 비용을 제외한 값이다.

| 코레일 한국철도공사

05 다음 중 주식회사의 특징으로 옳지 않은 것은?

① 구성원인 주주와 별개의 법인격이 부여된다.
② 주주는 회사에 대한 주식의 인수가액을 한도로 출자의무를 부담한다.
③ 주주는 자신이 보유한 지분을 자유롭게 양도할 수 있다.
④ 설립 시 발기인은 최소 2인 이상을 필요로 한다.
⑤ 소유와 경영을 분리하여 이사회로 경영권을 위임한다.

| 코레일 한국철도공사

06 다음 중 정가가 10,000원인 제품을 9,900원으로 판매하는 가격전략은 무엇인가?

① 명성가격　② 준거가격
③ 단수가격　④ 관습가격
⑤ 유인가격

| 서울교통공사

07 다음 중 주식 관련 상품에 대한 설명으로 옳지 않은 것은?

① ELS : 주가지수 또는 종목의 주가 움직임에 따라 수익률이 결정되며, 만기가 없는 증권이다.
② ELB : 채권, 양도성 예금증서 등 안전자산에 주로 투자하며, 원리금이 보장된다.
③ ELD : 수익률이 코스피200지수에 연동되는 예금으로, 주로 정기예금 형태로 판매한다.
④ ELT : ELS를 특정금전신탁 계좌에 편입하는 신탁상품으로, 투자자의 의사에 따라 운영한다.
⑤ ELF : ELS와 ELD의 중간 형태로, ELS를 기초 자산으로 하는 펀드를 말한다.

| 서울교통공사

08 다음 〈보기〉에 해당하는 재고유형은 무엇인가?

> **보기**
> • 불확실한 수요 변화에 대처하기 위한 재고로, 완충재고라고도 한다.
> • 생산의 불확실성, 재료확보의 불확실성에 대비하여 보유하는 재고이다.
> • 품절 또는 재고부족 상황에 대비함으로써 납기일을 준수하여 고객 신뢰도를 높일 수 있다.

① 파이프라인재고
② 이동재고
③ 주기재고
④ 예비재고
⑤ 안전재고

| 서울교통공사

09 다음 중 인사와 관련된 이론에 대한 설명으로 옳지 않은 것은?

① 허즈버그는 욕구를 동기요인과 위생요인으로 나누었으며, 동기요인에는 인정감, 성취, 성장 가능성, 승진, 책임감, 직무 자체가 해당되고, 위생요인에는 보수, 대인관계, 감독, 직무안정성, 근무환경, 회사의 정책 및 관리가 해당된다.
② 블룸은 동기 부여에 대해 기대 이론을 적용하여 기대감, 적합성, 신뢰성을 통해 구성원의 직무에 대한 동기 부여를 결정한다고 주장하였다.
③ 매슬로는 욕구의 위계를 생리적 욕구, 안전의 욕구, 애정과 공감의 욕구, 존경의 욕구, 자아실현의 욕구로 나누어 단계별로 욕구가 작용한다고 설명하였다.
④ 맥그리거는 인간의 본성에 대해 부정적인 관점인 X이론과 긍정적인 관점인 Y이론이 있으며, 경영자는 조직목표 달성을 위해 근로자의 본성(X, Y)을 파악해야 한다고 주장하였다.
⑤ 로크는 인간이 합리적으로 행동한다는 가정하에 개인이 의식적으로 얻으려고 설정한 목표가 동기와 행동에 영향을 미친다고 주장하였다.

| 서울교통공사

10 다음 〈보기〉에 해당하는 마케팅 STP 단계는 무엇인가?

> **보기**
> • 서로 다른 욕구를 가지고 있는 다양한 고객들을 하나의 동질적인 고객집단으로 나눈다.
> • 인구, 지역, 사회, 심리 등을 기준으로 활용한다.
> • 전체시장을 동질적인 몇 개의 하위시장으로 구분하여 시장별로 차별화된 마케팅을 실행한다.

① 시장세분화
② 시장매력도 평가
③ 표적시장 선정
④ 포지셔닝
⑤ 재포지셔닝

| K-water 한국수자원공사

11 다음 K기업 재무회계 자료를 참고할 때, 기초부채를 계산하면 얼마인가?

- 기초자산 : 100억 원
- 기말자본 : 65억 원
- 총수익 : 35억 원
- 총비용 : 20억 원

① 35억 원 ② 40억 원
③ 50억 원 ④ 60억 원

| K-water 한국수자원공사

12 다음 중 ERG 이론에 대한 설명으로 옳지 않은 것은?

① 매슬로의 욕구 5단계설을 발전시켜 주장한 이론이다.
② 인간의 욕구를 중요도 순으로 계층화하여 정의하였다.
③ 인간의 욕구를 존재욕구, 관계욕구, 성장욕구의 3단계로 나누었다.
④ 상위에 있는 욕구를 충족시키지 못하면 하위에 있는 욕구는 더욱 크게 감소한다.

| K-water 한국수자원공사

13 다음 중 기업이 사업 다각화를 추진하는 목적으로 볼 수 없는 것은?

① 기업의 지속적인 성장 추구
② 사업위험 분산
③ 유휴자원의 활용
④ 기업의 수익성 강화

| K-water 한국수자원공사

14 다음 중 직무관리의 절차를 순서대로 바르게 나열한 것은?

① 직무설계 → 직무분석 → 직무기술서 / 직무명세서 → 직무평가
② 직무설계 → 직무기술서 / 직무명세서 → 직무분석 → 직무평가
③ 직무분석 → 직무기술서 / 직무명세서 → 직무평가 → 직무설계
④ 직무분석 → 직무평가 → 직무기술서 / 직무명세서 → 직무설계

| 한국중부발전

15 다음 중 종단분석과 횡단분석의 비교가 옳지 않은 것은?

구분	종단분석	횡단분석
방법	시간적	공간적
목표	특성이나 현상의 변화	집단의 특성 또는 차이
표본 규모	큼	작음
횟수	반복	1회

① 방법
② 목표
③ 표본 규모
④ 횟수

| 한국중부발전

16 다음 중 향후 채권이자율이 시장이자율보다 높아질 것으로 예상될 때 나타날 수 있는 현상으로 옳은 것은?

① 별도의 이자 지급 없이 채권발행 시 이자금액을 공제하는 방식을 선호하게 된다.
② 1년 만기 은행채, 장기신용채 등의 발행이 늘어난다.
③ 만기에 가까워질수록 채권가격 상승에 따른 이익을 얻을 수 있다.
④ 채권가격이 액면가보다 높은 가격에 거래되는 할증채 발행이 증가한다.

| 한국서부발전

17 다음 중 BCG 매트릭스에 대한 설명으로 옳은 것은?

① 스타(Star) 사업 : 높은 시장점유율로 현금창출은 양호하나, 성장 가능성은 낮은 사업이다.
② 현금젖소(Cash Cow) 사업 : 성장률과 시장점유율이 모두 낮아 철수가 필요한 사업이다.
③ 개(Dog) 사업 : 성장률과 시장점유율이 모두 높아서 계속 투자가 필요한 유망 사업이다.
④ 물음표(Question Mark) 사업 : 신규 사업 또는 현재 시장점유율은 낮으나, 향후 성장 가능성이 높은 사업이다.

| 한국서부발전

18 **다음 중 인지부조화에 따른 행동 사례로 볼 수 없는 것은?**

① A는 흡연자지만 동료가 담배를 필 때마다 담배를 끊을 것을 권유한다.
② B는 다이어트를 결심하고 저녁을 먹지 않을 것이라 말했지만 저녁 대신 빵을 먹었다.
③ C는 E정당의 정책방향을 지지하지만 선거에서는 F정당의 후보에게 투표하였다.
④ D는 중간고사 시험을 망쳤지만 시험 난이도가 너무 어려워 당연한 결과라고 생각하였다.

| 한국서부발전

19 **다음 중 기업이 해외에 진출하려고 할 때, 계약에 의한 진출 방식으로 볼 수 없는 것은?**

① 프랜차이즈 ② 라이센스
③ M&A ④ 턴키

| 한국서부발전

20 **다음 중 테일러의 과학적 관리법의 특징에 대한 설명으로 옳지 않은 것은?**

① 작업능률을 최대로 높이기 위하여 노동의 표준량을 정한다.
② 작업에 사용하는 도구 등을 개별 용도에 따라 다양하게 제작하여 성과를 높인다.
③ 작업량에 따라 임금을 차등하여 지급한다.
④ 관리에 대한 전문화를 통해 노동자의 태업을 사전에 방지한다.

04 경제학

ㅣ서울교통공사

01 **다음 중 수요의 가격탄력성에 대한 설명으로 옳지 않은 것은?**

① 수요의 가격탄력성은 가격의 변화에 따른 수요의 변화를 의미한다.

② 분모는 상품 가격의 변화량을 상품 가격으로 나눈 값이다.

③ 대체재가 많을수록 수요의 가격탄력성은 탄력적이다.

④ 가격이 1% 상승할 때 수요가 2% 감소하였으면 수요의 가격탄력성은 2이다.

⑤ 가격탄력성이 0보다 크면 탄력적이라고 할 수 있다.

ㅣ서울교통공사

02 **다음 중 대표적인 물가지수인 GDP 디플레이터를 구하는 계산식으로 옳은 것은?**

① (실질 GDP)÷(명목 GDP)×100

② (명목 GDP)÷(실질 GDP)×100

③ (실질 GDP)+(명목 GDP)÷2

④ (명목 GDP)−(실질 GDP)÷2

⑤ (실질 GDP)÷(명목 GDP)×2

ㅣ서울교통공사

03 **다음 〈조건〉을 참고할 때, 한계소비성향(MPC) 변화에 따른 현재 소비자들의 소비 변화폭은?**

> **조건**
>
> • 기존 소비자들의 연간 소득은 3,000만 원이며, 한계소비성향은 0.6을 나타내었다.
> • 현재 소비자들의 연간 소득은 4,000만 원이며, 한계소비성향은 0.7을 나타내었다.

① 700
② 1,100
③ 1,800
④ 2,500
⑤ 3,700

| 한국가스기술공사

04 다음 〈보기〉의 빈칸에 들어갈 단어가 바르게 나열된 것은?

> 보기
>
> • 환율이 ___㉠___하면 순수출이 증가한다.
> • 국내이자율이 높아지면 환율은 ___㉡___한다.
> • 국내물가가 오르면 환율은 ___㉢___한다.

	㉠	㉡	㉢
①	하락	상승	하락
②	하락	상승	상승
③	하락	하락	하락
④	상승	하락	상승
⑤	상승	하락	하락

| 한국가스기술공사

05 다음 중 독점적 경쟁시장에 대한 설명으로 옳지 않은 것은?

① 독점적 경쟁시장은 완전경쟁시장과 독점시장의 중간 형태이다.
② 대체성이 높은 제품의 공급자가 시장에 다수 존재한다.
③ 시장진입과 퇴출이 자유롭다.
④ 독점적 경쟁기업의 수요곡선은 우하향하는 형태를 나타낸다.
⑤ 가격경쟁이 비가격경쟁보다 활발히 진행된다.

| 한국가스기술공사

06 다음 중 고전학파와 케인즈학파에 대한 설명으로 옳지 않은 것은?

① 케인즈학파는 경기가 침체할 경우, 정부의 적극적 개입이 바람직하지 않다고 주장하였다.
② 고전학파는 임금이 매우 신축적이어서 노동시장이 항상 균형상태에 이르게 된다고 주장하였다.
③ 케인즈학파는 저축과 투자가 국민총생산의 변화를 통해 같아지게 된다고 주장하였다.
④ 고전학파는 실물경제와 화폐를 분리하여 설명한다.
⑤ 케인즈학파는 단기적으로 화폐의 중립성이 성립하지 않는다고 주장하였다.

| 한국가스기술공사

07 다음 중 〈보기〉의 사례에서 나타나는 현상으로 옳은 것은?

> **보기**
> • 물은 사용 가치가 크지만 교환 가치가 작은 반면, 다이아몬드는 사용 가치가 작지만 교환 가치는 크게 나타난다.
> • 한계효용이 작을수록 교환 가치가 작으며, 한계효용이 클수록 교환 가치가 크다.

① 매몰비용의 오류
② 감각적 소비
③ 보이지 않는 손
④ 가치의 역설
⑤ 희소성

| 한국가스기술공사

08 다음 〈조건〉을 따를 때, 실업률은 얼마인가?

> **조건**
> • 생산가능인구 : 50,000명
> • 취업자 : 20,000명
> • 실업자 : 5,000명

① 10%
② 15%
③ 20%
④ 25%
⑤ 30%

| 한국중부발전

09 J기업이 다음 〈조건〉과 같이 생산량을 늘린다고 할 때, 한계비용은 얼마인가?

> **조건**
> • J기업의 제품 1단위당 노동가격은 4, 자본가격은 6이다.
> • J기업은 제품 생산량을 50개에서 100개로 늘리려고 한다.
> • 평균비용 $P=2L+K+\frac{100}{Q}$ (L : 노동가격, K : 자본가격, Q : 생산량)

① 10
② 12
③ 14
④ 16

| 한국서부발전

10 **다음은 A국과 B국이 노트북 1대와 TV 1대를 생산하는 데 필요한 작업 시간을 나타낸 자료이다. A국과 B국의 비교우위에 대한 설명으로 옳은 것은?**

구분	노트북	TV
A국	6시간	8시간
B국	10시간	8시간

① A국이 노트북, TV 생산 모두 비교우위에 있다.
② B국이 노트북, TV 생산 모두 비교우위에 있다.
③ A국은 노트북 생산, B국은 TV 생산에 비교우위가 있다.
④ A국은 TV 생산, B국은 노트북 생산에 비교우위가 있다.

| 한국서부발전

11 **다음 중 다이내믹 프라이싱에 대한 설명으로 옳지 않은 것은?**

① 동일한 제품과 서비스에 대한 가격을 시장 상황에 따라 변화시켜 적용하는 전략이다.
② 호텔, 항공 등의 가격을 성수기 때 인상하고, 비수기 때 인하하는 것이 대표적인 예이다.
③ 기업은 소비자별 맞춤형 가격을 통해 수익을 극대화할 수 있다.
④ 소비자 후생이 증가해 소비자의 만족도가 높아진다.

| 한국서부발전

12 **다음 〈보기〉 중 빅맥 지수에 대한 설명으로 옳은 것을 모두 고르면?**

보기

㉠ 빅맥 지수를 최초로 고안한 나라는 미국이다.
㉡ 각 나라의 물가수준을 비교하기 위해 고안된 지수로, 구매력 평가설을 근거로 한다.
㉢ 맥도날드 빅맥 가격을 기준으로 한 이유는 전 세계에서 가장 동질적으로 판매되고 있는 상품이기 때문이다.
㉣ 빅맥 지수를 구할 때 빅맥 가격은 제품 가격과 서비스 가격의 합으로 계산한다.

① ㉠, ㉡　　② ㉠, ㉢
③ ㉡, ㉢　　④ ㉡, ㉣

| 한국서부발전

13 다음 중 확장적 통화정책의 영향으로 옳은 것은?

① 건강보험료가 인상되어 정부의 세금 수입이 늘어난다.
② 이자율이 하락하고, 소비 및 투자가 감소한다.
③ 이자율이 상승하고, 환율이 하락한다.
④ 은행이 채무불이행 위험을 줄이기 위해 더 높은 이자율과 담보 비율을 요구한다.

| 한국서부발전

14 다음 중 노동의 수요공급곡선에 대한 설명으로 옳지 않은 것은?

① 노동 수요는 파생수요라는 점에서 재화시장의 수요와 차이가 있다.
② 상품 가격이 상승하면 노동 수요곡선은 오른쪽으로 이동한다.
③ 토지, 설비 등이 부족하면 노동 수요곡선은 오른쪽으로 이동한다.
④ 노동에 대한 인식이 긍정적으로 변화하면 노동 공급곡선은 오른쪽으로 이동한다.

| 한국서부발전

15 다음 〈조건〉에 따라 S씨가 할 수 있는 최선의 선택은?

조건
- S씨는 퇴근 후 운동을 할 계획으로 헬스, 수영, 자전거, 달리기 중 하나를 고르려고 한다.
- 각 운동이 주는 만족도(이득)는 헬스 5만 원, 수영 7만 원, 자전거 8만 원, 달리기 4만 원이다.
- 각 운동에 소요되는 비용은 헬스 3만 원, 수영 2만 원, 자전거 5만 원, 달리기 3만 원이다.

① 헬스
② 수영
③ 자전거
④ 달리기

지식에 대한 투자가 가장 이윤이 많이 남는 법이다.

- 벤자민 프랭클린 -

PART 1

직업기초능력

CHAPTER 01

의사소통능력

합격 Cheat Key

의사소통능력은 평가하지 않는 공사·공단이 없을 만큼 필기시험에서 중요도가 높은 영역으로, 세부 유형은 문서 이해, 문서 작성, 의사 표현, 경청, 기초 외국어로 나눌 수 있다. 문서 이해·문서 작성과 같은 지문에 대한 주제 찾기, 내용 일치 문제의 출제 비중이 높으며, 문서의 특성을 파악하는 문제도 출제되고 있다.

1 문제에서 요구하는 바를 먼저 파악하라!

의사소통능력에서 가장 중요한 것은 제한된 시간 안에 빠르고 정확하게 답을 찾아내는 것이다. 의사소통능력에서는 지문이 아니라 문제가 주인공이므로 지문을 보기 전에 문제를 먼저 파악해야 하며, 문제에 따라 전략적으로 빠르게 풀어내는 연습을 해야 한다.

2 잠재되어 있는 언어 능력을 발휘하라!

세상에 글은 많고 우리가 학습할 수 있는 시간은 한정적이다. 이를 극복할 수 있는 방법은 다양한 글을 접하는 것이다. 실제 시험장에서 어떤 내용의 지문이 나올지 아무도 예측할 수 없으므로 평소에 신문, 소설, 보고서 등 여러 글을 접하는 것이 필요하다.

3 상황을 가정하라!

업무 수행에 있어 상황에 따른 언어 표현은 중요하다. 같은 말이라도 상황에 따라 다르게 해석될 수 있기 때문이다. 그런 의미에서 자신의 의견을 효과적으로 전달할 수 있는 능력을 평가하는 것이다. 업무를 수행하면서 발생할 수 있는 여러 상황을 가정하고 그에 따른 올바른 언어표현을 정리하는 것이 필요하다.

4 말하는 이의 입장에서 생각하라!

잘 듣는 것 또한 하나의 능력이다. 상대방의 이야기에 귀 기울이고 공감하는 태도는 업무를 수행하는 관계 속에서 필요한 요소이다. 그런 의미에서 다양한 상황에서 듣는 능력을 평가하는 것이다. 말하는 이가 요구하는 듣는 이의 태도를 파악하고, 이에 따른 판단을 할 수 있도록 언제나 말하는 사람의 입장이 되는 연습이 필요하다.

01 문서 내용 이해

| 유형분석 |

- 주어진 지문을 읽고 선택지를 고르는 전형적인 독해 문제이다.
- 지문은 주로 신문기사(보도자료 등)나 업무 보고서, 시사 등이 제시된다.
- 공사공단에 따라 자사와 관련된 내용의 기사나 법조문, 보고서 등이 출제되기도 한다.

다음 글의 내용으로 적절하지 않은 것은?

> 수소와 산소는 H_2와 O_2의 분자 상태로 존재한다. 수소와 산소가 화합해서 물 분자가 되려면 이 두 분자가 충돌해야 하는데, 충돌하는 횟수가 많으면 많을수록 물 분자가 생기는 확률은 높아진다. 또한 반응하기 위해서는 분자가 원자로 분해되어야 한다. 좀 더 정확히 말한다면, 각각의 분자가 산소 원자끼리 그리고 수소 원자끼리의 결합력이 약해져야 한다. 높은 온도는 분자 간의 충돌 횟수를 증가시킬 뿐 아니라 분자를 강하게 진동시켜 분자의 결합력을 약하게 한다. 그리하여 수소와 산소는 이전까지 결합하고 있던 자신과 동일한 원자와 떨어져, 산소 원자 하나에 수소 원자 두 개가 결합한 물(H_2O)이라는 새로운 화합물이 되는 것이다.

① 수소 분자와 산소 분자가 충돌해야 물 분자가 생긴다.
② 수소 분자와 산소 분자가 원자로 분해되어야 반응을 할 수 있다.
③ 높은 온도는 분자를 강하게 진동시켜 결합력을 약하게 한다.
④ 산소 분자와 수소 분자가 각각 물(H_2O)이라는 새로운 화합물이 된다.
⑤ 산소 분자와 수소 분자의 충돌 횟수가 많아지면 물 분자가 될 확률이 높다.

정답 ④

제시문은 분자 상태의 수소와 산소가 결합하여 물이 되는 과정을 설명한 것으로, 수소 분자와 산소 분자가 원자로 분해되고, 분해된 산소 원자 하나와 수소 원자 두 개가 결합하여 물이라는 화합물이 생성된다고 했다. ④는 산소 분자와 수소 분자가 '각각' 물이 된다고 했으므로 이는 잘못된 해석이다.

풀이 전략!

주어진 선택지에서 키워드를 체크한 후, 지문의 내용과 비교해 가면서 내용의 일치 유무를 빠르게 판단한다.

출제유형분석 01 실전예제

※ 다음 글의 내용으로 가장 적절한 것을 고르시오. [1~2]

01

일반적으로 종자를 발아시킨 후 약 1주일 정도 된 채소의 어린 싹을 새싹 채소라고 말한다. 씨앗에서 싹을 틔우고 뿌리를 단단히 뻗은 성체가 되기까지 열악한 환경을 극복하고 성장하기 위하여, 종자 안에는 각종 영양소가 많이 포함되어 있다.
이러한 종자의 에너지를 이용하여 틔운 새싹은 성숙한 채소에 비해 영양성분이 약 3～4배 정도 더 많이 함유되어 있으며 종류에 따라서는 수십 배 이상의 차이를 보이기도 하는 것으로 보고된다. 식물의 성장과정 중 씨에서 싹이 터 어린잎이 두세 개 달릴 즈음이 생명유지와 성장에 필요한 생리활성 물질을 가장 많이 만들어 내는 때라고 한다. 그렇기 때문에 그 모든 영양이 새싹 안에 그대로 모일뿐더러, 단백질과 비타민, 미네랄 등의 영양적 요소도 결집하게 된다. 고로 새싹 채소는 영양면에 있어서도 다 자란 채소나 씨앗 자체보다도 월등히 나은 데다가 신선함과 맛까지 덤으로 얻을 수 있으니 더없이 매력적인 채소라 하겠다. 따라서 성체의 채소류들이 가지는 각종 비타민, 미네랄 및 생리활성 물질들을 소량의 새싹 채소 섭취로 충분히 공급받을 수 있다. 채소류에 포함되어 있는 각종 생리활성 물질이 암의 발생을 억제하고 치료에 도움을 준다는 것은 많은 연구에서 입증되고 있으며, 이에 따라 새싹 채소는 식이요법 등에도 활용되고 있다.
예를 들어, 브로콜리에 다량 함유되어 있는 황 화합물인 설포라펜의 항암활성 및 면역활성작용은 널리 알려져 있는데, 성숙한 브로콜리보다 어린 새싹에 설포라펜의 함량이 약 40배 이상 많이 들어 있는 것으로 보고되기도 한다. 메밀 싹에는 항산화 활성이 높은 플라보노이드 화합물인 루틴이 다량 함유되어 있어 체내 유해산소의 제거를 통하여 암의 발생과 성장의 억제에 도움을 줄 수 있다. 새싹 채소는 기존에 널리 쓰여온 무 싹 정도 이외에는 많이 알려져 있지 않았으나, 최근 관심이 고조되면서 다양한 새싹 채소나 이를 재배할 수 있는 종자 등을 쉽게 구할 수 있게 되었다.
새싹 채소는 종자를 뿌린 후 1주일 정도면 식용이 가능하므로 재배기간이 짧고 키우기가 쉬워 근래에는 가정에서도 직접 재배하여 섭취하기도 한다. 새싹으로 섭취할 수 있는 채소로는 순무 싹, 밀 싹, 메밀 싹, 브로콜리 싹, 청경채 싹, 보리 싹, 케일 싹, 녹두 싹 등이 있는데 다양한 종류를 섭취하는 것이 좋다.

① 종자 상태에서는 아직 영양분을 갖고 있지 않는다.
② 다 자란 식물은 새싹 상태에 비해 3～4배 많은 영양분을 갖게 된다.
③ 씨에서 싹이 바로 나왔을 때 비타민, 미네랄과 같은 물질을 가장 많이 생성한다.
④ 새싹 채소 역시 성체와 마찬가지로 항암 효과를 보이는 물질을 가지고 있다.
⑤ 무 싹은 새싹 채소 중 하나이며 아직 많은 사람들에게 알려지지 않았다.

02

플라톤의 『파이드로스』에는 소크라테스가 파이드로스에게 문자의 발명에 관한 옛 이야기를 하는 대목이 있다. 이 옛 이야기에 따르면 문자뿐 아니라 숫자와 여러 문명의 이기를 고안해 낸 발명의 신 토이트가 이집트의 왕 타무스에게 자신이 발명한 문자를 온 백성에게 사용하게 하면 이집트 백성이 더욱더 현명해질 것이라는 제안을 한다.
그러나 타무스 왕은 문자가 인간을 더욱 이성적이게 하고 인간의 기억을 확장시킬 도구라는 주장에 대해서 강한 거부감을 표현한다. '죽은' 문자는 백성들을 현명하게 만들기는커녕 도리어 생동감 있고 살아있는 기억력을 퇴보시킬 것이고, 문자로 적힌 많은 글들은 다른 여타의 상황해석 없이 그저 글로 적힌 대로만 읽히고 원뜻과는 동떨어지게 오해될 소지가 다분하다는 것이다.
우리 시대의 주요한 화두이기도 한 구어문화(Orality)에 대립되는 문자문화(Literacy)의 비역동성과 수동성에 대한 비판은 이제 막 알파벳이 보급되고 문자문화가 전래의 구술적 신화문화를 대체한 플라톤 시기에 이미 논의된 것이다.
실제의 말과 사고는 본질적으로 언제나 실제 인간끼리 주고받는 콘텍스트하에 존재하는데, 문자와 글쓰기는 이러한 콘텍스트를 떠나 비현실적이고 비자연적인 세계 속에서 수동적으로 이뤄진다. 글쓰기와 마찬가지로 인쇄술과 컴퓨터는 끊임없이 동적인 소리를 정지된 공간으로 환원하고, 말을 그 살아있는 현재로부터 분리시키고 있다.
물론 인류의 문자화가 결코 '폐해'만을 낳았던 것이 아니라는 주장도 만만치 않다. 지난 20년간 컴퓨터공학과 인터넷의 발전이 우리의 삶을 얼마나 변화시켰던가. 고대의 신화적이고 구어문화 중심적인 사회에서 문자사회로의 이행기에 있어서 문자의 사용은 신이나 지배자의 명령하는 목소리에 점령되지 않는 자유공간을 만들어 내기도 했다는 주장에 주목할 필요가 있다.
이러한 주장의 근저는 소크라테스의 입을 통해서 플라톤이 주장하는 바와 맥이 닿는 것이 아닐까. 언어 행위의 근간이 되는 변증법적 작용을 무시하는 언술행위의 문자적 고착화에 대한 비판은 궁극적으로 우리가 살아가는 세상은 결코 어떠한 규정적인 개념화와 그 기계적인 강제로도 담아낼 수 없다는 것이다. 역으로 현실적인 층위에서의 물리적이고 강제적인 억압에 의해 말살될 위기에 처한 진리의 소리는 기념비적인 언술행위의 문자화를 통해서 저장되어야 한다는 것이 아닐까.
이러한 문화적 기억력의 여과과정은 결국 삶의 의미에 대한 성찰에 기반하여 문화적 구성원들의 가치 판단에 따라 이뤄질 몫이다. 문화적 기억력에 대한 성찰과 가치 판단이 부재한 시대의 새로운 매체는 단지 댓글 파노라마에 불과할 것이기 때문이다.

① 타무스 왕은 문자를 살아 있고 생동감 있는 것으로, 기억력은 죽은 것으로 생각했다.
② 플라톤 시기는 문자문화가 구술적 신화문화를 대체하기 시작한 시기였다.
③ 문자와 글쓰기는 항상 콘텍스트하에서 이뤄지는 행위이다.
④ 문자문화로 인해 진리의 소리는 물리적이고 강제적인 억압으로 말살되었다.
⑤ 문화적 기억력이 바탕에 있다면 새로운 매체는 댓글 파노라마로 자리 잡을 것이다.

03 다음 글의 내용으로 적절하지 않은 것은?

경제학에서는 가격이 한계 비용과 일치할 때를 가장 이상적인 상태라고 본다. '한계 비용'이란 재화의 생산량을 한 단위 증가시킬 때 추가되는 비용을 말한다. 한계 비용 곡선과 수요 곡선이 만나는 점에서 가격이 정해지면 재화의 생산 과정에 들어가는 자원이 낭비 없이 효율적으로 배분되며, 이때 사회 전체의 만족도가 가장 커진다. 가격이 한계 비용보다 높아지면 상대적으로 높은 가격으로 인해 수요량이 줄면서 거래량이 따라 줄고, 결과적으로 생산량도 감소한다. 이는 사회 전체의 관점에서 볼 때 자원이 효율적으로 배분되지 못하는 상황이므로 사회 전체의 만족도가 떨어지는 결과를 낳는다.
위에서 설명한 일반 재화와 마찬가지로 수도, 전기, 철도와 같은 공익 서비스도 자원배분의 효율성을 생각하면 한계 비용 수준으로 가격(공공요금)을 결정하는 것이 바람직하다. 대부분의 공익 서비스는 초기 시설 투자비용은 막대한 반면 한계 비용은 매우 적다. 이러한 경우, 한계 비용으로 공공요금을 결정하면 공익 서비스를 제공하는 기업은 손실을 볼 수 있다.
예컨대 초기 시설 투자비용이 6억 달러이고, 톤당 1달러의 한계 비용으로 수돗물을 생산하는 상수도 서비스를 가정해보자. 이때 수돗물 생산량을 '1톤, 2톤, 3톤, …'으로 늘리면 총비용은 '6억 1달러, 6억 2달러, 6억 3달러, …'로 늘어나고, 톤당 평균 비용은 '6억 1달러, 3억 1달러, 2억 1달러, …'로 지속적으로 줄어든다. 그렇지만 평균 비용이 계속 줄어들더라도 한계 비용 아래로는 결코 내려가지 않는다. 따라서 한계 비용으로 수도 요금을 결정하면 총비용보다 총수입이 적으므로 수도 사업자는 손실을 보게 된다.
이를 해결하는 방법에는 크게 두 가지가 있다. 하나는 정부가 공익 서비스 제공 기업에 손실분만큼 보조금을 주는 것이고, 다른 하나는 공공요금을 평균 비용 수준으로 정하는 것이다. 전자의 경우 보조금을 세금으로 충당한다면 다른 부문에 들어갈 재원이 줄어드는 문제가 있다. 평균 비용 곡선과 수요 곡선이 교차하는 점에서 요금을 정하는 후자의 경우에는 총수입과 총비용이 같아져 기업이 손실을 보지는 않는다. 그러나 요금이 한계 비용보다 높기 때문에 사회 전체의 관점에서 자원의 효율적 배분에 문제가 생긴다.

① 자원이 효율적으로 배분될 때 사회 전체의 만족도가 극대화된다.
② 가격이 한계 비용보다 높은 경우에는 한계 비용과 같은 경우에 비해 결국 그 재화의 생산량이 줄어든다.
③ 공익 서비스와 일반 재화의 생산 과정에서 자원을 효율적으로 배분하기 위한 조건은 서로 같다.
④ 정부는 공공요금을 한계 비용 수준으로 유지하기 위하여 보조금 정책을 펼 수 있다.
⑤ 평균 비용이 한계 비용보다 큰 경우, 공공요금을 평균 비용 수준에서 결정하면 자원의 낭비를 방지할 수 있다.

04 다음은 근로복지공단의 보험재정국에 대한 글이다. 글의 내용으로 적절하지 않은 것은?

> 보험재정국의 주요 업무를 한마디로 요약하면 사업장을 대상으로 고용·산재보험을 가입·부과·징수하는 일이다. 일반적으로 근로복지공단을 업무상 재해 시 보상을 담당하는 기관으로만 인식하고 있는 노동자들의 입장에서는 다소 생소한 업무일 수 있다.
>
> 사회보험 미가입 사업장을 발굴하여 가입시키는 것은 궁극적으로 노동자를 보호하기 위한 조치이며 보험료를 부과하고 징수하는 것 역시 원활한 보상과 급여를 위한 것이라는 의미이다. 그런 점에서 보험재정국의 업무는 노동자들의 보험사각지대를 해소하고 고용·산재보험의 재정 건전성을 확보하는 업무라고 설명할 수 있다.
>
> 보험재정국의 가입·부과·징수 업무는 적용계획부, 보험가입부, 보험재정부 등 3개의 팀에 의해 유기적으로 이루어지고 있다. 적용계획부는 산재보험법, 고용보험법, 보험료징수법 등과 관련된 제도 개선 업무와 함께 노동자와 유사한 지위에 있는 특수고용형태종사자, 중소기업사업주 등 사회적 보호의 필요성이 있는 사람들에 대한 고용·산재보험의 가입 업무를 수행하는 부서이다.
>
> 보험가입부에서는 여러 가지 사유로 보험가입이 안 된 사업장을 대상으로 보험가입을 유도함으로써 노동자들의 보험사각지대를 줄여나가고 있다. 보험재정부는 전국 25만여 개 건설업 사업장에 한해 보험료의 부과 및 징수 업무를 수행하는 부서이다. 또한 전국 3,000여 개의 보험 사무대행기관 지원·교육 업무도 병행하고 있다.
>
> 보험가입부의 미션이 모든 사업장을 고용·산재보험에 가입시켜 사회보험 사각지대를 해소함으로써 노동자를 보호하는 일이라면, 보험재정부의 미션은 보험료를 제대로 거둬들여 재정 건전성을 확보함으로써 노동자 보호의 기반을 마련하는 일이다. 이 두 가지는 보험재정국의 대표적인 미션이기도 하다.

① 소속된 사업장이 사회보험에 가입되어 있지 않다면 노동자들은 보호받을 수 없다.

② 적용계획부는 보험 사무대행기관의 지원·교육 업무를 돕는다.

③ 보험가입부는 노동자 보호를, 보험재정부는 노동자 보호의 기반을 마련하는 일을 한다.

④ 보험재정국은 산재보험법, 고용보험법, 보험료징수법 등과 관련된 제도 개선 업무를 한다.

⑤ 보험재정부는 재정 건전성을 확보하여 노동자 보호의 기반을 마련한다.

05 다음 글을 바탕으로 〈보기〉를 이해한 내용으로 적절하지 않은 것은?

근로복지공단은 재취업이 어렵고, 담보나 신용이 부족한 산재장해인의 경제적 자립을 돕기 위해 창업 점포를 임차하여 지원한다. 2000년부터 현재까지 1,535명에게 895억 원을 지원하여 산재근로자의 자립기반 마련에 크게 기여하였으며, 올해에는 총 28명에게 21억 4,000만 원을 지원할 예정이다. 전년도부터 이자율을 3%에서 2%로 낮추고, 전세보증금을 1억 원에서 1억 5,000만 원으로 상향하였으며 지원기간은 최장 6년까지이다. 지원 대상자가 월세를 부담하는 경우, 월세 200만 원 이하인 점포도 지원할 수 있다.
지원 대상은 산업재해보상보험법에 따라 장해등급을 받은 산재장해인 중 직업훈련 또는 창업훈련, 자격증 취득, 2년 이상 종사한 업종과 관련된 업종으로 창업을 희망하는 사람과 진폐재해자이다. 또한 산재장해인을 고용하고 있는 사회적 기업 또는 예비 사회적 기업 그리고 이를 준비 중인 법인도 해당된다. 다만 성인전용 유흥·사치·향락성 업종과 국민경제상 불요불급한 업종의 창업 희망자, 미성년자, 전국은행연합회의 금융기관 신용정보 관리규약에 따른 연체정보 등록자 등은 지원 대상에서 제외된다.
이밖에도 공단은 지원자의 창업 성공률을 높이기 위해 사업자금을 연리 2%(2년 거치 3년 상환)로 최대 1,500만 원까지 빌려주고, 지원 대상자에게는 전문가를 통한 창업컨설팅을 무료로 제공한다. 창업을 희망하는 산재장해인과 법인은 신청서(공단 양식)에 사업계획서를 첨부하여 창업예정지를 관할하는 공단의 각 지역본부 또는 지사 재활보상부에 제출하면 된다. 신청기간은 2월, 4월, 6월, 8월, 10월의 1 ~ 20일까지이다.
기타 자세한 내용은 창업 예정지를 관할하는 공단 각 지역본부 또는 지사 재활보상부로 문의하거나 공단 홈페이지에서 확인할 수 있다.

보기

2014년 1월 충남 천안의 음식점에서 3년간 주방장으로 일하던 K씨는 재료 준비 중 엄지손가락을 다치는 재해를 입어 장애 10급의 신체장애가 남았다. 갑작스러운 사고에 3 ~ 4개월 동안 슬럼프에 빠지며 좌절하였지만, 근로복지공단에서 지원하는 한식 조리과정 직업훈련을 받고 당당히 창업하기로 결심했다. 그동안의 경험과 공단에서 무료로 제공한 창업컨설팅을 통해 자신감을 회복한 K씨는 작은 식당을 개업했고, 이제는 구미 혁신도시 인근에서도 소문이 나기 시작하여 새로운 인생을 맞이하고 있다.

① K씨는 원래 음식점 주방장으로 일했기 때문에 근로복지공단에서 지원하는 '한식조리과정직업훈련' 대상자가 될 수 있었다.
② K씨는 본인이 원래 종사했던 직종과 관련된 업종으로 창업을 희망했기 때문에 전문가를 통한 무료 창업컨설팅을 받을 수 있었다.
③ K씨가 약 4개월 정도 슬럼프에 빠졌다고 했으니까 신청서 접수는 재해를 입은 지 4개월 후인 2014년 5월에 했을 것이다.
④ 만약 K씨가 사치·향락성 업종과 관련된 창업을 하려고 했다면 지원 대상이 되지 못했을 것이다.
⑤ K씨는 근로복지공단 홈페이지에서 관련 내용을 확인할 수 있었을 것이다.

02 | 주제 · 제목 찾기

| 유형분석 |

- 주어진 지문을 파악하여 전달하고자 하는 핵심 주제를 고르는 문제이다.
- 정보를 종합하고 중요한 내용을 구별하는 능력이 필요하다.
- 설명문부터 주장, 반박문까지 다양한 성격의 지문이 제시되므로 글의 성격별 특징을 알아 두는 것이 좋다.

다음 글의 제목으로 가장 적절한 것은?

구비문학에서는 기록문학과 같은 의미의 단일한 작품 또는 원본이라는 개념이 성립하기 어렵다. 윤선도의 '어부사시사'와 채만식의 『태평천하』는 엄밀하게 검증된 텍스트를 놓고 이것이 바로 그 작품이라 할 수 있지만, '오누이 장사 힘내기' 전설이라든가 '진주 낭군' 같은 민요는 서로 조금씩 다른 구연물이 다 그 나름의 개별적 작품이면서 동일 작품의 변이형으로 인정되기도 하는 것이다. 이야기꾼은 그의 개인적 취향이나 형편에 따라 설화의 어떤 내용을 좀 더 실감나게 손질하여 구연할 수 있으며, 때로는 그 일부를 생략 혹은 변경할 수 있다. 모내기할 때 부르는 '모노래'는 전승적 가사를 많이 이용하지만, 선창자의 재간과 그때그때의 분위기에 따라 새로운 노래 토막을 끼워 넣거나 일부를 즉흥적으로 개작 또는 창작하는 일도 흔하다.

① 구비문학의 현장성
② 구비문학의 유동성
③ 구비문학의 전승성
④ 구비문학의 구연성
⑤ 구비문학의 사실성

정답 ②

구비문학에서는 단일한 작품, 원본이라는 개념이 성립하기 어렵다. 선창자의 재간과 그때그때의 분위기에 따라 새롭게 변형되거나 창작되는 일이 흔하다. 다시 말해 정해진 틀이 있다기보다는 상황이나 분위기에 따라 바뀌는 것이 가능하다. 유동성이란 형편이나 때에 따라 변화될 수 있음을 뜻하는 말이다. 따라서 글의 제목은 '구비문학의 유동성'이라고 볼 수 있다.

풀이 전략!

'결국', '즉', '그런데', '그러나', '그러므로' 등의 접속어 뒤에 주제가 드러나는 경우가 많다는 것에 주의하면서 지문을 읽는다.

01 다음 기사의 제목으로 적절하지 않은 것은?

대・중소기업 간 동반성장을 위한 '상생'이 산업계의 화두로 조명 받고 있다. 4차 산업혁명 시대 도래 등 글로벌 시장에서의 경쟁이 날로 치열해지는 상황에서 대기업과 중소기업이 힘을 합쳐야 살아남을 수 있다는 위기감이 상생의 중요성을 부각하고 있다고 분석된다. 재계 관계자는 "그동안 반도체, 자동차 등 제조업에서 세계적인 경쟁력을 갖출 수 있었던 배경에는 대기업과 협력업체 간 상생의 역할이 컸다."며 "고속 성장기를 지나 지속 가능한 구조로 한 단계 더 도약하기 위해 상생경영이 중요하다."라고 강조했다.

우리 기업들은 협력사의 경쟁력 향상이 곧 기업의 성장으로 이어질 것으로 보고 2・3차 중소 협력업체들과의 상생경영에 힘쓰고 있다. 단순히 갑을 관계에서 대기업을 서포트 해야 하는 존재가 아니라 상호 발전을 위한 동반자라는 인식이 자리 잡고 있다는 분석이다. 이에 따라 협력사들에 대한 지원도 거래대금 현금 지급 등 1차원적인 지원 방식에서 벗어나 경영 노하우 전수, 기술 이전 등을 통한 '상생 생태계' 구축에 도움을 주는 방향으로 초점이 맞춰지는 추세다.

특히 최근에는 상생 협력이 대기업이 중소기업에 주는 일시적인 시혜 차원의 문제가 아니라 경쟁에서 살아남기 위한 생존 문제와 직결된다는 인식이 강하다. 협약을 통해 협력업체를 지원해준 대기업이 업체의 기술력 향상으로 더 큰 이득으로 보상받고 이를 통해 우리 산업의 경쟁력이 강화될 것이란 설명이다.

경제 전문가는 "대・중소기업 간의 상생 협력이 강제 수단이 아니라 문화적으로 자리 잡아야 할 시기"라며 "대기업, 특히 오너 중심의 대기업들도 단기적인 수익이 아닌 장기적인 시각에서 질적 평가를 통해 협력업체의 경쟁력을 키울 방안을 고민해야 한다."라고 강조했다.

이와 관련해 국내 주요 기업들은 대기업보다 연구개발(R&D) 인력과 관련 노하우가 부족한 협력사들을 위해 각종 노하우를 전수하는 프로그램을 운영 중이다. S전자는 협력사들에 기술 노하우를 전수하기 위해 경영관리 제조 개발 품질 등 해당 전문 분야에서 20년 이상 노하우를 가진 S전자 임원과 부장급 100여 명으로 '상생컨설팅팀'을 구성했다. 지난해부터는 해외에 진출한 국내 협력사에도 노하우를 전수하고 있다.

① 지속 가능한 구조를 위한 상생 협력의 중요성
② 상생경영, 함께 가야 멀리 간다.
③ 대기업과 중소기업, 상호 발전을 위한 동반자로
④ 시혜적 차원에서의 대기업 지원의 중요성
⑤ 동반성장을 위한 상생의 중요성

※ 다음 글의 제목으로 가장 적절한 것을 고르시오. [2~3]

02

시장경제는 국민 모두가 잘살기 위한 목적을 달성하기 위한 수단으로서 선택한 나라 살림의 운영 방식이다. 그러나 최근에 재계, 정계, 그리고 경제 관료 사이에 벌어지고 있는 시장경제에 대한 논쟁은 마치 시장경제 그 자체가 목적인 것처럼 왜곡되고 있다. 국민들이 잘살기 위해서는 경제가 성장해야 한다. 그러나 경제가 성장했는데도 다수의 국민들이 잘사는 결과를 가져오지 못하고 경제적 강자들의 기득권을 확대 생산하는 결과만을 가져온다면 국민들은 시장경제를 버리고 대안적 경제 체제를 찾을 것이다. 그렇기 때문에 시장경제를 유지하기 위해서는 성장과 분배의 균형이 중요하다.
시장경제는 경쟁을 통해서 효율성을 높이고 성장을 달성한다. 경쟁의 동기는 사적인 이익을 추구하는 인간의 이기적 속성에 기인한다. 국민 각자는 모두가 함께 잘살기 위해서가 아니라 내가 잘살기 위해서 경쟁을 한다. 모두가 함께 잘살기 위한 공동의 목적을 달성하기 위한 수단으로 시장경제를 선택한 것이지만 개개인은 이기적인 동기로 시장에 참여하는 것이다. 이와 같이 시장경제는 개인과 공동의 목적이 서로 상반되는 모순을 갖는 것이 그 본질이다. 그래서 시장경제가 제대로 운영되기 위해서는 국가의 소임이 중요하다.
시장경제에서 국가가 할 일을 크게 세 가지로 나누어 볼 수 있다. 첫째는 경쟁을 유도하는 시장 체제를 만드는 것이고, 둘째는 공정한 경쟁이 이루어지도록 시장 질서를 세우는 것이며, 셋째는 경쟁의 결과로 얻은 성과가 모두에게 공평하게 분배되도록 조정하는 것이다. 최근에 벌어지고 있는 시장경제의 논쟁은 세 가지 국가의 역할 중에서 논쟁의 주체들이 자신의 이해관계에 따라서 선택적으로 시장경제를 왜곡하고 있다. 경쟁에서 강자의 위치를 확보한 재벌들은 경쟁 촉진을 주장하면서 공정경쟁이나 분배를 말하는 것은 반시장적이라고 매도한다. 정치권은 인기 영합의 수단으로, 그리고 일부 노동계는 이기적 동기에서 분배를 주장하면서 분배의 전제가 되는 성장을 위해서 필요한 경쟁을 훼손하는 모순된 주장을 한다. 경제 관료들은 자신의 권력을 강화하기 위한 부처의 이기적인 관점에서 경쟁촉진과 공정 경쟁 사이에서 줄타기 곡예를 하며 분배에 대해서 말하는 것은 금기시한다. 모두가 자신들의 기득권을 위해서 선택적으로 왜곡하고 있다.
경쟁은 원천적으로 공정성을 보장하지 못한다. 서로 다른 능력이 주어진 천부적인 차이는 물론이고, 물려받는 재산과 환경의 차이로 인하여 출발선에서부터 불공정한 경쟁이 시작된다. 그럼에도 불구하고 경쟁은 창의력을 가지고 노력하는 사람에게 성공을 가져다주는 체제이다. 그래서 출발점이 다를지라도 노력과 능력에 따라서 성공의 기회가 제공되도록 보장하기 위해서 공정 경쟁이 중요하다.
경쟁은 또한 분배의 공평성을 보장하지 못한다. 경쟁의 결과는 경쟁에 참여한 모든 사람들의 노력의 결과로 이루어진 것이지, 승자만의 노력으로 이루어진 것은 아니다. 경쟁의 결과가 승자에 의해서 독점된다면 국민들은 경쟁의 참여를 거부할 수밖에 없다. 그래서 경쟁에 참여한 모두에게 공평한 분배가 이루어지는 것이 중요하다.

① 시장경제에서의 개인과 경쟁의 상호 관계
② 시장경제에서의 국가의 역할
③ 시장경제에서의 개인 상호 간의 경쟁
④ 시장경제에서의 경쟁의 양면성과 그 한계
⑤ 시장경제에서의 경쟁을 통한 개개인의 관계

03

> 우리 고유의 발효식품이자 한식 제1의 반찬인 김치는 천년이 넘는 역사를 함께해 온 우리 삶의 일부이다. 채소를 오래 보관하여 먹기 위한 절임 음식으로 시작된 김치는 양념을 버무리고 숙성시키는 우리만의 발효과학 식품으로 변신하였고, 김장은 우리 민족의 가장 중요한 행사 중 하나가 되었다. 다른 나라에도 소금 등에 채소를 절인 절임 음식이 존재하지만, 절임 후 양념으로 2차 발효시키는 음식으로는 우리 김치가 유일하다. 김치는 발효과정을 통해 원재료보다 영양이 한층 더 풍부하게 변신하며, 암과 노화, 비만 등의 예방과 억제에 효과적인 기능성을 보유한 슈퍼 발효 음식으로 탄생한다.
> 김치는 지역마다, 철마다, 또 특별한 의미를 담아 다양하게 변신하여 300가지가 넘는 종류로 탄생하는데, 기후와 지역 등에 따라서 다채로운 맛을 담은 김치들이 있으며, 주재료로 채소뿐만 아니라 수산물이나 육류를 이용한 독특한 김치도 있고, 같은 김치라도 사람에 따라 특별한 김치로 재탄생되기도 한다. 지역과 집안마다 저마다의 비법으로 담그기 때문에 유서 깊은 종가마다 비법으로 만든 특별한 김치가 전해오며, 김치를 담그고 먹는 일도 수행의 연속이라 여기는 사찰에서는 오신채를 사용하지 않은 김치가 존재한다.
> 우리 문화의 정수이자 자존심인 김치는 현대에 들어서는 문화와 전통이 결합한 복합 산업으로 펼쳐지고 있다. 김치에 들어가는 수많은 재료에 관련된 산업의 생산액은 3.3조 원이 넘으며, 주로 배추김치로 형성된 김치 생산은 약 2.3조 원의 시장을 형성하고 있고, 시판 김치의 경우 대기업의 시장 주도력이 증가하고 있다. 소비자 요구에 맞춘 다양한 포장 김치가 등장하고, 김치냉장고는 1.1조 원의 시장을 형성하고 있으며, 정성과 기다림을 상징하는 김치는 문화산업의 소재로 활용되며, 김치문화는 관광 관련 산업으로 활성화되고 있다. 김치의 영양 기능성과 김치 유산균을 활용한 여러 기능성 제품이 개발되고, 부식뿐 아니라 새로운 요리의 식재료로서 김치는 39조 원의 외식산업 시장을 뒷받침하고 있다.

① 김치의 탄생
② 김치산업의 활성화 방안
③ 우리 민족의 축제, 김장
④ 지역마다 다양한 종류의 김치
⑤ 우리 민족의 전통이자 자존심, 김치

04 다음 글의 주제로 가장 적절한 것은?

이제 2023년 6월부터 민법과 행정 분야에서 나이를 따질 때 기존 계산하는 방식에 따라 1 ~ 2살까지 차이가 났던 우리나라 특유의 나이 계산법이 국제적으로 통용되는 '만 나이'로 일원화된다. 이는 태어난 해를 0살로 보고 정확하게 1년이 지날 때마다 한 살씩 더하는 방식을 말한다.

이에 대해 여론은 대체적으로 긍정적이나, 다만 일각에서는 모두에게 익숙한 관습을 벗어나 새로운 방식에 적응해야 한다는 점을 우려하고 있다. 특히 지금 받고 있는 행정서비스에 급격한 변화가 일어나 혹시라도 손해를 보거나 미리 따져봐야 할 부분이 있는 건 아닌지, 또 다른 혼선이 야기되는 건 아닌지 하는 것들이 이에 해당한다.

이처럼 국회가 법적 나이 규정을 만 나이로 정비한 이유는 한국의 나이 기준이 우리가 관습적으로 쓰는 '세는 나이'와 민법 등에서 법적으로 규정한 '만 나이', 일부 법령이 적용하고 있는 '연 나이' 등 세 가지로 되어 있기 때문에 한 사람의 나이가 계산 방식에 따라 최대 2살이 달라져 이러한 '나이 불일치'로 각종 행정서비스 이용과 계약체결 과정에서 혼선과 법적 다툼이 발생했기 때문이다.

더군다나 법적 나이를 규정한 민법에서조차 표현상으로 만 나이와 일반 나이가 혼재되어 있어 문구를 통일해야 한다는 지적이 나왔다. 표현상 '만 ○○세'로 돼 있지 않아도 기본적으로 만 나이로 보는 게 관례이지만 법적 분쟁 발생 시 이는 해석의 여지를 줄 수 있기 때문이다. 다른 법에서 특별히 나이의 기준을 따로 두지 않았다면 민법의 나이 규정을 따르도록 되어 있는데 실상은 민법도 명확하지 않았던 것이다.

정부는 내년부터 개정된 법이 시행되면 우선 그동안 문제로 지적됐던 법적·사회적 분쟁이 크게 줄어들 것으로 기대하고 있지만 국민 전체가 일상적으로 체감하는 변화는 크지 않을 것으로 보고 있다. 이번 법 개정의 취지 자체가 나이 계산법 혼용에 따른 분쟁을 해소하는 데 맞춰져 있고, 오랜 세월 확립된 나이에 대한 사회적 인식이 법 개정으로 단번에 바뀔 수 있는 건 아니기 때문이다. 또한 여야와 정부는 연 나이를 채택해 또래 집단과 동일한 기준을 적용하는 것이 오히려 혼선을 막을 수 있고 법 집행의 효율성이 담보된다고 합의한 병역법, 청소년보호법, 민방위기본법 등 52개 법령에 대해서는 연 나이 규정 필요성이 크다면 굳이 만 나이 적용을 하지 않겠다고 밝혔다.

① 연 나이 계산법 유지의 필요성
② 우리나라 나이 계산법의 문제점
③ 기존 나이 계산법 개정의 필요성
④ 나이 계산법 혼용에 따른 분쟁 해소 방안
⑤ 나이 계산법의 변화로 달라지는 행정 서비스

05 다음 글에서 필자가 주장하는 핵심 내용으로 가장 적절한 것은?

> 현대 사회는 대중 매체의 영향을 많이 받는 사회이며, 그중에서도 텔레비전의 영향은 거의 절대적입니다. 언어 또한 텔레비전의 영향을 많이 받습니다. 그런데 텔레비전의 언어는 우리의 언어 습관을 부정적인 방향으로 흐르게 하고 있습니다.
> 텔레비전은 시청자들의 깊이 있는 사고보다는 감각적 자극에 호소하는 전달 방식을 사용하고 있습니다. 또 현대 자본주의 사회에서의 텔레비전 방송은 상업주의에 편승하여 대중을 붙잡기 위한 방편으로 쾌락과 흥미 위주의 언어를 무분별하게 사용합니다. 결국 텔레비전은 대중의 이성적 사고 과정을 마비시켜 오염된 언어 습관을 무비판적으로 수용하게 합니다. 그렇기 때문에 언어 사용을 통해 발전시킬 수 있는 상상적 사고를 기대하기 어렵게 하며, 창조적인 언어 습관보다는 단편적인 언어 습관을 갖게 만듭니다.
> 따라서 좋은 말 습관의 형성을 위해서는 또 다른 문화 매체가 필요합니다. 이러한 문제의 대안으로 문학 작품 독서를 제시하려고 합니다. 문학은 작가적 현실을 언어를 매개로 형상화한 예술입니다. 작가적 현실을 작품으로 형상화하기 위해서는 작가의 복잡한 사고 과정을 거치듯이, 작품을 바르게 이해·해석·평가하기 위해서는 독자의 상상적 사고를 거치게 됩니다. 또한 문학은 아름다움을 지향하는 언어 예술로서 정제된 언어를 사용하므로 문학 작품 감상을 통해 습득된 언어 습관은 아름답고 건전하리라 믿습니다.

① 쾌락과 흥미 위주의 언어 습관을 지양하고 사고 능력을 기를 수 있는 언어 습관을 길러야 한다.
② 사고 능력을 기르고 건전한 언어 습관을 길들이기 위해서 문학 작품 독서가 필요하다.
③ 바른 언어 습관의 형성과 건전하고 창의적인 사고를 위해 텔레비전을 멀리 해야 한다.
④ 언어는 자신의 사상을 표현하는 매체일 뿐만 아니라 그것을 사용하는 사람의 인격을 가늠하는 척도이므로 바른 언어 습관이 중요하다.
⑤ 대중 매체가 개인의 언어 습관과 사고 과정에 미치는 영향이 절대적이므로 대중 매체에서 문학작품을 다뤄야 한다.

PART 1

03 문단 나열

| 유형분석 |

- 각 문단의 내용을 파악하고 논리적 순서에 맞게 배열하는 복합적인 문제이다.
- 전체적인 글의 흐름을 이해하는 것이 중요하며, 각 문장의 지시어나 접속어에 주의한다.

다음 문단을 논리적 순서대로 바르게 나열한 것은?

(가) 여기에 반해 동양에서는 보름달에 좋은 이미지를 부여한다. 예를 들어, 우리나라의 처녀귀신이나 도깨비는 달빛이 흐린 그믐 무렵에나 활동하는 것이다. 그런데 최근에는 동서양의 개념이 마구 뒤섞여 보름달을 배경으로 악마의 상징인 늑대가 우는 광경이 동양의 영화에 나오기도 한다.

(나) 동양에서 달은 '음(陰)'의 기운을, 해는 '양(陽)'의 기운을 상징한다는 통념이 자리를 잡았다. 그래서 달을 '태음', 해를 '태양'이라고 불렀다. 동양에서는 해와 달의 크기가 같은 덕에 음과 양도 동등한 자격을 갖춘다. 즉, 음과 양은 어느 하나가 좋고 다른 하나는 나쁜 것이 아니라 서로 보완하는 관계를 이루는 것이다.

(다) 옛날부터 형성된 이러한 동서양 간의 차이는 오늘날까지 영향을 끼치고 있다. 동양에서는 달이 밝으면 달맞이를 하는데, 서양에서는 달맞이를 자살 행위처럼 여기고 있다. 특히 보름달은 서양인들에게 거의 공포의 상징과 같은 존재이다. 예를 들어, 13일의 금요일에 보름달이 뜨게 되면 사람들이 외출조차 꺼린다.

(라) 하지만 서양의 경우는 다르다. 서양에서 낮은 신이, 밤은 악마가 지배한다는 통념이 자리를 잡았다. 따라서 밤의 상징인 달에 좋지 않은 이미지를 부여하게 되었다. 이는 해와 달의 명칭을 보면 알 수 있다. 라틴어로 해를 'Sol', 달을 'Luna'라고 하는데 정신병을 뜻하는 단어 'Lunacy'의 어원이 바로 'Luna'이다.

① (가) – (나) – (라) – (다)
② (나) – (라) – (가) – (다)
③ (나) – (라) – (다) – (가)
④ (나) – (다) – (가) – (라)
⑤ (다) – (나) – (라) – (가)

정답 ③

제시문은 동양과 서양에서 서로 다른 의미를 부여하고 있는 달에 대해 설명하고 있는 글이다. 따라서 (나) 동양에서 나타나는 해와 달의 의미 → (라) 동양과 상반되는 서양에서의 해와 달의 의미 → (다) 최근까지 지속되고 있는 달에 대한 서양의 부정적 의미 → (가) 동양에서의 변화된 달의 이미지의 순서대로 나열하는 것이 적절하다.

풀이 전략!

상대적으로 시간이 부족하다고 느낄 때는 선택지를 참고하여 문장의 순서를 생각해 본다.

출제유형분석 03 실전예제

※ 다음 문단을 논리적 순서대로 바르게 나열한 것을 고르시오. [1~5]

01

(가) 그런데 음악이 대량으로 복제되는 현상에 대한 비판적인 시각도 생겨났다. 대량 생산된 복제품은 예술 작품의 유일무이(唯一無二)한 가치를 상실케 하고 예술적 전통을 훼손한다는 것이다.
(나) MP3로 대표되는 복제 기술이 어떻게 발전할 것이며 그에 따라 음악은 어떤 변화를 겪을지, 우리가 누릴 수 있는 새로운 전통이 우리 삶을 어떻게 변화시킬지 생각해 보는 것은 매우 흥미로운 일이다.
(다) 근래에는 음악을 컴퓨터 파일의 형태로 바꾸는 기술이 개발되어 작품을 나누고 섞고 변화시키는 것이 훨씬 자유로워졌다. 이에 따라 낯선 곡은 반복을 통해 친숙한 음악으로, 친숙한 곡은 디지털 조작을 통해 낯선 음악으로 변모시킬 수 있게 되었다.
(라) 그러나 복제품은 자신이 생겨난 환경에 매여 있지 않기 때문에, 새로운 환경에서 새로운 예술적 전통을 만들어 낸다. 최근 음악 환경은 IT 기술의 발달과 보급에 따라 매우 빠르게 변화하고 있다.

① (다) – (가) – (라) – (나)
② (가) – (다) – (라) – (나)
③ (다) – (라) – (가) – (나)
④ (라) – (가) – (나) – (다)
⑤ (라) – (다) – (가) – (나)

02

(가) 그런데 자연의 일양성은 선험적으로 알 수 있는 것이 아니라 경험에 기대어야 알 수 있는 것이다. 즉, '귀납이 정당한 추론이다.'라는 주장은 '자연은 일양적이다.'라는 다른 지식을 전제로 하는데, 그 지식은 다시 귀납에 의해 정당화되어야 하는 경험 지식이므로 귀납의 정당화는 순환 논리에 빠져 버린다는 것이다. 이것이 귀납의 정당화 문제이다.
(나) 귀납은 논리학에서 연역이 아닌 모든 추론, 즉 전제가 결론을 개연적으로 뒷받침하는 모든 추론을 가리킨다. 귀납은 기존의 정보나 관찰 증거 등을 근거로 새로운 사실을 추가하는 지식 확장적 특성을 지닌다.
(다) 이와 관련하여 흄은 과거의 경험을 근거로 미래를 예측하는 귀납이 정당한 추론이 되려면 미래의 세계가 과거에 우리가 경험해 온 세계와 동일하다는 자연의 일양성, 곧 한결같음이 가정되어야 한다고 보았다.
(라) 이 특성으로 인해 귀납은 근대 과학 발전의 방법적 토대가 되었지만, 한편으로 귀납 자체의 논리 한계를 지적하는 문제들에 부딪히기도 한다.

① (가) – (라) – (나) – (다)
② (가) – (나) – (다) – (라)
③ (가) – (다) – (나) – (라)
④ (나) – (다) – (라) – (가)
⑤ (나) – (라) – (다) – (가)

03

(가) 다만, 기존의 조합별로 분리 운영되던 의료보험 부과체계는 정액 기본보험료 적용에 따른 저소득층 부담과중, 조합별 보험료 부담의 불공평, 조합 간 재정격차 심화 등의 문제를 안고 있었다. 부과체계 통합의 필요성이 꾸준히 제기됨에 따라 1990년 말부터 단계적 통합과 함께 부과체계 측면의 변화도 시작됐다.

(나) 우리나라 건강보험제도가 입법화된 것은 지난 1963년이다. 그러나 당시는 경제여건이 갖추어지지 않아, 1977년 500인 이상 사업자 근로자를 대상으로 시작한 것이 시초다. 이후 1979년 1월부터 '공무원 및 사립학교 교직원 의료보험'이 실시됐고, 직장건강보험 적용대상 사업장 범위 확대로 대상자가 늘어났다.

(다) 그러나 직장인이 아닌 지역주민의 경우 혜택에서 제외된다는 문제점이 대두됨에 따라 1981년부터 농어촌지역을 중심으로 '1차 지역의료보험의 시범사업'이, 다음 해에는 도시지역을 포함한 '2차 지역의료보험 시범사업'이 실시됐으며, 1988년에는 지역의료보험이 농어촌지역을 시작으로 이듬해 도시지역 주민까지 확대됐다. 바야흐로 '전 국민 건강보험 시대'가 된 것이다.

① (가) – (나) – (다)
② (가) – (다) – (나)
③ (나) – (다) – (가)
④ (나) – (가) – (다)
⑤ (다) – (가) – (나)

04

(가) 이글루가 따듯해질 수 있는 원리를 과정에 따라 살펴보면, 먼저 눈 벽돌로 이글루를 만든 후에 이글루 안에서 불을 피워 온도를 높인다.

(나) 에스키모 하면 연상되는 것 중의 하나가 이글루이다.

(다) 이 과정을 반복하면서 눈 벽돌집은 얼음집으로 변하게 되며, 눈 사이에 들어 있던 공기는 빠져나가지 못하고 얼음 속에 갇히게 되면서 내부가 따듯해진다.

(라) 이글루는 눈을 벽돌 모양으로 잘라 만든 집임에도 불구하고 사람이 거주할 수 있을 정도로 따듯하다.

(마) 온도가 올라가면 눈이 녹으면서 벽의 빈틈을 메워 주고 어느 정도 눈이 녹으면 출입구를 열어 물이 얼도록 한다.

① (라) – (나) – (다) – (마) – (가)
② (나) – (라) – (다) – (마) – (가)
③ (라) – (다) – (나) – (가) – (마)
④ (나) – (라) – (가) – (마) – (다)
⑤ (가) – (다) – (나) – (라) – (마)

05

(가) 개념사를 역사학의 한 분과로 발전시킨 독일의 역사학자 코젤렉은 '개념은 실재의 지표이자 요소'라고 하였다. 이 말은 실타래처럼 얽혀 있는 개념과 정치·사회적 실재, 개념과 역사적 실재의 관계를 정리하기 위한 중요한 지침으로 작용한다. 그에 의하면 개념은 정치적 사건이나 사회적 변화 등의 실재를 반영하는 거울인 동시에 정치·사회적 사건과 변화의 실제적 요소이다.

(나) 개념은 정치적 사건과 사회적 변화 등에 직접 관련되어 있거나 그것을 기록, 해석하는 다양한 주체들에 의해 사용된다. 이러한 주체들, 즉 '역사 행위자'들이 사용하는 개념은 여러 의미가 포개어진 층을 이룬다. 개념사에서는 사회·역사적 현실과 관련하여 이러한 층들을 파헤치면서 개념이 어떻게 사용되어 왔는가, 이 과정에서 그 의미가 어떻게 변화했는가, 어떤 함의들이 거기에 투영되었는가, 그 개념이 어떠한 방식으로 작동했는가 등에 대해 탐구한다.

(다) 이상에서 보듯이 개념사에서는 개념과 실재를 대조하고 과거와 현재의 개념을 대조함으로써, 그 개념이 대응하는 실재를 정확히 드러내고 있는가, 아니면 실재의 이해를 방해하고 더 나아가 왜곡하는가를 탐구한다. 이를 통해 코젤렉은 과거에 대한 '단 하나의 올바른 묘사'를 주장하는 근대 역사학의 방법을 비판하고, 과거의 역사 행위자가 구성한 역사적 실재와 현재 역사가가 만든 역사적 실재를 의미있게 소통시키고자 했다.

(라) 사람들이 '자유', '민주', '평화' 등과 같은 개념들을 사용할 때, 그 개념이 서로 같은 의미를 갖는 것은 아니다. '자유'의 경우, '구속받지 않는 상태'를 강조하는 개념으로 쓰이는가 하면, '자발성'이나 '적극적인 참여'를 강조하는 개념으로 쓰이기도 한다. 이러한 정의와 해석의 차이로 인해 개념에 대한 논란과 논쟁이 늘 있어 왔다. 바로 이러한 현상에 주목하여 출현한 것이 코젤렉의 '개념사'이다.

(마) 또한 개념사에서는 '무엇을 이야기 하는가.'보다는 '어떤 개념을 사용하면서 그것을 이야기하는가.'에 관심을 갖는다. 개념사에서는 과거의 역사 행위자가 자신이 경험한 '현재'를 서술할 때 사용한 개념과 오늘날의 입장에서 '과거'의 역사 서술을 이해하기 위해 사용한 개념의 차이를 밝힌다. 그리고 과거의 역사를 현재의 역사로 번역하면서 양자가 어떻게 수렴될 수 있는가를 밝히는 절차를 밟는다.

① (라) – (가) – (나) – (마) – (다)
② (라) – (나) – (가) – (다) – (마)
③ (마) – (나) – (가) – (다) – (라)
④ (마) – (라) – (나) – (다) – (가)
⑤ (가) – (나) – (다) – (라) – (마)

04 추론하기

| 유형분석 |

- 주어진 지문을 바탕으로 도출할 수 있는 내용을 찾는 문제이다.
- 선택지의 내용을 정확하게 확인하고 지문의 정보와 비교하여 추론하는 능력이 필요하다.

다음 글에서 밑줄 친 ㉠의 사례가 아닌 것은?

> ㉠ 닻내림 효과란 닻을 내린 배가 크게 움직이지 않듯 처음 접한 정보가 기준점이 돼 판단에 영향을 미치는 일종의 편향(왜곡) 현상을 말한다. 즉, 사람들이 어떤 판단을 하게 될 때 초기에 접한 정보에 집착해, 합리적 판단을 내리지 못하는 현상을 일컫는 행동경제학 용어이다. 대부분의 사람은 제시된 기준을 그대로 받아들이지 않고, 기준점을 토대로 약간의 조정과정을 거치기는 하나, 그런 조정과정이 불완전하므로 최초 기준점에 영향을 받는 경우가 많다.

① 연봉 협상 시 본인의 적정 기준보다 더 높은 금액을 제시한다.
② 원래 1만 원이던 상품에 2만 원의 가격표를 붙이고 50% 할인한 가격에 판매한다.
③ 명품업체가 매장에서 최고가 상품들의 가격표를 보이게 진열하여 다른 상품들이 그다지 비싸지 않은 것처럼 느끼게 만든다.
④ 홈쇼핑에서 '이번 시즌 마지막 세일', '오늘 방송만을 위한 한정 구성' '매진 임박' 등의 표현을 사용하여 판매한다.
⑤ '온라인 정기구독 연간 25$'와 '온라인 및 오프라인 정기구독 연간 125$' 사이에 '오프라인 정기구독 연간 125$'의 항목을 넣어 판촉한다.

정답 ④

④는 밴드왜건 효과(편승효과)의 사례로, 이는 유행에 따라 상품을 구입하는 소비현상을 뜻하는 경제용어이다. 밴드왜건은 악대를 선두에 세우고 다니는 운송수단으로 요란한 음악을 연주하여 사람들을 모았으며, 금광이 발견되었다는 소식을 들으면 많은 사람을 이끌고 몰려갔다. 이러한 현상을 기업에서는 충동구매를 유도하는 마케팅 활동으로 활용하고, 정치계에서는 특정 유력 후보를 위한 선전용으로 활용한다.

풀이 전략!

주어진 제시문이 어떠한 내용을 다루고 있는지 파악한 후 선택지의 키워드를 확실하게 체크하고, 제시문의 정보에서 도출할 수 있는 내용을 찾는다.

출제유형분석 04 실전예제

01 다음 글을 토대로 〈보기〉를 해석한 내용으로 적절하지 않은 것은?

> 가스는 통상적으로 연료로 사용되는 기체를 의미하며, 우리 생활에는 도시가스 등이 밀접해 있다. 우리나라는 천연가스 중 LNG를 도시가스로 많이 사용한다. 천연가스는 가솔린이나 LPG에 비해 열량이 높은 청정에너지를 가지고 있지만 기체 상태이기 때문에 부피가 커서 충전과 운반, 보관 등이 어렵기 때문에 가솔린이나 디젤보다 자원으로 사용이 늦어졌다. 그러다 20세기에 LNG를 만드는 기술이 개발되면서 상용화되었다.
>
> 천연가스는 어떻게 변환했는지에 따라 또 공급 방식에 따라 종류가 달라진다. 먼저 PNG(Pipeline Natural Gas)는 천연가스 채굴 지역에서 소비 지역까지 배관을 통해 가스를 기체 상태로 이동시켜 사용하는 것으로 CNG나 LNG보다 경제성이 좋으나 배관을 직접 연결할 수 없는 지정학적 위치상 우리나라에서는 사용되지 않고 있다.
>
> LNG(Liquefied Natural Gas)는 천연가스의 주성분인 메탄을 영하 16℃로 냉각해 액체 상태로 만드는 것으로 부피가 약 600배로 압축된 상태이다. 무색의 투명한 액체로 공해물질이 거의 없고 열량이 높아 우수한 연료이다. 초저온 탱크가 필요하기 때문에 운행거리가 긴 시외버스나 대형 화물차에 사용된다.
>
> CNG(Compressed Natural Gas)는 가정이나 공장 등에서 사용되는 LNG를 자동차 연료용으로 변환한 것으로 LNG를 상온에서 기화시킨 후 약 200기압으로 압축해서 만든다. LNG보다 부피가 3배 정도 커서 1회 충전 시 운행 거리가 짧기 때문에 장거리 화물차 등에는 잘 사용되지 않는다. 하지만 LNG보다 냉각과 단열 장치에 필요한 비용이 절감되어 더 경제적이다. 주로 시내버스용으로 사용되며 서울의 시내버스는 대부분 CNG 버스이다.
>
> 우리가 흔히 사용하는 LPG(Liquefied Petroleum Gas)는 천연가스와는 다른 액화석유가스로 프로판과 부탄을 상온에서 가압하여 액화한 것을 말한다. 차량용, 가정용, 공업용 등 다양하게 활용할 수 있으며, 가스통 형태로 공급되기도 한다. 에너지가 크고 쉽게 액화할 수 있으나 공기보다 무겁고 물보다 가벼워 누출 시 폭발 위험성이 크다.

> **보기**
>
> 최근 들어 환경이 중요해지면서 석유가스보다는 천연가스의 사용이 많아지고 있을 뿐 아니라 점점 더 중요해지고 있다. 많은 차들이 CNG 차로 전환되고 있으며, 가정에는 도시가스가 보급되고 있다. 우리나라는 위로 북한이 있어 배관을 연결할 수 없기 때문에 유럽 등의 국가처럼 러시아의 천연가스를 공급받는 것이 어려워 다른 종류를 이용하고 있다. 폭발 위험성이 큰 천연가스는 줄이려고 하고 있지만 아직 다양한 분야에서 사용되고 있다. 천연가스는 변화하는 방법에 따라 여러 종류로 나눠지며, 천연가스를 자원화하기 시작한 역사가 오래된 편은 아니다.

① PNG, CNG, LNG 등은 친환경적이다.

② 남북이 통일된다면 PNG를 활용할 수 있다.

③ CNG는 천연가스보다 부피가 작고, CNG로 전환된 차들 중 시내버스가 대표적이다.

④ 천연가스는 변환 방법에 따라 종류와 쓰임이 다르다.

⑤ 폭발 위험성이 큰 것은 가정용으로 사용하지 않는다.

02 다음 글을 읽고 추론할 수 없는 것은?

> 삼국통일을 이룩한 신라는 경덕왕(742 ~ 765)대에 이르러 안정된 왕권과 정치제도를 바탕으로 문화적인 면에서 역시 황금기를 맞이하게 되었다. 불교문화 또한 융성기를 맞이하여 석굴암, 불국사를 비롯한 많은 건축물과 조형물을 건립함으로써 당시의 문화적 수준과 역량을 지금까지 전하고 있다. 석탑에 있어서도 시원양식과 전형기를 거치면서 성립된 양식이 이때에 이르러 통일된 수법으로 정착되어, 이후 건립되는 모든 석탑의 근원적인 양식이 되고 있다. 이때 건립된 석탑으로는 나원리 오층석탑, 구황동 삼층석탑, 장항리 오층석탑, 불국사 삼층석탑, 갈항사지 삼층석탑, 원원사지 삼층석탑 그리고 경주지방 외에 청도 봉기동 삼층석탑과 창녕 술정리 동삼층석탑 등이 있다. 이들은 대부분 불국사 삼층석탑의 양식을 모형으로 건립되었다. 이러한 석탑이 경주지방에 밀집되어 있다는 것은 통일된 석탑양식이 아직 지방으로까지는 파급되지 못하고 있었음을 보여 준다.
>
> 이 통일된 수법을 대표하는 가장 유명한 석탑이 불국사 삼층석탑이다. 부재의 단일화를 통해 규모는 축소되었으나, 목조건축의 양식을 완벽하게 재현하고 있고, 양식적인 면에서도 초기적인 양식을 벗어나 높은 완성도를 보이고 있다.
>
> 불국사 삼층석탑에는 세 가지 특징이 있다. 첫 번째로 탑은 이층기단으로, 상・하층기단부에 모두 2개의 탱주와 우주를 마련하고 있다는 점이다. 또한 하층기단갑석의 상면에는 호각형 2단의 상층기단면석 받침이, 상층기단갑석의 상면에는 각형 2단의 1층 탑신석 받침이 마련되었고, 하면에는 각형 1단의 부연이 마련되었다. 두 번째로 탑신석과 옥개석은 각각 1석으로 구성되어 있다는 점이다. 또한 1층 탑신에 비해 2・3층 탑신이 낮게 만들어져 체감율에 있어 안정감을 주고 있다. 옥개석은 5단의 옥개받침과 각형 2단의 탑신받침을 가지고 있으며, 낙수면의 경사는 완만하고, 처마는 수평을 이루다가 전각에 이르러 날렵한 반전을 보이고 있다. 세 번째로 탑의 상륜부는 대부분 결실되어 노반석만 남아 있다는 점이다.

① 경덕왕 때 불교문화가 번창할 수 있었던 것은 안정된 정치 체제가 바탕이 되었기 때문이다.
② 장항리 오층석탑은 불국사 삼층 석탑과 동일한 양식으로 지어졌다.
③ 경덕왕 때 통일된 석탑양식은 경주뿐만 아니라 전 지역으로 유행했다.
④ 이전에는 시원양식을 사용해 석탑을 만들었다.
⑤ 탑신부에서 안정감이 느껴지는 것은 아래층보다 위층을 낮게 만들었기 때문이다.

03 다음 글을 토대로 〈보기〉를 해석한 내용으로 적절하지 않은 것은?

> 자기 조절은 목표 달성을 위해 자신의 사고, 감정, 욕구, 행동 등을 바꾸려는 시도인데, 목표를 달성한 경우는 자기 조절의 성공을, 반대의 경우는 자기 조절의 실패를 의미한다. 이에 대한 대표적인 이론으로는 앨버트 반두라의 '사회 인지 이론'과 로이 바우마이스터의 '자기 통제 힘 이론'이 있다. 반두라의 사회 인지 이론에서는 인간이 자기 조절 능력을 선천적으로 가지고 있다고 본다. 이런 특징을 가진 인간은 가치 있는 것을 획득하기 위해 행동하거나 두려워하는 것을 피하기 위해 행동한다. 반두라에 따르면, 자기 조절은 세 가지의 하위 기능인 자기 검열, 자기 판단, 자기 반응의 과정을 통해 작동한다. 자기 검열은 자기 조절의 첫 단계로, 선입견이나 감정을 배제하고 자신이 지향하는 목표와 관련하여 자신이 놓여 있는 상황과 현재 자신의 행동을 감독, 관찰하는 것을 말한다. 자기 판단은 목표 성취와 관련된 개인의 내적 기준인 개인적 표준, 현재 자신이 처한 상황, 그리고 자신이 하게 될 행동 이후 느끼게 될 정서 등을 고려하여 자신이 하고자 하는 행동을 결정하는 것을 말한다. 그리고 자기 반응은 자신이 한 행동 이후에 자신에게 부여하는 정서적 현상을 의미하는데, 자신이 지향하는 목표와 관련된 개인적 표준에 부합하는 행동은 만족감이나 긍지라는 자기 반응을 만들어 내고 그렇지 않은 행동은 죄책감이나 수치심이라는 자기 반응을 만들어 낸다.
> 한편 바우마이스터의 자기 통제 힘 이론은, 사회 인지 이론의 기본적인 틀을 유지하면서 인간의 심리적 현상에 대해 자연과학적 근거를 찾으려는 경향이 대두되면서 등장하였다. 이 이론에서 말하는 자기 조절은 개인의 목표 성취와 관련된 개인적 표준, 자신의 행동을 관찰하는 모니터링, 개인적 표준에 도달할 수 있게 하는 동기, 자기 조절에 들이는 에너지로 구성된다. 바우마이스터는 그중 에너지의 양이 목표 성취의 여부에 결정적인 영향을 준다고 보기 때문에 자기 조절에서 특히 에너지의 양적인 측면을 중시한다. 바우마이스터에 따르면 다양한 자기 조절 과업에서 개인은 자신이 가지고 있는 에너지를 사용하는데, 에너지의 양은 제한되어 있기 때문에 지속적으로 자기 조절에 성공하기 위해서는 에너지를 효율적으로 사용해야 한다. 그런데 에너지를 많이 사용한다 하더라도 에너지가 완전히 고갈되는 상황은 벌어지지 않는다. 그 이유는 인간이 긴박한 욕구나 예외적인 상황을 대비하여 에너지의 일부를 남겨 두기 때문이다.

> **보기**
>
> S씨는 건강관리를 삶의 가장 중요한 목표로 삼았다. 우선 그녀는 퇴근하는 시간이 규칙적인 자신의 근무 환경을, 그리고 과식을 하고 운동을 하지 않는 자신을 관찰하였다. 그래서 퇴근 후의 시간을 활용하여 일주일에 3번 필라테스를 하고, 균형 잡힌 식단에 따라 식사를 하겠다고 다짐하였다. 한 달 후 S씨는 다짐한 대로 운동을 해서 만족감을 느꼈다. 그러나 균형 잡힌 식단에 따라 식사를 하지는 못했다.

① 반두라에 따르면 S씨는 선천적인 자기 조절 능력을 통한 자기 검열, 자기 판단, 자기 반응의 자기 조절 과정을 거쳤다.

② 반두라에 따르면 S씨는 식단 조절에 실패함으로써 죄책감이나 수치심을 느꼈을 것이다.

③ 반두라에 따르면 S씨는 건강관리를 가치 있는 것으로 생각하고 이를 획득하기 위해 운동을 시작하였다.

④ 바우마이스터에 따르면 S씨는 건강관리라는 개인적 표준에 도달하기 위해 자신의 근무환경과 행동을 모니터링하였다.

⑤ 바우마이스터에 따르면 S씨는 운동하는 데 모든 에너지를 사용하여 에너지가 고갈됨으로써 식단 조절에 실패하였다.

04 다음 글을 바탕으로 〈보기〉에서 추론할 수 있는 내용으로 가장 적절한 것은?

독립신문은 우리나라 최초의 민간 신문이다. 사장 겸 주필(신문의 최고 책임자)은 서재필 선생이, 국문판 편집과 교정은 최고의 국어학자로 유명한 주시경 선생이, 그리고 영문판 편집은 선교사 호머 헐버트가 맡았다. 창간 당시 독립신문은 이들 세 명에 기자 두 명과 몇몇 인쇄공들이 합쳐 단출하게 시작했다.

신문은 우리가 흔히 사용하는 'A4 용지'보다 약간 큰 '국배판(218×304mm)' 크기로 제작됐고, 총 4면 중 3면은 순 한글판으로, 나머지 1면은 영문판으로 발행했다. 제1호는 '독닙신문'이고 영문판은 'Independent(독립)'로 조판했고, 내용을 살펴보면 제1면에는 대체로 논설과 광고가 실렸으며, 제2면에는 관보・외국통신・잡보가, 제3면에는 물가・우체시간표・제물포 기선 출입항 시간표와 광고가 게재됐다.

독립신문은 민중을 개화시키고 교육하기 위해 발간된 것이지만, 그 이름에서부터 알 수 있듯 스스로 우뚝 서는 독립국을 만들고자 자주적 근대화 사상을 강조했다. 창간호 표지에는 '뎨일권 뎨일호. 조선 서울 건양 원년 사월 초칠일 금요일'이라고 표기했는데, '건양(建陽)'은 조선의 연호이고, 한성 대신 서울을 표기한 점과 음력 대신 양력을 쓴 점 모두 중국 사대주의에서 벗어난 자주독립을 꾀한 것으로 볼 수 있다.

독립신문이 발행되자 사람들은 모두 깜짝 놀랄 수밖에 없었다. 순 한글로 만들어진 것은 물론 유려한 편집 솜씨에 조판과 내용까지 완벽했기 때문이다. 무엇보다 제4면을 영어로 발행해 국내 사정을 외국에 알린다는 점은 호시탐탐 한반도를 노리던 일본 당국에 큰 부담을 안겨주었고, 더는 자기네들 마음대로 조선의 사정을 왜곡 보도할 수 없게 되었다.

날이 갈수록 독립신문을 구독하려는 사람은 늘어났고, 처음 300부씩 인쇄되던 신문이 곧 500부로, 나중에는 3,000부까지 확대된다. 오늘날에는 한 사람이 신문 한 부를 읽으면 폐지 처리하지만, 과거에는 돌려가며 읽는 경우가 많았고 시장이나 광장에서 글을 아는 사람이 낭독해주는 일도 빈번했기에 한 부의 독자 수는 50명에서 100명에 달했다. 이런 점을 감안해보면 실제 독립신문의 독자 수는 10만 명을 넘어섰다고 가늠해 볼 수 있다.

보기

우리 신문이 한문은 아니 쓰고 다만 국문으로만 쓰는 것은 상하귀천이 다 보게 함이라. 또 국문을 이렇게 구절을 떼어 쓴즉 아무라도 이 신문을 보기가 쉽고 신문 속에 있는 말을 자세히 알아보게 함이라.

① 교통수단도 발달하지 않던 과거에는 활자 매체인 신문이 소식 전달에 있어 절대적인 역할을 차지했다.

② 민중을 개화시키고 교육하기 위해 발간된 것으로 역사적・정치적으로 큰 의의를 가진다.

③ 한글을 사용해야 누구나 읽을 수 있다는 점을 인식해 한문우월주의에 영향을 받지 않고, 소신 있는 행보를 했다.

④ 일본이 한반도를 집어삼키려 하던 혼란기 우리만의 신문을 펴낼 수 있었다는 것에 큰 의의가 있다.

⑤ 중국의 지배에서 벗어나 자주독립을 꾀하고 스스로 우뚝 서는 독립국을 만들고자 자주적 사상을 강조했다.

05 다음 글에서 설명한 '즉흥성'과 관련 있는 내용을 〈보기〉에서 모두 고르면?

> 우리나라의 전통 음악은 대체로 크게 정악과 속악으로 나뉜다. 정악은 왕실이나 귀족들이 즐기던 음악이고, 속악은 일반 민중들이 가까이 하던 음악이다. 개성을 중시하고 자유분방한 감정을 표출하는 한국인의 예술 정신은 정악보다는 속악에 잘 드러나 있다. 우리 속악의 특징은 한 마디로 즉흥성이라는 개념으로 집약될 수 있다. 판소리나 산조에 '유파(流派)'가 자꾸 형성되는 것은 모두 즉흥성이 강하기 때문이다. 즉흥으로 나왔던 것이 정형화되면 그 사람의 대표 가락이 되는 것이고, 그것이 독특한 것이면 새로운 유파가 형성되기도 하는 것이다.
>
> 물론 즉흥이라고 해서 음악가가 제멋대로 하는 것은 아니다. 곡의 일정한 틀은 유지하면서 그 안에서 변화를 주는 것이 즉흥 음악의 특색이다. 판소리 명창이 무대에 나가기 전에 "오늘 공연은 몇 분으로 할까요?" 하고 묻는 것이 그런 예다. 이때 창자는 상황에 맞추어 얼마든지 곡의 길이를 조절할 수 있다. 이것은 서양 음악에서는 어림없는 일이다. 그나마 서양 음악에서 융통성을 발휘할 수 있다면 4악장 가운데 한 악장만 연주하는 것 정도이지 각 악장에서 조금씩 뽑아 한 곡을 만들어 연주할 수는 없다. 그러나 한국 음악에서는, 특히 속악에서는 연주 장소나 주문자의 요구 혹은 연주자의 상태에 따라 악기도 하나면 하나로만, 둘이면 둘로 연주해도 별문제가 없다. 거문고나 대금 하나만으로도 얼마든지 연주할 수 있다. 전혀 이상하지도 않다. 그렇지만 베토벤의 운명 교향곡을 바이올린이나 피아노만으로 연주하는 경우는 거의 없을 뿐만 아니라, 연주를 하더라도 어색하게 들릴 수밖에 없다.
>
> 즉흥과 개성을 중시하는 한국의 속악 가운데 대표적인 것이 시나위다. 현재의 시나위는 19세기 말에 완성되었으나 원형은 19세기 훨씬 이전부터 연주되었을 것으로 추정된다. 시나위의 가장 큰 특징은 악보 없는 즉흥곡이라는 것이다. 연주자들이 모여 아무 사전 약속도 없이 "시작해 볼까." 하고 연주하기 시작한다. 그러니 처음에는 불협음 일색이다. 그렇게 진행되다가 중간에 호흡이 맞아 떨어지면 협음을 낸다. 그러다가 또 각각 제 갈 길로 가서 혼자인 것처럼 연주한다. 이게 시나위의 묘미다. 불협음과 협음이 오묘하게 서로 들어맞는 것이다.
>
> 그런데 이런 음악은 아무나 하는 게 아니다. 즉흥곡이라고 하지만 '초보자(初步者)'들은 꿈도 못 꾸는 음악이다. 기량이 뛰어난 경지에 이르러야 가능한 음악이다. 그래서 요즈음은 시나위를 잘할 수 있는 사람이 별로 없다고 한다. 요즘에는 악보로 정리된 시나위를 연주하는 경우가 대부분인데, 이것은 시나위 본래의 취지에 어긋난다. 악보로 연주하면 박제된 음악이 되기 때문이다.
>
> 요즘 음악인들은 시나위 가락을 보통 '허튼 가락'이라고 한다. 이 말은 말 그대로 '즉흥 음악'으로 이해된다. 미리 짜 놓은 일정한 형식이 없이 주어진 장단과 연주 분위기에 몰입해 그때그때의 감흥을 자신의 음악성과 기량을 발휘해 연주하는 것이다. 이럴 때 즉흥이 튀어 나온다. 시나위는 이렇듯 즉흥적으로 흐드러져야 맛이 난다. 능청거림, 이것이 시나위의 음악적 모습이다.

보기

㉠ 주어진 상황에 따라 임의로 곡의 길이를 조절하여 연주한다.
㉡ 장단과 연주 분위기에 몰입해 새로운 가락으로 연주한다.
㉢ 연주자들 간에 사전 약속 없이 연주하지만 악보의 지시는 따른다.
㉣ 감흥을 자유롭게 표현하기 위해 일정한 틀을 철저히 무시한 채 연주한다.

① ㉠, ㉡
② ㉠, ㉢
③ ㉡, ㉢
④ ㉠, ㉣
⑤ ㉢, ㉣

05 빈칸 넣기

| 유형분석 |

- 주어진 지문을 바탕으로 빈칸에 들어갈 내용을 찾는 문제이다.
- 선택지의 내용을 정확하게 확인하고 빈칸 앞뒤 문맥을 파악하는 능력이 필요하다.

다음 글의 빈칸에 들어갈 내용으로 가장 적절한 것은?

힐링(Healing)은 사회적 압박과 스트레스 등으로 손상된 몸과 마음을 치유하는 방법을 포괄적으로 일컫는 말이다. 우리보다 먼저 힐링이 정착된 서구에서는 질병 치유의 대체 요법 또는 영적·심리적 치료 요법 등을 지칭하고 있다. 국내에서도 최근 힐링과 관련된 갖가지 상품이 유행하고 있다. 간단한 인터넷 검색을 통해 수천 가지의 상품을 확인할 수 있을 정도이다. 종교적 명상, 자연 요법, 운동 요법 등 다양한 형태의 힐링 상품이 존재한다. 심지어 고가의 힐링 여행이나 힐링 주택 등의 상품도 나오고 있다. 그러나 ________________ 우선 명상이나 기도 등을 통해 내면에 눈뜨고, 필라테스나 요가를 통해 육체적 건강을 회복하여 자신감을 얻는 것부터 출발할 수 있다.

① 힐링이 먼저 정착된 서구의 힐링 상품들을 참고해야 할 것이다.
② 많은 돈을 들이지 않고서도 쉽게 할 수 있는 일부터 찾는 것이 좋을 것이다.
③ 이러한 상품들의 값이 터무니없이 비싸다고 느껴지지는 않을 것이다.
④ 자신을 진정으로 사랑하는 법을 알아야 할 것이다.
⑤ 혼자만 할 수 있는 힐링 상품을 찾는 것보다는 다른 사람과 함께 하는 힐링 상품을 찾는 것이 좋을 것이다.

정답 ②

빈칸의 전후 문장을 통해 내용을 파악해야 한다. 우선 '그러나'를 통해 빈칸에는 앞의 내용에 상반되는 내용이 오는 것임을 알 수 있다. 따라서 수천 가지의 힐링 상품이나 고가의 상품들을 참고하는 것과는 상반된 내용을 찾으면 된다. 또한, 빈칸 뒤의 내용이 주위에서 쉽게 할 수 있는 힐링 방법을 통해 자신감을 얻는 것부터 출발해야 한다는 내용이므로, 빈칸에는 많은 돈을 들이지 않고도 쉽게 할 수 있는 일부터 찾아야 한다는 내용이 담긴 문장이 오는 것이 적절하다.

풀이 전략!

빈칸 앞뒤의 문맥을 파악한 후 선택지에서 가장 어울리는 내용을 찾는다. 빈칸 앞에 접속사가 있다면 이를 활용한다.

출제유형분석 05 실전예제

※ 다음 글의 빈칸에 들어갈 내용으로 가장 적절한 것을 고르시오. [1~5]

01

소독이란 물체의 표면 및 그 내부에 있는 병원균을 죽여 전파력 또는 감염력을 없애는 것이다. 이때, 소독의 가장 안전한 형태로는 멸균이 있다. 멸균이란 대상으로 하는 물체의 표면 또는 그 내부에 분포하는 모든 세균을 완전히 죽여 무균의 상태로 만드는 조작으로, 살아있는 세포뿐만 아니라 포자, 박테리아, 바이러스 등을 완전히 파괴하거나 제거하는 것이다.
물리적 멸균법은 열, 햇빛, 자외선, 초단파 따위를 이용하여 균을 죽여 없애는 방법이다. 열(Heat)에 의한 멸균에는 건열 방식과 습열 방식이 있는데, 건열 방식은 소각과 건식오븐을 사용하여 멸균하는 방식이다. 건열 방식이 활용되는 예로는 미생물 실험실에서 사용하는 많은 종류의 기구를 물 없이 멸균하는 것이 있다. 이는 습열 방식을 활용했을 때 유리를 포함하는 기구가 파손되거나 금속 재질로 이루어진 기구가 습기에 의해 부식할 가능성을 보완한 방법이다. 그러나 건열 멸균법은 습열 방식에 비해 멸균 속도가 느리고 효율이 떨어지며, 열에 약한 플라스틱이나 고무제품은 대상물의 변성이 이루어져 사용할 수 없다. 예를 들어 많은 세균의 내생포자는 습열 멸균 온도 조건(121℃)에서는 5분 이내에 사멸되나, 건열 멸균법을 활용할 경우 이보다 더 높은 온도(160℃)에서도 약 2시간 정도가 지나야 사멸되는 양상이 나타난다. 반면, 습열 방식은 바이러스, 세균, 진균 등의 미생물들을 손쉽게 사멸시킨다. 습열은 효소 및 구조단백질 등의 필수 단백질의 변성을 유발하고, 핵산을 분해하며 세포막을 파괴하여 미생물을 사멸시킨다. 끓는 물에 약 10분간 노출하면 대개의 영양세포나 진핵포자를 충분히 죽일 수 있으나, 100℃의 끓는 물에서는 세균의 내생포자를 사멸시키지는 못한다. 따라서 물을 끓여서 하는 열처리는 ____________________ 멸균을 시키기 위해서는 100℃가 넘는 온도(일반적으로 121℃)에서 압력(약 1.1kg/cm^2)을 가해 주는 고압증기멸균기를 이용한다. 고압증기멸균기는 물을 끓여 증기를 발생시키고 발생한 증기와 압력에 의해 멸균을 시키는 장치이다. 고압증기멸균기 내부가 적정 온도와 압력(121℃, 약 1.1kg/cm^2)에 이를 때까지 뜨거운 포화 증기를 계속 유입시킨다. 해당 온도에서 포화 증기는 15분 이내에 모든 영양세포와 내생포자를 사멸시킨다. 고압증기멸균기에 의해 사멸되는 미생물은 고압에 의해서라기보다는 고압하에서 수증기가 얻을 수 있는 높은 온도에 의해 사멸되는 것이다.

① 더 많은 세균을 사멸시킬 수 있다.
② 멸균 과정에서 더 많은 비용이 소요된다.
③ 멸균 과정에서 더 많은 시간이 소요된다.
④ 소독을 시킬 수는 있으나, 멸균을 시킬 수는 없다.
⑤ 멸균을 시킬 수는 있으나, 소독을 시킬 수는 없다.

02

> 포논(Phonon)이라는 용어는 소리(Pho－)라는 접두어에 입자(－non)라는 접미어를 붙여 만든 단어로, 실제로 포논이 고체 안에서 소리를 전달하기 때문에 이런 이름이 붙었다. 어떤 고체의 한쪽을 두드리면 포논이 전파한 소리를 반대쪽에서 들을 수 있다.
> 아인슈타인이 새롭게 만든 고체의 비열 공식(아인슈타인 모형)은 실험결과와 상당히 잘 맞았다. 그런데 그의 성공은 고체 내부의 진동을 포논으로 해석한 데에만 있지 않다. 그는 포논이 보존(Boson) 입자라는 사실을 간파하고, 고체 내부의 세상에 보존의 물리학(보즈－아인슈타인 통계)을 적용했으며, 비로소 고체의 비열이 온도에 따라 달라진다는 결론을 얻을 수 있었다.
> 양자역학의 세계에서 입자는 스핀 상태에 따라 분류된다. 스핀이 1/2의 홀수배(1/2, 3/2, …)인 입자들은 원자로를 개발한 유명한 물리학자 엔리코 페르미의 이름을 따 '페르미온'이라고 부른다. 오스트리아의 이론물리학자 볼프강 파울리는 페르미온들은 같은 에너지 상태를 가질 수 없고 서로 배척한다는 사실을 알아냈다. 즉, 같은 에너지 상태에서는 ＋/－ 반대의 스핀을 갖는 페르미온끼리만 같이 존재할 수 있다. 이를 '파울리의 배타원리'라고 한다. 페르미온은 대개 양성자, 중성자, 전자 같은 물질을 구성하며, 파울리의 배타원리에 따라 페르미온 입자로 이뤄진 물질은 우리가 손으로 만질 수 있다.
> 스핀이 0, 1, 2, … 등 정수 값인 입자도 있다. 바로 보존이다. 인도의 무명 물리학자였던 사티엔드라 나트 보즈의 이름을 본떴다. 보즈는 페르미가 개발한 페르미 통계를 공부하고 보존의 물리학을 만들었다. 당시 그는 박사학위도 없는 무명의 물리학자여서 논문을 작성한 뒤 아인슈타인에게 편지로 보냈다. 다행히 아인슈타인은 그 논문을 쓰레기통에 넣지 않고 꼼꼼히 읽어 본 뒤 자신의 생각을 첨가하고 독일어로 번역해 학술지에 제출했다. 바로 보존 입자의 물리학(보즈－아인슈타인 통계)이다. 이에 따르면, 보존 입자는 페르미온과 달리 파울리의 배타원리를 따르지 않는다. 따라서 같은 에너지 상태를 지닌 입자라도 서로 겹쳐서 존재할 수 있다. 만져지지 않는 에너지 덩어리인 셈이다. 이들 보존 입자는 대개 힘을 매개한다.
> 빛 알갱이, 즉 ______________________ 빛은 실험을 해보면 입자의 특성을 보이지만, 질량이 없고 물질을 투과하며 만져지지 않는다. 포논은 어떨까? 원자 사이의 용수철 진동을 양자화 한 것이므로 물질이 아니라 단순한 에너지의 진동으로서 파울리의 배타원리를 따르지 않는다. 즉, 포논은 광자와 마찬가지로 스핀이 0인 보존 입자다.

① 광자는 파울리의 배타원리를 따른다.
② 광자는 스핀 상태에 따라 분류할 수 없다.
③ 광자는 스핀이 1/2의 홀수배인 입자의 대표적인 예다.
④ 광자는 보존의 대표적인 예다.
⑤ 광자는 페르미온의 대표적인 예다.

03

스마트팩토리는 인공지능(AI), 사물인터넷(IoT) 등 다양한 기술이 융합된 자율화 공장으로, 제품 설계와 제조, 유통, 물류 등의 산업 현장에서 생산성 향상에 초점을 맞췄다. 이곳에서는 기계, 로봇, 부품 등의 상호 간 정보 교환을 통해 제조 활동을 하고, 모든 공정 이력이 기록되며, 빅데이터 분석으로 사고나 불량을 예측할 수 있다. 스마트팩토리에서는 컨베이어 생산 활동으로 대표되는 산업 현장의 모듈형 생산이 컨베이어를 대체하고 IoT가 신경망 역할을 한다. 센서와 기기 간 다양한 데이터를 수집하고, 이를 서버에 전송하면 서버는 데이터를 분석해 결과를 도출한다. 서버는 AI 기계학습 기술이 적용돼 빅데이터를 분석하고 생산성 향상을 위한 최적의 방법을 제시한다.
스마트팩토리의 대표 사례로는 고도화된 시뮬레이션 '디지털 트윈'을 들 수 있다. 디지털 트윈은 데이터를 기반으로 가상공간에서 미리 시뮬레이션하는 기술이다. 시뮬레이션을 위해 빅데이터를 수집하고 분석과 예측을 위한 통신・분석 기술에 가상현실(VR), 증강현실(AR)과 같은 기술을 더한다. 이를 통해 산업 현장에서 작업 프로세스를 미리 시뮬레이션하고, VR・AR로 검증함으로써 실제 시행에 따른 손실을 줄이고, 작업 효율성을 높일 수 있다.
한편 '에지 컴퓨팅'도 스마트팩토리의 주요 기술 중 하나이다. 에지 컴퓨팅은 산업 현장에서 발생하는 방대한 데이터를 클라우드로 한 번에 전송하지 않고, 에지에서 사전 처리한 후 데이터를 선별해서 전송한다. 서버와 에지가 연동해 데이터 분석 및 실시간 제어를 수행하여 산업 현장에서 생산되는 데이터가 기하급수로 늘어도 서버에 부하를 주지 않는다. 현재 클라우드 컴퓨팅이 중앙 데이터센터와 직접 소통하는 방식이라면 에지 컴퓨팅은 기기 가까이에 위치한 일명 '에지 데이터 센터'와 소통하며, 저장을 중앙 클라우드에 맡기는 형식이다. 이를 통해 데이터 처리 지연 시간을 줄이고 즉각적인 현장 대처를 가능하게 한다.
이러한 스마트팩토리의 발전은 ____________________ 최근 선진국에서 나타나는 주요 현상 중의 하나는 바로 '리쇼어링'의 가속화이다. 리쇼어링이란 인건비 등 각종 비용 절감을 이유로 해외에 나간 자국 기업들이 다시 본국으로 돌아오는 현상을 의미하는 용어이다. 2000년대 초반까지는 국가적 차원에서 세제 혜택 등의 회유책을 통해 추진되어 왔지만, 스마트팩토리의 등장으로 인해 자국 내 스마트팩토리에서의 제조 비용과 중국이나 멕시코와 같은 제3국에서 제조 후 수출 비용에 큰 차이가 없어 리쇼어링 현상은 더욱 가속화되고 있다.

① 공장의 제조 비용을 절감시키고 있다.
② 공장의 세제 혜택을 사라지게 하고 있다.
③ 공장의 위치를 변화시키고 있다.
④ 수출 비용을 줄이는 데 도움이 된다.
⑤ 공장의 생산성을 높이고 있다.

PART 1

04

오늘날 인류가 왼손보다 오른손을 선호하는 경향은 어디서 비롯되었을까? 오른손을 귀하게 여기고 왼손을 천대하는 현상은 어쩌면 산업화 이전 사회에서 배변 후 사용할 휴지가 없었다는 사실과 관련이 있을 법하다. 맨손으로 배변 뒤처리를 하는 것은 불쾌할 뿐더러 병균을 옮길 위험을 수반하는 일이었다. 이런 위험성을 낮추는 간단한 방법은 음식을 먹거나 인사할 때 다른 손을 사용하는 것이었다. 기술 발달 이전의 사회는 대개 왼손을 배변 뒤처리에, 오른손을 먹고 인사하는 일에 사용했다. 나는 이런 배경이 인간 사회에 널리 나타나는 '오른쪽'에 대한 긍정과 '왼쪽'에 대한 반감을 어느 정도 설명해 줄 수 있으리라고 생각했다. 그러나 이 설명은 왜 애초에 오른손이 먹는 일에, 그리고 왼손이 배변 처리에 사용되었는지 설명해 주지 못한다. ______________ 따라서 근본적인 설명은 다른 곳에서 찾아야 할 것 같다.

한쪽 손을 주로 쓰는 경향은 뇌의 좌우반구의 기능 분화와 관련되어 있는 것으로 보인다. 보고된 증거에 따르면, 왼손잡이는 읽기와 쓰기, 개념적・논리적 사고 같은 좌반구 기능에서 오른손잡이보다 상대적으로 미약한 대신 상상력, 패턴 인식, 창의력 등 전형적인 우반구 기능에서는 상대적으로 기민한 경우가 많다.

나는 이성 대 직관의 힘겨루기, 뇌의 두 반구 사이의 힘겨루기가 오른손과 왼손의 힘겨루기로 표면화된 것이 아닐까 생각한다. 즉 원래 오른손이 왼손보다 더 능숙했기 때문이 아니라 뇌의 좌반구가 인간의 행동을 지배하는 권력을 갖게 되었기 때문에 오른손 선호에 이르렀다는 생각이다.

① 동서양을 막론하고 왼손잡이 사회는 확인된 바 없기 때문이다.
② 기능적으로 왼손이 오른손보다 섬세하기 때문이다.
③ 모든 사람들이 오른쪽을 선호하는 것이 아니기 때문이다.
④ 양손의 기능을 분담시키지 않는 사람이 존재할 수도 있기 때문이다.
⑤ 현대사회에 들어서 왼손잡이가 늘어나고 있기 때문이다.

05

탁월함은 어떻게 습득되는가, 그것을 가르칠 수 있는가? 이 물음에 대하여 아리스토텔레스는 지성의 탁월함은 가르칠 수 있지만, 성품의 탁월함은 비이성적인 것이어서 가르칠 수 없고, 훈련을 통해서 얻을 수 있다고 대답한다.
그는 좋은 성품을 얻는 것을 기술을 습득하는 것에 비유한다. 그에 따르면, 리라(Lyra)를 켬으로써 리라를 켜는 법을 배우며 말을 탐으로써 말을 타는 법을 배운다. 어떤 기술을 얻고자 할 때 처음에는 교사의 지시대로 행동한다. 그리고 반복 연습을 통하여 그 행동이 점점 더 하기 쉽게 되고 마침내 제2의 천성이 된다. 이와 마찬가지로 어린아이는 어떤 상황에서 어떻게 행동해야 진실되고 관대하며 예의를 차리게 되는지 일일이 배워야 한다. 훈련과 반복을 통하여 그런 행위들을 연마하다 보면 그것들을 점점 더 쉽게 하게 되고, 결국에는 스스로 판단할 수 있게 된다.
그는 올바른 훈련이란 강제가 아니고 그 자체가 즐거움이 되어야 한다고 지적한다. 또한 그렇게 훈련받은 사람은 일을 바르게 처리하는 것을 즐기게 되고, 일을 바르게 처리하고 싶어하게 되며, 올바른 일을 하는 것을 어려워하지 않게 된다. 이처럼 성품의 탁월함이란 사람들이 '하는 것'만이 아니라 사람들이 '하고 싶어 하는 것'과도 관련된다. 그리고 한두 번 관대한 행동을 한 것으로 충분하지 않으며, 늘 관대한 행동을 하고 그런 행동에 감정적으로 끌리는 성향을 갖고 있어야 비로소 관대함에 관하여 성품의 탁월함을 갖고 있다고 할 수 있다.
다음과 같은 예를 통해 아리스토텔레스의 견해를 생각해 보자. 갑돌이는 성품이 곧고 자신감이 충만하다. 그가 한 모임에 참석하였는데, 거기서 다수의 사람들이 옳지 않은 행동을 한다고 생각했을 때, 그는 다수의 행동에 대하여 비판의 목소리를 낼 것이며 그렇게 하는 데에 별 어려움을 느끼지 않을 것이다. 한편, 수줍어하고 우유부단한 병식이도 한 모임에 참석하였는데, 그 역시 다수의 행동이 잘못되었다는 판단을 했다고 하자. 이런 경우에 병식이는 일어나서 다수의 행동이 잘못되었다고 말할 수 있겠지만, 그렇게 하려면 엄청난 의지를 발휘해야 할 것이고 자신과 힘든 싸움도 해야 할 것이다. 그런데도 병식이가 그렇게 행동했다면 우리는 병식이가 용기 있게 행동하였다고 칭찬할 것이다. 그러나 아리스토텔레스의 입장에서 성품의 탁월함을 가진 사람은 갑돌이다. 왜냐하면 ____________________ 우리가 어떠한 사람을 존경할 것인가가 아니라, 우리 아이를 어떤 사람으로 키우고 싶은가라는 질문을 받는다면 우리는 아리스토텔레스의 견해에 가까워질 것이다. 왜냐하면 우리는 우리 아이들을 갑돌이와 같은 사람으로 키우고 싶어 할 것이기 때문이다.

① 그는 내적인 갈등 없이 옳은 일을 하기 때문이다.
② 그는 옳은 일을 하는 천성을 타고났기 때문이다.
③ 그는 주체적 판단에 따라 옳은 일을 하기 때문이다.
④ 그는 자신이 옳다는 확신을 가지고 옳은 일을 하기 때문이다.
⑤ 그는 다른 사람들의 칭찬을 의식하지 않고 옳은 일을 하기 때문이다.

06 문서 작성 및 수정

| 유형분석 |

- 기본적인 어휘력과 어법에 대한 지식을 필요로 하는 문제이다.
- 글의 내용을 파악하고 문맥을 읽을 줄 알아야 한다.

다음 글에서 ㉠ ~ ㉤의 수정 방안으로 적절하지 않은 것은?

근대화는 전통 사회의 생활양식에 큰 변화를 가져온다. 특히 급속한 근대화로 인해 전통 사회의 해체 과정이 빨라진 만큼 ㉠ <u>급격한 변화를 일으킨다</u>. 생활양식의 급격한 변화는 전통 사회 문화의 해체 과정이라고 보아도 ㉡ <u>무던할</u> 정도이다.
전통문화의 해체는 새롭게 변화하는 사회 구조에 대해서 전통적인 문화가 당면하게 되는 적합성(適合性)의 위기에서 초래되는 현상이다. ㉢ <u>이처럼 근대화 과정에서 외래문화와 전통문화는 숱하게 갈등을 겪었다</u>. ㉣ <u>오랫동안</u> 생활양식으로 유지되었던 전통 사회의 문화가 사회 구조 변화의 속도에 맞먹을 정도로 신속하게 변화할 수는 없다.
㉤ <u>그러나</u> 문화적 전통을 확립한다는 것은 과거의 전통문화가 고유성을 유지하면서도 현재의 변화된 사회에 적합성을 가지는 것이라 할 수 있다.

① ㉠ : 필요한 문장 성분이 생략되었으므로 '급격한' 앞에 '문화도'를 추가한다.
② ㉡ : 문맥에 어울리지 않으므로 '무방할'로 고친다.
③ ㉢ : 글의 흐름에 어긋나는 내용이므로 삭제한다.
④ ㉣ : 띄어쓰기가 올바르지 않으므로 '오랫 동안'으로 고친다.
⑤ ㉤ : 앞 문장과의 관계를 고려하여 '따라서'로 고친다.

정답 ④

'오랫동안'은 부사 '오래'와 명사 '동안'이 결합하면서 사이시옷이 들어간 합성어이다. 따라서 한 단어이므로 붙여 써야 한다.

풀이 전략!

문장에서 주어와 서술어의 호응 관계가 적절한지 주어와 서술어를 찾아 확인해 보는 연습을 하며, 문서 작성의 원칙과 주의사항은 미리 알아 두는 것이 좋다.

출제유형분석 06 실전예제

※ 다음 글의 밑줄 친 ㉠~㉤의 수정 방안으로 적절하지 않은 것을 고르시오. [1~3]

01

사회복지와 근로 의욕의 관계에 대한 조사를 보면 '사회복지와 근로 의욕이 관계가 있다.'는 응답과 '그렇지 않다.'는 응답의 비율이 비슷하게 나타난다. 하지만 기타 의견에 ㉠ 따라 과도한 사회복지는 근로 의욕을 떨어뜨릴 수 있다는 응답이 많았던 것으로 조사되었다. 예를 들어 정부 지원금을 받으나 아르바이트를 하나 비슷한 돈이 나온다면 ㉡ 더군다나 일하지 않고 정부 지원금으로만 먹고사는 사람들이 많이 있다는 것이다. 여기서 주목해야 할 점은 과도한 복지 때문이 아닌 정책상의 문제라는 의견도 있다는 사실이다. 현실적으로 일을 할 수 있는 능력이 있는 사람에게는 ㉢ 최대한의 생계비용 이외의 수입을 인정하고, 빈곤층에서 벗어날 수 있게 지원해주는 것이 개인에게도, 국가에도 바람직한 방식이라는 것이다.

이 설문 조사 결과에서 주목해야 할 또 다른 측면은 사회복지 체제가 잘 되어 있을수록 근로 의욕이 떨어진다고 응답한 사람의 ㉣ 과반수 이상이 중산층 이상의 경제력을 가지고 있었다는 점이다. 재산이 많은 사람에게는 약간의 세금 확대도 ㉤ 영향이 적을 수 있기 때문에 경제 발전을 위한 세금 확대는 찬성하더라도 복지 정책을 위한 세금 확대는 반대하는 것이다. 이러한 점을 고려해보면 소득 격차 축소를 원하는 국민보다 복지 정책을 위한 세금 확대에 반대하는 국민이 많은 다소 모순된 설문 결과에 대한 설명이 가능하다.

① ㉠ : 호응 관계를 고려하여 '따르면'으로 수정한다.
② ㉡ : 앞뒤 내용의 관계를 고려하여 '차라리'로 수정한다.
③ ㉢ : 전반적인 내용의 흐름을 고려하여 '최소한의'로 수정한다.
④ ㉣ : '과반수'의 뜻을 고려하여 '절반 이상이' 또는 '과반수가'로 수정한다.
⑤ ㉤ : 일반적인 사실을 말하는 것이므로 '영향이 적기 때문에'로 수정한다.

02

'오투오(O2O; Online to Off-line) 서비스'는 모바일 기기를 통해 소비자와 사업자를 유기적으로 이어주는 서비스를 말한다. 어디에서든 실시간으로 서비스가 가능하다는 편리함 때문에 최근 오투오 서비스의 이용자가 증가하고 있다. 스마트폰에 설치된 앱으로 택시를 부르거나 배달 음식을 주문하는 것 등이 대표적인 예이다.
오투오 서비스 운영 업체는 스마트폰에 설치된 앱을 매개로 소비자와 사업자에게 필요한 서비스를 ㉠ 제공받고 있다. 이를 통해 소비자는 시간이나 비용을 절약할 수 있게 되었고, 사업자는 홍보 및 유통 비용을 줄일 수 있게 되었다. 이처럼 소비자와 사업자 모두에게 경제적으로 유리한 환경이 조성되어 서비스 이용자가 ㉡ 증가함으로써, 오투오 서비스 운영 업체도 많은 수익을 낼 수 있게 되었다.
㉢ 게다가 오투오 서비스 시장이 성장하면서 여러 문제들이 발생하고 있다. ㉣ 또한 오투오 서비스 운영 업체의 경우에는 오프라인으로 유사한 서비스를 제공하는 기존 업체와의 갈등이 발생하고 있다. 소비자의 경우 신뢰성이 떨어지는 정보나 기대에 부응하지 못하는 서비스를 제공받는 사례가 늘어나고 있고, 사업자의 경우 관련 법규가 미비하여 수수료 문제로 오투오 서비스 운영 업체와 마찰이 생기는 사례도 증가하고 있다.
이를 해결하기 위해 소비자는 오투오 서비스에서 제공한 정보가 믿을 만한 것인지를 ㉤ 꼼꼼이 따져 합리적으로 소비하는 태도가 필요하고, 사업자는 수수료와 관련된 오투오 서비스 운영 업체와의 마찰을 해결하기 위한 다양한 방법을 강구해야 한다. 오투오 서비스 운영 업체 역시 기존 업체들과의 갈등을 조정하기 위한 구체적인 노력들이 필요하다.
스마트폰 사용자가 늘어나고 있는 추세를 고려할 때, 오투오 서비스 산업의 성장을 저해하는 문제점들을 해결해 나가면 앞으로 오투오 서비스 시장 규모는 더 커질 것으로 예상된다.

① ㉠ : 문맥을 고려하여 '제공하고'로 고친다.
② ㉡ : 격조사의 쓰임이 적절하지 않으므로 '증가함으로서'로 고친다.
③ ㉢ : 앞 문단과의 내용을 고려하여 '하지만'으로 고친다.
④ ㉣ : 글의 흐름을 고려하여 뒤의 문장과 위치를 바꾼다.
⑤ ㉤ : 맞춤법에 어긋나므로 '꼼꼼히'로 고친다.

03

선진국과 ㉠ <u>제3세계간의</u> 빈부 양극화 문제를 해결하기 위해 등장했던 적정기술은 시대적 요구에 부응하면서 다양한 모습으로 발전하여 올해로 탄생 50주년을 맞았다. 이를 기념하기 위해 우리나라에서도 각종 행사가 열리고 있다. ㉡ <u>게다가</u> 적정기술의 진정한 의미가 무엇인지, 왜 그것이 필요한지에 대한 인식은 아직 부족한 것이 현실이다.
그렇다면 적정기술이란 무엇인가? 적정기술은 '현지에서 구할 수 있는 재료를 이용해 도구를 직접 만들어 삶의 질을 향상시키는 기술'을 뜻한다. 기술의 독점과 집적으로 인해 개인의 접근이 어려운 첨단기술과 ㉢ <u>같이</u> 적정기술은 누구나 쉽게 배우고 익혀 활용할 수 있다. 이런 이유로 소비 중심의 현대사회에서 적정기술은 자신의 삶에 필요한 것을 직접 생산하는 자립적인 삶의 방식을 유도한다는 점에서 시사하는 바가 크다.
적정기술이 우리나라에 도입된 것은 2000년대 중반부터이다. 당시 일어난 귀농 열풍과 환경문제에 대한 관심 등 다양한 사회·문화적 맥락 속에서 적정기술에 대한 고민이 싹트기 시작했다. 특히 귀농인들을 중심으로 농촌의 에너지 문제를 해결하기 위한 다양한 방법이 시도되면서 국내에서 활용되는 적정기술은 난방 에너지 문제에 ㉣ <u>초점</u>이 모아져 있다. 에너지 자립형 주택, 태양열 온풍기·온수기, 생태 단열 등이 좋은 예이다.
우리나라의 적정기술이 에너지 문제에 집중된 이유는 시대적 상황 때문이다. 우리나라는 전력수요 1억 KW 시대 진입을 눈앞에 두고 있는 세계 10위권의 에너지 소비 대국이다. 게다가 에너지 소비량이 늘어나면서 2011년 이후 매년 대규모 정전 사태의 위험성을 경고하는 목소리가 커지고 있다. 이런 상황에서 에너지를 직접 생산하여 삶의 자립성을 추구하는 적정기술은 환경오염과 대형 재난의 위기를 극복하는 하나의 대안이 될 수 있다. 이뿐만 아니라 기술의 공유를 목적으로 하는 새로운 공동체 문화 형성에도 기여하기 때문에 ㉤ <u>그 어느 때만큼</u> 적정기술의 발전 방향에 대한 진지한 논의가 필요하다.

① ㉠ : 띄어쓰기가 올바르지 않으므로 '제3세계 간의'로 고친다.
② ㉡ : 앞 문장과의 내용을 고려하여 '하지만'으로 고친다.
③ ㉢ : 문맥에 어울리지 않으므로 '달리'로 고친다.
④ ㉣ : 맞춤법에 어긋나므로 '촛점'으로 고친다.
⑤ ㉤ : 문맥의 흐름을 고려하여 '그 어느 때보다'로 수정한다.

04 행정기관의 기안문 작성방법이 다음과 같을 때, 옳지 않은 것은?

〈기안문 작성방법〉

1. 행정기관명 : 그 문서를 기안한 부서가 속한 행정기관명을 기재한다. 행정기관명이 다른 행정기관명과 같은 경우에는 바로 위 상급 행정기관명을 함께 표시할 수 있다.
2. 수신 : 수신자명을 표시하고 그다음에 이어서 괄호 안에 업무를 처리할 보조・보좌 기관의 직위를 표시하되, 그 직위가 분명하지 않으면 ○○업무담당과장 등으로 쓸 수 있다. 다만, 수신자가 많은 경우에는 두문의 수신란에 '수신자 참조'라고 표시하고 결문의 발신명의 다음 줄의 왼쪽 기본선에 맞추어 수신자란을 따로 설치하여 수신자명을 표시한다.
3. (경유) : 경유문서인 경우에 '이 문서의 경유기관의 장은 ○○○(또는 제1차 경유기관의 장은 ○○○, 제2차 경유기관의 장은 ○○○)이고, 최종 수신기관의 장은 ○○○입니다.'라고 표시하고, 경유기관의 장은 제목란에 '경유문서의 이송'이라고 표시하여 순차적으로 이송하여야 한다.
4. 제목 : 그 문서의 내용을 쉽게 알 수 있도록 간단하고, 명확하게 기재한다.
5. 발신명의 : 합의제 또는 독임제 행정기관의 장의 명의를 기재하고, 보조기관 또는 보좌기관 상호간에 발신하는 문서는 그 보조기관 또는 보좌기관의 명의를 기재한다. 시행할 필요가 없는 내부결재문서는 발신명의를 표시하지 않는다.
6. 기안자・검토자・협조자・결재권자의 직위 / 직급 : 직위가 있는 경우에는 직위를, 직위가 없는 경우에는 직급(각급 행정기관이 6급 이하 공무원의 직급을 대신하여 사용할 수 있도록 정한 대외직명을 포함한다. 이하 이 서식에서 같다)을 온전하게 쓴다. 다만, 기관장과 부기관장의 직위는 간략하게 쓴다.
7. 시행 처리과명 – 연도별 일련번호(시행일), 접수 처리과명 – 연도별 일련번호(접수일) : 처리과명(처리과가 없는 행정기관은 10자 이내의 행정기관명 약칭)을 기재하고, 시행일과 접수일란에는 연월일을 각각 마침표(.)를 찍어 숫자로 기재한다. 다만, 민원문서인 경우로서 필요한 경우에는 시행일과 접수일란에 시・분까지 기재한다.
8. 우 도로명 주소 : 우편번호를 기재한 다음, 행정기관이 위치한 도로명 및 건물번호 등을 기재하고 괄호 안에 건물 명칭과 사무실이 위치한 층수와 호수를 기재한다.
9. 홈페이지 주소 : 행정기관의 홈페이지 주소를 기재한다.
10. 전화번호( ), 팩스번호( ) : 전화번호와 팩스번호를 각각 기재하되, ( )안에는 지역번호를 기재한다. 기관 내부문서의 경우는 구내 전화번호를 기재할 수 있다.
11. 공무원의 전자우편주소 : 행정기관에서 공무원에게 부여한 전자우편주소를 기재한다.
12. 공개구분 : 공개, 부분공개, 비공개로 구분하여 표시한다. 부분공개 또는 비공개인 경우에는 「공공기록물 관리에 관한 법률 시행규칙」 제18조에 따라 '부분공개( )' 또는 '비공개( )'로 표시하고, 「공공기관의 정보공개에 관한 법률」 제9조 제1항 각 호의 번호 중 해당 번호를 괄호 안에 표시한다.
13. 관인생략 등 표시 : 발신명의의 오른쪽에 관인생략 또는 서명생략을 표시한다.

① 기안자 또는 협조자의 직위가 없는 경우 직급을 기재한다.

② 연월일 날짜 뒤에는 각각 마침표(.)를 찍는다.

③ 도로명 주소를 먼저 기재한 후 우편번호를 기재한다.

④ 행정기관에서 부여한 전자우편주소를 기재해야 한다.

⑤ 전화번호를 적을 때 지역번호는 괄호 안에 기재해야 한다.

05 **K기업의 신입사원 교육담당자인 귀하는 상사로부터 다음과 같은 메일을 받았다. 신입사원의 업무 역량을 향상시킬 수 있도록 교육할 내용으로 옳지 않은 것은?**

> 수신 : ○○○
> 발신 : △△△
>
> ---
>
> 제목 : 신입사원 교육프로그램을 구성할 때 참고해 주세요.
> 내용 :
> ○○○ 씨, 오늘 조간신문을 보다가 공감이 가는 내용이 있어서 보내드립니다.
> 신입사원 교육 때, 문서작성 능력을 향상시킬 수 있는 프로그램을 추가하면 좋을 것 같습니다.
>
> 기업체 인사담당자들을 대상으로 한 조사에서 '신입사원의 국어 능력 만족도'는 '그저 그렇다'가 65.4%, '불만족'이 23.1%나 됐는데, 특히 '기획안과 보고서 작성능력'에서 '그렇다'의 응답 비율(53.2%)이 가장 높았다. 기업들이 대학에 개설되기를 희망하는 교과과정을 조사한 결과에서도 가장 많은 41.3%가 '기획문서 작성'을 꼽았다. 특히 인터넷 세대들은 '짜깁기' 기술엔 능해도 논리를 구축해 효과적으로 커뮤니케이션을 하고 상대를 설득하는 능력에선 크게 떨어진다.

① 문서의미를 전달하는 데 문제가 없다면 끊을 수 있는 부분은 가능한 한 끊어서 문장을 짧게 만들고, 실질적인 내용을 담을 수 있도록 한다.
② 상대방이 이해하기 어려운 글은 좋은 글이 아니므로, 우회적인 표현이나 현혹적인 문구는 지양한다.
③ 중요하지 않은 경우 한자의 사용을 자제하며 만약 사용할 경우 상용한자의 범위 내에서 사용하도록 한다.
④ 문서의 중요한 내용을 미괄식으로 작성하는 것은 문서작성에 중요한 부분이다.
⑤ 문서로 전달하고자 하는 핵심메시지가 잘 드러나도록 작성하며 논리적으로 의견을 전개하도록 한다.

CHAPTER 02

자원관리능력

합격 Cheat Key

자원관리능력은 현재 NCS 기반 채용을 진행하는 많은 공사·공단에서 핵심영역으로 자리 잡아, 일부를 제외한 대부분의 시험에서 출제되고 있다.

세부 유형은 비용 계산, 해외파견 지원금 계산, 주문 제작 단가 계산, 일정 조율, 일정 선정, 행사 대여 장소 선정, 최단거리 구하기, 시차 계산, 소요시간 구하기, 해외파견 근무 기준에 부합하는 또는 부합하지 않는 직원 고르기 등으로 나눌 수 있다.

1 시차를 먼저 계산하라!

시간 자원 관리의 대표유형 중 시차를 계산하여 일정에 맞는 항공권을 구입하거나 회의시간을 구하는 문제에서는 각각의 나라 시간을 한국 시간으로 전부 바꾸어 계산하는 것이 편리하다. 조건에 맞는 나라들의 시간을 전부 한국 시간으로 바꾸고 한국 시간과의 시차만 더하거나 빼면 시간을 단축하여 풀 수 있다.

2 선택지를 잘 활용하라!

계산을 해서 값을 요구하는 문제 유형에서는 선택지를 먼저 본 후 자리 수가 몇 단위로 끝나는지 확인해야 한다. 예를 들어 412,300원, 426,700원, 434,100원인 선택지가 있다고 할 때, 제시된 조건에서 100원 단위로 나올 수 있는 항목을 찾아 그 항목만 계산하는 방법이 있다. 또한, 일일이 계산하는 문제가 많다. 예를 들어 640,000원, 720,000원, 810,000원 등의 수를 이용해 푸는 문제가 있다고 할 때, 만 원 단위를 절사하고 계산하여 64, 72, 81처럼 요약하는 방법이 있다.

3 최적의 값을 구하는 문제인지 파악하라!

물적 자원 관리의 대표유형에서는 제한된 자원 내에서 최대의 만족 또는 이익을 얻을 수 있는 방법을 강구하는 문제가 출제된다. 이때, 구하고자 하는 값을 x, y로 정하고 연립방정식을 이용해 x, y 값을 구한다. 최소 비용으로 목표생산량을 달성하기 위한 업무 및 인력 할당, 정해진 시간 내에 최대 이윤을 낼 수 있는 업체 선정, 정해진 인력으로 효율적 업무 배치 등을 구하는 문제에서 사용되는 방법이다.

4 각 평가항목을 비교하라!

인적 자원 관리의 대표유형에서는 각 평가항목을 비교하여 기준에 적합한 인물을 고르거나, 저렴한 업체를 선정하거나, 총점이 높은 업체를 선정하는 문제가 출제된다. 이런 유형은 평가항목에서 가격이나 점수 차이에 영향을 많이 미치는 항목을 찾아 $1\sim2$개의 선택지를 삭제하고, 남은 $3\sim4$개의 선택지만 계산하여 시간을 단축할 수 있다.

01 시간 계획

| 유형분석 |

- 시간 자원과 관련된 다양한 정보를 활용하여 풀어 가는 유형이다.
- 대체로 교통편 정보나 국가별 시차 정보가 제공되며, 이를 근거로 '현지 도착시간 또는 약속된 시간 내에 도착하기 위한 방안'을 고르는 문제가 출제된다.

해외영업부 A대리는 B부장과 함께 샌프란시스코에 출장을 가게 되었다. 샌프란시스코의 시각은 한국보다 16시간 느리고, 비행시간은 10시간 25분일 때 샌프란시스코 현지 시각으로 11월 17일 오전 10시 35분에 도착하는 비행기를 타려면 한국 시각으로 인천공항에 몇 시까지 도착해야 하는가?

구분	날짜	출발 시각	비행 시간	날짜	도착 시각
인천 → 샌프란시스코	11월 17일		10시간 25분	11월 17일	10:35
샌프란시스코 → 인천	11월 21일	17:30	12시간 55분	11월 22일	22:25

※ 단, 비행기 출발 한 시간 전에 공항에 도착해 티켓팅을 해야 한다.

① 12:10
② 13:10
③ 14:10
④ 15:10
⑤ 16:10

정답 ④

인천에서 샌프란시스코까지 비행 시간은 10시간 25분이므로, 샌프란시스코 도착 시각에서 거슬러 올라가면 샌프란시스코 시각으로 00시 10분에 출발한 것이 된다. 이때 한국은 샌프란시스코보다 16시간 빠르기 때문에 한국 시각으로는 16시 10분에 출발한 것이다. 하지만 비행기 티켓팅을 위해 출발 한 시간 전에 인천공항에 도착해야 하므로 15시 10분까지 공항에 가야 한다.

풀이 전략!

문제에서 묻는 것을 정확히 파악한다. 특히 제한사항에 대해서는 빠짐없이 확인해 두어야 한다. 이후 제시된 정보(시차 등)에서 필요한 것을 선별하여 문제를 풀어 간다.

출제유형분석 01 실전예제

01 K전력공사에서 근무하고 있는 김대리는 경기본부로 전기점검을 나가고자 한다. 〈조건〉에 따라 점검일을 결정할 때, 다음 중 김대리가 경기본부 전기점검을 진행할 수 있는 기간은?

〈10월 달력〉

일	월	화	수	목	금	토
				1	2	3
4	5	6	7	8	9	10
11	12	13	14	15	16	17
18	19	20	21	22	23	24
25	26	27	28	29	30	31

조건

- 김대리는 10월 중에 경기본부로 전기점검을 나간다.
- 전기점검은 2일 동안 진행되며, 이틀 동안 연이어 진행하여야 한다.
- 점검은 주중에만 진행된다.
- 김대리는 10월 1일부터 10월 7일까지 연수에 참석하므로 해당 기간에는 점검을 진행할 수 없다.
- 김대리는 10월 27일부터는 부서이동을 하므로, 27일부터는 전기점검을 포함한 모든 담당 업무를 후임자에게 인계하여야 한다.
- 김대리는 목요일마다 경인건설본부로 출장을 가며, 출장일에는 전기점검 업무를 수행할 수 없다.

① 10월 6～7일
② 10월 11～12일
③ 10월 14～15일
④ 10월 20～21일
⑤ 10월 27～28일

02 다음은 K회사 신제품개발1팀의 하루 업무 스케줄에 대한 자료이다. 신입사원 A씨는 스케줄을 바탕으로 금일 회의 시간을 정하려고 한다. 1시간 동안 진행될 팀 회의의 가장 적절한 시간대는?

〈K회사 신제품개발1팀 스케줄〉

시간	직급별 스케줄				
	부장	차장	과장	대리	사원
09:00 ~ 10:00	업무회의				
10:00 ~ 11:00					비품요청
11:00 ~ 12:00			시장조사	시장조사	시장조사
12:00 ~ 13:00	점심식사				
13:00 ~ 14:00	개발전략수립		시장조사	시장조사	시장조사
14:00 ~ 15:00		샘플검수	제품구상	제품구상	제품구상
15:00 ~ 16:00			제품개발	제품개발	제품개발
16:00 ~ 17:00					
17:00 ~ 18:00			결과보고	결과보고	

① 09:00 ~ 10:00
② 10:00 ~ 11:00
③ 14:00 ~ 15:00
④ 16:00 ~ 17:00
⑤ 17:00 ~ 18:00

03 자동차 부품을 생산하는 K기업은 반자동과 자동생산라인을 하나씩 보유하고 있다. 최근 일본의 자동차 회사와 수출계약을 체결하여 자동차 부품 34,500개를 납품하였다. 아래 K기업의 생산조건을 고려할 때, 일본에 납품할 부품을 생산하는 데 소요된 시간은 얼마인가?

〈자동차 부품 생산조건〉

- 반자동라인은 4시간에 300개의 부품을 생산하며, 그 중 20%는 불량품이다.
- 자동라인은 3시간에 400개의 부품을 생산하며, 그 중 10%는 불량품이다.
- 반자동라인은 8시간마다 2시간씩 생산을 중단한다.
- 자동라인은 9시간마다 3시간씩 생산을 중단한다.
- 불량 부품은 생산 후 폐기하고 정상인 부품만 납품한다.

① 230시간
② 240시간
③ 250시간
④ 260시간
⑤ 280시간

04 다음은 K제품의 생산계획을 나타낸 자료이다. 〈조건〉에 따라 공정이 진행될 때, 첫 번째 완제품이 생산되기 위해서는 최소 몇 시간이 소요되는가?

〈K제품 생산계획〉

공정	선행공정	소요시간
A	없음	3
B	A	1
C	B, E	3
D	없음	2
E	D	1
F	C	2

조건

- 공정별로 1명의 작업 담당자가 공정을 수행한다.
- A공정과 D공정의 작업 시점은 같다.
- 공정 간 제품의 이동 시간은 무시한다.

① 6시간　② 7시간
③ 8시간　④ 9시간
⑤ 10시간

05 A대리는 다가오는 9월에 결혼을 앞두고 있다. 다음 〈조건〉을 참고할 때, A대리의 결혼날짜로 가능한 날은?

조건

- 9월은 1일부터 30일까지이며, 9월 1일은 금요일이다.
- 9월 30일부터 추석연휴가 시작되고 추석연휴 이틀 전엔 A대리가 주관하는 회의가 있다.
- A대리는 결혼식을 한 다음날 8박 9일간 신혼여행을 간다.
- 회사에서 신혼여행으로 주는 휴가는 5일이다.
- A대리는 신혼여행과 겹치지 않도록 수요일 3주 연속 치과 진료가 예약되어 있다.
- 신혼여행에서 돌아오는 날 부모님 댁에서 하루 자고, 그 다음날 출근할 예정이다.

① 1일　② 2일
③ 22일　④ 23일
⑤ 29일

02 | 비용 계산

| 유형분석 |

- 예산 자원과 관련된 다양한 정보를 활용하여 풀어 가는 문제이다.
- 대체로 한정된 예산 내에서 수행할 수 있는 업무 및 예산 가격을 묻는 문제가 출제된다.

연봉 실수령액을 구하는 식이 〈보기〉와 같을 때, 연봉이 3,480만 원인 A씨의 연간 실수령액은?(단, 원 단위는 절사한다)

보기

- (연봉 실수령액)=(월 실수령액)×12
- (월 실수령액)=(월 급여)-[(국민연금)+(건강보험료)+(고용보험료)+(장기요양보험료)+(소득세)+(지방세)]
- (국민연금)=(월 급여)×4.5%
- (건강보험료)=(월 급여)×3.12%
- (고용보험료)=(월 급여)×0.65%
- (장기요양보험료)=(건강보험료)×7.38%
- (소득세)=68,000원
- (지방세)=(소득세)×10%

① 30,944,400원
② 31,078,000원
③ 31,203,200원
④ 32,150,800원
⑤ 32,497,600원

정답 ①

A씨의 월 급여는 3,480÷12=290만 원이다.
국민연금, 건강보험료, 고용보험료를 제외한 금액을 계산하면
290만 원-[290만 원×(0.045+0.0312+0.0065)]
→ 290만 원-(290만 원×0.0827)
→ 290만 원-239,830=2,660,170원
- 장기요양보험료 : (290만 원×0.0312)×0.0738≒6,670원(∵ 원 단위 이하 절사)
- 지방세 : 68,000×0.1=6,800원

따라서 A씨의 월 실수령액은 2,660,170-(6,670+68,000+6,800)=2,578,700원이고,
연 실수령액은 2,578,700×12=30,944,400원이다.

풀이 전략!

제한사항인 예산을 고려하여 문제에서 묻는 것을 정확히 파악한 후, 제시된 정보에서 필요한 것을 선별하여 문제를 풀어 간다.

출제유형분석 02 실전예제

01 수인이는 베트남 여행을 위해 K국제공항에서 환전하기로 하였다. 다음은 L환전소의 당일 환율 및 수수료를 나타낸 자료이다. 수인이가 한국 돈으로 베트남 현금 1,670만 동을 환전한다고 할 때, 수수료까지 포함하여 필요한 돈은 얼마인가?(단, 모든 계산과정에서 구한 값은 일의 자리에서 버림한다)

〈L환전소 환율 및 수수료〉

- 베트남 환율 : 483원/만 동
- 수수료 : 0.5%
- 우대사항 : 50만 원 이상 환전 시 70만 원까지 수수료 0.4%로 인하 적용
  100만 원 이상 환전 시 총금액 수수료 0.4%로 인하 적용

① 808,840원
② 808,940원
③ 809,840원
④ 809,940원
⑤ 810,040원

02 다음 글을 바탕으로 전세 보증금이 1억 원인 전세 세입자가 월세 보증금 1천만 원에 전월세 전환율 한도 수준까지의 월세 전환을 원할 경우, 월 임대료 지불액으로 옳은 것은?

> 나날이 치솟는 전세 보증금! 집주인이 2년 만에 전세 보증금을 올려달라고 하는데 사실 월급쟁이로 생활비를 쓰고 남은 돈을 저축하자면 그 목돈을 마련하지 못해 전세자금 대출을 알아보곤 한다. 그럴 때 생각해 볼 수 있는 것이 반전세나 월세 전환이다. 이렇게 되면 임대인들도 보증금 몇 천만 원에서 나오는 이자보다 월세가 매달 나오는 것이 좋다 보니 먼저 요구하기도 한다. 바로 그것이 '전월세 전환율'이다.
> 전월세 전환율은 [(월세)×(12개월)/{(전세 보증금)−(월세 보증금)}×100으로 구할 수 있다.
> 그렇다면 전월세 전환율 비율의 제한은 어떻게 형성되는 걸까?
> 우리나라는 「주택임대차보호법」에서 산정률 제한을 두고 있다. 보통 10%, 기준금리 4배수 중 낮은 비율의 범위를 초과할 수 없다고 규정하고 있기 때문에 현재 기준 금리가 1.5%로 인상되어 6%가 제한선이 된다.

① 450,000원
② 470,000원
③ 500,000원
④ 525,000원
⑤ 550,000원

03 K공사는 연말 시상식을 개최하여 한 해 동안 모범이 되거나 훌륭한 성과를 낸 직원을 독려하고자 한다. 시상 종류 및 인원, 상품에 대한 정보가 다음과 같을 때, 총상품구입비는 얼마인가?

〈시상내역〉

상 종류	수상인원	상품
사내선행상	5	인당 금 도금 상패 1개, 식기 1세트
사회기여상	1	인당 은 도금 상패 1개, 신형 노트북 1대
연구공로상	2	인당 금 도금 상패 1개, 안마의자 1개, 태블릿 PC 1대
성과공로상	4	인당 은 도금 상패 1개, 만년필 2개, 태블릿 PC 1대
청렴모범상	2	인당 동 상패 1개, 안마의자 1개

• 상패 제작비용
  - 금 도금 상패 : 개당 55,000원(5개 이상 주문 시 개당 가격 10% 할인)
  - 은 도금 상패 : 개당 42,000원(주문수량 4개당 1개 무료 제공)
  - 동 상패 : 개당 35,000원
• 물품 구입비용(개당)
  - 식기 세트 : 450,000원
  - 신형 노트북 : 1,500,000원
  - 태블릿PC : 600,000원
  - 만년필 : 100,000원
  - 안마의자 : 1,700,000원

① 14,085,000원
② 15,050,000원
③ 15,534,500원
④ 16,805,000원
⑤ 17,200,000원

04 다음은 같은 동아리에서 활동하는 두 학생의 대화 내용이다. 빈칸에 들어갈 가장 작은 수는?

효수 : 우리 동아리 회원끼리 뮤지컬 보러 갈까?
연지 : 그래, 정말 좋은 생각이다. 관람료는 얼마니?
효수 : 개인관람권은 10,000원이고, 30명 이상 단체는 15%를 할인해 준대!
연지 : 30명 미만이 간다면 개인관람권을 사야겠네?
효수 : 아니야, 잠깐만! 계산을 해 보면……. 아하! ______명 이상이면 단체관람권을 사는 것이 유리해!

① 25
② 26
③ 27
④ 28
⑤ 29

PART 1

05 K기업은 창고업체를 통해 아래 세 제품군을 보관하고 있다. 각 제품군에 대한 정보를 참고하여 다음 〈조건〉에 따라 K기업이 보관료로 지급해야 할 총금액은?

구분	매출액(억 원)	용량	
		용적(CUBIC)	무게(톤)
A제품군	300	3,000	200
B제품군	200	2,000	300
C제품군	100	5,000	500

조건

- A제품군은 매출액의 1%를 보관료로 지급한다.
- B제품군은 1CUBIC당 20,000원의 보관료를 지급한다.
- C제품군은 1톤당 80,000원의 보관료를 지급한다.

① 3억 2천만 원
② 3억 4천만 원
③ 3억 6천만 원
④ 3억 8천만 원
⑤ 4억 원

03 품목 확정

| 유형분석 |

- 물적 자원과 관련된 다양한 정보를 활용하여 풀어 가는 문제이다.
- 주로 공정도 · 제품 · 시설 등에 대한 가격 · 특징 · 시간 정보가 제시되며, 이를 종합적으로 고려하는 문제가 출제된다.

K공단에 근무하는 김대리는 사내시험에서 2점짜리 문제를 8개, 3점짜리 문제를 10개, 5점짜리 문제를 6개를 맞혀 총 76점을 맞았다. 최대리가 맞은 문제의 개수의 총합은 몇 개인가?

〈사내시험 규정〉

문항 수 : 43문제

만점 : 141점

- 2점짜리 문항은 3점짜리 문항 수보다 12문제 적다.
- 5점짜리 문항 수는 3점짜리 문항 수의 절반이다.

- 최대리가 맞은 2점짜리 문제의 개수는 김대리와 동일하다.
- 최대리의 점수는 총 38점이다.

① 14개　② 15개

③ 16개　④ 17개

⑤ 18개

정답 ①

최대리는 2점짜리 문제를 김대리가 맞은 개수만큼 맞았으므로 8개, 즉 16점을 획득했다. 최대리가 맞은 3점짜리와 5점짜리 문제를 합하면 38−16=22점이 나와야 한다. 3점과 5점의 합으로 22가 나오기 위해서는 3점짜리는 4문제, 5점짜리는 2문제를 맞아야 한다.

따라서 최대리가 맞은 문제의 총개수는 8개(2점짜리)+4개(3점짜리)+2개(5점짜리)=14개이다.

풀이 전략!

문제에서 묻고자 하는 바를 정확히 파악하는 것이 중요하다. 문제에서 제시한 물적 자원의 정보를 문제의 의도에 맞게 선별하면서 풀어 간다.

출제유형분석 03 실전예제

01 K회사는 현재 22,000원에 판매하고 있는 A제품의 판매 이익을 높이기 위해 다양한 방식을 고민하고 있다. A제품에 대한 정보를 참고할 때, 다음 중 A제품의 판매 이익을 가장 많이 높일 수 있는 방법으로 옳은 것은?

〈A제품 정보〉

• 개당 소요 비용

재료비	생산비	광고비
2,500원	4,000원	1,000원

• A/S 관련 사항
- 고객의 무료 A/S요청 시 회사는 1회당 3,000원을 부담해야 한다.
- 무료 A/S는 구매 후 단 1회에 한해 제공된다.
- 판매되는 제품 중 무료 A/S가 요구되는 제품의 비율은 15%이다.

• (판매 이익)=[(판매량)×(판매가격)]−[(재료비)+(생산비)+(광고비)]+[(A/S 부담 비용)×(A/S 비율)]

① 재료비를 25%p 감소시킨다.
② 생산비를 10%p 감소시킨다.
③ 광고비를 50%p 감소시킨다.
④ A/S 부담 비용을 20%p 감소시킨다.
⑤ A/S 비율을 5%p 감소시킨다.

02 지게차의 평균 적재운반거리와 평균 공차이동거리는 각각 200m이고, 적재와 하역 시 소요되는 시간은 각각 30초이다. 지게차의 평균 속도가 6km/h일 때, 하역장에서 1분당 1회의 운반을 위해 필요한 지게차의 총소요대수는?

① 4대
② 5대
③ 6대
④ 7대
⑤ 8대

03 K회사 마케팅 팀장은 팀원 50명에게 연말 선물을 하기 위해 물품을 구매하려고 한다. 아래는 업체별 품목 가격과 팀원들의 품목 선호도를 나타낸 자료이다. 다음 중 〈조건〉에 따라 팀장이 구매하는 물품과 업체를 순서대로 바르게 나열한 것은?

〈업체별 품목 가격〉

구분		한 벌당 가격(원)
A업체	티셔츠	6,000
	카라 티셔츠	8,000
B업체	티셔츠	7,000
	후드 집업	10,000
	맨투맨	9,000

〈팀원 품목 선호도〉

순위	품목
1	카라 티셔츠
2	티셔츠
3	후드 집업
4	맨투맨

조건

- 팀원의 선호도를 우선으로 품목을 선택한다.
- 총구매금액이 30만 원 이상이면 총금액에서 5%를 할인해 준다.
- 차순위 품목이 1순위 품목보다 총금액이 20% 이상 저렴하면 차순위를 선택한다.

① 티셔츠, A업체
② 카라 티셔츠, A업체
③ 티셔츠, B업체
④ 후드 집업, B업체
⑤ 맨투맨, B업체

04 K공사는 직원용 컴퓨터를 교체하려고 한다. 다음 중 〈조건〉을 만족하는 컴퓨터로 옳은 것은?

〈컴퓨터별 가격 현황〉

구분	A컴퓨터	B컴퓨터	C컴퓨터	D컴퓨터	E컴퓨터
모니터	20만 원	23만 원	20만 원	19만 원	18만 원
본체	70만 원	64만 원	60만 원	54만 원	52만 원
세트	80만 원	75만 원	70만 원	66만 원	65만 원
성능평가	중	상	중	중	하
할인혜택	–	세트로 15대 이상 구매 시 총금액에서 100만 원 할인	모니터 10대 초과 구매 시 초과 대수 15% 할인	–	–

조건

- 예산은 1,000만 원이다.
- 교체할 직원용 컴퓨터는 모니터와 본체 각각 15대이다.
- 성능평가에서 '중' 이상을 받은 컴퓨터로 교체한다.
- 컴퓨터 구매는 세트 또는 모니터와 본체 따로 구매할 수 있다.

① A컴퓨터
② B컴퓨터
③ C컴퓨터
④ D컴퓨터
⑤ E컴퓨터

05 사진관은 올해 찍은 사진을 모두 모아서 한 개의 USB에 저장하려고 한다. 사진의 용량 및 찍은 사진 수가 자료와 같고 USB 한 개에 모든 사진을 저장하려 한다. 다음 중 최소 몇 GB의 USB가 필요한가?(단, 1MB=1,000KB, 1GB=1,000MB이며, USB 용량은 소수점 자리는 버림한다)

〈올해 사진 자료〉

구분	크기(cm)	용량	개수
반명함	3×4	150KB	8,000개
신분증	3.5×4.5	180KB	6,000개
여권	5×5	200KB	7,500개
단체사진	10×10	250KB	5,000개

① 3.0GB
② 3.5GB
③ 4.0GB
④ 4.5GB
⑤ 5.0GB

04 인원 선발

| 유형분석 |

- 인적 자원과 관련된 다양한 정보를 활용하여 풀어 가는 문제이다.
- 주로 근무명단, 휴무일, 업무할당 등의 주제로 다양한 정보를 활용하여 종합적으로 풀어 가는 문제가 출제된다.

어느 버스회사에서 (가)시에서 (나)시를 연결하는 버스 노선을 개통하기 위해 새로운 버스를 구매하려고 한다. 다음 〈조건〉과 같이 노선을 운행하려고 할 때, 최소 몇 대의 버스를 구매해야 하며 이때 필요한 운전사는 최소 몇 명인가?

조건

1) 새 노선의 왕복 시간 평균은 2시간이다(승하차 시간을 포함).
2) 배차시간은 15분 간격이다.
3) 운전사의 휴식시간은 매 왕복 후 30분씩이다.
4) 첫차는 05시 정각에, 막차는 23시에 (가)시를 출발한다.
5) 모든 차는 (가)시에 도착하자마자 (나)시로 곧바로 출발하는 것을 원칙으로 한다.
   즉, (가)시에 도착하는 시간이 바로 (나)시로 출발하는 시간이다.
6) 모든 차는 (가)시에서 출발해서 (가)시로 복귀한다.

	버스	운전사
①	6대	8명
②	8대	10명
③	10대	12명
④	12대	14명
⑤	14대	16명

정답 ②

왕복 시간이 2시간, 배차 간격이 15분이라면 첫차가 재투입되는 데 필요한 앞차의 수는 첫차를 포함해서 8대이다(∵ 15분×8대=2시간이므로 8대 버스가 운행된 이후 9번째에 첫차 재투입 가능).

운전사는 왕복 후 30분의 휴식을 취해야 하므로 첫차를 운전했던 운전사는 2시간 30분 뒤에 운전을 시작할 수 있다. 따라서 8대의 버스로 운행하더라도 운전자는 150분 동안 운행되는 버스 150÷15=10대를 운전하기 위해서는 10명의 운전사가 필요하다.

풀이 전략!

문제에서 신입사원 채용이나 인력배치 등의 주제가 출제될 경우에는 주어진 규정 혹은 규칙을 꼼꼼히 확인하여야 한다. 이를 근거로 각 선택지가 어긋나지 않는지 검토하며 문제를 풀어 간다.

출제유형분석 04 실전예제

01 다음은 K학교의 성과급 기준표이다. 이를 적용해 K학교 교사들의 성과급 배점을 계산하고자 할 때, 〈보기〉의 A ~ E교사 중 가장 높은 배점을 받을 교사는?

〈성과급 기준표〉

항목	평가사항	배점기준		배점
수업지도	주당 수업시간	24시간 이하	14점	20점
		25시간	16점	
		26시간	18점	
		27시간 이상	20점	
	수업 공개 유무	교사 수업 공개	10점	10점
		학부모 수업 공개	5점	
생활지도	담임 유무	담임교사	10점	10점
		비담임교사	5점	
담당업무	업무 곤란도	보직교사	30점	30점
		비보직교사	20점	
경력	호봉	10호봉 이하	5점	30점
		11 ~ 15호봉	10점	
		16 ~ 20호봉	15점	
		21 ~ 25호봉	20점	
		26 ~ 30호봉	25점	
		31호봉 이상	30점	

※ 수업지도 항목에서 교사 수업 공개, 학부모 수업 공개를 모두 진행했을 경우 10점으로 배점하며, 수업 공개를 하지 않았을 경우 배점은 없다.

보기

구분	주당 수업시간	수업 공개 유무	담임 유무	업무 곤란도	호봉
A교사	20시간	–	담임교사	비보직교사	32호봉
B교사	29시간	–	비담임교사	비보직교사	35호봉
C교사	26시간	학부모 수업 공개	비담임교사	보직교사	22호봉
D교사	22시간	교사 수업 공개	담임교사	보직교사	17호봉
E교사	25시간	교사 수업 공개, 학부모 수업 공개	비담임교사	비보직교사	30호봉

① A교사
② B교사
③ C교사
④ D교사
⑤ E교사

02 다음은 K공사의 2023년 승진 후보자와 승진 규정이다. 이를 참고할 때, 2023년에 직급이 대리인 사람은?

〈승진 규정〉

- 2022년까지 근속연수가 3년 이상인 자를 대상으로 한다.
- 출산휴가 및 병가 기간은 근속연수에서 제외한다.
- 평가연도 업무평가 점수가 80점 이상인 자를 대상으로 한다.
- 평가연도 업무평가 점수는 직전연도 업무평가 점수에서 벌점을 차감한 점수이다.
- 벌점은 결근 1회당 −10점, 지각 1회당 −5점이다.

〈승진후보자 정보〉

구분	근무기간	2022년 업무평가	근태현황		기타
			지각	결근	
A사원	1년 4개월	79점	1회	−	−
B주임	3년 1개월	86점	−	1회	출산휴가 35일
C대리	7년 1개월	89점	1회	1회	병가 10일
D과장	10년 3개월	82점	−	−	−
E차장	12년 7개월	81점	2회	−	−

① A
② B
③ C
④ D
⑤ E

03 1 ~ 3년 차 근무를 마친 K기업 사원들은 인사이동 시기를 맞아 근무지 이동을 해야 한다. 근무지 이동 규정과 각 사원이 근무지 이동을 신청한 내용이 다음과 같을 때, 이에 대한 설명으로 옳지 않은 것은?

〈근무지 이동 규정〉

- 수도권 지역은 여의도, 종로, 영등포이고, 지방의 지역은 광주, 제주, 대구이다.
- 2번 이상 같은 지역을 신청할 수 없다(예 여의도 → 여의도 ×).
- 3년 연속 같은 수도권 지역이나 지방 지역을 신청할 수 없다.
- 2, 3년 차보다 1년 차 신입 및 1년 차 근무를 마친 직원이 신청한 내용이 우선된다.
- 1년 차 신입은 전년도 평가 점수를 100점으로 한다.
- 직원 A ~ E는 서로 다른 곳에 배치된다.
- 같은 지역으로의 이동을 신청한 경우 전년도 평가 점수가 더 높은 사람이 우선하여 이동한다.
- 규정에 부합하지 않게 이동 신청을 한 경우, 신청한 곳에 배정받을 수 없다.

〈근무지 이동 신청〉

직원	1년 차 근무지	2년 차 근무지	3년 차 근무지	신청지	전년도 평가
A	대구	–	–	종로	–
B	여의도	광주	–	영등포	92점
C	종로	대구	여의도	미정	88점
D	영등포	종로	–	여의도	91점
E	광주	영등포	제주	영등포	89점

① B는 영등포로 이동하게 될 것이다.

② C는 지방 지역으로 이동하고, E는 여의도로 이동하게 될 것이다.

③ A는 대구를 1년 차 근무지로 신청하였을 것이다.

④ D는 자신의 신청지로 이동하게 될 것이다.

⑤ C가 제주로 이동한다면, D는 광주나 대구로 이동하게 된다.

04 K공사는 신용정보 조사를 위해 계약직 한 명을 채용하려고 한다. 지원자격이 다음과 같을 때 지원자 중 업무에 가장 적절한 사람은?

자격구분	지원자격
학력	고졸 이상
전공	제한 없음
병역	제한 없음
기타	1. 금융기관 퇴직자 중 1960년 이전 출생자로 신용부문 근무경력 10년 이상인 자 2. 검사역 경력자 및 민원처리 업무 경력자 우대 3. 채용공고일 기준(2023. 04. 14.) 퇴직일로부터 2년을 초과하지 아니한 자 4. 퇴직일로부터 최근 3년 이내 감봉 이상의 징계를 받은 사실이 없는 자 5. 신원이 확실하고 업무수행에 결격사유가 없는 자 6. 당사 채용에 결격사유가 없는 자

성명	출생연도	근무처	입사일 / 퇴사일	비고
① 이도영	1958	Y은행 여신관리부	1994. 04. 10. ~ 2021. 08. 21.	2020. 11. 1개월 감봉 처분
② 김춘재	1959	M보험사 마케팅전략부	1996. 03. 03. ~ 2021. 07. 07.	
③ 박영진	1947	C신용조합 영업부	1976. 11. 12. ~ 2018. 10. 27.	2016. 03. 견책 처분
④ 홍도경	1956	P은행 신용부서	1986. 09. 08. ~ 2021. 04. 28.	
⑤ 최인하	1953	Z캐피탈 신용관리부	1986. 02. 15. ~ 2020. 12. 10.	

05 재무팀에서는 주말 사무보조 직원을 채용하기 위해 공고문을 게재하였으며, 지원자 명단은 다음과 같다. 다음 자료를 참고하였을 때, 최소비용으로 가능한 많은 인원을 채용하고자 한다면 총 몇 명의 지원자를 채용할 수 있겠는가?(단, 급여는 지원자가 희망하는 금액으로 지급한다)

〈사무보조 직원 채용 공고문〉

- 업무내용 : 문서수발, 전화응대 등
- 지원자격 : 경력, 성별, 나이, 학력 무관
- 근무조건 : 장기(6개월 이상, 협의 불가) / 주말 11:00 ~ 22:00(협의 가능)
- 급여 : 협의 후 결정
- 연락처 : 02-000-0000

〈지원자 명단〉

성명	희망근무기간	근무가능시간	최소근무시간(하루 기준)	희망임금(시간당 / 원)
박소다	10개월	11:00 ~ 18:00	3시간	7,500
서창원	12개월	12:00 ~ 20:00	2시간	8,500
한승희	8개월	18:00 ~ 22:00	2시간	7,500
김병우	4개월	11:00 ~ 18:00	4시간	7,000
우병지	6개월	15:00 ~ 20:00	3시간	7,000
김래원	10개월	16:00 ~ 22:00	2시간	8,000
최지홍	8개월	11:00 ~ 18:00	3시간	7,000

※ 지원자 모두 주말 이틀 중 하루만 출근하기를 원함
※ 하루에 2회 이상 출근은 불가함

① 2명
② 3명
③ 4명
④ 5명
⑤ 6명

CHAPTER 03

문제해결능력

합격 Cheat Key

문제해결능력은 업무를 수행하면서 여러 가지 문제 상황이 발생하였을 때, 창의적이고 논리적인 사고를 통하여 이를 올바르게 인식하고 적절히 해결하는 능력으로, 하위 능력에는 사고력과 문제처리능력이 있다.

문제해결능력은 NCS 기반 채용을 진행하는 대다수의 공사·공단에서 채택하고 있으며, 다양한 자료와 함께 출제되는 경우가 많아 어렵게 느껴질 수 있다. 특히, 난이도가 높은 문제로 자주 출제되기 때문에 다른 영역보다 더 많은 노력이 필요할 수는 있지만 그렇기에 차별화를 할 수 있는 득점 영역이므로 포기하지 말고 꾸준하게 노력해야 한다.

1 질문의 의도를 정확하게 파악하라!

문제해결능력은 문제에서 무엇을 묻고 있는지 정확하게 파악하여 먼저 풀이 방향을 설정하는 것이 가장 효율적인 방법이다. 특히, 조건이 주어지고 답을 찾는 창의적·분석적인 문제가 주로 출제되고 있기 때문에 처음에 정확한 풀이 방향이 설정되지 않는다면 문제를 제대로 풀지 못하게 되므로 첫 번째로 출제 의도 파악에 집중해야 한다.

2 중요한 정보는 반드시 표시하라!

출제 의도를 정확히 파악하기 위해서는 문제의 중요한 정보를 반드시 표시하거나 메모하여 하나의 조건, 단서도 잊고 넘어가는 일이 없도록 해야 한다. 실제 시험에서는 시간의 압박과 긴장감으로 정보를 잘못 적용하거나 잊어버리는 실수가 많이 발생하므로 사전에 충분한 연습이 필요하다.

3 반복 풀이를 통해 취약 유형을 파악하라!

문제해결능력은 특히 시간관리가 중요한 영역이다. 따라서 정해진 시간 안에 고득점을 할 수 있는 효율적인 문제 풀이 방법을 찾아야 한다. 이때, 반복적인 문제 풀이를 통해 자신이 취약한 유형을 파악하는 것이 중요하다. 정확하게 풀 수 있는 문제부터 빠르게 풀고 취약한 유형은 나중에 푸는 효율적인 문제 풀이를 통해 최대한 고득점을 맞는 것이 중요하다.

01 명제

| 유형분석 |

- 주어진 문장을 토대로 논리적으로 추론하여 참 또는 거짓을 구분하는 문제이다.
- 대체로 연역추론을 활용한 명제 문제가 출제된다.
- 자료를 제시하고 새로운 결과나 자료에 주어지지 않은 내용을 추론해 가는 형식의 문제가 출제된다.

다음 〈조건〉은 김사원이 체결한 A부터 G까지 7개 계약들의 체결 순서에 대한 정보이다. 김사원이 다섯 번째로 체결한 계약은?

조건

- B와의 계약은 F와의 계약에 선행한다.
- G와의 계약은 D와의 계약보다 먼저 이루어졌는데 E, F와의 계약보다는 나중에 이루어졌다.
- B와의 계약은 가장 먼저 맺어진 계약이 아니다.
- D와의 계약은 A와의 계약보다 먼저 이루어졌다.
- C와의 계약은 G와의 계약보다 나중에 이루어졌다.
- A와 D의 계약 시간은 인접하지 않는다.

① A
② B
③ C
④ D
⑤ G

정답 ④

제시된 조건을 정리하면 E → B → F → G → D → C → A의 순서로 계약이 체결됐다. 따라서 다섯 번째로 체결한 계약은 D이다.

풀이 전략!

명제와 관련한 기본적인 논법에 대해서는 미리 학습해 두며, 이를 바탕으로 각 문장에 있는 핵심단어 또는 문구를 기호화하여 정리한 후, 선택지와 비교하여 참 또는 거짓을 판단한다.

출제유형분석 01 실전예제

01 **아마추어 야구 리그에서 활동하는 A～D팀은 빨간색, 노란색, 파란색, 보라색 중에서 매년 상징하는 색을 바꾸고 있다. 다음 〈조건〉을 참고할 때, 반드시 참인 것은?**

> **조건**
> - 하나의 팀은 하나의 상징색을 갖는다.
> - 이전에 사용했던 상징색을 다시 사용할 수는 없다.
> - A팀과 B팀은 빨간색을 사용한 적이 있다.
> - B팀과 C팀은 보라색을 사용한 적이 있다.
> - D팀은 노란색을 사용한 적이 있고, 파란색을 선택하였다.

① A팀은 파란색을 사용한 적이 있어 다른 색을 골라야 한다.
② A팀의 상징색은 노란색이 될 것이다.
③ C팀은 파란색을 사용한 적이 있을 것이다.
④ C팀의 상징색은 빨간색이 될 것이다.
⑤ D팀은 보라색을 사용한 적이 있다.

02 **A～G 7명이 원형테이블에 〈조건〉과 같이 앉아 있을 때, 다음 중 직급이 사원인 사람과 대리인 사람을 순서대로 바르게 나열한 것은?**

> **조건**
> A, B, C, D, E, F, G는 모두 사원, 대리, 과장, 차장, 팀장, 부부장, 부장 중 하나의 직급에 해당하며, 이 중 동일한 직급인 직원은 없다.
> - A의 왼쪽에는 부장이, 오른쪽에는 차장이 앉아 있다.
> - E는 사원과 이웃하여 앉지 않았다.
> - B는 부장과 이웃하여 앉아 있다.
> - C의 직급은 차장이다.
> - G는 차장과 과장 사이에 앉아 있다.
> - D는 A와 이웃하여 앉아 있다.
> - 사원은 부장, 대리와 이웃하여 앉아 있다.

	사원	대리
①	A	F
②	B	E
③	B	F
④	D	E
⑤	D	G

03 K베이커리에서는 A ~ D단체에 우유식빵, 밤식빵, 옥수수식빵, 호밀식빵을 다음 〈조건〉에 따라 한 종류씩 납품하려고 한다. 이때 반드시 참인 것은?

조건

- 한 단체에 납품하는 빵의 종류는 겹치지 않도록 한다.
- 우유식빵과 밤식빵은 A에 납품된 적이 있다.
- 옥수수식빵과 호밀식빵은 C에 납품된 적이 있다.
- 옥수수식빵은 D에 납품된다.

① 우유식빵은 B에 납품된 적이 있다.
② 옥수수식빵은 A에 납품된 적이 있다.
③ 호밀식빵은 A에 납품될 것이다.
④ 우유식빵은 C에 납품된 적이 있다.
⑤ 호밀식빵은 D에 납품된 적이 있다.

04 K대학교의 기숙사에 거주하는 A ~ D는 1층부터 4층에 매년 새롭게 방을 배정받고 있으며, 올해도 방을 배정받는다. 다음 〈조건〉을 참고할 때, 반드시 참인 것은?

조건

- 한 번 배정받은 층에는 다시 배정받지 않는다.
- A와 D는 2층에 배정받은 적이 있다.
- B와 C는 3층에 배정받은 적이 있다.
- A와 B는 1층에 배정받은 적이 있다.
- A, B, D는 4층에 배정받은 적이 있다.

① C는 4층에 배정될 것이다.
② D는 3층에 배정받은 적이 있을 것이다.
③ D는 1층에 배정받은 적이 있을 것이다.
④ C는 2층에 배정받은 적이 있을 것이다.
⑤ 기숙사에 3년 이상 산 사람은 A밖에 없다.

05 K공사의 건물에서는 엘리베이터 여섯 대(1 ~ 6호기)를 6시간에 걸쳐 검사하고자 한다. 한 시간에 한 대씩만 검사한다고 할 때, 다음 〈조건〉에 근거하여 바르게 추론한 것은?

조건

- 제일 먼저 검사하는 엘리베이터는 5호기이다.
- 가장 마지막에 검사하는 엘리베이터는 6호기가 아니다.
- 2호기는 6호기보다 먼저 검사한다.
- 3호기는 두 번째로 먼저 검사하며, 그 다음으로 검사하는 엘리베이터는 1호기이다.

① 6호기는 4호기보다 늦게 검사한다.
② 마지막으로 검사하는 엘리베이터는 4호기가 아니다.
③ 4호기 다음으로 검사할 엘리베이터는 2호기이다.
④ 2호기는 세 번째로 1호기보다 먼저 검사한다.
⑤ 6호기는 1호기 다다음에 검사하며, 다섯 번째로 검사하게 된다.

PART 1

06 이번 학기에 4개의 강좌 A ~ D가 새로 개설되는데, 강사 갑 ~ 무 중 4명이 한 강좌씩 맡으려 한다. 배정 결과를 궁금해 하는 5명은 다음 〈조건〉과 같이 예측했다. 배정 결과를 보니 갑 ~ 무의 진술 중 한 명의 진술만이 거짓이고 나머지는 참임이 드러났을 때, 다음 중 바르게 추론한 것은?

조건

갑 : 을이 A강좌를 담당하고 병은 강좌를 담당하지 않을 것이다.
을 : 병이 B강좌를 담당할 것이다.
병 : 정은 D강좌가 아닌 다른 강좌를 담당할 것이다.
정 : 무가 D강좌를 담당할 것이다.
무 : 을의 말은 거짓일 것이다.

① 갑은 A강좌를 담당한다.
② 을은 C강좌를 담당한다.
③ 병은 강좌를 담당하지 않는다.
④ 정은 D강좌를 담당한다.
⑤ 무는 B강좌를 담당한다.

02 규칙 적용

| 유형분석 |

- 주어진 상황과 규칙을 종합적으로 활용하여 풀어 가는 문제이다.
- 일정, 비용, 순서 등 다양한 내용을 다루고 있어 유형을 한 가지로 단일화하기 어렵다.

갑은 다음 규칙을 참고하여 알파벳 단어를 숫자로 변환하고자 한다. 규칙을 적용한 〈보기〉의 ㉠～㉣ 단어에서 알파벳 Z에 해당하는 자연수들을 모두 더한 값은?

〈규칙〉

① 알파벳 'A'부터 'Z'까지 순서대로 자연수를 부여한다.
  예 A=2라고 하면 B=3, C=4, D=5이다.
② 단어의 음절에 같은 알파벳이 연속되는 경우 ①에서 부여한 숫자를 알파벳이 연속되는 횟수만큼 거듭제곱한다.
  예 A=2이고 단어가 'AABB'이면 AA는 '2^2'이고, BB는 '3^2'이므로 '49'로 적는다.

보기

㉠ AAABBCC는 10000001020110404로 변환된다.
㉡ CDFE는 3465로 변환된다.
㉢ PJJYZZ는 1712126729로 변환된다.
㉣ QQTSR은 625282726으로 변환된다.

① 154
② 176
③ 199
④ 212
⑤ 234

정답 ④

㉠ A=100, B=101, C=102이다. 따라서 Z=125이다.
㉡ C=3, D=4, E=5, F=6이다. 따라서 Z=26이다.
㉢ P가 17임을 볼 때, J=11, Y=26, Z=27이다.
㉣ Q=25, R=26, S=27, T=28이다. 따라서 Z=34이다.
따라서 해당하는 Z값을 모두 더하면 125+26+27+34=212이다.

풀이 전략!

문제에 제시된 조건이나 규칙을 정확히 파악한 후, 선택지나 상황에 적용하여 문제를 풀어 나간다.

출제유형분석 02 실전예제

01 다음은 도서코드(ISBN)에 대한 자료이다. 주문한 도서에 대한 설명으로 옳은 것은?

〈[예시] 도서코드(ISBN)〉

국제표준도서번호					부가기호		
접두부	국가번호	발행자번호	서명식별번호	체크기호	독자대상	발행형태	내용분류
123	12	1234567		1	1	1	123

※ 국제표준도서번호는 5개의 군으로 나누어지고 군마다 '–'로 구분한다.

〈도서코드(ISBN) 세부사항〉

접두부	국가번호	발행자번호	서명식별번호	체크기호
978 또는 979	한국 89 미국 05 중국 72 일본 40 프랑스 22	발행자번호 – 서명식별번호 7자리 숫자 예 8491 – 208 : 발행자번호가 8491번인 출판사에서 208번째 발행한 책		0 ~ 9

독자대상	발행형태	내용분류
0 교양 1 실용 2 여성 3 (예비) 4 청소년 5 중고등 학습참고서 6 초등 학습참고서 7 아동 8 (예비) 9 전문	0 문고본 1 사전 2 신서판 3 단행본 4 전집 5 (예비) 6 도감 7 그림책, 만화 8 혼합자료, 점자자료, 전자책, 마이크로자료 9 (예비)	030 백과사전 100 철학 170 심리학 200 종교 360 법학 470 생명과학 680 연극 710 한국어 770 스페인어 740 영미문학 720 유럽사

〈주문도서〉

978 – 05 – 441 – 1011 – 314710

① 한국에서 출판한 도서이다.
② 441번째 발행된 도서이다.
③ 발행자번호는 총 7자리이다.
④ 한 권으로만 출판되지는 않았다.
⑤ 한국어로 되어 있다.

02 A팀과 B팀은 보안등급 상에 해당하는 문서를 나누어 보관하고 있다. 이에 따라 두 팀은 보안을 위해 아래와 같은 규칙에 따라 각 팀의 비밀번호를 지정하였다. 다음 중 A팀과 B팀에 들어갈 수 있는 암호배열은?

〈규칙〉

- 1 ~ 9까지의 숫자로 (한 자리 수)×(두 자리 수)=(세 자리 수)=(두 자리 수)×(한 자리 수) 형식의 비밀번호로 구성한다.
- 가운데에 들어갈 세 자리 수의 숫자는 156이며 숫자는 중복 사용할 수 없다. 즉, 각 팀의 비밀번호에 1, 5, 6이란 숫자가 들어가지 않는다.

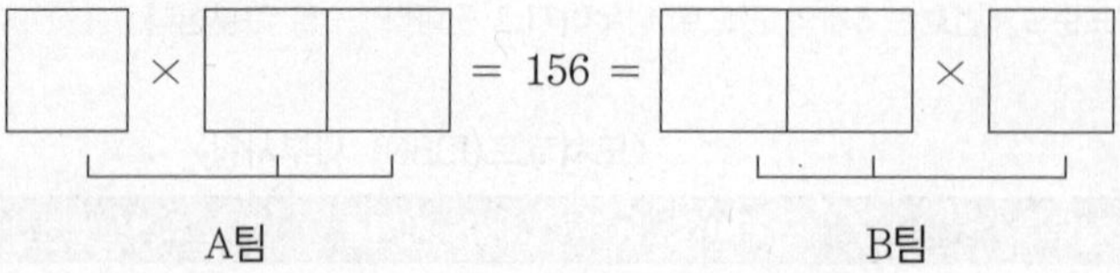

① 23　　② 27
③ 29　　④ 37
⑤ 39

03 다음 〈조건〉을 근거로 〈보기〉를 계산한 값은?

조건

연산자 A, B, C, D는 다음과 같이 정의한다.
- A : 좌우에 있는 두 수를 더한다. 단, 더한 값이 10 미만이면 좌우에 있는 두 수를 곱한다.
- B : 좌우에 있는 두 수 가운데 큰 수에서 작은 수를 뺀다. 단, 두 수가 같거나 뺀 값이 10 미만이면 두 수를 곱한다.
- C : 좌우에 있는 두 수를 곱한다. 단, 곱한 값이 10 미만이면 좌우에 있는 두 수를 더한다.
- D : 좌우에 있는 두 수 가운데 큰 수를 작은 수로 나눈다. 단, 두 수가 같거나 나눈 값이 10 미만이면 두 수를 곱한다.

※ 연산은 '( )', '{ }'의 순으로 한다.

보기

[(1A5)B(3C4)]D6

① 10　　② 12
③ 90　　④ 210
⑤ 360

04 S제품을 운송하는 A씨는 업무상 편의를 위해 고객의 주문 내역을 임의의 기호로 기록하고 있다. 다음과 같은 주문전화가 왔을 때, A씨가 기록한 기호로 옳은 것은?

〈임의기호〉

재료	연강	고강도강	초고강도강	후열처리강
	MS	HSS	AHSS	PHTS
판매량	낱개	1묶음	1box	1set
	01	10	11	00
지역	서울	경기남부	경기북부	인천
	E	S	N	W
윤활유 사용	청정작용	냉각작용	윤활작용	밀폐작용
	P	C	I	S
용도	베어링	스프링	타이어코드	기계구조
	SB	SS	ST	SM

※ A씨는 [재료] – [판매량] – [지역] – [윤활유 사용] – [용도]의 순서로 기호를 기록한다.

〈주문전화〉

B씨 : 어이~ A씨. 나야, 나. 인천 지점에서 같이 일했던 B. 내가 필요한 것이 있어서 전화했어. 일단 서울 지점의 C씨가 스프링으로 사용할 제품이 필요하다고 하는데 한 박스 정도면 될 것 같아. 이전에 주문했던 대로 연강에 윤활용으로 윤활유를 사용한 제품으로 부탁하네. 나는 이번에 경기도 남쪽으로 가는데 거기에 있는 내 사무실 알지? 거기로 초고강도강 타이어코드용으로 1세트 보내 줘. 튼실한 걸로 밀폐용 윤활유 사용해서 부탁해. 저번에 냉각용으로 사용한 제품은 생각보다 좋진 않았어.

① MS11EISB, AHSS00SSST
② MS11EISS, AHSS00SSST
③ MS11EISS, HSS00SSST
④ MS11WISS, AHSS10SSST
⑤ MS11EISS, AHSS00SCST

03 SWOT 분석

| 유형분석 |

- 상황에 대한 환경 분석 결과를 통해 주요 과제를 도출하는 문제이다.
- 주로 3C 분석 또는 SWOT 분석을 활용한 문제들이 출제되고 있으므로 해당 분석도구에 대한 사전 학습이 요구된다.

다음은 한 분식점에 대한 SWOT 분석 결과이다. 이에 대한 대응 방안으로 가장 적절한 것은?

S(강점)	W(약점)
• 좋은 품질의 재료만 사용 • 청결하고 차별화된 이미지	• 타 분식점에 비해 한정된 메뉴 • 배달서비스를 제공하지 않음
O(기회)	T(위협)
• 분식점 앞에 곧 학교가 들어설 예정 • 최근 TV프로그램 섭외 요청을 받음	• 프랜차이즈 분식점들로 포화상태 • 저렴한 길거리 음식으로 취급하는 경향이 있음

① ST전략 : 비싼 재료들을 사용하여 가격을 올려 저렴한 길거리 음식이라는 인식을 바꾼다.
② WT전략 : 다른 분식점들과 차별화된 전략을 유지하기 위해 배달서비스를 시작한다.
③ SO전략 : TV프로그램에 출연해 좋은 품질의 재료만 사용한다는 점을 부각시킨다.
④ WO전략 : TV프로그램 출연용으로 다양한 메뉴를 일시적으로 개발한다.
⑤ WT전략 : 포화 상태의 시장에서 살아남기 위해 다른 가게보다 저렴한 가격으로 판매한다.

정답 ③

SO전략은 강점을 살려 기회를 포착하는 전략이므로 TV프로그램에 출연하여 좋은 품질의 재료만 사용한다는 점을 홍보하는 것이 적절하다.

풀이 전략!

문제에 제시된 분석도구를 확인한 후, 분석 결과를 종합적으로 판단하여 각 선택지의 전략 과제와 일치 여부를 판단한다.

01 레저용 차량을 생산하는 K기업에 대한 다음의 SWOT 분석결과를 참고할 때, 〈보기〉 중 각 전략에 따른 대응으로 적절한 것을 모두 고르면?

SWOT 분석은 조직의 외부환경 분석을 통해 기회와 위협 요인을 파악하고, 조직의 내부 역량 분석을 통해서 조직의 강점과 약점을 파악하여, 이를 토대로 강점은 최대화하고 약점은 최소화하며, 기회는 최대한 활용하고 위협에는 최대한 대처하는 전략을 세우기 위한 분석 방법이다.

〈SWOT 분석 매트릭스〉

구분	강점(Strength)	약점(Weakness)
기회(Opportunity)	**SO전략 : 공격적 전략** 강점으로 기회를 살리는 전략	**WO전략 : 방향전환 전략** 약점을 보완하여 기회를 살리는 전략
위협(Threat)	**ST전략 : 다양화 전략** 강점으로 위협을 최소화하는 전략	**WT전략 : 방어적 전략** 약점을 보완하여 위협을 최소화하는 전략

〈K기업의 SWOT 분석결과〉

강점(Strength)	약점(Weakness)
• 높은 브랜드 이미지·평판 • 훌륭한 서비스와 판매 후 보증수리 • 확실한 거래망, 딜러와의 우호적인 관계 • 막대한 R&D 역량 • 자동화된 공장 • 대부분의 차량 부품 자체 생산	• 한 가지 차종에만 집중 • 고도의 기술력에 대한 과도한 집중 • 생산설비에 막대한 투자 → 차량모델 변경의 어려움 • 한 곳의 생산 공장만 보유 • 전통적인 가족형 기업 운영
기회(Opportunity)	**위협(Threat)**
• 소형 레저용 차량에 대한 수요 증대 • 새로운 해외시장의 출현 • 저가형 레저용 차량에 대한 선호 급증	• 휘발유의 부족 및 가격의 급등 • 레저용 차량 전반에 대한 수요 침체 • 다른 회사들과의 경쟁 심화 • 차량 안전 기준의 강화

보기

ㄱ. ST전략 : 기술개발을 통하여 연비를 개선한다.
ㄴ. SO전략 : 대형 레저용 차량을 생산한다.
ㄷ. WO전략 : 규제강화에 대비하여 보다 안전한 레저용 차량을 생산한다.
ㄹ. WT전략 : 생산량 감축을 고려한다.
ㅁ. WO전략 : 국내 다른 지역이나 해외에 공장들을 분산 설립한다.
ㅂ. ST전략 : 경유용 레저 차량 생산을 고려한다.
ㅅ. SO전략 : 해외 시장 진출보다는 내수 확대에 집중한다.

① ㄱ, ㄴ, ㅁ, ㅂ
② ㄱ, ㄹ, ㅁ, ㅂ
③ ㄴ, ㄹ, ㅂ, ㅅ
④ ㄴ, ㄹ, ㅁ, ㅂ
⑤ ㄱ, ㄹ, ㅁ, ㅅ

02 다음은 K섬유회사에 대한 SWOT 분석 자료이다. 분석에 따른 대응 전략으로 적절한 것을 〈보기〉에서 모두 고르면?

S 강점	W 약점
• 첨단 신소재 관련 특허 다수 보유	• 신규 생산 설비 투자 미흡 • 브랜드의 인지도 부족
O 기회	**T 위협**
• 고기능성 제품에 대한 수요 증가 • 정부 주도의 문화 콘텐츠 사업 지원	• 중저가 의류용 제품의 공급 과잉 • 저임금의 개발도상국과 경쟁 심화

보기

ㄱ. SO전략으로 첨단 신소재를 적용한 고기능성 제품을 개발한다.
ㄴ. ST전략으로 첨단 신소재 관련 특허를 개발도상국의 경쟁업체에 무상 이전한다.
ㄷ. WO전략으로 문화 콘텐츠와 디자인을 접목한 신규 브랜드 개발을 통해 적극적으로 마케팅 한다.
ㄹ. WT전략으로 기존 설비에 대한 재투자를 통해 대량생산 체제로 전환한다.

① ㄱ, ㄷ
② ㄱ, ㄹ
③ ㄴ, ㄷ
④ ㄷ, ㄹ
⑤ ㄴ, ㄹ

03 다음은 국내 금융기관에 대한 SWOT 분석 자료이다. 이를 통해 SWOT 전략을 세운다고 할 때, 〈보기〉 중 분석 결과에 대응하는 전략과 그 내용이 바르게 연결된 것을 모두 고르면?

> 국내 대부분의 예금과 대출을 국내 은행이 차지하고 있을 정도로 국내 금융기관에 대한 우리나라 국민들의 충성도는 높은 편이다. 또한 국내 금융기관은 철저한 신용 리스크 관리로 해외 금융기관과 비교해 자산건전성 지표가 매우 우수한 편이다. 시장 리스크 관리도 해외 선진 금융기관 수준에 도달한 것으로 평가받는다. 국내 금융기관은 외환위기와 글로벌 금융위기 등을 거치며 꾸준히 자산건전성을 강화해 왔기 때문이다.
>
> 그러나 은행과 이자 이익에 수익이 편중돼 있다는 점은 국내 금융기관의 가장 큰 약점이 된다. 대부분 예금과 대출 거래 중심의 영업구조로 되어 있기 때문이다. 취약한 해외 비즈니스도 문제로 들 수 있다. 최근 동남아 시장을 중심으로 해외 진출에 박차를 가하고 있지만, 아직은 눈에 띄는 성과가 많지 않은 상황이다.
>
> 많은 어려움에도 불구하고 국내 금융기관의 발전 가능성은 아직 무궁무진하다. 우선 해외 시장으로 눈을 돌리면 다양한 기회가 열려 있다. 전 세계 신용·단기 자금 확대, 글로벌 무역 회복세로 국내 금융기관의 해외 진출 여건은 양호한 편이다. 따라서 해외 시장 개척을 통해 어떻게 신규 수익원을 확보하느냐가 성장의 새로운 기회로 작용할 전망이다. IT 기술 발달에 따른 핀테크의 등장도 새로운 기회가 될 수 있다. 국내의 발달된 인터넷과 모바일뱅킹 서비스, IT 인프라를 활용한 새로운 수익 창출 가능성이 열려 있는 것이다.
>
> 그러나 역설적으로 핀테크의 등장은 오히려 국내 금융기관의 발목을 잡을 수 있다. 블록체인 기술에 기반한 암호화폐, 간편결제와 송금, 로보어드바이저, 인터넷 은행, P2P 대출 등 다양한 핀테크 분야의 새로운 서비스들이 기존 금융 서비스의 대체재로서 출현하고 있기 때문이다. 금융시장 개방에 따른 글로벌 금융기관과의 경쟁 심화도 넘어야 할 산이다. 특히 중국 은행을 비롯한 중국 금융이 급성장하고 있어 이에 대한 대비책 마련이 시급하다.

보기

㉠ SO전략 : 높은 국내 시장점유율을 기반으로 국내 핀테크 사업에 진출한다.
㉡ WO전략 : 위기관리 역량을 강화하여 해외 금융시장에 진출한다.
㉢ ST전략 : 해외 금융기관과 비교해 우수한 자산건전성을 강조하여 글로벌 금융기관과의 경쟁에서 우위를 차지한다.
㉣ WT전략 : 해외 비즈니스 역량을 강화하여 해외 금융시장에 진출한다.

① ㉠, ㉡
② ㉠, ㉢
③ ㉡, ㉢
④ ㉡, ㉣
⑤ ㉢, ㉣

PART 1

04 K공사에서 근무하는 A사원은 경제자유구역사업에 대한 SWOT 분석결과 자료를 토대로, SWOT 분석에 의한 경영전략에 맞추어 〈보기〉와 같이 판단하였다. 다음 중 A사원이 판단한 SWOT 분석에 의한 경영전략의 내용으로 적절하지 않은 것을 모두 고르면?

〈경제자유구역사업에 대한 SWOT 분석결과〉

구분	분석 결과
강점(Strength)	• 성공적인 경제자유구역 조성 및 육성 경험 • 다양한 분야의 경제자유구역 입주희망 국내기업 확보
약점(Weakness)	• 과다하게 높은 외자금액 비율 • 외국계 기업과 국내기업 간의 구조 및 운영상 이질감
기회(Opportunity)	• 국제경제 호황으로 인하여 타국 사업지구 입주를 희망하는 해외시장부문의 지속적 증가 • 국내진출 해외기업 증가로 인한 동형화 및 협업 사례 급증
위협(Threat)	• 국내거주 외국인 근로자에 대한 사회적 포용심 부족 • 대대적 교통망 정비로 인한 기성 대도시의 흡수효과 확대

〈SWOT 분석에 의한 경영전략〉

- SO전략 : 강점을 활용해 기회를 선점하는 전략
- ST전략 : 강점을 활용하여 위협을 최소화하거나 극복하는 전략
- WO전략 : 기회를 활용하여 약점을 보완하는 전략
- WT전략 : 약점을 최소화하고 위협을 회피하는 전략

보기

ㄱ. 성공적인 경제자유구역 조성 노하우를 활용하여 타국 사업지구로의 진출을 희망하는 해외기업을 유인 및 유치하는 전략은 SO전략에 해당한다.

ㄴ. 다수의 풍부한 경제자유구역 성공 사례를 바탕으로 외국인 근로자를 국내주민과 문화적으로 동화시킴으로써 원활한 지역발전의 토대를 조성하는 전략은 ST전략에 해당한다.

ㄷ. 기존에 국내에 입주한 해외기업의 동형화 사례를 활용하여 국내기업과 외국계 기업의 운영상 이질감을 해소하여 생산성을 증대시키는 전략은 WO전략에 해당한다.

ㄹ. 경제자유구역 인근 대도시와의 연계를 활성화하여 경제자유구역 내 국내·외 기업 간의 이질감을 해소하는 전략은 WT전략에 해당한다.

① ㄱ, ㄴ
② ㄱ, ㄷ
③ ㄴ, ㄷ
④ ㄴ, ㄹ
⑤ ㄷ, ㄹ

05 K가스공사에 대한 SWOT 분석 결과가 다음과 같을 때, 〈보기〉 중 SWOT 분석 내용으로 옳은 것을 모두 고르면?

〈SWOT 분석 결과〉

구분	분석 결과
강점(Strength)	• 해외 가스공급기관 대비 높은 LNG 구매력 • 세계적으로 우수한 배관 인프라
약점(Weakness)	• 타 연료 대비 높은 단가
기회(Opportunity)	• 북아시아 가스관 사업 추진 논의 지속 • 수소 자원 개발 고도화 추진중
위협(Threat)	• 천연가스에 대한 수요 감소 추세 • 원전 재가동 확대 전망에 따른 에너지 점유율 감소 가능성

보기

ㄱ. 해외 기관 대비 LNG 확보가 용이하다는 점을 근거로 북아시아 가스관 사업 추진 시 우수한 효율을 이용하는 것은 SO전략에 해당한다.

ㄴ. 지속적으로 감소할 것으로 전망되는 천연가스 수요를 북아시아 가스관 사업을 통해 확보하는 것은 ST전략에 해당한다.

ㄷ. 수소 자원 개발을 고도화하여 다른 연료 대비 상대적으로 높았던 공급단가를 낮추려는 R&D 사업 추진은 WO전략에 해당한다.

ㄹ. 높은 LNG 확보 능력을 이용해 상대적으로 높은 가스 공급단가가 더욱 상승하는 것을 방지하는 것은 WT전략에 해당한다.

① ㄱ, ㄴ
② ㄱ, ㄷ
③ ㄴ, ㄷ
④ ㄴ, ㄹ
⑤ ㄷ, ㄹ

CHAPTER 04

수리능력

합격 Cheat Key

수리능력은 사칙 연산·통계·확률의 의미를 정확하게 이해하고 이를 업무에 적용하는 능력으로, 기초 연산과 기초 통계, 도표 분석 및 작성의 문제 유형으로 출제된다. 수리능력 역시 채택하지 않는 공사·공단이 거의 없을 만큼 필기시험에서 중요도가 높은 영역이다.

특히, 난이도가 높은 공사·공단의 시험에서는 도표 분석, 즉 자료 해석 유형의 문제가 많이 출제되고 있고, 응용 수리 역시 꾸준히 출제하는 공사·공단이 많기 때문에 기초 연산과 기초 통계에 대한 공식의 암기와 자료 해석 능력을 기를 수 있는 꾸준한 연습이 필요하다.

1 응용 수리의 공식은 반드시 암기하라!

응용 수리는 공사·공단마다 출제되는 문제는 다르지만, 사용되는 공식은 비슷한 경우가 많으므로 자주 출제되는 공식을 반드시 암기하여야 한다. 문제에서 묻는 것을 정확하게 파악하여 그에 맞는 공식을 적절하게 적용하는 꾸준한 노력과 공식을 암기하는 연습이 필요하다.

2 자료의 해석은 자료에서 즉시 확인할 수 있는 지문부터 확인하라!

수리능력 중 도표 분석, 즉 자료 해석 능력은 많은 시간을 필요로 하는 문제가 출제되므로, 증가・감소 추이와 같이 눈으로 확인이 가능한 지문을 먼저 확인한 후 복잡한 계산이 필요한 지문을 확인하는 방법으로 문제를 풀이한다면 시간을 조금이라도 아낄 수 있다. 또한, 여러 가지 보기가 주어진 문제 역시 지문을 잘 확인하고 문제를 풀이한다면 불필요한 계산을 생략할 수 있으므로 항상 지문부터 확인하는 습관을 들여야 한다.

3 도표 작성에서 지문에 작성된 도표의 제목을 반드시 확인하라!

도표 작성은 하나의 자료 혹은 보고서와 같은 수치가 표현된 자료를 도표로 작성하는 형식으로 출제되는데, 대체로 표보다는 그래프를 작성하는 형태로 많이 출제된다. 지문을 살펴보면 각 지문에서 주어진 도표에도 소제목이 있는 경우가 대부분이다. 이때, 자료의 수치와 도표의 제목이 일치하지 않는 경우 함정이 존재하는 문제일 가능성이 높으므로 도표의 제목을 반드시 확인하는 것이 중요하다.

01 응용 수리

| 유형분석 |

- 문제에서 제공하는 정보를 파악한 뒤, 사칙연산을 활용하여 계산하는 전형적인 수리문제이다.
- 문제를 풀기 위한 정보가 산재되어 있는 경우가 많으므로 주어진 조건 등을 꼼꼼히 확인해야 한다.

K씨는 저가항공을 이용하여 비수기에 제주도 출장을 가려고 한다. 1인 기준으로 작년에 비해 비행기 왕복 요금은 20% 내렸고, 1박 숙박비는 15% 올라서 올해의 비행기 왕복 요금과 1박 숙박비 합계는 작년보다 10% 증가한 금액인 308,000원이라고 한다. 이때, 1인 기준으로 올해의 비행기 왕복 요금은?

① 31,000원 ② 32,000원
③ 33,000원 ④ 34,000원
⑤ 35,000원

정답 ②

작년 비행기 왕복 요금을 x원, 작년 1박 숙박비를 y원이라 하면

$-\frac{20}{100}x+\frac{15}{100}y=\frac{10}{100}(x+y)$ … ㉠

$(1-\frac{20}{100})x+(1+\frac{15}{100})y=308,000$ … ㉡

㉠, ㉡을 연립하면

$y=6x$ … ㉢

$16x+23y=6,160,000$ … ㉣

㉢, ㉣을 연립하면

$16x+138x=6,160,000$

$x=40,000,\ y=240,000$

따라서 올해 비행기 왕복 요금은 $40,000-40,000\times\frac{20}{100}=32,000$원이다.

풀이 전략!

문제에서 묻는 바를 정확하게 확인한 후, 필요한 조건 또는 정보를 구분하여 신속하게 풀어 나간다. 단, 계산에 착오가 생기지 않도록 유의한다.

출제유형분석 01 실전예제

01 다음 〈보기〉에서 경우의 수가 큰 순서대로 바르게 나열한 것은?

> **보기**
>
> ㄱ. 학급 6개에서 10명의 위원을 뽑는 경우의 수
> ㄴ. P, A, S, S를 일렬로 나열할 수 있는 경우의 수
> ㄷ. 중복을 허락하여 1 ~ 5의 5개 자연수로 네 자리 자연수를 만드는 경우의 수

① ㄱ – ㄴ – ㄷ
② ㄱ – ㄷ – ㄴ
③ ㄴ – ㄱ – ㄷ
④ ㄴ – ㄷ – ㄱ
⑤ ㄷ – ㄴ – ㄱ

02 신발가게를 운영하는 K씨는 샌들 원가 20,000원에 40%의 이익을 붙여서 정가를 정했지만 판매가 잘 되지 않아 할인을 하고자 한다. 이때 몇 %를 할인해야 원가의 10% 이익을 얻을 수 있는가?(단, 소수점 둘째 자리에서 반올림한다)

① 20.5%
② 21.4%
③ 22.5%
④ 23.7%
⑤ 24.5%

03 외국인 A씨의 현재 잔고는 5달러이고, 매일 2달러를 저금한다. 한국인 B씨와 C씨의 현재 잔고는 각각 y, $2y$달러를 가지고 있고 매일 5달러, 3달러씩 저금을 하고 있다. 2일 후 B씨와 C씨의 자산의 차액은 A씨의 2일 후 자산과 동일하다고 할 때, B씨의 자산이 C씨의 자산보다 같거나 많게 되는 날은 오늘로부터 며칠 후인가?(단, 기간은 소수점 첫째 자리에서 반올림한다)

① 7일 후
② 8일 후
③ 9일 후
④ 10일 후
⑤ 11일 후

04

K야구팀의 작년 승률은 40%였고, 올해는 총 120경기 중 65승을 하였다. 작년과 올해의 경기를 합하여 구한 승률이 45%일 때, K야구팀이 승리한 총횟수는?

① 151회
② 152회
③ 153회
④ 154회
⑤ 155회

05

수정이는 부서 사람들과 함께 놀이공원에 방문하려고 한다. 이 놀이공원의 입장료는 1인당 16,000원이며 정가에서 25% 할인된 금액에 10인 단체 티켓을 구매할 수 있다고 할 때, 부서원이 몇 명 이상일 때부터 20명분의 단체 티켓 2장을 구매하는 것이 더 유리한가?(단, 부서원은 10명보다 많다)

① 14명
② 15명
③ 16명
④ 17명
⑤ 18명

06

100만 원짜리 냉장고를 판매하는 K사는 가을을 맞이하여 9월 초에 일시불로 구입하면 할인해 주는 행사를 진행한다. 할부로 구입하면 9월 초에 20만 원은 우선 지불하고 나머지는 12개월 할부로 9월 말부터 내년 8월 말까지 매월 말에 8만 원씩 상환하게 할 때, 일시불로 구입한 사람이 할부로 구입한 사람보다 이익이 되려면 9월 초에 얼마나 할인해야 하는가?(단, 할인은 정수단위로 할인하며, $1.04^{12} \fallingdotseq 1.6$이고, 월이율 4%의 복리로 계산한다)

① 5%
② 6%
③ 7%
④ 8%
⑤ 9%

07 A비커에는 농도가 x%인 설탕물 300g이 들어 있고 B비커에는 농도가 y%인 설탕물 600g이 들어 있다. B비커에서 A비커로 100g를 부어 골고루 섞은 후 다시 B비커로 옮기고 골고루 섞어 농도를 측정해 보니 A비커의 설탕물과 B비커의 설탕물의 농도는 각각 5%, 9.5%였다. 이때 $10x+10y$의 값은?

① 106
② 116
③ 126
④ 136
⑤ 146

PART 1

08 다정이네 집에는 화분 2개가 있다. 두 화분에 있는 식물의 나이 합은 8세이고, 각 나이의 제곱의 합은 34세가 된다. 이때 두 식물의 나이의 차는?(단, 식물의 나이는 자연수이다)

① 2세
② 3세
③ 4세
④ 5세
⑤ 6세

09 상우는 사과와 감을 사려고 한다. 사과는 하나에 700원, 감은 400원일 때 10,000원을 가지고 과일을 총 20개 사려면 감은 최소 몇 개를 사야 하는가?

① 10개
② 12개
③ 14개
④ 16개
⑤ 17개

02 | 도표 계산

| 유형분석 |

- 문제에 주어진 도표를 분석하여 각 선택지의 정답 유무를 판단하는 문제이다.
- 주로 그래프와 표로 제시되며, 경영·경제·산업 등과 관련된 최신 이슈를 많이 다룬다.
- 자료 간의 증감률·비율·추세 등을 자주 묻는다.

다음은 K마트의 과자 종류에 따른 가격을 나타낸 표이다. K마트는 A, B, C과자에 기획 상품 할인을 적용하여 팔고 있다. A ~ C과자를 정상가로 각각 2봉지씩 구매할 수 있는 금액을 가지고 각각 2봉지씩 할인된 가격으로 구매 후 A과자를 더 산다고 할 때, A과자를 몇 봉지를 더 살 수 있는가?

〈과자별 가격 및 할인율〉

구분	A	B	C
정상가	1,500원	1,200원	2,000원
할인율	20%		40%

① 5봉지
② 4봉지
③ 3봉지
④ 2봉지
⑤ 1봉지

정답 ④

정상가로 A, B, C과자를 2봉지씩 구매할 수 있는 금액은 $(1,500+1,200+2,000)\times 2=4,700\times 2=9,400$원이다. 이 금액으로 A, B, C과자를 할인된 가격으로 2봉지씩 구매하고 남은 금액은 $9,400-\{(1,500+1,200)\times 0.8+2,000\times 0.6\}\times 2=9,400-3,360\times 2=9,400-6,720=2,680$원이다. 따라서 남은 금액으로 A과자를 $\frac{2,680}{1,500\times 0.8}\fallingdotseq 2.23$, 즉 2봉지 더 구매할 수 있다.

풀이 전략!

선택지를 먼저 읽고 필요한 정보를 도표에서 확인하도록 하며, 계산이 필요한 경우에는 실제 수치를 사용하여 복잡한 계산을 하는 대신, 대소 관계의 비교나 선택지의 옳고 그름만을 판단할 수 있을 정도로 간소화하여 계산해 풀이시간을 단축할 수 있도록 한다.

출제유형분석 02 실전예제

01 다음은 한국, 미국, 일본, 프랑스의 화장품산업 경쟁력 4대 분야별 점수에 대한 자료이다. 이에 대한 설명으로 옳은 것은?

〈주요국의 화장품산업 경쟁력 4대 분야별 점수〉

(단위 : 점)

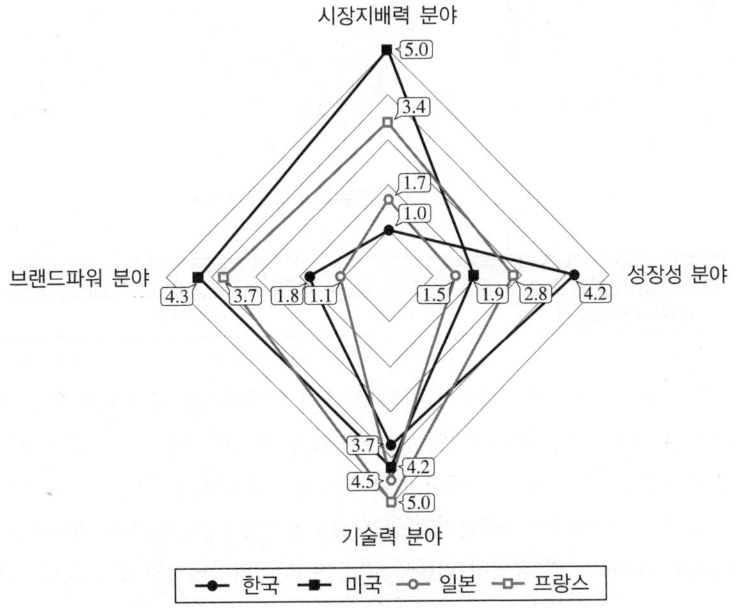

① 기술력 분야에서는 한국의 점수가 가장 높다.

② 성장성 분야에서 점수가 가장 높은 국가는 시장지배력 분야에서도 점수가 가장 높다.

③ 브랜드파워 분야에서 각국 점수 중 최댓값과 최솟값의 차이는 3점 이하이다.

④ 미국이 4대 분야에서 획득한 점수의 합은 프랑스가 4대 분야에서 획득한 점수의 합보다 높다.

⑤ 시장지배력 분야의 점수는 일본이 프랑스보다 높지만 미국보다는 낮다.

02 다음은 연령별 선물환거래 금액 비율을 나타낸 자료이다. 이에 대한 설명으로 옳은 것은?

〈2020년 연령별 선물환거래 비율〉　〈2021년 연령별 선물환거래 비율〉　〈2022년 연령별 선물환거래 비율〉

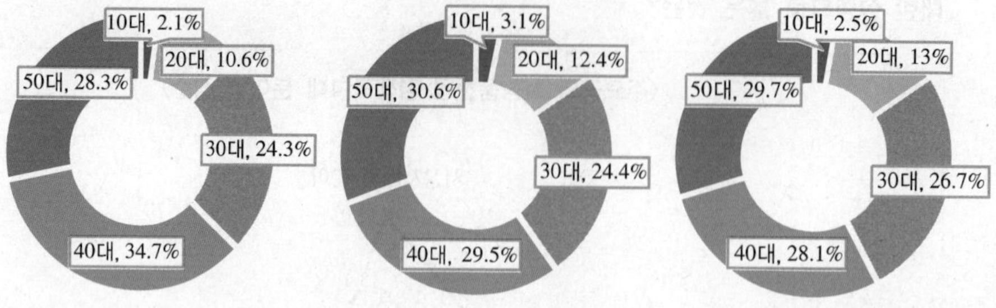

〈선물환거래 총금액〉

(단위 : 억 원)

구분	2020년	2021년	2022년
선물환거래 총금액	1,920	1,980	2,084

① 2021 ~ 2022년의 전년 대비 10대와 20대의 선물환거래 금액 비율 증감 추이는 같다.

② 2021년 대비 2022년의 50대의 선물환거래 금액 증가량은 13억 원 이상이다.

③ 2021 ~ 2022년 동안 전년 대비 매년 40대의 선물환거래 금액은 지속적으로 감소하고 있다.

④ 2022년 10 ~ 40대의 선물환거래 금액 총비율은 2021년 50대의 비율의 2.5배 이상이다.

⑤ 2022년 30대의 선물환거래 비율은 2020년 30대의 선물환거래 비율에 비해 2.6%p 높다.

03 다음은 2022년 1월, 6월, 12월에 20～70대를 대상으로 조사한 정당 A～E의 지지율과 응답자에 대한 자료이다. 이에 대한 설명으로 옳지 않은 것은?

〈정당 A～E의 지지율〉

(단위 : %)

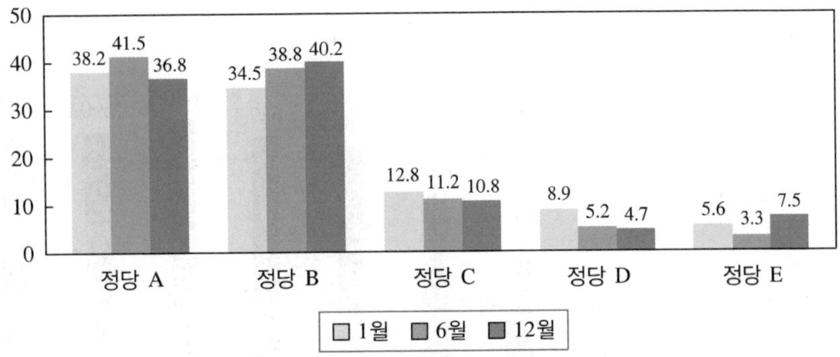

〈정당 지지율 조사 응답자〉

(단위 : 명)

연령 \ 성별	남성	여성	전체
20～30대	295	305	600
40～50대	370	335	705
60～70대	330	365	695

※ 모든 응답자는 정당 A～E 중에서 한 정당만 지지한다.

※ 2022년 1월, 6월, 12월 응답자 인원은 모두 동일하다.

① 응답기간 중 지지율 증감추이가 동일한 정당은 정당 C와 정당 D이다.

② 응답기간 중 정당 A와 정당 B의 지지율의 합은 항상 70% 이상이다.

③ 지지율이 하위인 두 정당의 지지율 합은 항상 정당 C의 지지율보다 낮다.

④ 2022년 6월 조사에서 모든 연령대에서의 정당 A와 정당 B를 지지하는 인원수 차이는 54명이다.

⑤ 2022년 1월 조사에서 20대부터 50대까지 응답자가 모두 정당 A, B, C 중 한 곳을 지지했다면, 이 중 정당 B의 지지자 수는 최소 285명이다.

04 다음은 2013년부터 2022년까지 국가 온실가스 총배출량에 대한 그래프이다. 온실가스 총배출량의 증가율이 가장 큰 연도는?(단, 비율은 소수점 둘째 자리에서 반올림하여 비교한다)

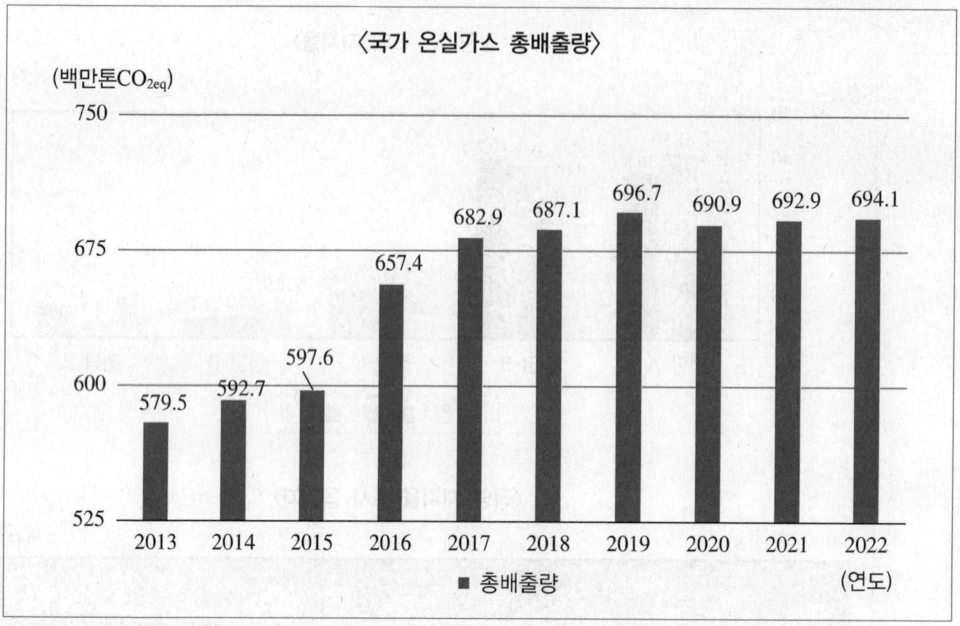

① 2017년
② 2018년
③ 2019년
④ 2020년
⑤ 2021년

05 다음은 K국가의 2018년부터 2022년까지 GDP 대비 공교육비 비율에 대한 그래프이다. 공교육비 비율의 전년 대비 증감률이 가장 큰 해와 민간재원 공교육비 비율의 전년 대비 증감률이 가장 큰 해를 순서대로 나열한 것은?

〈GDP 대비 공교육비 비율〉

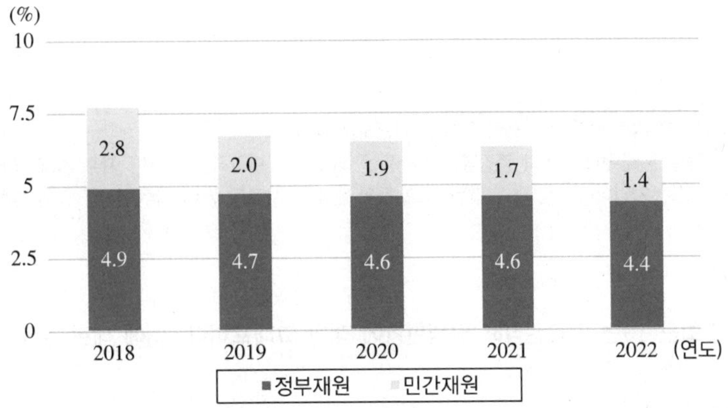

※ (공교육비 비율)=(정부재원)+(민간재원)

① 2019년, 2019년
② 2019년, 2021년
③ 2019년, 2022년
④ 2022년, 2019년
⑤ 2022년, 2022년

03 자료 이해

| 유형분석 |

- 제시된 표를 분석하여 선택지의 정답 유무를 판단하는 문제이다.
- 표의 수치 등을 통해 변화량이나 증감률, 비중 등을 비교하여 판단하는 문제가 자주 출제된다.
- 지원하고자 하는 기업이나 산업과 관련된 자료 등이 문제의 자료로 많이 다뤄진다.

다음은 K시의 최근 10년간 교권침해 발생현황에 대한 그래프이다. 이에 대한 설명으로 옳은 것을 모두 고르면?

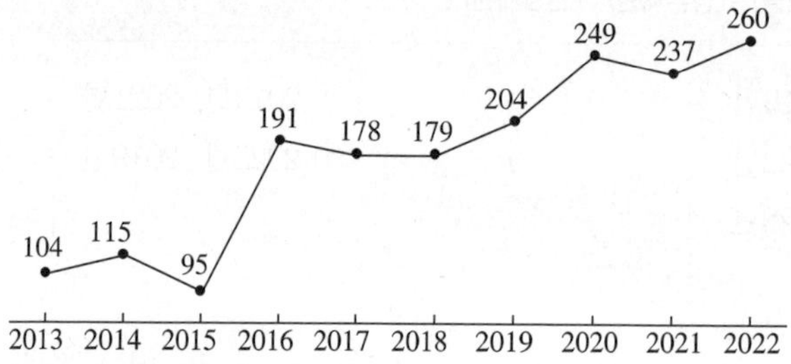

㉠ 교권침해의 발생건수가 가장 급격하게 증가한 때는 2015년에서 2016년 사이이다.
㉡ 2022년 교권침해 발생건수는 2013년에 비해 156건 증가했다.
㉢ 2014년에서 2015년 사이에서만 교권침해 발생건수가 단기적으로 줄어들었다.
㉣ 교권침해의 발생건수가 200건을 초과한 것은 2019년부터이다

① ㉠, ㉡
② ㉠, ㉡, ㉢
③ ㉠, ㉡, ㉣
④ ㉠, ㉢, ㉣

정답 ③

오답분석

㉢ 그래프를 보면 2014년에서 2015년 사이에서만 교권침해 발생건수가 단기적으로 줄어든 것이 아니라 2016년과 2017년, 2020년과 2021년 사이에도 교권침해 발생건수가 단기적으로 줄어들었음을 알 수 있다.

풀이 전략!

평소 변화량이나 증감률, 비중 등을 구하는 공식을 알아 두고 있어야 하며, 지원하는 기업이나 산업에 관한 자료 등을 확인하여 비교하는 연습 등을 한다.

출제유형분석 03 실전예제

01 다음은 A, B 두 국가의 에너지원 수입액에 대한 자료이다. 이에 대한 설명으로 옳은 것은?

〈A, B국의 에너지원 수입액〉

(단위 : 달러)

구분 \ 연도		1982년	2002년	2022년
A국	석유	74	49.9	29.5
	석탄	82.4	60.8	28
	LNG	29.2	54.3	79.9
B국	석유	75	39	39
	석탄	44	19.2	7.1
	LNG	30	62	102

① 1982년의 석유 수입액은 A국이 B국보다 많다.
② 2002년의 A국의 석유 및 석탄의 수입액의 합은 LNG 수입액의 2배보다 적다.
③ 2022년의 석탄 수입액은 A국이 B국의 4배보다 적다.
④ 1982년 대비 2022년의 LNG 수입액의 증가율은 A국이 B국보다 크다.
⑤ 1982년 대비 2022년의 석탄 수입액의 감소율은 A국이 B국보다 크다.

02 다음은 2018 ~ 2022년 발굴조사 건수 및 비용에 대한 자료이다. 이에 대한 설명으로 옳은 것은?

〈발굴조사 건수 및 비용〉

(단위 : 건, 억 원)

구분		2018년	2019년	2020년	2021년	2022년
지표조사	건수	1,196	1,103	1,263	1,399	1,652
	비용	82	67	71	77	105
발굴조사	건수	2,266	2,364	2,388	2,442	2,642
	비용	2,509	2,378	2,300	2,438	2,735
합계	건수	3,462	3,500	3,651	3,841	4,294
	비용	2,591	2,470	2,371	2,515	2,840

① 전체 조사의 평균 건당 비용은 지속 감소되고 있다.
② 발굴조사의 평균 건당 비용은 매해 1억 원 이상이다.
③ 연도별 비교 시 발굴조사 비용의 비율이 가장 높은 해는 2020년이다.
④ 연도별 전체 건수에 대한 발굴조사 건수의 비율은 2021년이 2019년보다 높다.
⑤ 2018 ~ 2022년 동안 조사에 쓰인 비용은 1조 3천억 원 이상이다.

03 다음은 최근 5개년 동안의 연령대별 평균 데이트폭력 경험횟수를 나타낸 자료이다. 이에 대한 설명으로 옳지 않은 것은?

〈연도별 각 연령대의 평균 데이트폭력 경험횟수〉

(단위 : 회)

구분	2018년	2019년	2020년	2021년	2022년
10대	3.2	3.9	5.7	7.9	10.4
20대	9.1	13.3	15.1	19.2	21.2
30대	8.8	11.88	14.2	17.75	18.4
40대	2.5	5.8	9.2	12.8	18
50대	4.1	3.8	3.5	3.3	2.9

① 2020년 이후 20대와 30대의 평균 데이트폭력 경험횟수의 합은 전 연령대 평균 데이트폭력 경험횟수의 절반 이상이다.

② 10대의 평균 데이트폭력 경험횟수는 매년 증가하고 있지만, 50대는 매년 감소하고 있다.

③ 2022년의 40대의 평균 데이트폭력 경험횟수는 2018년의 7.2배에 해당한다.

④ 30대의 2021년의 전년 대비 데이트폭력 경험횟수 증가율은 2019년보다 크다.

⑤ 연도별 평균 데이트폭력 경험횟수가 가장 높은 연령대는 동일하다.

04 다음은 2017년부터 2022년까지 K국의 인구성장률과 합계출산율에 대한 자료이다. 이에 대한 설명으로 옳지 않은 것은?

〈인구성장률〉

(단위 : %)

구분	2017년	2018년	2019년	2020년	2021년	2022년
인구성장률	0.53	0.46	0.63	0.53	0.45	0.39

〈합계출산율〉

(단위 : 명)

구분	2017년	2018년	2019년	2020년	2021년	2022년
합계출산율	1.297	1.187	1.205	1.239	1.172	1.052

※ 합계출산율 : 가임여성 1명이 평생 낳을 것으로 예상되는 평균 출생아 수

① K국의 인구성장률은 2019년 이후로 계속해서 감소하고 있다.

② 2017년부터 2022년 동안 인구성장률이 가장 낮았던 해는 합계출산율도 가장 낮았다.

③ 2018년부터 2019년 동안 합계출산율과 인구성장률의 전년 대비 증감추세는 동일하다.

④ 2017년부터 2022년 동안 인구성장률과 합계출산율이 두 번째로 높은 해는 2020년이다.

⑤ 2022년의 인구성장률은 2019년 대비 40%p 이상 감소하였다.

05 **다음은 연도별 화재발생건수 및 화재피해액에 대한 자료이다. 이에 대한 설명으로 옳지 않은 것은?**

〈연도별 화재발생건수 및 화재피해액〉

(단위 : 만 건, 천억 원)

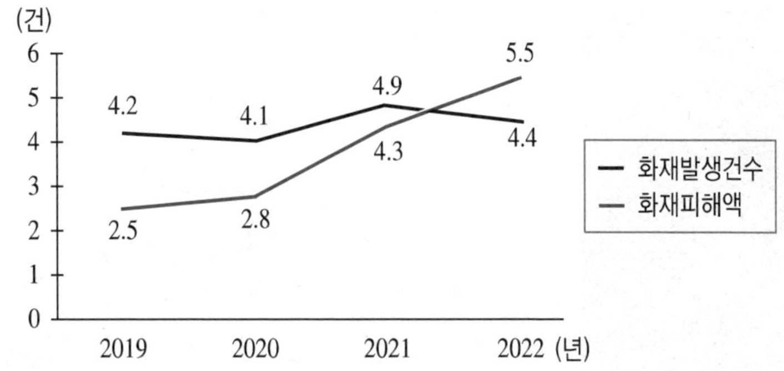

① 화재발생건수와 화재피해액은 비례한다.

② 화재피해액은 매년 증가한다.

③ 화재발생건수가 가장 높은 해는 2021년이다.

④ 화재피해액은 2021년 이후 처음으로 4천억 원을 넘어섰다.

⑤ 화재발생건수가 높다고 화재피해액도 높은 것은 아니다.

06 다음은 지식경제부에서 2023년 11월에 발표한 산업경제지표 추이이다. 이 자료를 보고 판단한 내용으로 옳지 않은 것은?

〈산업경제지표 추이〉

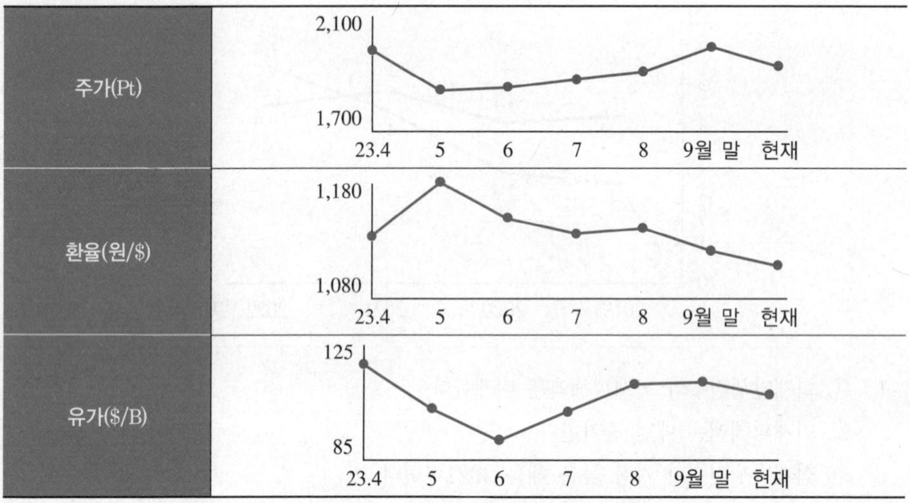

① 주가는 5월에 급락했다가 9월 말까지 서서히 회복세를 보였으나, 현재는 다시 하락해서 2023년 4월선을 회복하지 못하고 있다.

② 환율은 5월 이후 하락세에 있으므로 원화가치는 높아질 것이다.

③ 유가는 6월까지는 큰 폭으로 하락했으나, 그 이후 9월까지 서서히 상승세를 보이고 있다.

④ 숫자상의 변동 폭이 가장 작은 것은 유가이다.

⑤ 2023년 8월을 기점으로 위 세 가지 부분은 모두 하락세를 보이고 있다.

07 다음은 청년 고용동향에 관한 자료이다. 이를 통해 판단한 내용으로 옳지 않은 것은?

〈청년층(15 ~ 26세) 고용률 및 실업률〉

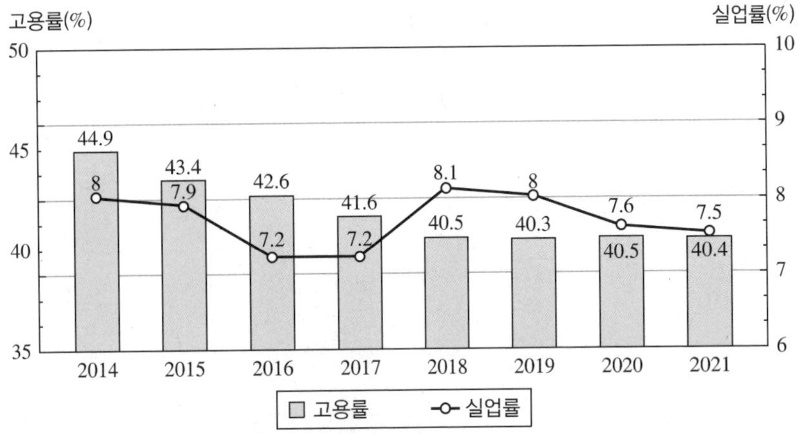

- 실업률 : [(실업자수)/(경제활동인구)]×100
- 고용률 : [(취업자수)/(생산가능인구)]×100

〈청년층(15 ~ 26세) 고용동향〉

(단위 : %, 천 명)

구분	2014년	2015년	2016년	2017년	2018년	2019년	2020년	2021년
생산가능인구	9,920	9,843	9,855	9,822	9,780	9,705	9,589	9,517
경제활동인구	4,836	4,634	4,530	4,398	4,304	4,254	4,199	4,156
경제활동참가율	48.8	47.1	46.0	44.8	44.0	43.8	43.8	43.7

- 생산가능인구 : 만 15세 이상 인구
- 경제활동인구 : 만 15세 이상 인구 중 취업자와 실업자
- 경제활동참가율 : [(경제활동인구)/(생산가능인구)]×100

① 청년층 고용률과 실업률 사이에는 상관관계가 없다.
② 전년과 비교했을 때, 2015년에 경제활동인구가 가장 많이 감소했다.
③ 생산가능인구는 매년 감소하고 있다.
④ 고용률 대비 실업률 비율이 가장 높았던 해는 2018년이다.
⑤ 경제활동참가율은 전체적으로 감소하고 있다.

훌륭한 가정만 한 학교가 없고, 덕이 있는 부모만 한 스승은 없다.

– 마하트마 간디 –

PART 2

직무기초지식

01 | 법학 적중예상문제

정답 및 해설 p.056

01 다음 중 준법률행위적 행정행위에 해당하는 것은?

① 하명
② 특허
③ 인가
④ 공증
⑤ 면제

02 다음 중 행정기관이 그 소관 사무의 범위에서 일정한 행정목적을 실현하기 위하여 특정인에게 일정한 행위를 하거나 하지 아니하도록 지도, 권고, 조언 등을 하는 행정작용은?

① 행정예고
② 행정계획
③ 행정지도
④ 의견제출
⑤ 행정소송

03 다음 중 근대 입헌주의 헌법에 대한 설명으로 옳은 것은?

① 국법과 왕법을 구별하는 근본법 사상에 근거를 둔다.
② 영국을 제외하고 모든 나라는 헌법을 가지고 있다.
③ 국가라고 하는 법적 단체가 있는 곳에는 헌법이 있다.
④ 공산주의 국가에도 헌법은 있다.
⑤ 헌법을 불문화할 필요가 있다.

04 **다음 중 행정행위에 대한 설명으로 옳지 않은 것은?**

① 내용이 명확하고 실현가능하여야 한다.
② 법률상 절차와 형식을 갖출 필요는 없다.
③ 법률의 규정에 위배되지 않아야 한다.
④ 정당한 권한을 가진 자의 행위여야 한다.
⑤ 법률에 근거를 두어야 한다.

05 **다음 중 행정법상 행정작용에 대한 설명으로 옳지 않은 것은?**

① 기속행위는 행정주체에 대하여 재량의 여지를 주지 않고 그 법규를 집행하도록 하는 행정행위를 말한다.
② 특정인에게 새로운 권리나 포괄적 법률관계를 설정해 주는 특허는 형성적 행정행위이다.
③ 의사표시 이외의 정신작용 등의 표시를 요소로 하는 행위는 준법률행위적 행정행위이다.
④ 개인에게 일정한 작위의무를 부과하는 하명은 형성적 행정행위이다.
⑤ 특정한 사실 또는 법률관계의 존재를 공적으로 증명하는 공증은 준법률행위적 행정행위이다.

06 **다음 중 근대 사법이 공법화 경향을 나타내고 있는 이유로 옳지 않은 것은?**

① 계약자유의 범위 확대
② 공공복리의 실현
③ 사회보장제도의 확충
④ 사권(私權)의 의무화
⑤ 경제적 약자의 보호

07 **다음 중 우리나라의 민법상 주소, 거소, 가주소에 대한 설명으로 옳지 않은 것은?**

① 민법에서는 객관주의와 복수주의를 택한다.
② 국내에 주소가 없거나 주소를 알 수 없을 때에는 거소를 주소로 본다.
③ 법인의 주소효력은 주된 사무소의 소재지로부터 생긴다.
④ 현재지가 주소로서의 효력을 가지는 경우 등의 예외는 있다.
⑤ 어디를 가주소로 정하는지는 당사자의 자유이며, 실제생활과는 아무 관계없이 임의로 정할 수 있다.

08 **다음 중 죄형법정주의의 내용으로 옳지 않은 것은?**

① 소급효 금지의 원칙
② 관습형법 금지의 원칙
③ 유추해석 금지의 원칙
④ 상대적 부정기형 금지의 원칙
⑤ 명확성의 원칙

09 **다음 중 법의 분류에 대한 설명으로 옳지 않은 것은?**

① 자연법은 시·공간을 초월하여 보편적으로 타당한 법을 의미한다.
② 임의법은 당사자의 의사에 의하여 그 적용이 배제될 수 있는 법을 말한다.
③ 부동산등기법은 사법이며, 실체법이다.
④ 오늘날 국가의 개입이 증대되면서 '사법의 공법화' 경향이 생겼다.
⑤ 민사소송법, 형사소송법, 행정소송법은 절차법에 해당된다.

10 **다음 중 형법의 효력에 대한 내용으로 옳은 것은?(단, 다툼이 있는 경우 판례에 의한다)**

① 행위시법은 결과범에서는 결과발생 후에 의한다.
② 포괄일죄가 신법과 구법에 걸친 경우 구법에 의한다.
③ 행위시법, 재판시법, 중간시법이 있을 때 행위시법과 재판시법 중 가장 경한 형을 적용한다.
④ 가장 경한 형이라 할 때는 부가형, 벌금형까지 비교한다.
⑤ 재판확정 후 법률의 변경에 의하여 그 행위가 범죄를 구성하지 아니할 때에는 형의 집행을 면제한다.

11 **다음 중 형법상 형벌로 옳지 않은 것은?**

① 징역
② 자격정지
③ 과태료
④ 과료
⑤ 몰수

12 **다음 중 법의 체계에 대한 설명으로 옳은 것은?**

① 강행법과 임의법은 실정성 여부에 따른 구분이다.
② 고유법과 계수법은 적용대상에 따른 구분이다.
③ 실체법과 절차법은 법의 제정주체에 따른 구분이다.
④ 공법과 사법으로 분류하는 것은 영미법계의 특징이다.
⑤ 일반법과 특별법은 적용되는 효력 범위에 따른 구분이다.

13 **다음 중 우리나라 헌법에 대한 설명으로 옳지 않은 것은?**

① 대통령의 계엄선포권을 규정하고 있다.
② 국무총리의 긴급재정경제처분권을 규정하고 있다.
③ 국가의 형태로서 민주공화국을 채택하고 있다.
④ 국제평화주의를 규정하고 있다.
⑤ 실질적 의미의 헌법은 국가의 통치조직·작용의 기본원칙에 관한 규범을 총칭한다.

14 **다음 중 자유권적 기본권이 아닌 것은?**

① 신체의 자유
② 종교의 자유
③ 직업선택의 자유
④ 청원권의 보장
⑤ 재산권의 보장

15 **다음 중 자유민주적 기본질서의 원리와 거리가 먼 것은?**

① 법치주의
② 권력분립주의
③ 의회민주주의
④ 포괄위임입법주의
⑤ 국민주권주의

16 **다음 중 권리의 작용(효력)에 따른 분류에 속하지 않는 것은?**

① 항변권
② 인격권
③ 형성권
④ 청구권
⑤ 지배권

17 **다음 중 타인이 일정한 행위를 하는 것을 참고 받아들여야 할 의무는?**

① 작위의무
② 수인의무
③ 간접의무
④ 권리반사
⑤ 평화의무

18 **다음 중 임의대리권의 범위가 수권행위에 의해 정해지지 않거나 명백하지 않은 경우, 대리인이 할 수 없는 행위는?**

① 소멸시효의 중단행위
② 예금을 주식으로 바꾸는 행위
③ 미등기부동산을 등기하는 행위
④ 기한이 도래한 채무를 변제하는 행위
⑤ 무이자의 금전대여를 이자부로 변경하는 행위

PART 2

19 **다음 중 법 해석의 단계로 옳은 것은?**

① 체계해석 – 논리해석 – 문리해석
② 문리해석 – 체계해석 – 논리해석
③ 문리해석 – 논리해석 – 체계해석
④ 논리해석 – 체계해석 – 문리해석
⑤ 논리해석 – 문리해석 – 체계해석

20 **다음 중 고용보험법의 적용대상인 자는?**

① 지방공무원법에 따른 공무원
② 1개월간 소정근로시간이 60시간 미만인 자
③ 별정우체국법에 따른 별정우체국 직원
④ 사립학교교직원 연금법의 적용을 받는 자
⑤ 3개월 이상 계속하여 근로를 제공하는 자

02 행정학 적중예상문제

정답 및 해설 p.060

01 다음 중 우리나라 공공기관에 대한 설명으로 옳은 것은?

① 정부기업은 정부가 소유권을 가지고 운영하는 공기업으로서 정부조직에 해당되지 않는다.
② 국가공기업과 지방공기업은 공공기관의 운영에 관한 법률의 적용을 받는다.
③ 준정부기관은 총수입 중 자체수입의 비율이 50% 이상인 공공기관을 의미한다.
④ 위탁집행형 준정부기관의 사례로는 도로교통공단이 있다.
⑤ 공기업의 기관장은 인사 및 조직운영의 자율성이 없으며 관할 행정부처의 통제를 받는다.

02 다음 중 균형성과표(BSC; Balanced Score Card)에 대한 설명으로 옳지 않은 것은?

① 재무적 관점의 성과지표로는 매출, 자본수익률, 예산 대비 차이 등이 있다.
② 정부는 성과평가에 있어서 재무적 관점보다는 국민이 원하는 정책을 개발하고 재화와 서비스를 제공하는지에 대한 고객의 관점을 중요한 위치에 놓는다.
③ 학습과 성장의 관점은 민간부문과 정부부문이 큰 차이를 둘 필요가 없는 부분이다.
④ 업무처리 관점은 정부부문에서 정책결정과정, 정책집행과정, 재화와 서비스의 전달과정 등을 포괄하는 넓은 의미를 가진다.
⑤ 고객 관점은 BSC의 4가지 관점 중에서 행동지향적 관점에 해당한다.

03 다음 중 행정책임과 행정통제에 대한 설명으로 옳지 않은 것은?

① 행정통제의 중심과제는 궁극적으로 민주주의와 관료제 간의 조화 문제로 귀결된다.

② 행정통제는 설정된 행정목표와 기준에 따라 성과를 측정하는 데 초점을 맞추면 별도의 시정노력은 요구되지 않는 특징이 있다.

③ 행정책임은 행정관료가 도덕적·법률적 규범에 따라 행동해야 하는 국민에 대한 의무이다.

④ 행정통제란 어떤 측면에서는 관료로부터 재량권을 빼앗는 것이다.

⑤ 행정책임은 국가적 차원에서 국민에 대한 국가 역할의 정당성을 확인하는 것이다.

PART 2

04 다음 중 신공공관리론에 대한 설명으로 옳은 것은?

① 경제적 생산활동의 결과는 경제활동과 사회를 지배하는 정치적·사회적 제도인 일단의 규칙에 달려 있다.

② 행정가가 책임져야 하는 것은 행정업무 수행에서 효율성이 아니라 모든 사람에게 더 나은 생활을 보장하는 것이다.

③ 정부의 정체성을 무시하고 정부와 기업을 동일시함으로써 기업경영 원리와 기법을 그대로 정부에 이식하려 한다는 비판이 있다.

④ 정부 주도의 공공서비스 전달 또는 공공문제 해결을 넘어 협력적 네트워크 구축 및 관리라는 대안을 제시한다.

⑤ 과정보다는 결과에 초점을 맞추고 있으며, 조직 내 관계보다 조직 간 관계를 주로 다루고 있다.

05 다음 중 예산분류 방식의 특징에 대한 설명으로 옳은 것은?

① 기능별 분류는 시민을 위한 분류라고도 하며, 행정수반의 사업계획 수립에 도움이 되지 않는다.

② 조직별 분류는 부처 예산의 전모를 파악할 수 있어 지출의 목적이나 예산의 성과 파악이 용이하다.

③ 품목별 분류는 사업의 지출 성과와 결과에 대한 측정이 곤란하다.

④ 경제 성질별 분류는 국민소득, 자본형성 등에 관한 정부활동의 효과를 파악하는 데 한계가 있다.

⑤ 품목별 분류는 예산집행기관의 재량을 확대하는 데 유용하다.

06 **다음 중 공공부문 성과연봉제 보수체계 설계 시 성과급 비중을 설정하는 데 적용할 수 있는 동기부여 이론은?**

① 애덤스(Adams)의 형평성이론
② 허즈버그(Herzberg)의 욕구충족 이원론
③ 앨더퍼(Alderfer)의 ERG(존재, 관계, 성장)이론
④ 매슬로(Maslow)의 욕구 5단계론
⑤ 해크만(Hackman)과 올드햄(Oldham)의 직무특성이론

07 **다음 중 루터 귤릭(Luther Halsey Gulick)의 행정기능 7요소(POSDCORB)에 포함되지 않는 것은?**

① 계획(Planning)
② 조직(Organizing)
③ 지휘(Direction)
④ 의견(Opinion)
⑤ 예산 편성(Budgeting)

08 **다음 중 대표관료제에 대한 설명으로 옳지 않은 것은?**

① 대표관료제는 정부관료제가 그 사회의 인적 구성을 반영하도록 구성함으로써 관료제 내에 민주적 가치를 반영시키려는 의도에서 발달하였다.
② 크랜츠(Kranz)는 대표관료제의 개념을 비례대표로까지 확대하여 관료제 내의 출신 집단별 구성 비율이 총인구 구성 비율과 일치해야 할 뿐만 아니라 나아가 관료제 내의 모든 직무 분야와 계급의 구성 비율까지도 총인구 비율에 상응하게 분포되어 있어야 한다고 주장한다.
③ 대표관료제의 장점은 사회의 인구 구성적 특징을 반영하는 소극적 측면의 확보를 통해서 관료들이 출신 집단의 이익을 위해 적극적으로 행동하는 적극적 측면을 자동적으로 확보하는 데 있다.
④ 대표관료제는 할당제를 강요하는 결과를 초래해 현대 인사행정의 기본 원칙인 실적주의를 훼손하고 행정능률을 저해할 수 있다는 비판을 받는다.
⑤ 우리나라의 양성평등채용목표제나 지역인재추천채용제는 관료제의 대표성을 제고하기 위해 도입된 제도로 볼 수 있다.

09 **다음 중 신공공관리(NPM; New Public Management)와 뉴거버넌스의 특징에 대한 설명으로 옳지 않은 것은?**

① NPM이 정부 내부 관리의 문제를 다루는 반면 뉴거버넌스는 시장 및 시민사회와의 관계에서 정부의 역할과 기능을 다룬다.
② 뉴거버넌스는 NPM에 비해 자원이나 프로그램 관리의 효율성보다 국가차원에서의 민주적 대응성과 책임성을 강조한다.
③ NPM과 뉴거버넌스는 모두 방향잡기(Steering) 역할을 중시하며 NPM에서는 기업을 방향잡기의 중심에, 뉴거버넌스에서는 정부를 방향잡기의 중심에 놓는다.
④ 뉴거버넌스는 정부영역과 민간영역을 상호 배타적이고 경쟁적인 관계로 보지 않는다.
⑤ NPM은 경쟁과 계약을 강조하는 반면에 뉴거버넌스는 네트워크나 파트너십을 강조하고 신뢰를 바탕으로 한 상호존중을 중시한다.

10 **다음 중 정책의제 설정에 대한 설명으로 옳지 않은 것은?**

① 일반적으로 정책의제는 정치성, 주관성, 동태성 등의 성격을 가진다.
② 정책대안이 아무리 훌륭하더라도 정책문제를 잘못 인지하고 채택하여 정책문제가 여전히 해결되지 않은 상태로 남아 있는 현상을 2종 오류라 한다.
③ 킹던(Kingdon)의 정책의 창 모형은 정책문제의 흐름, 정책대안의 흐름, 정치의 흐름이 어떤 계기로 서로 결합함으로써 새로운 정책의제로 형성되는 것을 말한다.
④ 콥(R. W. Cobb)과 엘더(C. D. Elder)의 이론에 의하면 정책의제 설정과정은 사회문제 – 사회적 이슈 – 체제의제 – 제도의제의 순서로 정책의제로 선택됨을 설명하고 있다.
⑤ 정책의제의 설정은 목표설정기능 및 적절한 정책수단을 선택하는 기능을 하고 있다.

11 **다음 중 사회적 자본(Social Capital)에 대한 설명으로 옳지 않은 것은?**

① 사회적 자본은 사회 내 신뢰 강화를 통해 거래비용을 감소시킨다.
② 사회적 자본은 경제적 자본에 비해 형성 과정이 불투명하고 불확실하다.
③ 사회적 자본은 사회적 규범 또는 효과적인 사회적 제재력를 제공한다.
④ 사회적 자본은 동조성(Conformity)을 요구하면서 개인의 행동이나 사적 선택을 적극적으로 촉진시킨다.
⑤ 사회적 자본은 집단 결속력으로 인해 다른 집단과의 관계에 있어서 부정적 효과를 나타낼 수도 있다.

12 다음 〈보기〉의 (A)에 대한 설명으로 옳지 않은 것은?

> **보기**
>
> 일반적으로 규제의 주체는 당연히 정부이다. 그러나 예외적으로 규제의 주체가 정부가 아니라 피규제산업 또는 업계가 되는 경우가 있는데, 이를 ___(A)___(이)라 한다.

① 규제기관이 행정력 부족으로 인하여 실질적으로 기업들의 규제순응여부를 추적・점검하기 어려운 경우에 (A)의 방법을 취할 수 있다.

② (A)는 피규제집단의 고도의 전문성을 기반으로 하기 때문에 소비자단체의 참여를 보장하는 직접규제이다.

③ 규제기관의 기술적 전문성이 피규제집단에 비해 현저히 낮을 경우 불가피하게 (A)에 의존하게 되는 경우도 존재한다.

④ 피규제집단은 여론 등이 자신들에게 불리하게 형성되어 자신들에 대한 규제의 요구가 거세질 경우 규제이슈를 선점하기 위하여 자발적으로 (A)를 시도하기도 한다.

⑤ (A)의 기준을 정하는 과정에서 영향력이 큰 기업들이 자신들에게 일방적으로 유리한 기준을 설정함으로써 공평성이 침해되는 경우가 발생할 수 있다.

13 다음 중 우리나라 지방자치단체의 자치권에 대한 설명으로 옳지 않은 것은?

① 지방자치단체는 자치재정권이 인정되어 조례를 통해서 독립적인 지방 세목을 설치할 수 있다.

② 행정기구의 설치는 대통령령이 정하는 범위 안에서 지방자치단체의 조례로 정한다.

③ 자치사법권이 부여되어 있지 않다.

④ 중앙정부가 분권화시킨 결과가 지방정부의 자치권 확보라고 할 수 있다.

⑤ 중앙과 지방의 기능배분에 있어서 포괄적 예시형 방식을 적용한다.

14 **다음 중 예산제도에 대한 설명으로 옳은 것을 〈보기〉에서 모두 고르면?**

> **보기**
>
> ㄱ. 품목별 예산제도(LIBS) : 지출의 세부적인 사항에만 중점을 두므로 정부활동의 전체적인 상황을 알 수 없다.
>
> ㄴ. 성과주의 예산제도(PBS) : 예산배정 과정에서 필요사업량이 제시되지 않아서 사업계획과 예산을 연계할 수 없다.
>
> ㄷ. 기획예산제도(PPBS) : 모든 사업이 목표달성을 위해 유기적으로 연계되어 있어 부처 간의 경계를 뛰어넘는 자원배분의 합리화를 가져올 수 있다.
>
> ㄹ. 영기준예산제도(ZBB) : 모든 사업이나 대안을 총체적으로 분석하므로 시간이 많이 걸리고 노력이 과중할 뿐만 아니라 과도한 문서자료가 요구된다.
>
> ㅁ. 목표관리제도(MBO) : 예산결정 과정에 관리자의 참여가 어렵다는 점에서 집권적인 경향이 있다.

① ㄱ, ㄷ, ㄹ
② ㄱ, ㄷ, ㅁ
③ ㄴ, ㄷ, ㄹ
④ ㄱ, ㄴ, ㄹ, ㅁ
⑤ ㄴ, ㄷ, ㄹ, ㅁ

15 **다음 중 딜레마 이론에 대한 설명으로 옳은 것은?**

① 정부활동의 기술적 · 경제적 합리성을 중시하고 정부가 시장의 힘을 활용하는 촉매자 역할을 한다는 점을 강조하는 이론이다.

② 전략적 합리성을 중시하고, 공유된 가치 창출을 위한 시민과 지역공동체 집단들 사이의 이익을 협상하고 중재하는 정부 역할을 강조하는 행정이론이다.

③ 정부신뢰를 강조하고, 정부신뢰가 정부와 시민의 협력을 증진시키며 정부의 효과성을 높이는 가장 중요한 요인이 된다고 주장하는 행정이론이다.

④ 시차를 두고 변화하는 사회현상을 발생시키는 주체들의 속성이나 행태의 연구가 행정이론 연구의 핵심이 된다고 주장하고, 이를 행정현상 연구에 적용하였다.

⑤ 상황의 특성, 대안의 성격, 결과가치의 비교평가, 행위자의 특성 등 상황이 야기되는 현실적 조건하에서 대안의 선택 방법을 규명하는 것을 통해 행정이론 발전에 기여하였다.

16 다음 중 Cook과 Cambell이 분류한 정책타당도에 대한 설명으로 옳지 않은 것은?

① 내적 타당도는 정책수단과 정책효과 사이의 인과관계를 파악할 수 있게 한다.
② 외적 타당도는 정책이 다른 상황에서도 실험에서 발견된 효과들이 그대로 나타날 수 있는가이다.
③ 구성 타당도(개념적 타당도)란 처리, 결과, 상황 등에 대한 이론적 구성요소들이 성공적으로 조직화된 정도를 말한다.
④ 결론 타당도(통계적 타당도)란 정책실시와 영향의 관계에서 정확도를 의미한다.
⑤ 크리밍(Creaming) 효과, 호손(Hawthorne) 효과는 내적 타당도를 저해하는 요인이다.

17 정부는 공공서비스를 효율적으로 공급하기 위한 방법의 하나로서 민간위탁 방법을 사용하기도 하는데, 다음 중 민간위탁 방식에 해당하지 않는 것은?

① 면허방식
② 이용권(바우처) 방식
③ 보조금 방식
④ 책임경영 방식
⑤ 자조활동 방식

18 다음 중 예산성과금에 대한 설명으로 옳지 않은 것은?

① 각 중앙관서의 장은 예산낭비신고센터를 설치·운영하여야 한다.
② 각 중앙관서의 장은 예산의 집행방법 또는 제도의 개선 등으로 인하여 수입이 증대되거나 지출이 절약된 때에는 이에 기여한 자에게 성과금을 지급할 수 있다.
③ 각 중앙관서의 장은 직권으로 성과금을 지급하거나 절약된 예산을 다른 사업에 사용할 수 있다.
④ 예산낭비신고, 예산절감과 관련된 제안을 받은 중앙관서의 장 또는 기금관리주체는 그 처리결과를 신고 또는 제안을 한 자에게 통지하여야 한다.
⑤ 예산낭비를 신고하거나 예산낭비 방지 방안을 제안한 일반 국민도 성과금을 받을 수 있다.

19 **다음 중 국가재정법상 정부가 국회에 제출하는 예산안에 첨부하는 서류가 아닌 것은?**

① 세입세출예산 총계표 및 순계표
② 세입세출예산사업별 설명서
③ 국고채무부담행위 설명서
④ 예산정원표와 예산안편성기준단가
⑤ 국가채무관리계획

PART 2

20 **다음 중 사이어트(R. Cyert)와 마치(J. March)가 주장한 회사모형(Firm Model)의 내용이 아닌 것은?**

① 조직의 전체적 목표 달성의 극대화를 위하여 장기적 비전과 전략을 수립·집행한다.
② 조직 내 갈등의 완전한 해결은 불가능하며 타협적 준해결에 불과하다.
③ 정책결정능력의 한계로 인하여 관심이 가는 문제 중심으로 대안을 탐색한다.
④ 조직은 반복적인 의사결정의 경험을 통하여 결정의 수준이 개선되고 목표달성도가 높아진다.
⑤ 표준운영절차(SOP; Standard Operation Procedure)를 적극적으로 활용한다.

03 경영학 적중예상문제

정답 및 해설 p.065

01 다음 중 포터(M. Porter)의 본원적 전략에서 월마트(Wal-Mart)가 회사 창립 때부터 견지해오고 있는 전략은?

① 원가우위전략
② 차별화전략
③ 집중화전략
④ 시장침투전략
⑤ 가격전략

02 다음 중 인간관계론에 해당하는 내용은?

① 기획업무와 집행업무를 분리시킴으로써 계획과 통제의 개념 확립
② 시간 및 동작 연구를 통하여 표준 과업량 설정
③ 자연발생적으로 형성된 비공식 조직의 존재 인식
④ 과업에 적합한 근로자 선발 및 교육훈련 방법 고안
⑤ 전문기능별 책임자가 작업에 대한 분업적 지도 수행

03 다음 중 신제품을 출시할 때 고가로 책정한 후 대체품이 출시되기 전 가격을 내려 소비층을 확대하는 전략은?

① 침투가격전략
② 적응가격전략
③ 시가전략
④ 스키밍 가격전략
⑤ 명성가격전략

04 다음 중 투사효과에 대한 설명으로 옳은 것은?

① 평가자의 특성을 피평가자의 특성이라고 생각하여 잘못 판단하는 것이다.
② 하나의 영역에서 좋은 점수를 보이면 다른 영역도 잘할 것이라고 판단하는 것이다.
③ 최근에 좋은 업적을 냈더라도 과거의 실적이 좋지 않으면 나쁘게 평가하는 것이다.
④ 지원자의 한 특질을 보고 현혹되어 지원자를 제대로 평가하지 못하는 것이다.
⑤ 피평가자 간 차이를 회피하기 위해 모든 피평가자를 유사하게 평가하는 것이다.

PART 2

05 다음 빈칸에 들어갈 용어가 바르게 연결된 것은?

- ___(가)___은/는 기업이 개별 고객의 선호에 맞춘 제품 혹은 서비스를 통해 타사와의 차별성과 경쟁력을 확보하는 마케팅 기법으로 ___(나)___, ___(다)___, ___(라)___ 세 단계로 이루어진다.
- ___(나)___ : 특정 시장을 공략하기 위한 선행 작업으로 고객의 성별, 지역, 연령 등 다양한 기준으로 시장을 나눈다.
- ___(다)___ : 제품의 이미지나 특징에 가장 적합한 시장을 선정한다.
- ___(라)___ : 고객에게 타사와 다른 자사 제품의 차별성을 각인시킬 수 있도록 광고 등 커뮤니케이션을 한다.

	(가)	(나)	(다)	(라)
①	시장세분화	STP 전략	목표시장 설정	포지셔닝
②	STP 전략	시장세분화	포지셔닝	목표시장 설정
③	STP 전략	시장세분화	목표시장 설정	포지셔닝
④	STP 전략	목표시장 설정	시장세분화	포지셔닝
⑤	포지셔닝	목표시장 설정	시장세분화	STP 전략

06 다음 중 추종자들에게 장기적 비전을 제시하고, 그 비전달성을 위해서 함께 매진할 것을 호소하며, 비전성취에 대한 자신감을 고취시킴으로써 조직에 대한 몰입을 강조하며 부하를 성장시키는 리더십은?

① 거래적 리더십
② 성취지향적 리더십
③ 변혁적 리더십
④ 서번트 리더십
⑤ 참여적 리더십

07 다음 내용이 설명하고 있는 조직구조는?

- 수평적 분화에 중점을 두고 있다.
- 각자의 전문분야에서 작업능률을 증대시킬 수 있다.
- 생산, 회계, 인사, 영업, 총무 등의 기능을 나누고 각 기능을 담당할 부서단위로 조직된 구조이다.

① 기능 조직
② 사업부 조직
③ 매트릭스 조직
④ 수평적 조직
⑤ 네트워크 조직

08 다음 중 소비자가 특정상품을 소비하면 자신이 그것을 소비하는 계층과 같은 부류라는 생각을 가지게 되는 효과를 일컫는 용어는?

① 전시 효과
② 플라시보 효과
③ 파노플리 효과
④ 베블런 효과
⑤ 데킬라 효과

09 다음 중 호손실험의 순서가 바르게 나열된 것은?

㉠ 면접실험
㉡ 조명실험
㉢ 배전기 전선작업실 관찰
㉣ 계전기 조립실험

① ㉠ → ㉡ → ㉢ → ㉣
② ㉠ → ㉣ → ㉢ → ㉡
③ ㉡ → ㉣ → ㉠ → ㉢
④ ㉡ → ㉣ → ㉢ → ㉠
⑤ ㉢ → ㉣ → ㉡ → ㉠

10 **다음 중 규모 · 생산량 · 경험 등의 증대로 인한 단위원가의 하락을 나타내는 효과를 의미하며, 포터의 원가우위 전략을 현실적으로 실행하기 위한 규모의 경제를 누릴 수 있도록 원가의 최소화를 가능케 하는 효과는?**

① 승수효과
② 가격효과
③ 시너지효과
④ 톱니효과
⑤ 경험곡선효과

PART 2

11 **다음 중 가격관리에 대한 설명으로 옳지 않은 것은?**

① 명성가격결정법은 가격이 높으면 품질이 좋을 것이라고 느끼는 효과를 이용하여 수요가 많은 수준에서 고급상품의 가격결정에 이용된다.
② 침투가격정책은 신제품을 도입하는 초기에 저가격을 설정하여 신속하게 시장에 침투하는 전략으로 수요가 가격에 민감하지 않은 제품에 많이 사용된다.
③ 상층흡수가격정책은 신제품을 시장에 도입하는 초기에는 고소득층을 대상으로 높은 가격을 받고 그 뒤 차차 가격을 인하하여 저소득층에 침투하는 것이다.
④ 탄력가격정책은 한 기업의 제품이 여러 제품계열을 포함하는 경우 품질, 성능, 스타일에 따라 서로 다른 가격을 결정하는 것이다.
⑤ 고가격정책은 신제품을 개발한 기업들이 초기에 그 시장의 소득층으로부터 많은 이익을 얻기 위해 높은 가격을 설정하는 전략이다.

12 **다음 중 해외시장으로의 진출 전략에 대한 설명으로 옳지 않은 것은?**

① 전략적 제휴는 다른 기업들과 특정 사업 및 업무 분야에 걸쳐 협력관계를 맺어 공동으로 해외사업에 진출하는 전략이다.
② 해외자회사의 장점은 해외시장에서 많은 자금과 기술을 운영하면서 기업의 자산들을 해외 정부로부터 안전하게 지킬 수 있다는 것이다.
③ 라이선싱(Licensing)은 자신의 제품을 생산할 수 있는 권리를 일정한 대가를 받고 외국 기업에게 일정 기간 동안 부여하는 것을 말한다.
④ 국제합작투자의 장점은 기술의 공유, 위험의 분산, 마케팅 및 경영 노하우의 공유 등이다.
⑤ 해외직접투자는 기술 · 자본 · 상표 · 경영능력 등 여러 생산요소가 하나의 시스템으로 해외에 이전되는 것을 말한다.

13 **다음 중 균형성과표(BSC)의 4가지 성과측정 관점이 아닌 것은?**

① 재무관점
② 고객관점
③ 공급자관점
④ 학습 및 성장관점
⑤ 내부 프로세스관점

14 **다음 중 델파이 기법에 대한 설명으로 옳지 않은 것은?**

① 전문가들을 두 그룹으로 나누어 진행한다.
② 많은 전문가들의 의견을 취합하여 재조정 과정을 거친다.
③ 의사결정 및 의견개진 과정에서 타인의 압력이 배제된다.
④ 전문가들을 공식적으로 소집하여 한 장소에 모이게 할 필요가 없다.
⑤ 미래의 불확실성에 대한 의사결정 및 장기예측에 좋은 방법이다.

15 **다음 중 OJT(On the Job Training)에 해당하는 것은?**

① 세미나
② 사례연구
③ 도제식 훈련
④ 시뮬레이션
⑤ 역할연기법

16 **차량을 200만 원에 구입하여 40만 원은 현금 지급하고 잔액은 외상으로 하였다. 거래결과로 옳은 것을 〈보기〉에서 모두 고르면?**

보기

ㄱ. 총자산 감소
ㄴ. 총자산 증가
ㄷ. 총부채 감소
ㄹ. 총부채 증가

① ㄱ, ㄷ
② ㄱ, ㄹ
③ ㄴ, ㄷ
④ ㄴ, ㄹ
⑤ ㄷ, ㄹ

17 **다음 중 직무를 수행하는 데 필요한 기능, 능력, 자격 등 직무수행요건(인적요건)에 초점을 두어 작성한 직무분석의 결과물은?**

① 직무명세서
② 직무표준서
③ 직무기술서
④ 직무지침서
⑤ 직무제안서

PART 2

18 **다음 중 민츠버그가 분류한 조직형상의 구성요소에 해당하지 않은 것은?**

① 전략상층부
② 지원스태프
③ 업무핵심층
④ 하위라인
⑤ 테크노스트럭쳐

19 **다음 중 빈칸에 들어갈 용어로 옳은 것은?**

________는 기업의 장래 인적자원의 수요를 예측하여, 기업전략의 실현에 필요한 인적자원을 확보하기 위해 실시하는 일련의 활동이다.

① 회계관리
② 마케팅관리
③ 물류관리
④ 인적자원관리
⑤ 창고관리

20 **다음 중 소비자 구매의사결정 과정의 순서를 바르게 나열한 것은?**

① 문제인식 → 정보탐색 → 대안평가 → 구매 → 구매 후 행동
② 문제인식 → 대안평가 → 정보탐색 → 구매 → 구매 후 행동
③ 정보탐색 → 문제인식 → 대안평가 → 구매 → 구매 후 행동
④ 정보탐색 → 대안평가 → 문제인식 → 구매 → 구매 후 행동
⑤ 대안평가 → 정보탐색 → 문제인식 → 구매 → 구매 후 행동

04 경제학 적중예상문제

정답 및 해설 p.068

01 다음 중 오쿤의 법칙(Okun's Law)에 대한 설명으로 옳은 것은?

① 어떤 시장을 제외한 다른 모든 시장이 균형 상태에 있으면 그 시장도 균형을 이룬다는 법칙이다.
② 실업률이 1% 늘어날 때마다 국민총생산이 2.5%의 비율로 줄어든다는 법칙이다.
③ 소득수준이 낮을수록 전체 생계비에서 차지하는 식료품 소비의 비율이 높아진다는 법칙이다.
④ 가난할수록 총지출에서 차지하는 주거비의 지출 비율이 점점 더 커진다는 법칙이다.
⑤ 악화(惡貨)는 양화(良貨)를 구축한다는 법칙이다.

02 다음 중 가치의 역설(Paradox of Value)에 대한 설명으로 옳은 것은?

① 다이아몬드의 한계효용은 물의 한계효용보다 크다.
② 다이아몬드는 필수재이고, 물은 사치재이다.
③ 물은 항상 다이아몬드보다 가격이 낮다.
④ 상품의 가격은 총효용에 의해 결정된다.
⑤ 총효용이 낮아지면 상품의 가격도 낮아진다.

03 다음 중 전통적인 케인스 소비함수의 특징이 아닌 것은?

① 한계소비성향이 0과 1 사이에 존재한다.
② 평균소비성향은 소득이 증가함에 따라 감소한다.
③ 현재의 소비는 현재의 소득에 의존한다.
④ 이자율은 소비를 결정할 때 중요한 역할을 한다.
⑤ 단기소비곡선에서 평균소비성향은 한계소비성향보다 크다.

04 **완전경쟁시장에서 개별기업의 평균총비용곡선 및 평균가변비용곡선은 U자형이며, 현재 생산량은 50이다. 이 생산량 수준에서 한계비용은 300, 평균총비용은 400, 평균가변비용은 200일 때, 〈보기〉에서 옳은 것을 모두 고르면?(단, 시장가격은 300으로 주어져 있다)**

보기

ㄱ. 현재의 생산량 수준에서 평균총비용곡선 및 평균가변비용곡선은 우하향한다.
ㄴ. 현재의 생산량 수준에서 평균총비용곡선은 우하향하고 평균가변비용곡선은 우상향한다.
ㄷ. 개별기업은 현재 양의 이윤을 얻고 있다.
ㄹ. 개별기업은 현재 음의 이윤을 얻고 있다.
ㅁ. 개별기업은 단기에 조업을 중단하는 것이 낫다.

① ㄱ, ㄷ
② ㄱ, ㅁ
③ ㄴ, ㄷ
④ ㄴ, ㄹ
⑤ ㄴ, ㄹ, ㅁ

05 **다음 중 독점적 경쟁시장의 장기균형에 대한 설명으로 옳지 않은 것은?(단, P는 가격, SAC는 단기평균비용, LAC는 장기평균비용, SMC는 단기한계비용을 의미한다)**

① $P=SAC$가 성립한다.
② $P=LAC$가 성립한다.
③ $P=SMC$가 성립한다.
④ 균형생산량은 SAC가 최소화되는 수준보다 작다.
⑤ 기업의 장기 초과이윤은 0이다.

06 **다음 글이 설명하는 정책에 대한 내용으로 옳지 않은 것은?**

중앙은행의 정책으로 금리 인하를 통한 경기부양 효과가 한계에 다다랐을 때 중앙은행이 국채매입 등을 통해 유동성을 시중에 직접 푸는 정책을 뜻한다.

① 경기후퇴를 막음으로써 시장의 자신감을 향상시킨다.
② 디플레이션을 초래할 수 있다.
③ 수출 증대의 효과가 있다.
④ 유동성을 무제한으로 공급하는 것이다.
⑤ 중앙은행은 이율을 낮추지 않고 돈의 흐름을 늘릴 수 있다.

07 **다음 중 탄력성에 대한 설명으로 옳은 것은?**

① 가격이 1% 상승할 때 수요량이 2% 감소했다면 수요의 가격탄력성은 0.5이다.
② 소득이 5% 상승할 때 수요량이 1%밖에 증가하지 않았다면 이 상품은 기펜재(Giffen Goods)이다.
③ 잉크젯프린터와 잉크카트리지 간의 수요의 교차탄력성은 0보다 크다.
④ 수요의 소득탄력성은 항상 0보다 크다.
⑤ 수요의 가격탄력성이 0보다 크고 1보다 작으면 가격이 상승함에 따라 소비자의 총지출은 증가한다.

08 **중국과 인도 근로자 한 사람의 시간당 의복과 자동차 생산량은 다음과 같다. 리카도(D. Ricardo)의 비교우위이론에 따르면, 양국은 어떤 제품을 수출하는가?**

구분	의복(벌)	자동차(대)
중국	40	30
인도	20	10

	중국	인도
①	의복	자동차
②	자동차	의복
③	의복과 자동차	수출하지 않음
④	수출하지 않음	자동차와 의복
⑤	두 국가 모두 교역을 하지 않음	

09 **기업의 생산함수가 $Y=200N-N^2$이고, 근로자의 여가 1시간당 가치가 40이다. 상품시장과 생산요소시장이 완전경쟁시장이고, 생산물의 가격이 1일 때, 균형노동시간은?(단, Y는 생산량, N은 노동시간이다)**

① 25시간
② 75시간
③ 80시간
④ 95시간
⑤ 125시간

10 다음 사례를 역선택(Adverse Selection)과 도덕적 해이(Moral Hazard)의 개념에 따라 바르게 구분한 것은?

> 가. 자동차 보험 가입 후 더 난폭하게 운전한다.
> 나. 의료보험제도가 실시된 이후 사람들의 의료수요가 현저하게 증가하였다.
> 다. 실업급여를 받게 되자 구직 활동을 성실히 하지 않는다.
> 라. 사망 확률이 낮은 건강한 사람이 주로 종신연금에 가입한다.

	역선택	도덕적 해이
①	가	나, 다, 라
②	라	가, 나, 다
③	나, 다	가, 라
④	다, 라	가, 나
⑤	나, 다, 라	가

11 A국과 B국의 상황이 다음과 같을 경우 나타날 수 있는 경제현상이 아닌 것은?(단, 미 달러화로 결제하며, 각국의 환율은 달러 대비 자국 화폐의 가격으로 표시한다)

A국	• A국의 해외 유학생 수가 증가하고 있다. • 외국인 관광객이 증가하고 있다.
B국	• B국 기업의 해외 투자가 증가하고 있다. • 외국이 투자자들이 투자자금을 회수하고 있다.

① A국의 환율은 하락할 것이다.
② A국의 경상수지는 악화될 것이다.
③ B국이 생산하는 수출상품의 가격경쟁력이 높아질 것이다.
④ A국 국민이 B국으로 여행갈 경우 경비 부담이 증가할 것이다.
⑤ B국 국민들 중 환전하지 않은 환율 변동 전 달러를 보유하고 있는 사람은 이익을 얻게 될 것이다.

12 **다음 중 매일 마시는 물보다 다이아몬드의 가격이 비싸다는 사실을 통해 내릴 수 있는 결론으로 옳은 것은?**

① 유용한 재화일수록 희소하다.
② 희소하지 않은 자원도 존재한다.
③ 희소하지 않지만 유용한 재화도 있다.
④ 재화의 사용가치가 높을수록 가격도 높아진다.
⑤ 재화의 가격은 희소성의 영향을 많이 받는다.

13 **다음 경제이론과 가장 관련이 있는 것은?**

1980년대 말 버블경제의 붕괴 이후 지난 10여 년간 A국은 장기침체를 벗어나지 못하고 있다. 이에 대한 대책의 하나로 A국 정부는 극단적으로 이자율을 낮추고 사실상 제로금리정책을 시행하고 있으나, 투자 및 소비의 활성화 등 의도했던 수요확대 효과가 전혀 나타나지 않고 있다.

① 화폐 환상
② 유동성 함정
③ 구축 효과
④ J커브 효과
⑤ 피셔 방정식

14 **다음 〈보기〉 중 애덤 스미스(Adam Smith)의 보상적 임금격차의 요인으로 옳은 것을 모두 고르면?**

보기	
ㄱ. 노동의 난이도	ㄴ. 작업의 쾌적도
ㄷ. 임금의 불안정성	ㄹ. 요구되는 교육훈련의 차이

① ㄱ, ㄴ
② ㄱ, ㄷ
③ ㄱ, ㄴ, ㄹ
④ ㄴ, ㄷ
⑤ ㄱ, ㄴ, ㄷ, ㄹ

15 X재의 가격이 5% 상승할 때 X재의 소비지출액은 전혀 변화하지 않은 반면, Y재의 가격이 10% 상승할 때 Y재의 소비지출액은 10% 증가하였다. 이때 두 재화에 대한 수요의 가격탄력성은?

	X재	Y재
①	완전탄력적	단위탄력적
②	단위탄력적	완전탄력적
③	단위탄력적	완전비탄력적
④	완전비탄력적	비탄력적
⑤	완전비탄력적	단위탄력적

PART 2

16 다음 중 유량(Flow) 변수가 아닌 것은?

① 반도체에 대한 수요량
② 쌀의 공급량
③ 국내총생산(GDP)
④ 핸드폰 수출량
⑤ 통화량

17 다음 중 경기종합지수에서 경기선행지수를 구성하는 변수가 아닌 것은?

① 광공업 생산지수
② 구인구직비율
③ 재고순환지표
④ 소비자기대지수
⑤ 수출입물가비율

18 다음 중 빈칸에 들어갈 경제 용어를 바르게 나열한 것은?

> 구매력평가이론(Purchasing Power Parity Theory)은 모든 나라의 통화 한 단위의 구매력이 같도록 환율이 결정되어야 한다는 것이다. 구매력평가이론에 따르면 양국통화의 (가) 환율은 양국의 (나) 에 의해 결정되며, 구매력평가이론이 성립하면 (다) 환율은 불변한다.

	(가)	(나)	(다)
①	실질	물가수준	명목
②	명목	경상수지	실질
③	실질	경상수지	명목
④	명목	물가수준	실질
⑤	실질	자본수지	명목

19 1950년대 이후 선진국 간의 무역이 크게 증가하였다. 다음 중 이러한 선진국 간의 무역 증가의 원인으로 옳은 것은?

① 리카도의 비교우위론
② 헥셔 – 올린 정리
③ 요소가격균등화 정리
④ 레온티에프의 역설
⑤ 규모의 경제

20 다음 글에 대한 분석으로 옳은 것을 〈보기〉에서 모두 고르면?

> 우리나라에 거주 중인 광성이는 ㉠ 여름휴가를 앞두고 휴가 동안 발리로 서핑을 갈지, 빈 필하모닉 오케스트라의 3년 만의 내한 협주를 들으러 갈지 고민하다가 ㉡ 발리로 서핑을 갔다. 그러나 화산폭발의 위험이 있어 안전의 위협을 느끼고 ㉢ 환불이 불가능한 숙박비를 포기한 채 우리나라로 돌아왔다.

보기

ㄱ. ㉠의 고민은 광성이의 주관적 희소성 때문이다.
ㄴ. ㉠의 고민을 할 때는 기회비용을 고려한다.
ㄷ. ㉡의 기회비용은 빈 필하모닉 오케스트라 내한 협주이다.
ㄹ. ㉡은 경제재이다.
ㅁ. ㉢은 비합리적 선택 행위의 일면이다.

① ㄱ, ㄴ, ㄹ
② ㄴ, ㄷ, ㅁ
③ ㄴ, ㄷ, ㄹ
④ ㄱ, ㄴ, ㄷ, ㄹ
⑤ ㄱ, ㄴ, ㄷ, ㄹ, ㅁ

CHAPTER

05 사회복지학 적중예상문제

정답 및 해설 p.072

01 다음 중 우리나라 사회복지제도의 급여자격 조건에 대한 설명으로 옳은 것은?

① 국민연금은 소득수준 하위 70%를 기준으로 급여자격이 부여되므로 자산조사 방식이 적용된다.
② 노인장기요양보험제도는 요양등급을 판정하여 급여를 제공하므로 진단적 구분이 적용된다.
③ 아동수당은 전체 아동이 적용대상이 아니므로 선별주의 제도이다.
④ 국민기초생활보장제도는 부양의무자 조건을 완화하였으므로 보편주의 제도이다.
⑤ 장애인연금은 모든 장애인에게 지급하는 보편주의 제도이다.

02 다음 중 사회복지실천에서 통합적 접근방법에 대한 내용으로 옳지 않은 것은?

① 전통적인 방법론의 한계로 인해 등장했다.
② 클라이언트의 참여와 자기결정권을 강조한다.
③ 인간의 행동은 환경과 연결되어 있음을 전제한다.
④ 이론이 아닌 상상력에 근거를 둔 해결방법을 지향한다.
⑤ 궁극적으로 클라이언트의 삶의 질 향상을 돕고자 한다.

03 다음 중 사회복지행정환경의 변화에 대한 설명으로 옳지 않은 것은?

① 책임성 요구가 높아지고 있다.
② 서비스 이용자의 소비자 주권이 강해지고 있다.
③ 빅데이터 활용이 증가하고 있다.
④ 사회서비스 공급에 민간의 참여가 증가하고 있다.
⑤ 기업의 경영관리기법 도입이 줄어들고 있다.

04 **다음 중 사회복지정보화에 대한 설명으로 옳지 않은 것은?**

① 조직의 업무효율성을 증대시킬 수 있다.
② 대상자 관리의 정확성, 객관성을 확보할 수 있다.
③ 클라이언트에 대한 사생활침해 가능성이 높아졌다.
④ 학습조직의 필요성이 감소하였다.
⑤ 사회복지행정가가 정보를 체계적으로 다룰 수 있다.

05 **다음 중 사회복지조직의 서비스 질 관리에 대한 설명으로 옳은 것은?**

① 서비스 질 관리를 위하여 위험관리가 필요하다.
② 총체적 품질관리(TQM)는 기업의 소비자 만족을 극대화하기 위한 기법이므로 사회복지기관에 적용하기에는 적합하지 않다.
③ 총체적 품질관리는 지속적인 개선보다는 현상유지에 초점을 둔다.
④ 서브퀄(SERVQUAL)의 요소에 확신성(Assurance)은 포함되지 않는다.
⑤ 서브퀄에서 유형성(Tangibles)은 고객 요청에 대한 즉각적 반응을 말한다.

06 **다음 중 조지와 윌딩(V. George & P. Wilding)의 사회복지모형에서 복지국가의 확대를 가장 지지하는 이념은?**

① 신우파
② 반집합주의
③ 마르크스주의
④ 페이비언 사회주의
⑤ 녹색주의

07 **다음 중 재분배와 파레토(Pareto) 효율에 대한 설명으로 옳지 않은 것은?**

① 파레토 개선이란 다른 사람들의 효용을 감소시키지 않으면서 어떤 사람들의 효용을 증가시키는 것이다.
② 파레토 효율의 정의상 소득재분배는 매우 효율적이다.
③ 재분배를 통하여 빈곤층의 소득이 늘어나도 개인의 효용은 증가할 수 있다.
④ 파레토 개선의 예로 민간의 자선활동을 들 수 있다.
⑤ 파레토 효율은 완전경쟁시장에서 개인의 자발적인 선택을 전제로 한다.

08 다음 중 한국 사회복지행정의 역사에 대한 설명으로 옳지 않은 것은?

① 1950 ~ 1960년대 사회복지서비스는 주로 외국 원조단체들에 의해 제공되었다.
② 1970년대 사회복지사업법 제정으로 사회복지시설에 대한 제도적 지원과 감독의 근거가 마련되었다.
③ 1980년대에 사회복지전문요원제도가 도입되었다.
④ 1990년대에 사회복지시설 평가제도가 도입되었다.
⑤ 2000년대에 사회복지관에 대한 정부 보조금 지원이 제도화되었다.

PART 2

09 다음 중 국민기초생활보장법상 제공하는 급여가 아닌 것은?

① 주거급여
② 해산급여
③ 의료급여
④ 장애급여
⑤ 자활급여

10 다음에 제시된 지역사회복지 실천 기술은?

- 소외되고, 억압된 집단의 입장을 주장한다.
- 보이콧, 피케팅 등의 방법으로 표적을 난처하게 한다.
- 지역주민이 정당한 처우나 서비스를 받지 못하는 경우에 활용된다.

① 프로그램 개발 기술
② 프로그램 기획 기술
③ 자원개발·동원 기술
④ 옹호 기술
⑤ 지역사회 사정 기술

11 다음 〈보기〉 중 사회적 경제에 대한 설명으로 옳은 것을 모두 고르면?

보기

ㄱ. 사회적 기업은 경제적 이익을 추구한다.
ㄴ. 사회적 경제는 자본주의 시장경제의 대안모델이다.
ㄷ. 사회적 협동조합의 목적은 취약계층에게 사회서비스 또는 일자리를 제공하는 것이다.

① ㄱ
② ㄴ
③ ㄱ, ㄴ
④ ㄴ, ㄷ
⑤ ㄱ, ㄴ, ㄷ

12 다음 중 사회복지조사에서 양적 조사와 질적 조사의 비교로 옳지 않은 것은?

① 질적 조사에 비하여 양적 조사의 표본크기가 상대적으로 크다.
② 질적 조사에 비하여 양적 조사에서는 귀납법을 주로 사용한다.
③ 양적 조사에 비하여 질적 조사는 사회 현상의 주관적 의미에 관심을 갖는다.
④ 양적 조사는 가설검증을 지향하고 질적 조사는 탐색, 발견을 지향한다.
⑤ 양적 조사에 비하여 질적 조사는 조사결과의 일반화가 어렵다.

13 다음 중 사회복지사업법의 내용으로 옳은 것은?

① 사회보장기본법상 사회서비스는 사회복지서비스의 범위에 포함되는 개념이다.
② 사회복지서비스 제공은 현물 제공이 원칙이다.
③ 사회복지사 자격은 1년을 초과하여 정지시킬 수 있다.
④ 사회복지법인은 보건복지부장관의 허가를 받아 설립한다.
⑤ 보건복지부장관은 시설에서 제공하는 서비스의 적정기준을 마련하여야 한다.

14 다음 중 지역사회에 대한 설명으로 옳지 않은 것은?

① 지역사회에 대한 정의나 구분은 학자에 따라 매우 다양하다.
② 현대의 지역사회는 지리적 개념을 넘어 기능적 개념까지 포괄하는 추세이다.
③ 지역사회를 상호의존적인 집단들의 결합체로도 볼 수 있다.
④ 펠린(P. F. Fellin)은 역량있는 지역사회를 바람직한 지역사회로 보았다.
⑤ 로스(M. G. Ross)는 지역사회의 기능을 사회통제, 사회통합 등 다섯 가지로 구분하였다.

15 다음 중 사회복지서비스 전달체계의 도입을 시대 순으로 바르게 나열한 것은?

ㄱ. 사회복지사무소 시범사업 실시
ㄴ. 희망복지지원단 설치
ㄷ. 사회복지전문요원제도 시행
ㄹ. 보건복지사무소 시범사업 실시
ㅁ. 지역사회보장협의체 개편

① ㄹ－ㄷ－ㄴ－ㄱ－ㅁ
② ㄷ－ㄹ－ㄱ－ㄴ－ㅁ
③ ㄹ－ㄱ－ㄷ－ㄴ－ㅁ
④ ㄱ－ㄷ－ㄹ－ㅁ－ㄴ
⑤ ㄷ－ㄹ－ㅁ－ㄴ－ㄱ

16 다음 중 최근 사회복지행정의 환경 변화로 옳지 않은 것은?

① 지역사회주민운동의 활성화
② 사회서비스 공급의 주체로서 영리부문의 참여
③ 지역사회보장협의체를 통한 민·관 협력체계 구축
④ 사회적 경제에 의한 비영리조직의 시장경쟁력 강화 필요
⑤ 복지다원주의 패러다임 등장으로 국가 주도의 복지서비스 공급

17 다음 중 사회적 경제조직에 대한 설명으로 옳지 않은 것은?

① 사회적 경제조직은 사회문제를 해결한다는 사회적 측면과 자생력을 가져야 한다는 경제적 측면이 동시에 고려되어야 한다.
② 사회적 경제조직에는 사회적 기업, 협동조합 등이 있다.
③ 사회적 기업이란 정부, 지방자치단체가 출자한 조직이 사회적 기업 인증을 받아 운영하는 공기업이다.
④ 서구에서는 오래전부터 일을 통한 복지(Workfare)라는 차원에서 관심이 증가하고 있다.
⑤ 협동조합은 재화 또는 용역의 구매·생산·판매 등을 협동으로 영위하여 조합원의 권익을 향상한다.

18 다음 내용을 모두 충족하는 원조관계의 기본 요소는?

> • 사회복지사와 클라이언트의 책임감을 의미하는 것으로, 관계의 목적을 이루기 위해 서로를 신뢰하고 일관된 태도를 유지한다.
> • 클라이언트는 문제와 상황을 솔직하게 말해야 하고, 사회복지사는 클라이언트의 변화와 성장을 위해 노력해야 한다.

① 수용
② 존중
③ 일치성
④ 헌신과 의무
⑤ 권위와 권한

19 다음 중 산업재해보상보험법상 업무상 재해를 입은 근로자 등의 진료 · 요양 및 재활 사업을 수행하는 기관은?

① 국민연금공단
② 국민건강보험공단
③ 근로복지공단
④ 한국장애인고용공단
⑤ 한국산업인력공단

20 다음 중 빈칸 ㉠, ㉡에 들어갈 말을 〈보기〉에서 골라 바르게 짝지은 것은?

> 고용보험법에 따른 구직 급여 지급 일수는 ___㉠___, ___㉡___에 의해서 결정된다.

> 보기
>
> ㄱ. 재취업을 위한 노력
> ㄴ. 이직일 현재 연령
> ㄷ. 피보험기간
> ㄹ. 소득 수준

① ㄱ, ㄴ
② ㄱ, ㄹ
③ ㄴ, ㄷ
④ ㄴ, ㄹ
⑤ ㄷ, ㄹ

PART 3

최종점검 모의고사

제1회
최종점검 모의고사

※ 근로복지공단 최종점검 모의고사는 채용공고와 전년도 후기를 기준으로 구성한 것으로, 실제 시험과 다를 수 있습니다.

■ 취약영역 분석

번호	O/×	영역	번호	O/×	영역	번호	O/×	영역	번호	O/×	영역
1			26			51			76		법학
2			27			52			77		
3			28		수리능력	53			78		
4			29			54			79		행정학
5			30			55			80		
6			31			56			81		
7			32			57			82		
8			33			58			83		
9			34			59			84		
10		의사소통 능력	35			60		자원관리 능력	85		경영학
11			36			61			86		
12			37			62			87		
13			38			63			88		
14			39			64			89		
15			40		문제해결 능력	65			90		
16			41			66			91		경제학
17			42			67			92		
18			43			68			93		
19			44			69			94		
20			45			70			95		
21			46			71			96		
22			47			72			97		사회복지학
23		수리능력	48			73		법학	98		
24			49			74			99		
25			50			75			100		

평가 문항	100문항	평가 시간	110분
시작시간	:	종료시간	:
취약 영역			

모바일 OMR

제 1 회 최종점검 모의고사

응시시간 : 110분　문항 수 : 100문항

정답 및 해설 p.078

01 직업기초능력

01 다음은 고용노동부의 일자리사업 모니터링 결과 및 개선방안에 대한 기사이다. 이를 이해한 내용으로 적절하지 않은 것은?

> 고용노동부는 국무회의에서 재정지원 일자리사업 평가 및 개선방안을 보고했다. 그간 일자리사업의 규모가 꾸준히 늘어났음에도, 국민들이 일자리사업의 효과를 체감하기 어렵다는 지적이 많았다. 이에 따라 고용노동부는 처음으로 전체 일자리사업에 대한 성과평가와 현장 모니터링을 실시하고, 그 결과에 따라 일자리사업 개선방안을 마련하였다.
> 일자리사업 중에는 사업 내용 또는 서비스 대상이 유사하거나 중복되는 사업, 성과가 낮은 사업들이 일부 있는 것으로 나타났으며, 직접일자리사업은 저소득층 등 취약계층의 참여가 적고, 참여 후 민간일자리 취업 지원 강화가 필요한 상황으로 나타났다. 또한, 직업훈련과 고용서비스사업은 훈련기관(훈련과정)이나 고용서비스 기관의 품질을 관리하는 사업의 성과가 높은 반면 그렇지 않은 사업의 성과는 낮게 나타나, 엄밀한 품질관리가 필요한 것으로 분석되었다.
> 고용노동부는 성과평가 결과를 바탕으로 일자리사업 개선을 적극 추진함으로써 국민들의 일자리 체감도를 높이겠다고 밝혔다. 성과가 낮거나 유사·중복성이 있는 15개 사업 중 5개는 폐지, 2개는 통합, 6개는 중복되는 기능을 조정하고, 2개 사업은 개편을 추진한다. 다음으로, 성과평가 결과에 따라 성과가 좋은 사업의 예산은 늘리고, 낮은 사업의 예산은 줄이는 것을 원칙으로 하여, 평가 결과를 예산에 반영한다. 또한, 현장 모니터링 등을 통해 나타난 사업별 문제점도 개선한다. 직접일자리사업은 사업별 취약계층 참여목표를 높이고, 반복참여 제한을 강화하면서, 참여 이후 취업지원을 연계한다. 직업훈련사업은 훈련기관과 훈련과정에 대한 인증심사 제도를 전 부처 직업훈련사업으로 확대할 계획이다. 고용서비스 관계부처 간 협업을 강화하고, 고용서비스 품질인증기준을 만들어, 인증 통과 기관만이 서비스를 제공할 수 있게 된다.
> 앞으로도 고용노동부는 일자리사업에 대한 성과평가와 현장 모니터링을 지속 강화하고, 행정안전부와 협조하여 자치단체 일자리사업 성과 관리도 지원할 계획이다.

① 서비스 대상이 유사하거나 중복되는 사업은 대상을 변경하여 중복되는 기능을 조정할 예정이다.
② 직접일자리사업 반복참여 제한을 강화하면서, 참여 이후 취업지원을 연계할 예정이다.
③ 고용서비스 품질에 대해 인증 받은 훈련기관을 지정하여 서비스를 제공할 예정이다.
④ 성과평가 결과와 관계없이 사업별로 예산을 편성하여 국민들이 일자리사업의 효과를 체감하도록 할 예정이다.
⑤ 현장 모니터링을 지속 강화하고, 관계부처와 협조하여 자치단체의 일자리사업 성과 관리를 지원할 예정이다.

02 다음 글의 내용으로 적절하지 않은 것은?

> 최저임금제도는 정부가 근로자들을 보호하고 일자리의 질을 향상시키기 위해 근로자들이 임금을 일정 수준 이하로 받지 않도록 보장하여 경제적인 안정성을 제공하는 제도이다.
> 최저임금제도는 일자리의 안정성과 경제의 포용성을 촉진한다. 일정 수준 이상으로 설정된 최저임금은 근로자들에게 최소한의 생계비를 보장하고 근로 환경에서의 안정성을 확보할 수 있게 한다. 이는 근로자들의 생활의 질과 근로 만족도를 향상시키는 데 기여한다.
> 최저임금제도는 불공정한 임금구조를 해소하고 경제적인 격차를 완화하는 데 도움을 준다. 일부 기업에서는 경쟁력 확보나 이윤 극대화를 위해 근로자들에게 낮은 임금을 지불하는 경우가 있다. 최저임금제도는 이런 부당한 임금 지급을 방지하고 사회적인 형평성을 증진시킨다.
> 또한 최저임금제도는 소비 활성화와 경기 부양에도 기여한다. 근로자들이 안정된 임금을 받게 되면 소비력이 강화되고, 소비 지출이 증가한다. 이는 장기적으로 기업의 생산과 판매를 촉진시켜 경기를 활성화한다.
> 그러나 최저임금제도는 일부 기업들에게 추가적인 경제적 부담으로 다가올 수 있다. 인건비 인상으로 인한 비용 부담 증가는 일자리의 제약이나 물가 상승으로 이어질 수 있다. 그러므로 정부는 적절한 최저임금 수준을 설정하고 기업의 경쟁력을 고려하여 적절한 대응 방안을 모색해야 한다.
> 이와 같이 최저임금제도는 노동자 보호와 경제적 포용성을 위한 중요한 정책 수단이다. 그러나 최저임금제도만으로는 모든 경제적 문제를 해결할 수 없으며 근로시간, 근로조건 등 다른 노동법과의 조화가 필요하다.

① 최저임금제도는 기업 입장에서 아무런 이득이 없다.
② 최저임금제도는 기업의 경제적 부담을 증가시킬 수 있다.
③ 최저임금제도는 근로자의 소비를 증가시킨다.
④ 최저임금제도는 경제적 양극화를 완화하는 데 도움을 준다.
⑤ 최저임금제도를 통해 근로자들은 최소한의 생계비를 보장받을 수 있다.

※ 다음 글을 읽고 이어지는 질문에 답하시오. [3~4]

(가) 18세기에는 열의 실체가 칼로릭(Caloric)이며, 칼로릭은 온도가 높은 쪽에서 낮은 쪽으로 흐르는 성질이 있고 질량이 없는 입자들의 모임이라는 생각이 받아들여지고 있었다. 이를 칼로릭 이론이라 부르는데, 이에 따르면 찬 물체와 뜨거운 물체를 접촉시켜 놓았을 때 두 물체의 온도가 같아지는 것은 칼로릭이 뜨거운 물체에서 차가운 물체로 이동하기 때문이라는 것이다. 이러한 상황에서 과학자들의 큰 관심사 중의 하나는 증기 기관과 같은 열기관의 열효율 문제였다.

(나) 열기관은 높은 온도의 열원에서 열을 흡수하고 낮은 온도의 대기와 같은 열기관 외부에 열을 방출하며 일을 하는 기관을 말하는데, 열효율은 열기관이 흡수한 열의 양 대비 한 일의 양으로 정의된다. 19세기 초에 카르노는 열기관의 열효율 문제를 칼로릭 이론에 기반을 두고 다루었다. 카르노는 물레방아와 같은 수력 기관에서 물이 높은 곳에서 낮은 곳으로 흐르면서 일을 할 때 물의 양과 한 일의 양의 비가 높이 차이에만 좌우되는 것에 주목하였다. 물이 높이 차에 의해 이동하는 것과 흡사하게 칼로릭도 고온에서 저온으로 이동하면서 일을 하게 되는데, 열기관의 열효율 역시 이러한 두 온도에만 의존한다는 것이었다.

(다) 한편 1840년대에 줄(Joule)은 일정량의 열을 얻기 위해 필요한 각종 에너지의 양을 측정하는 실험을 행하였다. 대표적인 것이 열의 일당량 실험이었다. 이 실험은 열기관을 대상으로 한 것이 아니라, 추를 낙하시켜 물속의 날개바퀴를 회전시키는 실험이었다. 열의 양은 칼로리(Calorie)로 표시되는데, 그는 역학적 에너지인 일이 열로 바뀌는 과정의 정밀한 실험을 통해 1kcal의 열을 얻기 위해서 필요한 일의 양인 열의 일당량을 측정하였다. 줄은 이렇게 일과 열은 형태만 다를 뿐 서로 전환이 가능한 물리량이므로 등가성이 있다는 것을 입증하였으며, 열과 일이 상호 전환될 때 열과 일의 에너지를 합한 양은 일정하게 보존된다는 사실을 알아내었다. 이후 열과 일뿐만 아니라 화학 에너지, 전기 에너지 등이 등가성이 있으며 상호 전환될 때에 에너지의 총량은 변하지 않는다는 에너지 보존 법칙이 입증되었다.

(라) 열과 일에 대한 이러한 이해는 카르노의 이론에 대한 과학자들의 재검토로 이어졌다. 특히 톰슨은 ㉠ <u>칼로릭 이론에 입각한 카르노의 열기관에 대한 설명이 줄의 에너지 보존 법칙에 위배된다고 지적하였다</u>. 카르노의 이론에 의하면, 열기관은 높은 온도에서 흡수한 열 전부를 낮은 온도로 방출하면서 일을 한다. 이것은 줄이 입증한 열과 일의 등가성과 에너지 보존 법칙에 어긋나는 것이어서 열의 실체가 칼로릭이라는 생각은 더 이상 유지될 수 없게 되었다. 하지만 열효율에 관한 카르노의 이론은 클라우지우스의 증명으로 유지될 수 있었다. 그는 카르노의 이론이 유지되지 않는다면 열은 저온에서 고온으로 흐르는 현상이 생길 수도 있을 것이라는 가정에서 출발하여, 열기관의 열효율은 열기관이 고온에서 열을 흡수하고 저온에 방출할 때의 두 작동 온도에만 관계된다는 카르노의 이론을 증명하였다.

(마) 클라우지우스는 자연계에서는 열이 고온에서 저온으로만 흐르고 그와 반대되는 현상은 일어나지 않는 것과 같이 경험적으로 알 수 있는 방향성이 있다는 점에 주목하였다. 또한 일이 열로 전환될 때와는 달리, 열기관에서 열 전부를 일로 전환할 수 없다는, 즉 열효율이 100%가 될 수 없다는 상호 전환 방향에 관한 비대칭성이 있다는 사실에 주목하였다. 이러한 방향성과 비대칭성에 대한 논의는 이를 설명할 수 있는 새로운 물리량인 엔트로피(Entropy)의 개념을 낳았다.

03 **다음 중 윗글을 통해 알 수 있는 내용으로 가장 적절한 것은?**

① 열기관은 외부로부터 받은 일을 열로 변환하는 기관이다.
② 수력 기관에서 물의 양과 한 일의 양의 비는 물의 온도 차이에 비례한다.
③ 칼로릭 이론에 의하면 차가운 쇠구슬이 뜨거워지면 쇠구슬의 질량은 증가하게 된다.
④ 칼로릭 이론에서는 칼로릭을 온도가 낮은 곳에서 높은 곳으로 흐르는 입자라고 본다.
⑤ 열기관의 열효율은 두 작동 온도에만 관계된다는 이론은 칼로릭 이론의 오류가 밝혀졌음에도 유지되었다.

PART 3

04 **다음 중 밑줄 친 ㉠의 내용으로 가장 적절한 것은?**

① 열의 실체가 칼로릭이라면 열기관이 한 일을 설명할 수 없다는 점
② 화학 에너지와 전기 에너지는 서로 전환될 수 없는 에너지라는 점
③ 자연계에서는 열이 고온에서 저온으로만 흐르는 것과 같은 방향성이 있는 현상이 존재한다는 점
④ 열효율에 관한 카르노의 이론이 맞지 않는다면 열은 저온에서 고온으로 흐르는 현상이 생길 수 있다는 점
⑤ 열기관의 열효율은 열기관이 고온에서 열을 흡수하고 저온에 방출할 때의 두 작동 온도에만 관계된다는 점

05 다음은 부당이득 징수업무 처리규정의 일부이다. 이에 대한 〈보기〉의 설명 중 옳은 것을 모두 고르면?

부당이득 징수금 납입고지(제6조)

지역본부장은 제5조에 따른 부당이득 관리 수관 즉시 납부의무자에게 그 금액과 납부기한을 별지 제28호 서식에 따라 납입고지 하여야 한다. 이 경우 납부기한은 고지서 발급일부터 10일 이상 30일 이내로 하여야 한다.

독촉장 발급(제7조)

지역본부장은 납입고지서상에 기재된 납부기한까지 완납하지 아니하였을 때에는 별지 제29호 서식에 따라 납부기한이 지난 후 10일 이내에 독촉장을 발급하여야 하며, 납부기한은 독촉장 발급일부터 10일 이상 20일 이내로 한다.

체납자의 행방조사(제9조)

지역본부장은 체납자가 주민등록지에 거주하는지 여부를 확인하여야 하며, 체납자가 주민등록지에 거주하지 아니하는 경우 담당자는 관계공부열람복명서를 작성하거나 체납자의 주민등록지 관할 동(읍・면)장의 행방불명확인서를 발급받는다.

재산 및 행방조사 시기 등(제10조)

① 지역본부장은 체납자에 대한 재산조사 및 행방조사 업무를 체납이 발생할 때마다 수시로 실시하여 체납정리의 신속을 도모하고 특정한 시기에 집중적으로 조회하여 상대기관(협조기관)의 업무폭주에 따른 처리지연, 미회신 등의 사례가 발생하지 않도록 하여야 한다.

② 지역본부장은 체납자의 주소 및 등록기준지가 다른 소속기관 관할인 경우에는 그 관할 지역본부장에게 제8조, 제9조제1항 및 제2항에 따른 조사를 직접 수행하도록 의뢰할 수 있으며, 이 경우 의뢰를 받은 지역본부장은 조사사항을 의뢰일부터 15일 이내에 송부하여야 한다.

보기

ㄱ. 지역본부장이 1월 3일에 납부의무자 A에 대한 부당이득 관리를 수관하였다면 A는 고지된 금액을 늦어도 2월 2일 이내에 납부하여야 한다.

ㄴ. 지역본부장이 4월 2일에 납부의무자 B에게 4월 16일을 납부기한으로 하는 고지서를 발급하였으나 B가 납부하지 않은 경우, 지역본부장의 독촉장에 따른 B의 납부기한은 늦어도 5월 26일이다.

ㄷ. 체납자가 주민등록지에 거주하지 않는 경우, 지역본부장은 관계공부열람복명서를 작성하거나 관계기관에서 행방불명확인서를 발급받을 수 있다.

ㄹ. 관할 지역본부장은 상시적 업무부담 가중을 피하기 위해 재산조사 및 행방조사를 월말에 일괄적으로 실시해야 한다.

① ㄱ
② ㄴ, ㄷ
③ ㄱ, ㄷ
④ ㄴ, ㄹ
⑤ ㄱ, ㄷ, ㄹ

06 다음 글의 수정 방안으로 가장 적절한 것은?

우울증을 쉽게 초래하는 성향은 창조성과 결부되어 있기 때문에 생존에 유리한 측면이 있었다. 따라서 우울증과 관련이 있는 유전자는 오랜 역사를 거쳐 오면서도 사멸하지 않고 살아남아 오늘날 현대인에게도 그 유전자가 상당수 존재할 가능성이 있다. 베토벤, 뉴턴, 헤밍웨이 등 위대한 음악가, 과학자, 작가들의 상당수가 우울한 성향을 갖고 있었다. ㉠ 천재와 우울증은 어찌 보면 동전의 양면으로, 인류 문명의 진보를 이끈 하나의 동력이자 그 부산물이라 할 수 있을지도 모른다.

우울증은 일반적으로 자기 파괴적인 질환으로 인식되어 왔지만 실은 자신을 보호하고 미래를 준비하기 위한 보호 기제일 수도 있다. 달성할 수 없거나 달성하기 매우 어려운 목표에 도달하기 위해 엄청난 에너지를 소모하는 것은 에너지와 자원을 낭비할 뿐만 아니라, 정신과 신체를 소진시킴으로써 사회적 기능을 수행할 수 없게 하고 주위의 도움이 없으면 생명을 유지하기 어려운 상태에 ㉡ 이르게도 할 수 있다. 이를 막기 위한 기제가 스스로의 자존감을 낮추고 그 목표를 포기하게 만드는 것이다. 이를 통해 고갈된 에너지를 보충하고 다시 도전할 수 있는 기회를 모색할 수 있다. ㉢ 또한 지금과 같은 경쟁 사회는 새로운 기술이나 생각에 대한 사회적 요구가 커지기 때문에 정신적 소진 상태를 초래하기 쉬운 환경이 되고 있다.

오늘날 우울증은 왜 이렇게 급격하게 늘어나는 것일까? 창조성이란 그 사회에 존재하고 있는 기술이나 생각에 대한 도전이자 대안 제시이며, 기존의 기술이나 생각을 엮어서 새로운 조합을 만들어 내는 것이다. 과거에 비해 현대 사회는 경쟁이 심화되고 혁신들이 더 가치를 인정받기 때문에 창조성이 있는 사람은 상당히 큰 선택적 이익을 갖게 된다. ㉣ 그렇지만 현대 사회처럼 기존에 존재하는 기술이나 생각이 엄청나게 많아 우리의 뇌가 그것을 담기에도 벅찬 경우에는 새로운 조합을 만들어 내는 일은 무척이나 많은 에너지를 요한다. 결국 경쟁은 창조성을 ㉤ 발휘하게 하지만 지나친 경쟁은 정신적 소진을 초래하기 때문에 우울증이 많이 발생할 수 있다.

① ㉠ : 문단과 관련 없는 내용이므로 삭제한다.
② ㉡ : 문장의 주어와 호응되지 않으므로 '이른다'로 수정한다.
③ ㉢ : 두 번째 문단의 내용과 어울리지 않으므로 세 번째 문단으로 옮긴다.
④ ㉣ : 뒷 문장이 앞 문장의 결과이므로 '그리하여'로 수정한다.
⑤ ㉤ : 문맥상의 내용과 반대되는 내용이므로 '억제하지만'으로 수정한다.

07 다음 글에서 〈보기〉의 문장이 들어갈 위치로 가장 적절한 곳은?

(가) 1783년 영국 자연철학자 존 미첼은 빛은 입자라는 생각과 뉴턴의 중력이론을 결합한 이론을 제시하였다. 그는 우선 별들이 어떻게 보일 것인지 사고 실험을 통해 예측하였다.
별의 표면에서 얼마간의 초기 속도로 입자를 쏘아 올려 아무런 방해 없이 위로 올라간다고 가정해보자. (나) 만약에 초기 속도가 충분히 빠르지 않으면 별의 중력은 입자의 속도를 점점 느리게 할 것이며, 결국 그 입자를 별의 표면으로 되돌아가게 할 것이다. 만약 초기 속도가 충분히 빠르면 입자는 중력을 극복하고 별을 탈출할 수 있을 것이다. 이렇게 입자가 별을 탈출할 수 있는 최소한의 초기 속도는 '탈출 속도'라고 불린다.
(다) 이를 바탕으로 미첼은 '임계 둘레'라는 것도 추론해냈다. 임계 둘레란 탈출 속도와 빛의 속도를 같게 만드는 별의 둘레를 말한다. 빛 입자는 다른 입자들처럼 중력의 영향을 받는다. 그로 인해 빛은 임계 둘레보다 작은 둘레를 가진 별에서는 탈출할 수 없다. 그런 별에서 약 30만 km/s의 초기 속도로 빛 입자를 쏘아 올렸을 때 입자는 우선 위로 날아갈 것이다. (라) 그런 다음 멈출 때까지 느려지다가, 결국 별의 표면으로 되돌아갈 것이다. 미첼은 임계 둘레를 쉽게 계산할 수 있었다. 태양과 동일한 질량을 가진 별의 임계 둘레는 약 19 km로 계산되었다. (마) 이러한 사고 실험을 통해 미첼은 임계 둘레보다 작은 둘레를 가진 암흑의 별들이 무척 많을 테고, 그 별들에선 빛 입자가 빠져나올 수 없기에 지구에서는 볼 수 없을 것으로 추측했다.

보기

미첼은 뉴턴의 중력이론을 이용해서 탈출 속도를 계산할 수 있었으며, 그 속도가 별 질량을 별의 둘레로 나눈 값의 제곱근에 비례한다는 것을 유도하였다.

① (가)
② (나)
③ (다)
④ (라)
⑤ (마)

08 다음 문단을 논리적 순서대로 바르게 나열한 것은?

(가) 나무를 가꾸기 위해서는 처음부터 여러 가지를 고려해 보아야 한다. 심을 나무의 생육조건, 나무의 형태, 성목이 되었을 때의 크기, 꽃과 단풍의 색, 식재지역의 기후와 토양 등을 종합적으로 생각하고 심어야 한다. 나무의 생육조건은 저마다 다르기 때문에 지역의 환경조건에 적합한 나무를 선별하여 환경에 적응하도록 해야 한다. 동백나무와 석류, 홍가시나무는 남부지방에 키우기 적합한 나무로 알려져 있지만 지구온난화로 남부수종의 생육한계선이 많이 북상하여 중부지방에서도 재배가 가능한 나무도 있다. 부산의 도로 중앙분리대에서 보았던 잎이 붉은 홍가시나무는 여주의 시골집 마당 양지바른 곳에서 3년째 잘 적응하고 있다.

(나) 더불어 나무의 특성을 외면하고 주관적인 해석에 따라 심었다가는 훗날 낭패를 보기 쉽다. 물을 좋아하는 수국 곁에 물을 싫어하는 소나무를 심었다면 둘 중 하나는 살기 어려운 환경이 조성된다. 나무를 심고 가꾸기 위해서는 전체적인 밑그림을 그려보고 생태적 특징을 살펴본 후에 심는 것이 바람직하다.

(다) 나무들이 밀집해 있으면 나무끼리의 경쟁은 물론 바람과 햇빛의 방해로 성장은 고사하고 병충해에 시달리기 쉽다. 또한 나무들은 성장속도가 다르기 때문에 항상 다 자란 나무의 모습을 상상하며 나무들 사이의 공간 확보를 염두에 두어야 한다. 그러나 묘목을 심고 보니 듬성듬성한 공간을 메꾸기 위하여 자꾸 나무를 심게 되는 실수를 저지른다.

(라) 식재계획의 시작은 장기적인 안목으로 적재적소의 원칙을 염두에 두고 나무를 선정해야 한다. 식물은 햇빛, 물, 바람의 조화를 이루면 잘 산다고 하지 않는가. 그래서 나무의 특성 중에서 햇볕을 좋아하는지 그늘을 좋아하는지, 물을 좋아하는지 여부를 살펴보는 것이 중요하다. 어린 묘목을 심을 경우 실수하는 것은 나무가 자랐을 때의 생육공간을 생각하지 않고 촘촘하게 심는 것이다.

① (가) – (라) – (다) – (나)
② (가) – (나) – (다) – (라)
③ (가) – (라) – (나) – (다)
④ (가) – (나) – (라) – (다)
⑤ (가) – (다) – (나) – (라)

※ 다음은 색채심리학을 소개하는 기사 내용이다. 이어지는 질문에 답하시오. [9~10]

색채는 상징성과 이미지를 지니는 동시에 인간과 심리적 교감을 나눈다. 과거 노란색은 중국 황제를 상징했고, 보라색은 로마 황제의 색이었다. 또한, 붉은색은 공산주의의 상징이었다. 백의민족이라 불린 우리 민족은 태양의 광명인 흰색을 숭상했던 것으로 보여진다. 이처럼 각 색채는 희망・열정・사랑・생명・죽음 등 다양한 상징을 갖고 있다. 여기에 각 색깔이 주는 독특한 자극은 인간의 감성과 심리에 큰 영향을 미치고 있으며, 이는 색채심리학이라는 학문의 등장으로 이어졌다.
색채심리학이란 색채와 관련된 인간의 행동(반응)을 연구하는 심리학을 말한다. 색채심리학에서는 색각(色覺)의 문제로부터, 색채가 가지는 인상・조화감 등에 이르는 여러 문제를 다룬다. 그뿐만 아니라, 생리학・예술・디자인・건축 등과도 관계를 가진다. 특히, 색채가 어떠하며, 우리 눈에 그것이 어떻게 보이고, 어떤 느낌을 주는지는 색채심리학이 다루는 연구대상 중 가장 주요한 부분이다.
우리는 보통 몇 가지의 색을 동시에 보게 된다. 이럴 경우 몇 가지의 색이 상호작용을 하므로, 한 가지의 색을 볼 때와는 다른 현상이 일어난다. 그 대표적인 것이 대비(對比) 현상이다. 색채의 대비는 2개 이상의 색을 동시에 보거나, 계속해서 볼 때 일어나는 현상이다. 전자를 '동시대비', 후자를 '계속대비'라 한다. 이때 제시되는 색은 서로 영향을 미치며, 각기 지니고 있는 색의 특성을 더욱더 강조하는 경향이 생긴다.
이러한 색의 대비현상을 살펴보면, 색에는 색상・명도(색의 밝기 정도)・채도(색의 선명도)의 3가지 속성이 있으며, 이에 따라, 색상대비・명도대비・채도대비의 3가지 대비를 볼 수 있다. 색상대비는 색상이 다른 두 색을 동시에 이웃하여 놓았을 때 두 색이 서로의 영향으로 색상 차가 나는 현상이다. 다음으로 명도대비는 명도가 다른 두 색을 이웃하거나 배색하였을 때, 밝은 색은 더욱 밝게, 어두운 색은 더욱 어둡게 보이는 현상으로 볼 수 있다. 그리고 채도대비는 채도가 다른 두 색을 인접시켰을 때 서로의 영향을 받아 채도가 높은 색은 더욱 높아 보이고 채도가 낮은 색은 더욱 낮아 보이는 현상을 말한다.
오늘날 색의 대비 현상은 일상생활에서 많이 활용되고 있다. 색채를 활용하여 먼 거리에서 더 잘 보이게 하거나 뚜렷하게 보이도록 해야 할 때가 있는데, 그럴 경우에는 배경과 그 앞에 놓이는 그림의 속성 차를 크게 해야 한다. 일반적으로 배경색과 그림색의 속성이 다르면 다를수록 그림은 명확하게 인지되고, 멀리서도 잘 보인다. 색의 대비 중 이와 같은 현상에 가장 영향을 미치는 것은 명도대비이며 그다음이 색상대비, 채도대비의 순이다. 특히, 멀리서도 잘 보여야 하는 표지류 등은 대비량이 큰 색을 사용한다.
색이 우리 눈에 보이는 현상으로는 이 밖에도 잔상색・순응색 등이 있다. 흰 종이 위에 빨간 종이를 놓고 잠깐 동안 주시한 다음 빨간 종이를 없애면, 흰 종이 위에 빨간 청록색이 보인다. 이것이 이른바 보색잔상으로서 비교적 밝은 면에서 잔상을 관찰했을 때 나타나는 현상이다. 그러나 암흑 속이나 백광색의 자극을 받을 때는 매우 복잡한 양상을 띤다. 또, 조명광이나 물체색(物體色)을 오랫동안 계속 쳐다보고 있으면, 그 색에 순응되어 색의 지각이 약해진다. 그래서 조명에 의해 물체색이 바뀌어도 자신이 알고 있는 고유의 색으로 보이게 되는데 이러한 현상을 '색순응'이라고 한다

09 다음 중 기사를 읽고 이해한 내용으로 적절하지 않은 것은?

① 색채의 대비 중 2개 이상의 색을 계속 보는 경우를 '계속대비'라 한다.
② 색을 계속 응시하면 색의 보이는 상태가 변화됨을 알 수 있다.
③ 색채심리학은 색채가 우리에게 어떤 느낌을 주는지도 연구한다.
④ 배경과 그림의 속성 차를 작게 할수록 뚜렷하게 보이는 효과가 있다.
⑤ 멀리서도 잘 보여야 하는 경우는 대비량이 큰 색을 사용한다.

10 다음 중 기사를 읽고 추론한 내용으로 가장 적절한 것은?

① 어두운 밝기의 회색이 검은색 바탕 위에 놓일 경우 밝아 보이는데 이는 채도대비로 볼 수 있다.

② 연두색 배경 위에 놓인 노란색은 좀더 붉은 색을 띠게 되는데 이는 색상대비로 볼 수 있다.

③ 파란색 선글라스를 통해 푸르게 보이던 것이 곧 익숙해져서 본래의 색으로 느끼는 것은 보색잔상으로 볼 수 있다.

④ 색의 물체를 응시한 후 흰 벽으로 눈을 옮기면 전자의 색에 칠하여진 동형의 상을 볼 수 있는데 이는 색순응으로 볼 수 있다.

⑤ 무채색 위에 둔 유채색이 훨씬 선명하게 보이는 현상은 명도대비로 볼 수 있다.

11 다음 글의 빈칸에 들어갈 내용으로 가장 적절한 것은?

> 미세먼지와 황사는 여러모로 비슷하면서도 뚜렷한 차이점을 지니고 있다. 삼국사기에도 기록되어 있는 황사는 중국 내륙 내몽골 사막에 강풍이 불면서 날아오는 모래와 흙먼지를 일컫는데, 장단점이 존재했던 과거와 달리 중국 공업지대를 지난 황사에 미세먼지와 중금속 물질이 더해지며 심각한 환경문제로 대두되었다. 이와 달리 미세먼지는 일반적으로는 대기오염물질이 공기 중에 반응하여 형성된 황산염이나 질산염 등 이온 성분, 석탄·석유 등에서 발생한 탄소화합물과 검댕, 흙먼지 등 금속화합물의 유해성분으로 구성된다.
>
> 미세먼지의 경우 통념적으로는 먼지를 미세먼지와 초미세먼지로 구분하고 있지만, 대기환경과 환경보전을 목적으로 하는 환경정책기본법에서는 미세먼지를 PM(Particulate Matter)이라는 단위로 구분한다. 즉, 미세먼지(PM_{10})의 경우 입자의 크기가 $10\mu m$ 이하인 먼지이고, 미세먼지($PM_{2.5}$)는 입자의 크기가 $2.5\mu m$ 이하인 먼지로 정의하고 있다. 이에 비해 황사는 통념적으로는 입자 크기로 구분하지 않으나 주로 지름 $20\mu m$ 이하의 모래로 구분하고 있다. 때문에 ________________

① 황사 문제를 해결하기 위해서는 근본적으로 황사의 발생 자체를 억제할 필요가 있다.

② 황사와 미세먼지의 차이를 입자의 크기만으로 구분 짓긴 어렵다.

③ 미세먼지의 역할 또한 분명히 존재함을 기억해야 할 것이다.

④ 황사와 미세먼지의 근본적인 구별법은 그 역할에서 찾아야 할 것이다.

⑤ 초미세먼지를 차단할 수 있는 마스크라 해도 황사와 초미세먼지를 동시에 차단하긴 어렵다.

PART 3

12 다음 중 A의 주장에 효과적으로 반박할 수 있는 진술은?

A : 우리나라는 경제 성장과 국민 소득의 향상으로 매년 전력소비가 증가하고 있습니다. 이런 와중에 환경문제를 이유로 발전소를 없앤다는 것은 말도 안 되는 소리입니다. 반드시 발전소를 증설하여 경제 성장을 촉진해야 합니다.

B : 하지만 최근 경제 성장 속도에 비해 전력소비량의 증가가 둔화되고 있는 것도 사실입니다. 더구나 전력소비에 대한 시민의식도 점차 바뀌어가고 있으므로 전력소비량 관련 캠페인을 실시하여 소비량을 줄인다면 발전소를 증설하지 않아도 됩니다.

A : 의식의 문제는 결국 개인에게 기대하는 것이고, 희망적인 결과만을 생각한 것입니다. 확실한 것은 앞으로 우리나라 경제 성장에 있어 더욱더 많은 전력이 필요할 것이라는 겁니다.

① 친환경 발전으로 환경과 경제 문제를 동시에 해결할 수 있다.
② 경제 성장을 하면서도 전력소비량이 감소한 선진국의 사례도 있다.
③ 최근 국제 유가의 하락으로 발전비용이 저렴해졌다.
④ 발전소의 증설이 건설경제의 선순환 구조를 이룩할 수 있는 것이 아니다.
⑤ 우리나라 시민들의 전기소비량에 대한 인식조사를 해야 한다.

13 다음 글의 주제로 가장 적절한 것은?

1920년대 세계 대공황의 발생으로 애덤 스미스 중심의 고전학파 경제학자들의 '보이지 않는 손'에 대한 신뢰가 무너지게 되자 경제를 보는 새로운 시각이 요구되었다. 당시 고전학파 경제학자들은 국가의 개입을 철저히 배제하고 '공급이 수요를 창출한다.'는 세이의 법칙을 믿고 있었다. 그러나 이러한 믿음으로는 세계 대공황을 설명할 수 없었다. 이때 새롭게 등장한 것이 케인즈의 '유효수요이론'이다. 유효수요이론이란 공급이 수요를 창출하는 것이 아니라, 유효수요, 즉 물건을 살 수 있는 확실한 구매력이 뒷받침되는 수요가 공급 및 고용을 결정한다는 이론이다. 케인즈는 세계 대공황의 원인이 이 유효수요의 부족에 있다고 보았다. 유효수요가 부족해지면 기업은 생산량을 줄이고, 이것은 노동자의 감원으로 이어지며 구매력을 감소시켜 경제의 악순환을 발생시킨다는 것이다. 케인즈는 불황을 해결하기 위해서는 가계와 기업이 소비 및 투자를 충분히 해야 한다고 주장했다. 그는 소비가 없는 생산은 공급 과다 및 실업을 일으키며 궁극적으로는 경기 침체와 공황을 가져온다고 하였다. 절약은 분명 권장되어야 할 미덕이지만 소비가 위축되어 경기 침체와 공황을 불러올 경우, 절약은 오히려 악덕이 될 수도 있다는 것이다.

① 고전학파 경제학자들이 주장한 '보이지 않는 손'
② 세계 대공황의 원인과 해결책
③ '유효수요이론'의 영향
④ '유효수요이론'의 정의
⑤ 세이 법칙의 이론적 배경

14 다음 글의 내용으로 적절하지 않은 것은?

계약서란 계약의 당사자 간의 의사표시에 따른 법률행위인 계약 내용을 문서화한 것으로 당사자 사이의 권리와 의무 등 법률관계를 규율하고 의사표시 내용을 항목별로 구분한 후, 구체적으로 명시하여 어떠한 법률 행위를 어떻게 하려고 하는지 등의 내용을 특정한 문서이다. 계약서의 작성은 미래에 계약에 관한 분쟁 발생 시 중요한 증빙자료가 된다.
계약서의 종류를 살펴보면, 먼저 임대차계약서는 임대인 소유의 부동산을 임차인에게 임대하고, 임차인은 이에 대한 약정을 합의하는 내용을 담고 있다. 임대차는 당사자의 한쪽이 상대방에게 목적물을 사용·수익하게 할 수 있도록 약정하고, 상대방이 이에 대하여 차임을 지급할 것을 약정함으로써 그 효력이 생긴다. 부동산 임대차의 경우 목적 부동산의 전세, 월세에 대한 임차보증금 및 월세를 지급할 것을 내용으로 하는 계약이 여기에 해당하며, 임대차계약서는 주택 등 집합건물의 임대차계약을 작성하는 경우에 사용되는 계약서이다. 주택 또는 상가의 임대차계약은 민법에 대한 특례를 규정한 주택임대차보호법 및 상가건물 임대차보호법의 적용을 받으며, 이 법의 적용을 받지 않은 임대차에 관하여는 민법상의 임대차 규정을 적용하고 있다.
다음으로 근로계약서는 근로자가 회사(근로기준법에서는 '사용자'라고 함)의 지시 또는 관리에 따라 일을 하고 이에 대한 댓가로 회사가 임금을 지급하기로 한 내용의 계약서로 유상·쌍무계약을 말한다. 근로자와 사용자의 근로관계는 서로 동등한 지위에서 자유의사에 의하여 결정한 계약에 의하여 성립한다. 이러한 근로관계의 성립은 구술에 의하여 약정되기도 하지만 통상적으로 근로계약서 작성에 의하여 행해지고 있다.
마지막으로 부동산 매매계약서는 당사자가 계약 목적물을 매매할 것을 합의하고, 매수인이 매도자에게 매매 대금을 지급할 것을 약정함으로 인해 그 효력이 발생한다. 부동산 매매계약서는 부동산을 사고, 팔기 위하여 매도인과 매수인이 약정하는 계약서로 매매대금 및 지급시기, 소유권 이전, 제한권 소멸, 제세공과금, 부동산의 인도, 계약의 해제에 관한 사항 등을 약정하여 교환하는 문서이다. 부동산거래는 상황에 따라 다양한 매매조건이 수반되기 때문에 획일적인 계약내용 외에 별도 사항을 기재하는 수가 많으므로 계약서에 서명하기 전에 계약내용을 잘 확인하여야 한다.
이처럼 계약서는 계약의 권리와 의무의 발생, 변경, 소멸 등을 도모하는 중요한 문서로 계약서를 작성할 때에는 신중하고 냉철하게 판단한 후, 권리자와 의무자의 관계, 목적물이나 권리의 행사방법 등을 명확하게 전달할 수 있도록 육하원칙에 따라 간결하고 명료하게 그리고 정확하고 평이하게 작성해야 한다.

① 계약 체결 이후 관련 분쟁이 발생할 경우 계약서가 중요한 증빙자료가 될 수 있다.
② 주택 또는 상가의 임대차계약은 민법상의 임대차규정의 적용을 받는다.
③ 근로계약을 통해 근로자와 사용자가 동등한 지위의 근로관계를 성립한다.
④ 부동산 매매계약서는 획일적인 계약내용 외에 별도 사항을 기재하기도 한다.
⑤ 계약서를 작성할 때는 간결·명료하고 정확한 표현을 사용하여야 한다.

PART 3

※ 다음은 블라인드 채용에 대한 글이다. 이어지는 질문에 답하시오. [15~17]

인사 담당자 또는 면접관이 지원자의 학벌, 출신 지역, 스펙 등을 평가하는 기존 채용 방식에서는 기업 성과에 필요한 직무능력 외 기타 요인에 의한 불공정한 채용이 만연했다. 한 설문조사에서 구직자의 77%가 불공정한 채용 평가를 경험한 적이 있다고 답했으며, 그에 따라 대다수의 구직자들은 기업의 채용 공정성을 신뢰하지 않는다고 응답했다. 이러한 스펙 위주의 채용으로 기업, 취업 준비생 모두에게 시간적·금전적 비용이 과잉 발생하게 되었고, 직무에 적합한 인성·역량을 보여줄 수 있는 채용 제도인 블라인드 채용이 대두되기 시작했다.

블라인드 채용이란 입사지원서, 면접 등의 채용 과정에서 편견이 개입돼 불합리한 차별을 초래할 수 있는 출신지, 가족관계, 학력, 외모 등의 항목을 걷어내고 실력, 즉 직무 능력만으로 인재를 평가해 채용하는 방식이다. 서류 전형은 없애거나 블라인드 지원서로 대체하고, 면접 전형은 블라인드 오디션 또는 면접으로 진행함으로써 실제 지원자가 가진 직무 능력을 가릴 수 있는 요소들을 배제하고 직무에 적합한 지식, 기술, 태도 등을 종합적으로 평가한다. 서류 전형에서는 모든 지원자에게 공정한 기회를 제공하고, 필기 및 면접 전형에서는 기존에 열심히 쌓아온 실력을 검증한다. 또한 지원자가 쌓은 경험과 능력, 학교생활을 하며 양성한 지식, 경험, 능력 등이 모두 평가 요소이기에 그간의 노력이 저평가되거나 역차별 요소로 작용하지 않는다.

블라인드 채용의 서류 전형은 무서류 전형과 블라인드 지원서 전형으로 구분된다. 무서류 전형은 채용 절차 진행을 위한 최소한의 정보만을 포함한 입사지원서를 접수하되 이를 선발 기준으로 활용하지 않는 방식이다. 블라인드 지원서 전형에는 입사지원서에 최소한의 정보만 수집하여 선발 기준으로 활용하는 방식과 블라인드 처리되어야 할 정보까지 수집하되 온라인 지원서상 개인정보를 암호화하거나 서면 이력서상 마스킹 처리를 하는 등 채용담당자는 볼 수 없도록 기술적으로 처리하는 방식이 있다. 면접 전형의 블라인드 면접에는 입사지원서, 인·적성검사 결과 등의 자료 없이 면접을 진행하는 무자료 면접 방식과 면접관의 인지적 편향을 유발할 수 있는 항목을 제거한 자료를 기반으로 면접을 진행하는 방식이 있다. 이와 달리 블라인드 오디션은 오디션으로 작업 표본, 시뮬레이션 등을 수행하도록 함으로써 지원자의 능력과 기술을 평가하는 방식이다.

한편 ㉠ <u>기존 채용</u>, ㉡ <u>국가직무능력표준(NCS) 기반 채용</u>, ㉢ <u>블라인드 채용</u>의 3가지 채용 모두 채용 공고, 서류 전형, 필기 전형, 면접 전형 등으로 채용 프로세스는 같지만 전형별 세부 사항과 취지에 차이가 있다. 기존의 채용은 기업이 지원자에게 자신이 인재임을 <u>스스로</u> 증명하도록 요구해 무분별한 스펙 경쟁을 유발했던 반면, NCS 기반 채용은 기업이 직무별로 원하는 요건을 제시하고 지원자가 자신의 준비 정도를 증명해 목표 지향적인 능력·역량 개발을 촉진한다. 블라인드 채용은 선입견을 품을 수 있는 요소들을 전면 배제해 실력과 인성만으로 평가받도록 구성한 것이다.

15 다음 중 블라인드 채용의 등장 배경으로 적절하지 않은 것은?

① 대다수의 구직자들은 기존 채용 방식의 공정성을 신뢰하지 못했다.
② 기존 채용 방식으로는 지원자의 직무에 적합한 인성·역량 등을 제대로 평가할 수 없었다.
③ 구직자의 77%가 불공정한 채용 평가를 경험했을 만큼 불공정한 채용이 만연했다.
④ 스펙 위주의 채용으로 인해 취업 준비생에게 시간적·금전적 비용이 과도하게 발생하였다.
⑤ 지원자의 직무 능력을 가릴 수 있는 요소들을 배제하는 기존의 방식이 불합리한 차별을 초래했다.

16 다음 중 블라인드 채용을 이해한 내용으로 가장 적절한 것은?

① 무서류 전형에서는 입사지원서를 제출할 필요가 없다.
② 블라인드 온라인 지원서의 암호화된 지원자의 개인정보는 채용담당자만 볼 수 있다.
③ 별다른 자료 없이 진행되는 무자료 면접의 경우에도 인·적성검사 결과는 필요하다.
④ 블라인드 면접관은 선입견을 유발하는 항목이 제거된 자료를 기반으로 면접을 진행하기도 한다.
⑤ 서류 전형을 없애면 기존에 쌓아온 능력·지식·경험 등은 아무런 쓸모가 없다.

17 다음 중 밑줄 친 ㉠~㉢에 대한 설명으로 적절하지 않은 것은?

① ㉠의 경우 기업은 지원자에게 자신이 적합한 인재임을 스스로 증명하도록 요구한다.
② ㉠~㉢은 모두 채용 공고, 서류 전형, 필기 전형, 면접 전형 등의 동일한 채용 프로세스로 진행된다.
③ ㉡은 ㉠과 달리 기업이 직무별로 필요한 조건을 제시하면 지원자는 이에 맞춰 자신의 준비 정도를 증명해야 한다.
④ ㉢은 선입견 요소들을 모두 배제하여 지원자의 실력과 인성만을 평가한다.
⑤ ㉠과 ㉡은 지원자가 자신의 능력을 증명해야 하므로 지원자들의 무분별한 스펙 경쟁을 유발한다.

※ 다음 글을 읽고 이어지는 질문에 답하시오. **[18~19]**

자본 구조가 기업의 가치와 무관하다는 명제로 표현되는 ㉠ 모딜리아니 – 밀러 이론은 완전 자본시장 가정, 곧 자본 시장에 불완전성을 가져올 수 있는 모든 마찰 요인이 전혀 없다는 가정에 기초한 자본 구조 이론이다. 이 이론에 따르면 기업의 영업 이익에 대한 법인세 등의 세금이 없고 거래 비용이 없으며 모든 기업이 완전히 동일한 정도로 위험에 처해 있다면, 기업의 가치는 기업 내부 여유 자금이나 주식 같은 자기 자본을 활용하든지 부채 같은 타인 자본을 활용하든지 간에 어떤 영향도 받지 않는다.

모딜리아니 – 밀러 이론이 제시된 이후, 완전 자본 시장 가정의 비현실성에 주안점을 두어 세금, 기업의 파산에 따른 처리 비용(파산 비용), 경영자와 투자자, 채권자 같은 경제 주체들 사이의 정보량의 차이(정보 비대칭) 등을 감안하는 자본 구조 이론들이 발전해 왔다. 불완전 자본 시장을 가정하는 이러한 이론들 중에는 상충 이론과 자본 조달 순서 이론이 있다.

상충 이론이란 부채의 사용에 따른 편익과 비용을 비교하여 기업의 최적 자본 구조를 결정하는 이론이다. 이러한 편익과 비용을 구성하는 요인들에는 여러 가지가 있지만, 그중 편익으로는 법인세 감세 효과만을, 비용으로는 파산 비용만 있는 경우를 가정하여 이 이론을 설명해 볼 수 있다.

여기서 법인세 감세 효과란 부채에 대한 이자가 비용으로 처리됨으로써 얻게 되는 세금 이득을 가리킨다. 이렇게 가정할 경우 상충 이론은 부채의 사용이 증가함에 따라 법인세 감세 효과에 의해 기업의 가치가 증가하는 반면, 기대 파산 비용도 증가함으로써 기업의 가치가 감소하는 효과도 나타난다고 본다. 이 상반된 효과를 계산하여 기업의 가치를 가장 크게 하는 부채 비율, 곧 최적 부채 비율이 결정되는 것이다.

이와는 달리 자본 조달 순서 이론은 정보 비대칭의 정도가 작은 순서에 따라 자본 조달이 순차적으로 이루어진다고 설명한다. 이 이론에 따르면, 기업들은 투자가 필요할 경우 내부 여유 자금을 우선적으로 쓰며, 그 자금이 투자액에 미달될 경우에 외부 자금을 조달하게 되고, 외부 자금을 조달해야 할 때에도 정보 비대칭의 문제로 주식의 발행보다 부채의 사용을 선호한다는 것이다.

상충 이론과 자본 조달 순서 이론은 기업들의 부채 비율 결정과 관련된 이론적 예측을 제공한다. 기업 규모와 관련하여 상충 이론은 기업 규모가 클 경우 부채 비율이 높을 것이라고 예측한다. 그러나 자본 조달 순서 이론은 기업 규모가 클 경우 부채 비율이 낮을 것이라고 예측한다. 성장성이 높은 기업들에 대하여, 상충 이론은 법인세 감세 효과보다는 기대 파산 비용이 더 크기 때문에 부채 비율이 낮을 것이라고 예측하는 반면, 자본 조달 순서 이론은 성장성이 높을수록 더 많은 투자가 필요할 것이므로 부채 비율이 높을 것이라고 예측한다.

밀러는 모딜리아니 – 밀러 이론을 수정 보완하는 자신의 이론을 제시하였다. 그는 자본 구조의 설명에 있어 파산 비용이 미치는 영향이 미약하여 이를 고려할 필요가 없다고 보았다. 이와 함께 법인세의 감세 효과가 기업의 자본 구조 결정에 크게 반영되지는 않는다는 점에 착안하여 자본 구조 결정에 세금이 미치는 효과에 대한 재정립을 시도하였다. 현실에서는 법인세뿐만 아니라 기업에 투자한 채권자들이 받는 이자 소득에 대해서도 소득세가 부과되는데, 이러한 소득세는 채권자의 자산 투자에 영향을 미침으로써 기업의 자금 조달에도 영향을 미칠 수 있다. 밀러는 이러한 현실을 반영하여 경제 전체의 최적 자본 구조 결정 이론을 제시하였다. ㉡ 밀러의 이론에 의하면, 경제 전체의 자본 구조가 최적일 경우에는 법인세율과 이자 소득세율이 정확히 일치함으로써 개별 기업의 입장에서 보면 타인 자본의 사용으로 인한 기업 가치의 변화는 없다. 결국 기업의 최적 자본 구조는 결정될 수 없고 자본 구조와 기업의 가치는 무관하다는 것이다.

18 **다음 중 밑줄 친 ㉠과 ㉡의 관계를 설명한 내용으로 가장 적절한 것은?**

① 파산 비용이 없다고 가정한 ㉠의 한계를 극복하기 위해 ㉡은 파산 비용을 반영하였다.
② 개별 기업을 분석 단위로 삼은 ㉠과 같은 입장에서 ㉡은 기업의 최적 자본 구조를 분석하였다.
③ 기업의 가치 산정에 법인세만을 고려한 ㉠의 한계를 극복하기 위해 ㉡은 법인세 외에 소득세도 고려하였다.
④ 현실 설명력이 제한적이었던 ㉠의 한계를 극복하기 위해 ㉡은 기업의 가치 산정에 타인 자본의 영향이 크다고 보았다.
⑤ 자본 시장의 마찰 요인을 고려한 ㉡은 자본 구조와 기업의 가치가 무관하다는 ㉠의 명제를 재확인하였다.

19 **다음 중 윗글에 따라 〈보기〉의 상황에 대해 바르게 판단한 것은?**

보기
기업 평가 전문가 A씨는 상충 이론에 따라 B기업의 재무 구조를 평가해 주려고 한다. B기업은 자기 자본 대비 타인 자본 비율이 높으며 기업 규모는 작으나 성장성이 높은 기업이다. 최근에 B기업은 신기술을 개발하여 생산 시설을 늘려야 하는 상황이다.

① A씨는 B기업의 규모가 작기 때문에 부채 비율이 높은 것이라고 평가할 것이다.
② A씨는 B기업의 이자 비용에 따른 법인세 감세 효과가 클 것이라고 평가할 것이다.
③ A씨는 B기업의 높은 자기 자본 대비 타인 자본 비율이 그 기업의 가치에 영향을 미칠 것이라고 평가할 것이다.
④ A씨는 B기업이 기대 파산 비용은 낮고 투자로부터 기대되는 수익은 매우 높기 때문에 투자 가치가 높다고 평가할 것이다.
⑤ A씨는 B기업의 생산 시설 확충을 위한 투자 자금은 자기 자본보다 타인 자본으로 조달하는 것이 더 낫다고 평가할 것이다.

20 다음 글을 논리적 순서대로 바르게 나열한 것은?

(가) '단어 연상법'은 프랜시스 갤턴이 개발한 것으로서, 지능의 종류를 구분하기 위한 것이었다. 이것은 피실험자에게 일련의 단어들을 또박또박 읽어주면서 각각의 단어를 듣는 순간 제일 먼저 떠오르는 단어를 말하게 하고, 실험자는 계시기를 들고 응답 시간, 즉 피실험자가 응답하는 데 걸리는 시간을 측정하여 차트에 기록하는 방법으로 진행된다. 실험은 대개 1백 개가량의 단어들로 이루어졌다. 갤턴은 응답 시간을 정확히 재기 위해 온갖 수단을 동원했지만, 그렇게 해서 얻은 정보의 양은 거의 없거나 지능의 수준을 평가하는 데 별로 중요하지 않은 경우가 많았다.

(나) 융이 그린 그래프들은 특정한 단어에 따르는 응답자의 심리 상태를 보여주었다. 이 결과를 통해 다음과 같은 두 가지 결론을 얻어낼 수 있었다. 첫째, 대답 과정에서 감정이 생겨난다. 둘째, 응답의 지연은 모종의 인식하지 못한 과정에 의해 자연 발생적으로 생겨난다. 하지만 이 기록을 토대로 결론을 내리거나 중요성을 따지기에는 너무 일렀다. 피실험자의 의식적 의도와는 별개로 작동하는 뭔가 알지 못하는 지연 행위가 있음이 분명했다.

(다) 당시에 성행했던 심리학 연구나 심리학을 정신의학에 응용하는 연구는 주로 의식에 초점이 맞춰져 있었다. 따라서 단어 연상법의 심리학에 대한 실험 연구도 의식을 바탕으로 해서 진행되었다. 하지만 융은 의식 또는 의지의 작용을 넘어서는 무엇인가가 있을 것이라고 생각했다. 여기서 그는 콤플렉스라는 개념을 끌어들인다. 융의 정의에 따르면 그것은 특수한 종류의 감정으로 이루어진 무의식 속의 관념 덩어리인데, 이것이 응답 시간을 지연시켰다는 것이다. 이후 여러 차례 실험을 거듭한 결과 그 결론은 사실임이 밝혀졌으며, 콤플렉스와 개인적 속성은 융의 사상 체계에서 핵심적인 요소가 되었다.

(라) 융의 연구 결과 단어 연상의 응답 시간은 피실험자의 정서에 큰 영향을 받으며, 그 실험법은 감춰진 정서를 찾아내는 데 더 유용하다는 점이 입증되었다. 정신적 연상의 연구를 통해 지능의 종류를 판단하고자 했던 단어 연상 실험이 오히려 그와는 다른 방향, 즉 무의식적인 감정이 빚어내는 효과를 드러내는 데 더 유용하다는 사실이 증명된 것이다. 그동안 갤턴을 비롯하여 그 실험법을 수천 명의 사람들에게 실시했던 연구자들은 지연된 응답의 배후에 있는 피실험자의 정서에 주목하지 않았으며, 단지 응답의 지연을 피실험자가 반응하지 못한 것으로만 기록했던 것이었다.

(마) 그런데 융은 이 실험에서 응답 시간이 늦어질 경우 피실험자에게 왜 응답을 망설이는지 물어보는 과정을 추가하였다. 그러자 놀랍게도 피실험자는 자신의 응답 시간이 늦어지는 것도 알지 못했을 뿐만 아니라, 그에 대해 아무런 설명도 하지 못했다. 융은 거기에 틀림없이 어떤 이유가 있으리라고 생각하고 구체적으로 파고들어갔다. 한번은 말(馬)이라는 단어가 나왔는데 어떤 피실험자의 응답 시간이 무려 1분이 넘었다. 자세히 조사해 보니 그 피실험자는 과거에 사고로 말을 잃었던 아픈 기억을 지니고 있었다. 실험이 있기 전까지는 잊고 있었던 그 기억이 실험 과정에서 되살아난 것이다.

① (가) – (마) – (라) – (다) – (나)
② (가) – (마) – (라) – (나) – (다)
③ (나) – (마) – (라) – (가) – (다)
④ (다) – (가) – (마) – (라) – (나)
⑤ (다) – (나) – (가) – (마) – (라)

21 서로 직선상에 있는 A지점과 B지점의 거리는 16km이다. 갑은 A지점에서 B지점을 향해 시속 3km로 걸어서 이동하고, 을은 B지점에서 A지점을 향해 시속 5km로 자전거를 타고 이동한다. 두 사람은 출발한 지 몇 시간 만에 만나게 되며, 두 사람이 이동한 거리의 차는 얼마인가?

① 1시간, 3km
② 1시간, 5km
③ 2시간, 2km
④ 2시간, 4km
⑤ 3시간, 2km

PART 3

22 영희는 3시에 학교 수업이 끝난 후 할머니를 모시고 병원에 간다. 학교에서 집으로 갈 때는 4km/h의 속력으로 이동하고 집에서 10분 동안 할머니를 기다린 후, 할머니와 병원까지 3km/h의 속력으로 이동한다고 한다. 학교와 집, 집과 병원 사이의 거리 비가 2 : 1일 때, 병원에 도착한 시각은 4시 50분이다. 병원에서 집까지의 거리는?

① 1km
② 2km
③ 3km
④ 4km
⑤ 5km

23 상자에 빨간색 수건이 3장, 노란색 수건이 4장, 파란색 수건이 3장 들어있는데 두 번에 걸쳐 한 장씩 뽑는 시행을 하려고 한다. 이때 처음에 빨간색 수건을, 다음에 파란색 수건을 뽑을 확률은? (단, 한 번 꺼낸 수건은 다시 넣지 않는다)

① $\frac{9}{100}$
② $\frac{1}{10}$
③ $\frac{11}{100}$
④ $\frac{2}{15}$
⑤ $\frac{3}{10}$

24 K공단의 재활보상부, 복지사업부, 경영지원부에서 2명씩 대표로 회의에 참석하기로 하였다. 자리 배치는 원탁 테이블에 같은 부서 사람이 옆자리로 앉는다고 할 때, 6명이 앉을 수 있는 경우의 수는 몇 가지인가?

① 15가지
② 16가지
③ 17가지
④ 18가지
⑤ 20가지

25 서로 다른 소설책 7권과 시집 5권이 있다. 이 중에서 소설책 3권과 시집 2권을 선택하는 경우의 수는?

① 350가지
② 360가지
③ 370가지
④ 380가지
⑤ 390가지

26 K유통회사는 LED전구를 수입하여 국내에 판매할 계획을 세우고 있다. 다음 자료는 동급의 LED전구를 생산하는 해외업체들의 가격정보이다. 어떤 기업의 판매단가가 가장 경쟁력이 높은가?

구분	A기업	B기업	C기업	D기업	E기업
판매단가(개당)	8USD	50CNY	270TWD	30AED	550INR
교환비율	1	6	35	3	70

※ 교환비율 : USD를 기준으로 다른 화폐와 교환할 수 있는 비율

① A기업
② B기업
③ C기업
④ D기업
⑤ E기업

27 부동산 취득세 세율이 다음과 같을 때, 실 매입비가 6억 7천만 원인 $92m^2$ 아파트의 거래금액은? (단, 만 원 단위 미만은 절사한다)

〈표준세율〉

구분		취득세	농어촌특별세	지방교육세
6억 원 이하 주택	$85m^2$ 이하	1%	비과세	0.1%
	$85m^2$ 초과	1%	0.2%	0.1%
6억 원 초과 9억 원 이하 주택	$85m^2$ 이하	2%	비과세	0.2%
	$85m^2$ 초과	2%	0.2%	0.2%
9억 원 초과 주택	$85m^2$ 이하	3%	비과세	0.3%
	$85m^2$ 초과	3%	0.2%	0.3%

① 65,429만 원
② 65,800만 원
③ 67,213만 원
④ 67,480만 원
⑤ 68,562만 원

PART 3

28 다음은 K국의 치료감호소 수용자 현황에 대한 자료이다. 빈칸 (가) ~ (라)에 해당하는 수를 모두 더한 값은?

〈치료감호소 수용자 현황〉

(단위 : 명)

구분	약물	성폭력	심신장애자	합계
2017년	89	77	520	686
2018년	(가)	76	551	723
2019년	145	(나)	579	824
2020년	137	131	(다)	887
2021년	114	146	688	(라)
2022년	88	174	688	950

① 1,524
② 1,639
③ 1,751
④ 1,763
⑤ 1,770

29 다음은 2011 ~ 2021년 국내 5급 공무원과 7급 공무원 채용인원 현황에 대한 자료이다. 이에 대한 〈보기〉의 설명 중 옳은 것을 모두 고르면?(단, 비율은 소수점 둘째 자리에서 반올림한다)

〈연도별 공무원 채용인원〉

(단위 : 백 명)

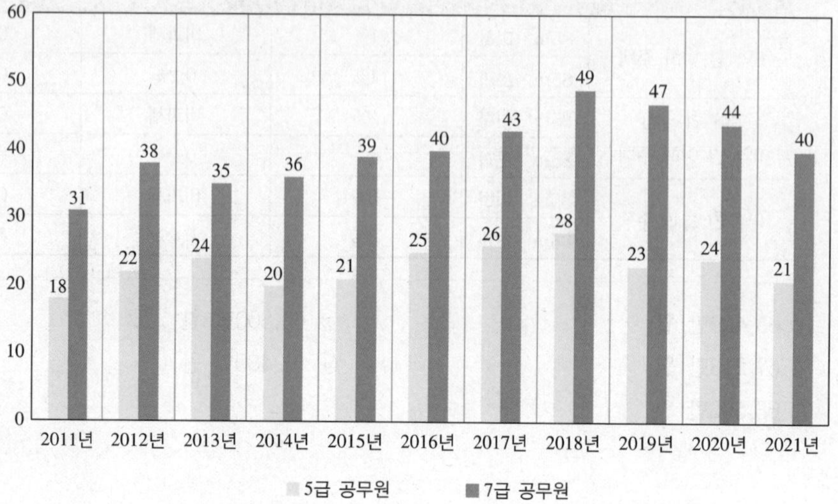

보기

ㄱ. 2014 ~ 2019년 동안 5급 공무원과 7급 공무원 채용인원의 증감추이는 동일하다.

ㄴ. 2011 ~ 2021년 동안 채용인원이 가장 적은 해와 가장 많은 해의 인원 차이는 5급 공무원이 7급 공무원보다 많다.

ㄷ. 2012 ~ 2021년 동안 전년 대비 채용인원의 증감량이 가장 많은 해는 5급 공무원과 7급 공무원 모두 동일하다.

ㄹ. 2011 ~ 2021년 동안 매년 7급 공무원 채용인원이 5급 공무원 채용인원의 2배 미만이다.

① ㄱ
② ㄷ
③ ㄱ, ㄴ
④ ㄱ, ㄷ
⑤ ㄷ, ㄹ

30 다음은 엔화 대비 원화 환율과 달러화 대비 원화 환율 추이 자료이다. 〈보기〉 중 이에 대한 설명으로 옳은 것을 모두 고르면?

〈원 / 엔 환율 추이〉

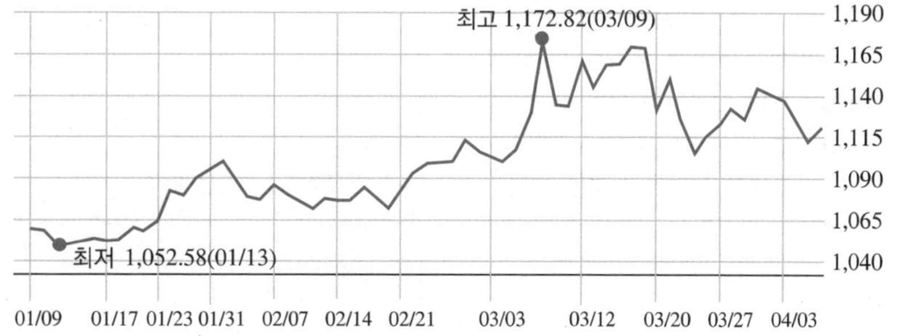

〈원 / 달러 환율 추이〉

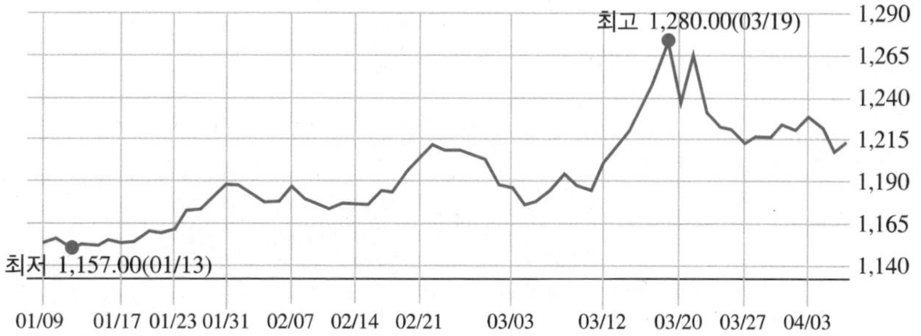

보기

ㄱ. 원 / 엔 환율은 3월 한 달 동안 1,200원을 상회하는 수준에서 등락을 반복했다.
ㄴ. 2월 21일의 원 / 달러 환율은 지난주보다 상승하였다.
ㄷ. 3월 12일부터 3월 19일까지 달러화의 강세가 심화되는 추세를 보였다.
ㄹ. 3월 27일의 달러 / 엔 환율은 3월 12일보다 상승하였다.

① ㄱ, ㄴ
② ㄱ, ㄷ
③ ㄴ, ㄷ
④ ㄴ, ㄹ
⑤ ㄷ, ㄹ

31 세 상품 A ~ C에 대한 선호도 조사를 실시했다. 조사에 응한 사람이 가장 좋아하는 상품부터 1 ~ 3순위를 부여했다. 조사의 결과가 다음과 같을 때 C에 3순위를 부여한 사람의 수는?(단, 두 상품에 같은 순위를 표시할 수는 없다)

- 조사에 응한 사람은 20명이다.
- A를 B보다 선호한 사람은 11명이다.
- B를 C보다 선호한 사람은 14명이다.
- C를 A보다 선호한 사람은 6명이다.
- C에 1순위를 부여한 사람은 없다.

① 4명　② 5명
③ 6명　④ 7명
⑤ 8명

32 다음은 규칙에 따라 2에서 10까지의 서로 다른 자연수의 관계를 나타낸 것이다. 이때 A ~ C에 해당하는 수의 합은?

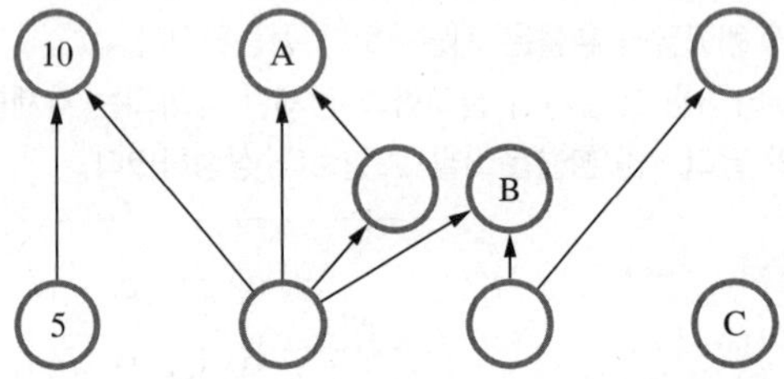

〈규칙〉

- 2에서 10까지의 자연수는 ○ 안에 한 개씩만 사용되고, 사용되지 않는 자연수는 없다.
- 2에서 10까지의 서로 다른 임의의 자연수 3개를 x, y, z라고 할 때,
  - (x) → (y)는 y가 x의 배수임을 나타낸다.
  - 화살표로 연결되지 않은 (z)는 z가 x, y와 약수나 배수 관계가 없음을 나타낸다.

① 20　② 21
③ 22　④ 23
⑤ 24

33 **바둑판에 흰 돌과 검은 돌을 다음과 같은 규칙으로 놓았을 때, 11번째 바둑판에 놓인 모든 바둑돌의 개수는?**

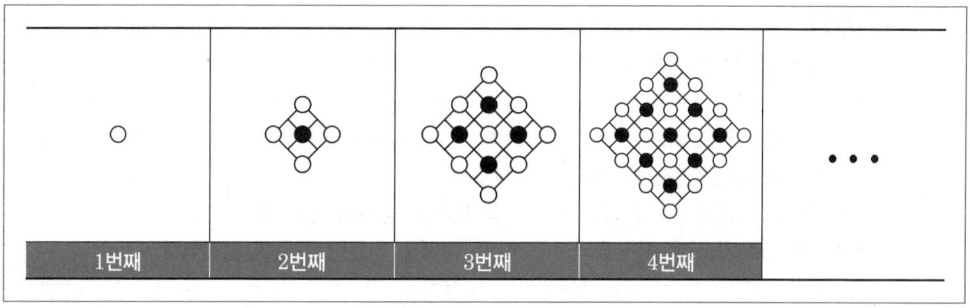

① 181개
② 221개
③ 265개
④ 313개
⑤ 365개

34 **다음 글의 상황에서 〈조건〉의 사실을 토대로 신입사원이 김과장을 찾기 위해 추측한 내용 중 반드시 참인 것은?**

> 김과장은 오늘 아침 조기 축구 시합에 나갔다. 그런데 김과장을 한 번도 본 적이 없는 같은 회사의 어떤 신입사원이 김과장에게 급히 전할 서류가 있어 직접 축구 시합장을 찾았다. 시합은 이미 시작되었고, 김과장이 현재 양 팀의 수비수나 공격수 중 한 사람으로 뛰고 있다는 것은 분명하다.

> 조건
>
> ㉠ A팀은 검정색 상의를, B팀은 흰색 상의를 입고 있다.
> ㉡ 양 팀에서 축구화를 신고 있는 사람은 모두 안경을 쓰고 있다.
> ㉢ 양 팀에서 안경을 쓴 사람은 모두 수비수이다.

① 만약 김과장이 공격수라면 안경을 쓰고 있다.
② 만약 김과장이 A팀의 공격수라면 흰색 상의를 입고 있거나 축구화를 신고 있다.
③ 만약 김과장이 B팀의 공격수라면 축구화를 신고 있지 않다.
④ 만약 김과장이 검정색 상의를 입고 있다면 안경을 쓰고 있다.
⑤ 만약 김과장이 A팀의 수비수라면 검정색 상의를 입고 있으며 안경을 쓰고 있지 않다.

PART 3

35 세미는 1박 2일로 경주 여행을 떠나 불국사, 석굴암, 안압지, 첨성대 유적지를 방문했다. 다음 〈조건〉에 따를 때, 세미의 유적지 방문 순서가 될 수 없는 것은?

조건

- 첫 번째로 방문한 곳은 석굴암, 안압지 중 한 곳이었다.
- 여행 계획대로라면 첫 번째로 석굴암을 방문했을 때, 두 번째로는 첨성대에 방문하기로 되어 있었다.
- 두 번째로 방문한 곳이 안압지가 아니라면, 불국사도 아니었다.
- 세 번째로 방문한 곳은 석굴암이 아니었다.
- 세 번째로 방문한 곳이 첨성대라면, 첫 번째로 방문한 곳은 불국사였다.
- 마지막으로 방문한 곳이 불국사라면, 세 번째로 방문한 곳은 안압지였다.

① 안압지 – 첨성대 – 불국사 – 석굴암
② 안압지 – 석굴암 – 첨성대 – 불국사
③ 안압지 – 석굴암 – 불국사 – 첨성대
④ 석굴암 – 첨성대 – 안압지 – 불국사
⑤ 석굴암 – 첨성대 – 불국사 – 안압지

36 K프랜차이즈 카페에서는 디저트로 빵, 케이크, 마카롱, 쿠키를 판매하고 있다. 최근 각 지점에서 디저트를 섭취하고 땅콩 알레르기가 발생했다는 컴플레인이 제기되었다. 해당 디저트에는 모두 땅콩이 들어가지 않으며, 땅콩을 사용한 제품과 인접 시설에서 제조하고 있다. 다음 자료를 참고할 때, 반드시 옳지 않은 것은?

- 땅콩 알레르기 유발 원인이 된 디저트는 빵, 케이크, 마카롱, 쿠키 중 하나이다.
- 각 지점에서 땅콩 알레르기가 있는 손님이 섭취한 디저트와 알레르기 유무는 아래와 같다.

A지점	빵과 케이크를 먹고, 마카롱과 쿠키를 먹지 않은 경우, 알레르기가 발생했다.
B지점	빵과 마카롱을 먹고, 케이크와 쿠키를 먹지 않은 경우, 알레르기가 발생하지 않았다.
C지점	빵과 쿠키를 먹고, 케이크와 마카롱을 먹지 않은 경우, 알레르기가 발생했다.
D지점	케이크와 마카롱을 먹고, 빵과 쿠키를 먹지 않은 경우, 알레르기가 발생했다.
E지점	케이크와 쿠키를 먹고, 빵과 마카롱을 먹지 않은 경우, 알레르기가 발생하지 않았다.
F지점	마카롱과 쿠키를 먹고, 빵과 케이크를 먹지 않은 경우, 알레르기가 발생하지 않았다.

① A, B, D지점의 사례만을 고려하면, 케이크가 알레르기의 원인이다.
② A, C, E지점의 사례만을 고려하면, 빵이 알레르기의 원인이다.
③ B, D, F지점의 사례만을 고려하면, 케이크가 알레르기의 원인이다.
④ C, D, F지점의 사례만을 고려하면, 마카롱이 알레르기의 원인이다.
⑤ D, E, F지점의 사례만을 고려하면, 쿠키는 알레르기의 원인이 아니다.

37 경영학과에 재학 중인 A ~ E는 계절학기 시간표에 따라 요일별로 하나의 강의만 수강한다. 전공 수업을 신청한 C는 D보다 앞선 요일에 수강하고, E는 교양 수업을 신청한 A보다 나중에 수강한다고 할 때, 다음 중 항상 참이 되는 것은?

월	화	수	목	금
전공1	전공2	교양1	교양2	교양3

① A가 수요일에 강의를 듣는다면 E는 교양2 강의를 듣는다.
② B가 전공 수업을 듣는다면 C는 화요일에 강의를 듣는다.
③ C가 화요일에 강의를 듣는다면 E는 교양3 강의를 듣는다.
④ D는 반드시 전공 수업을 듣는다.
⑤ E는 반드시 교양 수업을 듣는다.

PART 3

38 K공단은 6층 건물의 모든 층을 사용하고 있으며, 건물에는 기획부, 인사운영부, 서비스개선부, 연구 · 개발부, 복지사업부, 가입지원부가 층별로 위치하고 있다. 다음 〈조건〉을 참고할 때 항상 옳은 것은?(단, 6개의 부서는 서로 다른 층에 위치하며, 3층 이하에 위치한 부서의 직원은 출근 시 반드시 계단을 이용해야 한다)

조건

- 기획부의 문대리는 복지사업부의 이주임보다 높은 층에 근무한다.
- 인사운영부는 서비스개선부와 복지사업부 사이에 위치한다.
- 가입지원부의 김대리는 오늘 아침 엘리베이터에서 서비스개선부의 조대리를 만났다.
- 6개의 부서 중 건물의 옥상과 가장 가까이에 위치한 부서는 연구 · 개발부이다.
- 연구 · 개발부의 오사원이 인사운영부 박차장에게 휴가 신청서를 제출하기 위해서는 4개의 층을 내려와야 한다.
- 건물 1층에는 공단에서 자체적으로 운영하는 커피숍이 함께 있다.

① 출근 시 엘리베이터를 탄 가입지원부의 김대리는 5층에서 내린다.
② 가입지원부의 김대리가 서비스개선부의 조대리보다 먼저 엘리베이터에서 내린다.
③ 인사운영부와 커피숍은 같은 층에 위치한다.
④ 기획부의 문대리는 출근 시 반드시 계단을 이용해야 한다.
⑤ 인사운영부의 박차장은 출근 시 연구 · 개발부의 오사원을 계단에서 만날 수 없다.

39 K학원에서 10명의 학생(가 ~ 차)을 차례로 한 줄로 세우려고 한다. 다음 〈조건〉을 참고하여 7번째에 오는 학생이 사일 때, 3번째에 올 학생은 누구인가?

조건

- 자 학생과 차 학생은 결석하여 줄을 서지 못했다.
- 가보다 다가 먼저 서 있다.
- 마는 다와 아보다 먼저 서 있다.
- 아는 가와 바 사이에 서 있다.
- 바는 나보다는 먼저 서 있지만, 가보다는 뒤에 있다.
- 라는 사와 나의 뒤에 서 있다.

① 가
② 나
③ 마
④ 바
⑤ 아

40 이번 주까지 A가 해야 하는 일들은 총 아홉 가지(a ~ i)가 있고, 일주일 동안 월요일부터 매일 하나의 일을 한다. 다음 〈조건〉을 참고하여 A가 토요일에 하는 일이 b일 때, 화요일에 하는 일은?

조건

- 9개의 할 일 중에서 e와 g는 하지 않는다.
- d를 c보다 먼저 수행한다.
- c는 f보다 먼저 수행한다.
- i는 a와 f보다 나중에 수행한다.
- h는 가장 나중에 수행한다.
- a는 c보다 나중에 진행한다.

① a
② c
③ d
④ f
⑤ i

※ K공단의 ICT 센터는 정보보안을 위해 직원의 컴퓨터 암호를 다음과 같은 규칙으로 지정해두었다. 이어지는 질문에 답하시오. **[41~43]**

〈규칙〉

1. 자음과 모음의 배열은 국어사전의 배열 순서에 따른다.
   - 자음
     - 국어사전 배열 순서에 따라 알파벳 소문자(a, b, c, …)로 치환하여 사용한다.
     - 받침으로 사용되는 자음의 경우 대문자로 구분한다.
     - 겹받침일 경우, 먼저 쓰인 순서대로 알파벳을 나열한다.
   - 모음
     - 국어사전 배열 순서에 따라 숫자(1, 2, 3, …)로 치환하여 사용한다.
2. 비밀번호는 임의의 세 글자로 구성하되 마지막 음절 뒤 한 자리 숫자는 다음의 규칙에 따라 지정한다.
   - 음절에 사용된 각 모음의 합으로 구성한다.
   - 모음의 합이 두 자리 이상일 경우엔 각 자릿수를 다시 합하여 한 자리 수가 나올 때까지 더한다.
   - '–'을 사용하여 단어와 구별한다.

PART 3

41 김사원 컴퓨터의 비밀번호는 '자전거'이다. 이를 암호로 바르게 치환한 것은?

① m1m3ca5–9
② m1m5Ca5–2
③ n1n5ca3–9
④ m1m3Ca3–7
⑤ n1n5ca4–2

42 이대리 컴퓨터의 비밀번호는 '마늘쫑'이다. 이를 암호로 바르게 치환한 것은?

① g1c19FN9L–2
② g1C11fN3H–6
③ g1c16FN2N–1
④ g1c19Fn9L–2
⑤ g1c16Fn3h–1

43 조사원 컴퓨터의 암호 'e5Ah9Bl21–8'을 바르게 풀이한 것은?

① 매운탕
② 막둥이
③ 떡볶이
④ 떡붕어
⑤ 망둥어

44 컨설팅 회사에 근무 중인 A사원은 최근 컨설팅 의뢰를 받은 B사진관에 대해 SWOT 분석을 진행하기로 하였다. 다음 ㉠~㉤ 중 SWOT 분석에 들어갈 내용으로 적절하지 않은 것은?

강점(Strength)	• ㉠ 넓은 촬영 공간(야외 촬영장 보유) • 백화점 인근의 높은 접근성 • ㉡ 다양한 채널을 통한 홍보로 높은 인지도 확보
약점(Weakness)	• ㉢ 직원들의 높은 이직률 • 회원 관리 능력 부족 • 내부 회계 능력 부족
기회(Opportunity)	• 사진 시장의 규모 확대 • 오프라인 사진 인화 시장의 성장 • ㉣ 전문가용 카메라의 일반화
위협(Threat)	• 저가 전략 위주의 경쟁 업체 증가 • ㉤ 온라인 사진 저장 서비스에 대한 수요 증가

① ㉠
② ㉡
③ ㉢
④ ㉣
⑤ ㉤

45 다음은 국내 화장품 제조 회사에 대한 SWOT 분석 자료이다. 〈보기〉 중 분석에 따른 대응 전략으로 적절한 것을 모두 고르면?

강점(Strength)	약점(Weakness)
• 신속한 제품 개발 시스템 • 차별화된 제조 기술 보유	• 신규 생산 설비 투자 미흡 • 낮은 브랜드 인지도
기회(Opportunity)	**위협(Threat)**
• 해외시장에서의 한국 제품 선호 증가 • 새로운 해외시장의 출현	• 해외 저가 제품의 공격적 마케팅 • 저임금의 개발도상국과 경쟁 심화

보기

ㄱ. 새로운 해외시장의 소비자 기호를 반영한 제품을 개발하여 출시한다.
ㄴ. 국내에 화장품 생산 공장을 추가로 건설하여 제품 생산량을 획기적으로 증가시킨다.
ㄷ. 차별화된 제조 기술을 통해 품질 향상과 고급화 전략을 추구한다.
ㄹ. 브랜드 인지도가 낮으므로 해외 현지 기업과의 인수·합병을 통해 해당 회사의 브랜드로 제품을 출시한다.

① ㄱ, ㄴ
② ㄱ, ㄷ
③ ㄴ, ㄷ
④ ㄴ, ㄹ
⑤ ㄷ, ㄹ

46 **다음은 S기업의 2023년 경영실적에 대한 자료이다. 이에 대한 설명으로 옳지 않은 것은?(단, 비율은 소수점 첫째 자리에서 반올림한다)**

> S기업은 2023년 연간 26조 9,907억 원의 매출과 2조 7,127억 원의 영업이익을 달성했다고 발표했다. S기업은 지난 한 해 시장 변동에 대응하기 위해 선제적으로 투자와 생산량을 조정하는 등 경영 효율화에 나섰으나 글로벌 무역 갈등으로 세계 경제의 불확실성이 확대되었고, 재고 증가와 고객들의 보수적인 구매 정책으로 수요 둔화와 가격 하락이 이어져 경영실적은 전년 대비 감소했다고 밝혔다.
> 2023년 4분기 매출과 영업이익은 각각 6조 9,271억 원, 2,360억 원(영업이익률 3%)을 기록했다. 4분기는 달러화의 약세 전환에도 불구하고 수요 회복에 적극 대응한 결과 매출은 전 분기 대비 소폭 상승했으나, 수요 증가에 대응하기 위해 비중을 확대한 제품군의 수익성이 상대적으로 낮았고, 신규 공정 전환에 따른 초기 원가 부담 등으로 영업이익은 직전분기 대비 50% 감소했다. 제품별로는 D램 출하량이 전 분기 대비 8% 증가했고, 평균판매가격은 7% 하락했으며, 낸드플래시는 출하량이 10% 증가했고, 평균판매가격은 직전분기 수준을 유지했다.
> S기업은 올해 D램 시장에 대해 서버 D램의 수요 회복, 5G 스마트폰 확산에 따른 판매량 증가로 전형적인 상저하고의 수요 흐름을 보일 것으로 예상했다. 낸드플래시 시장 역시 PC 및 데이터센터형 SSD 수요가 증가하는 한편, 고용량화 추세가 확대될 것으로 전망했다.
> S기업은 이처럼 최근 개선되고 있는 수요 흐름에 대해서는 긍정적으로 보고 있지만, 과거에 비해 훨씬 높아진 복잡성과 불확실성이 상존함에 따라 보다 신중한 생산 및 투자 전략을 운영할 방침이다. 공정 전환 과정에서도 기술 성숙도를 빠르게 향상시키는 한편, 차세대 제품의 차질 없는 준비로 원가 절감을 가속화한다는 전략이다.
> D램은 10나노급 2세대 제품(1y나노) 비중을 확대하고, 본격적으로 시장 확대가 예상되는 LPDDR5 제품 등의 시장을 적극 공략할 계획이다. 또한 차세대 제품인 10나노급 3세대 제품(1z나노)도 연내 본격 양산을 시작할 예정이다.

① S기업은 고용량 낸드플래시 생산에 대한 투자를 늘릴 것이다.

② 달러화의 강세는 매출액에 부정적 영향을 미친다.

③ 기업이 공정을 전환하는 경우, 이로 인해 원가가 상승할 수 있다.

④ 영업이익률은 매출액 대비 영업이익 비율로 2023년 S기업은 10%를 기록했다.

⑤ 2023년 3분기 영업이익은 4분기 영업이익의 2배이다.

PART 3

※ 다음은 2020년 이후 생산된 스마트폰의 시리얼넘버에 대한 자료이다. 이어지는 질문에 답하시오. [47~48]

• 스마트폰은 다음과 같이 12자리의 시리얼넘버를 갖는다.

제조공장	생산연도	생산된 주	식별자	색상	용량
AA	BB	CC	DDD	EE	F

〈시리얼넘버 부여코드〉

제조공장	생산연도	생산된 주	식별자	색상	용량
AN : 한국 BA : 중국 CF : 베트남 DK : 인도 EP : 대만	20 : 2020년 21 : 2021년 22 : 2022년 23 : 2023년 ⋮	01 : 첫 번째 주 02 : 두 번째 주 ⋮ 10 : 열 번째 주 ⋮	ADW : 보급 DFH : 일반 BEY : 프리미엄 HQC : 한정판 IOH : 이벤트	UY : 빨강 VS : 검정 EE : 파랑 WA : 하양 ML : 초록	M : 64GB S : 128GB T : 256GB U : 512GB

47 다음 중 한국의 공장에서 2021년 34번째 주에 생산된 하얀색 256GB 프리미엄 스마트폰의 시리얼넘버로 옳은 것은?

① AN2134BEYWAT
② AN2334BEYWAT
③ BA2134BEYWAT
④ AN2134BEYMLT
⑤ AN2134HQCWAT

48 다음 중 A씨가 구매한 스마트폰의 시리얼넘버로 옳은 것은?

> 사진 촬영이 취미인 A씨는 기존에 사용하던 스마트폰의 용량이 부족하여 2020년에 출시된 512GB의 최신 스마트폰을 구입하였다. A씨가 구매한 검정색 스마트폰은 인도의 공장에서 올해 첫 번째 주에 생산된 한정판 제품이다.

① DK2010HQCVSU
② DL2001HQCVSU
③ DK2001HQCVSU
④ DK1001HQCVSU
⑤ DK2001IOHVSU

※ K공단은 모든 임직원에게 다음과 같은 규칙으로 사원번호를 부여한다. 이어지는 질문에 답하시오. [49~50]

〈사원번호 부여 기준〉

M	0	1	2	3	0	1	0	1
성별	부서		입사연도		입사월		입사순서	

• 사원번호 부여 순서 : [성별] – [부서] – [입사연도] – [입사월] – [입사순서]

• 성별 구분

남성	여성
M	W

• 부서 구분

운영지원부	인사부	기획부	보험급여부	자격관리부
01	02	03	04	05

• 입사연도 : 연도별 끝자리를 2자리 숫자로 기재(예 2023년 – 23)

• 입사월 : 2자리 숫자로 기재(예 5월 – 05)

• 입사순서 : 해당 월의 누적 입사순서(예 해당 월의 3번째 입사자 – 03)

※ K공단에 같은 날 입사자는 없다.

49 다음 중 사원번호가 'W05220401'인 사원에 대한 설명으로 적절하지 않은 것은?

① 2022년도 자격관리부서 최초의 여직원이다.

② 2022년에 입사하였다.

③ 4월에 입사한 여성이다.

④ 'M03220511' 사원보다 입사일이 빠르다.

⑤ 자격관리부서로 입사하였다.

50 다음 K공단의 2022년 하반기 신입사원 명단을 참고할 때, 기획부에 입사한 여성은 모두 몇 명인가?

M01220903	W03221005	M05220912	W05220913	W01221001	W04221009
W02220901	M04221101	W01220905	W03220909	M02221002	W03221007
M03220907	M01220904	W02220902	M04221008	M05221107	M01221103
M03220908	M05220910	M02221003	M01220906	M05221106	M02221004
M04221101	M05220911	W03221006	W05221105	W03221104	M05221108

① 2명

② 3명

③ 4명

④ 5명

⑤ 6명

PART 3

※ K부장은 A종합병원의 간호인력의 고용을 합리화하고자 한다. 병원은 24시간 운영된다고 할 때, 다음 자료를 참고하여 이어지는 질문에 답하시오. **[51~52]**

〈시간대별 필요 간호인력 수〉

시간대(시)	02:00 ~ 06:00	06:00 ~ 10:00	10:00 ~ 14:00	14:00 ~ 18:00	18:00 ~ 22:00	22:00 ~ 02:00
필요인력(명)	5	20	30	15	50	10

〈근무 수칙〉

1) 간호인력은 휴게 시간을 포함하여 8시간 동안 연속으로 근무한다.
2) A종합병원 간호인력은 8시간마다 교대한다.
3) 교대 시 인수인계 시간은 고려하지 않는다.

51 K부장이 시간대별 소요 간호인력 수에 따라 최소 간호인력 수를 산정한다고 할 때, 다음 중 A종합병원에 필요한 최소 간호인력 수는 몇 명인가?

① 75명
② 85명
③ 95명
④ 105명
⑤ 110명

52 A종합병원에서는 02:00 ~ 06:00시 사이 중환자 및 응급환자의 수요가 증가함에 따라 필요 간호인력 수를 20명으로 확충하기로 하였다. 이때, 필요한 최소 간호인력 수는 몇 명인가?

① 85명
② 100명
③ 110명
④ 125명
⑤ 130명

53 다음은 A제품을 생산·판매하는 R사의 1 ~ 3주 차 A제품 주문량 및 B, C부품 구매량에 관한 자료이다. 〈조건〉에 근거하여 3주 차 토요일 판매완료 후 A제품과 B, C부품의 재고량을 바르게 나열한 것은?

〈A제품 주문량 및 B, C부품 구매량〉

(단위 : 개)

구분	1주 차	2주 차	3주 차
A제품 주문량	0	200	500
B부품 구매량	450	1,000	550
C부품 구매량	700	2,400	1,300

※ 1주 차 시작 전 A제품의 재고는 없고, B, C부품의 재고는 각각 50개, 100개이다.

※ 한 주의 시작은 월요일이다.

조건

- A제품은 매주 월요일부터 금요일까지 생산하고, A제품 1개 생산 시 B부품 2개, C부품 4개가 사용된다.
- B, C부품은 매주 일요일에 일괄구매하고, 그 다음 부품이 모자랄 때까지 A제품을 생산한다.
- 생산된 A제품은 매주 토요일에 주문량만큼 즉시 판매되고, 남은 A제품은 이후 판매하기 위한 재고로 보유한다.

	A제품	B부품	C부품
①	0	50	0
②	0	50	100
③	50	0	100
④	50	0	200
⑤	100	50	200

PART 3

54 甲은 개인사유로 인해 5년간 재직했던 회사를 그만두게 되었다. 甲에게 지급된 퇴직금이 1,900만 원일 때, 甲의 평균 연봉을 바르게 계산한 것은?(단, 1일 평균임금 계산 시 천의 자리에서 올림하고, 윤년은 계산하지 않는다)

〈퇴직금 산정방법〉

▶ 고용주는 퇴직하는 근로자에게 계속근로기간 1년에 대해 30일분 이상의 평균임금을 퇴직금으로 지급해야 합니다.

– "평균임금"이란 이를 산정해야 할 사유가 발생한 날 이전 3개월 동안에 해당 근로자에게 지급된 임금의 총액을 그 기간의 총 일수로 나눈 금액을 말합니다.

– 평균임금이 근로자의 통상임금보다 적으면 그 통상임금을 평균임금으로 합니다.

▶ 퇴직금 산정공식

(퇴직금)=[(1일 평균임금)×30×(총 계속근로기간)]÷365

① 4,110만 원
② 4,452만 원
③ 4,650만 원
④ 4,745만 원
⑤ 4,800만 원

55 오전 5시 40분에 당고개에서 출발하는 4호선 오이도행 열차가 있다. 다음은 오이도역에서 출발하는 4호선 당고개행 열차의 출발 시각표이고, 오이도에서 당고개까지 총 47개의 역일 때, 당고개에서 출발하는 열차가 오이도에서 출발하는 열차와 몇 번째 역에서 마주치게 되겠는가?(단, 다음 정차역까지 걸리는 시간은 모두 2분 간격이며, 오이도역을 1번으로 하여 순번을 매긴다)

〈당고개행 열차 오이도역 출발 시각〉

열차	출발 시각
㉮	06:00
㉯	06:24
㉰	06:48

	㉮	㉯	㉰
①	21번째 역	15번째 역	9번째 역
②	19번째 역	13번째 역	7번째 역
③	17번째 역	11번째 역	5번째 역
④	14번째 역	10번째 역	4번째 역
⑤	14번째 역	9번째 역	3번째 역

56 다음은 R대리가 부산 출장을 갔다 올 때, 선택할 수 있는 교통편에 대한 자료이다. R대리가 교통편 하나를 선택하여 왕복티켓을 모바일로 예매하려고 할 때, 가장 저렴한 교통편은 무엇인가?

〈출장 시 이용 가능한 교통편 현황〉

교통편	종류	비용	기타
버스	일반버스	24,000원	–
	우등버스	32,000원	모바일 예매 1% 할인
기차	무궁화호	28,000원	왕복 예매 시 15% 할인
	새마을호	36,000원	왕복 예매 시 20% 할인
	KTX	58,000원	1+1 이벤트(편도 금액으로 왕복 예매 가능)

① 일반버스
② 우등버스
③ 무궁화호
④ 새마을호
⑤ KTX

PART 3

57 자동차 회사에 근무하고 있는 P씨는 중국 공장에 점검차 방문하기 위해 교통편을 알아보고 있다. 내일 새벽 비행기를 타기 위한 여러 가지 방법 중 가장 적은 비용으로 공항에 도착하는 방법은?

〈숙박요금〉

구분	공항 근처 모텔	공항 픽업 호텔	회사 근처 모텔
요금	80,000원	100,000원	40,000원

〈대중교통 요금 및 소요시간〉

구분	버스	택시
회사 → 공항 근처 모텔	20,000원 / 3시간	40,000원 / 1시간 30분
회사 → 공항 픽업 호텔	10,000원 / 1시간	20,000원 / 30분
회사 → 회사 근처 모텔	근거리이므로 무료	
공항 픽업 호텔 → 공항	픽업으로 무료	
공항 근처 모텔 → 공항		
회사 근처 모텔 → 공항	20,000원 / 3시간	40,000원 / 1시간 30분

※ 소요시간도 금액으로 계산한다(30분당 5,000원).

① 공항 근처 모텔로 버스 타고 이동 후 숙박
② 공항 픽업 호텔로 버스 타고 이동 후 숙박
③ 공항 픽업 호텔로 택시 타고 이동 후 숙박
④ 회사 근처 모텔에서 숙박 후 버스 타고 공항 이동
⑤ 회사 근처 모텔에서 숙박 후 택시 타고 공항 이동

58 K공단은 사내 요리대회를 진행하고 있다. 최종 관문인 협동심 평가는 이전 평가에서 통과한 참가자 A～D 4명이 한 팀이 되어 역할을 나눠 주방에서 제한시간 내에 하나의 요리를 만드는 것이다. 재료손질, 요리보조, 요리, 세팅 및 정리 4개의 역할이 있고, 협동심 평가 후 참가자별 기존 점수에 가산점을 더하여 최종 점수를 계산할 때, 참가자들의 의견을 모두 수렴하여 역할을 선정한 것은?

〈참가자별 점수 분포〉

(단위 : 점)

구분	A참가자	B참가자	C참가자	D참가자
기존 점수	90	95	92	97

〈각 역할을 성실히 수행 시 가산점〉

(단위 : 점)

구분	재료손질	요리보조	요리	세팅 및 정리
가산점	5	3	7	9

※ 협동심 평가의 각 역할은 한 명만 수행할 수 있다.

조건

- C참가자는 주부습진이 있어 재료손질 역할을 원하지 않는다.
- A참가자는 깔끔한 성격으로 세팅 및 정리 역할을 원한다.
- D참가자는 손재주가 없어 재료손질 역할을 원하지 않는다.
- B참가자는 적극적인 성격으로 어떤 역할이든지 자신 있다.
- 최종점수는 100점을 넘을 수 없다.

	재료손질	요리보조	요리	세팅 및 정리
①	A	D	C	B
②	B	C	D	A
③	B	D	C	A
④	C	A	D	B
⑤	D	C	A	B

59 귀하는 휴대전화를 구입하기 위하여 A ~ C 세 상품에 대한 만족도를 조사하였다. 다음 중 경제적 의사결정과 관련하여 옳은 설명은?(단, 만족도 1단위는 화폐 1만 원의 가치와 같다)

〈A ~ C상품의 만족도 조사〉

(단위 : 점)

상품	가격 \ 만족도	광고의 호감도 (5)	디자인 (12)	카메라 기능 (8)	단말기 크기 (9)	A/S (6)
A	135만 원	5	10	6	8	5
B	128만 원	4	9	6	7	5
C	125만 원	3	7	5	6	4

※ (　　) 안은 만족도의 만점이다.

① 합리적으로 선택한다면 상품 B를 구입할 것이다.
② 단말기 크기보다 카메라 기능을 더 중시하고 있다.
③ 만족도가 가장 큰 대안을 선택하는 것이 가장 합리적이다.
④ 예산을 125만 원으로 제한하면 휴대전화 구입을 포기할 것이다.
⑤ 구매 선택의 기준으로 휴대전화의 성능을 지나치게 중시하고 있다.

PART 3

60 다음은 K공단의 전 문서의 보관, 검색, 이관, 보존 및 폐기에 대한 파일링시스템 규칙이다. 다음 중 보존연한이 3년이고, 2018년도에 작성된 문서의 폐기연도를 바르게 구한 것은?

〈K공단 파일링시스템 규칙〉

- 보존연한이 경과한 문서는 세단 또는 소각 방법 등으로 폐기한다.
- 보존연한은 문서처리 완결일인 익년 1월 1일부터 가산한다.

① 2020년 초
② 2021년 초
③ 2022년 초
④ 2023년 초
⑤ 2024년 초

61 K공단은 여름방학을 맞이하여 대학생 서포터즈와 함께하는 농촌체험활동 행사를 진행했다. 총 다섯 팀이 행사에 참가하였으며, 각 팀은 활동을 바탕으로 홍보영상을 제작하였다. 세 가지 평가 기준에 따라 우수팀을 선정하려고 할 때, 가장 높은 등급을 받는 팀은?

〈평가항목과 배점비율〉

평가항목	창의력	전달력	기술력	합계
배점비율	50%	30%	20%	100%

〈창의력〉

구분	10 ~ 8	7 ~ 5	4 ~ 2	1 ~ 0
환산점수	100	80	70	40

〈전달력〉

구분	10 ~ 7	6 ~ 4	3 ~ 2	1 ~ 0
환산점수	100	70	50	30

〈기술력〉

구분	10 ~ 6	5 ~ 4	3 ~ 0
환산점수	100	70	40

〈팀별점수〉

구분	창의력	전달력	기술력	총 환산점수	환산등급
A팀	7	4	6		
B팀	8	2	5		
C팀	3	8	2		
D팀	8	3	4		
E팀	8	8	6		

※ 총점은 각 평가항목의 비율별로 합한 것이고, 환산등급은 등급별로 A(100 ~ 91), B(90 ~ 81), C(80 ~ 71), D(70 ~ 61), E(60 이하)이다.

① A팀
② B팀
③ C팀
④ D팀
⑤ E팀

62 다음은 K공단의 당직 근무 규칙과 이번 주 당직 근무자들의 일정표이다. 당직 근무 규칙에 따라 이번 주에 당직 근무 일정을 추가해야 하는 사람으로 옳은 것은?

〈당직 근무 규칙〉

- 1일 당직 근무 최소 인원은 오전 1명, 오후 2명으로 총 3명이다.
- 1일 최대 6명을 넘길 수 없다.
- 같은 날 오전·오후 당직 근무는 서로 다른 사람이 해야 한다.
- 오전 또는 오후 당직을 모두 포함하여 당직 근무는 주당 3회 이상 5회 미만으로 해야 한다.

〈당직 근무 일정〉

성명	일정	성명	일정
공주원	월 오전 / 수 오후 / 목 오전	최민관	월 오후 / 화 오후 / 토 오전 / 일 오전
이지유	월 오후 / 화 오전 / 금 오전 / 일 오후	이영유	수 오전 / 화 오후 / 금 오후 / 토 오후
강리환	수 오전 / 목 오전 / 토 오후	지한준	월 오전 / 수 오후 / 금 오전
최유리	화 오전 / 목 오후 / 토 오후	강지공	수 오후 / 화 오후 / 금 오후 / 토 오전
이건율	목 오전 / 일 오전	김민정	월 오전 / 수 오후 / 토 오전 / 일 오후

① 공주원
② 이지유
③ 최유리
④ 지한준
⑤ 김민정

PART 3

63 K공단에서는 신입사원 2명을 채용하기 위하여 서류와 필기전형을 통과한 갑~정 네 명의 최종 면접을 실시하려고 한다. 다음 표와 같이 네 개 부서의 팀장이 각각 네 명을 모두 면접하여 채용 우선순위를 결정하였다. 면접 결과에 대한 〈보기〉의 설명 중 옳은 것을 모두 고르면?

〈면접 결과〉

순위 \ 면접관	인사팀장	경영관리팀장	복지사업팀장	회계팀장
1순위	을	갑	을	병
2순위	정	을	병	정
3순위	갑	정	정	갑
4순위	병	병	갑	을

※ 우선순위가 높은 사람순으로 2명을 채용한다.
※ 동점자는 인사, 경영관리, 복지사업, 회계팀장 순서로 부여한 고순위자로 결정한다.
※ 각 팀장이 매긴 순위에 대한 가중치는 모두 동일하다.

보기

㉠ '을' 또는 '정' 중 한 명이 입사를 포기하면 '갑'이 채용된다.
㉡ 인사팀장이 '을'과 '정'의 순위를 바꿨다면 '갑'이 채용된다.
㉢ 경영관리팀장이 '갑'과 '병'의 순위를 바꿨다면 '정'은 채용되지 못한다.

① ㉠
② ㉠, ㉡
③ ㉠, ㉢
④ ㉡, ㉢
⑤ ㉠, ㉡, ㉢

64 다음은 K공단 인사팀의 하계휴가 스케줄이다. A사원은 휴가를 신청하기 위해 하계휴가 스케줄을 확인하였다. 인사팀 팀장인 P부장이 25 ~ 28일은 하계워크숍 기간이므로 휴가 신청이 불가능하며, 하루에 6명 이상은 사무실에 반드시 있어야 한다고 팀원들에게 공지했다. A사원이 휴가를 쓸 수 있는 기간으로 가장 적절한 것은?

구분	8월																			
	3	4	5	6	7	10	11	12	13	14	17	18	19	20	21	24	25	26	27	28
	월	화	수	목	금	월	화	수	목	금	월	화	수	목	금	월	화	수	목	금
P부장																				
K차장																				
J과장																				
H대리																				
S주임																				
W주임																				
A사원																				
B사원																				

※ 색칠된 부분은 다른 팀원의 휴가기간이다.

※ A사원은 4일 이상 휴가를 사용해야 한다(토, 일 제외).

① 8월 7 ~ 11일

② 8월 6 ~ 11일

③ 8월 11 ~ 14일

④ 8월 13 ~ 18일

⑤ 8월 19 ~ 24일

PART 3

65 다음은 10월 달력이다. 〈조건〉에 맞게 근무를 배정했을 때 대체근무가 필요한 횟수는?

10 | October

일 SUN	월 MON	화 TUE	수 WED	목 THU	금 FRI	토 SAT
						1
2	3 개천절	4	5	6	7	8
9 한글날	10	11	12	13	14	15
16	17	18	19	20	21	22
23	24	25	26	27	28	29
30	31					

조건

- 3조 2교대이며 근무 패턴은 주간1 – 주간2 – 야간1 – 야간2 – 비번 – 휴무이다.
- 1팀은 팀장 1명, 주임 1명, 2팀은 팀장 1명, 주임 1명, 3팀은 팀장 1명, 주임 2명이다.
- 각 팀장과 주임은 한 달에 한 번 지정휴무 1일을 사용할 수 있다.
- 근무마다 최소 팀장 1명, 주임 1명이 유지되어야 한다.
- 10월 1일 1팀은 야간1이었고, 2팀은 비번, 3팀은 주간1이었다.
- 1팀의 팀장은 27일부터 31일까지 여행을 떠난다(근무일에 연차 사용).
- 대체근무의 횟수는 최소화한다.
- 공휴일도 정상 근무일에 포함한다.

① 2번　　② 4번　　③ 6번　　④ 8번　　⑤ 10번

66 다음은 계절별 전기요금표이다. 7월에 전기 460kWh를 사용하여 전기세가 많이 나오자 10월에는 전기사용량을 줄이기로 하였다. 10월에 사용한 전력이 341kWh이라면, 10월의 전기세로 청구될 금액은 얼마인가?

〈전기요금표〉

• 하계(7.1 ~ 8.31)

구간		기본요금(원/호)	전력량 요금(원/kWh)
1단계	300kWh 이하 사용	910	93.3
2단계	301 ~ 450kWh	1,600	187.9
3단계	450kWh 초과	7,300	280.6

• 기타 계절(1.1 ~ 6.30, 9.1 ~ 12.31)

구간		기본요금(원/호)	전력량 요금(원/kWh)
1단계	200kWh 이하 사용	910	93.3
2단계	201 ~ 400kWh	1,600	187.9
3단계	400kWh 초과	7,300	280.6

• 부가가치세(원 미만 반올림) : 전기요금의 10%
• 전력산업기반기금(10원 미만 절사) : 전기요금의 3.7%
• 전기요금(원 미만 절사) : (기본요금)+(전력량 요금)

※ 전력량 요금은 요금 누진제가 적용된다. 요금 누진제는 사용량이 증가함에 따라 순차적으로 높은 단가가 적용되며, 기타 계절의 요금은 200kWh 단위로 3단계로 운영되고 있다. 예를 들어, 월 300kWh를 사용한 세대는 처음 200kWh에 대해서는 kWh당 93.3원이 적용되고, 나머지 100kWh에 대해서는 187.9원이 적용돼 총 37,450원의 전력량 요금이 부과된다.

• 청구금액(10원 미만 절사) : (전기요금)+(부가가치세)+(전력산업기반기금)

① 51,020원
② 53,140원
③ 57,850원
④ 64,690원
⑤ 72,560원

67 K공단 인재개발원에 근무하고 있는 A대리는 〈조건〉에 따라 신입사원 교육을 위한 스크린을 구매하려고 한다. 다음 중 가장 적절한 제품은 무엇인가?

> 조건
>
> - 조명도는 5,000lx 이상이어야 한다.
> - 예산은 150만 원이다.
> - 제품에 이상이 생겼을 때 A/S가 신속해야 한다.
> - 위 조건을 모두 충족할 시, 가격이 저렴한 제품을 가장 우선으로 선정한다.
>
> ※ lux(럭스) : 조명이 밝은 정도를 말하는 조명도에 대한 실용단위로 기호는 lx이다.

	제품	가격(만 원)	조명도(lx)	특이사항
①	A	180	8,000	2년 무상 A/S 가능
②	B	120	6,000	해외직구(해외 A/S)
③	C	100	3,500	미사용 전시 제품
④	D	150	5,000	미사용 전시 제품
⑤	E	130	7,000	2년 무상 A/S 가능

68 직원 수가 100명인 K회사에서 치킨을 주문하려고 한다. 1마리를 시키면 2명이 먹을 수 있다고 할 때, 최소 비용으로 치킨을 먹을 수 있는 방법은?

구분	정가	할인	
		방문 포장 시	단체 주문 시
A치킨	15,000원/마리	35%	5%(단, 50마리 이상 주문 시)
B치킨	16,000원/마리	20%	3%(10마리당 할인)

※ 방문 포장 시 유류비와 이동할 때의 번거로움 등을 계산하면 A치킨은 50,000원, B치킨은 15,000원의 비용이 든다.

※ 중복 할인이 가능하며, 중복 할인 시 할인율을 더한 값으로 계산한다.

① A치킨에서 방문 포장하고 단체 주문 옵션을 선택한다.
② B치킨에서 방문 포장하고 단체 주문 옵션을 선택한다.
③ A치킨에서 배달을 시킨다.
④ A치킨과 B치킨에서 전체의 반씩 방문 포장으로 단체 주문 옵션을 선택한다.
⑤ B치킨에서 배달을 시킨다.

69 Q물류회사에서 근무 중인 귀하에게 화물운송기사 두 명이 찾아와 운송시간에 대한 질문을 하였다. 주요 도시 간 이동시간 자료를 참고했을 때, 두 기사에게 안내해야 할 시간은?(단, 귀하와 두 기사는 A도시에 위치하고 있다)

K기사 : 저는 여기서 화물을 싣고 E도시로 운송한 후에 C도시로 가서 다시 화물을 싣고 여기로 돌아와야 하는데 시간이 얼마나 걸릴까요? 최대한 빨리 마무리 지었으면 좋겠는데….

P기사 : 저는 여기서 출발해서 모든 도시를 한 번씩 거쳐 다시 여기로 돌아와야 해요. 가장 짧은 이동시간으로 다녀오면 얼마나 걸릴까요?

〈주요도시 간 이동시간〉

(단위 : 시간)

출발도시 \ 도착도시	A	B	C	D	E
A	–	1.0	0.5	–	–
B	–	–	–	1.0	0.5
C	0.5	2.0	–	–	–
D	1.5	–	–	–	0.5
E	–	–	2.5	0.5	–

※ 화물을 싣고 내리기 위해 각 도시에서 정차하는 시간은 고려하지 않음

※ '–' 표시가 있는 구간은 이동이 불가능함

	K기사	P기사
①	4시간	4시간
②	4.5시간	5시간
③	4.5시간	5.5시간
④	5.5시간	5시간
⑤	5.5시간	5.5시간

PART 3

70 독일인 A씨는 베를린에서 한국을 경유하여 일본으로 가는 비행기표를 구매하였다. A씨의 일정이 다음과 같을 때, A씨가 인천공항에 도착하는 한국시각과 A씨가 참여했을 환승투어를 바르게 짝지은 것은?(단, 제시된 조건 외에 고려하지 않는다)

〈A씨의 일정〉

한국행 출발시각 (독일시각 기준)	비행시간	인천공항 도착시각	일본행 출발시각 (한국시각 기준)
11월 2일 19:30	12시간 20분		11월 3일 19:30

※ 독일은 한국보다 8시간 느리다.

※ 비행 출발 1시간 전에는 공항에 도착해야 한다.

〈환승투어 코스 안내〉

구분	코스	소요시간
엔터테인먼트	• 인천공항 → 파라다이스시티 아트테인먼트 → 인천공항	2시간
인천시티	• 인천공항 → 송도한옥마을 → 센트럴파크 → 인천공항 • 인천공항 → 송도한옥마을 → 트리플 스트리트 → 인천공항	2시간
산업	• 인천공항 → 광명동굴 → 인천공항	4시간
전통	• 인천공항 → 경복궁 → 인사동 → 인천공항	5시간
해안관광	• 인천공항 → 을왕리해변 또는 마시안해변 → 인천공항	1시간

	도착시각	환승투어
①	11월 2일 23:50	산업
②	11월 2일 15:50	엔터테인먼트
③	11월 3일 23:50	전통
④	11월 3일 15:50	인천시티
⑤	11월 3일 14:50	해안관광

71 다음 중 채권자가 그의 채권을 담보하기 위하여 채무의 변제기까지 채무자로부터 인도받은 동산을 점유 · 유치하기로 채무자와 약정하고, 채무의 변제가 없는 경우에 그 동산의 매각대금으로부터 우선변제 받을 수 있는 담보물권은?

① 질권
② 유치권
③ 저당권
④ 양도담보권
⑤ 임차권

72 다음 중 시효제도의 존재 이유에 대한 설명으로 옳지 않은 것은?

① 증거보전 곤란 구제
② 권리 위에 잠자는 자는 보호하지 않음
③ 연속한 사실상태의 존중
④ 진정한 권리자의 보호
⑤ 법적 안정성 추구

73 다음 중 법률행위의 조건에 대한 설명으로 옳지 않은 것은?

① 해제조건부 법률행위는 그 조건이 성취한 때로부터 그 효력이 생긴다.
② 조건이 선량한 풍속 기타 사회질서에 반하는 것인 때에는 그 법률행위는 무효로 한다.
③ 조건의 성취가 아직 정하여지지 아니한 권리도 상속될 수 있다.
④ "내일 비가 오면 이 반지를 주겠다."는 약속은 정지조건부 법률행위이다.
⑤ 조건이 법률행위의 당시 이미 성취한 것인 경우, 그 조건이 정지조건이면 조건 없는 법률행위로 한다.

74 **다음 중 대리권의 소멸사유로 볼 수 없는 것은?**

① 본인의 사망
② 본인의 성년후견의 개시
③ 대리인의 파산
④ 대리인의 성년후견의 개시
⑤ 대리인의 사망

75 **다음 중 법의 성격에 대한 설명으로 옳지 않은 것은?**

① 자연법론자들은 법과 도덕은 그 고유한 영역을 가지고 있지만 도덕을 법의 상위개념으로 본다.
② 법은 타율성에, 도덕은 자율성에 그 실효성의 연원을 둔다.
③ 법은 인간행위에 대한 당위의 법칙이 아니라 필연의 법칙이다.
④ 법은 국가권력에 의하여 보장되는 사회규범의 하나이다.
⑤ 법은 그 위반의 경우에 타율적·물리적 강제를 통하여 원하는 상태와 결과를 실현하는 강제규범이다.

76 **다음 중 사회보험에 대한 설명으로 옳지 않은 것은?**

① 사회보험의 보험납부비용은 모두 당사자가 부담한다.
② 사회보험은 그 가입이 강제적이다.
③ 사회보험의 계약의 체결 및 해약 등에는 조건이 수반된다.
④ 사회보험의 수급자격과 보험료율 및 급부내용 등의 보험계약내용은 법으로 정해져 있다.
⑤ 사회보험은 사회의 연대성이 적용된다.

77 **다음 중 개방형 인사관리에 대한 설명으로 옳지 않은 것은?**

① 충원된 전문가들이 관료집단에서 중요한 역할을 수행하게 한다.
② 개방형은 승진기회의 제약으로, 직무의 폐지는 대개 퇴직으로 이어진다.
③ 정치적 리더십의 요구에 따른 고위층의 조직 장악력 약화를 초래한다.
④ 공직의 침체, 무사안일주의 등 관료제의 병리를 억제한다.
⑤ 민간부문과의 인사교류로 적극적 인사행정이 가능하다.

78 **다음 중 지방자치법상 지방의회의 의결사항에 해당하지 않는 것은?**

① 조례의 제정·개정 및 폐지
② 재의요구권
③ 기금의 설치·운용
④ 대통령령으로 정하는 중요 재산의 취득·처분
⑤ 청원의 수리와 처리

79 **다음 중 규제피라미드에 대한 설명으로 옳은 것은?**

① 새로운 위험만 규제하다 보면 사회의 전체 위험 수준은 증가하는 상황
② 규제가 또 다른 규제를 낳아 피규제자의 비용 부담이 점점 늘어나게 되는 상황
③ 기업체에게 상품 정보에 대한 공개 의무를 강화할수록 소비자들의 실질적인 정보량은 줄어들게 되는 상황
④ 과도한 규제를 무리하게 설정하다 보면 실제로는 규제가 거의 이루어지지 않게 되는 상황
⑤ 소득재분배를 위한 규제가 오히려 사회적으로 가장 어려운 사람들에게 해를 끼치게 되는 상황

80 **다음 중 행태주의와 제도주의에 대한 설명으로 옳은 것은?**

① 행태주의에서는 인간의 자유와 존엄과 같은 가치를 강조한다.
② 제도주의에서는 사회과학도 엄격한 자연과학의 방법을 따라야 한다고 본다.
③ 행태주의에서는 시대적 상황에 적합한 학문의 실천력을 중시한다.
④ 각국에서 채택된 정책의 상이성과 효과를 역사적으로 형성된 제도에서 찾으려는 것은 제도주의 접근의 한 방식이다.
⑤ 제도의 변화와 개혁을 지향한다는 점에서 행태주의와 제도주의는 같다.

81 **교통체증 완화를 위한 차량 10부제 운행은 윌슨(Wilson)이 제시한 규제정치이론의 네 가지 유형 중 어디에 해당하는가?**

① 대중정치
② 기업가정치
③ 이익집단정치
④ 고객정치
⑤ 소비자정치

82 **다음 중 공무원의 신분보장 배제에 대한 설명으로 옳은 것은?**

① 직위해제 : 해당 공무원에 대해 직위를 부여하지 않음으로써 공무원의 신분을 박탈하는 임용행위이다.

② 직권면직 : 직제 · 정원의 변경으로 직위의 폐지나 초과정원이 발생한 경우에 임용권자가 직권으로 직무 수행의 의무를 면해 주되 공무원의 신분은 보유하게 하는 임용행위이다.

③ 해임 : 공무원의 신분을 박탈하는 중징계 처분의 하나이며 퇴직급여액의 2분의 1이 삭감되는 임용행위이다.

④ 파면 : 공무원의 신분을 박탈하는 중징계 처분의 하나이며 원칙적으로 퇴직금 감액이 없는 임용행위이다.

⑤ 정직 : 공무원의 신분은 보유하지만, 직무 수행을 일시적으로 정지시키며 보수를 전액 감하는 임용행위이다.

83 **다음 중 기본적 귀인 오류(Fundamental Attribution Error)에 대한 설명으로 옳지 않은 것은?**

① 관찰자가 다른 이들의 행동을 설명할 때 상황 요인들의 영향을 과소평가한다.

② 기본적 귀인 오류는 부정적인 결과만을 초래한다.

③ 기본적 귀인 오류를 줄이기 위한 방법에는 자신이라면 어떻게 행동했을지 자문해 보기 등의 방법이 있다.

④ 다른 사람의 행동 원인을 그 사람이 처한 상황의 조건보다는 그 사람의 성격, 태도 등으로 돌리는 것을 말한다.

⑤ 관찰자가 다른 이들의 행동을 설명할 때 행위자의 내적, 기질적인 요인들의 영향을 과대평가한다.

84 **다음 중 명목집단법(Nominal Group Technique)에 대한 설명으로 옳은 것은?**

① 여러 전문가의 의견을 되풀이해 모으고, 교환하고, 발전시켜 미래를 예측한다.

② 무엇이 진정한 문제인지를 모른다는 상태에서 시작하여, 참가자들에게 그것과 관련된 정보를 탐색하게 한다.

③ 리더로부터 문제의 설명을 듣고 될 수 있는 대로 많은 대안을 제시하여 토의하고 분석하여 결정한다.

④ 대상과 비슷한 것을 찾아내 그것을 힌트로 새로운 아이디어 등을 생각해낸다.

⑤ 여러 대안을 토론이나 비평 없이 자유롭게 서면으로 제시하여 그중 하나를 선택한다.

85 **다음 중 마이클 포터(Michael E. Porter)의 경쟁우위 전략에 대한 설명으로 옳지 않은 것은?**

① 원가우위 전략은 경쟁업체에 대해 비용적인 우위를 가지는 것으로 규모의 경제 추구 등이 있다.
② 차별화 전략은 성능, 디자인 등에서 경쟁업체와 다른 특징을 강조하는 것이다.
③ 집중화 전략은 특정 구매자나 시장을 집중적으로 공략하는 것으로 블루오션 전략 등이 있다.
④ 원가우위 전략, 차별화 전략, 집중화 전략을 동시에 추구하는 것이 이상적이다.
⑤ 경쟁사와 경쟁하지 않고 이기는 방법을 가장 좋은 방법으로 보았다.

86 **다음 중 카르텔(Cartel)에 대한 설명으로 옳은 것은?**

① 동종 또는 상호관계가 있는 이종 기업이 시장 독점을 목적으로 법률적으로 하나의 기업체가 된다.
② 동종 또는 이종의 각 기업이 법률적으로 독립성을 유지하나, 실질적으로는 주식의 소유 또는 금융적 결합에 의하여 수직적으로 결합하는 기업 집단이다.
③ 동일 시장 내의 여러 기업이 출자하여 공동판매회사를 설립하고 일원적으로 판매하는 조직을 뜻한다.
④ 인수합병 후 통합하는 기업합병 방법이다.
⑤ 같은 종류의 상품을 생산하는 기업이 서로 협정하여 경쟁을 피한다.

87 **다음 중 조사 방법과 이에 대한 설명으로 옳지 않은 것은?**

① 횡단 조사는 한 사람이 아닌 패널(여러 사람으로 구성된 집단)을 조사하는 것으로 시간 경과에 따라 패널의 특징 등을 반복적으로 측정한다.
② 시계열 조사는 조사 대상을 정하고, 여러 시점에 걸쳐 조사하면서 변화와 차이, 발생 원인 등을 분석한다.
③ 탐색 조사는 일종의 예비조사이다.
④ 확정적 조사는 확정된 문제나 가정의 참·거짓을 밝히기 위한 조사이다.
⑤ 종단 조사는 시간의 흐름에 따라 조사 대상이나 상황의 변화를 측정한다.

88 **다음 중 재무보고에 대한 설명으로 옳은 것은?**

① 개념체계가 한국채택국제회계기준과 상충되는 경우 당해 회계기준보다 개념체계가 우선 적용되어야 한다.

② 개념체계에 따르면 재무제표의 기본가정은 발생주의와 계속기업이다.

③ 기업은 모든 재무제표를 발생기준 회계를 사용하여 작성한다.

④ 주석은 재무제표와 별도로 공시되며 재무제표에 포함하지 않는다.

⑤ 외부감사는 공인회계사에 의해 수행되며, 경영자들이 작성한 재무제표의 신뢰성을 제고하는 기능을 한다.

89 **수직의 수요곡선과 우상향하는 일반적인 공급곡선을 가지는 재화 Y가 있다. 생산자에게 조세(종량세)가 부과될 경우 나타나는 변화로 옳은 것은?**

① 생산자 잉여가 증가한다.

② 부과된 조세가 소비자와 생산자에게 절반씩 귀착된다.

③ 공급곡선이 하방이동 한다.

④ 시장 거래량이 감소한다.

⑤ 부과된 조세만큼 시장가격이 상승한다.

90 **다음 중 생산가능곡선에 대한 설명으로 옳지 않은 것은?**

① 일반적으로 우하향하면서 원점에 대하여 오목하다.

② 생산가능곡선상에 존재하는 점들은 모두 생산의 효율성을 만족한다.

③ 생산가능곡선의 접선의 기울기는 기회비용을 의미한다.

④ X재 생산의 기술 진보가 일어나면 생산가능곡선이 X재 쪽으로 확장된다.

⑤ 실업이 감소하면 생산가능곡선이 바깥쪽으로 이동한다.

91 다음 중 실업률이 상승하는 상황을 〈보기〉에서 모두 고르면?

> **보기**
>
> 가. 취업준비생 A씨가 구직을 포기하였다.
> 나. 직장인 B씨가 은퇴 후 전업주부가 되었다.
> 다. 직장인 C씨가 2주간의 휴가를 떠났다.
> 라. 대학생 D씨가 부모님이 운영하는 식당에서 주당 18시간의 아르바이트를 시작하였다.

① 가
② 나
③ 가, 나
④ 나, 다
⑤ 다, 라

92 다음 〈보기〉에서 밑줄 친 부분을 나타내는 용어가 바르게 연결된 것은?

> **보기**
>
> 국방은 한 국가가 현존하는 적국이나 가상의 적국 또는 내부의 침략에 대응하기 위하여 강구하는 다양한 방위활동을 말하는데 이러한 국방은 ㉠ 많은 사람들이 누리더라도 다른 사람이 이용할 수 있는 몫이 줄어들지 않는다. 또한 국방비에 대해 ㉡ 가격을 지급하지 않는 사람들이 이용하지 못하게 막기가 어렵다. 따라서 국방은 정부가 담당하게 된다.

	㉠	㉡
①	공공재	외부효과
②	배제성	경합성
③	외부효과	비배재성
④	비경합성	비배재성
⑤	공공재	배재성

93 다음 중 공공부조에 대한 설명으로 옳지 않은 것은?

① 주어진 자원으로 집중적으로 급여를 제공할 수 있어 대상효율성이 높다.
② 기여 없이 가난한 사람에게 급여를 제공하기 때문에 소득재분배 효과가 크다.
③ 수급자의 근로의욕을 상승시킨다.
④ 정부가 투입하는 비용에 비해 빈곤해소의 효과가 크다.
⑤ 사회적으로 보호받아야 할 자에게 최소한의 인간다운 생활을 할 수 있도록 지원한다.

94 **초기 노동자 10명이 생산에 참여할 때 1인당 평균생산량은 30단위였다. 노동자를 한 사람 더 고용하여 생산하니 1인당 평균생산량은 28단위로 줄었다. 이 경우 노동자의 한계생산량은 얼마인가?**

① 2단위 ② 8단위
③ 10단위 ④ 28단위
⑤ 30단위

95 **다음 중 사회복지실천의 전문적 관계에 대한 설명으로 옳지 않은 것은?**

① 사회복지사와 클라이언트가 합의하여 목적을 설정한다.
② 사회복지사는 소속된 기관의 특성에 영향을 받는다.
③ 사회복지사의 이익과 욕구 충족을 위한 일방적 관계이다.
④ 사회복지사는 전문성에 바탕을 둔 권위를 가진다.
⑤ 계약에 의해 이루어지는 시간제한적인 특징을 갖는다.

96 **다음 중 국민기초생활보장제도에 대한 설명으로 옳지 않은 것은?**

① 수급자 선정 시 기준 중위소득을 활용한다.
② 소득인정액은 개별가구의 소득평가액과 재산의 소득환산액을 합산한 금액을 말한다.
③ 급여의 기준은 급여종류에 관계없이 동일한 선정기준이 적용된다.
④ 생계급여는 수급자가 희망하는 경우에 수급자를 보장시설이나 타인의 가정에 위탁하여 실시할 수 있다.
⑤ 생계급여는 금전으로 지급하는 것이 적당하지 아니하다고 인정될 때 물품으로 지급할 수 있다.

97 **다음 중 사회복지의 주요 개념에 대한 설명으로 옳지 않은 것은?**

① 보편주의(Universalism)에서 사회복지급여는 모든 국민에게 사회적 권리로 인정된다.
② 적극적 조치(Affirmative Action)는 여성, 장애인, 소수인종집단, 유색인종, 농어촌지역주민 등 사회적으로 불리한 조건에 처한 집단에 대한 입학, 고용, 승진 등에서의 평등을 실현하고자 하는 정책을 말한다.
③ 노동의 탈상품화(Decommodification of Labor)는 자본주의 이전의 사회에서 사람들이 생존을 위해 임금형태의 소득에 전적으로 의존하지 않던 상태를 말한다.
④ 임파워먼트(Empowerment)는 치료를 통해서가 아니라 클라이언트의 강점을 강조함으로써 클라이언트가 처해있는 어려움을 해결할 수 있도록 하는 사회복지실천기술이다.
⑤ 긍정적 차별(Positive Discrimination)은 평등한 권리를 누리지 못한 계층들에 대해 그동안의 불이익을 조금이나마 해소해 주는 차원에서 이들을 옹호하는 차별을 말한다.

98 **다음 중 산업재해보상보험제도에 대한 설명으로 옳지 않은 것은?**

① 근로복지공단은 보험급여를 결정하고 지급한다.
② 업무상의 재해란 업무상의 사유에 따른 근로자의 부상·질병·장해 또는 사망을 말한다.
③ 직장 내 괴롭힘, 고객의 폭언 등으로 인한 업무상 정신적 스트레스가 원인이 되어 발생한 질병은 업무상 재해로 인정되지 않는다.
④ 업무상 질병의 인정 여부를 심의하기 위하여 근로복지공단 소속 기관에 업무상질병판정위원회를 둔다.
⑤ 국민건강보험공단이 보험료를 징수한다.

99 **다음 중 에릭슨(E. Erikson)의 심리사회적 발달단계에서 긍정적 결과와 주요 관계의 연결이 옳지 않은 것은?**

① 영아기(0 ~ 2세, 신뢰감 대 불신감) : 지혜 – 어머니
② 유아기(2 ~ 4세, 자율성 대 수치심과 의심) : 의지 – 부모
③ 학령전기(4 ~ 6세, 주도성 대 죄의식) : 목적 – 가족
④ 아동기(6 ~ 12세, 근면성 대 열등감) : 능력 – 이웃, 학교
⑤ 청소년기(12 ~ 19세, 자아정체감 대 정체감 혼란) : 성실 – 또래집단

100 **다음 중 우리나라의 국민기초생활보장제도에 대한 설명으로 옳은 것은?**

① 의료급여는 국가가 진료비를 지원하는 공공부조제도로써 본인부담금이 없다.
② 희망키움통장과 내일키움통장은 자산형성 지원사업이다.
③ 중위소득은 가구 경상소득 중간값에 전년도 대비 가구소득 증가율을 곱하여 산정한다.
④ 노숙인은 의료급여 2종 수급권자의 대상에 포함된다.
⑤ 생계급여, 의료급여, 주거급여, 교육급여는 부양의무자 기준이 적용된다.

제2회
최종점검 모의고사

※ 근로복지공단 최종점검 모의고사는 채용공고와 전년도 후기를 기준으로 구성한 것으로, 실제 시험과 다를 수 있습니다.

■ 취약영역 분석

번호	O/×	영역	번호	O/×	영역	번호	O/×	영역	번호	O/×	영역
1		의사소통 능력	26		수리능력	51		자원관리 능력	76		법학
2			27			52			77		행정학
3			28			53			78		
4			29			54			79		
5			30			55			80		
6			31		문제해결 능력	56			81		
7			32			57			82		
8			33			58			83		경영학
9			34			59			84		
10			35			60			85		
11			36			61			86		
12			37			62			87		
13			38			63			88		
14			39			64			89		경제학
15			40			65			90		
16			41			66			91		
17			42			67			92		
18			43			68			93		
19			44			69			94		
20			45			70			95		사회복지학
21		수리능력	46			71		법학	96		
22			47			72			97		
23			48			73			98		
24			49			74			99		
25			50			75			100		

평가문항	100문항	평가시간	110분
시작시간	:	종료시간	:
취약영역			

모바일 OMR

제 2 회 최종점검 모의고사

응시시간 : 110분 문항 수 : 100문항

정답 및 해설 p.102

01 직업기초능력

01 다음 글의 내용으로 가장 적절한 것은?

레드와인이란 포도 과육을 압착하여 과즙을 만든 뒤, 여기에 포도 껍질과 씨를 넣고 양조통에서 일정시간 발효시켜 당분을 제거한 주류를 말한다. 이 과정에서 포도 껍질과 씨앗 등에 있던 탄닌 성분이 우러나게 되면서 레드와인은 특유의 떫고 신맛이 생긴다.
레드와인은 원재료인 포도의 품종에 따라 붉은색에서 보라색까지 색상에 차이가 생기며, 이는 특히 포도껍질과 관련이 있다. 또한 포도의 재배 환경에 따라서도 산도와 향, 와인 색상에도 차이가 생기는데, 날씨가 더울수록 산도가 약해지고 향은 진해진다.
이렇게 만들어진 레드와인은 적정량을 섭취하게 되면 항산화 성분을 얻을 수 있어 인체에 유익한 영향을 준다. 대표적인 효능으로는 레드와인의 섭취를 통해 얻은 항산화 성분의 영향으로 혈관질환의 개선, 인지기능의 향상, 호흡기관의 보호, 암 예방이 있다.
이외에도 지질 산화를 감소시키고 혈관 내벽을 두껍게 만들어 주기 때문에 고혈압과 관련된 심혈관계 질환에 도움이 되고, 세포의 노화를 감소시켜 치매와 세포 파괴 위험을 낮출 수 있다. 또한 소염 살균효과도 가지고 있어 호흡기에 환경 오염물질이 침투하지 않도록 보호하고, 폐에 악성 종양이 생기는 것도 예방한다.

① 레드와인은 포도에서 과육만을 추출하여 만든다.
② 기온이 높은 환경에서 재배한 포도로 만든 와인일수록 레드와인 특유의 신맛이 강해진다.
③ 진한 향의 레드와인을 선호할 경우 더운 지역의 포도로 제조한 것을 구매해야 한다.
④ 같은 품종의 포도로 만든 레드와인의 색상은 동일하다.
⑤ 심혈관질환이 있는 모든 환자에게 일정량의 레드와인 섭취는 유익한 영향을 준다.

02 다음 글의 핵심 내용으로 가장 적절한 것은?

BMO 금속 및 광업 관련 리서치 보고서에 따르면 최근 가격 강세를 지속해 온 알루미늄, 구리, 니켈 등 산업금속들의 4분기 중 공급부족 심화와 가격 상승세가 전망된다. 산업금속이란 산업에 필수적으로 사용되는 금속들을 말하는데, 앞서 제시한 알루미늄, 구리, 니켈뿐만 아니라 비교적 단단한 금속에 속하는 은이나 금 등도 모두 산업에 많이 사용될 수 있는 금속이므로 산업금속의 카테고리에 속한다고 할 수 있다. 이러한 산업금속은 물품을 생산하는 기계의 부품으로서 필요하기도 하고, 전자제품 등의 소재로 쓰이기도 하기 때문에 특정 분야의 산업이 활성화되면 특정 금속의 가격이 뛰거나 심각한 공급난을 겪기도 한다.

지난 4일 금융투자업계에 따르면 최근 전세계적인 경제 회복 조짐과 함께 탈 탄소 트렌드, 즉 '그린 열풍'에 따른 수요 증가로 산업금속 가격이 초강세이다. 런던금속거래소에서 발표한 자료에 따르면 올해 들어 지난달까지 알루미늄은 20.7%, 구리는 47.8%, 니켈은 15.9% 각 가격이 상승했다. 자료에서도 알 수 있듯이 구리 수요를 필두로 알루미늄, 니켈 등 전반적인 산업금속 섹터의 수요량이 증가하였다. 이는 전기자동차 산업의 확충과 관련이 있다. 전기자동차의 핵심적인 부품인 배터리를 만드는 데 구리와 니켈이 사용되기 때문이다. 이때, 배터리 소재 중 니켈의 비중을 높이면 배터리의 용량을 키울 수 있으나 배터리의 안정성이 저하된다. 기존의 전기자동차 배터리는 니켈의 사용량이 높았기 때문에 더욱 안정성 문제가 제기되어 왔다. 그래서 연구 끝에 적정량의 구리를 배합하는 것이 배터리 성능과 안정성을 모두 향상시키기 위해서 중요하다는 것을 밝혀내었다. 구리가 전기자동차 산업의 핵심 금속인 셈이다.

이처럼 전기자동차와 배터리 등 친환경 산업에 필수적인 금속들의 수요는 증가하는 반면, 세계 각국의 환경 규제 강화로 인해 금속의 생산은 오히려 감소하고 있기 때문에 산업금속에 대한 공급난과 가격 인상이 우려되고 있다.

① 전기자동차의 배터리 성능을 향상하는 기술
② 세계적인 '그린 열풍' 현상 발생의 원인
③ 필수적인 산업금속 공급난으로 인한 문제
④ 전기자동차 산업 확충에 따른 산업금속 수요의 증가
⑤ 탈 탄소 산업의 대표 주자인 전기자동차 산업

03 다음은 근로복지공단의 요양업무처리규정의 일부이다. 규정에 따른 설명으로 가장 적절한 것은?

공동 재해조사 등(제6조)

① 소속기관장은 보험료징수법 제11조에 따른 보험관계성립신고를 하지 아니한 사업장이나 법 제6조에 따른 보험관계 적용 대상 여부가 불분명한 사업장에서 재해가 발생하면 보험급여의 지급업무를 담당하는 부서의 소속 직원과 보험관계의 적용 업무를 담당하는 부서의 소속 직원이 공동으로 제4조 제1항에 따른 재해조사를 실시하게 할 수 있다.

② 소속기관장은 재해조사를 실시한 결과 근로자가 소속된 사업장의 산재보험 사업종류나 근로자의 소속 사업장의 확인이 필요하다고 판단되면 보험관계의 적용 업무를 담당하는 부서장에게 조사를 실시하게 하여야 한다.

③ 소속기관장은 제125조에 따른 특수형태근로종사자가 보험급여를 신청하거나 청구한 때에는 제126조에 따라 공단에 신고한 특수형태근로종사자에 해당하는지 여부를 확인하여야 한다. 이 경우 특수형태근로종사자로 공단에 신고 되어 있지 아니한 때에는 보험관계의 적용 업무를 담당하는 부서장에게 특수형태근로종사자 해당 여부 또는 보험관계의 적용 여부를 확인하게 하여야 한다.

최초 요양급여의 신청방법 등(제7조)

① 소속기관장은 근로자가 법 제41조에 따라 최초로 요양급여를 신청하려는 때에는 그 근로자에게 별지 제2호의 요양급여신청서에 별지 제3호의 초진소견서를 첨부하여 신청하게 하여야 한다. 이 경우 신청 대상이 되는 상병이 뇌혈관·심장질병이면 별지 제3-1호의 업무상질병 전문소견서(뇌심혈관계질병), 허리부위 및 어깨부위 근골격계질병이면 별지 제3-2호의 업무상질병 전문소견서(근골격계질병)를 첨부하게 할 수 있다.

② 소속기관장은 법 제41조 제2항에 따라 산재보험 의료기관이 근로자의 요양급여 신청을 대행하려는 때에는 근로자의 동의를 받은 서류를 제출하게 하여야 한다. 이 경우 별지 제2호의 요양급여신청서에 요양급여 신청 대행에 대한 근로자의 서명이나 날인을 받으면 근로자의 동의를 확인하는 별도의 서류를 제출하지 아니하게 할 수 있다.

③ 소속기관장은 산재보험 의료기관이 요양급여의 신청을 대행하는 때에는 요양급여의 신청을 한 날부터 5년간 요양급여의 신청에 관한 서류의 원본을 보관하게 하여야 한다.

④ 소속기관장은 산재근로자의 요양서비스의 제공에 필요하여 산재보험 의료기관을 방문하거나 산재보험 의료기관의 지정기준 유지 여부, 요양서비스 실태 등에 대한 점검을 하는 때에는 제3항에 따른 요양급여 신청 서류의 보관 여부 및 서류 내용의 사실 여부를 확인하여야 한다.

⑤ 소속기관장은 산재근로자가 별지 제2호의 서식에 따른 최초 요양급여청구서를 신청하는 경우에는 휴업급여와 함께 통합 청구할 수 있음을 안내하여야 한다.

대리인의 선임 등(제7조의2)

① 신청인은 제7조에 따른 요양급여를 신청할 때 또는 그 이후에 다음 각호의 어느 하나에 해당하는 사람을 대리인으로 선임할 수 있다.

1. 신청인의 배우자, 직계존속·비속 또는 형제자매
2. 변호사 또는 공인노무사

② 소속기관장은 신청인이 대리인을 선임하거나 해임하면 별지 제25호 서식의 대리인 선임(해임) 신고서를 제출하게 하여야 한다. 이 경우 대리인 선임(해임)의 효력은 대리인 선임(해임) 신고서가 접수된 때부터 발생한다.

③ 소속기관장은 제2항에 따라 대리인 선임(해임) 신고서를 제출받은 때에는 그 내용을 제59조에 따른 공단의 보험급여의 지급업무를 처리하는 전산시스템에 기록·관리하여야 한다.

① 부서장은 특수형태근로종사자가 보험급여를 신청한 경우, 해당 근로자가 공단에 신고한 특수형태근로종사자에 해당하는지 여부를 확인하여야 한다.
② 근로자가 최초로 요양급여를 신청하려는 때에는 반드시 요양급여신청서, 초진소견서와 별지 제3－2호의 업무상질병 전문소견서를 첨부하여야 한다.
③ 산재보험 의료기관이 요양급여의 신청을 대행하는 경우, 소속기관장은 산재보험 의료기관이 요양급여의 신청을 한 날부터 3년간 요양급여의 신청에 관한 서류의 원본을 보관하도록 하여야 한다.
④ 소속기관장은 공단의 규정에 따라 최초 요양급여청구서를 신청하는 산재근로자에게 요양급여는 휴업급여와 함께 통합 청구할 수 있다는 사항을 안내할 의무가 있다.
⑤ 신청인이 최초로 요양급여를 신청하는 경우, 자신의 형제의 자녀로 하여금 자신을 대리하여 신청하도록 할 수 있다.

04 **다음 글에 대한 내용으로 적절하지 않은 것은?**

> 2022년 기초생활보장 생계급여는 1인 기준 중위소득(194만 4,812원)의 30%인 58만 3,444원으로 국민기초생활수급자의 수급비가 현실을 반영하지 못한채 여전히 불충분한 상황에 놓여있다. 여기에 애초 신청조차 할 수 없도록 한 복지제도가 많아 역차별 논란까지 빚고 있다.
> 통계청에 따르면 전국의 만 18세 이상 34세 이하 청년들의 생활비는 월 84만 9,222원인 것으로 나타났으며, 나이가 많아질수록 생활비는 더 늘어났다.
> 하지만 생계급여 수급비 액수 자체가 물가인상률 등 현실적인 요소를 제대로 반영하지 못하고 있는데다가, 수급자들의 근로소득 공제율이 낮아 근로를 하고 싶어도 수급자 탈락을 우려해 일을 하지 않거나 일부러 적게 하는 경우도 생겨나고 있다.
> 특히 현 제도하에서의 소득하위 20%인 수급자들은 생필품조차 제대로 구입하지 못하고 있는 것으로 나타났으며, 이들은 취업시장과도 거리가 멀어져 탈수급도 요원해지는 상황이다. 여기에다 기초수급자들은 생계급여를 받는다는 이유로 긴급복지지원제도・국민내일배움카드・노인일자리사업・구직촉진수당・연금(기초・공적연금) 등 5가지 복지제도에 신청조차 할 수 없어, 기초수급비가 충분한 금액이 아니기 때문에 조그마한 일이 생겨도 위기상황에 처하는 등 위험에 노출돼 있어 극단적 선택을 하는 경우가 많아지고 있다.

① 복지혜택이 가장 시급한 이들이 일부 복지제도에서 제외되고 있다.
② 수급자들이 근로를 할 경우 오히려 근로 이전보다 생계가 어려워질 수도 있다.
③ 근로소득 공제율을 높이면 탈수급을 촉진할 수 있다.
④ 현 생계급여 수급비로는 생계 유지가 곤란한 상황이다.
⑤ 수급자들의 취업 기회를 높이기 위해 국민내일배움카드, 구직촉진수당의 지급이 이루어져야 한다.

05 다음 글의 내용으로 가장 적절한 것은?

> 예술과 도덕의 관계, 더 구체적으로는 예술작품의 미적 가치와 도덕적 가치의 관계는 동서양을 막론하고 사상사의 중요한 주제들 중 하나이다. 그 관계에 대한 입장들로는 '극단적 도덕주의', '온건한 도덕주의', '자율성주의'가 있다. 이 입장들은 예술작품이 도덕적 가치판단의 대상이 될 수 있느냐는 물음에 각기 다른 대답을 한다.
> 극단적 도덕주의 입장은 모든 예술작품을 도덕적 가치판단의 대상으로 본다. 이 입장은 도덕적 가치를 가장 우선적인 가치이자 가장 포괄적인 가치로 본다. 따라서 모든 예술작품은 도덕적 가치에 의해서 긍정적으로 또는 부정적으로 평가된다. 또한 도덕적 가치는 미적 가치를 비롯한 다른 가치들보다 우선한다. 이러한 입장을 대표하는 사람이 바로 톨스토이이다. 그는 인간의 형제애에 관한 정서를 전달함으로써 인류의 심정적 통합을 이루는 것이 예술의 핵심적 가치라고 보았다.
> 온건한 도덕주의는 오직 일부 예술작품만이 도덕적 판단의 대상이 된다고 보는 입장이다. 따라서 일부의 예술작품들에 대해서만 긍정적인 또는 부정적인 도덕적 가치판단이 가능하다고 본다. 이 입장에 따르면, 도덕적 판단의 대상이 되는 예술작품의 도덕적 가치와 미적 가치는 서로 독립적으로 성립하는 것이 아니다. 그것들은 서로 내적으로 연결되어 있기 때문에 어떤 예술작품이 가지는 도덕적 장점이 그 예술작품의 미적 강점이 된다. 또한 어떤 예술작품의 도덕적 결함은 그 예술작품의 미적 결함이 된다.
> 자율성주의는 어떠한 예술작품도 도덕적 가치판단의 대상이 될 수 없다고 보는 입장이다. 이 입장에 따르면, 도덕적 가치와 미적 가치는 서로 자율성을 유지한다. 즉, 도덕적 가치와 미적 가치는 각각 독립적인 영역에서 구현되고 서로 다른 기준에 의해 평가된다는 것이다. 결국 자율성주의는 예술작품에 대한 도덕적 가치판단을 범주착오에 해당하는 것으로 본다.

① 톨스토이는 극단적 도덕주의를 비판하면서 예술작품은 인류의 심정적 통합 정도에만 기여해야 한다고 주장했다.

② 온건한 도덕주의에서는 미적 가치와 도덕적 가치의 독립적인 지위를 인정해야 한다고 본다.

③ 자율성주의는 도덕적 가치판단은 작품을 감상하는 각자에게 맡겨야 한다고 주장한다.

④ 온건한 도덕주의에서 도덕적 판단의 대상이 되는 예술작품은 극단적 도덕주의에서도 도덕적 판단의 대상이 된다.

⑤ 자율성주의는 예술작품의 미적 가치를 도덕적 가치보다 우월한 것으로 본다.

06 다음 글의 제목으로 가장 적절한 것은?

> 사회보장제도는 사회구성원에게 생활의 위험이 발생했을 때 사회적으로 보호하는 대응체계를 가리키는 포괄적 용어로 크게 사회보험, 공공부조, 사회서비스가 있다. 예를 들면 실직자들이 구직활동을 포기하고 다시 노숙자가 되지 않도록 지원하는 것 등이 있다.
> 사회보험은 보험의 기전을 이용하여 일반주민들을 질병, 상해, 폐질, 실업, 분만 등으로 인한 생활의 위협으로부터 보호하기 위하여 국가가 법에 의하여 보험가입을 의무화하는 제도로 개인적 필요에 따라 가입하는 민간보험과 차이가 있다.
> 공공부조는 극빈자, 불구자, 실업자 또는 저소득계층과 같이 스스로 생계를 영위할 수 없는 계층의 생활을 그들이 자립할 수 있을 때까지 국가가 재정기금으로 보호하여 주는 일종의 구빈제도이다.
> 사회서비스는 복지사회를 건설할 목적으로 법률이 정하는 바에 의하여 특정인에게 사회보장 급여를 국가 재정부담으로 실시하는 제도로 군경, 전상자, 배우자 사후, 고아, 지적 장애아 등과 같은 특별한 사유가 있는 자나 노령자 등이 해당된다.

① 사회보험제도와 민간보험제도의 차이
② 사회보장제도의 의의
③ 우리나라의 사회보장제도
④ 사회보장제도의 대상자
⑤ 사회보장제도와 소득보장의 차이점

PART 3

07 다음 글에 나타난 글쓴이의 주장으로 가장 적절한 것은?

> 동물들의 행동을 잘 살펴보면 동물들도 우리가 사용하는 말 못지않은 의사소통 수단을 가지고 있는 듯이 보인다. 즉, 동물들도 여러 가지 소리를 내거나 몸짓을 함으로써 자신들의 감정과 기분을 나타낼 뿐 아니라 경우에 따라서는 인간과 다를 바 없이 의사를 교환하고 있는 듯하다. 그러나 그것은 단지 겉모습의 유사성에 지나지 않을 뿐이고 사람의 말과 동물의 소리에는 아주 근본적인 차이가 존재한다는 점을 잊어서는 안 된다. 동물들이 사용하는 소리는 단지 배고픔이나 고통 같은 생물학적인 조건에 대한 반응이거나, 두려움이나 분노 같은 본능적인 감정들을 표현하기 위한 것에 지나지 않는다.

① 모든 동물이 다 말을 하는 것은 아니지만, 원숭이와 같이 지능이 높은 동물은 말을 할 수 있다.
② 동물들은 인간이 알아듣지 못하는 방식으로 대화할 뿐 서로 대화를 나누고 정보를 교환하며 인간과 같이 의사소통을 한다.
③ 사육사의 지속적인 훈련을 받는다면 동물들은 인간의 소리를 똑같은 목소리로 정확하게 따라할 수 있다.
④ 동물들이 내는 소리가 때때로 의사소통의 수단으로 이용된다고 해서 그것을 대화나 토론이나 회의와 같은 언어활동이라고 할 수는 없다.
⑤ 자라면서 언어를 익히는 인간과 달리 동물들은 태어날 때부터 소리를 내고, 이를 통해 자신들의 의사를 표현한다.

※ 다음 문단을 논리적 순서대로 바르게 나열한 것을 고르시오. [8~9]

08

(가) 흡연자와 비흡연자 사이의 후두암, 폐암 등의 질병별 발생위험도에 대해서 K건강보험공단은 유의미한 연구결과를 내놓기도 했는데, 연구결과에 따르면 흡연자는 비흡연자에 비해서 후두암 발생률이 6.5배, 폐암 발생률이 4.6배 등 각종 암에 걸릴 확률이 높은 것으로 나타났다.

(나) K건강보험공단은 이에 대해 담배회사가 절차적 문제로 방어막을 치고 있는 것에 지나지 않는다 하여 비판을 제기하고 있다. 아직 소송이 갓 시작된 만큼 담배회사와 K건강보험공단 간의 '담배 소송'의 결과를 보려면 오랜 시간을 기다려야 할 것이다.

(다) 이와 같은 담배의 유해성 때문에 K건강보험공단은 현재 담배회사와 소송을 진행하고 있는데, 당해 소송에서는 담배의 유해성에 관한 인과관계 입증 이전에 다른 문제가 부상하였다. K건강보험공단이 소송당사자가 될 수 있는지가 문제가 된 것이다.

(라) 담배는 임진왜란 때 일본으로부터 호박, 고구마 등과 함께 들어온 것으로 알려져 있다. 그러나 선조들이 알고 있던 것과는 달리, 담배는 약초가 아니다. 담배의 유해성은 우선 담뱃갑이 스스로를 경고하는 경고 문구에 나타나 있다. 담뱃갑에는 '흡연은 폐암 등 각종 질병의 원인'이라는 문구를 시작으로, '담배 연기에는 발암성 물질인 나프틸아민, 벤젠, 비닐 크롤라이드, 비소, 카드뮴이 들어 있다.'라고 적시하고 있다.

① (가) – (다) – (라) – (나)
② (라) – (가) – (다) – (나)
③ (가) – (라) – (다) – (나)
④ (라) – (다) – (가) – (나)
⑤ (가) – (라) – (나) – (다)

09

(가) 정해진 극본대로 연기를 하는 연극의 서사는 논리적이고 합리적이다. 그러나 연극 밖의 현실은 비합리적이고, 그 비합리성을 개인의 합리에 맞게 해석한다. 연극 밖에서도 각자의 합리성에 맞춰 연극을 하고 있는 것이다.

(나) 사전적 의미로 불합리한 것, 이치에 맞지 않는 것을 의미하는 부조리는 실존주의 철학에서는 현실에서는 전혀 삶의 의미를 발견할 가능성이 없는 절망적인 한계상황을 나타내는 용어이다.

(다) 이것이 비합리적인 세계에 대한 자신의 합목적적인 희망이라는 사실을 깨달았을 때, 삶은 허망해지고 인간은 부조리를 느끼게 된다.

(라) 부조리라는 개념을 처음 도입한 대표적인 철학자인 알베르 카뮈는 연극에 비유하여 부조리에 대해 설명한다.

① (나) – (다) – (가) – (라)
② (나) – (가) – (다) – (라)
③ (나) – (라) – (가) – (다)
④ (가) – (라) – (나) – (다)
⑤ (가) – (다) – (나) – (라)

10 **다음 글을 읽고 이어질 문단을 논리적 순서대로 바르게 나열한 것은?**

선택적 함묵증(Selective Mutism)은 정상적인 언어발달 과정을 거쳐서 어떤 상황에서는 말을 하면서도 말을 해야 하는 특정한 사회적 상황에서는 말을 지속적으로 하지 않거나 다른 사람의 말에 언어적으로 반응하지 않는 것을 말하며, 이렇게 말을 하지 않는 증상이 1개월 이상 지속되고 교육적, 사회적 의사소통을 저해하는 요소로 작용할 때 선택적 함묵증으로 진단할 수 있으며, 이를 불안장애로 분류하고 있다.

(가) 이러한 불안을 잠재우기 위해서는 발생 원인에 따라서 적절한 심리치료 방법을 선택해 치료과정을 관찰하면서 복합적인 치료 방법을 혼용하여야 한다.

(나) 아동은 굳이 말을 사용하지 않고서도 자신의 생각을 자연스럽게 표현하는 긍정적인 경험을 갖게 되어 이는 부정적 정서로 인한 긴장과 위축을 이완시킬 수 있다.

(다) 그 중 하나인 미술치료는 아동의 저항을 줄이고, 언어의 한계성을 벗어나며, 육체적 활동을 통해 창조성을 생활화하고 미술표현이 사고와 감정을 객관화한다고 볼 수 있다.

(라) 불안장애의 한 유형인 선택적 함묵증은 불안이 표면화되어 행동으로 나타나는 경우라고 볼 수 있으며, 대체로 심한 부끄러움, 사회적 상황에 대한 두려움, 사회적 위축, 강박적 특성, 거절증, 반항 등의 행동으로 표출된다.

① (가) – (다) – (라) – (나)
② (가) – (라) – (나) – (다)
③ (가) – (라) – (다) – (나)
④ (라) – (가) – (나) – (다)
⑤ (라) – (가) – (다) – (나)

11 **다음 글의 주장에 대한 비판으로 적절하지 않은 것은?**

> 동물실험이란 교육, 시험, 연구 및 생물학적 제제의 생산 등 과학적 목적을 위해 동물을 대상으로 실시하는 실험 또는 그 과학적 절차를 말한다. 전 세계적으로 매년 약 6억 마리의 동물들이 실험에 이용되고 있다고 추정되며, 대부분의 동물들은 실험이 끝난 뒤 안락사를 당한다.
> 동물실험은 대개 인체실험의 전 단계로 이루어지는데, 검증되지 않은 물질을 바로 사람에게 주입하여 발생하는 위험을 줄일 수 있다는 점에서 필수적인 실험이라고 말할 수 있다. 물론 살아있는 생물을 대상으로 하는 실험이기 때문에 대체(Replacement), 감소(Reduction), 개선(Refinement)으로 요약되는 3R 원칙에 입각하여 실험하는 것이 당연하다. 굳이 다른 방법이 있다면 그 방법을 채택할 것이며, 희생이 되는 동물의 수를 최대한 줄이고, 필수적인 실험 조건 외에는 자극을 주지 않아야 한다.
> 하지만 그럼에도 보다 안전한 결과를 도출해내기 위한 동물실험은 필요악이며, 이러한 필수적인 의약실험조차 금지하려 한다는 것은 기술 발전 속도를 늦춰 약이 필요한 누군가의 고통을 감수하자는 이기적인 주장과 같다고 할 수 있다.

① 3R 원칙과 같은 윤리적 강령이 법적인 통제력을 지니지 않은 이상 실제로 얼마나 엄격하게 지켜질 것인지는 알 수 없다.

② 화장품 업체들의 동물실험과 같은 사례를 보아, 생명과 큰 연관이 없는 실험은 필요악이라고 주장할 수 없다.

③ 아무리 엄격하게 통제된 실험이라고 해도 동물 입장에서 바라본 실험이 비윤리적이며 생명체의 존엄성을 훼손하는 행위라는 사실을 벗어날 수는 없다.

④ 과거와 달리 현대에서는 인공 조직을 배양하여 실험의 대상으로 삼을 수 있으므로 동물실험 자체를 대체하는 것이 가능하다.

⑤ 동물실험에서 안전성을 검증받은 이후 인체에 피해를 준 약물의 사례가 존재한다.

12 다음 글에 나타난 '라이헨바흐의 논증'을 평가 · 비판한 내용으로 적절하지 않은 것은?

귀납은 현대 논리학에서 연역이 아닌 모든 추론, 즉 전제가 결론을 개연적으로 뒷받침하는 모든 추론을 가리킨다. 귀납은 기존의 정보나 관찰 증거 등을 근거로 새로운 사실을 추가하는 지식 확장적 특성을 지닌다. 이 특성으로 인해 귀납은 근대 과학 발전의 방법적 토대가 되었지만, 한편으로 귀납 자체의 논리적 한계를 지적하는 문제들에 부딪히기도 한다.
먼저 흄은 과거의 경험을 근거로 미래를 예측하는 귀납이 정당한 추론이 되려면 미래의 세계가 과거에 우리가 경험해 온 세계와 동일하다는 자연의 일양성(一樣性), 곧 한결같음이 가정되어야 한다고 보았다. 그런데 자연의 일양성은 선험적으로 알 수 있는 것이 아니라 경험에 기대어야 알 수 있는 것이다. 즉, "귀납이 정당한 추론이다."라는 주장은 "자연은 일양적이다."라는 다른 지식을 전제로 하는데, 그 지식은 다시 귀납에 의해 정당화되어야 하는 경험적 지식이므로 귀납의 정당화는 순환 논리에 빠져 버린다는 것이다. 이것이 귀납의 정당화 문제이다.
귀납의 정당화 문제로부터 과학의 방법인 귀납을 옹호하기 위해 라이헨바흐는 이 문제에 대해 현실적 구제책을 제시한다. 라이헨바흐는 자연이 일양적일 수도 있고 그렇지 않을 수도 있음을 전제한다. 먼저 자연이 일양적일 경우, 그는 지금까지의 우리의 경험에 따라 귀납이 점성술이나 예언 등의 다른 방법보다 성공적인 방법이라고 판단한다. 자연이 일양적이지 않다면, 어떤 방법도 체계적으로 미래 예측에 계속해서 성공할 수 없다는 논리적 판단을 통해 귀납은 최소한 다른 방법보다 나쁘지 않은 추론이라고 확언한다. 결국 자연이 일양적인지 그렇지 않은지 알 수 없는 상황에서는 귀납을 사용하는 것이 옳은 선택이라는 라이헨바흐의 논증은 귀납의 정당화 문제를 현실적 차원에서 해소하려는 시도로 볼 수 있다.

① 귀납이 지닌 논리적 허점을 완전히 극복한 것은 아니라는 비판의 여지가 있다.
② 귀납을 과학의 방법으로 사용할 수 있음을 지지하려는 목적에서 시도하였다는 데 의미가 있다.
③ 귀납과 다른 방법을 비교하기 위해 경험적 판단과 논리적 판단을 모두 활용한 것이 특징이다.
④ 귀납과 견주어 미래 예측에 더 성공적인 방법이 없다는 판단을 근거로 귀납의 가치를 보여 주고 있다.
⑤ 귀납이 현실적으로 옳은 추론 방법임을 밝히기 위해 자연의 일양성이 선험적 지식임을 증명한 데 의의가 있다.

※ 다음 글의 빈칸에 들어갈 내용으로 가장 적절한 것을 고르시오. [13~15]

13

태양은 지구의 생명체가 살아가는 데 필요한 빛과 열을 공급해 준다. 태양은 어떻게 이런 막대한 에너지를 계속 내놓을 수 있을까?

16세기 이전까지는 태양을 포함한 별들이 지구상의 물질을 이루는 네 가지 원소와 다른, 불변의 '제5원소'로 이루어졌다고 생각했다. 하지만 밝기가 변하는 신성(新星)이 별 가운데 하나라는 사실이 알려지면서 별이 불변이라는 통념은 무너지게 되었다. 또한, 태양의 흑점 활동이 관측되면서 태양 역시 불덩어리일지도 모른다고 생각하기 시작했다. 그 후 섭씨 5,500℃로 가열된 물체에서 노랗게 보이는 빛이 나오는 것을 알게 되면서 유사한 빛을 내는 태양의 온도도 비슷할 것이라고 추측하게 되었다.

19세기에는 에너지 보존 법칙이 확립되면서 새로운 에너지 공급이 없다면 태양의 온도가 점차 낮아져야 한다는 결론을 내렸다. 그렇다면 과거에는 태양의 온도가 훨씬 높았어야 했고, 지구의 바다가 펄펄 끓어야 했을 것이다. 하지만 실제로는 그렇지 않았고, 사람들은 태양의 온도를 일정하게 유지해 주는 에너지원이 무엇인지에 대해 생각하게 되었다.

20세기 초 방사능이 발견되면서 방사능 물질의 붕괴에서 나오는 핵분열 에너지를 태양의 에너지원으로 생각하였다. 그러나 태양빛의 스펙트럼을 분석한 결과 태양에는 우라늄 등의 방사능 물질 대신 수소와 헬륨이 있다는 것을 알게 되었다. 즉, 방사능 물질의 붕괴에서 나오는 핵분열 에너지가 태양의 에너지원이 아니었던 것이다.

현재 태양의 에너지원은 수소 원자핵 네 개가 헬륨 원자핵 하나로 융합하는 과정의 질량 결손으로 인해 생기는 핵융합 에너지로 알려져 있다. 태양은 엄청난 양의 수소 기체가 중력에 의해 뭉쳐진 것으로, 그 중심으로 갈수록 밀도와 압력, 온도가 증가한다. 태양에서의 핵융합은 천만℃ 이상의 온도를 유지하는 중심부에서만 일어난다. 높은 온도에서만 원자핵들은 높은 운동 에너지를 가지게 되며, 그 결과로 원자핵들 사이의 반발력을 극복하고 융합되기에 충분히 가까운 거리로 근접할 수 있기 때문이다. 태양빛이 핵융합을 통해 나온다는 사실은 태양으로부터 온 중성미자가 관측됨으로써 더 확실해졌다.

중심부의 온도가 올라가 핵융합 에너지가 늘어나면 그 에너지로 인한 압력으로 수소를 밖으로 밀어내어 중심부의 밀도와 온도를 낮추게 된다. 이렇게 온도가 낮아지면 방출되는 핵융합 에너지가 줄어들며, 그 결과 압력이 낮아져서 수소가 중심부로 들어오게 되어 중심부의 밀도와 온도를 다시 높인다. 이렇듯 태양 내부에서 중력과 핵융합 반응의 평형 상태가 유지되기 때문에 ______________________ 태양은 이미 50억 년간 빛을 냈고, 앞으로도 50억 년 이상 더 빛날 것이다.

① 태양의 핵융합 에너지가 폭발적으로 증가할 수 있게 된다.
② 태양 외부의 밝기가 내부 상태에 따라 변할 수 있게 된다.
③ 태양이 오랫동안 안정적으로 빛을 낼 수 있게 된다.
④ 태양이 일정한 크기를 유지할 수 있었다.
⑤ 과거와 달리 태양이 일정한 온도를 유지할 수 있게 된다.

14

동물들은 홍채에 있는 근육의 수축과 이완을 통해 눈동자를 크게 혹은 작게 만들어 눈으로 들어오는 빛의 양을 조절하므로 눈동자 모양이 원형인 것이 가장 무난하다. 그런데 고양이와 늑대와 같은 육식동물은 세로로, 양이나 염소와 같은 초식동물은 가로로 눈동자 모양이 길쭉하다. 특별한 이유가 있는 것일까?
육상동물 중 모든 육식동물의 눈동자가 세로로 길쭉한 것은 아니다. 주로 매복형 육식동물의 눈동자가 세로로 길쭉하다. 이는 숨어서 기습을 하는 사냥 방식과 밀접한 관련이 있는데, 세로로 길쭉한 눈동자가 ______________________________
일반적으로 매복형 육식동물은 양쪽 눈으로 초점을 맞춰 대상을 보는 양안시로, 각 눈으로부터 얻는 영상의 차이인 양안시차를 하나의 입체 영상으로 재구성하면서 물체와의 거리를 파악한다. 그런데 이러한 양안시차뿐만 아니라 거리지각에 대한 정보를 주는 요소로 심도 역시 중요하다. 심도란 초점이 맞는 공간의 범위를 말하며, 심도는 눈동자의 크기에 따라 결정된다. 즉 눈동자의 크기가 커져 빛이 많이 들어오게 되면, 커지기 전보다 초점이 맞는 범위가 좁아진다. 이렇게 초점의 범위가 좁아진 경우를 '심도가 얕다.'고 하며, 반대인 경우를 '심도가 깊다.'고 한다.

① 사냥감의 주변 동태를 정확히 파악하는 데 효과적이기 때문이다.
② 사냥감의 움직임을 정확히 파악하는 데 효과적이기 때문이다.
③ 사냥감의 위치를 정확히 파악하는 데 효과적이기 때문이다.
④ 사냥감과의 거리를 정확히 파악하는 데 효과적이기 때문이다.
⑤ 사냥감과의 경로를 정확히 파악하는 데 효과적이기 때문이다.

15

> 한 존재가 가질 수 있는 욕망과 그 존재가 가졌다고 할 수 있는 권리 사이에는 모종의 개념적 관계가 있다. 권리는 침해될 수 있는 것이며, 어떤 것에 대한 개인의 권리를 침해하는 것은 그것과 관련된 욕망을 좌절시키는 것이다. 예를 들어 당신이 차를 가지고 있다고 가정해 보자. 그럴 때 나는 우선 그것을 당신으로부터 빼앗지 말아야 한다는 의무를 가진다. 그러나 그 의무는 무조건적인 것이 아니다. 이는 부분적으로 당신이 그것과 관련된 욕망을 가지고 있는지 여부에 달려 있다. 만약 당신이 차를 빼앗기든지 말든지 관여치 않는다면, 내가 당신의 차를 빼앗는다고 해서 당신의 권리를 침해하는 것은 아닐 수 있다.
>
> 물론 권리와 욕망 간의 관계를 정확히 설명하는 것은 어렵다. 이는 졸고 있는 경우나 일시적으로 의식을 잃는 경우와 같은 특수한 상황 때문인데, 그러한 상황에서도 졸고 있는 사람이나 의식을 잃은 사람에게 권리가 없다고 말하는 것은 옳지 않을 것이다. 그러나 이와 같이 권리의 소유가 실제적인 욕망 자체와 연결되지는 않는다고 하더라도, 권리를 소유하려면 어떤 방식으로든 관련된 욕망을 가지는 능력이 있어야 한다. 어떤 권리를 소유할 수 있으려면 최소한 그 권리와 관련된 욕망을 가질 수 있어야 한다는 것이다.
>
> 이러한 관점을 '생명에 대한 권리'라는 경우에 적용해 보자. 생명에 대한 권리는 개별적인 존재의 생존을 지속시킬 권리이고, 이를 소유하는 데 관련되는 욕망은 개별존재로서 생존을 지속시키고자 하는 욕망이다.
>
> 따라서 자신을 일정한 시기에 걸쳐 존재하는 개별존재로서 파악할 수 있는 존재만이 생명에 대한 권리를 가질 수 있다. 왜냐하면 ______________________________

① 생명에 대한 권리를 가질 수 있는 존재만이 개별존재로서 생존을 지속시키고자 하는 욕망을 가질 수 있기 때문이다.

② 자신을 일정한 시기에 걸쳐 존재하는 개별존재로서 파악할 수 있는 존재는 다른 존재자의 생명을 빼앗지 말아야한다는 의무를 지니기 때문이다.

③ 자신을 일정한 시기에 걸쳐 존재하는 개별존재로서 파악할 수 있는 존재만이 개별존재로서 생존을 지속시키고자 하는 욕망을 가질 수 있기 때문이다.

④ 개별존재로서 생존을 지속시키고자 하는 욕망을 가질 수 있는 존재만이 자신을 일정한 시기에 걸쳐 존재하는 개별존재로서 파악할 수 있기 때문이다.

⑤ 자신을 일정한 시기에 걸쳐 존재하는 개별존재로서 파악할 수 있는 존재는 어떤 실제적인 욕망을 가지지 않는다고 하여도 욕망을 가질 수 있는 능력이 있다고 파악되기 때문이다.

16 다음 기사를 읽고 난 후의 감상으로 적절하지 않은 것은?

> 고등학교 환경 관련 교과서 대부분이 특정 주장을 검증 없이 게재하는 등 많은 오류가 존재한다는 보수 환경·시민단체의 지적이 제기됐다. 사단법인 환경정보평가원과 바른 사회시민행동은 지난 5월부터 6개월간 고등학교 환경 관련 교과서 23종을 분석한 결과 총 1,175개의 오류를 발견했다고 밝혔다. 이들 단체에 따르면 교과서 23종 모두 편향적 내용을 검증 없이 인용하거나 부실한 통계를 일반화하는 등의 문제점을 보였으며 환경과 녹색성장 교과서 5종에서만 오류 897건이 확인됐다. 우선 교과서 13종이 서울, 부산 등 6대 대도시의 온도 상승 평균값만을 보고 한반도의 기온 상승이 세계 평균보다 2배 높다고 과장해 기술한 것으로 나타났다. 도시화의 영향을 받지 않은 추풍령은 100년간 기온이 0.79℃ 상승했지만 이런 사실을 언급한 교과서는 1종에 불과했다. 방조제를 허물고 간척한 농경지를 갯벌로 만든 역간척 사례는 우리나라에서 찾을 수 없지만, 교과서 7종이 일부 환경단체의 주장만을 인용해 역간척을 사실인 것처럼 서술하고 있다고 이들 단체는 주장했다. 우리나라 전력 생산의 상당 부분을 차지하는 원자력 발전의 경우 단점만을 자세히 기술하고, 경제성과 효율성이 낮은 신재생에너지는 장점만 언급한 교과서도 있었다고 덧붙였다.
> 환경정보평가원의 최○○ 사무처장은 "환경 관련 교과서 대부분이 표면적으로 드러나는 사실을 검증하지 않고 그대로 싣는 문제점을 보였다."며 "고등학생들이 보는 교과서인 만큼 객관적 사실에 기반을 둬 균형 있는 내용을 실어야 한다."고 주장했다.

① 갑 : 교과서의 잘못된 내용을 바로잡는 일은 계속 이어져야 합니다.

② 을 : 교과서를 집필할 때 객관성 유지의 원칙을 지키지 못하면, 일부 자료를 확대하여 해석함으로써 사실을 왜곡할 수 있습니다.

③ 병 : 중·고교생들이 쓰는 교과서 전체를 검토해 사실이 아닌 것을 모두 솎아내는 일이 시급합니다.

④ 정 : 일부 환경 관련 교과서에 실린 원전 폐쇄 찬반문제에 대해 대부분의 환경 보호 단체들은 찬성하지만, 원전 폐쇄는 또 다른 사회적 혼란을 일으킬 수 있습니다.

⑤ 무 : 대부분 표면적으로 드러나는 사실을 검증하지 않고, 그대로 사용해 잘못된 정보를 전달하는 경우가 있습니다.

PART 3

17 **다음 글의 뒤에 이어질 내용으로 가장 적절한 것은?**

> 키는 유전적인 요소가 크다. 그러나 이러한 한계를 극복할 수 있는 강력한 수단이 있다. 바로 영양이다. 키 작은 유전자를 갖고 태어나도 잘 먹으면 키가 커질 수 있다는 것이다. 핵심은 단백질과 칼슘이다. 가장 손쉽게 이를 섭취할 수 있는 것은 우유다. 가격도 생수보다 저렴하다. 물론 우유의 효과에 대해 부정적 견해도 존재한다. 아토피 피부염과 빈혈·골다공증 등 각종 질병이 생길 수 있다는 주장이다. 그러나 이는 일부 학계의 의견이 침소봉대(針小棒大)되었다고 본다. 당뇨가 생기니 밥을 먹지 말고, 바다가 오염됐다고 생선을 먹지 않을 순 없지 않은가.

① 키와 건강을 위한 우유 섭취의 권장
② 아이들의 건강을 위한 우유 섭취 금지
③ 아이들의 건강 상태를 위한 각종 우유식품 개발
④ 키의 유전적 요소를 극복하기 위한 방법
⑤ 우유 가격 인상으로 인한 대체 식품

※ 다음 글에서 밑줄 친 ㉠~㉤의 수정 방안으로 적절하지 않은 것을 고르시오. [18~20]

18

> 미세조류는 광합성을 하는 수중 단세포 생물로 '식물성 플랑크톤'으로도 불린다. 미세조류를 높은 밀도로 배양하여 처리하면 기름, 즉 바이오디젤을 얻을 수 있다. 최근 국내에서 미세조류에 관한 연구가 ㉠ <u>급속히 빠르게 늘고 있다</u>. 미세조류는 성장 과정에서 많은 양의 이산화탄소를 소비하는 환경친화적인 특성을 지닌다. ㉡ <u>그러므로</u> 미세조류로 만든 바이오디젤은 연소 시 석유에 비해 공해물질을 ㉢ <u>적게</u> 배출하는 환경친화적인 특성이 있다. 또 미세조류는 옥수수, 콩, 사탕수수 등 다른 바이오디젤의 원료와 달리 식용 작물이 아니어서 식량 자원을 에너지원으로 쓴다는 비판에서 벗어날 수 있다. 다만 아직까지는 미세조류로 만든 바이오디젤이 석유에 비해 ㉣ <u>두 배 가량</u> 비싸다는 문제가 남아 있다. 향후 이 문제가 극복되면 미세조류를 대체 에너지원으로 ㉤ <u>쓰일</u> 수 있을 것이다.

① ㉠ : 의미가 중복되므로 '빠르게'를 삭제한다.
② ㉡ : 앞 문장과의 관계를 고려하여 '그리고'로 고친다.
③ ㉢ : 문맥의 흐름을 고려하여 '작게'로 고친다.
④ ㉣ : 띄어쓰기가 올바르지 않으므로 '두 배가량'으로 고친다.
⑤ ㉤ : 목적어와 서술어의 호응 관계를 고려하여 '쓸'로 고친다.

19

> 일반적으로 감기는 겨울에 걸린다고 생각하지만 의외로 여름에도 감기에 걸린다. 여름에는 찬 음식을 많이 먹거나 냉방기를 과도하게 사용하는 경우가 많은데, 그렇게 되면 체온이 떨어져 면역력이 약해지기 때문이다. ㉠ 감기를 순 우리말로 고뿔이라 한다.
> 여름철 감기를 예방하기 위해서는 찬 음식은 적당히 먹어야 하고 냉방기에 장시간 ㉡ 노출되어지는 것을 피해야 한다. ㉢ 또한 충분한 휴식을 취하고, 집에 돌아온 후에는 손발을 꼭 씻어야 한다. 만약 감기에 걸렸다면 탈수로 인한 탈진을 방지하기 위해 수분을 충분히 섭취해야 한다. 특히 감기로 인해 ㉣ 열이나 기침을 할 때에는 따뜻한 물을 여러 번에 나누어 조금씩 ㉤ 소량으로 먹는 것이 좋다.

① ㉠ : 글의 통일성을 해치므로 삭제한다.
② ㉡ : 피동 표현이 중복되므로 '노출되는'으로 바꾼다.
③ ㉢ : 문맥의 자연스러운 흐름을 위해 '그러므로'로 바꾼다.
④ ㉣ : 호응 관계를 고려하여 '열이 나거나 기침을 할 때'로 수정한다.
⑤ ㉤ : 의미가 중복되므로 삭제한다.

PART 3

20

> 수험생이 실제로 하고 있는 건강 관리는 전문가들이 추천하는 건강 관리 활동과 차이가 있다. 수험생들은 건강이 나빠지면 가장 먼저 보양 음식을 챙겨 먹는 것으로 ㉠ 건강을 되찾으려고 한다. ㉡ 수면 시간을 늘리는 것으로 건강 관리를 시도한다. 이러한 시도는 신체에 적신호가 켜졌을 때 컨디션 관리를 통해 그것을 해결하려고 하는 자연스러운 활동으로 볼 수 있다. ㉢ 그래서 수험생은 다른 사람들보다 학업에 대한 부담감과 미래에 대한 불안감, 시험에서 오는 스트레스가 높다는 점을 생각해본다면 신체적 건강과 정신적 건강의 연결 고리에 대해 생각해봐야 한다. 실제로 ㉣ 전문가들이 수험생 건강 관리를 위한 조언을 보면 정신적 스트레스를 다스리는 것이 중요하다는 점을 알 수 있다. 수험생의 건강에 가장 악영향을 끼치는 것은 자신감과 긍정적인 생각의 부족이다. 시험에 떨어지거나 낮은 성적을 받는 것에 대한 심리적 압박감이 건강을 크게 위협한다는 것이다. ㉤ 성적에 대한 부담감은 누구에게나 있지만 성적을 통해서 인생이 좌우되는 것은 아니다. 전문가들은 수험생에게 명상을 하면서 마음을 진정하는 것과, 취미 활동을 통해 긴장을 완화하는 것이 스트레스의 해소에 도움이 된다고 조언한다.

① ㉠ : 의미를 분명히 하기 위해 '건강을 찾으려고 한다'로 수정한다.
② ㉡ : 자연스러운 연결을 위해 '또한'을 앞에 넣는다.
③ ㉢ : 앞뒤 내용이 전환되므로 '하지만'으로 바꾼다.
④ ㉣ : 호응 관계를 고려하여 '전문가들의 수험생 건강 관리를 위한 조언'으로 수정한다.
⑤ ㉤ : 글의 전개상 불필요한 내용이므로 삭제한다.

21 K생명 보험설계사 직원인 태경이와 건희의 8월 실적 건수 합계는 27건이었다. 9월에 태경이와 건희의 실적 건수가 8월 대비 각각 20% 증가, 25% 감소하였고 9월의 실적 건수 합 또한 27건일 때, 태경이의 9월 실적 건수는?

① 11건 ② 13건
③ 14건 ④ 18건
⑤ 20건

22 용산에서 출발하여 춘천에 도착하는 ITX-청춘열차가 있다. 이 열차가 용산에서 청량리로 가는 길에는 240m 길이의 다리가, 가평에서 춘천으로 가는 길에는 840m 길이의 터널이 있다. 열차가 다리와 터널을 완전히 통과하는 데 각각 16초, 40초가 걸렸다. 이때 열차의 길이는 몇 m인가?(단, 열차의 속력은 일정하다)

① 140m ② 150m
③ 160m ④ 170m
⑤ 180m

23 서울에 사는 K씨는 휴가를 맞아 가족들과 자동차를 타고 휴가를 떠났다. 휴가지에 갈 때는 시속 80km로 운전하고, 휴가지에서 집으로 돌아올 때는 시속 120km로 운전했다. 갈 때와 돌아올 때의 시간차이가 1시간 20분이라고 할 때, K씨의 집과 휴가지 사이의 거리는?

① 300km ② 320km
③ 340km ④ 360km
⑤ 380km

24 미주는 집에서 백화점에 가기 위해 시속 8km의 속력으로 집에서 출발했다. 미주가 집에서 출발한 지 12분 후에 지갑을 두고 간 것을 발견한 동생이 시속 20km의 속력으로 미주를 만나러 출발했다. 미주와 동생은 몇 분 후에 만나게 되는가?(단, 미주와 동생은 쉬지 않고 일정한 속력으로 움직인다)

① 11분
② 14분
③ 17분
④ 20분
⑤ 23분

25 K공단의 동호회에서 임원진(회장, 부회장, 총무)을 새롭게 선출하려고 한다. 동호회 전체 인원이 17명일 때, 회장, 부회장, 총무를 각 1명씩 뽑는 경우의 수는 몇 가지인가?(단, 작년에 임원진이었던 3명은 연임하지 못한다)

① 4,080가지
② 2,730가지
③ 2,184가지
④ 1,360가지
⑤ 728가지

26 매일의 날씨 자료를 수집 및 분석한 결과, 전날의 날씨를 기준으로 그 다음 날의 날씨가 변할 확률은 다음과 같았다. 만약 내일 날씨가 화창하다면, 사흘 뒤에 비가 올 확률은 얼마인가?

전날 날씨	다음 날 날씨	확률
화창	화창	25%
화창	비	30%
비	화창	40%
비	비	15%

※ 날씨는 '화창'과 '비'로만 구분하여 분석함

① 12%
② 13%
③ 14%
④ 15%
⑤ 16%

※ 다음은 연도별 해양사고 발생 현황에 대한 그래프이다. 이어지는 질문에 답하시오. **[27~28]**

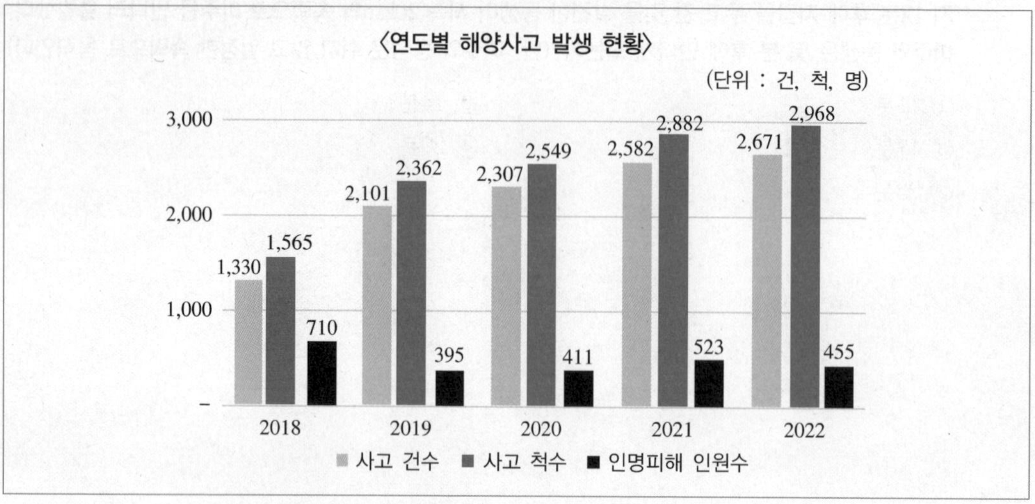

27 다음 중 2018년 대비 2019년 사고 척수의 증가율과 사고 건수의 증가율이 순서대로 나열된 것은? (단, 증가율은 소수점 둘째 자리에서 반올림한다)

① 48.7%, 58.0%
② 48.7%, 61.1%
③ 50.9%, 58.0%
④ 50.9%, 61.1%
⑤ 50.9%, 64.4%

28 다음 중 사고 건수당 인명피해의 인원수가 가장 많은 연도는?

① 2018년
② 2019년
③ 2020년
④ 2021년
⑤ 2022년

29 다음은 K국가의 2018 ~ 2022년 부양인구비를 나타낸 자료이다. 2022년 15세 미만 인구 대비 65세 이상 인구의 비율은 얼마인가?(단, 비율은 소수점 둘째 자리에서 반올림한다)

〈부양인구비〉

구분	2018년	2019년	2020년	2021년	2022년
부양비	37.3	36.9	36.8	36.8	36.9
유소년부양비	22.2	21.4	20.7	20.1	19.5
노년부양비	15.2	15.6	16.1	16.7	17.3

※ (유소년부양비) $= \frac{(15세\ 미만\ 인구)}{(15 \sim 64세\ 인구)} \times 100$

※ (노년부양비) $= \frac{(65세\ 이상\ 인구)}{(15 \sim 64세\ 인구)} \times 100$

① 72.4%
② 77.6%
③ 81.5%
④ 88.7%
⑤ 90.1%

30 다음은 K사 피자 1판 주문 시 구매 방식별 할인 혜택과 비용을 나타낸 것이다. 이를 근거로 정가가 12,500원인 K사 피자 1판을 가장 싸게 살 수 있는 구매 방식은?

〈구매 방식별 할인 혜택과 비용〉

구매 방식	할인 혜택과 비용
스마트폰앱	정가의 25% 할인
전화	정가에서 1,000원 할인 후, 할인된 가격의 10% 추가 할인
회원카드와 쿠폰	회원카드로 정가의 10% 할인 후, 할인된 가격의 15%를 쿠폰으로 추가 할인
직접 방문	정가의 30% 할인, 교통비용 1,000원 발생
교환권	K사 피자 1판 교환권 구매비용 10,000원 발생

※ 구매 방식은 한 가지만 선택함

① 스마트폰앱
② 전화
③ 회원카드와 쿠폰
④ 직접 방문
⑤ 교환권

31 **다음은 K공사가 추진 중인 '그린수소' 사업에 관한 보도 자료와 K공사에 대한 SWOT 분석 결과이다. SWOT 분석 결과를 참고할 때, '그린수소' 사업이 해당하는 전략은 무엇인가?**

K공사는 전라남도, 나주시와 '그린수소 사업 협력 MOU'를 체결하였다. 지난 5월 정부는 탄소 배출 없는 그린수소 생산을 위해 K공사를 사업자로 선정하였고, 재생에너지 잉여전력을 활용한 수전해(P2G) 기술을 통해 그린수소를 만들어 저장하는 사업을 정부 과제로 선정하여 추진하기로 하였다.
그린(Green)수소란 이산화탄소 배출을 수반하지 않는 수소로, 주로 수전해(P2G)기술을 통해 생산된다. 현재 국내에서 생산되는 수소는 그레이(Gray)수소로, 추출·생산하는 과정에서 질소산화물, 이산화탄소 등을 배출한다.
수전해(P2G) 기술은 재생에너지 잉여전력을 활용하여 물의 전기분해를 통해 수소(H_2)를 생산 및 저장하거나, 생산된 수소와 이산화탄소(CO_2)를 결합하여 천연가스의 주성분인 메탄(CH_4)으로 전환함으로써 수송, 발전 및 도시가스 연료로 활용하는 전력 가스화(P2G, Power To Gas) 기술을 말한다.
그린수소 사업은 정부의 '재생에너지 3020 계획'에 따라 계속 증가하는 재생에너지를 활용해 수소를 생산함으로써 재생에너지 잉여전력 문제를 해결할 것으로 예상된다.
MOU 체결식에서 K공사 사장은 "K공사는 전라남도, 나주시와 지속적으로 협력하여 정부 에너지전환 정책에 부응하고, 사업에 필요한 기술개발을 위해 더욱 노력할 것"이라고 밝혔다.

〈SWOT 분석 결과〉

장점(Strength)	약점(Weakness)
• 적극적인 기술개발 의지 • 차별화된 환경기술 보유	• 해외시장 진출에 대한 두려움 • 경험 많은 기술 인력의 부족
기회(Opportunity)	**위협(Threat)**
• 발전설비를 동반한 환경설비 수출 유리 • 세계 전력 시장의 지속적 성장	• 재생에너지의 잉여전력 증가 • 친환경 기술 경쟁 심화

① SO전략
② ST전략
③ WO전략
④ WT전략
⑤ OT전략

32 K씨가 다음 컴퓨터 정보와 〈조건〉을 참고하여 컴퓨터를 구입하려고 할 때, 구입할 컴퓨터는 무엇인가?

〈컴퓨터 정보〉

항목 / 컴퓨터	램 메모리 용량 (Giga Bytes)	하드 디스크 용량 (Tera Bytes)	가격 (천 원)
A	4	2	500
B	16	1	1,500
C	4	3	2,500
D	16	2	2,500
E	8	1	1,500

조건

- 컴퓨터를 구입할 때, 램 메모리 용량, 하드 디스크 용량, 가격을 모두 고려한다.
- 램 메모리와 하드 디스크 용량이 크면 클수록, 가격은 저렴하면 저렴할수록 선호한다.
- 각 항목별로 가장 선호하는 경우 100점, 가장 선호하지 않는 경우 0점, 그 외의 경우 50점을 각각 부여한다. 단, 가격은 다른 항목보다 중요하다고 생각하여 2배의 점수를 부여한다.
- 항목별 점수의 합이 가장 큰 컴퓨터를 구입한다.

① A
② B
③ C
④ D
⑤ E

33 K공단의 복지정보부에 직원 A ~ F가 있다. 이들 중 4명의 직원으로만 팀을 구성하여 본부회의에 참석해 달라는 요청이 있었다. E가 불가피한 사정으로 그 회의에 참석할 수 없을 때, 다음 〈조건〉에 따라 모두 몇 개의 팀이 구성될 수 있는가?

조건

- A 또는 B는 반드시 참석해야 한다. 하지만 A, B가 함께 참석할 수 없다.
- D 또는 E는 반드시 참석해야 한다. 하지만 D, E가 함께 참석할 수 없다.
- 만약 C가 참석하지 않게 된다면 D도 참석할 수 없다.
- 만약 B가 참석하지 않게 된다면 F도 참석할 수 없다.

① 0개
② 1개
③ 2개
④ 3개
⑤ 4개

34 다음 글을 참고할 때, 국제행사의 개최도시로 선정될 곳은?

K사무관은 대한민국에서 열리는 국제행사의 개최도시를 선정하기 위해 다음과 같은 후보도시 평가표를 만들었다. 후보도시 평가표에 따른 점수와 국제해양기구의 의견을 모두 반영하여, 합산점수가 가장 높은 도시를 개최도시로 선정하고자 한다.

〈후보도시 평가표〉

구분	서울	인천	대전	부산	제주
1) 회의 시설 1,500명 이상 수용 가능한 대회의장 보유 등	A	A	C	B	C
2) 숙박 시설 도보거리에 특급 호텔 보유 등	A	B	A	A	C
3) 교통 공항접근성 등	B	A	C	B	B
4) 개최 역량 대규모 국제행사 개최 경험 등	A	C	C	A	B

※ A : 10점, B : 7점, C : 3점

〈국제해양기구의 의견〉

- 외국인 참석자의 편의를 위해 '교통'에서 A를 받은 도시의 경우 추가로 5점을 부여해 줄 것
- 바다를 끼고 있는 도시의 경우 추가로 5점을 부여해 줄 것
- 예상 참석자가 2,000명 이상이므로 '회의 시설'에서 C를 받은 도시는 제외할 것

① 서울 ② 제주
③ 대전 ④ 부산
⑤ 인천

35 다음은 K공사 체육대회 종목별 대진표 및 중간경기결과와 종목별 승점 배점표이다. 이를 참고할 때, 남은 경기결과에 따른 최종 대회성적에 대한 설명으로 옳지 않은 것은?

〈K공사 체육대회 종목별 대진표 및 중간경기결과〉

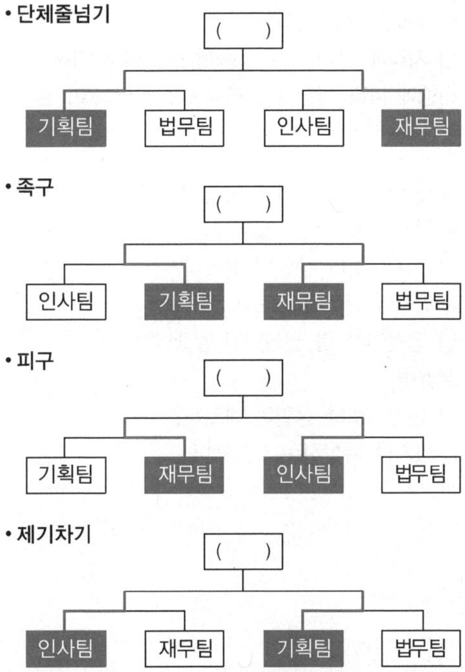

※ 굵은 선과 음영(▬)으로 표시된 팀은 이긴 팀을 의미하며, 결승전만을 남긴 상황임

〈종목별 승점 배점표〉

순위 \ 종목	단체줄넘기	족구	피구	제기차기
1위	120	90	90	60
2위	80	60	60	40
3·4위	40	30	30	20

※ 1) 최종 대회성적은 종목별 승점합계가 가장 높은 팀이 종합 우승, 두 번째로 높은 팀이 종합 준우승임
2) 승점합계가 동일한 팀이 나올 경우, 단체줄넘기 종목의 순위가 높은 팀이 최종 순위가 높음
3) 모든 경기에 무승부는 없음

① 남은 경기결과와 상관없이 법무팀은 종합 우승을 할 수 없다.
② 재무팀이 남은 경기 중 2종목에서 이기더라도, 기획팀이 종합 우승을 할 수 있다.
③ 기획팀이 남은 경기에서 모두 지면, 재무팀이 종합 우승을 한다.
④ 재무팀이 남은 경기에서 모두 지더라도, 재무팀은 종합 준우승을 한다.
⑤ 인사팀이 남은 경기에서 모두 이기더라도, 인사팀은 종합 우승을 할 수 없다.

36 **다음 〈조건〉과 대화 내용을 근거로 판단할 때, 6월생은 누구인가?**

조건

- 같은 해에 태어난 5명(지나, 정선, 혜명, 민경, 효인)은 각자 자신의 생일을 알고 있다.
- 5명은 자신을 제외한 나머지 4명의 생일이 언제인지는 모르지만, 3월생이 2명, 6월생이 1명, 9월생이 2명이라는 사실은 알고 있다.
- 다음은 5명이 한 자리에 모여 나눈 대화를 순서대로 기록한 것이다.
- 5명은 대화의 진행에 따라 상황을 논리적으로 판단하고, 솔직하게 대답한다.

민경 : 지나야, 네 생일이 5명 중에서 제일 빠르니?
지나 : 그럴 수도 있지만 확실히는 모르겠어.
정선 : 혜명아, 네가 지나보다 생일이 빠르니?
혜명 : 그럴 수도 있지만 확실히는 모르겠어.
지나 : 민경아, 넌 정선이가 몇 월생인지 알겠니?
민경 : 아니, 모르겠어.
혜명 : 효인아, 넌 민경이보다 생일이 빠르니?
효인 : 그럴 수도 있지만 확실히는 모르겠어.

① 지나
② 민경
③ 혜명
④ 정선
⑤ 효인

37 **다음 규칙을 근거로 판단할 때, 〈보기〉에서 옳은 것을 모두 고르면?**

〈규칙〉

- 직원이 50명인 A회사는 야유회에서 경품 추첨 행사를 한다.
- 직원들은 1명당 3장의 응모용지를 받고, 1 ~ 100 중 원하는 수 하나씩을 적어서 제출한다. 한 사람당 최대 3장까지 원하는 만큼 응모할 수 있고, 모든 응모용지에 동일한 수를 적을 수 있다.
- 1 ~ 100 중 가장 좋아하는 수 하나를 고르면 해당 수를 응모한 사람이 당첨자로 결정된다. 해당 수를 응모한 사람이 없으면 사장은 당첨자가 나올 때까지 다른 수를 고른다.
- 당첨 선물은 사과 총 100개이고, 당첨된 응모용지가 n장이면 당첨된 응모용지 1장당 사과를 $\frac{100}{n}$개씩 나누어 준다.
- 만약 한 사람이 2장의 응모용지에 똑같은 수를 써서 당첨된다면 2장 몫의 사과를 받고, 3장일 경우는 3장 몫의 사과를 받는다.

보기

ㄱ. 직원 갑과 을이 함께 당첨된다면 갑은 최대 50개의 사과를 받는다.
ㄴ. 직원 중에 갑과 을 두 명만이 사과를 받는다면, 갑은 최소 25개의 사과를 받는다.
ㄷ. 당첨된 수를 응모한 직원이 갑밖에 없다면, 갑이 그 수를 1장 써서 응모하거나 3장 써서 응모하거나 같은 개수의 사과를 받는다.

① ㄱ
② ㄷ
③ ㄱ, ㄴ
④ ㄱ, ㄷ
⑤ ㄴ, ㄷ

38 **대학생 L은 총 7과목(ㄱ ~ ㅅ)을 한 과목씩 순서대로 중간고사를 보려고 한다. L이 세 번째로 시험 보는 과목이 ㄱ일 때, 〈조건〉에 따라 네 번째로 시험 보는 과목은 무엇인가?**

조건

- 7개의 과목 중에서 ㄷ은 시험을 보지 않는다.
- ㅅ은 ㄴ보다 나중에 시험 본다.
- ㄴ은 ㅂ보다 먼저 시험 본다.
- ㄹ은 ㅁ보다 나중에 시험 본다.
- ㄴ은 ㄱ과 ㄹ보다 나중에 시험 본다.

① ㄴ
② ㄹ
③ ㅁ
④ ㅂ
⑤ ㅅ

39 어느 잡화점에서는 3층짜리 매대에 6개의 물품을 배치하여 팔고 있다. 다음 〈조건〉에 따라 바르게 추론한 것은?

> 조건
>
> - 물품은 수정테이프, 색종이, 수첩, 볼펜, 지우개, 샤프이다.
> - 샤프는 가장 아래층에 진열되어 있다.
> - 볼펜은 매대의 중앙에 위치하고 있다.
> - 색종이보다 아래에 있는 물품은 4종류이다.
> - 지우개보다 아래 있는 물품은 없다.
> - 수첩은 지우개와 색종이 사이에 있다.
> - 각 매대에는 두 종류의 문구류가 있다.

① 매대 1층에는 샤프와 지우개가 있을 것이다.
② 볼펜보다 위에 있는 것은 색종이가 아니다.
③ 색종이는 샤프와 같은 층이다.
④ 수정테이프는 색종이보다는 아래층에 있다.
⑤ 색종이와 지우개 사이에 있는 것은 샤프이다.

40 K공단에서는 옥상 정원을 조성하기 위해, 나무를 4줄로 심으려고 한다. 각 줄에 두 종류의 나무를 심을 때, 다음 〈조건〉에 근거하여 바르게 추론한 것은?

> 조건
>
> - 은행나무는 가장 앞줄에 있다.
> - 소나무와 감나무는 같은 줄에 있고, 느티나무의 바로 앞줄이다.
> - 밤나무는 가장 뒷줄에 있다.
> - 플라타너스는 감나무와 벚나무의 사이에 있다.
> - 단풍나무는 소나무보다는 앞줄에 있지만, 벚나무보다는 뒤에 있다.

① 은행나무는 느티나무와 같은 줄에 있다.
② 벚나무는 첫 번째 줄에 있다.
③ 단풍나무는 플라타너스 옆에 있으며 세 번째 줄이다.
④ 플라타너스보다 뒤에 심은 나무는 없다.
⑤ 벚나무보다 뒤에 심어진 나무는 4종류이다.

41 K공단은 직원들의 복리 증진을 위해 다음과 같은 복지제도를 검토하여 도입하고자 한다. 제시된 〈조건〉의 명제가 모두 참일 때, 반드시 참인 것은?

K공단은 다음 중 최대 2개의 복지제도를 도입하고자 한다.
• 동호회행사비 지원
• 출퇴근교통비 지원
• 연차 추가제공
• 주택마련자금 지원

조건
• 연차를 추가제공하지 않거나 출퇴근교통비를 지원한다면, 주택마련자금 지원을 도입한다.
• 동호회행사비 지원을 도입할 때에만, 연차 추가제공을 도입한다.
• 출퇴근교통비 지원을 도입하지 않는다면, 동호회행사비 지원을 도입한다.
• 출퇴근교통비 지원을 도입하거나 연차 추가제공을 도입하지 않으면, 동호회행사비 지원을 도입하지 않는다.
• 주택마련자금 지원을 도입한다면 다른 복지제도는 도입할 수 없다.

① 동호회행사비 지원은 도입되지 않는다.
② K공단은 1개의 복지제도만 새로 도입한다.
③ 연차 추가제공은 도입되지 않는다.
④ 출퇴근교통비 지원과 연차 추가제공 중 한 개만 도입된다.
⑤ 출퇴근교통비 지원이 도입된다.

42 K공단의 지사장 5명(가 ~ 마)은 이번 연도에 각기 다른 5개의 지사(A ~ E)로 배정받는다고 한다. 다음 〈조건〉을 참고할 때, 반드시 참인 것은?

조건
• 하나의 지사로 한 명의 지사장이 배정받는다.
• 이전에 배정받았던 지사로는 다시 배정되지 않는다.
• 가와 나는 C지사와 D지사에 배정된 적이 있다.
• 다와 라는 A지사와 E지사에 배정된 적이 있다.
• 마가 배정받은 지사는 B지사이다.
• 다가 배정받은 지사는 C지사이다.

① 가는 A지사에 배정된 적이 있다.
② 나는 E지사에 배정된 적이 있다.
③ 다는 D지사에 배정된 적이 있다.
④ 가는 확실히 A지사에 배정될 것이다.
⑤ 라가 배정받은 지사는 D지사일 것이다.

43 K공사는 필리핀의 신재생에너지 시장에 진출하려고 한다. 전략기획팀의 M대리는 3C 분석 방법을 통해 다음과 같은 결과를 도출하였다. 다음 중 K공사의 필리핀 시장 진출에 대한 판단으로 가장 적절한 것은?

3C	상황분석
고객(Customer)	• 아시아국가 중 전기요금이 높은 편에 속함 • 태양광, 지열 등 훌륭한 자연환경 조건 기반 • 신재생에너지 사업에 대한 정부의 적극적 추진 의지
경쟁사(Competitor)	• 필리핀 민간 기업의 투자 증가 • 중국 등 후발국의 급속한 성장 • 체계화된 기술 개발 부족
자사(Company)	• 필리핀 화력발전사업에 진출한 이력 • 필리핀의 태양광 발전소 지분 인수 • 현재 미국, 중국 등 4개국에서 풍력과 태양광 발전소 운영 중

① 필리핀은 전기요금이 높아 국민들의 전력 사용량이 많지 않을 것으로 예상되며, 열악한 전력 인프라로 신재생에너지 시장의 발전 가능성 또한 낮을 것으로 예상되므로 자사의 필리핀 시장 진출은 바람직하지 않다.

② 필리핀은 정부의 적극적 추진 의지로 신재생에너지 시장이 급성장하고 있으나, 민간 기업의 투자와 다른 아시아국가의 급속한 성장으로 경쟁이 치열하므로 자사는 비교적 경쟁이 덜한 중국 시장으로 진출하는 것이 바람직하다.

③ 풍부한 자연환경 조건을 가진 필리핀 신재생에너지 시장의 성장 가능성은 높지만, 경쟁사에 비해 체계적이지 못한 자사의 기술 개발 역량이 필리핀 시장 진출에 걸림돌이 될 것이다.

④ 훌륭한 자연환경 조건과 사업에 대한 정부의 추진 의지를 바탕으로 한 필리핀의 신재생에너지 시장에서는 필리핀 민간 기업이나 후발국과의 치열한 경쟁이 예상되나, 자사의 진출 이력을 바탕으로 경쟁력을 확보할 수 있을 것이다.

⑤ 필리핀 시장에 대한 정보가 부족한 자사가 성장 가능성이 높은 신재생에너지 시장에 진출하기 위해서는 현재 급속한 성장을 보이고 있는 중국 등과 협력하여 함께 진출하는 것이 바람직하다.

44 창고의 물품 내역에 대해 작성한 재고량 조사표의 올바른 수정 사항을 〈보기〉에서 모두 고르면?

〈창고의 물품 내역〉

- A열 : LCD 모니터 3대, 스캐너 2대, 마우스 2대
- B열 : 스피커 5대, USB 메모리 15개, 키보드 10대
- C열 : 레이저 프린터 3대, 광디스크 4개

〈재고량 조사표〉

구분	입력 장치	출력 장치	저장 장치
수량(개)	14	15	19

보기

ㄱ. 입력 장치의 수량을 12개로 한다.
ㄴ. 출력 장치의 수량을 11개로 한다.
ㄷ. 저장 장치의 수량을 16개로 한다.

① ㄱ
② ㄴ
③ ㄱ, ㄷ
④ ㄴ, ㄷ
⑤ ㄱ, ㄴ, ㄷ

45 K공단의 A지부는 공휴일 세미나 진행을 위해 인근의 가게 A～F에서 필요한 물품을 구매하고자 한다. 세미나 장소 인근의 가게들에 대한 정보가 〈조건〉과 같을 때, 공휴일에 영업하는 가게의 수는?

조건

- C는 공휴일에 영업하지 않는다.
- B가 공휴일에 영업하지 않으면, C와 E는 공휴일에 영업한다.
- E 또는 F가 영업하지 않는 날이면 D는 영업한다.
- B가 공휴일에 영업하면, A와 E는 공휴일에 영업하지 않는다.
- B와 F 중 한 곳만 공휴일에 영업한다.

① 2개
② 3개
③ 4개
④ 5개
⑤ 6개

46 **귀하는 점심식사 중 식당에 있는 TV에서 정부의 정책에 대한 뉴스가 나오는 것을 보았다. 함께 점심을 먹는 동료들과 뉴스를 보고 나눈 대화의 내용으로 적절하지 않은 것은?**

〈뉴스〉

앵커 : 저소득층에게 법률서비스를 제공하는 정책을 구상 중입니다. 정부는 무료로 법률자문을 하겠다고 자원하는 변호사를 활용하는 자원봉사제도, 정부에서 법률 구조공단 등의 기관을 신설하고 변호사를 유급으로 고용하여 법률서비스를 제공하는 유급법률구조제도, 정부가 법률서비스의 비용을 대신 지불하는 법률보호제도 등의 세 가지 정책대안 중 하나를 선택할 계획입니다.

이 정책대안을 비교하는 데 고려해야 할 정책목표는 비용저렴성, 접근용이성, 정치적 실현가능성, 법률서비스의 전문성입니다. 정책대안과 정책목표의 관계는 화면으로 보여드립니다. 각 대안이 정책목표를 달성하는 데 유리한 경우는 (+)로, 불리한 경우는 (−)로 표시하였으며, 유・불리 정도는 같습니다. 정책목표에 대한 가중치의 경우, '0'은 해당 정책목표를 무시하는 것을, '1'은 해당 정책목표를 고려하는 것을 의미합니다.

〈정책대안과 정책목표의 상관관계〉

정책목표	가중치		정책대안		
	A안	B안	자원봉사제도	유급법률구조제도	법률보호제도
비용저렴성	0	0	+	−	−
접근용이성	1	0	−	+	−
정치적 실현가능성	0	0	+	−	+
전문성	1	1	−	+	−

① 아마도 전문성 면에서는 유급법률구조제도가 자원봉사제도보다 더 좋은 정책 대안으로 평가받게 되겠군.

② A안에 가중치를 적용할 경우 유급법률구조제도가 가장 적절한 정책대안으로 평가받게 되지 않을까?

③ 반대로 B안에 가중치를 적용할 경우 자원봉사제도가 가장 적절한 정책대안으로 평가받게 될 것 같아.

④ A안과 B안 중 어떤 것을 적용하더라도 정책대안 비교의 결과는 달라지지 않을 것으로 보여.

⑤ 비용저렴성을 달성하기에 가장 유리한 정책대안은 자원봉사제도로군.

47 산업통상자원부에서 다음과 같은 전력수급계획을 발표하였다. 〈조건〉을 고려했을 때, 산업통상자원부가 채택하기에 적절하지 않은 정책 대안은?

〈전력수급계획〉

올해의 전력수급현황은 다음과 같다.

- 총공급전력량 : 8,600만kW
- 최대전력수요 : 7,300만kW

이에 따라 산업통상자원부는 내년도 전력수급기본계획을 마련하고, 정책목표를 다음과 같이 설정하였다.

- 정책목표 : 내년도 전력예비율을 30% 이상으로 유지한다.

※ $(\text{전력예비율})=\frac{(\text{총공급전력량})-(\text{최대전력수요})}{(\text{최대전력수요})}\times 100$(단, 전력예비율의 계산값은 소수점 셋째 자리에서 반올림한다)

조건

- 발전소를 하나 더 건설하면 총공급전력량이 150만kW만큼 증가한다.
- 전기요금을 a% 인상하면 최대전력수요는 a% 감소한다.

※ 발전소는 즉시 건설・운영되는 것으로 가정하고 이외의 다른 변수는 고려하지 않는다.

① 발전소를 1개 더 건설하고, 전기요금을 10% 인상한다.
② 발전소를 3개 더 건설하고, 전기요금을 3% 인상한다.
③ 발전소를 6개 더 건설하고, 전기요금을 1% 인상한다.
④ 발전소를 8개 더 건설하고, 전기요금을 동결한다.
⑤ 발전소를 더는 건설하지 않고, 전기요금을 12% 인상한다.

※ 다음은 K은행 고객 기록에 대한 자료이다. 이어지는 질문에 답하시오. **[48~51]**

〈기록 체계〉

고객구분	업무	업무내용	접수창구
ㄱ	X	a	01

고객구분		업무		업무내용		접수창구	
ㄱ	개인고객	X	수신계	a	예금	01	1번창구
				b	적금	02	2번창구
ㄴ	기업고객			A	대출상담	03	3번창구
		Y	대부계	B	대출신청	04	4번창구
ㄷ	VIP고객			C	대출완료	05	5번창구
						00	VIP실

※ 업무내용은 대문자·소문자끼리만 복수선택이 가능하다.

※ 개인·기업 고객은 일반창구에서, VIP고객은 VIP실에서 업무를 본다.

※ 수신계는 a, b의 업무만, 대부계는 A, B, C의 업무만 볼 수 있다.

〈기록 현황〉

ㄱXa10	ㄴYA05	ㄴYB03	ㄱXa01	ㄱYB03
ㄱXab02	ㄷYC00	ㄴYA01	ㄴYA05	ㄴYAB03
ㄱYAB00	ㄱYaA04	ㄱXb02	ㄷYB0	ㄱXa04

48 K은행을 방문한 S기업 대표인 VIP고객이 대출신청을 하였다면, 기록 현황에 기재할 내용으로 옳은 것은?

① ㄴXB00
② ㄴYB00
③ ㄷXB00
④ ㄷYA00
⑤ ㄷYB00

49 기록 현황을 처리하는 도중 잘못 기록된 내용들이 발견되었다. 잘못된 기록 현황은 모두 몇 개인가?

① 1개
② 2개
③ 4개
④ 6개
⑤ 7개

50 49번에서 잘못된 접수를 제외하고 정리했을 때 가장 많이 기록된 업무내용은 무엇인가?

① 예금
② 적금
③ 대출상담
④ 대출신청
⑤ 대출완료

51 기록 현황에 순서대로 나열되어 있지 않은 'A', 'B', 'Y', 'ㄴ', '04' 메모가 발견되었다. 이 기록 내용으로 가장 적절한 것은?

① 예금과 적금 업무로 수신계 4번 창구를 방문한 기업고객
② 예금과 적금 업무로 대부계 4번 창구를 방문한 기업고객
③ 대출 업무로 대부계 4번 창구를 방문한 기업고객
④ 대출상담 및 신청 업무로 대부계 4번 창구를 방문한 기업고객
⑤ 대출상담 및 신청 업무로 수신계 4번 창구를 방문한 기업고객

52 K발전 기획전략처 문화홍보부 A대리는 부서 출장 일정에 맞춰 업무 시 사용할 렌터카를 대여하려고 한다. 제시된 자료를 참고하여 A대리가 일정에 사용할 렌터카로 옳은 것은?

〈문화홍보부 출장 일정〉

일자	내용	인원	짐 무게
2023 - 08 - 08	보령화력 3부두 방문	2명	6kg
2023 - 08 - 09	임금피크제 도입 관련 세미나 참여	3명	3kg
2023 - 08 - 10	신서천화력 건설사업	5명	–
2023 - 08 - 11	햇빛새싹발전소(학교태양광) 발전사업 대상지 방문	3명	3kg
2023 - 08 - 12	제주 LNG복합 건설사업 관련 좌담회	8명	2kg
2023 - 08 - 15	H그린파워 제철 부생가스 발전사업 관련 미팅	10명	3kg
2023 - 08 - 16	방만경영 개선 이행실적 발표회	4명	1kg
2023 - 08 - 17	보령항로 준설공사현장 방문	3명	2kg
2023 - 08 - 18	보령 본사 방문	4명	6kg

※ 짐 무게 3kg당 탑승인원 1명으로 취급한다.

〈렌터카 요금 안내〉

구분	요금	유류	최대 탑승인원
A렌터카	45,000원	경유	4명
B렌터카	60,000원	휘발유	5명
C렌터카	55,000원	LPG	8명
D렌터카	55,000원	경유	6명

※ 렌터카 선정 시 가격을 가장 우선으로 하고, 최대 탑승인원을 다음으로 한다.
※ 8월 1 ~ 12일까지는 여름휴가 할인행사로 휘발유 차량을 30% 할인한다.

보내는 이 : A대리
안녕하십니까, 문화홍보부 A대리입니다.
금주 문화홍보부에서 참여하는 햇빛새싹발전소 발전사업 대상지 방문과 차주 보령 본사 방문에 관련된 정보를 첨부합니다. 해당 사항 확인해주시기 바랍니다. 감사합니다.

받는 이 : 문화홍보부

① A렌터카, B렌터카
② B렌터카, D렌터카
③ B렌터카, C렌터카
④ A렌터카, D렌터카
⑤ C렌터카, D렌터카

53 K공단은 설을 맞이하여 6차 산업 우수제품 특판 행사에서 직원 선물을 구매하려고 한다. 총무부인 B사원은 상품·명단을 공지하여 부서별로 상품을 하나씩 선택하게 하였다. 상품 선택 결과가 아래와 같을 때, ㉮~㉰의 가격을 포함한 주문총액을 구하면?

〈6차 산업 우수제품 추석맞이 특판〉

K공단에서는 우수 6차 산업 제품 판매 촉진을 위해 전국 6차 산업 인증 사업자 협회와 함께 2024년 갑진년 설맞이 '6차 산업 우수제품 특판 행사'를 진행합니다.
대한민국 정부가 인증한 6차 산업 경영체가 지역의 농산물을 이용해 생산하여, 신선하고 믿을 수 있는 제품입니다.
이번 행사에는 선물용 세트 12종(흑삼, 한과 등)을 시중 판매 가격 대비 최대 40% 이상 할인된 가격으로 판매하니 많은 주문 바랍니다.

- 주문기간 : 2024년 1월 8일(월) ~ 2024년 1월 22일(월)
- 주문방법 : 상품 주문서 작성 후 이메일 또는 팩스 발송

구분	상품명	구성	단가	
			정상가(원)	할인율
1	흑삼 에브리진생	흑삼농축액 스틱형(10ml×10포×3입)	75,000	34%
2	하루절편	흑삼절편 200g(20g×10입)	45,000	12%
3	천지수인고	배·도라지·생강 농축액(240g×3입)	120,000	40%
4	도자기꿀	500g	80,000	40%
5	한과 선물세트	찹쌀유과 700g(콩, 백년초, 쑥)	28,000	26%
6	슬로푸드 선물세트	매실액기스 500ml+감식초 500ml	28,000	29%

※ 할인율 적용 시 10원 단위 이하는 절사한다.

〈부서별 상품주문 현황〉

구분	상품명	개수	가격
총무부	하루절편	10개	396,000원
마케팅부	슬로푸드 선물세트	13개	㉮
정보보안부	도자기꿀	8개	384,000원
인사부	흑삼 에브리진생	16개	㉯
경영지원부	한과 선물세트	9개	㉰

① 1,230,000원
② 1,235,700원
③ 1,236,900원
④ 2,015,000원
⑤ 2,015,700원

54 K공단은 사내 화재예방 강화를 위하여 2023년 1월 1일에 대대적인 화재안전점검을 실시하였다. 점검한 결과 일부 노후화되거나 불량인 소화기가 발견되어 신형 축압식 소화기로 교체하려고 한다. 다음 중 처분 및 교체비용으로 옳은 것은?

〈소화기 처분조건〉

적용순서	조건	조건 미충족 시 처리 방안
1	내구연한 8년 미만	폐기처분
2	지시압력계가 초록색으로 유지	신형 소화기로 교체
3	화재안전기준에 의해 최소 60개 이상 보유	신형 소화기를 구매

※ 소화기 폐기처분비용은 1만 원이며, 신형 축압식 소화기 교체(구매) 시 5만 원이 소요된다.

〈소화기 전수조사 결과〉

지시압력계 \ 제조연도	2013년	2014년	2015년	2016년	2017년
노란색(부족)	8	5	3	1	1
초록색(정상)	10	13	18	15	10
빨간색(과다)	3	–	2	1	–
총계	21	18	23	17	11

※ 2023년도 1월 1일 기준으로 전수조사를 통해 작성하였다.
※ 내구연한은 제조연도로만 계산한다.

① 100만 원
② 112만 원
③ 124만 원
④ 135만 원
⑤ 140만 원

55 다음의 교통수단별 특징을 고려할 때, 오전 9시에 회사에서 출발해 전주역까지 가장 먼저 도착하는 방법은 무엇인가?(단, 도보는 고려하지 않는다)

〈회사 · 서울역 간 교통 현황〉

구분	소요시간	출발 시간
A버스	24분	매시 20분, 40분
B버스	40분	매시 정각, 20분, 40분
지하철	20분	매시 30분

〈서울역 · 전주역 간 교통 현황〉

구분	소요시간	출발 시간
새마을호	3시간	매시 정각부터 5분 간격
KTX	1시간 32분	9시 정각부터 45분 간격

① A버스 – 새마을호
② B버스 – KTX
③ 지하철 – KTX
④ B버스 – 새마을호
⑤ 지하철 – 새마을호

56 해외로 출장을 가는 김대리는 다음 〈조건〉과 같이 이동하려고 계획하고 있다. 연착 없이 계획대로 출장지에 도착했다면, 도착했을 때의 현지 시각은?

조건

- 서울 시각으로 5일 오후 1시 35분에 출발하는 비행기를 타고, 경유지 한 곳을 거쳐 출장지에 도착한다.
- 경유지는 서울보다 1시간 빠르고, 출장지는 경유지보다 2시간 느리다.
- 첫 번째 비행은 3시간 45분이 소요된다.
- 경유지에서 3시간 50분을 대기하고 출발한다.
- 두 번째 비행은 9시간 25분이 소요된다.

① 오전 5시 35분
② 오전 6시
③ 오후 5시 35분
④ 오후 6시
⑤ 오전 7시

57 K원자력 본사에서 근무하는 A대리는 발전소별로 안전관리 실무자를 만나기 위해 국내발전소 4곳을 방문하고자 한다. A대리의 국내발전소 출장계획과 본사 및 각 발전소 간 이동소요시간이 다음과 같다고 할 때, 이동 소요시간이 가장 적은 경로는?

〈A대리의 국내발전소 출장계획〉

- A대리는 본사에서 출발하여 국내발전소 4곳을 방문한 후 본사로 복귀한다.
- A대리가 방문할 국내발전소는 청평발전소, 무주발전소, 산청발전소, 예천발전소이다.
- 2023년 9월 4일에 본사에서 출발하여 9월 8일에 본사로 복귀한다.
- A대리는 각 발전소를 한 번씩만 방문하며, 본사 및 각 발전소 간 이동은 하루에 한 번만 한다.
- 안전관리 실무자의 사정으로 인해 산청발전소는 반드시 9월 7일에 방문한다.

〈본사 및 각 발전소 간 이동 소요시간〉

구분	본사	청평발전소	무주발전소	산청발전소	예천발전소
본사		55분	2시간 5분	1시간 40분	40분
청평발전소	55분		45분	1시간 5분	50분
무주발전소	2시간 5분	45분		1시간 20분	1시간 50분
산청발전소	1시간 40분	1시간 5분	1시간 20분		35분
예천발전소	40분	50분	1시간 50분	35분	

① 본사 – 청평발전소 – 무주발전소 – 예천발전소 – 산청발전소 – 본사
② 본사 – 청평발전소 – 예천발전소 – 무주발전소 – 산청발전소 – 본사
③ 본사 – 무주발전소 – 예천발전소 – 청평발전소 – 산청발전소 – 본사
④ 본사 – 무주발전소 – 청평발전소 – 예천발전소 – 산청발전소 – 본사
⑤ 본사 – 예천발전소 – 청평발전소 – 무주발전소 – 산청발전소 – 본사

58 다음은 K공장의 제품 생산과 관련된 공정 A～C에 대한 내용이다. 7월 24일(월)을 기준으로 제품 500개를 생산할 경우 가장 빨리 끝나는 날은?

〈A～C공정 제품 생산〉

- A공정 제품 100개 만드는 데 2일, 7월 25일(화)부터 생산 가능
- B공정 제품 150개 만드는 데 3일, 7월 27일(목)부터 생산 가능
- C공정 제품 200개 만드는 데 2일, 7월 28일(금)부터 생산 가능
- 주말은 쉰다. 공정은 주말을 제외하고 이어서 진행한다.
- 공정은 A → B → C 순서대로 작업되며, 공정별 동일한 제품이 생산된다.
- 같은 날 다른 공정을 동시에 진행할 수 있다.

① 7월 28일
② 7월 29일
③ 7월 30일
④ 7월 31일
⑤ 8월 1일

PART 3

59 K공단에 근무하는 A씨는 사정이 생겨 다니던 회사를 그만두게 되었다. A씨의 근무기간 및 기본급 등의 기본정보가 다음과 같다면, A씨가 퇴직 시 받게 되는 퇴직금의 세전금액은 얼마인가?(단, A씨의 퇴직일 이전 3개월간 기타수당은 720,000원이며, 퇴직일 이전 3개월간 총 일수는 80일이다)

- 입사일자 : 2021년 9월 1일
- 퇴사일자 : 2023년 9월 4일
- 재직일수 : 730일
- 월기본급 : 2,000,000원
- 월기타수당 : 월별 상이
- 퇴직 전 3개월 임금 총액 계산(세전금액)

퇴직 이전 3개월간 총 일수	기본급(3개월분)	기타수당(3개월분)
80일	6,000,000원	720,000원

- (1일 평균임금)=[퇴직일 이전 3개월간에 지급 받은 임금총액(기본급)+(기타수당)]/(퇴직일 이전 3개월간 총일수)
- (퇴직금)=(1일 평균임금)×(30일)×[(재직일수)/365]

① 5,020,000원
② 5,030,000원
③ 5,040,000원
④ 5,050,000원
⑤ 5,060,000원

60 다음은 국민연금법의 국민연금보험료의 부과와 징수에 대한 내용이다. 가장 많은 금액을 납부해야 하는 경우는?(단, 기준소득월액의 하한액과 상한액은 고려하지 않는다)

> **연금보험료의 부과 · 징수 등(제88조)**
> ① 보건복지부장관은 국민연금사업 중 연금보험료의 징수에 관하여 이 법에서 정하는 사항을 건강보험공단에 위탁한다.
> ② 공단은 국민연금사업에 드는 비용에 충당하기 위하여 가입자와 사용자에게 가입기간 동안 매월 연금보험료를 부과하고, 국민건강보험공단이 이를 징수한다.
> ③ 사업장가입자의 연금보험료 중 기여금은 사업장가입자 본인이, 부담금은 사용자가 각각 부담하되, 그 금액은 각각 기준소득월액의 1천분의 45에 해당하는 금액으로 한다.
> ④ 지역가입자, 임의가입자 및 임의계속가입자의 연금보험료는 지역가입자, 임의가입자 또는 임의계속가입자 본인이 부담하되, 그 금액은 기준소득월액의 1천분의 90으로 한다.
> ⑤ 공단은 기준소득월액 정정 등의 사유로 당초 징수 결정한 금액을 다시 산정함으로써 연금보험료를 추가로 징수하여야 하는 경우 가입자 또는 사용자에게 그 추가되는 연금보험료를 나누어 내도록 할 수 있다. 이 경우 분할 납부 신청 대상, 분할 납부 방법 및 납부 기한 등 연금보험료의 분할 납부에 필요한 사항은 대통령령으로 정한다.

① 기준소득월액이 400만 원인 사업장가입자의 연금보험료 중 기여금
② 기준소득월액이 300만 원인 지역가입자의 연금보험료
③ 기준소득월액이 520만 원인 사업장가입자의 연금보험료 중 기여금
④ 기준소득월액이 160만 원인 임의가입자의 연금보험료
⑤ 기준소득월액이 250만 원인 임의계속가입자의 연금보험료

61 K회사 장과장은 2박 3일로 경주 출장을 가기 위해 여러 경로를 알아보고 있다. 다음은 장과장이 회사 차를 타고 집에서 출발하여 경주 출장지까지 갈 수 있는 방법을 나타낸 자료이다. 이를 참고할 때, 출장 장소까지 가는 최단거리 경로는 어디인가?

〈경로별 고속도로 및 국도 거리〉

(단위 : km)

<table>
<tr><th>구분</th><th colspan="3">고속도로 및 국도</th><th>기타 도로</th></tr>
<tr><td>경로 1</td><td>영동
46.5</td><td rowspan="2">중부내륙
127.0</td><td rowspan="2">상주영천
92.2</td><td>72.77</td></tr>
<tr><td>경로 2</td><td>제2중부
31.5</td><td>93.7</td></tr>
<tr><td>경로 3</td><td>중부내륙
145.2</td><td>상주영천
92.2</td><td>경부
22.3</td><td>87.69</td></tr>
<tr><td>경로 4</td><td>성남이천로
30.6</td><td>중부내륙
120.3</td><td>상주영천
72.7</td><td>104.56</td></tr>
<tr><td>경로 5</td><td>중부내륙
37.4</td><td>상주영천
57.2</td><td>대경로
31.3</td><td>202.53</td></tr>
</table>

① 경로 1
② 경로 2
③ 경로 3
④ 경로 4
⑤ 경로 5

62 김주임은 주말 중에 다리를 다쳐 종합병원의 1인실에 8일간 입원하게 되었다. 김주임이 가입한 실비 보험 약관의 일부가 다음과 같을 때, 김주임이 입원으로 인한 입원제비용, 수술비를 제외한 입원비용 중 실손보험 병실의료비를 제외하고 실제로 부담하게 되는 금액으로 옳은 것은?

〈실비 보험 약관〉

- 질병입원의료비 : 국민건강보험법에 의해 피보험자가 부담하는 입원실료, 입원제비용, 수술비 전액 및 실제사용병실과 기준병실(6인실)과의 병실료차액의 50% 지급(1일 10만 원 한도)

(기준병실료)+[(실제사용병실료)−(기준병실료)×50%]=(1일 병실의료비 보험금)

〈건강보험법상 입원실별 본인부담률〉

병원 구분	1인실	2인실	3인실
상급종합병원	비급여	50%	40%
종합병원	비급여	40%	30%
병원, 한방병원	비급여	40%	30%
치과병원 및 의원	비급여	비급여	비급여

〈김주임이 입원한 병원의 병실료〉

병실 구분	병실료(원)
기준병실료(6인실)	70,000
3인실	90,000
2인실	110,000
1인실	160,000

① 455,000원
② 480,000원
③ 500,000원
④ 560,000원
⑤ 585,000원

63 H팀은 정기행사를 진행하기 위해 공연장을 대여하려 한다. H팀의 상황을 고려하여 공연장을 대여한다고 할 때, 총비용은 얼마인가?

〈공연장 대여비용〉

구분	공연 준비비	공연장 대여비	소품 대여비	보조진행요원 고용비
단가	50만 원	20만 원(1시간)	5만 원(1세트)	5만 원(1인, 1시간)
할인	총비용 150만 원 이상 : 10%	2시간 이상 : 3% 5시간 이상 : 10% 12시간 이상 : 20%	3세트 : 4% 6세트 : 10% 10세트 : 25%	2시간 이상 : 5% 4시간 이상 : 12% 8시간 이상 : 25%

※ 할인은 각 품목마다 개별적으로 적용된다.

〈H팀 상황〉

A : 저희 총예산은 수입보다 많으면 안 됩니다. 티켓은 4만 원이고, 50명 정도 관람할 것으로 예상됩니다.

B : 공연은 2시간이고, 리허설 시간으로 2시간이 필요하며, 공연 준비 및 정리를 하려면 공연 앞뒤로 1시간씩은 필요합니다.

C : 소품은 공연 때 2세트 필요한데, 예비로 1세트 더 준비하도록 하죠.

D : 진행은 저희끼리 다 못하니까 주차장을 관리할 인원 1명을 고용해서 공연 시간 동안과 공연 앞뒤 1시간씩 공연장 주변을 정리하도록 합시다. 총예산이 모자라면 예비 소품 1세트 취소, 보조진행요원 미고용, 리허설 시간 1시간 축소 순서로 줄이도록 하죠.

① 1,800,000원
② 1,850,000원
③ 1,900,000원
④ 2,050,000원
⑤ 2,100,000원

64 W씨는 3명의 친구와 함께 K공단에서 제공하는 교육을 수강하고자 한다. W씨는 첫 번째 친구와 함께 A, C강의를 수강하고 두 번째 친구는 B강의를, 세 번째 친구는 A～C 세 강의를 모두 수강하려고 한다. 네 사람이 결제해야 할 총액으로 가장 적절한 것은?

변경 전	변경 후	비고
모두 5만 원	• A강의 : 5만 원 • B강의 : 7만 원 • C강의 : 8만 원	• 두 강의를 동시 수강할 경우, 금액의 10% 할인 • 세 강의를 모두 수강할 경우, 금액의 20% 할인

① 530,000원
② 464,000원
③ 453,000원
④ 421,700원
⑤ 410,000원

65 K공단 임직원은 신입사원 입사를 맞아 워크숍을 가려고 한다. 총 13명의 임직원이 워크숍에 참여한다고 할 때, 다음 중 가장 저렴한 비용으로 이용할 수 있는 교통편의 조합은 무엇인가?

〈이용 가능한 교통편 현황〉

구분	탑승 인원	비용	주유비	비고
소형버스	10명	200,000원	0원	1일 대여 비용
대형버스	40명	500,000원	0원	–
렌터카	5명	80,000원(대당)	50,000원	동일 기간 3대 이상 렌트 시 렌트비용 5% 할인
택시	3명	120,000원(편도)	0원	–
대중교통	제한 없음	13,400원 (1인당, 편도)	0원	10명 이상 왕복티켓 구매 시 총금액에서 10% 할인

① 대형버스 1대
② 소형버스 1대, 렌터카 1대
③ 소형버스 1대, 택시 1대
④ 렌터카 3대
⑤ 대중교통 13명

66 업무상 중국 베이징에서 열린 회의에 참석한 김대리는 회사에서 급한 연락을 받았다. 자사 공장이 있는 다롄에도 시찰을 다녀오라는 것이었다. 김대리가 선택할 수 있는 교통수단이 다음과 같을 때, 어떤 교통편을 선택하겠는가?(단, 김대리의 기준이 낮을수록 김씨는 그 대안을 선호한다)

교통편명	교통수단	시간(h)	요금(원)
CZ3650	비행기	2	500,000
MU2744	비행기	3	200,000
G820	고속열차	5	120,000
Z391	고속열차	7	100,000
D42	고속열차	8	70,000

※ (김대리의 기준)=[시간(h)]×1,000,000×0.6+[요금(원)]×0.8

① CZ3650
② MU2744
③ G820
④ Z391
⑤ D42

67 K회사는 사내 축구대회를 진행하고 있다. 조별 리그전으로 진행하며 각 조에서 가장 승점이 높은 한 팀만 결승에 진출한다고 한다. 팀별 승패 현황이 다음과 같다면 결승에 진출하는 팀은?

〈팀별 승패 현황〉

1조		2조	
팀	결과	팀	결과
A팀	1승 4무	G팀	3승 2패
B팀	(　　)	H팀	2승 2무 1패
C팀	1무 4패	I팀	2승 1무 2패
D팀	2무 3패	J팀	3승 1무 1패
E팀	3승 1무 1패	K팀	(　　)
F팀	2승 1무 2패	L팀	1승 3무 1패

※ 승리 시 2점, 무승부 시 1점, 패배 시 0점의 승점을 부여한다.

① A팀, K팀
② B팀, K팀
③ B팀, J팀
④ E팀, G팀
⑤ E팀, F팀

68 모스크바 지사에서 일하고 있는 A대리는 밴쿠버 지사와의 업무협조를 위해 4월 22일 오전 10시 15분에 밴쿠버 지사로 업무협조 메일을 보냈다. 〈조건〉에 따라 밴쿠버 지사에서 가장 빨리 메일을 읽었을 때, 모스크바의 시각은?

조건

- 밴쿠버는 모스크바보다 10시간이 늦다.
- 밴쿠버 지사의 업무시간은 오전 10시부터 오후 6시까지다.
- 밴쿠버 지사에서는 4월 22일 오전 10시부터 15분간 전력 점검이 있었다.

① 4월 22일 오전 10시 15분
② 4월 23일 오전 10시 15분
③ 4월 22일 오후 8시 15분
④ 4월 23일 오후 8시 15분
⑤ 4월 23일 오후 10시 15분

PART 3

69 K공단은 현재 신입사원을 채용하고 있다. 서류전형과 면접전형을 마치고 다음의 평가지표 결과를 얻었다. K공단 내 평가지표별 가중치를 이용하여 각 지원자의 최종 점수를 계산하고, 점수가 가장 높은 두 지원자를 채용하려고 한다. 이때, K공단이 채용할 두 지원자는?

〈지원자별 평가지표 결과〉

(단위 : 점)

구분	면접 점수	영어 실력	팀내 친화력	직무 적합도	발전 가능성	비고
A지원자	3	3	5	4	4	군필자
B지원자	5	5	2	3	4	군필자
C지원자	5	3	3	3	5	–
D지원자	4	3	3	5	4	군필자
E지원자	4	4	2	5	5	군 면제자

※ 군필자(만기제대)에게는 5점의 가산점을 부여한다.

〈평가지표별 가중치〉

구분	면접 점수	영어 실력	팀내 친화력	직무 적합도	발전 가능성
가중치	3	3	5	4	5

※ 가중치는 해당 평가지표 결과 점수에 곱한다.

① A, D지원자
② B, C지원자
③ B, E지원자
④ C, D지원자
⑤ D, E지원자

70 K공단에서 체육대회를 개최하여 부서별로 출전선수를 선발하는데, 총무부 직원들(A ~ J)은 각자 2종목씩 필수로 출전해야 한다. 다음 중 계주에 꼭 출전해야 하는 사람을 모두 고르면?

〈부서별 참가 인원〉

(단위 : 명)

훌라후프	계주	줄넘기	줄다리기	2인 3각
1	4	5	8	2

〈직원별 참가가능 종목〉

구분	훌라후프	계주	줄넘기	줄다리기	2인 3각
A	×	×	○	○	○
B	×	○	○	○	×
C	○	○	○	×	×
D	○	×	×	○	×
E	×	○	×	○	×
F	×	×	○	○	×
G	×	×	×	○	○
H	○	○	○	○	×
I	×	○	○	○	×
J	×	○	○	×	×

① B, C, J
② D, E, H
③ C, E, J
④ C, G, I
⑤ E, I, J

PART 3

71 다음 중 행정작용에 대한 설명으로 옳지 않은 것을 〈보기〉에서 모두 고르면?

> 보기
> ㄱ. 하명은 명령적 행정행위이다.
> ㄴ. 인가는 형성적 행정행위이다.
> ㄷ. 공증은 법률행위적 행정행위이다.
> ㄹ. 공법상 계약은 권력적 사실행위이다.

① ㄱ, ㄴ
② ㄱ, ㄷ
③ ㄴ, ㄹ
④ ㄷ, ㄹ
⑤ ㄱ, ㄹ

72 다음 중 고용보험 및 산업재해보상보험의 보험료징수 등에 관한 법률상 보험료의 부과 · 징수에 대한 설명으로 옳지 않은 것은?

① 월별보험료는 근로복지공단이 매월 부과한다.
② 월별보험료는 국민건강보험공단이 징수한다.
③ 보험료율이 인하된 경우 근로복지공단은 개산보험료를 감액 조정한다.
④ 보험료율이 인상된 경우 국민건강보험공단은 월별보험료를 증액 조정한다.
⑤ 원칙적으로 보험료와 그 밖의 징수금은 국세 및 지방세를 제외한 다른 채권보다 우선하여 징수한다.

73 다음 중 국민건강보험법령상 직장가입자에 해당되는 자는?

① 고용기간이 1개월 미만인 일용근로자
② 의료급여법에 따라 의료급여를 받는 자
③ 소재지가 일정하지 아니한 사업장의 근로자
④ 비상근 근로자만을 고용하고 있는 사업장의 사업주
⑤ 1개월 동안의 소정근로시간이 60시간인 단시간근로자

74 **다음 중 국가형벌권의 발동과 관련하여 범죄인의 인권보장과 관계되는 것은?**

① 보장적 기능
② 보호적 기능
③ 규제적 기능
④ 사회보전적 기능
③ 강제적 기능

75 **다음 중 헌법이 명시하고 있는 법규명령이 아닌 것은?**

① 부령
② 총리령
③ 대통령령
④ 감사원규칙
⑤ 중앙선거관리위원회규칙

76 **다음 중 법정대리인의 동의 없이 소송을 제기할 수 있는 능력은?**

① 행위능력
② 권리능력
③ 소송능력
④ 당사자능력
⑤ 등기능력

77 **다음 중 점증주의의 이점으로 보기 어려운 것은?**

① 타협의 과정을 통해 이해관계의 갈등을 조정하는 데 유리하다.
② 대안의 탐색과 분석에 소요되는 비용을 줄일 수 있다.
③ 예산결정을 간결하게 한다.
④ 합리적·총체적 관점에서 의사결정이 가능하다.
⑤ 중요한 정치적 가치들을 예산결정에서 고려할 수 있다.

78 **다음 중 조직구조에 대한 설명으로 옳지 않은 것은?**

① 공식화(Formalization)의 수준이 높을수록 조직구성원들의 재량이 증가한다.
② 통솔범위(Span of Control)가 넓은 조직은 일반적으로 저층구조의 형태를 보인다.
③ 집권화(Centralization)의 수준이 높은 조직의 의사결정권한은 조직의 상층부에 집중된다.
④ 명령체계(Chain of Command)는 조직 내 구성원을 연결하는 연속된 권한의 흐름으로, 누가 누구에게 보고하는지를 결정한다.
⑤ 복잡성은 조직 내 분화의 정도로, 수평적 · 수직적 · 공간적 분산에 의해 나타난다.

79 **다음 중 행정통제의 유형과 사례를 연결한 내용으로 옳지 않은 것은?**

① 외부 · 공식적 통제 – 국회의 국정감사
② 내부 · 비공식적 통제 – 국무조정실의 직무 감찰
③ 외부 · 비공식적 통제 – 시민단체의 정보공개 요구 및 비판
④ 내부 · 공식적 통제 – 감사원의 정기 감사
⑤ 외부 · 공식적 통제 – 선거관리위원회의 선거에 관한 사무

80 **다음 중 갈등관리에 대한 설명으로 옳지 않은 것은?**

① 갈등해소 방법으로는 문제 해결, 상위 목표의 제시, 자원 증대, 태도 변화 훈련, 완화 등을 들 수 있다.
② 적절한 갈등을 조성하는 방법으로 의사전달 통로의 변경, 정보 전달 억제, 구조적 요인의 개편, 리더십 스타일 변경 등을 들 수 있다.
③ 1940년대 말을 기점으로 하여 1970년대 중반까지 널리 받아들여졌던 행태주의적 견해에 의하면 갈등이란 조직 내에서 필연적으로 발생하는 현상으로 보았다.
④ 마치(March)와 사이먼(Simon)은 개인적 갈등의 원인 및 형태를 비수락성, 비비교성, 불확실성으로 구분했다.
⑤ 유해한 갈등을 해소하기 위해 갈등상황이나 출처를 근본적으로 변동시키지 않고 거기에 적응하도록 하는 전략을 사용하기도 한다.

81 **다음 중 지방공기업에 대한 설명으로 옳지 않은 것은?**

① 자동차운송사업은 지방직영기업 대상에 해당된다.
② 지방공사의 자본금은 지방자치단체가 전액 출자한다.
③ 행정안전부장관은 지방공기업에 대한 평가를 실시하고 그 결과에 따라 필요한 조치를 하여야 한다.
④ 지방공사는 법인으로 한다.
⑤ 지방공사는 지방자치단체 외의 자(법인 등)가 출자를 할 수 있지만 지방공사 자본금의 3분의 1을 넘지 못한다.

82 **다음 중 규제에 대한 설명으로 옳지 않은 것은?**

① 관리규제란 정부가 특정한 사회문제 해결에 대한 목표 달성 수준을 정하고 피규제자에게 이를 달성할 것을 요구하는 것이다.
② 규제의 역설은 기업의 상품정보공개가 의무화될수록 소비자의 실질적 정보량은 줄어든다고 본다.
③ 포획이론은 정부가 규제의 편익자에게 포획됨으로써 일반시민이 아닌 특정집단의 사익을 옹호하는 것을 지적한다.
④ 지대추구이론은 정부규제가 지대를 만들어내고 이해관계자집단으로 하여금 그 지대를 추구하도록 한다는 점을 설명한다.
⑤ 윌슨(J. Wilson)에 따르면 규제로부터 감지되는 비용과 편익의 분포에 따라 각기 다른 정치 경제적 상황이 발생된다.

83 **다음 중 채찍효과의 발생 원인으로 옳지 않은 것은?**

① 공급망의 단계별로 이루어지는 수요예측
② 일정기간 예상되는 물량에 대한 일괄주문방식
③ 전자 자료 교환(EDI)의 시행
④ 공급을 초과하는 수요에 따른 구매자 간 힘겨루기
⑤ 판매 촉진 행사 등으로 인한 가격 변동

84 **다음 중 마케팅 전략에 영향을 미치는 거시적 환경에 해당하지 않는 것은?**

① 인구통계적 환경
② 기업내부 환경
③ 경제적 환경
④ 기술적 환경
⑤ 문화적 환경

85 다음 중 보너스 산정방식에서 스캔론 플랜(Scanlon Plan)에 대한 설명으로 옳은 것은?

① 보너스 산정 비율은 생산액에 있어서 재료 및 에너지 등을 포함하여 계산한다.
② 노동비용을 판매액에서 재료 및 에너지, 간접비용을 제외한 부가가치로 나누어 계산한다.
③ 종업원의 참여는 거의 고려되지 않고 산업공학기법을 이용한 공식을 활용하여 계산한다.
④ 성과측정의 기준으로서 노동비용이나 생산비용, 생산 이외에도 품질 향상, 소비자 만족 등 각 기업이 중요성을 부여하는 부분에 초점을 둔 새로운 지표를 사용하여 계산한다.
⑤ 생산단위당 표준노동시간을 기준으로 노동생산성 및 비용 등 산정 조직의 효율성을 보다 직접적으로 측정하여 계산한다.

86 다음의 특징을 모두 가지고 있는 자산은?

- 개별적으로 식별하여 별도로 인식할 수 없다.
- 손상징후와 관계없이 매년 손상검사를 실시한다.
- 손상차손환입을 인식할 수 없다.
- 사업결합 시 이전대가가 피취득자 순자산의 공정가치를 초과한 금액이다.

① 특허권 ② 회원권
③ 영업권 ④ 라이선스
⑤ 가상화폐

87 다음 중 대규모 데이터베이스에서 숨겨진 패턴이나 관계를 발견하여 의사결정 및 미래예측에 활용할 수 있도록 데이터를 모아서 분석하는 것은?

① 데이터 웨어하우스(Data Warehouse)
② 데이터 마이닝(Data Mining)
③ 데이터 마트(Data Mart)
④ 데이터 정제(Data Cleansing)
⑤ 데이터 스크러빙(Data Scrubbing)

88 **다음 중 식스 시그마(6-Sigma)에 대한 설명으로 옳지 않은 것은?**

① 프로세스에서 불량과 변동성을 최소화하면서 기업의 성과를 최대화하려는 종합적이고 유연한 시스템이다.
② 프로그램의 최고 단계 훈련을 마치고, 프로젝트 팀 지도를 전담하는 직원은 마스터블랙벨트이다.
③ 통계적 프로세스 관리에 크게 의존하며, '정의 – 측정 – 분석 – 개선 – 통제(DMAIC)'의 단계를 걸쳐 추진된다.
④ 제조프로세스에서 기원하여 판매, 인적자원, 고객서비스, 재무서비스 부문까지 확대되고 있다.
⑤ 사무부분을 포함한 모든 프로세스의 질을 높이고 업무 비용을 획기적으로 절감하여 경쟁력 향상을 목표로 한다.

PART 3

89 **다음 〈보기〉 중 변동환율제도하에서 국내 원화의 가치가 상승하는 요인을 모두 고르면?**

보기
ⓐ 외국인의 국내 부동산 구입 증가
ⓑ 국내 기준금리 인상
ⓒ 미국의 확대적 재정정책 시행
ⓓ 미국의 국채이자율의 상승

① ⓐ, ⓑ
② ⓐ, ⓒ
③ ⓑ, ⓒ
④ ⓑ, ⓓ
⑤ ⓒ, ⓓ

90 **다음 중 통화량 증가 시 이자율을 상승시키는 요인이 아닌 것은?**

① 소비자들이 미래의 소비보다 현재의 소비에 대한 욕구가 큰 경우
② 단위당 기대수익률이 큰 경우
③ 향후 인플레이션 발생을 예상한 구매력 변동
④ 경제성장률과 물가상승률이 하락
⑤ 채권회수율의 하락

91 다음 〈보기〉에서 유량변수와 저량변수를 바르게 나타낸 것은?

보기

㉠ 소비 ㉡ 통화량
㉢ 노동량 ㉣ 공급량
㉤ 수요량

	유량변수	저량변수
①	㉠, ㉡	㉢, ㉣, ㉤
②	㉠, ㉡, ㉢	㉣, ㉤
③	㉠, ㉣, ㉤	㉡, ㉢
④	㉢, ㉣, ㉤	㉠, ㉡
⑤	㉣, ㉤	㉠, ㉡, ㉢

92 다음 국제거래 중 우리나라의 경상수지 흑자를 증가시키는 것은?

① 외국인이 우리나라 기업의 주식을 매입하였다.
② 우리나라 학생의 해외유학이 증가하였다.
③ 미국 기업은 우리나라에 자동차 공장을 건설하였다.
④ 우리나라 기업이 중국기업으로부터 특허료를 지급받았다.
⑤ 우리나라 기업이 외국인에게 주식투자에 대한 배당금을 지급하였다.

93 다음 중 내생적 성장이론에 대한 설명으로 옳지 않은 것은?

① 지속적인 경제성장이 일어나게 만드는 요인을 모형 안에서 찾으려는 이론이다.
② 연구개발 투자 및 인적자본의 중요성을 강조하는 이론이다.
③ 선진국과 개도국간의 생활수준 격차가 더 벌어질 가능성이 있다는 것을 설명한다.
④ 내생적 성장에 관한 학습효과(Learning-by-Doing)모형은 의도적인 교육투자의 중요성을 강조한다.
⑤ 저축률이 상승하면 경제성장률은 지속적으로 높아진다.

94 어느 한 경제에서 생산 활동에 참가하는 당사자는 A와 B이고, 각각의 효용을 U와 V로 나타낸다고 가정하자. 이 경우 롤스(J. Rawls)의 사회후생함수를 옳게 표현한 것은?(단, W는 사회 전체의 후생을 나타낸다)

① W=min(U, V)
② W=max(U, V)
③ W=U×V
④ W=$\frac{(U+V)}{2}$
⑤ W=U+V

95 조세특례제한법상의 '총급여액 등'을 기준으로 근로장려금 산정방식을 다음과 같이 설계하였다고 가정할 때, 총급여액 등에 따른 근로장려금 계산 결과로 옳지 않은 것은?

> • 총급여액 등 1,000만 원 미만 : (근로장려금)=(총급여액 등)×100분의 20
> • 총급여액 등 1,000만 원 이상 1,200만 원 미만 : 근로장려금 200만 원
> • 총급여액 등 1,200만 원 이상 3,200만 원 미만 : 근로장려금
> =200만 원−[(총급여액 등)−1,200만 원]×100분의 10
> ※ 재산, 가구원 수, 부양아동 수, 소득의 종류 등 다른 조건은 일체 고려하지 않는다.

① 총급여액 등이 500만 원일 때, 근로장려금 100만 원
② 총급여액 등이 1,100만 원일 때, 근로장려금 200만 원
③ 총급여액 등이 1,800만 원일 때, 근로장려금 150만 원
④ 총급여액 등이 2,200만 원일 때, 근로장려금 100만 원
⑤ 총급여액 등이 2,700만 원일 때, 근로장려금 50만 원

96 다음 〈보기〉 중 사회복지정책이 필요한 이유를 모두 고르면?

> **보기**
> ㄱ. 국민의 생존권 보장
> ㄴ. 사회통합의 증진
> ㄷ. 개인의 자립성 증진
> ㄹ. 능력에 따른 분배

① ㄱ, ㄴ
② ㄴ, ㄷ
③ ㄴ, ㄹ
④ ㄱ, ㄴ, ㄷ
⑤ ㄱ, ㄷ, ㄹ

97 **사회복지정책의 발달이론 중 의회민주주의의 정착과 노동자 계급의 조직화된 힘을 강조하는 이론은?**

① 산업화론 ② 권력자원이론
③ 확산이론 ④ 사회양심이론
⑤ 국가중심이론

98 **다음 중 생태체계이론의 유용성에 대한 설명으로 옳지 않은 것은?**

① 문제에 대한 총체적 이해와 조망을 제공한다.
② 각 체계들로부터 다양하고 객관적인 정보 획득이 용이하다.
③ 각 환경 수준별 개입의 근거를 제시한다.
④ 구체적인 방법과 기술 제시에는 한계가 있다.
⑤ 개인보다 가족, 집단, 공동체 등의 문제에 적용하는 데 유용하다.

99 **다음 중 이상행동과 사회복지실천에 대한 설명으로 옳지 않은 것은?**

① 사회문화적 규범에서 벗어나거나 개인과 타인에게 불편과 고통을 유발하는 행동이다.
② 유일한 진단분류체계로 '정신질환 진단 및 통계편람(DSM)'이 있다.
③ 이상행동의 개념은 사회문화, 역사진행과정의 영향을 받는다.
④ 정신건강사회복지사가 전문실천가로 활동한다.
⑤ 이상행동은 클라이언트들이 겪는 문제의 원인이나 결과가 되기도 한다.

100 **다음 중 사회복지 실천현장과 분류의 연결로 옳지 않은 것은?**

① 사회복지관 – 1차 현장
② 종합병원 – 2차 현장
③ 발달장애인지원센터 – 이용시설
④ 노인보호전문기관 – 생활시설
⑤ 사회복지공동모금회 – 비영리기관

PART 4

채용 가이드

CHAPTER

01 블라인드 채용 소개

1. 블라인드 채용이란?

채용 과정에서 편견이 개입되어 불합리한 차별을 야기할 수 있는 출신지, 가족관계, 학력, 외모 등의 편견요인은 제외하고, 직무능력만을 평가하여 인재를 채용하는 방식입니다.

2. 블라인드 채용의 필요성

- 채용의 공정성에 대한 사회적 요구
  - 누구에게나 직무능력만으로 경쟁할 수 있는 균등한 고용기회를 제공해야 하나, 아직도 채용의 공정성에 대한 불신이 존재
  - 채용상 차별금지에 대한 법적 요건이 권고적 성격에서 처벌을 동반한 의무적 성격으로 강화되는 추세
  - 시민의식과 지원자의 권리의식 성숙으로 차별에 대한 법적 대응 가능성 증가
- 우수인재 채용을 통한 기업의 경쟁력 강화 필요
  - 직무능력과 무관한 학벌, 외모 위주의 선발로 우수인재 선발기회 상실 및 기업경쟁력 약화
  - 채용 과정에서 차별 없이 직무능력중심으로 선발한 우수인재 확보 필요
- 공정한 채용을 통한 사회적 비용 감소 필요
  - 편견에 의한 차별적 채용은 우수인재 선발을 저해하고 외모·학벌 지상주의 등의 심화로 불필요한 사회적 비용 증가
  - 채용에서의 공정성을 높여 사회의 신뢰수준 제고

3. 블라인드 채용의 특징

편견요인을 요구하지 않는 대신 직무능력을 평가합니다.

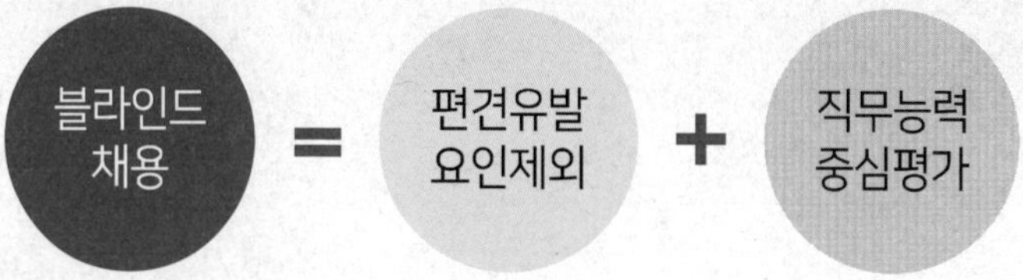

※ 직무능력중심 채용이란?
기업의 역량기반 채용, NCS기반 능력중심 채용과 같이 직무수행에 필요한 능력과 역량을 평가하여 선발하는 채용방식을 통칭합니다.

4. 블라인드 채용의 평가요소

직무수행에 필요한 지식, 기술, 태도 등을 과학적인 선발기법을 통해 평가합니다.

평가기준 = 직무수행에 필요한 직무능력

※ 과학적 선발기법이란?
직무분석을 통해 도출된 평가요소를 서류, 필기, 면접 등을 통해 체계적으로 평가하는 방법으로 입사지원서, 자기소개서, 직무수행능력평가, 구조화 면접 등이 해당됩니다.

5. 블라인드 채용 주요 도입 내용

- 입사지원서에 인적사항 요구 금지
  - 인적사항에는 출신지역, 가족관계, 결혼여부, 재산, 취미 및 특기, 종교, 생년월일(연령), 성별, 신장 및 체중, 사진, 전공, 학교명, 학점, 외국어 점수, 추천인 등이 해당
  - 채용 직무를 수행하는 데 있어 반드시 필요하다고 인정될 경우는 제외

    예 특수경비직 채용 시 : 시력, 건강한 신체 요구
    연구직 채용 시 : 논문, 학위 요구 등
- 블라인드 면접 실시
  - 면접관에게 응시자의 출신지역, 가족관계, 학교명 등 인적사항 정보 제공 금지
  - 면접관은 응시자의 인적사항에 대한 질문 금지

6. 블라인드 채용 도입의 효과성

- 구성원의 다양성과 창의성이 높아져 기업 경쟁력 강화
  - 편견을 없애고 직무능력 중심으로 선발하므로 다양한 직원 구성 가능
  - 다양한 생각과 의견을 통하여 기업의 창의성이 높아져 기업경쟁력 강화
- 직무에 적합한 인재선발을 통한 이직률 감소 및 만족도 제고
  - 사전에 지원자들에게 구체적이고 상세한 직무요건을 제시함으로써 허수 지원이 낮아지고, 직무에 적합한 지원자 모집 가능
  - 직무에 적합한 인재가 선발되어 직무이해도가 높아져 업무효율 증대 및 만족도 제고
- 채용의 공정성과 기업이미지 제고
  - 블라인드 채용은 사회적 편견을 줄인 선발 방법으로 기업에 대한 사회적 인식 제고
  - 채용과정에서 불합리한 차별을 받지 않고 실력에 의해 공정하게 평가를 받을 것이라는 믿음을 제공하고, 지원자들은 평등한 기회와 공정한 선발과정 경험

CHAPTER

02 서류전형 가이드

01 채용공고문

1. 채용공고문의 변화

기존 채용공고문	변화된 채용공고문
• 취업준비생에게 불충분하고 불친절한 측면 존재 • 모집분야에 대한 명확한 직무관련 정보 및 평가기준 부재 • 해당분야에 지원하기 위한 취업준비생의 무분별한 스펙 쌓기 현상 발생	• NCS 직무분석에 기반한 채용공고를 토대로 채용전형 진행 • 지원자가 입사 후 수행하게 될 업무에 대한 자세한 정보 공지 • 직무수행내용, 직무수행 시 필요한 능력, 관련된 자격, 직업기초능력 제시 • 지원자가 해당 직무에 필요한 스펙만을 준비할 수 있도록 안내
• 모집부문 및 응시자격 • 지원서 접수 • 전형절차 • 채용조건 및 처우 • 기타사항	• 채용절차 • 채용유형별 선발분야 및 예정인원 • 전형방법 • 선발분야별 직무기술서 • 우대사항

2. 지원 유의사항 및 지원요건 확인

채용 직무에 따른 세부사항을 공고문에 명시하여 지원자에게 적격한 지원 기회를 부여함과 동시에 채용과정에서의 공정성과 신뢰성을 확보합니다.

구성	내용	확인사항
모집분야 및 규모	고용형태(인턴 계약직 등), 모집분야, 인원, 근무지역 등	채용직무가 여러 개일 경우 본인이 해당되는 직무의 채용규모 확인
응시자격	기본 자격사항, 지원조건	지원을 위한 최소자격요건을 확인하여 불필요한 지원을 예방
우대조건	법정 · 특별 · 자격증 가점	본인의 가점 여부를 검토하여 가점 획득을 위한 사항을 사실대로 기재
근무조건 및 보수	고용형태 및 고용기간, 보수, 근무지	본인이 생각하는 기대수준에 부합하는지 확인하여 불필요한 지원을 예방
시험방법	서류 · 필기 · 면접전형 등의 활용방안	전형방법 및 세부 평가기법 등을 확인하여 지원전략 준비
전형일정	접수기간, 각 전형 단계별 심사 및 합격자 발표일 등	본인의 지원 스케줄을 검토하여 차질이 없도록 준비
제출서류	입사지원서(경력 · 경험기술서 등), 각종 증명서 및 자격증 사본 등	지원요건 부합 여부 및 자격 증빙서류 사전에 준비
유의사항	임용취소 등의 규정	임용취소 관련 법적 또는 기관 내부 규정을 검토하여 해당여부 확인

02 직무기술서

직무기술서란 직무수행의 내용과 필요한 능력, 관련 자격, 직업기초능력 등을 상세히 기재한 것으로 입사 후 수행하게 될 업무에 대한 정보가 수록되어 있는 자료입니다.

1. 채용분야

설명

NCS 직무분류 체계에 따라 직무에 대한 「대분류 – 중분류 – 소분류 – 세분류」 체계를 확인할 수 있습니다. 채용 직무에 대한 모든 직무기술서를 첨부하게 되며 실제 수행 업무를 기준으로 세부적인 분류정보를 제공합니다.

채용분야	분류체계			
사무행정	대분류	중분류	소분류	세분류
분류코드	02. 경영 · 회계 · 사무	03. 재무 · 회계	01. 재무	01. 예산
				02. 자금
			02. 회계	01. 회계감사
				02. 세무

2. 능력단위

설명

직무분류 체계의 세분류 하위능력단위 중 실질적으로 수행할 업무의 능력만 구체적으로 파악할 수 있습니다.

능력단위	(예산)	03. 연간종합예산수립 05. 확정예산 운영	04. 추정재무제표 작성 06. 예산실적 관리
	(자금)	04. 자금운용	
	(회계감사)	02. 자금관리 05. 회계정보시스템 운용 07. 회계감사	04. 결산관리 06. 재무분석
	(세무)	02. 결산관리 07. 법인세 신고	05. 부가가치세 신고

3. 직무수행내용

설명

세분류 영역의 기본정의를 통해 직무수행내용을 확인할 수 있습니다. 입사 후 수행할 직무내용을 구체적으로 확인할 수 있으며, 이를 통해 입사서류 작성부터 면접까지 직무에 대한 명확한 이해를 바탕으로 자신의 희망직무인지 아닌지, 해당 직무가 자신이 알고 있던 직무가 맞는지 확인할 수 있습니다.

직무수행내용	(예산) 일정기간 예상되는 수익과 비용을 편성, 집행하며 통제하는 일
	(자금) 자금의 계획 수립, 조달, 운용을 하고 발생 가능한 위험 관리 및 성과평가
	(회계감사) 기업 및 조직 내 · 외부에 있는 의사결정자들이 효율적인 의사결정을 할 수 있도록 유용한 정보를 제공, 제공된 회계정보의 적정성을 파악하는 일
	(세무) 세무는 기업의 활동을 위하여 주어진 세법범위 내에서 조세부담을 최소화시키는 조세전략을 포함하고 정확한 과세소득과 과세표준 및 세액을 산출하여 과세당국에 신고 · 납부하는 일

4. 직무기술서 예시

태도	(예산) 정확성, 분석적 태도, 논리적 태도, 타 부서와의 협조적 태도, 설득력
	(자금) 분석적 사고력
	(회계 감사) 합리적 태도, 전략적 사고, 정확성, 적극적 협업 태도, 법률준수 태도, 분석적 태도, 신속성, 책임감, 정확한 판단력
	(세무) 규정 준수 의지, 수리적 정확성, 주의 깊은 태도
우대 자격증	공인회계사, 세무사, 컴퓨터활용능력, 변호사, 워드프로세서, 전산회계운용사, 사회조사분석사, 재경관리사, 회계관리 등
직업기초능력	의사소통능력, 문제해결능력, 자원관리능력, 대인관계능력, 정보능력, 조직이해능력

5. 직무기술서 내용별 확인사항

항목	확인사항
모집부문	해당 채용에서 선발하는 부문(분야)명 확인 [예] 사무행정, 전산, 전기
분류체계	지원하려는 분야의 세부직무군 확인
주요기능 및 역할	지원하려는 기업의 전사적인 기능과 역할, 산업군 확인
능력단위	지원분야의 직무수행에 관련되는 세부업무사항 확인
직무수행내용	지원분야의 직무군에 대한 상세사항 확인
전형방법	지원하려는 기업의 신입사원 선발전형 절차 확인
일반요건	교육사항을 제외한 지원 요건 확인(자격요건, 특수한 경우 연령)
교육요건	교육사항에 대한 지원요건 확인(대졸 / 초대졸 / 고졸 / 전공 요건)
필요지식	지원분야의 업무수행을 위해 요구되는 지식 관련 세부항목 확인
필요기술	지원분야의 업무수행을 위해 요구되는 기술 관련 세부항목 확인
직무수행태도	지원분야의 업무수행을 위해 요구되는 태도 관련 세부항목 확인
직업기초능력	지원분야 또는 지원기업의 조직원으로서 근무하기 위해 필요한 일반적인 능력사항 확인

03 입사지원서

1. 입사지원서의 변화

기존지원서		능력중심 채용 입사지원서
직무와 관련 없는 학점, 개인신상, 어학점수, 자격, 수상경력 등을 나열하도록 구성	VS	해당 직무수행에 꼭 필요한 정보들을 제시할 수 있도록 구성

기존		능력중심 채용 입사지원서	
직무기술서	→	인적사항	성명, 연락처, 지원분야 등 작성 (평가 미반영)
직무수행내용		교육사항	직무지식과 관련된 학교교육 및 직업교육 작성
요구지식 / 기술		자격사항	직무관련 국가공인 또는 민간자격 작성
관련 자격증		경력 및 경험사항	조직에 소속되어 일정한 임금을 받거나(경력) 임금 없이(경험) 직무와 관련된 활동 내용 작성
사전직무경험			

2. 교육사항

- 지원분야 직무와 관련된 학교 교육이나 직업교육 혹은 기타교육 등 직무에 대한 지원자의 학습 여부를 평가하기 위한 항목입니다.
- 지원하고자 하는 직무의 학교 전공교육 이외에 직업교육, 기타교육 등을 기입할 수 있기 때문에 전공제한 없이 직업교육과 기타교육을 이수하여 지원이 가능하도록 기회를 제공합니다.
  (기타교육 : 학교 이외의 기관에서 개인이 이수한 교육과정 중 지원직무와 관련이 있다고 생각되는 교육내용)

구분	교육과정(과목)명	교육내용	과업(능력단위)

3. 자격사항

- 채용공고 및 직무기술서에 제시되어 있는 자격 현황을 토대로 지원자가 해당 직무를 수행하는 데 필요한 능력을 가지고 있는지를 평가하기 위한 항목입니다.
- 채용공고 및 직무기술서에 기재된 직무관련 필수 또는 우대자격 항목을 확인하여 본인이 보유하고 있는 자격사항을 기재합니다.

자격유형	자격증명	발급기관	취득일자	자격증번호

4. 경력 및 경험사항

- 직무와 관련된 경력이나 경험 여부를 표현하도록 하여 직무와 관련한 능력을 갖추었는지를 평가하기 위한 항목입니다.
- 해당 기업에서 직무를 수행함에 있어 필요한 사항만을 기록하게 되어 있기 때문에 직무와 무관한 스펙을 갖추지 않아도 됩니다.
- 경력 : 금전적 보수를 받고 일정기간 동안 일했던 경우
- 경험 : 금전적 보수를 받지 않고 수행한 활동

※ 기업에 따라 경력 / 경험 관련 증빙자료 요구 가능

구분	조직명	직위 / 역할	활동기간(년 / 월)	주요과업 / 활동내용

Tip

입사지원서 작성 방법

○ 경력 및 경험사항 작성

- 직무기술서에 제시된 지식, 기술, 태도와 지원자의 교육사항, 경력(경험)사항, 자격사항과 연계하여 개인의 직무역량에 대해 스스로 판단 가능

○ 인적사항 최소화

- 개인의 인적사항, 학교명, 가족관계 등을 노출하지 않도록 유의

부적절한 입사지원서 작성 사례

- 학교 이메일을 기입하여 학교명 노출
- 거주지 주소에 학교 기숙사 주소를 기입하여 학교명 노출
- 자기소개서에 부모님이 재직 중인 기업명, 직위, 직업을 기입하여 가족관계 노출
- 자기소개서에 석·박사 과정에 대한 이야기를 언급하여 학력 노출
- 동아리 활동에 대한 내용을 학교명과 더불어 언급하여 학교명 노출

04 자기소개서

1. 자기소개서의 변화

- 기존의 자기소개서는 지원자의 일대기나 관심 분야, 성격의 장·단점 등 개괄적인 사항을 묻는 질문으로 구성되어 지원자가 자신의 직무능력을 제대로 표출하지 못합니다.
- 능력중심 채용의 자기소개서는 직무기술서에 제시된 직업기초능력(또는 직무수행능력)에 대한 지원자의 과거 경험을 기술하게 함으로써 평가 타당도의 확보가 가능합니다.

1. 우리 회사와 해당 지원 직무분야에 지원한 동기에 대해 기술해 주세요.

2. 자신이 경험한 다양한 사회활동에 대해 기술해 주세요.

3. 지원 직무에 대한 전문성을 키우기 위해 받은 교육과 경험 및 경력사항에 대해 기술해 주세요.

4. 인사업무 또는 팀 과제 수행 중 발생한 갈등을 원만하게 해결해 본 경험이 있습니까? 당시 상황에 대한 설명과 갈등의 대상이 되었던 상대방을 설득한 과정 및 방법을 기술해 주세요.

5. 과거에 있었던 일 중 가장 어려웠었던(힘들었었던) 상황을 고르고, 어떤 방법으로 그 상황을 해결했는지를 기술해 주세요.

PART 4

Tip

자기소개서 작성 방법

① 자기소개서 문항이 묻고 있는 평가 역량 추측하기

> 예시
>
> • 팀 활동을 하면서 갈등 상황 시 상대방의 니즈나 의도를 명확히 파악하고 해결하여 목표 달성에 기여했던 경험에 대해서 작성해 주시기 바랍니다.
>
> • 다른 사람이 생각해내지 못했던 문제점을 찾고 이를 해결한 경험에 대해 작성해 주시기 바랍니다.

② 해당 역량을 보여줄 수 있는 소재 찾기(시간×역량 매트릭스)

예시

시간 →

평가역량 ↓

	2019년	2020년	2021년	2022년
도전정신	*대학 발표수업*	*대학 발표수업*	~~*다이어트(헬스)*~~	
대인관계	*대학 발표수업*	*대학 발표수업*		*경영 동아리*
의사소통	*편의점 아르바이트*	~~*군대 작업*~~	*봉사 동아리*	
직무역량			*경영 동아리*	*Book Study*
…				

③ 자기소개서 작성 Skill 익히기

• 두괄식으로 작성하기
• 구체적 사례를 사용하기
• '나'를 중심으로 작성하기
• 직무역량 강조하기
• 경험 사례의 차별성 강조하기

CHAPTER

03 인성검사 소개 및 모의테스트

01 인성검사 유형

인성검사는 지원자의 성격특성을 객관적으로 파악하고 그것이 각 기업에서 필요로 하는 인재상과 가치에 부합하는가를 평가하기 위한 검사입니다. 인성검사는 KPDI(한국인재개발진흥원), K-SAD(한국사회적성개발원), KIRBS(한국행동과학연구소), SHR(에스에이치알) 등의 전문기관을 통해 각 기업의 특성에 맞는 검사를 선택하여 실시합니다. 대표적인 인성검사의 유형에는 크게 다음과 같은 세 가지가 있으며, 채용 대행업체에 따라 달라집니다.

PART 4

1. KPDI 검사

조직적응성과 직무적합성을 알아보기 위한 검사로 인성검사, 인성역량검사, 인적성검사, 직종별 인적성검사 등의 다양한 검사 도구를 구현합니다. KPDI는 성격을 파악하고 정신건강 상태 등을 측정하고, 직무검사는 해당 직무를 수행하기 위해 기본적으로 갖추어야 할 인지적 능력을 측정합니다. 역량검사는 특정 직무 역할을 효과적으로 수행하는 데 직접적으로 관련 있는 개인의 행동, 지식, 스킬, 가치관 등을 측정합니다.

2. KAD(Korea Aptitude Development) 검사

K-SAD(한국사회적성개발원)에서 실시하는 적성검사 프로그램입니다. 개인의 성향, 지적 능력, 기호, 관심, 흥미도를 종합적으로 분석하여 적성에 맞는 업무가 무엇인가 파악하고, 직무수행에 있어서 요구되는 기초능력과 실무능력을 분석합니다.

3. SHR 직무적성검사

직무수행에 필요한 종합적인 사고 능력을 다양한 적성검사(Paper and Pencil Test)로 평가합니다. SHR의 모든 직무능력검사는 표준화 검사입니다. 표준화 검사는 표본집단의 점수를 기초로 규준이 만들어진 검사이므로 개인의 점수를 규준에 맞추어 해석 · 비교하는 것이 가능합니다. S(Standardized Tests), H(Hundreds of Version), R(Reliable Norm Data)을 특징으로 하며, 직군 · 직급별 특성과 선발 수준에 맞추어 검사를 적용할 수 있습니다.

02 인성검사와 면접

인성검사는 특히 면접질문과 관련성이 높습니다. 면접관은 지원자의 인성검사 결과를 토대로 질문을 하기 때문입니다. 일관적이고 이상적인 답변을 하는 것이 가장 좋지만, 실제 시험은 매우 복잡하여 전문가라 해도 일정 성격을 유지하면서 답변을 하는 것이 힘듭니다. 또한, 인성검사에는 라이 스케일(Lie Scale) 설문이 전체 설문 속에 교묘하게 섞여 들어가 있으므로 겉치레적인 답을 하게 되면 회답태도의 허위성이 그대로 드러나게 됩니다. 예를 들어 '거짓말을 한 적이 한 번도 없다.'에 '예'로 답하고, '때로는 거짓말을 하기도 한다.'에 '예'라고 답하여 라이 스케일의 득점이 올라가게 되면 모든 회답의 신빙성이 사라지고 '자신을 돋보이게 하려는 사람'이라는 평가를 받을 수 있으므로 주의해야 합니다. 따라서 모의테스트를 통해 인성검사의 유형과 실제 시험 시 어떻게 문제를 풀어야 하는지 연습해 보고 체크한 부분 중 자신의 단점과 연결되는 부분은 면접에서 질문이 들어왔을 때 어떻게 대처해야 하는지 생각해 보는 것이 좋습니다.

03 유의사항

1. 기업의 인재상을 파악하라!

인성검사를 통해 개인의 성격 특성을 파악하고 그것이 기업의 인재상과 가치에 부합하는지를 평가하는 시험이기 때문에 해당 기업의 인재상을 먼저 파악하고 시험에 임하는 것이 좋습니다. 모의테스트에서 인재상에 맞는 가상의 인물을 설정하고 문제에 답해 보는 것도 많은 도움이 됩니다.

2. 일관성 있는 대답을 하라!

짧은 시간 안에 다양한 질문에 답을 해야 하는데, 그 안에는 중복되는 질문이 여러 번 나옵니다. 이때 앞서 자신이 체크했던 대답을 잘 기억해뒀다가 일관성 있는 답을 하는 것이 중요합니다.

3. 모든 문항에 대답하라!

많은 문제를 짧은 시간 안에 풀려다 보니 다 못 푸는 경우도 종종 생깁니다. 하지만 대답을 누락하거나 끝까지 다 못했을 경우 좋지 않은 결과를 가져올 수도 있으니 최대한 주어진 시간 안에 모든 문항에 답할 수 있도록 해야 합니다.

04 KPDI 모의테스트

※ 모의테스트는 질문 및 답변 유형 연습을 위한 것으로 실제 시험과 다를 수 있습니다.
※ 인성검사는 정답이 따로 없는 유형의 검사이므로 결과지를 제공하지 않습니다.

번호	내용	예	아니요
001	나는 솔직한 편이다.	☐	☐
002	나는 리드하는 것을 좋아한다.	☐	☐
003	법을 어겨서 말썽이 된 적이 한 번도 없다.	☐	☐
004	거짓말을 한 번도 한 적이 없다.	☐	☐
005	나는 눈치가 빠르다.	☐	☐
006	나는 일을 주도하기보다는 뒤에서 지원하는 것을 선호한다.	☐	☐
007	앞일은 알 수 없기 때문에 계획은 필요하지 않다.	☐	☐
008	거짓말도 때로는 방편이라고 생각한다.	☐	☐
009	사람이 많은 술자리를 좋아한다.	☐	☐
010	걱정이 지나치게 많다.	☐	☐
011	일을 시작하기 전 재고하는 경향이 있다.	☐	☐
012	불의를 참지 못한다.	☐	☐
013	처음 만나는 사람과도 이야기를 잘 한다.	☐	☐
014	때로는 변화가 두렵다.	☐	☐
015	나는 모든 사람에게 친절하다.	☐	☐
016	힘든 일이 있을 때 술은 위로가 되지 않는다.	☐	☐
017	결정을 빨리 내리지 못해 손해를 본 경험이 있다.	☐	☐
018	기회를 잡을 준비가 되어 있다.	☐	☐
019	때로는 내가 정말 쓸모없는 사람이라고 느낀다.	☐	☐
020	누군가 나를 챙겨주는 것이 좋다.	☐	☐
021	자주 가슴이 답답하다.	☐	☐
022	나는 내가 자랑스럽다.	☐	☐
023	경험이 중요하다고 생각한다.	☐	☐
024	전자기기를 분해하고 다시 조립하는 것을 좋아한다.	☐	☐

025	감시받고 있다는 느낌이 든다.	☐	☐
026	난처한 상황에 놓이면 그 순간을 피하고 싶다.	☐	☐
027	세상엔 믿을 사람이 없다.	☐	☐
028	잘못을 빨리 인정하는 편이다.	☐	☐
029	지도를 보고 길을 잘 찾아간다.	☐	☐
030	귓속말을 하는 사람을 보면 날 비난하고 있는 것 같다.	☐	☐
031	막무가내라는 말을 들을 때가 있다.	☐	☐
032	장래의 일을 생각하면 불안하다.	☐	☐
033	결과보다 과정이 중요하다고 생각한다.	☐	☐
034	운동은 그다지 할 필요가 없다고 생각한다.	☐	☐
035	새로운 일을 시작할 때 좀처럼 한 발을 떼지 못한다.	☐	☐
036	기분 상하는 일이 있더라도 참는 편이다.	☐	☐
037	업무능력은 성과로 평가받아야 한다고 생각한다.	☐	☐
038	머리가 맑지 못하고 무거운 느낌이 든다.	☐	☐
039	가끔 이상한 소리가 들린다.	☐	☐
040	타인이 내게 자주 고민상담을 하는 편이다.	☐	☐

05 SHR 모의테스트

※ 모의테스트는 질문 및 답변 유형 연습을 위한 것으로 실제 시험과 다를 수 있습니다.
※ 인성검사는 정답이 따로 없는 유형의 검사이므로 결과지를 제공하지 않습니다.

※ 이 성격검사의 각 문항에는 서로 다른 행동을 나타내는 네 개의 문장이 제시되어 있습니다. 이 문장들을 비교하여, 자신의 평소 행동과 가장 가까운 문장을 'ㄱ' 열에 표기하고, 가장 먼 문장을 'ㅁ' 열에 표기하십시오.

01 나는 ____________________

	ㄱ	ㅁ
A. 실용적인 해결책을 찾는다.	☐	☐
B. 다른 사람을 돕는 것을 좋아한다.	☐	☐
C. 세부 사항을 잘 챙긴다.	☐	☐
D. 상대의 주장에서 허점을 잘 찾는다.	☐	☐

02 나는 ____________________

	ㄱ	ㅁ
A. 매사에 적극적으로 임한다.	☐	☐
B. 즉흥적인 편이다.	☐	☐
C. 관찰력이 있다.	☐	☐
D. 임기응변에 강하다.	☐	☐

03 나는 ____________________

	ㄱ	ㅁ
A. 무서운 영화를 잘 본다.	☐	☐
B. 조용한 곳이 좋다.	☐	☐
C. 가끔 울고 싶다.	☐	☐
D. 집중력이 좋다.	☐	☐

04 나는 ____________________

	ㄱ	ㅁ
A. 기계를 조립하는 것을 좋아한다.	☐	☐
B. 집단에서 리드하는 역할을 맡는다.	☐	☐
C. 호기심이 많다.	☐	☐
D. 음악을 듣는 것을 좋아한다.	☐	☐

05 나는 ______________________

	ㄱ	ㅁ
A. 타인을 늘 배려한다.	☐	☐
B. 감수성이 예민하다.	☐	☐
C. 즐겨하는 운동이 있다.	☐	☐
D. 일을 시작하기 전에 계획을 세운다.	☐	☐

06 나는 ______________________

	ㄱ	ㅁ
A. 타인에게 설명하는 것을 좋아한다.	☐	☐
B. 여행을 좋아한다.	☐	☐
C. 정적인 것이 좋다.	☐	☐
D. 남을 돕는 것에 보람을 느낀다.	☐	☐

07 나는 ______________________

	ㄱ	ㅁ
A. 기계를 능숙하게 다룬다.	☐	☐
B. 밤에 잠이 잘 오지 않는다.	☐	☐
C. 한 번 간 길을 잘 기억한다.	☐	☐
D. 불의를 보면 참을 수 없다.	☐	☐

08 나는 ______________________

	ㄱ	ㅁ
A. 종일 말을 하지 않을 때가 있다.	☐	☐
B. 사람이 많은 곳을 좋아한다.	☐	☐
C. 술을 좋아한다.	☐	☐
D. 휴양지에서 편하게 쉬고 싶다.	☐	☐

09 나는 ______________________

	ㄱ	ㅁ
A. 뉴스보다는 드라마를 좋아한다.	▢	▢
B. 길을 잘 찾는다.	▢	▢
C. 주말엔 집에서 쉬는 것이 좋다.	▢	▢
D. 아침에 일어나는 것이 힘들다.	▢	▢

10 나는 ______________________

	ㄱ	ㅁ
A. 이성적이다.	▢	▢
B. 할 일을 종종 미룬다.	▢	▢
C. 어른을 대하는 게 힘들다.	▢	▢
D. 불을 보면 매혹을 느낀다.	▢	▢

11 나는 ______________________

	ㄱ	ㅁ
A. 상상력이 풍부하다.	▢	▢
B. 예의 바르다는 소리를 자주 듣는다.	▢	▢
C. 사람들 앞에 서면 긴장한다.	▢	▢
D. 친구를 자주 만난다.	▢	▢

12 나는 ______________________

	ㄱ	ㅁ
A. 나만의 스트레스 해소 방법이 있다.	▢	▢
B. 친구가 많다.	▢	▢
C. 책을 자주 읽는다.	▢	▢
D. 활동적이다.	▢	▢

CHAPTER

04 면접전형 가이드

01 면접유형 파악

1. 면접전형의 변화

기존 면접전형에서는 일상적이고 단편적인 대화나 지원자의 첫인상 및 면접관의 주관적인 판단 등에 의해서 입사 결정 여부를 판단하는 경우가 많았습니다. 이러한 면접전형은 면접 내용의 일관성이 결여되거나 직무 관련 타당성이 부족하였고, 면접에 대한 신뢰도에 영향을 주었습니다.

기존 면접(전통적 면접)		능력중심 채용 면접(구조화 면접)
• 일상적이고 단편적인 대화 • 인상, 외모 등 외부 요소의 영향 • 주관적인 판단에 의존한 총점 부여 ⇩ • 면접 내용의 일관성 결여 • 직무관련 타당성 부족 • 주관적인 채점으로 신뢰도 저하	VS	• 일관성 – 직무관련 역량에 초점을 둔 구체적 질문 목록 – 지원자별 동일 질문 적용 • 구조화 – 면접 진행 및 평가 절차를 일정한 체계에 의해 구성 • 표준화 – 평가 타당도 제고를 위한 평가 Matrix 구성 – 척도에 따라 항목별 채점, 개인 간 비교 • 신뢰성 – 면접진행 매뉴얼에 따라 면접위원 교육 및 실습

2. 능력중심 채용의 면접 유형

① 경험 면접
- 목적 : 선발하고자 하는 직무 능력이 필요한 과거 경험을 질문합니다.
- 평가요소 : 직업기초능력과 인성 및 태도적 요소를 평가합니다.

② 상황 면접
- 목적 : 특정 상황을 제시하고 지원자의 행동을 관찰함으로써 실제 상황의 행동을 예상합니다.
- 평가요소 : 직업기초능력과 인성 및 태도적 요소를 평가합니다.

③ 발표 면접
- 목적 : 특정 주제와 관련된 지원자의 발표와 질의응답을 통해 지원자 역량을 평가합니다.
- 평가요소 : 직무수행능력과 인지적 역량(문제해결능력)을 평가합니다.

④ 토론 면접
- 목적 : 토의과제에 대한 의견수렴 과정에서 지원자의 역량과 상호작용능력을 평가합니다.
- 평가요소 : 직무수행능력과 팀워크를 평가합니다.

02 면접유형별 준비 방법

1. 경험 면접

① 경험 면접의 특징

- 주로 직업기초능력에 관련된 지원자의 과거 경험을 심층 질문하여 검증하는 면접입니다.
- 직무능력과 관련된 과거 경험을 평가하기 위해 심층 질문을 하며, 이 질문은 지원자의 답변에 대하여 '꼬리에 꼬리를 무는 형식'으로 진행됩니다.

> - 능력요소, 정의, 심사 기준
>   - 평가하고자 하는 능력요소, 정의, 심사기준을 확인하여 면접위원이 해당 능력요소 관련 질문을 제시합니다.
> - Opening Question
>   - 능력요소에 관련된 과거 경험을 유도하기 위한 시작 질문을 합니다.
> - Follow-up Question
>   - 지원자의 경험 수준을 구체적으로 검증하기 위한 질문입니다.
>   - 경험 수준 검증을 위한 상황(Situation), 임무(Task), 역할 및 노력(Action), 결과(Result) 등으로 질문을 구분합니다.

경험 면접의 형태

〈일대다 면접〉 〈다대다 면접〉

② 경험 면접의 구조

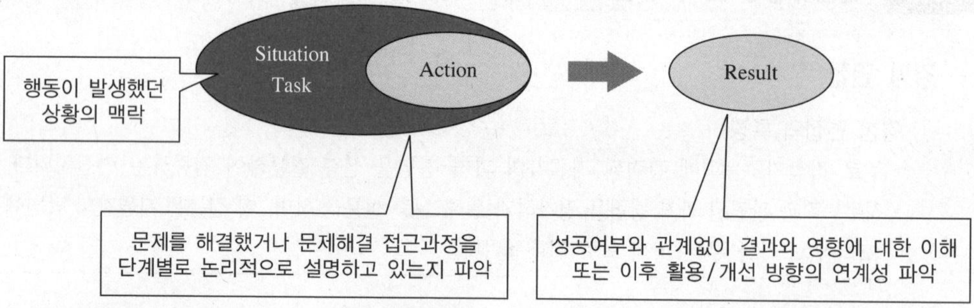

S(Situation)	귀하가 처해 있던 상황에 대해 말해 보시오.
T(Task)	귀하가 수행한 과제 / 과업은 무엇인가?
A(Action)	어떻게 행동(대응)했는가?
R(Result)	그 행동의 결과는 어땠는가?

(　　　　　　)에 관한 과거 경험에 대하여 말해 보시오.

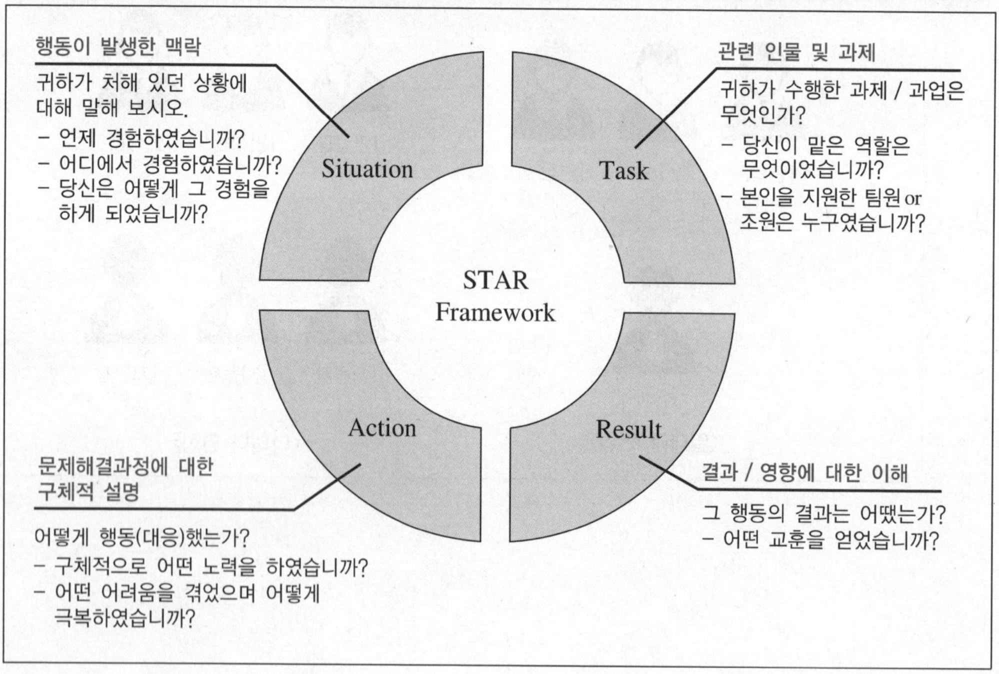

③ 경험 면접 질문 예시(직업윤리)

시작 질문	
1	남들이 신경 쓰지 않는 부분까지 고려하여 절차대로 업무(연구)를 수행하여 성과를 낸 경험을 구체적으로 말해 보시오.
2	조직의 원칙과 절차를 철저히 준수하며 업무(연구)를 수행한 것 중 성과를 향상시킨 경험에 대해 구체적으로 말해 보시오.
3	세부적인 절차와 규칙에 주의를 기울여 실수 없이 업무(연구)를 마무리한 경험을 구체적으로 말해 보시오.
4	조직의 규칙이나 원칙을 고려하여 성실하게 일했던 경험을 구체적으로 말해 보시오.
5	타인의 실수를 바로잡고 원칙과 절차대로 수행하여 성공적으로 업무를 마무리하였던 경험에 대해 말해 보시오.

후속 질문		
상황 (Situation)	상황	구체적으로 언제, 어디에서 경험한 일인가?
		어떤 상황이었는가?
	조직	어떤 조직에 속해 있었는가?
		그 조직의 특성은 무엇이었는가?
		몇 명으로 구성된 조직이었는가?
	기간	해당 조직에서 얼마나 일했는가?
		해당 업무는 몇 개월 동안 지속되었는가?
	조직규칙	조직의 원칙이나 규칙은 무엇이었는가?
임무 (Task)	과제	과제의 목표는 무엇이었는가?
		과제에 적용되는 조직의 원칙은 무엇이었는가?
		그 규칙을 지켜야 하는 이유는 무엇이었는가?
	역할	당신이 조직에서 맡은 역할은 무엇이었는가?
		과제에서 맡은 역할은 무엇이었는가?
	문제의식	규칙을 지키지 않을 경우 생기는 문제점 / 불편함은 무엇인가?
		해당 규칙이 왜 중요하다고 생각하였는가?
역할 및 노력 (Action)	행동	업무 과정의 어떤 장면에서 규칙을 철저히 준수하였는가?
		어떻게 규정을 적용시켜 업무를 수행하였는가?
		규정은 준수하는 데 어려움은 없었는가?
	노력	그 규칙을 지키기 위해 스스로 어떤 노력을 기울였는가?
		본인의 생각이나 태도에 어떤 변화가 있었는가?
		다른 사람들은 어떤 노력을 기울였는가?
	동료관계	동료들은 규칙을 철저히 준수하고 있었는가?
		팀원들은 해당 규칙에 대해 어떻게 반응하였는가?
		규칙에 대한 태도를 개선하기 위해 어떤 노력을 하였는가?
		팀원들의 태도는 당신에게 어떤 자극을 주었는가?
	업무추진	주어진 업무를 추진하는 데 규칙이 방해되진 않았는가?
		업무수행 과정에서 규정을 어떻게 적용하였는가?
		업무 시 규정을 준수해야 한다고 생각한 이유는 무엇인가?

PART 4

결과 (Result)	평가	규칙을 어느 정도나 준수하였는가?
		그렇게 준수할 수 있었던 이유는 무엇이었는가?
		업무의 성과는 어느 정도였는가?
		성과에 만족하였는가?
		비슷한 상황이 온다면 어떻게 할 것인가?
	피드백	주변 사람들로부터 어떤 평가를 받았는가?
		그러한 평가에 만족하는가?
		다른 사람에게 본인의 행동이 영향을 주었다고 생각하는가?
	교훈	업무수행 과정에서 중요한 점은 무엇이라고 생각하는가?
		이 경험을 통해 느낀 바는 무엇인가?

2. 상황 면접

① 상황 면접의 특징

직무 관련 상황을 가정하여 제시하고 이에 대한 대응능력을 직무관련성 측면에서 평가하는 면접입니다.

- 상황 면접 과제의 구성은 크게 2가지로 구분
  - 상황 제시(Description) / 문제 제시(Question or Problem)
- 현장의 실제 업무 상황을 반영하여 과제를 제시하므로 직무분석이나 직무전문가 워크숍 등을 거쳐 현장성을 높임
- 문제는 상황에 대한 기본적인 이해능력(이론적 지식)과 함께 실질적 대응이나 변수 고려능력(실천적 능력) 등을 고르게 질문해야 함

상황 면접의 형태

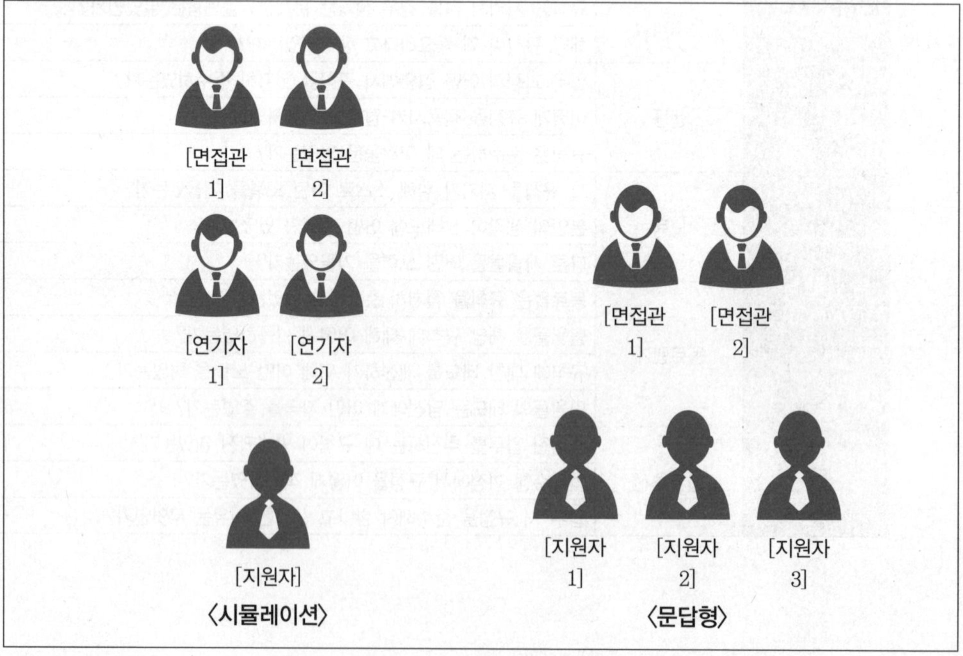

② 상황 면접 예시

상황 제시	인천공항 여객터미널 내에는 다양한 용도의 시설(사무실, 통신실, 식당, 전산실, 창고 면세점 등)이 설치되어 있습니다.	실제 업무 상황에 기반함
	금년에 소방배관의 누수가 잦아 메인 배관을 교체하는 공사를 추진하고 있으며, 당신은 이번 공사의 담당자입니다.	배경 정보
	주간에는 공항 운영이 이루어져 주로 야간에만 배관 교체 공사를 수행하던 중, 시공하는 기능공의 실수로 배관 연결 부위를 잘못 건드려 고압배관의 소화수가 누출되는 사고가 발생하였으며, 이로 인해 인근 시설물에 누수에 의한 피해가 발생하였습니다.	구체적인 문제 상황
문제 제시	일반적인 소방배관의 배관연결(이음)방식과 배관의 이탈(누수)이 발생하는 원인에 대해 설명해 보시오.	문제 상황 해결을 위한 기본 지식 문항
	담당자로서 본 사고를 현장에서 긴급히 처리하는 프로세스를 제시하고, 보수완료 후 사후적 조치가 필요한 부분 및 재발방지 방안에 대해 설명해 보시오.	문제 상황 해결을 위한 추가 대응 문항

3. 발표 면접

① 발표 면접의 특징

- 직무관련 주제에 대한 지원자의 생각을 정리하여 의견을 제시하고, 발표 및 질의응답을 통해 지원자의 직무능력을 평가하는 면접입니다.
- 발표 주제는 직무와 관련된 자료로 제공되며, 일정 시간 후 지원자가 보유한 지식 및 방안에 대한 발표 및 후속 질문을 통해 직무적합성을 평가합니다.

> - 주요 평가요소 : 설득적 말하기 / 발표능력 / 문제해결능력 / 직무관련 전문성
> - 이미 언론을 통해 공론화된 시사 이슈보다는 해당 직무분야에 관련된 주제가 발표면접의 과제로 선정되는 경우가 최근 들어 늘어나고 있음
> - 짧은 시간 동안 주어진 과제를 빠른 속도로 분석하여 발표문을 작성하고 제한된 시간 안에 면접관에게 효과적인 발표를 진행하는 것이 핵심

발표 면접의 형태

〈개별 과제 발표〉 〈팀 과제 발표〉

※ 면접관에게 시각적 효과를 사용하여 메시지를 전달하는 쌍방향 커뮤니케이션 방식

※ 심층면접을 보완하기 위한 방안으로 최근 많은 기업에서 적극 도입하는 추세

PART 4

② 발표 면접 예시

1. 지시문

당신은 현재 A사에서 직원들의 성과평가를 담당하고 있는 팀원이다. 인사팀은 지난주부터 사내 조직문화관련 인터뷰를 하던 도중 성과평가제도에 관련된 개선 니즈가 제일 많다는 것을 알게 되었다. 이에 팀장님은 인터뷰 결과를 종합하려 성과평가제도 개선 아이디어를 A4용지에 정리하여 신속 보고할 것을 지시하셨다. 당신에게 남은 시간은 1시간이다. 자료를 준비하는 대로 당신은 팀원들이 모인 회의실에서 5분 간 발표할 것이며, 이후 질의응답을 진행할 것이다.

2. 배경자료

〈성과평가제도 개선에 대한 인터뷰〉

최근 A사는 회사 사세의 급성장으로 인해 작년보다 매출이 두 배 성장하였고, 직원 수 또한 두 배로 증가하였다. 회사의 성장은 임금, 복지에 대한 상승 등 긍정적인 영향을 주었으나 업무의 불균형 및 성과보상의 불평등 문제가 발생하였다. 또한 수시로 입사하는 신입직원과 경력직원, 퇴사하는 직원들까지 인원들의 잦은 변동으로 인해 평가해야 할 대상이 변경되어 현재의 성과평가제도로는 공정한 평가가 어려운 상황이다.

[생산부서 김상호]
우리 팀은 지난 1년 동안 생산량이 급증했기 때문에 수십 명의 신규인력이 급하게 채용되었습니다. 이 때문에 저희 팀장님은 신규 입사자들의 이름조차 기억 못할 때가 많이 있습니다. 성과평가를 제대로 하고 있는지 의문이 듭니다.

[마케팅 부서 김흥민]
개인의 성과평가의 취지는 충분히 이해합니다. 그러나 현재 평가는 실적기반이나 정성적인 평가가 많이 포함되어 있어 객관성과 공정성에는 의문이 드는 것이 사실입니다. 이러한 상황에서 평가제도를 재수립하지 않고, 인센티브에 계속 반영한다면, 평가제도에 대한 반감이 커질 것이 분명합니다.

[교육부서 홍경민]
현재 교육부서는 인사팀과 밀접하게 일하고 있습니다. 그럼에도 인사팀에서 실시하는 성과평가제도에 대한 이해가 부족한 것 같습니다.

[기획부서 김경호 차장]
저는 저의 평가자 중 하나가 연구부서의 팀장님인데, 일 년에 몇 번 같이 일하지 않는데 어떻게 저를 평가할 수 있을까요? 특히 연구팀은 저희가 예산을 배정하는데, 저에게는 좋지만….

4. 토론 면접

① 토론 면접의 특징

- 다수의 지원자가 조를 편성해 과제에 대한 토론(토의)을 통해 결론을 도출해가는 면접입니다.
- 의사소통능력, 팀워크, 종합인성 등의 평가에 용이합니다.

> • 주요 평가요소
>   – 설득적 말하기, 경청능력, 팀워크, 종합인성
> • 의견 대립이 명확한 주제 또는 채용분야의 직무 관련 주요 현안을 주제로 과제 구성
> • 제한된 시간 내 토론을 진행해야 하므로 적극적으로 자신 있게 토론에 임하고 본인의 의견을 개진할 수 있어야 함

토론 면접의 형태

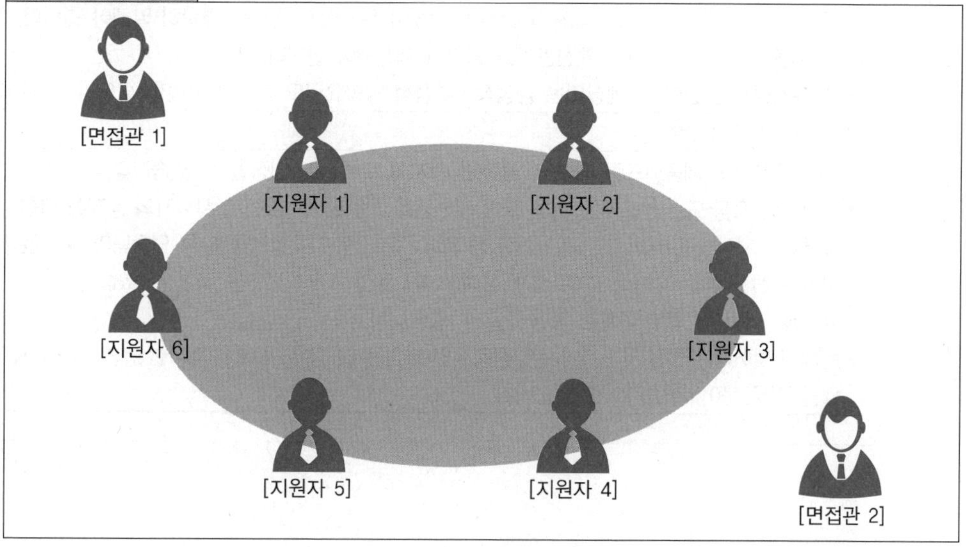

② 토론 면접 예시

고객 불만 고충처리

1. 들어가며

최근 우리 상품에 대한 고객 불만의 증가로 고객고충처리 TF가 만들어졌고 당신은 여기에 지원해 배치받았다. 당신의 업무는 불만을 가진 고객을 만나서 애로사항을 듣고 처리해 주는 일이다. 주된 업무로는 고객의 니즈를 파악해 방향성을 제시해 주고 그 해결책을 마련하는 일이다. 하지만 경우에 따라서 고객의 주관적인 의견으로 인해 제대로 된 방향으로 의사결정을 하지 못할 때가 있다. 이럴 경우 설득이나 논쟁을 해서라도 의견을 관철시키는 것이 좋을지 아니면 고객의 의견대로 진행하는 것이 좋을지 결정해야 할 때가 있다. 만약 당신이라면 이러한 상황에서 어떤 결정을 내릴 것인지 여부를 자유롭게 토론해 보시오.

2. 1분 자유 발언 시 준비사항

- 당신은 의견을 자유롭게 개진할 수 있으며 이에 따른 불이익은 없습니다.
- 토론의 방향성을 이해하고, 내용의 장점과 단점이 무엇인지 문제를 명확히 말해야 합니다.
- 합리적인 근거에 기초하여 개선방안을 명확히 제시해야 합니다.
- 제시한 방안을 실행 시 예상되는 긍정적·부정적 영향요인도 동시에 고려할 필요가 있습니다.

3. 토론 시 유의사항

- 토론 주제문과 제공해드린 메모지, 볼펜만 가지고 토론장에 입장할 수 있습니다.
- 사회자의 지정 또는 발표자가 손을 들어 발언권을 획득할 수 있으며, 사회자의 통제에 따릅니다.
- 토론회가 시작되면, 팀의 의견과 논거를 정리하여 1분간의 자유발언을 할 수 있습니다. 순서는 사회자가 지정합니다. 이후에는 자유롭게 상대방에게 질문하거나 답변을 하실 수 있습니다.
- 핸드폰, 서적 등 외부 매체는 사용하실 수 없습니다.
- 논제에 벗어나는 발언이나 지나치게 공격적인 발언을 할 경우, 위에서 제시한 유의사항을 지키지 않을 경우 불이익을 받을 수 있습니다.

03 면접 Role Play

1. 면접 Role Play 편성

- 교육생끼리 조를 편성하여 면접관과 지원자 역할을 교대로 진행합니다.
- 지원자 입장과 면접관 입장을 모두 경험해 보면서 면접에 대한 적응력을 높일 수 있습니다.

경험면접

STEP 1.
지원자 그룹 경험기술서 작성(30분)

STEP 2.
경험기반 인터뷰 실시(1인당 15분)

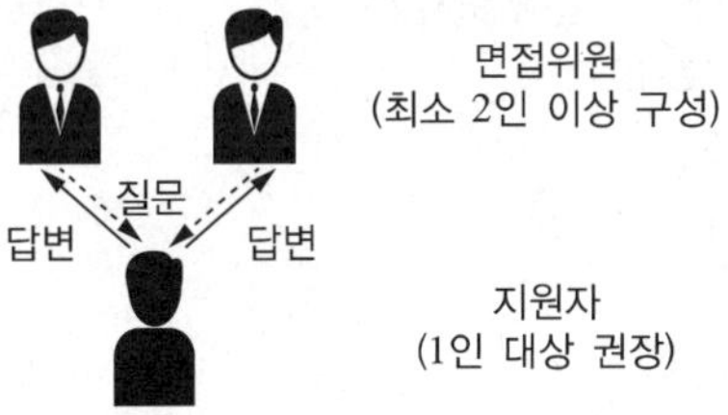

STEP 3.
피드백 진행(1인당 5분)

발표면접

STEP 1.
지원자 그룹 발표 내용 작성(30분)

STEP 2.
발표 5분+추가질의 5분(1인당 10분)

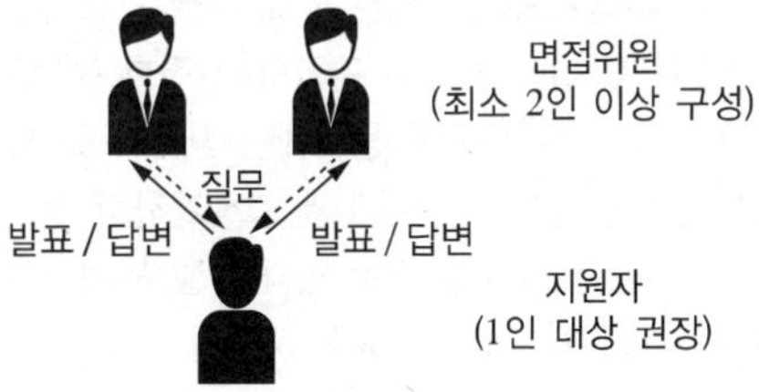

STEP 3.
피드백 진행(1인당 5분)

Tip

면접 준비하기

1. 면접 유형 확인 필수
   - 기업마다 면접 유형이 상이하기 때문에 해당 기업의 면접 유형을 확인하는 것이 좋음
   - 일반적으로 실무진 면접, 임원면접 2차례에 거쳐 면접을 실시하는 기업이 많고 실무진 면접과 임원 면접에서 평가요소가 다르기 때문에 유형에 맞는 준비방법이 필요
2. 후속 질문에 대한 사전 점검
   - 블라인드 채용 면접에서는 주요 질문과 함께 후속 질문을 통해 지원자의 직무능력을 판단 → STAR 기법을 통한 후속 질문에 미리 대비하는 것이 필요

CHAPTER

05 근로복지공단 면접 기출질문

근로복지공단의 면접전형은 1인 집중면접으로, 필기전형 합격자 중 온라인 직업성격검사를 실시한 자에 한하여 진행된다. 직무수행에 필요한 직업기초능력 및 직무수행능력을 평가하며, 의사소통능력과 문제해결능력, 직업윤리 및 공단이해도, 자기계발계획 등을 중점으로 평가한다.

1. 2023년 기출질문

- 다른 공사공단도 많은데 왜 하필 근로복지공단에 지원했는지 말해 보시오.
- 문서를 잘 정리하는 편인지, 관련한 경험과 함께 말해 보시오.
- 당황스러운 민원을 응대했던 경험이 있다면 말해 보시오.
- 민원을 응대하기 위해 왜 그렇게까지 했는지 말해 보시오.
- 봉사활동을 해본 적이 있다면 말해 보시오.
- 근로복지공단의 사업에 대해 아는 것이 있다면 말해 보시오.
- 근로복지공단의 사업 중 가장 마음에 드는 것을 설명해 보시오.
- 심사직이 어떤 업무를 수행하는지 설명해 보시오.
- 인턴 활동을 하면서 느낀 바를 말해 보시오.
- 근로복지공단에 입사하기 위해 준비한 것이 있다면 말해 보시오.
- 자신의 잘못으로 인해 고객에게 납무일 마감 통지를 하지 않아 마감까지 1시간 남은 상황이라면 어떻게 대처할 것인지 말해 보시오.
- 주위에서 자신을 뭐라고 평가하는지 말해 보시오.
- 가장 자신 있는 업무가 무엇인지 말해 보시오.
- 가장 자신 없는 업무가 무엇인지 말해 보시오.
- 자신이 다른 지원자들보다 뛰어나다고 확신하는 것이 있다면 말해 보시오.
- 민원인이 실업급여 신청을 했는데 동료의 실수로 사실과 다르게 대상자라고 안내된 상황에서 어떻게 대처할 것인지 말해 보시오.
- 동료의 잘못인데도 불구하고 자신이 민원인에게 질타를 받는다면 어떻게 할 것인지 말해 보시오.

2. 2022년 기출질문

- 산재보험에 대해 아는 대로 설명해 보시오.
- 친구들에게 근로복지공단을 소개한다면 어떻게 소개할 것인지 말해 보시오.
- 본인이 지원한 직무에 대해 가진 장점은 무엇인지 말해 보시오.
- 갈등을 해결한 경험이 있다면 말해 보시오.
- 본인만의 스트레스를 푸는 방법이 있다면 말해 보시오.
- 근로복지공단에서 하는 일에 대해 아는 대로 설명해 보시오.
- 리더십으로 일을 진행한 경험이 있다면 말해 보시오.
- 학창시절 가장 잘했던 과목이 무엇인지 말해 보시오.
- 본인의 정직함을 나타낼 수 있는 경험이 있다면 말해 보시오.
- 본인이 면접관이라면 어떤 질문을 하고 이에 어떻게 대답할 것인지 말해 보시오.
- 융자 사업은 근로복지공단의 사업 중 어디에 해당하는지 말해 보시오.
- 다른 사람들과는 다른 본인만의 차별성에 대해 말해 보시오.
- 근로복지공단에 관심을 갖게 된 계기를 말해 보시오.
- 조직 내 대인관계에서 가장 중요한 것은 무엇이라고 생각하는지 말해 보시오.
- 민원 고객을 처리함에 있어 가장 중요한 것은 무엇이라고 생각하는지 말해 보시오.
- 한정된 자원을 가지고 일을 처리한 경험이 있다면 말해 보시오.
- 근로복지공단에 입사하기 위해 노력한 점이 있다면 말해 보시오.
- 열정적으로 도전을 해 본 경험이 있다면 말해 보시오.
- 제한된 시간 내에 목표를 달성해 본 경험이 있다면 말해 보시오.
- 일자리 안정자금 사업이 생겨난 계기와 그 효용성에 대해 말해 보시오.
- 근로복지공단의 긍정적인 측면과 부정적인 측면에 대해 말해 보시오.

PART 4

3. 2021년 기출질문

- 1분 동안 자기소개를 해 보시오.
- 일자리 안정자금 사업에는 어떤 것이 있는지 설명해 보시오.
- 일자리 안정자금 대상자가 아닌 민원인이 지원을 요청할 경우 어떻게 대처할 것인지 말해 보시오.
- 관행을 중시하는 그룹에서 사람들을 설득했던 경험이 있다면 말해 보시오.
- 대민 업무 중 가장 중요한 것은 무엇이라고 생각하는지 말해 보시오.
- 본인이 지원한 직무에서 어떤 일을 하는지 말해 보시오.
- 까다로운 고객을 응대해 본 경험이 있다면 말해 보시오.
- 해당 직무에 지원한 이유를 말해 보시오.
- 악성 민원에 대해 어떻게 대처할 것인지 말해 보시오.
- 불공정한 업무 배분에 대해 어떻게 대처할 것인지 말해 보시오.
- 동료 사이에 불화가 생겨 반드시 한 명은 떠나야 하는 상황이 온다면 어떻게 할 것인지 말해 보시오.

- 본인이 해결할 수 없는 민원이 들어온다면 어떻게 대처할 것인지 말해 보시오.
- 본인이 지원한 직무에서 반드시 가져야 할 덕목이 무엇이라고 생각하는지 말해 보시오.
- 진상 고객을 맞닥뜨린 경험이 있다면 말해 보시오.
- 기존의 업무를 효율적으로 개선한 경험이 있다면 말해 보시오.
- 업무 중 문제점이 발생한다면 어떻게 대처할 것인지 말해 보시오.
- 상사가 부당한 지시를 내린다면 어떻게 대처할 것인지 말해 보시오.
- 다른 공기업 대신 근로복지공단에 지원한 이유에 대해 말해 보시오.
- 마지막으로 하고 싶은 말이 있는가?

4. 2020년 기출질문

- 근로복지공단에 대해 아는 대로 설명해 보시오.
- 근로복지공단에 대한 본인의 생각을 말해 보시오.
- 근로복지공단을 한 단어로 표현해 보시오.
- 근로복지공단의 최근 이슈를 아는 대로 말해 보시오.
- 근로복지공단 홈페이지를 보고 개선할 점을 말해 보시오.
- 근로복지공단 직원으로서 필요한 가치관을 하나만 선택하고 이를 설명해 보시오.
- 현재 근로복지공단이 어떤 사업에 초점을 맞추고 있다고 생각하는가?
- 일자리 안정자금 사업이란 무엇이며, 해당 사업은 어떤 효과가 있는지 말해 보시오.
- 올해 최저임금이 얼마인가?
- 본인이 지원한 직무에 적합한 인재라고 생각하는 이유를 말해 보시오.
- 업무를 수행할 때 규칙을 지키는 것과 융통성을 발휘하는 것 중 어떤 것이 중요하다고 생각하는지 말해 보시오.
- 회사생활을 하면서 가장 중요하게 생각하는 요소를 말해 보시오.
- 업무를 수행할 때 필요한 역량에는 어떤 것이 있는지 말해 보시오.
- 결과와 과정 중 어떤 것이 더 중요하다고 생각하는지 말해 보시오.
- 관행처럼 여겨지던 불법적인 행위를 바로잡은 경험이 있다면 말해 보시오.
- 책임을 다하지 못했던 경험이 있다면 말해 보시오.
- 예상치 못한 문제를 해결한 경험이 있다면 말해 보시오.
- 살면서 가장 힘들었던 경험을 어떻게 극복했는지 말해 보시오.
- 공공기관 내 민원 응대에서 가장 중요한 덕목이 무엇이라고 생각하는지 말해 보시오.
- 근로복지공단보다 더 좋은 곳에 합격을 하게 되었을 때 어떻게 할 것인지 말해 보시오.

5. 2019년 기출질문

- 근로복지공단에서 시행하는 사업을 아는 대로 설명해 보시오.
- 근로복지공단과 관련한 이슈 중 관심 있는 것 하나와 그 이유를 말해 보시오.
- 의료 사업의 중요성이 높아지고 있는데, 그 이유가 무엇이라고 생각하는지 말해 보시오.
- 근로복지공단의 미션과 비전을 설명해 보시오.
- 상사에게 부당한 지시를 받았을 때 어떻게 대처할 것인지 말해 보시오.
- 출퇴근재해에 대해 아는 대로 설명해 보시오.
- 출퇴근재해 업무시행 시 어려운 점에는 어떠한 것이 있을지 말해 보시오.
- 조직에서 가장 중요하게 생각하는 것이 무엇인지 말해 보시오.
- 본인의 책임감을 나타낼 수 있는 경험이 있다면 말해 보시오.
- 신뢰를 받았던 경험이 있다면 말해 보시오.
- 돈과 명예 중 더 중요하게 생각하는 것이 무엇인지 말해 보시오.
- 민원 처리 과정에서 폭언을 들을 경우, 어떻게 대처할 것인지 말해 보시오.

PART 4

6. 2018년 기출질문

- 본인의 강점이 무엇이라고 생각하는지 말해 보시오.
- 본인의 단점이 무엇이라고 생각하는지 말해 보시오.
- 갈등을 극복한 경험이 있다면 말해 보시오.
- 특정 자격증을 왜 취득했는지 말해 보시오.
- 어려운 일에 도전해서 성과를 낸 경험이 있다면 말해 보시오.
- 교육사항(자기소개서 기재 사항)과 관련하여 근로복지공단 업무와 관련 지어 설명해 보시오.
- (이전 직장 경험과 관련 지어) 규제와 허용에 대한 본인의 생각을 말해 보시오.
- 근로복지공단과 관련된 직접적 혹은 간접적 경험이 있다면 말해 보시오.
- 어떤 부서에서 근무하고 싶은지 말해 보시오.
- 본인이 근로복지공단에서 데이터를 수집하는 업무를 맡았을 때, 어떠한 기준과 성격의 데이터를 선택할 것인지 말해 보시오.
- 근로복지공단을 한 줄로 표현해 보시오.
- 공공성과 수익성 중 어떤 것을 선택할 것인지 말해 보시오.
- 민원인이 무리한 요구를 한다면 어떻게 할 것인지 말해 보시오.
- 한정된 예산의 효용성을 높일 수 있는 방안을 제시해 보시오.
- 적은 예산으로 근로복지공단을 홍보할 수 있는 방안을 제시해 보시오.
- 최근 기억에 남는 근로복지공단 뉴스를 말해 보시오.
- '청렴'이라고 하면 누가 가장 먼저 떠오르는가?

7. 2017년 기출질문

- 인턴을 경험했던 회사와 근로복지공단과의 공통점과 차이점을 말해 보시오.
- 근로복지공단의 슬로건과 미션에 대해 말해 보시오.
- 어떤 난관에 부딪혔을 때 남들과 다른 방법으로 해결한 경험이 있다면 말해 보시오.
- 본인이 근로복지공단을 홍보하는 사람이라고 생각하고, 1분 동안 근로복지공단에서 하는 일을 홍보해 보시오.
- 일자리 안정자금 사업을 특수관계인(본인의 가족, 친척 등)이 신청했을 때 어떻게 대응할 것인지 말해 보시오.
- 민원인이 음료수 등을 주면 어떻게 대처할 것인지 말해 보시오.
- 운전면허는 있는가?
- 건강보험과 산재보험의 차이점에 대해 설명해 보시오.
- 원가와 관리회계의 차이는 무엇인가?
- 새로운 조직에서 융화되는 본인만의 방법을 말해 보시오.
- 지금 이 공간에서 본인을 나타낼 수 있는 사물을 하나 골라 보시오.
- 조별과제 중 팀원들과 협업한 경험이 있다면 말해 보시오.
- 팀 프로젝트에서 무임 승차자를 어떻게 해결하였는지 말해 보시오.
- 본인의 전공을 선택한 이유를 말해 보시오.
- 입사 후 자기개발 방법을 말해 보시오.
- 친구의 부탁을 거절해 본 경험이 있다면 말해 보시오.
- 일자리 안정자금 사업의 타당성에 대해 말해 보시오.
- 김영란법에 대해 아는 대로 설명해 보시오.
- 입사 후 하루 일과를 요약해 보시오.
- 본인이 대학교 때 배운 교과목을 근로복지공단 업무에 어떻게 적용할 것인지 말해 보시오.

SD에듀 2024 최신판 All-New 100% 전면개정

판매량 1위
근로복지공단
YES24
2023년

근로복지 공단

정답 및 해설

근로복지공단 봉투모의고사와 100% 다른 문제

합격의 별을 따자

2023년 공기업 기출복원문제

NCS 출제유형 + 전공

모의고사 5회

SDC

SDC는 SD에듀 데이터 센터의 약자로 약 30만 개의 NCS · 적성 문제 데이터를 바탕으로 최신출제경향을 반영하여 문제를 출제합니다.

SD에듀
(주)시대고시기획

Add+

특별부록

01 | 2023년 주요 공기업 NCS 기출복원문제

01	02	03	04	05	06	07	08	09	10	11	12	13	14	15	16	17	18	19	20
⑤	⑤	④	④	②	⑤	④	①	②	④	④	①	④	③	③	③	②	②	①	④
21	22	23	24	25	26	27	28	29	30	31	32	33	34	35	36	37	38	39	40
①	③	②	③	④	①	④	⑤	②	④	④	①	⑤	④	②	④	⑤	③	①	③
41	42	43	44	45	46	47	48	49	50										
③	③	②	③	②	④	②	⑤	④	④										

01

정답 ⑤

제시문의 세 번째 문단에 따르면 스마트 글라스 내부 센서를 통해 충격과 기울기를 감지할 수 있어, 작업자에게 위험한 상황이 발생할 경우 통보 시스템을 통해 바로 파악할 수 있게 되었음을 알 수 있다.

오답분석

① 첫 번째 문단에 따르면 스마트 글라스를 통한 작업자의 음성인식만으로 철도시설물 점검이 가능해졌음을 알 수 있지만, 다섯 번째 문단에 따르면 아직 철도시설물 보수 작업은 가능하지 않음을 알 수 있다.
② 첫 번째 문단에 따르면 스마트 글라스의 도입 이후에도 사람의 작업이 필요함을 알 수 있다.
③ 세 번째 문단에 따르면 스마트 글라스의 도입으로 추락 사고나 그 밖의 위험한 상황을 미리 예측할 수 있어 이를 방지할 수 있게 되었음을 알 수 있지만, 실제로 안전사고 발생 횟수가 감소하였는지는 알 수 없다.
④ 두 번째 문단에 따르면 여러 단계를 거치던 기존 작업 방식에서 스마트 글라스의 도입으로 작업을 한 번에 처리할 수 있게 된 것을 통해 작업 시간이 단축되었음을 알 수 있지만, 필요한 작업 인력의 감소 여부는 알 수 없다.

02

정답 ⑤

네 번째 문단에 따르면 인공지능 등의 스마트 기술 도입으로 까치집 검출 정확도는 95%까지 상승하였으므로 까치집 제거율 또한 상승할 것임을 예측할 수 있으나, 근본적인 문제인 까치집 생성의 감소를 기대할 수는 없다.

오답분석

① 세 번째 문단과 네 번째 문단에 따르면 정확도가 65%에 불과했던 인공지능의 까치집 식별 능력이 딥러닝 방식의 도입으로 95%까지 상승했음을 알 수 있다.
② 세 번째 문단에서 시속 150km로 빠르게 달리는 열차에서의 까치집 식별 정확도는 65%에 불과하다는 내용으로 보아, 빠른 속도에서는 인공지능의 사물 식별 정확도가 낮음을 알 수 있다.
③ 네 번째 문단에 따르면 작업자의 접근이 어려운 곳에는 드론을 띄워 까치집을 발견 및 제거하는 기술도 시범 운영하고 있다고 하였다.
④ 세 번째 문단에 따르면 실시간 까치집 자동 검출 시스템 개발로 실시간으로 위험 요인의 위치와 이미지를 작업자에게 전달할 수 있게 되었다.

03

정답 ④

제시문의 두 번째 문단에 따르면 CCTV는 열차 종류에 따라 운전실에서 실시간으로 상황을 파악할 수 있는 네트워크 방식과 각 객실에서의 영상을 저장하는 개별 독립 방식으로 설치된다고 하였다. 따라서 개별 독립 방식으로 설치된 일부 열차에서는 각 객실의 상황을 실시간으로 파악하지 못할 수 있다.

오답분석

① 첫 번째 문단에 따르면 2023년까지 현재 운행하고 있는 열차의 모든 객실에 CCTV를 설치하겠다는 내용으로 보아, 현재 모든 열차의 모든 객실에 CCTV가 설치되지 않았음을 유추할 수 있다.
② 첫 번째 문단에 따르면 2023년까지 모든 열차 승무원에게 바디 캠을 지급하겠다고 하였다. 이에 따라 승객이 승무원을 폭행하는 등의 범죄 발생 시 해당 상황을 녹화한 바디 캠 영상이 있어 수사의 증거자료로 사용할 수 있게 되었다.
③ 두 번째 문단에 따르면 CCTV는 사각지대 없이 설치되며 일부는 휴대 물품 보관대 주변에도 설치된다고 하였다. 따라서 인적 피해와 물적 피해 모두 예방할 수 있게 되었다.
⑤ 세 번째 문단에 따르면 CCTV 품평회와 시험을 통해 제품의 형태와 색상, 재질, 진동과 충격 등에 대한 적합성을 고려한다고 하였다.

04

정답 ④

작년 K대학교의 재학생 수는 6,800명이고 남학생 수와 여학생 수의 비가 8 : 9이므로, 남학생 수는 $6,800\times\frac{8}{8+9}=3,200$명이고, 여학생 수는 $6,800\times\frac{9}{8+9}=3,600$명이다. 올해 줄어든 남학생 수와 여학생 수의 비가 12 : 13이므로 올해 K대학교에 재학 중인 남학생 수와 여학생 수의 비는 $(3,200-12k):(3,600-13k)=7:8$이다.

$7\times(3,600-13k)=8\times(3,200-12k)$

$25,200-91k=25,600-96k$

$5k=400 \rightarrow k=80$

따라서 올해 K대학교에 재학 중인 남학생 수는 $3,200-12\times80=2,240$명이고, 여학생 수는 $3,600-13\times80=2,560$명이므로 올해 K대학교의 전체 재학생 수는 $2,240+2,560=4,800$명이다.

05

정답 ②

마일리지 적립 규정에 회원 등급과 관련된 내용은 없으며, 마일리지 적립은 지불한 운임의 액수, 더블적립 열차 탑승 여부, 선불형 교통카드 Rail+ 사용 여부에 따라서만 결정된다.

오답분석

① KTX 마일리지는 KTX 열차 이용 시에만 적립된다.
③ 비즈니스 등급은 기업회원 여부와 관계없이 최근 1년간의 활동내역을 기준으로 부여된다.
④ 반기 동안 추석 및 설 명절 특별수송기간 탑승 건을 제외하고 4만 점을 적립하면 VIP 등급을 부여받는다.
⑤ VVIP 등급과 VIP 등급 고객은 한정된 횟수 내에서 무료 업그레이드 쿠폰으로 KTX 특실을 KTX 일반실 가격에 구매할 수 있다.

06

정답 ⑤

K공사를 통한 예약 접수는 온라인 쇼핑몰 홈페이지를 통해서만 가능하며, 오프라인(방문) 접수는 우리・농협은행의 창구를 통해서만 이루어진다.

오답분석

① 구매자를 대한민국 국적자로 제한한다는 내용은 없다.
② 단품으로 구매 시 1인당 화종별 최대 3장으로 총 9장, 세트로 구매할 때도 1인당 최대 3세트로 총 9장까지 신청이 가능하며, 세트와 단품은 중복신청이 가능하므로 1인당 구매 가능한 최대 개수는 18장이다.
③ 우리・농협은행의 계좌가 없다면, K공사 온라인 쇼핑몰을 이용하거나 우리・농협은행에 직접 방문하여 구입할 수 있다.
④ 총발행량은 예약 주문 이전부터 화종별 10,000장으로 미리 정해져 있다.

07

정답 ④

우리·농협은행 계좌 미보유자인 외국인 A씨가 예약 신청을 할 수 있는 방법은 두 가지이다. 하나는 신분증인 외국인등록증을 지참하고 우리·농협은행의 지점을 방문하여 신청하는 것이고, 다른 하나는 K공사 온라인 쇼핑몰에서 가상계좌 방식으로 신청하는 것이다.

오답분석

① A씨는 외국인이므로 창구 접수 시 지참해야 하는 신분증은 외국인등록증이다.
② K공사 온라인 쇼핑몰에서는 가상계좌 방식을 통해서만 예약 신청이 가능하다.
③ 홈페이지를 통한 신청이 가능한 은행은 우리은행과 농협은행뿐이다.
⑤ 우리·농협은행의 홈페이지를 통해 예약 접수를 하려면 해당 은행에 미리 계좌가 개설되어 있어야 한다.

08

정답 ①

3종 세트는 186,000원, 단품은 각각 63,000원이므로 5명의 구매 금액을 계산하면 다음과 같다.

- A : (186,000×2)+63,000=435,000원
- B : 63,000×8=504,000원
- C : (186,000×2)+(63,000×2)=498,000원
- D : 186,000×3=558,000원
- E : 186,000+(63,000×4)=438,000원

따라서 가장 많은 금액을 지불한 사람은 D이며, 구매 금액은 558,000원이다.

09

정답 ②

허리디스크는 디스크의 수핵이 탈출하여 생긴 질환이므로 허리를 굽히거나 앉아 있을 때 디스크에 가해지는 압력이 높아져 통증이 더 심해진다. 반면 척추관협착증의 경우 서 있을 때 척추관이 더욱 좁아지게 되어 통증이 더욱 심해진다.

오답분석

① 허리디스크는 디스크의 탄력 손실이나 갑작스런 충격으로 인해 균열이 생겨 발생하고, 척추관협착증은 오랜 기간 동안 황색 인대가 두꺼워져 척추관에 변형이 일어나 발생하므로 허리디스크가 더 급작스럽게 증상이 나타난다.
③ 허리디스크는 자연치유가 가능하지만, 척추관협착증은 불가능하다. 따라서 허리디스크는 주로 통증을 줄이고 안정을 취하는 보존치료를 하지만, 척추관협착증은 변형된 부분을 제거하는 외과적 수술을 한다.
④ 허리디스크와 척추관협착증 모두 척추 중앙의 신경 다발(척수)이 압박받을 수 있으며, 심할 경우 하반신 마비 증세를 보일 수 있으므로 빠른 치료를 받는 것이 중요하다.

10

정답 ④

고령인 사람이 서 있을 때 통증이 나타난다면 퇴행성 척추질환인 척추관협착증(요추관협착증)일 가능성이 높다. 반면 허리디스크(추간판탈출증)는 젊은 나이에도 디스크에 급격한 충격이 가해지면 발생할 수 있고, 앉아 있을 때 통증이 심해진다. 따라서 ㉠에는 척추관협착증, ㉡에는 허리디스크가 들어가야 한다.

11

정답 ④

제시문은 장애인 건강주치의 시범사업을 소개하며 3단계 시범사업에서 기존과 달라지는 것을 위주로 설명하고 있다. 따라서 가장 처음에 와야 할 문단은 3단계 장애인 건강주치의 시범사업을 소개하는 (마) 문단이다. 이어서 장애인 건강주치의 시범사업 세부 서비스를 소개하는 문단이 와야 하는데, 서비스 종류를 소개하는 문장이 있는 (다) 문단이 이어지는 것이 가장 적절하다. 이어서 2번째 서비스인 주장애관리를 소개하는 (가) 문단이 와야 하며, 그 다음으로 3번째 서비스인 통합관리 서비스와 추가적으로 방문 서비스를 소개하는 (라) 문단이 오는 것이 적절하다. 마지막으로 장애인 건강주치의 시범사업에 신청하는 방법을 소개하며 글을 끝내는 것이 적절하므로 (나) 문단이 이어져야 한다. 따라서 글의 순서를 바르게 나열하면 (마) – (다) – (가) – (라) – (나)이다.

12

정답 ①

- 2019년 직장가입자 건강보험금 및 지역가입자 건강보험금 징수율
  - 직장가입자 : $\frac{6,698,187}{6,706,712}\times 100 \fallingdotseq 99.87\%$
  - 지역가입자 : $\frac{886,396}{923,663}\times 100 \fallingdotseq 95.97\%$
- 2020년 직장가입자 건강보험금 및 지역가입자 건강보험금 징수율
  - 직장가입자 : $\frac{4,898,775}{5,087,163}\times 100 \fallingdotseq 96.3\%$
  - 지역가입자 : $\frac{973,681}{1,003,637}\times 100 \fallingdotseq 97.02\%$
- 2021년 직장가입자 건강보험금 및 지역가입자 건강보험금 징수율
  - 직장가입자 : $\frac{7,536,187}{7,763,135}\times 100 \fallingdotseq 97.08\%$
  - 지역가입자 : $\frac{1,138,763}{1,256,137}\times 100 \fallingdotseq 90.66\%$
- 2022년 직장가입자 건강보험금 및 지역가입자 건강보험금 징수율
  - 직장가입자 : $\frac{8,368,972}{8,376,138}\times 100 \fallingdotseq 99.91\%$
  - 지역가입자 : $\frac{1,058,943}{1,178,572}\times 100 \fallingdotseq 89.85\%$

따라서 직장가입자 건강보험금 징수율이 가장 높은 해는 2022년이고, 지역가입자 건강보험금 징수율이 가장 높은 해는 2020년이다.

13

정답 ④

이뇨제의 1인 투여량은 60mL/일이고 진통제의 1인 투여량은 60mg/일이므로 이뇨제를 투여한 환자 수와 진통제를 투여한 환자 수의 비는 이뇨제 사용량과 진통제 사용량의 비와 같다.

- 2018년 : $3,000\times 2 < 6,720$
- 2019년 : $3,480\times 2 = 6,960$
- 2020년 : $3,360\times 2 < 6,840$
- 2021년 : $4,200\times 2 > 7,200$
- 2022년 : $3,720\times 2 > 7,080$

따라서 2018년과 2020년에 진통제를 투여한 환자 수는 이뇨제를 투여한 환자 수의 2배보다 많다.

오답분석

① 2022년에 사용량이 감소한 의약품은 이뇨제와 진통제로 이뇨제의 사용량 감소율은 $\frac{3,720-4,200}{4,200}\times 100 \fallingdotseq -11.43\%\text{p}$이고, 진통제의 사용량 감소율은 $\frac{7,080-7,200}{7,200}\times 100 \fallingdotseq -1.67\%\text{p}$이다. 따라서 전년 대비 2022년 사용량 감소율이 가장 큰 의약품은 이뇨제이다.

② 5년 동안 지사제 사용량의 평균은 $\frac{30+42+48+40+44}{5}=40.8$정이고, 지사제의 1인 1일 투여량은 2정이다. 따라서 지사제를 투여한 환자 수의 평균은 $\frac{40.8}{2}=20.4$이므로 약 20명이다.

③ 이뇨제 사용량은 매년 '증가 – 감소 – 증가 – 감소'를 반복하였다.

14

정답 ③

분기별 사회복지사 인력의 합은 다음과 같다.

- 2022년 3분기 : 391+670+1,887=2,948명
- 2022년 4분기 : 385+695+1,902=2,982명
- 2023년 1분기 : 370+700+1,864=2,934명
- 2023년 2분기 : 375+720+1,862=2,957명

분기별 전체 보건인력 중 사회복지사 인력의 비율은 다음과 같다.

- 2022년 3분기 : $\frac{2,948}{80,828} \times 100 \fallingdotseq 3.65\%$
- 2022년 4분기 : $\frac{2,982}{82,582} \times 100 \fallingdotseq 3.61\%$
- 2023년 1분기 : $\frac{2,934}{86,236} \times 100 \fallingdotseq 3.40\%$
- 2023년 2분기 : $\frac{2,957}{86,707} \times 100 \fallingdotseq 3.41\%$

따라서 옳지 않은 것은 ③이다.

15

정답 ③

건강생활실천지원금제 신청자 목록에 따라 신청자별로 확인하면 다음과 같다.

- A의 주민등록상 주소지는 시범지역에 속하지 않는다.
- B의 주민등록상 주소지는 관리형에 속하지만, 고혈압 또는 당뇨병 진단을 받지 않았다.
- C의 주민등록상 주소지는 예방형에 속하고, 체질량지수와 혈압이 건강관리가 필요한 사람이므로 예방형이다.
- D의 주민등록상 주소지는 관리형에 속하고, 고혈압 진단을 받았으므로 관리형이다.
- E의 주민등록상 주소지는 예방형에 속하고, 체질량지수와 공복혈당 건강관리가 필요한 사람이므로 예방형이다.
- F의 주민등록상 주소지는 시범지역에 속하지 않는다.
- G의 주민등록상 주소지는 관리형에 속하고, 당뇨병 진단을 받았으므로 관리형이다.
- H의 주민등록상 주소지는 시범지역에 속하지 않는다.
- I의 주민등록상 주소지는 예방형에 속하지만, 필수조건인 체질량지수가 정상이므로 건강관리가 필요한 사람에 해당하지 않는다.

따라서 예방형 신청이 가능한 사람은 C, E이고, 관리형 신청이 가능한 사람은 D, G이다.

16

정답 ③

출산장려금 지급 시기의 가장 우선순위인 임신일이 가장 긴 임산부는 B, D, E임산부이다. 이 중에서 만 19세 미만인 자녀 수가 많은 임산부는 D, E임산부이고, 소득 수준이 더 낮은 임산부는 D임산부이다. 따라서 D임산부가 가장 먼저 출산장려금을 받을 수 있다.

17

정답 ②

제시문은 행위별수가제에 대한 것으로 환자, 의사, 건강보험 재정 등 많은 곳에서 한계점이 있다고 설명하면서 건강보험 고갈을 막기 위해 다양한 지불방식을 도입하는 등 구조적인 개편이 필요함을 설명하고 있다. 따라서 글의 주제로 '행위별수가제의 한계점'이 가장 적절하다.

18

정답 ②

- 구상(求償) : 무역 거래에서 수량 · 품질 · 포장 따위에 계약 위반 사항이 있는 경우, 매주(賣主)에게 손해 배상을 청구하거나 이의를 제기하는 일
- 구제(救濟) : 자연적인 재해나 사회적인 피해를 당하여 어려운 처지에 있는 사람을 도와줌

19

정답 ①

• (운동에너지)$=\frac{1}{2}\times$(질량)$\times$(속력)$^2=\frac{1}{2}\times 2\times 4^2=16$J

• (위치에너지)=(질량)$\times$(중력가속도)$\times$(높이)$=2\times 10\times 0.5=10$J

• (역학적 에너지)=(운동에너지)+(위치에너지)$=16+10=26$J

공의 역학적 에너지는 26J이고, 튀어 오를 때 가장 높은 지점에서 운동에너지가 0이므로 역학적 에너지는 위치에너지와 같다. 따라서 공이 튀어 오를 때 가장 높은 지점에서의 위치에너지는 26J이다.

20

정답 ④

출장지까지 거리는 $200\times 1.5=300$km이므로 시속 60km의 속력으로 달릴 때 걸리는 시간은 5시간이고, 약속시간보다 1시간 늦게 도착하므로 약속시간은 4시간 남았다. 300km를 시속 60km의 속력으로 달리다 도중에 시속 90km의 속력으로 달릴 때 약속시간보다 30분 일찍 도착했으므로, 이때 걸린 시간은 $4-\frac{1}{2}=\frac{7}{2}$시간이다.

시속 90km의 속력으로 달린 거리를 $x$km라 하면

$\frac{300-x}{60}+\frac{x}{90}=\frac{7}{2}$

$900-3x+2x=630$

$x=270$

따라서 A부장이 시속 90km의 속력으로 달린 거리는 270km이다.

21

정답 ①

상품의 원가를 x원이라 하면 처음 판매가격은 $1.23x$원이다.

여기서 1,300원을 할인하여 판매했을 때 얻은 이익은 원가의 10%이므로

$(1.23x-1,300)-x=0.1x$

$0.13x=1,300$

$x=10,000$

따라서 상품의 원가는 10,000원이다.

22

정답 ③

G와 B의 자리를 먼저 고정하고, 양 끝에 앉을 수 없는 A의 위치를 토대로 경우의 수를 계산하면 다음과 같다.

• G가 가운데에 앉고, B가 G의 바로 왼쪽에 앉는 경우의 수

	A	B	G			

		B	G	A		

		B	G		A	

$3\times 4!=72$가지

• G가 가운데에 앉고, B가 G의 바로 오른쪽에 앉는 경우의 수

	A		G	B		

		A	G	B		

			G	B	A	

$3\times 4!=72$가지

따라서 조건과 같이 앉을 때 가능한 경우의 수는 $72+72=144$가지이다.

23

정답 ②

유치원생이 11명일 때 평균 키는 113cm이므로 유치원생 11명의 키의 합은 $113 \times 11 = 1,243$cm이다. 키가 107cm인 유치원생이 나갔으므로 남은 유치원생 10명의 키의 합은 $1,243 - 107 = 1,136$cm이다. 따라서 남은 유치원생 10명의 키의 평균은 $\frac{1,136}{10} =$ 113.6cm이다.

24

정답 ③

'우회수송'은 사고 등의 이유로 직통이 아닌 다른 경로로 우회하여 수송한다는 뜻이기 때문에 '우측 선로로 변경'은 순화로 적절하지 않다.

오답분석

① '열차시격'에서 '시격'이란 '사이에 뜬 시간'이라는 뜻의 한자어로, 열차와 열차 사이의 간격, 즉 배차간격으로 순화할 수 있다.
② '전차선'이란 선로를 의미하고, '단전'은 전기의 공급이 중단됨을 말한다. 따라서 바르게 순화되었다.
④ '핸드레일(Handrail)'은 난간을 뜻하는 영어 단어로, 우리말로는 '안전손잡이'로 순화할 수 있다.
⑤ '키스 앤 라이드(Kiss and Ride)'는 헤어질 때 키스를 하는 영미권 문화에서 비롯된 용어로, 환승정차구역을 지칭한다.

25

정답 ④

세 번째 문단을 통해 정부가 철도 중심 교통체계 구축을 위해 노력하고 있음을 알 수는 있으나, 구체적으로 시행된 조치는 언급되지 않았다.

오답분석

① 첫 번째 문단을 통해 전 세계적으로 탄소중립이 주목받자 이에 대한 방안으로 등장한 것이 철도 수송임을 알 수 있다.
② 첫 번째 문단과 두 번째 문단을 통해 철도 수송의 확대가 온실가스 배출량의 획기적인 감축을 가져올 것임을 알 수 있다.
③ 네 번째 문단을 통해 '중앙선 안동 ~ 영천 간 궤도' 설계 시 탄소 감축 방안으로 저탄소 자재인 유리섬유 보강근이 철근 대신 사용되었음을 알 수 있다.
⑤ 네 번째 문단을 통해 S철도공단은 철도 중심 교통체계 구축을 위해 건설 단계에서부터 친환경·저탄소 자재를 적용하였고, 탄소 감축을 위해 2025년부터는 모든 철도건축물을 일정한 등급 이상으로 설계하기로 결정하였음을 알 수 있다.

26

정답 ①

제시문을 살펴보면 먼저 첫 번째 문단에서는 이산화탄소로 메탄올을 만드는 곳이 있다며 관심을 유도하고, 두 번째 문단에서 메탄올을 어떻게 만들고 어디에서 사용하는지 구체적으로 설명함으로써 탄소 재활용의 긍정적인 측면을 부각하고 있다. 하지만 세 번째 문단에서는 앞선 내용과 달리 이렇게 만들어진 메탄올의 부정적인 측면을 설명하고, 네 번째 문단에서는 이와 같은 이유로 탄소 재활용에 대한 결론이 나지 않았다며 글이 마무리되고 있다. 따라서 글의 주제로 적절한 것은 탄소 재활용의 이면을 모두 포함하는 내용인 ①이다.

오답분석

② 두 번째 문단에 한정된 내용이므로 제시문 전체를 다루는 주제로 보기에는 적절하지 않다.
③ 지열발전소의 부산물을 통해 메탄올이 만들어진 것은 맞지만, 새롭게 탄생된 연료로 보기는 어려우며, 글의 전체를 다루는 주제로 보기에도 적절하지 않다.
④·⑤ 제시문의 첫 번째 문단과 두 번째 문단에서는 버려진 이산화탄소 및 부산물의 재활용을 통해 '메탄올'을 제조함으로써 미래 원료를 해결할 수 있을 것처럼 보이지만, 이어지는 세 번째 문단과 네 번째 문단에서는 이렇게 만들어진 '메탄올'이 과연 미래 원료로 적합한지 의문점이 제시되고 있다. 따라서 글의 주제로 보기에는 적절하지 않다.

27

정답 ④

A ~ C철도사의 차량 1량당 연간 승차인원 수는 다음과 같다.

• 2020년

– A철도사 : $\frac{775,386}{2,751}$ ≒ 281.86천 명/년/1량

– B철도사 : $\frac{26,350}{103}$ ≒ 255.83천 명/년/1량

– C철도사 : $\frac{35,650}{185}$ ≒ 192.7천 명/년/1량

• 2021년

– A철도사 : $\frac{768,776}{2,731}$ ≒ 281.5천 명/년/1량

– B철도사 : $\frac{24,746}{111}$ ≒ 222.94천 명/년/1량

– C철도사 : $\frac{33,130}{185}$ ≒ 179.08천 명/년/1량

• 2022년

– A철도사 : $\frac{755,376}{2,710}$ ≒ 278.74천 명/년/1량

– B철도사 : $\frac{23,686}{113}$ ≒ 209.61천 명/년/1량

– C철도사 : $\frac{34,179}{185}$ ≒ 184.75천 명/년/1량

따라서 3년간 차량 1량당 연간 평균 승차인원 수는 C철도사가 가장 적다.

오답분석

① 2020 ~ 2022년의 C철도사 차량 수는 185량으로 변동이 없다.
② 2020 ~ 2022년의 연간 승차인원 비율은 모두 A철도사가 가장 높다.
③ A ~ C철도사의 2020년의 전체 연간 승차인원 수는 775,386+26,350+35,650=837,386천 명, 2021년의 전체 연간 승차인원 수는 768,776+24,746+33,130=826,652천 명, 2022년의 전체 연간 승차인원 수는 755,376+23,686+34,179=813,241천 명으로 매년 감소하였다.
⑤ 2020 ~ 2022년의 C철도사 차량 1량당 연간 승차인원 수는 각각 192.7천 명, 179.08천 명, 184.75천 명이므로 모두 200천 명 미만이다.

28

정답 ⑤

2018년 대비 2022년에 석유 생산량이 감소한 국가는 C, F이며, 석유 생산량 감소율은 다음과 같다.

• C : $\frac{4,025,936-4,102,396}{4,102,396}\times 100$ ≒ −1.9%p

• F : $\frac{2,480,221-2,874,632}{2,874,632}\times 100$ ≒ −13.7%p

따라서 석유 생산량 감소율이 가장 큰 국가는 F이다.

오답분석

① 석유 생산량이 매년 증가한 국가는 A, B, E, H로 총 4개이다.
② 2018년 대비 2022년에 석유 생산량이 증가한 국가의 석유 생산량 증가량은 다음과 같다.
  • A : 10,556,259−10,356,185=200,074bbl/day
  • B : 8,567,173−8,251,052=316,121bbl/day
  • D : 5,442,103−5,321,753=120,350bbl/day

- E : 335,371−258,963=76,408bbl/day
- G : 1,336,597−1,312,561=24,036bbl/day
- H : 104,902−100,731=4,171bbl/day

따라서 석유 생산량 증가량이 가장 많은 국가는 B이다.

③ E국가의 연도별 석유 생산량을 H국가의 석유 생산량과 비교하면 다음과 같다.

- 2018년 : $\frac{258,963}{100,731} \fallingdotseq 2.6$
- 2019년 : $\frac{273,819}{101,586} \fallingdotseq 2.7$
- 2020년 : $\frac{298,351}{102,856} \fallingdotseq 2.9$
- 2021년 : $\frac{303,875}{103,756} \fallingdotseq 2.9$
- 2022년 : $\frac{335,371}{104,902} \fallingdotseq 3.2$

따라서 2022년 E국가의 석유 생산량은 H국가 석유 생산량의 약 3.2배이므로 옳지 않다.

④ 석유 생산량 상위 2개국은 매년 A, B이며, 매년 석유 생산량의 차이는 다음과 같다.

- 2018년 : 10,356,185−8,251,052=2,105,133bbl/day
- 2019년 : 10,387,665−8,297,702=2,089,963bbl/day
- 2020년 : 10,430,235−8,310,856=2,119,379bbl/day
- 2021년 : 10,487,336−8,356,337=2,130,999bbl/day
- 2022년 : 10,556,259−8,567,173=1,989,086bbl/day

따라서 A와 B국가의 석유 생산량의 차이는 '감소 − 증가 − 증가 − 감소'를 보이므로 옳지 않다.

29

정답 ②

제시된 법에 따라 공무원인 친구가 받을 수 있는 선물의 금액은 1회에 100만 원이다.

$12x < 100 \rightarrow x < \frac{100}{12} = \frac{25}{3} \fallingdotseq 8.33$

따라서 A씨는 수석을 최대 8개 보낼 수 있다.

30

정답 ④

거래처로 가기 위에 C와 G를 거쳐야 하므로, C를 먼저 거치는 최소 이동거리와 G를 먼저 거치는 최소 이동거리를 비교해 본다.

- 본사 − C − D − G − 거래처
  6+3+3+4=16km
- 본사 − E − G − D − C − F − 거래처
  4+1+3+3+3+4=18km

따라서 최소 이동거리는 16km이다.

31

정답 ④

- 볼펜을 30자루 구매하면 개당 200원씩 할인되므로 800×30=24,000원이다.
- 수정테이프를 8개 구매하면 2,500×8=20,000원이지만, 10개를 구매하면 개당 1,000원이 할인되어 1,500×10=15,000원이므로 10개를 구매하는 것이 더 저렴하다.
- 연필을 20자루 구매하면 연필 가격의 25%가 할인되므로 400×20×0.75=6,000원이다.
- 지우개를 5개 구매하면 300×5=1,500원이며 지우개에 대한 할인은 적용되지 않는다.

따라서 총금액은 24,000+15,000+6,000+1,500=46,500원이고 3만 원을 초과했으므로 10% 할인이 적용되어 46,500×0.9=41,850원이다. 또한 할인 적용 전 금액이 5만 원 이하이므로 배송료 5,000원이 추가로 부과되어 41,850+5,000=46,850원이 된다. 그런데 만약 비품을 3,600원어치 추가로 주문하면 46,500+3,600=50,100원이므로 할인 적용 전 금액이 5만 원을 초과하여 배송료가 무료가 되고, 총금액이 3만 원을 초과했으므로 지불할 금액은 10% 할인이 적용된 50,100×0.9=45,090원이 된다. 그러므로 지불 가능한 가장 저렴한 금액은 45,090원이다.

32

정답 ①

A～E가 받는 성과급을 구하면 다음과 같다.

직원	직책	매출 순이익	기여도	성과급 비율	성과급
A	팀장	4,000만 원	25%	매출 순이익의 5%	1.2×4,000×0.05=240만 원
B	팀장	2,500만 원	12%	매출 순이익의 2%	1.2×2,500×0.02=60만 원
C	팀원	1억 2,500만 원	3%	매출 순이익의 1%	12,500×0.01=125만 원
D	팀원	7,500만 원	7%	매출 순이익의 3%	7,500×0.03=225만 원
E	팀원	800만 원	6%	–	0원

따라서 가장 많은 성과급을 받는 사람은 A이다.

33

정답 ⑤

2023년 6월의 학교폭력 신고 건수는 7,530+1,183+557+601=9,871건으로, 10,000건 미만이다.

오답분석

① • 2023년 1월의 학교폭력 상담 건수 : 9,652−9,195=457건
• 2023년 2월의 학교폭력 상담 건수 : 10,109−9,652=457건
따라서 2023년 1월과 2023년 2월의 학교폭력 상담 건수는 같다.

② 학교폭력 상담 건수와 신고 건수 모두 2023년 3월에 가장 많다.

③ 전월 대비 학교폭력 상담 건수가 가장 크게 감소한 때는 2023년 5월이지만, 학교폭력 신고 건수가 가장 크게 감소한 때는 2023년 4월이다.

④ 전월 대비 학교폭력 상담 건수가 증가한 월은 2022년 9월과 2023년 3월이고, 이때 학교폭력 신고 건수 또한 전월 대비 증가하였다.

34

정답 ④

연도별 전체 발전량 대비 유류・양수 자원 발전량은 다음과 같다.

• 2018년 : $\frac{6,605}{553,256}\times 100 \fallingdotseq 1.2\%$

• 2019년 : $\frac{6,371}{537,300}\times 100 \fallingdotseq 1.2\%$

• 2020년 : $\frac{5,872}{550,826}\times 100 \fallingdotseq 1.1\%$

• 2021년 : $\frac{5,568}{553,900}\times 100 \fallingdotseq 1\%$

• 2022년 : $\frac{5,232}{593,958}\times 100 \fallingdotseq 0.9\%$

따라서 2022년의 유류・양수 자원 발전량은 전체 발전량의 1% 미만이다.

오답분석

① 원자력 자원 발전량과 신재생 자원 발전량은 매년 증가하였다.

② 연도별 석탄 자원 발전량의 전년 대비 감소폭은 다음과 같다.
• 2019년 : 226,571−247,670=−21,099GWh
• 2020년 : 221,730−226,571=−4,841GWh
• 2021년 : 200,165−221,730=−21,565GWh
• 2022년 : 198,367−200,165=−1,798GWh
따라서 석탄 자원 발전량의 전년 대비 감소폭이 가장 큰 해는 2021년이다.

③ 연도별 신재생 자원 발전량 대비 가스 자원 발전량은 다음과 같다.

- 2018년 : $\frac{135,072}{36,905} \times 100 \fallingdotseq 366\%$
- 2019년 : $\frac{126,789}{38,774} \times 100 \fallingdotseq 327\%$
- 2020년 : $\frac{138,387}{44,031} \times 100 \fallingdotseq 314\%$
- 2021년 : $\frac{144,976}{47,831} \times 100 \fallingdotseq 303\%$
- 2022년 : $\frac{160,787}{50,356} \times 100 \fallingdotseq 319\%$

따라서 연도별 신재생 자원 발전량 대비 가스 자원 발전량이 가장 큰 해는 2018년이다.

⑤ 전체 발전량이 증가한 해는 2020 ~ 2022년이며, 그 증가폭은 다음과 같다.

- 2020년 : 550,826−537,300=13,526GWh
- 2021년 : 553,900−550,826=3,074GWh
- 2022년 : 593,958−553,900=40,058GWh

따라서 전체 발전량의 전년 대비 증가폭이 가장 큰 해는 2022년이다.

35

정답 ②

㉠ 퍼실리테이션(Facilitation)이란 '촉진'을 의미하며, 어떤 그룹이나 집단이 의사결정을 잘하도록 도와주는 일을 가리킨다. 최근 많은 조직에서는 보다 생산적인 결과를 가져올 수 있도록 그룹이 나아갈 방향을 알려 주고, 주제에 대한 공감을 이룰 수 있도록 능숙하게 도와주는 퍼실리테이터를 활용하고 있다. 퍼실리테이션에 의한 문제해결 방법은 깊이 있는 커뮤니케이션을 통해 서로의 문제점을 이해하고 공감함으로써 창조적인 문제해결을 도모한다. 소프트 어프로치나 하드 어프로치 방법은 타협점의 단순 조정에 그치지만, 퍼실리테이션에 의한 방법은 초기에 생각하지 못했던 창조적인 해결 방법을 도출한다. 동시에 구성원의 동기가 강화되고 팀워크도 한층 강화된다는 특징을 보인다. 이 방법을 이용한 문제해결은 구성원이 자율적으로 실행하는 것이며, 제3자가 합의점이나 줄거리를 준비해 놓고 예정대로 결론이 도출되어 가도록 해서는 안 된다.

㉡ 하드 어프로치에 의한 문제해결방법은 상이한 문화적 토양을 가지고 있는 구성원을 가정하여 서로의 생각을 직설적으로 주장하고 논쟁이나 협상을 통해 의견을 조정해 가는 방법이다. 이때 중심적 역할을 하는 것이 논리, 즉 사실과 원칙에 근거한 토론이다. 제3자는 이것을 기반으로 구성원에게 지도와 설득을 하고 전원이 합의하는 일치점을 찾아내려고 한다. 이러한 방법은 합리적이긴 하지만 잘못하면 단순한 이해관계의 조정에 그치고 말아서 그것만으로는 창조적인 아이디어나 높은 만족감을 이끌어내기 어렵다.

㉢ 소프트 어프로치에 의한 문제해결방법은 대부분의 기업에서 볼 수 있는 전형적인 스타일로 조직 구성원들은 같은 문화적 토양을 가지고 이심전심으로 서로를 이해하는 상황을 가정한다. 코디네이터 역할을 하는 제3자는 결론으로 끌고 갈 지점을 미리 머릿속에 그려가면서 권위나 공감에 의지하여 의견을 중재하고, 타협과 조정을 통하여 해결을 도모한다. 결론이 애매하게 끝나는 경우가 적지 않으나, 그것은 그것대로 이심전심을 유도하여 파악하면 된다. 소프트 어프로치에서는 문제해결을 위해서 직접 표현하는 것이 바람직하지 않다고 여기며, 무언가를 시사하거나 암시를 통하여 의사를 전달하고 기분을 서로 통하게 함으로써 문제해결을 도모하려고 한다.

36

정답 ④

네 번째 조건을 제외한 모든 조건과 그 대우를 논리식으로 표현하면 다음과 같다.

- $\sim(D \lor G) \rightarrow F$ / $\sim F \rightarrow (D \land G)$
- $F \rightarrow \sim E$ / $E \rightarrow \sim F$
- $\sim(B \lor E) \rightarrow \sim A$ / $A \rightarrow (B \land E)$

네 번째 조건에 따라 A가 투표를 하였으므로, 세 번째 조건의 대우에 의해 B와 E 모두 투표를 하였다. 또한 E가 투표를 하였으므로, 두 번째 조건의 대우에 따라 F는 투표하지 않았으며, F가 투표하지 않았으므로 첫 번째 조건의 대우에 따라 D와 G는 모두 투표하였다. A, B, D, E, G 5명이 모두 투표하였으므로 네 번째 조건에 따라 C는 투표하지 않았다. 따라서 투표를 하지 않은 사람은 C와 F이다.

37

정답 ⑤

VLOOKUP 함수는 열의 첫 열에서 수직으로 검색하여 원하는 값을 출력하는 함수이다. 함수의 형식은 「=VLOOKUP(찾을 값,범위,열 번호,찾기 옵션)」이며 이 중 근사값을 찾기 위해서는 찾기 옵션에 1을 입력하고, 정확히 일치하는 값을 찾기 위해서는 0을 입력해야 한다. 상품코드 S3310897의 값을 일정한 범위에서 찾아야 하는 것이므로 범위는 절대참조로 지정해야 하며, 크기 중은 범위 중 3번째 열에 위치하고, 정확히 일치하는 값을 찾아야 하므로 입력해야 하는 함수식은 「=VLOOKUP("S3310897",$B$2:$E$8,3,0)」이다.

오답분석

①・② HLOOKUP 함수를 사용하려면 찾고자 하는 값은 '중'이고, [B2:E8] 범위에서 찾고자 하는 행 'S3310897'은 6번째 행이므로 「=HLOOKUP("중",$B$2:$E$8,6,0)」을 입력해야 한다.

③・④ '중'은 테이블 범위에서 3번째 행이다.

38

정답 ③

Windows Game Bar로 녹화한 영상의 저장 위치는 파일 탐색기를 사용하여 [내 PC] – [동영상] – [캡처] 폴더를 원하는 위치로 옮겨 변경할 수 있다.

39

정답 ①

RPS 제도 이행을 위해 공급의무자는 일정 비율 이상(의무공급비율)을 신재생에너지로 발전해야 한다. 하지만 의무공급비율은 매년 확대되고 있고, 여기에 맞춰 신재생에너지 발전설비를 계속 추가하는 것은 시간적, 물리적으로 어려우므로 공급의무자는 신재생에너지 공급자로부터 REC를 구매하여 의무공급비율을 달성한다.

오답분석

② 신재생에너지 공급자가 공급의무자에게 REC를 판매하기 위해서는 에너지관리공단 신재생에너지센터, 한국전력거래소 등 공급인증기관으로부터 공급 사실을 증명하는 공급인증서를 신청해 발급받아야 한다.

③ 2021년 8월 이후 에너지관리공단에서 운영하는 REC 거래시장을 통해 일반기업도 REC를 구매하여 온실가스 감축실적으로 인정받을 수 있게 되었다.

④ REC에 명시된 공급량은 발전방식에 따라 가중치를 곱해 표기하므로 실제 공급량과 다를 수 있다.

40

정답 ③

빈칸 ㉠의 앞 문장은 공급의무자가 신재생에너지 발전설비 확대를 통한 RPS 달성에는 한계점이 있음을 설명하고, 뒤 문장은 이에 대한 대안으로서 REC 거래를 설명하고 있다. 따라서 빈칸에 들어갈 접속부사는 '그러므로'가 가장 적절하다.

41

정답 ③

오답분석

① 인증서의 유효기간은 발급일로부터 3년이다. 2020년 10월 6일에 발급받은 REC의 만료일은 2023년 10월 6일이므로 이미 만료되어 거래할 수 없다.

② 천연가스는 화석연료이므로 REC를 발급받을 수 없다.

④ 기업에 판매하는 REC는 에너지관리공단에서 거래시장을 운영한다.

42

정답 ③

수소는 연소 시 탄소를 배출하지 않는 친환경에너지이지만, 수소혼소 발전은 수소와 함께 액화천연가스(LNG)를 혼합하여 발전하므로 기존 LNG 발전에 비해 탄소 배출량은 줄어들지만, 여전히 탄소를 배출한다.

오답분석

① 수소혼소 발전은 기존의 LNG 발전설비를 활용할 수 있기 때문에 화석연료 발전에서 친환경에너지 발전으로 전환하는 데 발생하는 사회적·경제적 충격을 완화할 수 있다.
② 높은 온도로 연소되는 수소는 공기 중의 질소와 반응하여 질소산화물(NOx)을 발생시키며, 이는 미세먼지와 함께 대기오염의 주요 원인으로 작용한다.
④ 수소혼소 발전에서 수소를 혼입하는 양이 많아질수록 발전에 사용하는 LNG를 많이 대체하므로 탄소 배출량은 줄어든다.

43

정답 ②

보기에 주어진 문장은 접속부사 '따라서'로 시작하므로 수소가 2050 탄소중립 실현을 위한 최적의 에너지원이 되는 이유 뒤에 와야 한다. 따라서 보기는 수소 에너지의 장점과 이어지는 (나)에 들어가는 것이 가장 적절하다.

44

정답 ③

- 총무팀 : 연필, 지우개, 볼펜, 수정액의 수량이 기준 수량보다 적다.
  - 최소 주문 수량 : 연필 15자루, 지우개 15개, 볼펜 40자루, 수정액 15개
  - 최대 주문 수량 : 연필 60자루, 지우개 90개, 볼펜 120자루, 수정액 60개
- 연구개발팀 : 볼펜, 수정액의 수량이 기준 수량보다 적다.
  - 최소 주문 수량 : 볼펜 10자루, 수정액 10개
  - 최대 주문 수량 : 볼펜 120자루, 수정액 60개
- 마케팅홍보팀 : 지우개, 볼펜, 수정액, 테이프의 수량이 기준 수량보다 적다.
  - 최소 주문 수량 : 지우개 5개, 볼펜 45자루, 수정액 25개, 테이프 10개
  - 최대 주문 수량 : 지우개 90개, 볼펜 120자루, 수정액 60개, 테이프 40개
- 인사팀 : 연필, 테이프의 수량이 기준 수량보다 적다.
  - 최소 주문 수량 : 연필 5자루, 테이프 15개
  - 최대 주문 수량 : 연필 60자루, 테이프 40개

따라서 비품 신청 수량이 바르지 않은 팀은 마케팅홍보팀이다.

45

정답 ②

N사에서 A지점으로 가려면 1호선으로 역 2개를 지난 후 2호선으로 환승하여 역 5개를 더 가야 한다.
따라서 편도로 이동하는 데 걸리는 시간은 $(2\times2)+3+(2\times5)=17$분이므로 왕복하는 데 걸리는 시간은 $17\times2=34$분이다.

46

정답 ④

- A지점 : $(900\times2)+(950\times5)=6,550$m
- B지점 : $900\times8=7,200$m
- C지점 : $(900\times2)+(1,300\times4)=7,000$m 또는 $(900\times5)+1,000+1,300=6,800$m
- D지점 : $(900\times5)+(1,000\times2)=6,500$m 또는 $(900\times2)+(1,300\times3)+1,000=6,700$m

따라서 이동거리가 가장 짧은 지점은 D지점이다.

47

정답 ②

- A지점 : 이동거리는 6,550m이고 기본요금 및 거리비례 추가비용은 2호선 기준이 적용되므로 1,500+100=1,600원이다.
- B지점 : 이동거리는 7,200m이고 기본요금 및 거리비례 추가비용은 1호선 기준이 적용되므로 1,200+50×4=1,400원이다.
- C지점 : 이동거리는 7,000m이고 기본요금 및 거리비례 추가비용은 4호선 기준이 적용되므로 2,000+150=2,150원이다. 또는 이동거리가 6,800m일 때, 기본요금 및 거리비례 추가비용은 4호선 기준이 적용되므로 2,000+150=2,150원이다.
- D지점 : 이동거리는 6,500m이고 기본요금 및 거리비례 추가비용은 3호선 기준이 적용되므로 1,800+100×3=2,100원이다. 또는 이동거리가 6,700m일 때, 기본요금 및 거리비례 추가비용은 4호선 기준이 적용되므로 2,000+150=2,150원이다.

따라서 이동하는 데 드는 비용이 가장 적은 지점은 B지점이다.

48

정답 ⑤

미국 컬럼비아 대학교에서 만들어낸 치즈케이크는 7가지의 반죽형 식용 카트리지로 만들어졌다. 따라서 페이스트를 층층이 쌓아서 만드는 FDM 방식을 사용하여 제작하였음을 알 수 있다.

오답분석

① PBF / SLS 방식 3D 푸드 프린터는 설탕 같은 분말 형태의 재료를 접착제나 레이저로 굳혀 제작하는 것이므로 설탕 케이크 장식을 제작하기에 적절한 방식이다.
② 3D 푸드 프린터는 질감을 조정하거나, 맛을 조정하여 음식을 제작할 수 있으므로 식감 등으로 발생하는 편식을 줄일 수 있다.
③ 3D 푸드 프린터는 음식을 제작할 때 개인별로 필요한 영양소를 첨가하는 등 사용자 맞춤 식단을 제공할 수 있다는 장점이 있다.
④ 네 번째 문단에서 현재 3D 푸드 프린터의 한계점을 보면 디자인적·심리적 요소로 인해 3D 푸드 프린터로 제작된 음식에 거부감이 들 수 있다고 하였다.

49

정답 ④

(라) 문장이 포함된 문단은 3D 푸드 프린터의 장점에 대해 설명하는 문단이며, 특히 대체육 프린팅의 장점에 대해 소개하고 있다. 그러나 (라) 문장은 대체육의 단점에 대해 서술하고 있으므로 네 번째 문단에 추가로 서술하거나 삭제하는 것이 적절하다.

오답분석

① (가) 문장은 컬럼비아 대학교에서 3D 푸드 프린터로 만들어 낸 치즈케이크의 특징을 설명하는 문장이므로 적절하다.
② (나) 문장은 현재 주로 사용되는 3D 푸드 프린터의 작동 방식을 설명하는 문장이므로 적절하다.
③ (다) 문장은 3D 푸드 프린터의 장점을 소개하는 세 번째 문단의 중심내용이므로 적절하다.
⑤ (마) 문장은 3D 푸드 프린터의 한계점인 '디자인으로 인한 심리적 거부감'을 서술하고 있으므로 적절하다.

50

정답 ④

네 번째 문단은 3D 푸드 프린터의 한계 및 개선점을 설명한 문단으로, 3D 푸드 프린터의 장점을 설명한 세 번째 문단과 역접관계에 있다. 따라서 '그러나'가 적절한 접속부사이다.

오답분석

① ㉠ 앞에서 서술된 치즈케이크의 특징이 대체육과 같은 다른 관련 산업에서 주목하게 된 이유가 되므로 '그래서'는 적절한 접속부사이다.
② ㉡ 앞의 문장은 3D 푸드 프린터의 장점을 소개하는 세 번째 문단의 중심내용이고 뒤의 문장은 이에 대한 예시를 설명하고 있으므로 '예를 들어'는 적절한 접속부사이다.
③ ㉢의 앞과 뒤는 다른 내용이지만 모두 3D 푸드 프린터의 장점을 나열한 것이므로 '또한'은 적절한 접속부사이다.
⑤ ㉤의 앞과 뒤는 다른 내용이지만 모두 3D 푸드 프린터의 단점을 나열한 것이므로 '게다가'는 적절한 접속부사이다.

02 2023년 주요 공기업 전공 기출복원문제

01 법학

01	02	03	04	05	06	07	08	09											
④	①	③	⑤	②	④	④	①	③											

01

정답 ④

근로자참여 및 협력증진에 관한 법은 집단적 노사관계법으로, 노동조합과 사용자단체 간의 노사관계를 규율한 법이다. 노동조합 및 노동관계조정법, 근로자참여 및 협력증진에 관한 법, 노동위원회법, 교원의 노동조합설립 및 운영 등에 관한 법률, 공무원직장협의회법 등이 이에 해당한다.
나머지는 근로자와 사용자의 근로계약을 체결하는 관계에 대해 규율한 법으로, 개별적 근로관계법이라고 한다. 근로기준법, 최저임금법, 산업안전보건법, 직업안정법, 남녀고용평등법, 선원법, 산업재해보상보험법, 고용보험법 등이 이에 해당한다.

02

정답 ①

용익물권은 타인의 토지나 건물 등 부동산의 사용가치를 지배하는 제한물권으로, 민법상 지상권, 지역권, 전세권이 이에 속한다.

용익물권의 종류
- 지상권 : 타인의 토지에 건물이나 수목 등을 설치하여 사용하는 물권
- 지역권 : 타인의 토지를 자기 토지의 편익을 위하여 이용하는 물권
- 전세권 : 전세금을 지급하고 타인의 토지 또는 건물을 사용·수익하는 물권

03

정답 ③

- 선고유예 : 형의 선고유예를 받은 날로부터 2년이 경과한 때에는 면소된 것으로 간주한다(형법 제60조).
- 집행유예 : 양형의 조건을 참작하여 그 정상에 참작할 만한 사유가 있는 때에는 1년 이상 5년 이하의 기간 형의 집행을 유예할 수 있다(형법 제62조 제1항).

04

정답 ⑤

몰수의 대상(형법 제48조 제1항)
1. 범죄행위에 제공하였거나 제공하려고 한 물건
2. 범죄행위로 인하여 생겼거나 취득한 물건
3. 제1호 또는 제2호의 대가로 취득한 물건

05

정답 ②

상법상 법원에는 상사제정법(상법전, 상사특별법령, 상사조약), 상관습법, 판례, 상사자치법(회사의 정관, 이사회 규칙), 보통거래약관, 조리 등이 있다. 조례는 해당되지 않는다.

06

정답 ④

촉법소년의 적용 연령은 10세 이상 14세 미만이고, 우범소년의 적용 연령은 10세 이상의 소년(19세 미만)이다.

보호의 대상과 송치 및 통고(소년법 제4조 제1항)
다음 각 호의 어느 하나에 해당하는 소년은 소년부의 보호사건으로 심리한다.
1. 죄를 범한 소년(범죄소년)
2. 형벌 법령에 저촉되는 행위를 한 10세 이상 14세 미만인 소년(촉법소년)
3. 다음 각 목에 해당하는 사유가 있고 그의 성격이나 환경에 비추어 앞으로 형벌 법령에 저촉되는 행위를 할 우려가 있는 10세 이상인 소년(우범소년)
   가. 집단으로 몰려다니며 주위 사람들에게 불안감을 조성하는 성벽이 있는 것
   나. 정당한 이유 없이 가출하는 것
   다. 술을 마시고 소란을 피우거나 유해환경에 접하는 성벽이 있는 것

07

정답 ④

환경보전의 의무는 국민뿐만 아니라 국가에도 적용되는 기본 의무이다.

헌법에 명시된 기본 의무
- 교육의 의무 : 모든 국민은 그 보호하는 자녀에게 적어도 초등교육과 법률이 정하는 교육을 받게 할 의무를 진다(헌법 제31조 제2항).
- 근로의 의무 : 모든 국민은 근로의 의무를 진다. 국가는 근로의 의무의 내용과 조건을 민주주의 원칙에 따라 법률로 정한다(헌법 제32조 제2항).
- 환경보전의 의무 : 모든 국민은 건강하고 쾌적한 환경에서 생활할 권리를 가지며, 국가와 국민은 환경보전을 위하여 노력하여야 한다(헌법 제35조 제1항).
- 납세의 의무 : 모든 국민은 법률이 정하는 바에 의하여 납세의 의무를 진다(헌법 제38조).
- 국방의 의무 : 모든 국민은 법률이 정하는 바에 의하여 국방의 의무를 진다(헌법 제39조 제1항).

08

정답 ①

행정청의 처분의 효력 유무 또는 존재 여부를 확인하는 심판은 행정심판의 종류 중 무효등확인심판에 해당한다(행정심판법 제5조 제2호).

헌법 제111조 제1항
헌법재판소는 다음 사항을 관장한다.
1. 법원의 제청에 의한 법률의 위헌여부 심판
2. 탄핵의 심판
3. 정당의 해산 심판
4. 국가기관 상호 간, 국가기관과 지방자치단체 간 및 지방자치단체 상호 간의 권한쟁의에 관한 심판
5. 법률이 정하는 헌법소원에 관한 심판

09

정답 ③

채권 · 재산권의 소멸시효(민법 제162조)

① 채권은 10년간 행사하지 아니하면 소멸시효가 완성한다.

② 채권 및 소유권 이외의 재산권은 20년간 행사하지 아니하면 소멸시효가 완성한다.

02 행정학

01	02	03	04	05	06	07	08	09	10	11	12	13	14	15	16	17	18	19	20
③	④	③	②	④	②	④	④	②	⑤	②	④	④	②	②	③	①	②	①	②

01

정답 ③

현대에는 민주주의의 심화 및 분야별 전문 민간기관의 성장에 따라 정부 등 공식적 참여자보다 비공식적 참여자의 중요도가 높아지고 있다.

오답분석

① 의회와 지방자치단체는 정부, 사법부 등과 함께 대표적인 공식적 참여자에 해당된다.
② 정당과 NGO, 언론 등은 비공식적 참여자에 해당된다.
④ 사회적 의사결정에서 정부의 역할이 줄어들면 비공식적 참여자가 해당 역할을 대체하므로 중요도가 높아진다.

02

정답 ④

효율 증대에 따른 이윤 추구라는 경제적 결정이 중심인 기업경영의 의사결정에 비해, 정책문제는 사회효율 등 수단적 가치뿐만 아니라 형평성, 공정성 등 목적적 가치들도 고려가 필요하므로 고려사항이 더 많고 복잡하다는 특성을 갖는다.

03

정답 ③

회사모형은 사이어트와 마치가 주장한 의사결정 모형으로, 준독립적이고 느슨하게 연결되어 있는 조직들의 상호 타협을 통해 의사결정이 이루어진다고 설명한다.

오답분석

① 드로어는 최적모형에 따른 의사결정 모형을 제시했다.
② 합리적 결정과 점증적 결정이 누적 및 혼합되어 의사결정이 이루어진다고 본 것은 혼합탐사모형이다.
④ 정책결정 단계를 초정책결정 단계, 정책결정 단계, 후정책결정 단계로 구분하여 설명한 것은 최적모형이다.

04

정답 ②

ㄱ. 호혜조직의 1차적 수혜자는 조직구성원이 맞으나, 은행, 유통업체는 사업조직에 해당되며, 노동조합, 전문가단체, 정당, 사교클럽, 종교단체 등이 호혜조직에 해당된다.
ㄷ. 봉사조직의 1차적 수혜자는 이들과 접촉하는 일반적인 대중이다.

05

정답 ④

특수한 경우를 제외하고 일반적으로 해당 구성원 간 동일한 인사 및 보수 체계를 적용받는 구분은 직급이다.

06

정답 ②

실적주의에서는 개인의 역량, 자격에 따라 인사행정이 이루어지기 때문에 정치적 중립성 확보가 강조되지만, 엽관주의에서는 정치적 충성심 및 기여도에 따라 인사행정이 이루어지기 때문에 조직 수반에 대한 정치적 정합성이 더 강조된다.

오답분석

① 공공조직에서 엽관주의적 인사가 이루어지는 경우 정치적 충성심에 따라 구성원이 변경되므로, 정치적 사건마다 조직구성원들의 신분유지 여부에 변동성이 생겨 불안정해진다.

07

정답 ④

ㄱ. 시군세에는 담배소비세, 주민세, 지방소득세, 자동차세와 함께 재산세가 포함된다.
ㄴ. 도세는 보통세, 목적세로 나뉘며, 시군세에는 보통세만 포함된다.
ㄷ. 취득세는 등록면허세, 레저세, 지방소비세와 함께 도세의 보통세에 포함된다.

08

정답 ④

행정지도는 상대방의 임의적 협력을 구하는 비강제적 행위로, 법적 분쟁을 사전에 회피할 수 있다는 장점이 있다.

오답분석

① 행정지도는 비권력적 사실행위에 해당된다.
② 행정지도는 비권력적 행위로, 강제력을 갖지 않는다.
③ 행정주체가 행정객체를 유도하는 행위이므로 행정환경의 변화에 대해 탄력적으로 적용이 가능하다는 것이 장점이다.
⑤ 강제력 없이 단순 유도하는 행위로, 행정주체는 감독권한을 갖지 못한다.

09

정답 ②

외부효과 발생 시 부정적 외부효과를 줄이도록 유도책 혹은 외부효과 감축 지원책을 도입하여 문제를 해결할 수도 있다.

10

정답 ⑤

정책참여자의 범위는 이슈네트워크, 정책공동체, 하위정부모형 순으로 넓다.

11

정답 ②

발생주의 회계는 거래가 발생한 기간에 기록하는 원칙으로, 영업활동 관련 기록과 현금 유출입이 일치하지 않지만, 수익 및 비용을 합리적으로 일치시킬 수 있다는 장점이 있다.

오답분석

①·③·④·⑤ 현금흐름 회계에 대한 설명이다.

12

정답 ④

ㄴ. X이론에서는 부정적인 인간관을 토대로 보상과 처벌, 권위적이고 강압적인 지도성을 경영전략으로 강조한다.
ㄹ. Y이론의 적용을 위한 대안으로 권한의 위임 및 분권화, 직무 확대, 업무수행능력의 자율적 평가, 목표 관리전략 활용, 참여적 관리 등을 제시하였다.

오답분석

ㄷ. Y이론에 따르면 인간은 긍정적이고 적극적인 존재이므로, 직접적 통제보다는 자율적 통제가 더 바람직한 경영전략이라고 보았다.

13

정답 ④

독립합의형 중앙인사기관의 위원들은 임기를 보장받으며, 각 정당의 추천인사나 초당적 인사로 구성되는 등 중립성을 유지하기 유리하다는 장점을 지닌다. 이로 인해 행정부 수반에 의하여 임명된 기관장 중심의 비독립단독형 인사기관에 비해 엽관주의 영향을 최소화하고, 실적 중심의 인사행정을 실현하기에 유리하다.

오답분석

① 독립합의형 인사기관의 개념에 대한 옳은 설명이다.
② 비독립단독형 인사기관은 합의에 따른 의사결정 과정을 거치지 않으므로, 의견 불일치 시 조율을 하는 시간이 불필요하여 상대적으로 의사결정이 신속히 이루어진다.
③ 비독립단독형 인사기관은 기관장의 의사가 강하게 반영되는 만큼 책임소재가 분명한 데 비해, 독립합의형 인사기관은 다수의 합의에 따라 의사결정이 이루어지므로 책임소재가 불분명하다.

14

정답 ②

㉠ 정부가 시장에 대해 충분한 정보를 확보하는 데 실패함으로써 정보 비대칭에 따른 정부실패가 발생한다.
㉢ 정부행정은 단기적 이익을 중시하는 정치적 이해관계의 영향을 받아 사회에서 필요로 하는 바보다 단기적인 경향을 보인다. 이처럼 정치적 할인율이 사회적 할인율보다 높기 때문에 정부실패가 발생한다.

오답분석

㉡ 정부는 독점적인 역할을 수행하기 때문에 경쟁에 따른 개선효과가 미비하여 정부실패가 발생한다.
㉣ 정부의 공공재 공급은 사회적 무임승차를 유발하여 지속가능성을 저해하기 때문에 정부실패가 발생한다.

15

정답 ②

공익, 자유, 복지는 행정의 본질적 가치에 해당한다.

행정의 가치

- 본질적 가치(행정을 통해 실현하려는 궁극적인 가치) : 정의, 공익, 형평, 복지, 자유, 평등
- 수단적 가치(본질적 가치 달성을 위한 수단적인 가치) : 합법성, 능률성, 민주성, 합리성, 효과성, 가외성, 생산성, 신뢰성, 투명성

16

정답 ③

영국의 대처주의와 미국의 레이거노믹스는 경쟁과 개방, 위임의 원칙을 강조하는 신공공관리론에 입각한 정치기조이다.

오답분석

① 신공공관리론은 정부실패의 대안으로 등장하였으며, 작고 효율적인 시장지향적 정부를 추구한다.
② 뉴거버넌스는 정부가 사회의 문제해결을 주도하는 것이 아니라, 민간 주체들이 논의를 주도할 수 있도록 조력자의 역할을 하는 것을 추구한다.
④ 뉴거버넌스는 시민 및 기업의 참여를 통한 공동생산을 지향하며, 민영화와 민간위탁을 통한 서비스의 공급은 뉴거버넌스가 제시되기 이전 거버넌스의 내용이다.

17

정답 ①

지방의회는 재적위원 3분의 1 이상의 출석으로 개의한다(지방자치법 제72조 제1항).

오답분석

② 지방의회는 매년 1회 그 지방자치단체의 사무에 대하여 시·도에서는 14일의 범위에서, 시·군 및 자치구에서는 9일의 범위에서 감사를 실시하고, 지방자치단체의 사무 중 특정 사안에 관하여 본회의 의결로 본회의나 위원회에서 조사하게 할 수 있다(지방자치법 제49조 제1항).
③ 행정사무 조사를 발의할 때에는 이유를 밝힌 서면으로 하여야 하며, 재적의원 3분의 1 이상의 찬성이 있어야 한다(지방자치법 제49조 제2항).
④ 지방의회는 매년 2회 정례회를 개최한다(지방자치법 제53조 제1항).

18

정답 ②

네트워크를 통한 기기 간의 연결을 활용하지 않으므로 사물인터넷을 사용한 것이 아니다.

오답분석

① 스마트 팜을 통해 각종 센서들을 기반으로 온도와 습도, 토양 등에 대한 정보를 정확하게 확인하고 필요한 영양분(물, 비료, 농약 등)을 시스템이 알아서 제공해 주는 것은 사물인터넷을 활용한 경우에 해당된다.
③ 커넥티드 카는 사물인터넷 기술을 통해 통신망에 연결된 차량으로, 가속기, 브레이크, 속도계, 주행 거리계, 바퀴 등에서 운행 데이터를 수집하여 운전자 행동과 차량 상태를 모두 모니터링할 수 있다.

19

정답 ①

ㄱ. 강임은 현재보다 낮은 직급으로 임명하는 것으로, 수직적 인사이동에 해당한다.
ㄴ. 승진은 직위가 높아지는 것으로, 수직적 인사이동에 해당한다.

오답분석

ㄷ. 전보는 동일 직급 내에서 다른 관직으로 이동하는 것으로, 수평적 인사이동에 해당한다.
ㄹ. 전직은 직렬을 변경하는 것으로, 수평적 인사이동에 해당한다.

20

정답 ②

국립공원 입장료는 2007년에 폐지되었다.

오답분석

ㄱ. 2023년 5월에 문화재보호법이 개정되면서 국가지정문화재 보유자 및 기관에 대해 정부 및 지방자치단체가 해당 비용을 지원할 수 있게 되어, 많은 문화재에 대한 관람료가 면제되었다. 그러나 이는 요금제가 폐지된 것이 아니라 법규상 유인책에 따라 감면된 것에 해당된다. 원론적으로 국가지정문화재의 소유자가 관람자로부터 관람료를 징수할 수 있음은 유효하기도 했다. 2023년 8월 새로운 개정을 통해 해당 법에서 칭하던 '국가지정문화재'가 '국가지정문화유산'으로 확대되었다.

03 경영학

01	02	03	04	05	06	07	08	09	10	11	12	13	14	15	16	17	18	19	20
⑤	②	④	①	④	③	①	⑤	②	①	③	④	④	③	③	④	④	④	③	②

01

정답 ⑤

페이욜은 기업활동을 기술활동, 영업활동, 재무활동, 회계활동, 관리활동, 보전활동 6가지 분야로 구분하였다.

오답분석

② 차별 성과급제, 기능식 직장제도, 과업관리, 계획부 제도, 작업지도표 제도 등은 테일러의 과학적 관리법을 기본이론으로 한다.
③ 포드의 컨베이어 벨트 시스템은 생산원가를 절감하기 위해 표준 제품을 정하고 대량생산하는 방식을 정립한 것이다.
④ 베버의 관료제 조직은 계층에 의한 관리, 분업화, 문서화, 능력주의, 사람과 직위의 분리, 비개인성의 6가지 특징을 가지며, 이를 통해 조직을 가장 합리적이고 효율적으로 운영할 수 있다고 주장한다.

02

정답 ②

논리적인 자료 제시를 통해 높은 이해도를 이끌어 내는 것은 이성적 소구에 해당된다.

오답분석

① 감성적 소구는 감정전이형 광고라고도 하며, 브랜드 이미지 제고, 호의적 태도 등을 목표로 한다.
③ 감성적 소구 방법으로 유머 소구, 공포 소구, 성적 소구 등이 해당된다.
④ 이성적 소구는 자사 제품이 선택되어야만 하는 이유 또는 객관적 근거를 제시하고자 하는 방법이다.
⑤ 이성적 소구는 위험성이 있거나 새로운 기술이 적용된 제품 등의 지식과 정보를 제공함으로써 표적소비자들이 제품을 선택할 수 있게 한다.

03

정답 ④

ⓛ 자동화 기계 도입에 따른 다기능공 활용이 늘어나면, 작업자는 여러 기능을 숙달해야 하는 부담이 증가한다.
ⓔ 혼류 생산을 통해 공간 및 설비 이용률을 향상시킨다.

오답분석

ⓖ 현장 낭비 제거를 통해 원가를 낮추고 생산성을 향상시킬 수 있다.
ⓒ 소 LOT 생산을 통해 재고율을 감소시켜 재고비용, 공간 등을 줄일 수 있다.

04

정답 ①

가치사슬은 미시경제학 또는 산업조직론을 기반으로 하는 분석 도구이다.

오답분석

② 가치사슬은 기업의 경쟁우위를 강화하기 위한 기본적 분석 도구로, 기업이 수행하는 활동을 개별적으로 나누어 분석한다.
③ 구매, 제조, 물류, 판매, 서비스 등을 기업의 본원적 활동으로 정의한다.
④ 인적자원 관리, 인프라, 기술개발, 조달활동 등을 기업의 지원적 활동으로 정의한다.
⑤ 각 가치사슬의 이윤은 전체 수입에서 가치창출을 위해 발생한 모든 비용을 제외한 값이다.

05

정답 ④

주식회사 발기인의 인원 수는 별도의 제한이 없다.

오답분석

① 주식회사의 법인격에 대한 설명이다.
② 출자자의 유한책임에 대한 설명이다(상법 제331조).
③ 주식은 자유롭게 양도할 수 있는 것이 원칙이다.
⑤ 주식회사는 사원(주주)의 수가 다수인 경우가 많기 때문에 사원이 직접 경영에 참여하기보다는 이사회로 경영권을 위임한다.

06

정답 ③

단수가격은 심리학적 가격 결정으로, 1,000원, 10,000원의 단위로 가격을 결정하지 않고 900원, 990원, 9,900원 등 단수로 가격을 결정하여 상대적으로 저렴하게 보이게 하는 가격전략이다.

오답분석

① 명성가격 : 판매자의 명성이나 지위를 나타내는 제품을 수요가 증가함에 따라 높게 설정하는 가격이다.
② 준거가격 : 소비자가 상품 가격을 평가할 때 자신의 기준이나 경험을 토대로 생각하는 가격이다.
④ 관습가격 : 소비자들이 오랜 기간 동안 일정금액으로 구매해 온 상품의 특정 가격이다.
⑤ 유인가격 : 잘 알려진 제품을 저렴하게 판매하여 소비자들을 유인하기 위한 가격이다.

07

정답 ①

ELS는 주가연계증권으로, 사전에 정해진 조건에 따라 수익률이 결정되며 만기가 있다.

오답분석

② 주가연계파생결합사채(ELB)에 대한 설명이다.
③ 주가지수연동예금(ELD)에 대한 설명이다.
④ 주가연계신탁(ELT)에 대한 설명이다.
⑤ 주가연계펀드(ELF)에 대한 설명이다.

08

정답 ⑤

오답분석

①·② 파이프라인재고 또는 이동재고는 구매대금은 지급하였으나, 이동 중에 있는 재고를 말한다.
③ 주기재고는 주기적으로 일정한 단위로 품목을 발주함에 따라 발생하는 재고를 말한다.
④ 예비재고는 미래에 수요가 상승할 것을 기대하고 사전에 비축하는 재고를 말한다.

09

정답 ②

블룸의 기대이론에 대한 설명으로, 기대감, 수단성, 유의성을 통해 구성원의 직무에 대한 동기 부여를 결정한다고 주장하였다.

오답분석

① 허즈버그의 2요인이론에 대한 설명이다.
③ 매슬로의 욕구 5단계이론에 대한 설명이다.
④ 맥그리거의 XY이론에 대한 설명이다.
⑤ 로크의 목표설정이론에 대한 설명이다.

10

정답 ①

시장세분화 단계에서는 시장을 기준에 따라 세분화하고, 각 세분시장의 고객 프로필을 개발하여 차별화된 마케팅을 실행한다.

오답분석

②·③ 표적시장 선정 단계에서는 각 세분시장의 매력도를 평가하여 표적시장을 선정한다.
④ 포지셔닝 단계에서는 각각의 시장에 대응하는 포지셔닝을 개발하고 전달한다.
⑤ 재포지셔닝 단계에서는 자사와 경쟁사의 경쟁위치를 분석하여 포지셔닝을 조정한다.

11

정답 ③

- (당기순이익)=(총수익)−(총비용)=35억−20억=15억 원
- (기초자본)=(기말자본)−(당기순이익)=65억−15억=50억 원
- (기초부채)=(기초자산)−(기초자본)=100억−50억=50억 원

12

정답 ④

상위에 있는 욕구를 충족시키지 못하면 하위에 있는 욕구는 더욱 크게 증가하여, 하위욕구를 충족시키기 위해 훨씬 더 많은 노력이 필요하게 된다.

오답분석

① 심리학자 앨더퍼가 인간의 욕구에 대해 매슬로의 욕구 5단계설을 발전시켜 주장한 이론이다.
②·③ 존재욕구를 기본적 욕구로 정의하며, 관계욕구, 성장욕구로 계층화하였다.

13

정답 ④

사업 다각화는 무리하게 추진할 경우 수익성에 악영향을 줄 수 있다는 단점이 있다.

오답분석

① 지속적인 성장을 추구하여 미래 유망산업에 참여하고, 구성원에게 더 많은 기회를 줄 수 있다.
② 기업이 한 가지 사업만 영위하는 데 따르는 위험에 대비할 수 있다.
③ 보유자원 중 남는 자원을 활용하여 범위의 경제를 실현할 수 있다.

14

정답 ③

직무분석 → 직무기술서 / 직무명세서 → 직무평가 → 직무설계의 순서로 직무관리를 진행하며, 직무분석을 통해 업무특성과 업무담당자의 특성을 파악하고, 이를 토대로 어떤 직무가 적합할지 평가하여 대상자의 최종 직무를 설계한다.

15

정답 ③

종단분석은 시간과 비용의 제약으로 인해 표본 규모가 작을수록 좋으며, 횡단분석은 집단의 특성 또는 차이를 분석해야 하므로 표본이 일정 규모 이상일수록 정확하다.

16

정답 ④

채권이자율이 시장이자율보다 높아지면 채권가격은 액면가보다 높은 가격에 거래된다. 단, 만기에 가까워질수록 채권가격이 하락하여 가격위험에 노출된다.

오답분석

①·②·③ 채권이자율이 시장이자율보다 낮은 할인채에 대한 설명이다.

17

정답 ④

물음표(Question Mark) 사업은 신규 사업 또는 현재 시장점유율은 낮으나, 향후 성장 가능성이 높은 사업이다. 기업 경영 결과에 따라 개(Dog) 사업 또는 스타(Star) 사업으로 바뀔 수 있다.

오답분석

① 스타(Star) 사업 : 성장률과 시장점유율이 모두 높아서 계속 투자가 필요한 유망 사업이다.
② 현금젖소(Cash Cow) 사업 : 높은 시장점유율로 현금창출은 양호하나, 성장 가능성은 낮은 사업이다.
③ 개(Dog) 사업 : 성장률과 시장점유율이 모두 낮아 철수가 필요한 사업이다.

18

정답 ④

시험을 망쳤음에도 불구하고 난이도를 이유로 괜찮다고 생각하는 자기합리화의 사례로 볼 수 있다.

오답분석

①·②·③ 인지부조화의 사례로서 개인이 가지고 있는 신념, 태도, 감정 등에 대해 일관성을 가지지 못하고 다르게 행동하는 것을 의미한다.

19

정답 ③

M&A는 해외 직접투자에 해당하는 진출 방식이다.

오답분석

①·②·④ 계약에 의한 해외 진출 방식이다.

20

정답 ②

테일러의 과학적 관리법에서는 작업에 사용하는 도구 등을 표준화하여 관리 비용을 낮추고 효율성을 높이는 것을 추구한다.

오답분석

① 과학적 관리법의 특징 중 표준화에 대한 설명이다.
③ 과학적 관리법의 특징 중 동기부여에 대한 설명이다.
④ 과학적 관리법의 특징 중 통제에 대한 설명이다.

04 경제학

01	02	03	04	05	06	07	08	09	10	11	12	13	14	15					
⑤	②	①	④	⑤	①	④	③	③	④	④	③	①	③	④					

01

정답 ⑤

가격탄력성이 1보다 크면 탄력적이라고 할 수 있다.

오답분석

①·② 수요의 가격탄력성은 가격의 변화에 따른 수요의 변화를 의미하며, 분모는 상품가격의 변화량을 상품 가격으로 나눈 값이며, 분자는 수요량의 변화량을 수요량으로 나눈 값이다.

③ 대체재가 많을수록 해당 상품 가격 변동에 따른 수요의 변화는 더 크게 반응하게 된다.

02

정답 ②

GDP 디플레이터는 명목 GDP를 실질 GDP로 나누어 물가상승 수준을 예측할 수 있는 물가지수로, 국내에서 생산된 모든 재화와 서비스 가격을 반영한다. 따라서 GDP 디플레이터를 구하는 계산식은 (명목 GDP)÷(실질 GDP)×100이다.

03

정답 ①

한계소비성향은 소비의 증가분을 소득의 증가분으로 나눈 값으로, 소득이 1,000만 원 늘었을 때 현재 소비자들의 한계소비성향이 0.7이므로 소비는 700만 원이 늘었다고 할 수 있다. 따라서 소비의 변화폭은 700이다.

04

정답 ④

㉠ 환율이 상승하면 제품을 수입하기 위해 더 많은 원화를 필요로 하고, 이에 따라 수입이 감소하게 되므로 순수출이 증가한다.

㉡ 국내이자율이 높아지면 국내자산 투자수익률이 좋아져 해외로부터 자본유입이 확대되고, 이에 따라 환율은 하락한다.

㉢ 국내물가가 상승하면 상대적으로 가격이 저렴한 수입품에 대한 수요가 늘어나 환율은 상승한다.

05

정답 ⑤

독점적 경쟁시장은 광고, 서비스 등 비가격경쟁이 가격경쟁보다 더 활발히 진행된다.

06

정답 ①

케인즈학파는 경기침체 시 정부가 적극적으로 개입하여 총수요의 증대를 이끌어야 한다고 주장하였다.

오답분석

② 고전학파의 거시경제론에 대한 설명이다.

③ 케인즈학파의 거시경제론에 대한 설명이다.

④ 고전학파의 이분법에 대한 설명이다.

⑤ 케인즈학파의 화폐중립성에 대한 설명이다.

07

정답 ④

오답분석

① 매몰비용의 오류 : 이미 투입한 비용과 노력 때문에 경제성이 없는 사업을 지속하여 손실을 키우는 것을 의미한다.
② 감각적 소비 : 제품을 구입할 때, 품질, 가격, 기능보다 디자인, 색상, 패션 등을 중시하는 소비 패턴을 의미힌다.
③ 보이지 않는 손 : 개인의 사적 영리활동이 사회 전체의 공적 이익을 증진시키는 것을 의미한다.
⑤ 희소성 : 사람들의 욕망에 비해 그 욕망을 충족시켜 주는 재화나 서비스가 부족한 현상을 의미한다.

08

정답 ③

• (실업률)=(실업자)÷(경제활동인구)×100
• (경제활동인구)=(취업자)+(실업자)
∴ 5,000÷(20,000+5,000)×100=20%

09

정답 ③

(한계비용)=(총비용 변화분)÷(생산량 변화분)
• 생산량이 50일 때 총비용 : 16(평균비용)×50(생산량)=800
• 생산량이 100일 때 총비용 : 15(평균비용)×100(생산량)=1,500
따라서 한계비용은 700÷50=14이다.

10

정답 ④

A국은 노트북을 생산할 때 기회비용이 더 크기 때문에 TV 생산에 비교우위가 있고, B국은 TV를 생산할 때 기회비용이 더 크기 때문에 노트북 생산에 비교우위가 있다.

구분	노트북 1대	TV 1대
A국	TV 0.75	노트북 1.33
B국	TV 1.25	노트북 0.8

11

정답 ④

다이내믹 프라이싱의 단점은 소비자 후생이 감소해 소비자의 만족도가 낮아진다는 것이다. 이로 인해 기업이 소비자의 불만에 직면할 수 있다는 리스크가 발생한다.

12

정답 ③

빅맥 지수는 동질적으로 판매되는 상품의 가치는 동일하다는 가정하에 나라별 화폐로 해당 제품의 가격을 평가하여 구매력을 비교하는 것이다.
맥도날드의 대표적 햄버거인 빅맥 가격을 기준으로 한 이유는 전 세계에서 가장 동질적으로 판매되고 있기 때문이며, 이처럼 품질, 크기, 재료가 같은 물건이 세계 여러 나라에서 팔릴 때 나라별 물가를 비교하기 수월하다.

오답분석

㉠ 빅맥 지수는 영국 경제지인 이코노미스트에서 최초로 고안하였다.
㉣ 빅맥 지수에 사용하는 빅맥 가격은 제품 가격만 반영하고 서비스 가격은 포함하지 않기 때문에 나라별 환율에 대한 상대적 구매력 평가 외에 다른 목적으로 사용하기에는 측정값이 정확하지 않다.

13

정답 ①

확장적 통화정책은 국민소득을 증가시켜 이에 따른 보험료 인상 등 세수확대 요인으로 작용한다.

오답분석

② 이자율이 하락하고, 소비 및 투자가 증가한다.
③·④ 긴축적 통화정책이 미치는 영향이다.

14

정답 ③

토지, 설비 등이 부족하면 한계 생산가치가 떨어지기 때문에 노동자를 많이 고용하는 게 오히려 손해이다. 따라서 노동 수요곡선은 왼쪽으로 이동한다.

오답분석

① 노동 수요는 재화에 대한 수요가 아닌 재화를 생산하기 위해 파생되는 수요이다.
② 상품 가격이 상승하면 기업은 더 많은 제품을 생산하기 위해 노동자를 더 많이 고용한다.
④ 노동에 대한 인식이 긍정적으로 변화하면 노동시장에 더 많은 노동력이 공급된다.

15

정답 ④

S씨가 달리기를 선택할 경우 (기회비용)=1(순편익)+8(암묵적 기회비용)=9로 기회비용이 가장 작다.

오답분석

① 헬스를 선택할 경우
(기회비용)=2(순편익)+8(암묵적 기회비용)=10
② 수영을 선택할 경우
(기회비용)=5(순편익)+8(암묵적 기회비용)=13
③ 자전거를 선택할 경우
(기회비용)=3(순편익)+7(암묵적 기회비용)=10

PART 1

직업기초능력

CHAPTER

01 의사소통능력

출제유형분석 01 실전예제

01

정답 ④

생리활성 물질은 항암 효과를 가지고 있는데, 새싹 채소와 성체 모두 이를 함유하고 있다.

오답분석

① 성체로 자라기 위해 종자 안에는 각종 영양소가 포함되어 있다.
② 새싹은 성숙한 채소에 비하여 영양성분이 약 3 ~ 4배 정도 더 많이 함유되어 있으며, 종류에 따라서는 수십 배 이상의 차이를 보이기도 한다.
③ 씨에서 바로 나왔을 때가 아닌 어린잎이 두세 개 달릴 즈음이 생명유지와 성장에 필요한 생리활성 물질을 가장 많이 만들어 내는 때이다.
⑤ 무 싹은 새싹 채소로 기존에 많이 쓰여 왔다.

02

정답 ②

플라톤 시기에는 이제 막 알파벳이 보급되고, 문자문화가 전래의 구술적 신화문화를 대체하기 시작한 시기였다.

오답분석

① 타무스 왕은 문자를 죽었다고 표현하며, 생동감 있고 살아있는 기억력을 퇴보시킬 것이라 보았다.
③ 문자와 글쓰기는 콘텍스트를 떠나 비현실적이고 비자연적인 세계 속에서 수동적으로 이뤄진다.
④ 물리적이고 강제적인 억압에 의해 말살될 위기에 처한 진리의 소리는 기념비적인 언술행위의 문자화를 통해서 저장되어야 한다고 보는 입장이 있다.
⑤ 문화적 기억력에 대한 성찰과 가치 판단이 부재하다면 새로운 매체는 단지 댓글 파노라마에 불과할 것이다.

03

정답 ⑤

평균 비용이 한계 비용보다 큰 경우, 공공요금을 평균 비용 수준에서 결정하면 수요량이 줄면서 거래량이 따라 줄고, 결과적으로 생산량도 감소한다. 이는 사회 전체의 관점에서 볼 때 자원이 효율적으로 배분되지 못하는 상황이다.

오답분석

①·②는 첫 번째 문단, ③은 두 번째 문단, ④는 마지막 문단에서 확인할 수 있다.

04

정답 ②

보험 사무대행기관의 지원·교육 업무는 보험재정부에서 병행하고 있는 업무이다.

05

정답 ③

자료에 따르면 신청기간은 2월, 4월, 6월, 8월, 10월의 1 ~ 20일까지이다. 따라서 5월에 신청서를 접수했을 것이라는 내용은 적절하지 않다.

출제유형분석 02 실전예제

01

정답 ④

제시된 기사에서는 대기업과 중소기업 간의 상생경영의 중요성을 강조하고 있다. 기존에는 대기업이 시혜적 차원에서 중소기업에게 베푸는 느낌이 강했지만, 현재는 협력사의 경쟁력 향상이 곧 기업의 성장으로 이어질 것으로 보고, 상생경영의 중요성을 높이고 있다. 대기업이 지원해준 업체의 기술력 향상으로 더 큰 이득을 보상받는 등 상생협력이 대기업과 중소기업 모두에게 효과적임을 알 수 있다. 따라서 '시혜적 차원에서의 대기업 지원의 중요성'은 기사 제목으로 적절하지 않다.

PART 1

02

정답 ②

두 번째 문단의 '시장경제가 제대로 운영되기 위해서는 국가의 소임이 중요하다.'라고 한 부분과 세 번째 문단의 '시장경제에서 국가가 할 일은 크게 세 가지로 나누어 볼 수 있다.'라고 한 부분에서 '시장경제에서의 국가의 역할'이라는 제목을 유추할 수 있다.

03

정답 ⑤

제시문에서는 우리 민족과 함께해 온 김치의 역사를 비롯하여 김치의 특징과 다양성 등을 함께 이야기하고 있으며, 복합 산업으로 발전하면서 규모가 성장하고 있는 김치 산업에 관해서도 이야기하고 있다. 따라서 글 전체의 내용을 아우를 수 있는 글의 제목으로 가장 적절한 것은 ⑤이다.

오답분석

①·④ 첫 번째 문단이나 두 번째 문단의 소제목은 될 수 있으나, 글 전체 내용을 나타내는 제목으로는 적절하지 않다.
② 세 번째 문단에서 김치산업에 관한 내용을 언급하고 있지만, 이는 현재 김치산업의 시장 규모에 대한 내용일 뿐이므로 산업의 활성화 방안과는 거리가 멀다.

04

정답 ③

제시문의 중심 내용은 나이 계산법 방식이 3가지가 혼재되어 있어 그로 인한 '나이 불일치'로 행정서비스 및 계약 상의 혼선과 법적 틈이 발생해 이를 해소하고자 나이 방식을 하나로 통합하자는 것이다. 또한 이에 덧붙여 나이 방식이 통합되어도 일상에는 변화가 없으며 일부 법에 대해서는 기존 방식이 유지될 수 있다고 하였다. 따라서 제시문의 주제로 ③이 가장 적절하다.

오답분석

① 여섯 번째 문단의 '연 나이를 채택해 또래 집단과 동일한 기준을 적용하는 것이 오히려 혼선을 막을 수 있고 법 집행의 효율성이 담보'라는 내용에서 일부 법령에 대해서는 연 나이 계산법을 유지한다는 것을 알 수 있으나, 해당 내용이 전체 글을 다루고 있다고 보기는 어렵다.
② 세 번째 문단에 따르면 나이 불일치가 야기한 혼선과 법적 다툼이 우리나라 나이 계산법으로 인한 문제가 아니라 나이 계산법 방식이 3가지가 혼재되어 있어 발생하는 문제라고 하였다.
④ 나이 계산법 혼용에 따른 분쟁 해결 방안을 다루기 보다는 이러한 분쟁이 발생하지 않도록 나이 계산법을 하나로 통일하자는 내용을 다루고 있다.
⑤ 다섯 번째 문단의 '법적·사회적 분쟁이 크게 줄어들 것으로 기대하고 있지만 국민 전체가 일상적으로 체감하는 변화는 크지 않을 것'이라는 내용으로 보아 나이 계산법의 변화로 달라지는 행정 서비스는 크게 없을 것으로 보이며, 이를 글의 전체적인 주제로 보기는 적절하지 않다.

05

정답 ②

글의 내용을 요약하여 필자가 주장하는 핵심을 파악해야 한다. 제시문은 텔레비전의 언어가 개인의 언어 습관에 미치는 악영향을 경계하면서, 올바른 언어 습관을 길들이기 위해 문학 작품 독서를 강조하고 있다.

출제유형분석 03 실전예제

01

정답 ①

제시문은 음악을 쉽게 복제할 수 있는 환경이 되었으며 이를 비판하는 시각이 등장했음을 소개하고, 비판적 시각에 대한 반박을 하면서 미래에 대한 기대를 나타내는 내용의 글이다. 따라서 (다) 음악을 쉽게 변모시킬 수 있게 된 환경 → (가) 음악 복제에 대한 비판적인 시선의 등장 → (라) 이를 반박하는 복제품 음악의 의의 → (나) 복제품으로 새롭게 등장한 전통에 대한 기대 순서로 나열되어야 한다.

02

정답 ⑤

먼저 귀납에 대해 설명하고 있는 (나) 문단이 오는 것이 적절하며, 특성으로 인한 귀납의 논리적 한계가 나타난다는 (라) 문단이 그다음으로 오는 것이 자연스럽다. 이후 이러한 한계에 대한 흄의 의견인 (다) 문단과 구체적인 흄의 주장과 이에 따라 귀납의 정당화 문제에 대해 설명하는 (가) 문단이 차례로 오는 것이 적절하다.

03

정답 ③

제시문은 우리나라 건강보험제도의 진화과정을 나타낸 것으로 (나) 우리나라 건강보험제도의 시작 → (다) 건강보험 적용대상 확대(직장가입자 → 지역가입자) → (가) 보험료 부과체계의 변화 시작 순으로 나열하여야 한다.

04

정답 ④

제시문은 이글루가 따듯해질 수 있는 원리에 대해 설명하고 있다. 따라서 (나) 에스키모는 이글루를 연상시킴 → (라) 이글루는 눈으로 만든 집임에도 불구하고 따듯함 → (가) 눈 벽돌로 이글루를 만들고 안에서 불을 피움 → (마) 온도가 올라가면 눈이 녹으면서 벽의 빈틈을 메우고 눈이 녹으면 출입구를 열어 물을 얼림 → (다) 이 과정을 반복하면서 눈 벽돌집은 얼음집으로 변하여 내부가 따듯해짐 순서로 나열되어야 한다.

05

정답 ①

제시문은 코젤렉의 '개념사'에 대한 정의와 특징에 대한 글이다. 따라서 (라) 개념에 대한 논란과 논쟁 속에서 등장한 코젤렉의 '개념사' → (가) 코젤렉의 '개념사'와 개념에 대한 분석 → (나) 개념에 대한 추가적인 분석 → (마) '개념사'에 대한 추가적인 분석 → (다) '개념사'의 목적과 코젤렉의 주장 순으로 나열하는 것이 적절하다.

출제유형분석 04 실전예제

01

정답 ⑤

LPG는 폭발 위험성이 크지만 가정용으로 사용되며, 대표적으로 가스레인지 등에 사용되는 가스통 형태가 있다.

오답분석

① PNG, CNG, LNG 등은 천연가스로, 천연가스는 열량이 높은 청정에너지로서 친환경적이다.
② PNG는 생산지에서 배관으로 직접 가스를 공급하는 것으로, 북한과 통일된다면 천연가스가 풍부한 나라처럼 생산지에서 배관을 연결하여 PNG를 활용할 수 있을 것이다.

③ CNG는 LNG를 자동차 연료로 변환한 것으로, 부피는 LNG(천연가스 약 600배 압축)보다 3배 크지만 천연가스보다는 부피가 작다. 현재 서울 시내버스는 대부분 CNG를 사용한다.
④ 천연가스를 냉각하여 액화한 것이 LNG이고, LNG를 기화시킨 후 다시 압축한 것이 CNG이다.

02

정답 ③

경덕왕 시기에는 통일된 석탑양식이 지방으로까지 파급되지는 못하고 경주에 밀집된 모습을 보였다.

오답분석

① 문화가 부흥할 수 있었던 배경에는 안정된 왕권과 정치제도가 깔려 있었다.
② 장항리 오층석탑 역시 통일 신라 경덕왕 시기에 유행했던 통일된 석탑양식으로 주조되었다.
④ 통일된 석탑양식 이전에는 시원양식과 전형기가 유행했다.
⑤ 1층의 탑신에 비해 2층과 3층의 탑신은 낮게 만들어 체감율에 있어 안정감을 추구한다.

03

정답 ⑤

바우마이스터에 따르면 개인은 자신이 가지고 있는 제한된 에너지를 자기 조절 과정에 사용하는데, 이때 에너지를 많이 사용한다고 하더라도 긴박한 상황을 대비하여 에너지의 일부를 남겨 두기 때문에 에너지가 완전히 고갈되는 상황은 벌어지지 않는다. 즉, S씨는 식단 조절 과정에 에너지를 효율적으로 사용하지 못하였을 뿐, 에너지가 고갈되어 식단 조절에 실패한 것은 아니다.

오답분석

① 반두라에 따르면 인간은 자기 조절 능력을 선천적으로 가지고 있으며, 자기 조절은 세 가지의 하위 기능인 자기 검열, 자기 판단, 자기 반응의 과정을 통해 작동한다.
② 반두라에 따르면 자기 반응은 자신이 한 행동 이후에 자신에게 부여하는 정서적 현상을 의미하는데, 자신이 지향하는 목표와 관련된 개인적 표준에 부합하지 않은 행동은 죄책감이나 수치심이라는 자기 반응을 만들어 낸다.
③ 반두라에 따르면 선천적으로 자기 조절 능력을 가지고 있는 인간은 가치 있는 것을 획득하기 위해 행동하거나 두려워하는 것을 피하기 위해 행동한다.
④ 바우마이스터에 따르면 자기 조절은 개인적 표준, 모니터링, 동기, 에너지로 구성된다. S씨의 건강관리는 개인의 목표 성취와 관련된 개인적 표준에 해당하며, 이를 위해 S씨는 자신의 행동을 관찰하는 모니터링 과정을 거쳤다.

04

정답 ③

보기는 독립신문이 일반 민중들을 위해 순 한글을 사용해 배포됐고, 상하귀천 없이 누구나 새로운 소식을 전달해준다는 내용이다. 따라서 ③을 추론할 수 있다.

05

정답 ①

㉠·㉡ 각각 두 번째 문단과 마지막 문단에서 확인할 수 있다.

오답분석

㉢·㉣ 네 번째 문단에서 악보로 정리된 시나위를 연주하는 것은 시나위 본래 취지에 어긋난다는 내용과, 두 번째 문단에서 곡의 일정한 틀은 유지한다는 내용을 보면 즉흥성을 잘못 이해한 것을 알 수 있다.

출제유형분석 05 실전예제

01

정답 ④

미생물을 끓는 물에 노출하면 영양세포나 진핵포자는 죽일 수 있으나, 세균의 내생포자는 사멸시키지 못한다. 멸균은 포자, 박테리아, 바이러스 등을 완전히 파괴하거나 제거하는 것이므로 물을 끓여서 하는 열처리 방식으로는 멸균이 불가능함을 알 수 있다. 따라서 빈칸에 들어갈 내용으로는 '소독은 가능하지만, 멸균은 불가능하다.'는 ④가 가장 적절하다.

02

정답 ④

빈칸의 전 문단에서 '보존 입자는 페르미온과 달리 파울리의 배타원리를 따르지 않는다. 따라서 같은 에너지 상태를 지닌 입자라도 서로 겹쳐서 존재할 수 있다. 만져지지 않는 에너지 덩어리인 셈이다.'라고 하였고, 빈칸 다음 문장에서 '빛은 실험을 해보면 입자의 특성을 보이지만, 질량이 없고 물질을 투과하며 만져지지 않는다.'라고 하였다. 또한 마지막 문장에서 '포논은 광자와 마찬가지로 스핀이 0인 보존 입자다.'라고 하였으므로 광자는 스핀이 0인 보존 입자라는 것을 알 수 있다. 따라서 빈칸에 들어갈 내용으로는 ④가 가장 적절하다.

오답분석

① 광자가 파울리의 배타원리를 따른다면, 파울리의 배타원리에 따라 페르미온 입자로 이뤄진 물질은 우리가 손으로 만질 수 있어야 한다. 그러나 광자는 질량이 없고 물질을 투과하며 만져지지 않는다고 하였으므로 적절하지 않은 내용이다.
② '포논은 광자와 마찬가지로 스핀이 0인 보존 입자다.'라는 문장에서 광자는 스핀 상태에 따라 분류할 수 있는 입자임을 알 수 있다.
③ 스핀이 1/2의 홀수배인 입자들은 페르미온이라고 하였고, 광자는 스핀이 0인 보존 입자이므로 적절하지 않은 내용이다.

03

정답 ③

빈칸 뒤의 문장은 최근 선진국에서는 스마트팩토리로 인해 해외로 나간 자국 기업들이 다시 본국으로 돌아오는 현상인 '리쇼어링'이 가속화되고 있다는 내용이다. 즉, 스마트팩토리의 발전이 공장의 위치를 해외에서 본국으로 변화시키고 있으므로 빈칸에는 ③이 가장 적절하다.

04

정답 ①

빈칸 앞 내용은 왼손보다 오른손을 선호하는 이유에 대한 가설을 제시하고, 이러한 가설이 근본적인 설명을 하지 못한다고 말한다. 그러면서 빈칸 뒷부분에서 글쓴이는 왼손이 아닌 '오른손만을 선호'하는 이유에 대한 자신의 생각을 드러내고 있다. 즉, 앞의 가설대로 단순한 기능 분담이라면 먹는 일에 왼손을 사용하는 사회도 존재해야 하는데, 그렇지 않기 때문에 반박하고 있음을 추론해 볼 수 있으므로 빈칸에는 사람들이 오른손만 선호하고 왼손을 선호하지 않는다는 주장이 나타나야 한다. 따라서 빈칸에 들어갈 문장으로는 ①이 가장 적절하다.

05

정답 ①

'갑돌'의 성품이 탁월하다고 볼 수 있는 것은 그의 성품이 곧고 자신감이 충만하며, 다수의 옳지 않은 행동에 대하여 비판의 목소리를 낼 것이고 그렇게 하는 데에 별 어려움을 느끼지 않을 것이기 때문이다. 또한, 세 번째 문단에 따르면 탁월한 성품은 올바른 훈련을 통해 올바른 일을 바르고 즐겁게 그리고 어려워하지 않으며 처리할 수 있는 능력을 뜻한다. 따라서 아리스토텔레스의 입장에서는 '엄청난 의지를 발휘'하고 자신과의 '힘든 싸움'을 해야 했던 '병식'보다는 잘못된 일에 '별 어려움' 없이 '비판의 목소리'를 내는 '갑돌'의 성품을 탁월하다고 여길 것이다.

출제유형분석 06 실전예제

01

정답 ⑤

재산이 많은 사람은 약간의 세율 변동에도 큰 영향을 받는다. 그러므로 '영향이 크기 때문에'로 수정해야 한다.

02

정답 ②

'–로써'는 어떤 일의 수단이나 도구를 나타내는 격조사이며, '–로서'는 지위나 신분 또는 자격을 나타내는 격조사이다. 서비스 이용자의 증가가 오투오 서비스 운영 업체에 많은 수익을 내도록 한 수단이 되므로 ⓛ에는 '증가함으로써'가 적절하다.

03

정답 ④

한글 맞춤법 규정에 따르면 '초점(焦點)'의 경우 고유어가 들어 있지 않으므로 사이시옷이 들어가지 않는다. 따라서 '초점'이 옳은 표기이다.

04

정답 ③

8번의 '우 도로명주소' 항목에 따르면 우편번호를 먼저 기재한 다음, 행정기관이 위치한 도로명 및 건물번호 등을 기재해야 한다.

오답분석

① 6번 항목에 따르면 직위가 있는 경우에는 직위를 쓰고, 직위가 없는 경우에는 직급을 온전하게 써야 한다.
② 7번 항목에 따르면 시행일과 접수일란에 기재하는 연월일은 각각 마침표(.)를 찍어 숫자로 기재하여야 한다.
④ 11번 항목에 따르면 전자우편주소는 행정기관에서 공무원에게 부여한 것을 기재하여야 한다.
⑤ 10번 항목에 따르면 지역번호는 괄호 안에 기재해야 한다.

05

정답 ④

중요한 내용을 두괄식으로 작성함으로써 보고받은 자가 해당 문서를 신속하게 이해하고 의사결정을 하는 데 도움을 주는 것이 중요하다.

CHAPTER

02 자원관리능력

출제유형분석 01 실전예제

01

정답 ④

10월 20 ~ 21일은 주중이며, 출장 혹은 연수 일정이 없고, 부서이동 전에 해당되므로 김대리가 경기본부의 전기점검을 수행할 수 있는 일정이다.

오답분석

① 10월 6 ~ 7일은 김대리의 연수기간이므로 전기점검을 진행할 수 없다.
② 10월 11 ~ 12일은 주말인 11일을 포함하고 있다.
③ 10월 14 ~ 15일 중 15일은 목요일로, 김대리가 경인건설본부로 출장을 가는 날짜이다.
⑤ 10월 27 ~ 28일은 김대리가 27일부터 부서를 이동한 이후이므로, 김대리가 아닌 후임자가 경기본부의 전기점검을 간다.

02

정답 ④

팀원들의 모든 스케줄이 비어 있는 시간대인 16:00 ~ 17:00가 가장 적절하다.

03

정답 ③

자동차 부품 생산조건에 따라 반자동라인과 자동라인의 시간당 부품 생산량을 구해보면 다음과 같다.

- 반자동라인 : 4시간에 300개의 부품을 생산하므로, 8시간에 300개×2=600개의 부품을 생산한다. 하지만 8시간마다 2시간씩 생산을 중단하므로, 8+2=10시간에 600개의 부품을 생산하는 것과 같다. 따라서 시간당 부품 생산량은 $\frac{600\text{개}}{10\text{시간}}=60$개이다. 이때 반자동라인에서 생산된 부품의 20%는 불량이므로, 시간당 정상 부품 생산량은 60개×(1−0.2)=48개이다.
- 자동라인 : 3시간에 400개의 부품을 생산하므로, 9시간에 400개×3=1,200개의 부품을 생산한다. 하지만 9시간마다 3시간씩 생산을 중단하므로, 9+3=12시간에 1,200개의 부품을 생산하는 것과 같다. 따라서 시간당 부품 생산량은 $\frac{1{,}200\text{개}}{12\text{시간}}=100$개이다. 이때 자동라인에서 생산된 부품의 10%는 불량이므로, 시간당 정상 제품 생산량은 100개×(1−0.1)=90개이다.

따라서 반자동라인과 자동라인에서 시간당 생산하는 정상 제품의 생산량은 48+90=138개이므로, 34,500개를 생산하는 데 $\frac{34{,}500\text{개}}{138\text{개/h}}=250$시간이 소요되었다.

04

정답 ④

공정별 순서는 A → B ↘ C → F이고, D → E ↗ C공정을 시작하기 전에 B공정과 E공정이 선행되어야 하는데 B공정까지 끝나려면 4시간이 소요되고 E공정까지 끝나려면 3시간이 소요된다. 선행작업이 완료되어야 이후 작업을 할 수 있으므로, C공정을 진행하기 위해서는 최소 4시간이 걸린다. 따라서 완제품은 F공정이 완료된 후 생산되므로 첫 번째 완제품 생산의 소요시간은 9시간이다.

05

정답 ①

• 치과 진료 : 수요일 3주 연속 받는다고 하였으므로 13일, 20일은 무조건 치과 진료가 있다.
• 신혼여행 : 8박 9일간 신혼여행을 가고 휴가는 5일 사용할 수 있으므로 주말 4일을 포함해야 한다.

이 사실과 두 번째 조건을 종합하면, 2일(토요일)부터 10일(일요일)까지 주말 4일을 포함하여 9일 동안 신혼여행을 다녀오게 되고, 치과는 6일이 아닌 27일에 예약되어 있다. 신혼여행은 결혼식 다음 날 간다고 하였으므로 주어진 일정을 달력에 표시하면 다음과 같다.

일	월	화	수	목	금	토
					1 결혼식	2 신혼여행
3 신혼여행	4 신혼여행 / 휴가	5 신혼여행 / 휴가	6 신혼여행 / 휴가	7 신혼여행 / 휴가	8 신혼여행 / 휴가	9 신혼여행
10 신혼여행	11	12	13 치과	14	15	16
17	18	19	20 치과	21	22	23
24	25	26	27 치과	28 회의	29	30 추석연휴

따라서 A대리의 결혼날짜는 9월 1일이다.

출제유형분석 02 실전예제

01

정답 ④

수인이가 베트남 현금 1,670만 동을 환전하기 위해 필요한 한국 돈은 수수료를 제외하고 1,670만 동×483원/만 동=806,610원이다. 우대사항에서 50만 원 이상 환전 시 70만 원까지 수수료가 0.4%로 낮아진다. 70만 원의 수수료는 0.4%가 적용되고 나머지는 0.5%가 적용되어 총수수료를 구하면 700,000×0.004+(806,610−700,000)×0.005=2,800+533.05≒3,330원이다.
따라서 수인이가 원하는 금액을 환전하기 위해서 필요한 총금액은 806,610+3,330=809,940원임을 알 수 있다.

02

정답 ①

[(월세)×(12개월)/{(전세 보증금−(월세 보증금)}]×100=6%가 되어야 한다.
따라서 월세를 x원으로 하여 주어진 금액을 대입하고 계산해 보면,
(x×12)/(1억 원−1천만 원)×100=6

$$\frac{12x}{900,000}=6 \rightarrow x=\frac{900,000\times 6}{12}$$

$\therefore\ x=450,000$

03

정답 ③

상별로 수상 인원을 고려하여, 상패 및 물품별 총수량과 비용을 계산하면 다음과 같다.

상패 혹은 물품	총수량(개)	개당 비용(원)	총 비용(원)
금 도금 상패	7	49,500원(10% 할인)	7×49,500=346,500
은 도금 상패	5	42,000	42,000×4(1개 무료)=168,000
동 상패	2	35,000	35,000×2=70,000
식기 세트	5	450,000	5×450,000=2,250,000
신형 노트북	1	1,500,000	1×1,500,000=1,500,000
태블릿 PC	6	600,000	6×600,000=3,600,000
만년필	8	100,000	8×100,000=800,000
안마의자	4	1,700,000	4×1700,000=6,800,000
합계	–	–	15,534,500

따라서 총상품구입비용은 15,534,500원이다.

04

정답 ②

뮤지컬을 관람할 동아리 회원 수를 x명이라고 하자.

$$10{,}000x \geq 30\times10{,}000\times\left(1-\frac{15}{100}\right)$$

$$\rightarrow x \geq 30\times\frac{85}{100}=25.5$$

따라서 26명 이상이면 단체관람권을 사는 것이 개인관람권을 구매하는 것보다 유리하다.

05

정답 ④

제품군별 지급해야 할 보관료는 다음과 같다.

- A제품군 : 300억×0.01=3억 원
- B제품군 : 2,000CUBIC×20,000=4천만 원
- C제품군 : 500톤×80,000=4천만 원

따라서 K기업이 보관료로 지급해야 할 총금액은 3억+4천만+4천만=3억 8천만 원이다.

출제유형분석 03 실전예제

01

정답 ①

A제품의 판매 이익을 높이려면 재료비, 생산비, 광고비, A/S 부담 비용을 낮추어야 한다. 선택지 ①~⑤에 따라 감소되는 비용을 계산하면 다음과 같다.

① 2,500×0.25=625원

② 4,000×0.1=400원

③ 1,000×0.5=500원

④ 3,000×0.2=600원

⑤ 무료 A/S 비율을 감소시키는 것은 A/S 부담 비용을 감소시키는 것과 같으므로 3,000×0.05=150원

따라서 A제품의 판매 이익을 가장 많이 높일 수 있는 방법은 가장 많은 비용이 감소되는 ①이다.

02

정답 ②

평균 속도가 6km/h이므로 분당 평균 이동거리는 100m(=6,000÷60)이다. 적재운반과 공차이동에 각각 2분(=200÷100)이 소요되고, 적재와 하역 시 소요되는 시간은 60초(=30+30), 즉, 1분이므로 1대로 1회 작업에 필요한 시간은 총 5분이다. 따라서 1분당 1회의 운반을 위해서는 5대의 지게차가 필요하다.

03

정답 ①

두 번째 조건에서 총구매금액이 30만 원 이상이면 총금액에서 5%를 할인해 주므로 한 벌당 가격이 300,000÷50=6,000원 이상인 품목은 할인적용이 들어간다. 업체별 품목 금액을 보면 모든 품목이 6,000원 이상이므로 5% 할인 적용대상이다. 따라서 모든 품목에 할인이 적용되어 정가로 비교가 가능하다.

세 번째 조건에서 차순위 품목이 1순위 품목보다 총금액이 20% 이상 저렴한 경우 차순위를 선택한다고 했으므로 한 벌당 가격으로 계산하면 1순위인 카라 티셔츠의 20% 할인된 가격은 8,000×0.8=6,400원이다. 정가가 6,400원 이하인 품목은 A업체의 티셔츠이므로 팀장은 1순위인 카라 티셔츠보다 2순위인 A업체의 티셔츠를 구입할 것이다.

04

정답 ④

어떤 컴퓨터를 구매하더라도 각각 사는 것보다 세트로 사는 것이 한 세트(모니터+본체)당 약 5만 원에서 10만 원 정도 이득이다. 하지만 세트 혜택이 아닌 다른 혜택에 해당하는 조건에서는 비용을 비교해 봐야 한다. 다음은 컴퓨터별 구매 비용을 계산한 것이다. E컴퓨터는 성능평가에서 '하'를 받았으므로 계산에서 제외한다.

- A컴퓨터 : 80만 원×15대=1,200만 원
- B컴퓨터 : (75만 원×15대)−100만 원=1,025만 원
- C컴퓨터 : (20만 원×10대)+(20만 원×0.85×5대)+(60만 원×15대)=1,185만 원 또는 70만 원×15대=1,050만 원
- D컴퓨터 : 66만 원×15대=990만 원

따라서 D컴퓨터만 예산 범위인 1,000만 원 내에서 구매할 수 있으므로 조건을 만족하는 컴퓨터는 D컴퓨터이다.

05

정답 ⑤

사진별로 개수에 따른 총 용량을 구하면 다음과 같다.

- 반명함 : 150×8,000=1,200,000KB(1,200MB)
- 신분증 : 180×6,000=1,080,000KB(1,080MB)
- 여권 : 200×7,500=1,500,000KB(1,500MB)
- 단체사진 : 250×5,000=1,250,000KB(1,250MB)

모든 사진의 총용량을 더하면 1,200+1,080+1,500+1,250=5,030MB이다.

5,030MB는 5.030GB이므로, 필요한 USB 최소 용량은 5GB이다.

출제유형분석 04 실전예제

01

정답 ④

성과급 기준표를 토대로 A～E교사에 대한 성과급 배점을 정리하면 아래와 같다.

구분	주당 수업시간	수업 공개 유무	담임 유무	업무 곤란도	호봉	합계
A교사	14점	–	10점	20점	30점	74점
B교사	20점	–	5점	20점	30점	75점
C교사	18점	5점	5점	30점	20점	78점
D교사	14점	10점	10점	30점	15점	79점
E교사	16점	10점	5점	20점	25점	76점

따라서 D교사가 가장 높은 배점을 받게 된다.

02

정답 ③

C대리의 업무평가 점수는 직전연도인 2022년의 업무평가 점수인 89점에서 지각 1회에 따른 5점, 결근 1회에 따른 10점을 제한 74점이다. 따라서 승진대상에 포함되지 못하므로, 그대로 대리일 것이다.

오답분석

① A사원은 근속연수가 3년 미만이므로 승진대상이 아니다.
② B주임은 출산휴가 35일을 제외하면 근속연수가 3년 미만이므로 승진대상이 아니다.
④·⑤ 승진대상에 대한 자료를 보았을 때 대리가 될 수 없다.

03

정답 ④

제시된 근무지 이동 규정과 신청 내용에 따라 상황을 정리하면 다음과 같다.

직원	1년 차 근무지	2년 차 근무지	3년 차 근무지	이동지역	전년도 평가
A	대구	–	–	종로	–
B	여의도	광주	–	영등포	92
C	종로	대구	여의도	제주 / 광주	88
D	영등포	종로	–	광주 / 제주 / 대구	91
E	광주	영등포	제주	여의도	89

근무지 이동 규정에 따라 2번 이상 같은 지역을 신청할 수 없고 D는 1년 차와 2년 차에 서울 지역에서 근무하였으므로 3년 차에는 지방으로 가야 한다. 따라서 D는 신청지로 배정받지 못할 것이다.

오답분석

- A는 1년 차 근무를 마친 직원이므로 우선 반영되어 자신이 신청한 종로로 이동하게 된다.
- B는 E와 함께 영등포를 신청하였으나, B의 전년도 평가점수가 더 높아 B가 영등포로 이동한다.
- 3년 차에 지방 지역인 제주에서 근무한 E는 A가 이동할 종로와 B가 이동할 영등포를 제외한 수도권 지역인 여의도로 이동하게 된다.
- D는 자신이 2년 연속 근무한 적 있는 수도권 지역으로 이동이 불가능하므로, 지방 지역인 광주, 제주, 대구 중 한 곳으로 이동하게 된다.
- 이때, C는 자신이 근무하였던 대구로 이동하지 못하므로, D가 광주로 이동한다면 C는 제주로, D가 대구로 이동한다면 C는 광주 혹은 제주로 이동한다.
- 1년 차 신입은 전년도 평가 점수를 100으로 보므로 신청한 근무지에서 근무할 수 있다. 따라서 1년 차에 대구에서 근무한 A는 입사 시 대구를 1년 차 근무지로 신청하였을 것임을 알 수 있다.

04

정답 ④

기타의 자격조건에 부합하는 사람을 찾아보면, 1960년 이전 출생자로 신용부서에서 24년간 근무하였고, 채용공고일을 기준으로 퇴직일로부터 2년을 초과하지 않은 홍도경 지원자가 가장 적합하다.

오답분석

① 퇴직일로부터 최근 3년 이내 1개월 감봉 처분을 받았다.
②·③ 신용부문 근무경력이 없다.
⑤ 채용공고일 기준 퇴직일로부터 2년을 초과하였다.

05

정답 ④

제시된 조건을 정리하면 다음과 같다.

• 최소비용으로 가능한 많은 인원 채용
• 급여는 희망임금으로 지급
• 6개월 이상 근무하되, 주말 근무시간은 협의가능
• 지원자들은 주말 이틀 중 하루만 출근하길 원함
• 하루 1회 출근만 가능

위 조건을 모두 고려하여 근무스케줄을 작성해보면 총 5명의 직원을 채용할 수 있다.

<table>
<tr><th>근무시간</th><th>토요일</th><th>일요일</th></tr>
<tr><td>11:00 ~ 12:00</td><td rowspan="7">최지홍(7,000원)
3시간</td><td rowspan="4">박소다(7,500원)
3시간</td></tr>
<tr><td>12:00 ~ 13:00</td></tr>
<tr><td>13:00 ~ 14:00</td></tr>
<tr><td>14:00 ~ 15:00</td></tr>
<tr><td>15:00 ~ 16:00</td><td rowspan="5">우병지(7,000원)
3시간</td></tr>
<tr><td>16:00 ~ 17:00</td></tr>
<tr><td>17:00 ~ 18:00</td></tr>
<tr><td>18:00 ~ 19:00</td><td rowspan="4">한승희(7,500원)
2시간</td></tr>
<tr><td>19:00 ~ 20:00</td></tr>
<tr><td>20:00 ~ 21:00</td><td rowspan="2">김래원(8,000원)
2시간</td></tr>
<tr><td>21:00 ~ 22:00</td></tr>
</table>

※ 김병우 지원자의 경우에는 희망근무기간이 4개월이므로 채용하지 못한다.

출제유형분석 01 실전예제

01

정답 ④

D팀은 파란색을 선택하였으므로 보라색을 사용하지 않고, B팀과 C팀도 보라색을 사용한 적이 있으므로 A팀은 보라색을 선택한다. B팀은 빨간색을 사용한 적이 있고, 파란색과 보라색은 사용할 수 없으므로 노란색을 선택한다. C팀은 나머지 빨간색을 선택한다.

A팀	B팀	C팀	D팀
보라색	노란색	빨간색	파란색

따라서 항상 참인 것은 ④이다.

오답분석

①·③·⑤ 주어진 조건만으로는 판단하기 힘들다.
② A팀의 상징색은 보라색이다.

02

정답 ③

주어진 조건을 토대로 다음과 같이 정리해 볼 수 있다. 원형테이블은 회전시켜도 좌석 배치는 동일하므로 좌석에 1 ~ 7번으로 번호를 붙이고, A가 1번 좌석에 앉았다고 가정하여 배치하면 다음과 같다.

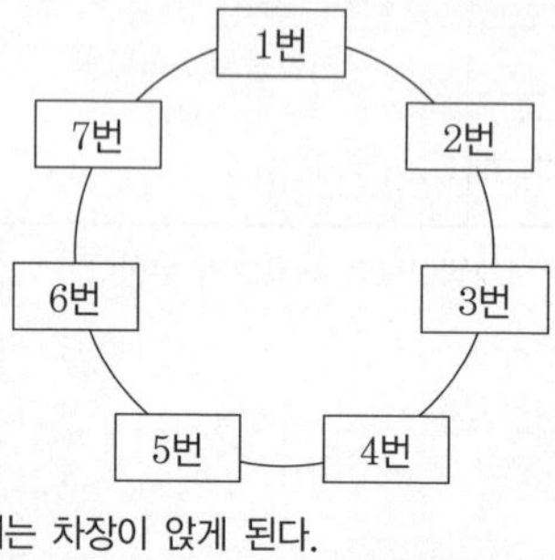

첫 번째 조건에 따라 2번에는 부장이, 7번에는 차장이 앉게 된다.
세 번째 조건에 따라 부장과 이웃한 자리 중 비어 있는 3번 자리에 B가 앉게 된다.
네 번째 조건에 따라 7번에 앉은 사람은 C가 된다.
다섯 번째 조건에 따라 5번에 과장이 앉게 되고, 과장과 차장 사이인 6번에 G가 앉게 된다.
여섯 번째 조건에 따라 A와 이웃한 자리 중 직원명이 정해지지 않은 2번 부장 자리에 D가 앉게 된다.
일곱 번째 조건에 따라 4번 자리에는 대리, 3번 자리에는 사원이 앉는 것을 알 수 있으며, 3번 자리에 앉은 B가 사원 직급임을 알 수 있다.

두 번째 조건에 따라 E는 사원과 이웃하지 않았고 직원명이 정해지지 않은 5번 과장 자리에 해당하는 것을 알 수 있다. 이를 정리하면 다음과 같은 좌석 배치가 되며, F는 이 중 유일하게 빈자리인 4번 대리 자리에 해당한다.

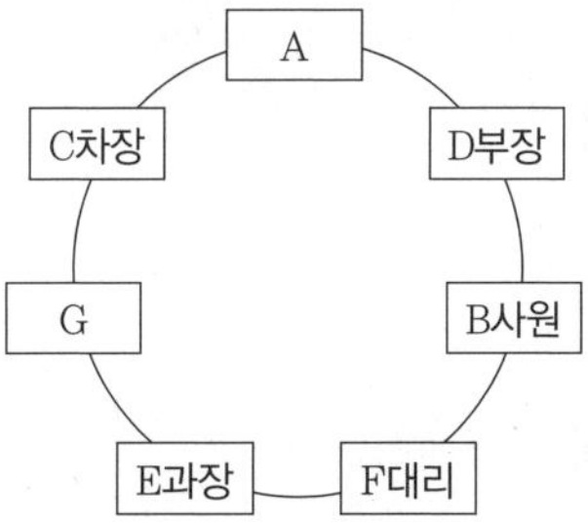

그러므로 사원 직급은 B, 대리 직급은 F가 해당하는 것을 도출할 수 있다.

03

정답 ③

주어진 조건을 정리해 보면 다음과 같다.

구분	A	B	C	D
경우 1	호밀식빵	우유식빵	밤식빵	옥수수식빵
경우 2	호밀식빵	밤식빵	우유식빵	옥수수식빵

따라서 항상 참인 것은 ③이다.

오답분석

①・②・④・⑤ 주어진 조건만으로는 판단하기 힘들다.

04

정답 ①

한 번 배정받은 층은 다시 배정받을 수 없기 때문에 A는 3층, B는 2층에 배정받을 수 있다. C는 1층 또는 4층에 배정받을 수 있지만, D는 1층에만 배정받을 수 있기 때문에, C는 4층, D는 1층에 배정받는다. 이를 표로 정리하면 다음과 같다.

A	B	C	D
3층	2층	4층	1층

따라서 항상 참인 것은 ①이다.

오답분석

②・③・④ 주어진 조건만으로는 판단하기 힘들다.
⑤ 매년 새롭게 층을 배정받기 때문에 B 또한 3년 이상 기숙사에 살았을 것이다.

05

정답 ⑤

주어진 조건에 따라 엘리베이터 검사 순서를 추론해 보면 다음과 같다.

첫 번째	5호기
두 번째	3호기
세 번째	1호기
네 번째	2호기
다섯 번째	6호기
여섯 번째	4호기

따라서 1호기 다음은 2호기, 그 다음이 6호기이고, 6호기는 5번째로 검사한다.

06

정답 ③

을과 무의 진술이 모순되므로 둘 중 한 명은 참, 다른 한 명은 거짓이다. 여기서 을의 진술이 참일 경우 갑의 진술도 거짓이 되어 두 명이 거짓을 진술한 것이 되므로 문제의 조건에 위배된다. 따라서 을의 진술이 거짓, 무의 진술이 참이다. 그러므로 A강좌는 을이, B와 C강좌는 갑과 정이, D강좌는 무가 담당하고, 병은 강좌를 담당하지 않는다.

출제유형분석 02 실전예제

01

정답 ④

발행형태가 4로 전집이기 때문에 한 권으로만 출판된 것이 아님을 알 수 있다.

오답분석

① 국가번호가 05(미국)로 미국에서 출판되었다.
② 서명식별번호가 1011로 1011번째 발행되었다. 441은 발행자 번호로 이 책을 발행한 출판사의 발행자번호가 441이라는 것을 의미한다.
③ 발행자번호는 441로 세 자리로 이루어져 있다.
⑤ 도서의 내용이 710(한국어)이지만, 도서가 한국어로 되어 있는지는 알 수 없다.

02

정답 ⑤

규칙에 따라 사용할 수 있는 숫자는 1, 5, 6을 제외한 나머지 2, 3, 4, 7, 8, 9의 총 6개이다. (한 자리 수)×(두 자리 수)=156이 되는 수를 알기 위해서는 156의 소인수를 구해보면 된다. 156의 소인수는 3, 2^2, 13으로 여기서 156이 되는 수의 곱 중에 조건을 만족하는 것은 2×78과 4×39이다. 따라서 선택지 중에 A팀 또는 B팀에 들어갈 수 있는 암호배열은 39이다.

03

정답 ①

조건에 따라 소괄호 안에 있는 부분을 순서대로 풀이하면
'1 A 5'에서 A는 좌우의 두 수를 더하는 것이지만, 더한 값이 10 미만이면 좌우에 있는 두 수를 곱해야 한다. 1+5=6으로 10 미만이므로 두 수를 곱하여 5가 된다.
'3 C 4'에서 C는 좌우의 두 수를 곱하는 것이지만 곱한 값이 10 미만일 경우 좌우에 있는 두 수를 더한다. 이 경우 3×4=12로 10 이상이므로 12가 된다.
중괄호를 풀어보면 '5 B 12'이다. B는 좌우에 있는 두 수 가운데 큰 수에서 작은 수를 빼는 것이지만, 두 수가 같거나 뺀 값이 10 미만이면 두 수를 곱한다. 12−5=7로 10 미만이므로 두 수를 곱해야 한다. 따라서 60이 된다.
'60 D 6'에서 D는 좌우에 있는 두 수 가운데 큰 수를 작은 수로 나누는 것이지만, 두 수가 같거나 나눈 값이 10 미만이면 두 수를 곱해야 한다. 이 경우 나눈 값이 10이 되므로 답은 10이다.

04

정답 ②

서울 지점의 C씨에게 배송할 제품과 경기남부 지점의 B씨에게 배송할 제품에 대한 기호를 모두 기록해야 한다.

• C씨 : MS11EISS
  – 재료 : 연강(MS)
  – 판매량 : 1box(11)
  – 지역 : 서울(E)
  – 윤활유 사용 : 윤활작용(I)
  – 용도 : 스프링(SS)

• B씨 : AHSS00SSST
  – 재료 : 초고강도강(AHSS)
  – 판매량 : 1set(00)
  – 지역 : 경기남부(S)
  – 윤활유 사용 : 밀폐작용(S)
  – 용도 : 타이어코드(ST)

PART 1

출제유형분석 03 실전예제

01

정답 ②

ㄱ. 기술개발을 통해 연비를 개선하는 것은 막대한 R&D 역량이라는 강점으로 휘발유의 부족 및 가격의 급등이라는 위협을 회피하거나 최소화하는 전략에 해당하므로 적절하다.

ㄹ. 생산설비에 막대한 투자를 했기 때문에 차량모델 변경의 어려움이라는 약점이 있는데, 레저용 차량 전반에 대한 수요 침체 및 다른 회사들과의 경쟁이 심화되고 있으므로 생산량 감축을 고려할 수 있다.

ㅁ. 생산 공장을 한 곳만 가지고 있다는 약점이 있지만 새로운 해외시장이 출현하고 있는 기회를 살려서 국내 다른 지역이나 해외에 공장들을 분산 설립할 수 있을 것이다.

ㅂ. 막대한 R&D 역량이라는 강점을 이용하여 휘발유의 부족 및 가격의 급등이라는 위협을 회피하거나 최소화하기 위해 경유용 레저 차량 생산을 고려할 수 있다.

오답분석

ㄴ. 소형 레저용 차량에 대한 수요 증대라는 기회 상황에서 대형 레저용 차량을 생산하는 것은 적절하지 않은 전략이다.

ㄷ. 차량모델 변경의 어려움이라는 약점을 보완하는 전략도 아니고, 소형 또는 저가형 레저용 차량에 대한 선호가 증가하는 기회에 대응하는 전략도 아니다. 또한, 차량 안전 기준의 강화 같은 규제 강화는 기회 요인이 아니라 위협 요인이다.

ㅅ. 기회는 새로운 해외시장의 출현인데 내수 확대에 집중하는 것은 기회를 살리는 전략이 아니다.

02

정답 ①

제시된 자료는 K섬유회사의 SWOT 분석을 통해 강점(S), 약점(W), 기회(O), 위기(T) 요인을 분석한 것으로 SO전략과 WO전략은 발전 방안으로서 적절하다.

오답분석

ㄴ. ST전략에서 경쟁업체에 특허 기술을 무상 이전하는 것은 경쟁이 더 심화될 수 있으므로 적절하지 않다.

ㄹ. WT전략에서는 기존 설비에 대한 재투자보다는 수요에 맞게 다양한 제품을 유연하게 생산할 수 있는 신규 설비에 대한 투자가 필요하다.

03

정답 ②

국내 금융기관에 대한 SWOT 분석 결과는 다음과 같다.

강점(Strength)	약점(Weakness)
• 높은 국내 시장 지배력 • 우수한 자산건전성 • 뛰어난 위기관리 역량	• 은행과 이자수익에 편중된 수익구조 • 취약한 해외 비즈니스와 글로벌 경쟁력
기회(Opportunity)	**위협(Threat)**
• 해외 금융시장 진출 확대 • 기술 발달에 따른 핀테크의 등장 • IT 인프라를 활용한 새로운 수익 창출	• 새로운 금융 서비스의 등장 • 글로벌 금융기관과의 경쟁 심화

㉠ SO전략은 강점을 살려 기회를 포착하는 전략으로, 강점인 국내 시장 점유율을 기반으로 핀테크 사업에 진출하려는 ㉠은 적절한 SO전략으로 볼 수 있다.

㉢ ST전략은 강점을 살려 위협을 회피하는 전략으로, 강점인 우수한 자산건전성을 강조하여 글로벌 금융기관과의 경쟁에서 우위를 차지하려는 ㉢은 적절한 ST전략으로 볼 수 있다.

오답분석

㉡ WO전략은 약점을 보완하여 기회를 포착하는 전략이다. 그러나 위기관리 역량은 국내 금융기관이 지니고 있는 강점에 해당하므로 WO전략으로 적절하지 않다.

㉣ 해외 비즈니스 역량을 강화하여 해외 금융시장에 진출하는 것은 약점을 보완하여 기회를 포착하는 WO전략에 해당한다.

04

정답 ④

ㄴ. 다수의 풍부한 경제자유구역 성공 사례를 활용하는 것은 강점에 해당되지만, 외국인 근로자를 국내주민과 문화적으로 동화시키려는 시도는 위협을 극복하는 것과는 거리가 멀다. 따라서 해당 전략은 ST전략으로 부적절하다.

ㄹ. 경제자유구역 인근 대도시와의 연계를 활성화하면 오히려 인근 기성 대도시의 산업이 확장된 교통망을 바탕으로 경제자유구역의 사업을 흡수할 위험이 커진다. 또한 인근 대도시와의 연계 확대는 경제자유구역 내 국내·외 기업 간의 구조 및 운영상 이질감을 해소하는 데 직접적인 도움이 된다고 보기 어렵다.

오답분석

ㄱ. 경제호황으로 인해 자국을 벗어나 타국으로 진출하려는 해외기업이 증가하는 기회상황에서, 성공적 경험에서 축적된 우리나라의 경제자유구역 조성 노하우로 이들을 유인하여 유치하는 전략은 SO전략으로 적절하다.

ㄷ. 기존에 국내에 입주한 해외기업의 동형화 사례를 활용하여 국내기업과 외국계 기업의 운영상 이질감을 해소하여 생산성을 증대시키는 전략은 WO전략에 해당한다.

05

정답 ②

ㄱ. LNG 구매력이 우수하다는 강점을 이용해 북아시아 가스관 사업이라는 기회를 활용하는 것은 SO전략에 해당된다.

ㄷ. 수소 자원 개발이 고도화되고 있는 기회를 이용하여 높은 공급단가라는 약점을 보완하는 것은 WO전략에 해당된다.

오답분석

ㄴ. 북아시아 가스관 사업은 강점이 아닌 기회에 해당되므로 ST전략에 해당된다고 볼 수 없다.

ㄹ. 높은 LNG 확보 능력이라는 강점을 이용해 높은 가스 공급단가라는 약점을 보완하려는 것은 WT전략에 해당된다고 볼 수 없다.

CHAPTER

04 수리능력

출제유형분석 01 실전예제

01

정답 ②

ㄱ. 중복조합을 구한다. ${}_6H_{10}={}_{6+10-1}C_{10}={}_{15}C_5=\frac{15\times14\times13\times12\times11}{5\times4\times3\times2\times1}=3{,}003$가지

ㄴ. 같은 것을 포함한 순열을 구한다. $\frac{4!}{2!}=6$가지

ㄷ. 중복을 포함한 경우의 수를 구한다. ${}_5\Pi_4=5^4=625$가지

따라서 경우의 수가 큰 것부터 순서대로 나열하면 ㄱ－ㄷ－ㄴ이다.

02

정답 ②

샌들의 정가는 $20{,}000+20{,}000\times0.4=28{,}000$원이다.

정가를 $x\%$ 할인하였다고 하면

(판매가)=(정가)－(할인 금액)$=(28{,}000)-\left(28{,}000\times\frac{1}{100}x\right)$원

이때 (판매가)－(원가)=(이익)이고, 원가의 10%인 이익이 $20{,}000\times0.1=2{,}000$원이므로

$\left\{(28{,}000)-\left(28{,}000\times\frac{1}{100}x\right)\right\}-20{,}000=2{,}000$

$28{,}000-280x=22{,}000$

$280x=6{,}000 \rightarrow x\fallingdotseq21.4$

따라서 판매가에서 약 21.4%를 할인해야 원가의 10% 이익을 얻을 수 있다.

03

정답 ①

2일 후 B씨와 C씨의 자산의 차액은 A씨의 2일 후의 자산과 동일하다.

$2y+2\times3-(y+2\times5)=5+2\times2 \rightarrow y=13$이므로 B씨의 잔고는 13달러, C씨의 잔고는 26달러이다.

또한 x일 후의 B씨의 자산은 $(13+5x)$원, C씨의 자산은 $(26+3x)$원이 되므로 B씨의 자산이 C씨의 자산보다 같거나 많게 되는 날에 관한 부등식을 세우면

$13+5x\geq26+3x \rightarrow 2x\geq13 \rightarrow x\geq6.5$이다.

따라서 7일 후에 B씨의 자산이 C씨의 자산보다 같거나 많게 된다.

04

정답 ③

K야구팀의 작년 경기 횟수를 x회, 작년 승리 횟수를 $0.4x$회라고 하자.

작년과 올해를 합산한 승률이 45%이므로

$$\frac{0.4x+65}{x+120}=0.45 \rightarrow 5x=1,100 \rightarrow x=220$$

작년의 총경기횟수는 220회이고, 승률이 40%이므로 이긴 경기는 $220\times0.4=88$회이다.

따라서 K야구팀이 작년과 올해에 승리한 총횟수는 $88+65=153$회이다.

05

정답 ⑤

10인 단체 티켓 가격은 $10\times16,000\times0.75=120,000$원이다. 놀이공원에 방문하는 부서원 수를 x명이라 할 때 부서원이 10명 이상이라면 10인 단체 티켓 1장과 개인 티켓을 구매하는 방법이 있고, 10인 단체 티켓 2장을 구매하는 방법이 있다.

이때 두 번째 방법, 즉 단체 티켓 2장을 구매하는 것이 더 유리하기 위해서는 $16,000\times(x-10)>120,000$을 만족해야 하므로, $x>17.5$이다. 따라서 부서원이 18명 이상일 때, 10인 단체 티켓 2장을 구매하는 것이 더 유리하다.

06

정답 ②

일시불로 구입한 경우 12개월 후 금액을 α원이라 하면

$$\alpha=100\times1-\left(\frac{x}{100}\right)\times1.04^{12}$$

20만 원을 우선 지불한 후 남은 금액을 8만 원씩 할부 12개월로 지불했을 때 금액을 β원이라 하면

$$\beta=20\times1.04^{12}+\frac{8\times(1.04^{12}-1)}{1.04-1}$$

$\alpha<\beta$이기 위한 x의 최솟값은

$$100\times\left(1-\frac{x}{100}\right)\times1.04^{12}<20\times1.04^{12}+\frac{8\times(1.04^{12}-1)}{1.04-1}$$

$$160-1.6x<32+120$$

$$x>5$$

따라서 x보다 큰 정수 중 가장 작은 수는 6이므로 최소 6%를 할인해야 일시불로 구입한 사람이 더 이익이 된다.

07

정답 ④

- B비커의 설탕물 100g을 A비커의 설탕물과 섞은 후 각 비커의 설탕의 양
  - A비커 : $\left(\frac{x}{100}\times300+\frac{y}{100}\times100\right)$g
  - B비커 : $\left(\frac{y}{100}\times500\right)$g
- A비커의 설탕물 100g을 B비커의 설탕물과 섞은 후 각 비커의 설탕의 양
  - A비커 : $\left(\frac{3x+y}{400}\times300\right)$g
  - B비커 : $\left(\frac{y}{100}\times500+\frac{3x+y}{400}\times100\right)$g

설탕물을 모두 옮긴 후 두 비커에 들어 있는 설탕물의 농도는

$$\frac{\frac{3x+y}{400}\times300}{300}\times100=5\cdots ㉠$$

$$\frac{\frac{y}{100}\times500+\frac{3x+y}{400}\times100}{600}\times100=9.5\cdots ㉡$$

㉡에 ㉠을 대입하여 정리하면 $5y+5=57$, $y=\frac{52}{5}$이고 $x=\frac{20-\frac{52}{5}}{3}=\frac{16}{5}$이다.

따라서 $10x+10y=10\times\frac{16}{5}+10\times\frac{52}{5}=32+104=136$이다.

08

정답 ①

식물의 나이를 각각 x, y세라고 하자.

$x+y=8\cdots㉠$

$x^2+y^2=34\cdots㉡$

㉡을 변형하면 $x^2+y^2=(x+y)^2-2xy$가 되는데, 여기에 $x+y=8$을 대입하면

$34=64-2xy \rightarrow xy=15\cdots㉢$

㉠과 ㉢을 만족하는 자연수 순서쌍은 $(x,\ y)=(5,\ 3),\ (3,\ 5)$이다.

따라서 두 식물의 나이 차는 2세이다.

09

정답 ③

감의 개수를 x개라고 하자. 사과는 $(20-x)$개이므로

$400x+700\times(20-x)\leq10,000 \rightarrow 14,000-300x\leq10,000$

$x\geq\frac{40}{3}=13.333\cdots$

따라서 감은 최소 14개를 사야 한다.

출제유형분석 02 실전예제

01

정답 ④

미국의 4대 분야 획득 점수의 총합은 4.2+1.9+5.0+4.3=15.4점으로, 프랑스의 점수의 총합인 5.0+2.8+3.4+3.7=14.9점보다 높다.

오답분석

① 기술력 분야에서는 프랑스가 제일 높다.
② 성장성 분야에서 점수가 가장 높은 국가는 한국이고, 시장지배력 분야에서 점수가 가장 높은 국가는 미국이다.
③ 브랜드파워 분야에서 각국 점수 중 최댓값과 최솟값의 차이는 4.3−1.1=3.2점이다.
⑤ 시장지배력 분야의 점수는 일본이 1.7점으로 3.4점인 프랑스보다 낮다.

02

정답 ②

2021년의 50대 선물환거래 금액은 1,980억×0.306=605.88억 원이며, 2022년은 2,084억×0.297=618.948억 원이다. 따라서 2021년 대비 2022년의 50대 선물환거래 금액 증가량은 618.948−605.88=13.068억 원이므로 13억 원 이상이다.

오답분석

① 2021 ~ 2022년의 전년 대비 10대의 선물환거래 금액 비율 증감 추이는 '증가 – 감소'이고, 20대는 '증가 – 증가'이다.
③ 2020 ~ 2022년의 40대 선물환거래 금액은 다음과 같다.
  - 2020년 : 1,920억×0.347=666.24억 원
  - 2021년 : 1,980억×0.295=584.1억 원
  - 2022년 : 2,084억×0.281=585.604억 원

  2022년의 40대 선물환거래 금액은 전년 대비 증가했으므로 40대의 선물환거래 금액은 지속적으로 감소하고 있지 않다.
④ 2022년의 10 ~ 40대 선물환거래 금액 총비율은 2.5+13+26.7+28.1=70.3%로, 2021년의 50대 비율의 2.5배인 30.6%×2.5=76.5%보다 낮다.
⑤ 2022년의 30대의 선물환거래 비율은 2020년에 비해 26.7−24.3=2.4%p 더 높다.

03

정답 ③

응답기간 중 하위 두 정당은 항상 D, E로 같다. 이 두 정당의 지지율의 합과 정당 C의 지지율은 다음과 같다.

구분	1월	6월	12월
정당 D·E의 지지율 합	8.9+5.6=14.5%	5.2+3.3=8.5%	4.7+7.5=12.2%
정당 C의 지지율	12.8%	11.2%	10.8%

따라서 하위 두 정당의 지지율의 합이 정당 C의 지지율보다 낮은 때는 2022년 6월뿐이다.

오답분석

① 정당별 2022년 1월, 6월, 12월의 지지율 증감추이는 다음과 같다.

- 정당 A : 증가 – 감소
- 정당 B : 증가 – 증가
- 정당 C : 감소 – 감소
- 정당 D : 감소 – 감소
- 정당 E : 감소 – 증가

따라서 지지율 증감추이가 동일한 정당은 정당 C와 정당 D이다.

② 응답기간인 2022년 1월부터 12월까지 정당 A와 정당 B의 지지율 합은 다음과 같다.

구분	1월	6월	12월
정당 A·B의 지지율 합	38.2+34.5=72.7%	41.5+38.8=80.3%	36.8+40.2=77%

따라서 응답기간 중 정당 A와 정당 B의 지지율 합은 항상 70% 이상이다.

④ 2022년 6월 조사에서 정당 A의 지지율은 41.5%이고, 정당 B의 지지율은 38.8%이므로 두 지지율의 차이는 41.5−38.8=2.7%p이다. 따라서 총 응답자 수는 600+705+695=2,000명이므로 정당 A와 정당 B를 지지하는 인원수 차이는 2,000×0.027=54명이다.

⑤ 2022년 1월 조사에서 20대부터 50대까지의 응답자 수는 총 600+705=1,305명이다. 이 중 정당 A와 정당 C의 전체 지지자가 20 ~ 50대이고, 나머지 인원이 정당 B를 지지하는 최소 인원이 된다. 따라서 정당 A와 정당 C의 전체 지지자는 (2,000×0.382)+(2,000×0.128)=764+256=1,020명이므로 20 ~ 50대 응답자 수에서 제외한 1,305−1,020=285명이 정당 B의 최소 지지자 수이다.

04

정답 ①

온실가스 총배출량의 증가율은 2020년을 제외한 나머지 연도의 감소율을 계산하면 다음과 같다.

- 2017년 : $\frac{682.9-657.4}{657.4}\times 100 \fallingdotseq 3.9\%$
- 2018년 : $\frac{687.1-682.9}{682.9}\times 100 \fallingdotseq 0.6\%$
- 2019년 : $\frac{696.7-687.1}{687.1}\times 100 \fallingdotseq 1.4\%$
- 2021년 : $\frac{692.9-690.9}{690.9}\times 100 \fallingdotseq 0.3\%$

따라서 온실가스 총배출량의 증가율이 가장 큰 연도는 2017년도임을 알 수 있다.

05

정답 ①

전년 대비 그래프의 경사가 가장 급한 2019년과 2022년의 총공교육비 비율의 전년 대비 증감률이 다음과 같으므로, 가장 큰 해는 2019년이다.

- 2019년 : $\frac{6.7-7.7}{7.7}\times100 ≒ -13.0\%$
- 2022년 : $\frac{5.8-6.3}{6.3}\times100 ≒ -7.9\%$

또한 민간재원 공교육비 비율의 전년 대비 증감률이 가장 큰 해는 2019년이다.

- 2019년 : $\frac{2.0-2.8}{2.8}\times100 ≒ -28.6\%$
- 2021년 : $\frac{1.7-1.9}{1.9}\times100 ≒ -10.5\%$
- 2022년 : $\frac{1.4-1.7}{1.7}\times100 ≒ -17.6\%$

따라서 총공교육비 비율의 전년 대비 증감률이 가장 큰 해와 민간재원 공교육비 비율의 전년 대비 증감률이 가장 큰 해는 모두 2019년이다.

PART 1

출제유형분석 03 실전예제

01

정답 ③

오답분석

① 1982년의 A국의 석유 수입액은 74달러이고, B국의 석유 수입액은 75달러이므로 B국이 더 많다.
② 2002년의 A국의 석유 수입액과 석탄 수입액의 합은 110.7달러이고, LNG 수입액의 2배는 108.6달러이므로 2배보다 많다.
④ 두 국가의 1982년 대비 2022년의 LNG 수입액 증가율은 다음과 같다.

- A국 : $\frac{79.9-29.2}{29.2}\times100 ≒ 173.6\%p$
- B국 : $\frac{102-30}{30}\times100 = 240\%p$

따라서 증가율은 B국이 더 크다.

⑤ 두 국가의 1982년 대비 2022년의 석탄 수입액 감소율은 다음과 같다.

- A국 : $\frac{28-82.4}{82.4}\times100 ≒ -66\%p$
- B국 : $\frac{7.1-44}{44}\times100 ≒ -83.4\%p$

따라서 감소율은 B국이 더 크다.

02

정답 ③

발굴조사 비용의 비율은 다음과 같으며, 2020년에 가장 높다.

- 2018년 : $\frac{2,509}{2,591}\times100 ≒ 96.8\%$
- 2019년 : $\frac{2,378}{2,470}\times100 ≒ 96.3\%$
- 2020년 : $\frac{2,300}{2,371}\times100 ≒ 97.1\%$
- 2021년 : $\frac{2,438}{2,515}\times100 ≒ 96.9\%$
- 2022년 : $\frac{2,735}{2,840}\times100 ≒ 96.3\%$

오답분석

① 전체 조사의 평균 건당 비용은 다음과 같으며, 2020년 이후 다시 증가하고 있다.

- 2018년 : $\frac{2,591}{3,462} \times 100 \fallingdotseq 75\%$
- 2019년 : $\frac{2,470}{3,500} \times 100 \fallingdotseq 71\%$
- 2020년 : $\frac{2,371}{3,651} \times 100 \fallingdotseq 65\%$
- 2021년 : $\frac{2,515}{3,841} \times 100 \fallingdotseq 65\%$
- 2022년 : $\frac{2,840}{4,294} \times 100 \fallingdotseq 66\%$

② 2020년과 2021년의 발굴조사 평균 건당 비용은 1억 원 이하이다.

④ 전체 건수에 대한 발굴조사 건수 비율은 2019년이 2021년보다 높다.

- 2019년 : $\frac{2,364}{3,500} \times 100 \fallingdotseq 67.5\%$
- 2021년 : $\frac{2,442}{3,841} \times 100 \fallingdotseq 63.6\%$

⑤ 2018 ~ 2022년 동안 조사에 쓰인 비용은 2,591+2,470+2,371+2,515+2,840=12,787억 원으로, 약 1조 2천 8백억 원이다.

03

정답 ④

2019년과 2021년의 30대의 전년 대비 데이트폭력 경험횟수 증가율을 구하면 다음과 같다.

- 2019년 : $\frac{11.88-8.8}{8.8} \times 100 = 35\%p$
- 2021년 : $\frac{17.75-14.2}{14.2} \times 100 = 25\%p$

따라서 30대의 2021년의 전년 대비 데이트폭력 경험횟수 증가율은 2019년보다 작다.

오답분석

① 2020년 이후 연도별 20대와 30대의 평균 데이트폭력 경험횟수와 전 연령대 평균 데이트폭력 경험횟수를 구하면 다음과 같다.

구분	2020년	2021년	2022년
전체	5.7+15.1+14.2+9.2+3.5 =47.7회	7.9+19.2+17.75+12.8+3.3 =60.95회	10.4+21.2+18.4+18+2.9 =70.9회
전체의 절반	23.85회	30.475회	35.45회
20·30대	15.1+14.2=29.3회	19.2+17.75=36.95회	21.2+18.4=39.6회

따라서 2020년 이후 20대와 30대의 평균 데이트폭력 경험횟수의 합은 전 연령대 평균 데이트폭력 경험횟수의 절반 이상임을 알 수 있다.

② 10대의 평균 데이트폭력 경험횟수는 3.2회, 3.9회, 5.7회, 7.9회, 10.4회로 매년 증가하고 있고, 50대의 평균 데이트폭력 경험횟수는 4.1회, 3.8회, 3.5회, 3.3회, 2.9회로 매년 감소하고 있다.

③ 2022년의 40대의 평균 데이트폭력 경험횟수는 18회로, 2018년의 데이트폭력 경험횟수인 2.5회의 $\frac{18}{2.5}=7.2$배에 해당한다.

⑤ 2018년부터 2022년까지 연도별 평균 데이트폭력 경험횟수가 가장 높은 연령대는 20대로 동일하다.

04

정답 ⑤

2019년의 인구성장률은 0.63%, 2022년의 인구성장률 0.39%이다. 2022년의 인구성장률은 2019년의 인구성장률에서 40%p 감소한 값인 $0.63\times(1-0.4)=0.378\%$보다 값이 크므로 40%p 미만으로 감소하였다.

오답분석

① 표를 보면 2019년 이후 인구성장률이 매년 감소하고 있으므로 옳은 설명이다.
② 2017년부터 2022년까지의 인구성장률이 가장 낮았던 해는 2022년이며, 합계출산율도 2022년에 가장 낮았다.
③ 인구성장률과 합계출산율은 모두 2018년에는 전년 대비 감소하고, 2019년에는 전년 대비 증가하였으므로 옳은 설명이다.
④ 인구성장률이 높은 순서로 나열하면 2019년 – 2017년, 2020년 – 2018년 – 2021년 – 2022년이다. 합계출산율이 높은 순서로 나열하면 2017년 – 2020년 – 2019년 – 2018년 – 2021년 – 2022년이다. 따라서 인구성장률과 합계출산율이 두 번째로 높은 해는 2020년이다.

PART 1

05

정답 ①

화재피해액은 매년 증가하지만, 화재발생건수는 감소와 증가를 반복한다.

오답분석

② 화재피해액은 매년 증가한다.
③ 화재발생건수는 2021년이 4.9만 건으로 가장 높다.
④ 화재피해액은 2020년까지는 2.8천억 원이었지만, 2021년에 4.3천억 원으로 4천억 원을 넘어섰다.
⑤ 화재발생건수는 2021년이 가장 높지만, 화재피해액은 2022년이 가장 높다.

06

정답 ⑤

9월 말 이후의 그래프가 모두 하향곡선을 그리고 있다.

오답분석

①·③ 표를 통해 쉽게 확인할 수 있다.
② 환율이 하락하면 반대로 원화가치가 높아진다.
④ 유가 범위는 125 ~ 85 사이의 변동 폭을 보이고 있다.

07

정답 ③

2015년 대비 2016년에 생산가능인구는 12명 증가했다.

오답분석

① 전년과 비교했을 때, 2015, 2016, 2019, 2021년에는 비례관계를, 2018, 2020년에는 반비례관계를 보인다.
② 전년과 비교했을 때, 2015년에 경제활동인구가 202명으로 가장 많이 감소했다.
④ 분모가 작고 분자가 크면 비율이 높으므로, 고용률이 낮고 실업률이 높은 2018년과 2019년의 비율만 비교하면 된다.

2018년 : $\frac{8.1}{40.5}=0.2\%$, 2019년 : $\frac{8}{40.3}\fallingdotseq 0.1985\%$

따라서 2018년의 비율이 더 크므로 옳은 설명이다.
⑤ 2019년과 2020년의 경제활동참가율은 같지만, 전체적으로는 경제활동참가율이 감소하고 있다.

인생이란 결코 공평하지 않다. 이 사실에 익숙해져라.

-빌 게이츠-

PART 2

직무기초지식

01 법학 적중예상문제

01	02	03	04	05	06	07	08	09	10	11	12	13	14	15	16	17	18	19	20
④	③	①	②	④	①	④	④	③	④	③	⑤	②	④	④	②	②	②	③	⑤

01

정답 ④

준법률행위적 행정행위에는 공증, 수리, 통지, 확인 등이 있고, 법률행위적 행정행위에는 명령적 행정행위(하명, 허가, 면제)와 형성적 행정행위(특허, 인가, 공법상 대리)가 있다.

02

정답 ③

행정기관이 그 소관 사무의 범위에서 일정한 행정목적을 실현하기 위하여 특정인에게 일정한 행위를 하거나 하지 아니하도록 지도, 권고, 조언 등을 하는 비권력적 사실행위를 행정지도라고 한다(행정절차법 제2조 제3호).

03

정답 ①

근대 입헌주의 헌법은 국법과 왕법을 구별하는 근본법(국법) 사상에 근거를 두고, 국가권력의 조직과 작용에 대한 사항을 정함과 동시에 국가권력의 행사를 제한하여 국민의 자유와 권리 보장을 이념으로 하고 있다.

04

정답 ②

행정행위는 법률에 근거를 두어야 하고(법률유보), 법령에 반하지 않아야 한다(법률우위). 따라서 법률상의 절차와 형식을 갖추어야 한다.

05

정답 ④

하명은 명령적 행정행위이다.

오답분석

③ 의사표시 이외에 정신작용을 동시요소로 하는 것에는 의사의 통지, 관념의 통지, 감정의 통지가 있다.

법률행위적 행정행위와 준법률행위적 행정행위

법률행위적 행정행위		준법률행위적 행정행위
명령적 행위	형성적 행위	
하명, 면제, 허가	특허, 인가, 대리	공증, 통지, 수리, 확인

06

정답 ①

사회법은 근대 시민법의 수정을 의미하며, 초기의 독점자본주의가 가져온 여러 가지 사회·경제적 폐해를 합리적으로 해결하기 위해서 제정된 법이다. 국가에 의한 통제, 경제적 약자의 보호, 공법과 사법의 교착 영역으로 사권의 의무화, 사법(私法)의 공법화 등 법의 사회화 현상을 특징으로 한다. 계약자유의 원칙은 그 범위가 축소되고 계약공정의 원칙으로 수정되었다.

07

정답 ④

법에 규정된 것 외에 달리 예외를 두지 않는다.

주소, 거소, 가주소

주소	생활의 근거가 되는 곳을 주소로 한다. 주소는 동시에 두 곳 이상을 둘 수 있다(민법 제18조).
거소	주소를 알 수 없으면 거소를 주소로 본다. 국내에 주소가 없는 자에 대하여는 국내에 있는 거소를 주소로 본다(민법 제19 ~ 20조).
가주소	어느 행위에 있어서 가주소를 정한 때에 있어서 그 행위에 관하여는 이를 주소로 본다(민법 제21조). 따라서 주소지로서 효력을 갖는 경우는 주소(주민등록지), 거소와 가주소가 있으며, 복수도 가능하다.

PART 2

08

정답 ④

절대적 부정기형은 형기를 전혀 정하지 않고 선고하는 형이며, 이는 죄형법정주의에 명백히 위배되므로 금지된다. 반면 상대적 부정기형은 형기의 상한을 정하여 선고하는 것으로, 우리나라의 경우 소년법 제60조(부정기형)에서 확인할 수 있다.

09

정답 ③

사법은 개인 상호간의 권리·의무관계를 규율하는 법으로 민법, 상법, 회사법, 어음법, 수표법 등이 있으며, 실체법은 권리·의무의 실체, 즉 권리나 의무의 발생·변경·소멸 등을 규율하는 법으로 헌법, 민법, 형법, 상법 등이 이에 해당한다. 부동산등기법은 절차법으로 공법에 해당한다고 보는 것이 다수의 견해이나 사법에 해당한다는 소수 견해도 있다. 따라서 부동산등기법은 사법에 해당하는지 여부와 관련하여 견해 대립이 있으나 절차법이므로 옳지 않은 내용이다.

10

정답 ④

형의 경중의 비교대상은 법정형이지만 법정형인 한 주형뿐만 아니라 부가형도 포함되고 가중감면사유와 선택형의 가능성도 비교해야 한다(판례).

오답분석

① 행위시라 함은 실행행위의 종료를 의미하며 결과발생은 포함하지 않는다(판례).
② 포괄일죄로 되는 개개의 범죄행위가 법 개정의 전후에 걸쳐서 행하여진 경우에는 신·구법의 법정형에 대한 경중을 비교해 볼 필요 없이 범죄 실행종료시의 법이라고 할 수 있는 신법을 적용하여 포괄일죄로 처단하여야 한다(판례).
③ 범죄 후 수차례 법률이 변경되어 행위시와 재판시 사이에 중간시법이 있는 경우에는 모든 법을 비교하여 가장 경한 법률을 적용한다(판례).

11

정답 ③

과태료는 행정법상 의무위반에 대한 제재로서 부과·징수되는 금전을 말하는 것으로, 형벌과는 별개의 개념이다.

형벌의 종류(형법 제41조)
사형, 징역, 금고, 자격상실, 자격정지, 벌금, 구류, 과료, 몰수

12

정답 ⑤

오답분석

① 강행법과 임의법은 당사자 의사의 상관성 여부에 따른 구분이다.
② 고유법과 계수법은 연혁에 따른 구분이다.
③ 실체법과 절차법은 법의 규정 내용에 따라 구분한다.
④ 공법과 사법은 법이 규율하는 생활관계에 따라 분류하는 것으로 대륙법계의 특징에 해당한다.

13

정답 ②

긴급재정경제처분・명령권(헌법 제76조 제1항)은 중대한 재정・경제상의 위기에 있어서 국가안전보장 또는 공공의 안녕질서를 유지하기 위해 대통령이 행하는 재정・경제상의 처분이다.

오답분석

① 헌법 제77조 제1항
③ 헌법 제1조 제1항
④ 헌법 전문・헌법 제5조・제6조 등에서 국제평화주의를 선언하고 있다.
⑤ 실질적 의미의 헌법은 규범의 형식과 관계 없이 국가의 통치조직・작용의 기본원칙에 관한 규범을 총칭한다.

14

정답 ④

청원권은 청구권적 기본권에 해당한다. 자유권적 기본권에는 인신의 자유권(생명권, 신체의 자유), 사생활의 자유권(거주・이전의 자유, 주거의 자유, 사생활의 비밀과 자유, 통신의 자유), 정신적 자유권(양심의 자유, 종교의 자유, 언론・출판의 자유, 집회・결사의 자유, 학문의 자유, 예술의 자유), 사회・경제적 자유권(직업선택의 자유, 재산권의 보장)이 있다.

15

정답 ④

자유민주적 기본질서는 모든 폭력적 지배와 자의적 지배 즉, 반국가단체의 일인독재 내지 일당독재를 배제하고 다수의 의사에 의한 국민의 자치 자유・평등의 기본원칙에 의한 법치주의적 통치질서이고 구체적으로는 기본적 인권의 존중, 권력분립, 의회제도, 복수정당제도, 선거제도, 사유재산과 시장경제를 골간으로 한 경제질서 및 사법권의 독립 등이다. 따라서 법치주의에 위배되는 포괄위임입법주의는 민주적 기본질서의 원리와 거리가 멀다.

16

정답 ②

인격권은 권리의 내용에 따른 분류에 속한다. 권리의 작용(효력) 따라 분류하면 지배권, 청구권, 형성권, 항변권으로 나눌 수 있다.

17

정답 ②

다른 사람이 하는 일정한 행위를 승인해야 할 의무는 수인의무이다.

오답분석

① 작위의무 : 적극적으로 일정한 행위를 하여야 할 의무이다.
③ 간접의무 : 통상의 의무와 달리 그 불이행의 경우에도 일정한 불이익을 받기는 하지만, 다른 법률상의 제재가 따르지 않는 것으로 보험계약에서의 통지의무가 그 대표적인 예이다.
④ 권리반사 또는 반사적 효과(이익) : 법이 일정한 사실을 금지하거나 명하고 있는 결과, 어떤 사람이 저절로 받게 되는 이익으로서 그 이익을 누리는 사람에게 법적인 힘이 부여된 것은 아니기 때문에 타인이 그 이익의 향유를 방해하더라도 그것의 법적보호를 청구하지 못함을 특징으로 한다.
⑤ 평화의무 : 노동협약의 당사자들이 노동협약의 유효기간 중에는 협약사항의 변경을 목적으로 하는 쟁의를 하지 않는 의무이다.

18

정답 ②

임의대리권의 범위가 수권행위에 의해 정해지지 않거나 명백하지 않은 경우 이용행위 또는 개량행위는 공통적으로 그 성질을 변화시키지 않은 범위 내에서만 허용되는 것이므로, 농지를 택지로 변경하는 행위, 토지에 건물축조를 허용하거나 분묘설치를 허용하는 행위, 예금을 주식투자 등 투자 상품으로 변경하는 행위, 은행예금을 찾아서 개인에게 빌려주는 행위 등은 허용되지 않는다.

19

정답 ③

법 해석은 대체로 3단계를 거쳐 해석할 때 완전을 기할 수 있다. 1단계로는 성문법조문의 문장의 의미·내용을 파악하고(문리해석), 2단계로 논리법칙에 따라 해석하고(논리해석), 3단계로 타 법규와 대조 또는 관련하여서 통일적 체계성을 보지(保持)하도록 한다(체계해석).

20

정답 ⑤

법의 적용 제외(고용보험법 제10조, 동법 시행령 제3조)

① 다음 각 호의 어느 하나에 해당하는 자에게는 이 법을 적용하지 아니한다.

1. 삭제
2. 소정(所定)근로시간이 대통령령으로 정하는 시간 미만인 자
   - 1개월간 소정근로시간이 60시간 미만이거나 1주간의 소정근로시간이 15시간 미만인 자를 말한다.
   - 다만, 3개월 이상 계속하여 근로를 제공하는 자와 법 제2조 제6호에 따른 일용근로자(이하 "일용근로자"라 한다)는 제외한다.
3. 「국가공무원법」과 「지방공무원법」에 따른 공무원. 다만, 대통령령으로 정하는 바에 따라 별정직공무원, 「국가공무원법」 제26조의5 및 「지방공무원법」 제25조의5에 따른 임기제공무원의 경우는 본인의 의사에 따라 고용보험(제4장에 한한다)에 가입할 수 있다.
4. 「사립학교교직원 연금법」의 적용을 받는 자
5. 그 밖에 대통령령으로 정하는 자
   - 「별정우체국법」에 따른 별정우체국 직원을 말한다.

② 65세 이후에 고용(65세 전부터 피보험 자격을 유지하던 사람이 65세 이후에 계속하여 고용된 경우는 제외한다)되거나 자영업을 개시한 사람에게는 제4장 및 제5장을 적용하지 아니한다.

PART 2

02 행정학 적중예상문제

01	02	03	04	05	06	07	08	09	10	11	12	13	14	15	16	17	18	19	20
④	⑤	②	③	③	①	④	③	③	②	④	②	①	①	⑤	⑤	④	③	⑤	①

01

정답 ④

위탁집행형 준정부기관에 해당하는 기관으로는 도로교통공단, 건강보험심사평가원, 국민건강보험공단 등이 있다.

오답분석

① 정부기업은 형태상 일반부처와 동일한 형태를 띠는 공기업이다.
② 지방공기업의 경우 지방공기업법의 적용을 받는다.
③ 총수입 중 자체수입액이 총수입액의 50% 이상인 것은 공기업으로 지정한다.
⑤ 공기업은 정부조직에 비해 인사 및 조직운영에 많은 자율권이 부여된다.

02

정답 ⑤

고객 관점은 행동지향적 관점이 아니라 외부지향적 관점에 해당한다. 기업에서는 BSC의 성과지표 중 재무 관점을 인과적 배열의 최상위에 둔다. 그러나 공공영역에서는 재무적 가치가 궁극적 목적이 될 수 없기 때문에 기업과는 다른 BSC의 인과구성이 필요하다. 구체적으로 기관의 특성이 사기업에 가까운 경우, 재무 관점이 포함되는 것이 당연하겠지만, 기관 외적인 메커니즘에 의해 예산이 할당되는 경우 재무측면은 하나의 제약조건으로 보고 사명달성의 성과 또는 고객 관점을 가장 상위에 두는 것이 바람직하다. 하지만 공공부문의 고객 확정이 어렵다는 단점이 있다.

균형성과표(BSC; Balanced Score Card)
- 재무 관점 : 우리 조직은 주주들에게 어떻게 보일까?
  예 매출신장률, 시장점유율, 원가절감률, 자산보유 수준, 재고 수준, 비용 절감액 등
- 고객 관점 : 재무적으로 성공하기 위해서는 고객들에게 어떻게 보여야 하나?
  예 외부시각 / 고객확보율, 고객만족도, 고객유지율, 고객불만건수, 시스템 회복시간 등
- 내부프로세스 관점 : 프로세스와 서비스의 질을 높이기 위해서는 어떻게 해야 하나?
  예 전자결재율, 화상회의율, 고객대응시간, 업무처리시간, 불량률, 반품률 등
- 학습 및 성장관점 : 우리 조직은 지속적으로 가치를 개선하고 창출할 수 있는가?
  예 미래시각 / 성장과 학습지표, 업무숙련도, 사기, 독서율, 정보시스템 활용력, 교육훈련 투자 등

03

정답 ②

행정통제는 행정의 일탈에 대한 감시와 평가를 통해서 행정활동이 올바르게 전개될 수 있도록 계속적인 시정과정을 거치게 하는 행동이다. 별도의 시정노력을 하지 않아도 된다는 것은 행정통제의 개념과 반대되는 설명이다.

04

정답 ③

오답분석

① 신제도주의에 대한 내용이다.
② 신공공서비스론(New Public Service)에 대한 설명이다. 신공공관리론은 행정의 효율성을 더 중시한다.
④ 정부 주도의 공공서비스 전달 또는 공공문제 해결을 넘어 협력적 네트워크 구축 및 관리라는 대안을 제시하는 것은 뉴거버넌스론(New Governance)에 대한 설명이다.
⑤ 신공공관리론은 조직 간 관계보다 조직 내 관계를 주로 다루고 있다.

05

정답 ③

품목별 분류는 지출대상별 분류이기 때문에 사업의 성과와 결과에 대한 측정이 곤란하다.

오답분석

① 기능별 분류는 시민을 위한 분류라고도 하며, 행정수반의 재정정책을 수립하는 데 도움을 준다.
② 조직별 분류는 부처 예산의 전모를 파악할 수 있지만 사업의 우선순위나 예산의 성과를 파악하는 것은 어렵다.
④ 경제 성질별 분류는 국민소득, 자본형성 등에 관한 정부활동의 효과를 파악하는 데 유리하다.
⑤ 품목별 분류는 예산집행기관의 신축성을 저해한다.

PART 2

06

정답 ①

형평성이론(Equity Theory)에서 공정성의 개념은 아리스토텔레스의 정의론, 페스팅거의 인지 부조화이론, 호만즈(G. Homans) 등의 교환이론에 그 근거를 둔 것으로 애덤스(J. S. Adams)가 개발하였다. 이 이론은 모든 사람이 공정하게 대접받기를 원한다는 전제에 기초를 두고 있으며 동기 부여, 업적의 평가, 만족의 수준 등에서 공정성이 중요한 영향을 미친다고 본다.

오답분석

②·③·④·⑤ 모두 내용이론으로 욕구와 동기유발 사이의 관계를 설명하고 있다.

07

정답 ④

루터 귤릭은 행정이란 결정적으로 최고관리자의 능력에 달려 있다고 주장하며, 3가지 원칙으로 명령과 통일의 원칙, 계층제의 원리, 통솔범위의 원칙을 제시하였다. 또한 행정을 전문화하고 능률적으로 실행하는 데 있어 기존의 행정관리 요소를 '7가지 요소(POSDCORB)'로 확대하고 발전시켰다. 'POSDCORB'는 계획(Planning), 조직(Organizing), 인사(Staffing), 지휘(Direction), 조정(Coordinating), 보고(Reporting), 예산 편성(Budgeting)의 첫머리 글자를 조립한 합성 단어이다.

08

정답 ③

소극적 대표성은 관료의 출신성분이 태도를 결정하는 것이며, 적극적 대표성은 태도가 행동을 결정하는 것을 말한다. 그러나 대표관료제는 소극적 대표성이 반드시 적극적 대표성으로 이어져 행동하지 않을 수도 있는 한계성이 제기된다. 따라서 자동적으로 확보한다는 설명은 옳지 않다.

09

정답 ③

NPM(신공공관리)과 뉴거버넌스 모두 방향잡기(Steering) 역할을 중시하며, NPM에서는 정부를 방향잡기 중심에 둔다.

신공공관리와 뉴거버넌스

구분	신공공관리(NPM)	뉴거버넌스
기초	신공공관리 · 신자유주의	공동체주의 · 참여주의
공급주체	시장	공동체에 의한 공동생산
가치	결과(효율성 · 생산성)	과정(민주성 · 정치성)
관료의 역할	공공기업가	조정자
작동원리	시장메커니즘	참여메커니즘
관리방식	고객 지향	임무 중심

10

정답 ②

3종 오류(메타오류)는 정책문제 자체를 잘못 인지한 상태에서 계속 해결책을 모색하여 정책문제가 해결되지 못하고 남아있는 상태를 말한다. 1종 오류는 옳은 가설을 틀리다고 판단하고 기각하는 오류이고, 2종 오류는 틀린 가설을 옳다고 판단하여 채택하는 오류를 말한다.

11

정답 ④

사회적 자본은 동조성(Conformity)을 요구하면서 개인의 행동이나 사적 선택을 제약하는 경우도 있다.

오답분석

⑤ 특정 집단의 내부적인 결속과 신뢰는 다른 집단에 대한 부정적인 인식을 초래하여 갈등과 분열, 그리고 사회적 불평등을 야기할 수 있다.

12

정답 ②

보기는 자율적 규제에 관한 내용이다. 정부에 의한 규제를 직접규제라 한다면 민간기관에 의한 규제(자율적 규제)는 간접규제에 해당한다.

직접규제와 간접규제

- 직접규제(명령지시적 규제) : 법령이나 행정처분, 기준설정(위생기준, 안전기준) 등을 통해 직접적으로 규제하는 것으로 가격승인, 품질규제, 진입규제 등이 해당한다.
- 간접규제(시장유인적 규제) : 인센티브나 불이익을 통해 규제의 목적을 달성하는 것으로, 조세의 중과 또는 감면, 벌과금 또는 부담금의 부과 등이 해당한다.

  예 정부지원, 행정지도, 유인책, 품질 및 성분표시규제 등 정보공개규제

규제의 종류 \ 외부효과성		직접규제	간접규제
		명령지시 규제 (행정처분, 행정명령, 행정기준의 설정)	시장유인적 규제 (부담금, 부과금, 예치금), 행정지도, 조세지출, 보조금, 공해배출권
외부 경제	과소공급	공급을 강제화	공급을 유인
외부 불경제	과다공급	공급을 금지	공급억제를 유인

13

정답 ①

조세법률주의는 국세와 지방세 구분 없이 적용된다. 지방세의 종목과 세율은 국세와 마찬가지로 법률로 정한다.

14

정답 ①

오답분석

ㄴ. 성과주의 예산제도(PBS)는 예산배정 과정에서 필요사업량이 제시되므로 사업계획과 예산을 연계할 수 있으며 (세부사업별 예산액)=(사업량)×(단위원가)로 구한다.

ㅁ. 목표관리제도(MBO)는 기획예산제도(PPBS)와 달리 예산결정 과정에 관리자의 참여가 이루어져 분권적 · 상향적인 예산편성이 이루어진다.

15

정답 ⑤

정책결정이란 다양한 대안이나 가치들 간의 우선순위를 고려하거나 그중 하나를 선택하는 행동이다. 그런데 대안이나 가치들이 서로 충돌하여 우선순위를 정할 수 없는 경우 행위자는 선택상의 어려움에 직면하게 된다. 특히 두 개의 대안이나 가치가 팽팽히 맞서고 있다면 선택의 어려움은 증폭된다. 이처럼 두 가지 대안 가운데 무엇을 선택할지 몰라 망설이는 상황을 일반적으로 딜레마라고 한다. 딜레마 모형의 구성개념으로는 문제(딜레마 상황), 행위자, 행위 등이 있다. 딜레마 이론은 이와 같은 것을 규명함으로써 행정이론 발전에 기여하였다.

오답분석

① 신공공관리론에 대한 설명이다.
② 신공공서비스론에 대한 설명이다.
③ 사회적 자본이론에 대한 설명이다.
④ 시차이론에 대한 설명이다.

16

정답 ⑤

크리밍(Creaming) 효과, 호손(Hawthorne) 효과는 외적 타당도를 저해하는 요인이다.

내적 · 외적 타당도 저해 요인

내적 타당도 저해 요인	외적 타당도 저해 요인
• 선발요소 • 성숙효과 • 회귀인공요소(통계적 회귀) • 측정요소(검사요소) • 역사적요소(사건효과) • 상실요소 • 측정도구의 변화 • 모방효과(오염효과)	• 호손(Hawthrone) 효과 • 크리밍(Creaming) 효과 • 실험조작과 측정의 상호작용 • 표본의 비대표성 • 다수적 처리에 의한 간섭

17

정답 ④

책임경영 방식은 정부가 시장화된 방식을 이용하여 직접 공급하는 것을 말한다.

민간위탁 방식

계약(Contracting Out)	정부의 책임하에 민간이 서비스를 생산하는 방식
면허(Franchise)	민간조직에게 일정한 구역 내에서 공공서비스를 제공하는 권리를 인정하는 협정을 체결하는 방식으로, 시민 · 이용자는 서비스 제공자에게 비용을 지불하며, 정부는 서비스 수준과 질을 규제
보조금(Grants)	민간의 서비스 제공 활동 촉진을 위해 정부가 재정 및 현물을 지원하는 방식
바우처(Vouchers)	금전적 가치가 있는 쿠폰 또는 카드를 제공하는 방식
자원봉사(Volunteer)	직접적인 보수를 받지 않으면서 정부를 위해 봉사하는 사람들을 활용하는 방식
자조활동(Self-help)	공공서비스의 수혜자와 제공자가 같은 집단에 소속되어 서로 돕는 형식으로 활동하는 방식

18 정답 ③

각 중앙관서의 장은 성과금을 지급하거나 절약된 예산을 다른 사업에 사용하고자 하는 때에는 예산성과금 심사위원회의 심사를 거쳐야 한다(국가재정법 제49조 제2항).

19 정답 ⑤

국가채무관리계획은 예산안에 첨부하여야 하는 서류가 아니다.

국가재정법상 정부가 국회에 제출하는 예산안에 첨부하여야 하는 서류(국가재정법 제34조)

- 세입세출예산 총계표 및 순계표
- 세입세출예산사업별 설명서
- 계속비에 관한 전년도말까지의 지출액 또는 지출추정액, 해당 연도 이후의 지출예정액과 사업전체의 계획 및 그 진행상황에 관한 명세서
- 국고채무부담행위 설명서
- 국고채무부담행위로서 다음 연도 이후에 걸치는 것인 경우 전년도말까지의 지출액 또는 지출추정액과 해당 연도 이후의 지출예정액에 관한 명세서
- 예산정원표와 예산안편성기준단가
- 국유재산의 전전년도 말 기준 현재액과 전년도말과 해당 연도 말 기준 현재액 추정에 관한 명세서
- 성과계획서
- 성인지 예산서
- 조세지출예산서
- 독립기관의 세출예산요구액을 감액하거나 감사원의 세출예산요구액을 감액한 때에는 그 규모 및 이유와 감액에 대한 해당 기관의 장의 의견
- 회계와 기금 간 또는 회계 상호 간 여유재원의 전입·전출 명세서 그 밖에 재정의 상황과 예산안의 내용을 명백히 할 수 있는 서류
- 국유재산특례지출예산서
- 예비타당성조사를 실시하지 아니한 사업의 내역 및 사유
- 지방자치단체 국고보조사업 예산안에 따른 분야별 총 대응지방비 소요 추계서

20 정답 ①

합리모형에 대한 설명이다. 회사모형은 환경의 불확실성으로 인해 단기적인 대응을 통해 불확실성을 회피·통제한다.

회사모형의 특징

- 갈등의 준해결 : 받아들일 만한 수준의 의사결정
- 표준운영절차(SOP) 중시
- 불확실성 회피 : 단기적 대응, 단기적 환류를 통한 불확실성 회피
- 휴리스틱적 학습(도구적 학습)

03 경영학 적중예상문제

01	02	03	04	05	06	07	08	09	10	11	12	13	14	15	16	17	18	19	20
①	③	④	①	③	③	①	③	③	⑤	②	②	③	①	③	④	①	④	④	①

01

정답 ①

포터의 본원적 전략은 사업부 수준의 경쟁우위 획득을 위한 전략인데, 월마트는 일부 시장이 아닌 전체시장에서 경쟁우위로 'Everyday low price'를 표방하므로 원가우위전략이라고 할 수 있다.

02

정답 ③

인간관계론에서는 조직을 개인과 비공식 집단 및 집단 상호 간의 관계로 이루어지는 사회체제로 인식한다.

03

정답 ④

오답분석

① 침투가격전략 : 신제품을 출시할 때 처음에는 경쟁제품보다 낮은 가격을 제시한 후 점차적으로 가격을 올리는 전략이다.
② 적응가격전략 : 다양한 소비자들의 구매를 유도하기 위하여 동일하거나 유사한 제품의 가격을 다르게 적용하는 전략이다.
③ 시가전략 : 기업이 경쟁업자의 가격과 동일한 가격으로 설정하는 전략이다.
⑤ 명성가격전략 : 가격 결정 시 해당 제품군의 주 소비자층이 지불할 수 있는 가장 높은 가격이나 시장에서 제시된 가격 중 가장 높은 가격을 설정하는 전략이다.

04

정답 ①

오답분석

② 논리적 오류에 대한 설명이다.
③ 초기효과에 대한 설명이다.
④ 후광효과(현혹효과)에 대한 설명이다.
⑤ 중심화 경향에 대한 설명이다.

05

정답 ③

STP 전략은 S(Segmentation : 시장세분화), T(Targeting : 목표시장 설정), P(Positioning : 포지셔닝)의 세 단계로 이루어진다. 시장세분화 단계에서는 지리적, 사회적, 인구통계학적으로 기준을 정하여 시장을 나누고, 목표시장 설정 단계에서는 세분화된 시장 중 원하는 고객을 정한다. 마지막으로 포지셔닝 단계에서는 선정한 고객에게 특정 인식을 각인시킨다.

06

정답 ③

오답분석

① 거래적 리더십 : 리더가 구성원들과 맺은 교환(또는 협상)관계에 기초해서 영향력을 발휘하는 리더십이다.
② 성취지향적 리더십 : 도전적인 작업 목표를 설정하고 그 성과를 강조하며, 조직구성원(부하)들이 그 목표를 충분히 달성할 수 있을 것이라고 믿는 리더십이다.
④ 서번트 리더십 : 다른 사람을 섬기는 사람이 리더가 될 수 있다고 생각하는 리더십이다.
⑤ 참여적 리더십 : 부하직원들을 의사결정과정에 참여시키고 그들의 의견을 적극적으로 반영하고자 하는 리더십이다.

07

정답 ①

기능 조직(Functional Structure)은 기능별 전문화의 원칙에 따라 공통의 전문지식과 기능을 지닌 부서단위로 묶는 조직구조를 의미한다.

08

정답 ③

오답분석

① 전시 효과 : 개인의 소비행동이 사회의 영향을 받아 타인의 소비행동을 모방하려는 소비성향을 의미한다.
② 플라시보 효과 : 약효가 전혀 없는 가짜 약을 진짜 약으로 속여, 환자에게 복용토록 했을 때 환자의 병세가 호전되는 효과를 의미한다.
④ 베블런 효과 : 과시욕구 때문에 재화의 가격이 비쌀수록 수요가 늘어나는 수요증대 효과를 의미한다.
⑤ 데킬라 효과 : 한 국가의 금융·통화 위기가 주변의 다른 국가로 급속히 확산되는 현상을 의미한다.

09

정답 ③

호손실험의 시행 순서

- 조명실험 : 1924년 11월 ~ 1927년 4월
- 계전기 조립실험 : 1927년 4월 ~ 1929년 6월
- 면접실험 : 1928년 9월 ~ 1930년 9월
- 배전기 전선작업실 관찰 : 1931년 11월 ~ 1932년 5월

10

정답 ⑤

경험곡선효과는 학습효과라고도 하며, 동일한 제품이나 서비스를 생산하는 두 기업을 비교할 때 일정기간 내에 상대적으로 많은 제품이나 서비스를 생산한 기업의 비용이 낮아지는 것을 의미한다. 이는 경험이 축적되어 감에 따라 노동자들의 숙달로 인한 능률의 향상, 규모의 경제 확대, 기술혁신으로 인한 비용의 감축, 지속적인 업무 개선과 작업의 표준화 등으로 인해 원가를 최소화할 수 있는 것이다.

11

정답 ②

침투가격정책은 수요가 가격에 대하여 민감한 제품(수요의 가격탄력성이 높은 제품)에 많이 사용하는 방법이다.

12

정답 ②

해외자회사의 경우 해외시장에서 많은 자금과 기술을 운영하기보다는 해외시장에 많은 자금과 인력을 투자해야 하므로 위험이 높은 편이다.

13
정답 ③

균형성과표(BSC)는 재무관점, 고객관점, 내부 프로세스관점, 학습 및 성장관점 등의 4가지로 성과를 측정한다.

14
정답 ①

델파이(Delphi) 기법은 예측하려는 현상에 대하여 관련 있는 전문가나 담당자들로 구성된 위원회를 구성하고 개별적 질의를 통해 의견을 수집하여 종합・분석・정리하고 의견이 일치될 때까지 개별적 질의 과정을 되풀이하는 예측기법이다.

15
정답 ③

OJT(On the Job Training)

직장 내 교육훈련으로 회사 내에서 업무를 진행하면서 직속 상사로부터 교육, 훈련을 받는 것으로 실무상의 교육이다.

- 장점 : 종업원이 실제로 수행하게 될 직무와 직접 관련성이 높은 교육을 받게 되며, 작업현장에서 교육이 실시되므로 결과에 대한 피드백이 즉각 주어지고, 따라서 동기부여 효과가 크다. 상대적으로 비용이 적게 들어 효율적이며 능력과 수준에 따른 맞춤형 교육이 가능하다.
- 단점 : 전문교육자가 아니므로 교육훈련의 성과가 떨어질 수 있으며, 일과 교육의 병행으로 집중도가 낮아질 수 있다.

16
정답 ④

차량을 200만 원에 구입하여 40만 원을 지급한 상태이므로 총자산은 증가하였다고 볼 수 있다. 그리고 아직 치르지 않은 잔액 160만 원이 외상으로 존재하므로 총부채 역시 증가하였다고 볼 수 있다.

17
정답 ①

직무분석의 결과물 가운데 직무수행요건, 즉 기능, 능력, 자격 등에 초점을 맞추고 있는 것은 직무명세서이다.

18
정답 ④

민츠버그의 조직형상 구성요소

- 업무핵심층(Operation Core)
- 전략상층부(Strategic Apex)
- 중간라인(Middle Line)
- 테크노스트럭쳐(Techno Structure, 기술구조)
- 지원스태프(Support Staff)

19
정답 ④

인적자원관리는 조직의 목표를 이루기 위해 사람의 확보, 개발, 활용, 보상 및 유지를 하며, 이와 더불어 계획, 조직, 지휘, 통제 등의 관리체제를 이룬다.

20
정답 ①

소비자 구매의사결정 과정

- 문제인식 : 내외부 자극에 의해 구매욕구가 발생한다.
- 정보탐색 : 정보원천에서 제품들에 대한 정보를 수집한다.
- 대안평가 : 대안별로 그 속성들을 평가한다.
- 구매 : 평가된 제품들 중 가장 선호하는 것을 실제로 구매한다.
- 구매 후 행동 : 구매 후 사용 시 만족 또는 불만족을 행동화한다.

04 경제학 적중예상문제

01	02	03	04	05	06	07	08	09	10	11	12	13	14	15	16	17	18	19	20
②	①	④	④	③	②	⑤	②	③	②	④	⑤	②	⑤	③	⑤	①	④	⑤	④

01

정답 ②

오쿤의 법칙(Okun's Law)에 따르면 경기 회복기에는 고용의 증가 속도보다 국민총생산의 증가 속도가 더 크고, 불황기에는 고용의 감소 속도보다 국민총생산의 감소 속도가 더 크다. 구체적으로 실업률이 1% 늘어날 때마다 국민총생산은 2.5%의 비율로 줄어드는데, 이와 같은 실업률과 국민총생산의 밀접한 관계를 오쿤의 법칙이라 한다.

오답분석

① 왈라스의 법칙(Walars' Law)에 대한 설명이다.
③ 엥겔의 법칙(Engel's Law)에 대한 설명이다.
④ 슈바베의 법칙(Schwabe's Law)에 대한 설명이다.
⑤ 그레샴의 법칙(Gresham's Law)에 대한 설명이다.

02

정답 ①

가치의 역설은 사용가치가 높은 재화가 더 낮은 교환가치를 가지는 역설적인 현상으로, 희소가치가 높은 다이아몬드의 한계효용이 물의 한계효용보다 크기 때문에 다이아몬드의 가격이 물의 가격보다 비싸다고 설명한다.

오답분석

② 물은 필수재이고, 다이아몬드는 사치재이다.
③ 같은 물이라 해도 장소나 상황 등에 따라 가격이 달라질 수 있으므로 항상 다이아몬드보다 가격이 낮다고 할 수 없다.
④·⑤ 상품의 가격은 총효용이 아닌 한계효용에 의해 결정되며, 한계효용이 높아지면 상품의 가격도 비싸진다.

03

정답 ④

케인스에 따르면 현재소비는 현재의 가처분소득에 의해서만 결정되므로 이자율은 소비에 아무런 영향을 미치지 않는다.

04

정답 ④

오답분석

ㄱ. 현재의 생산량 수준은 조업중단점과 손익분기점 사이의 지점으로, 평균총비용곡선은 우하향하고, 평균가변비용곡선은 우상향한다.
ㄷ. 시장가격이 한계비용과 평균총비용곡선이 교차하는 지점보다 낮은 지점에서 형성되는 경우 평균수익이 평균비용보다 낮아 손실이 발생한다. 문제에서 시장가격과 한계비용은 300이지만 평균총비용이 400이므로, 개별기업은 현재 음의 이윤을 얻고 있다고 볼 수 있다.
ㅁ. 조업중단점은 평균가변비용의 최저점과 한계비용곡선이 만나는 지점이다. 문제의 경우 개별기업의 평균가변비용은 200, 한계비용은 300이므로 조업중단점으로 볼 수 없다.

05

정답 ③

독점적 경쟁시장의 장기균형에서 $P>SMC$가 성립한다.

오답분석

①·② 독점적 경쟁시장의 장기균형은 수요곡선과 단기평균비용곡선, 장기평균비용곡선이 접하는 점에서 달성된다.
④ 균형생산량은 단기평균비용의 최소점보다 왼쪽에서 달성된다.
⑤ 가격과 평균비용이 같은 지점에서 균형이 결정되므로, 장기 초과이윤은 0이다.

06

정답 ②

제시문은 양적완화에 대한 설명이다. 양적완화란 금리중시 통화정책을 시행하는 중앙은행이 정책금리가 0%에 근접하거나, 다른 이유로 시장경제의 흐름을 정책금리로 제어할 수 없는 이른바 유동성 저하 상황하에서 유동성을 충분히 공급함으로써 중앙은행의 거래량을 확대하는 정책이다. 이는 수출 증대의 효과가 있는 반면 인플레이션을 초래할 수도 있다. 자국의 경제에는 소기의 목적을 달성하더라도 타국의 경제에 영향을 미쳐 자산 가격을 급등시킬 수도 있다.

PART 2

07

정답 ⑤

수요의 가격탄력성이 1보다 작은 경우에는 가격이 대폭 상승하더라도 판매량이 별로 감소하지 않으므로 소비자의 총지출은 증가하고 판매자의 총수입도 증가한다.

오답분석

① 수요의 가격탄력성은 수요량의 변화율을 가격의 변화율로 나누어 구하므로 가격이 1% 상승할 때 수요량이 2% 감소하였다면 수요의 가격탄력성은 2이다.
② 기펜재는 대체보다 소득효과가 더 큰 열등재인데, 소득이 증가할 때 구입량이 증가하는 재화는 정상재이므로 기펜재가 될 수 없다.
③ 교차탄력성이란 한 재화의 가격이 변화할 때 다른 재화의 수요량이 변화하는 정도를 나타내는 지표이다. 잉크젯프린터의 가격이 오르면(+) 잉크젯프린터의 수요가 줄고, 프린터에 사용할 잉크카트리지의 수요도 줄어들 것(−)이므로 교차탄력성은 음(−)의 값을 가진다는 것을 알 수 있다. 잉크젯프린터와 잉크젯카트리지 같은 관계에 있는 재화들을 보완재라고 하는데, 보완재의 교차탄력성은 음(−)의 값을, 대체재의 교차탄력성은 양(+)의 값을 가지게 된다.
④ 수요의 소득탄력성은 0보다 작을 수 있는데 이러한 재화를 열등재라고 한다.

08

정답 ②

중국은 의복과 자동차 생산에 있어 모두 절대우위를 갖는다. 그러나 리카도는 비교우위론에서 양국 중 어느 한 국가가 절대우위에 있는 경우라도 상대적으로 생산비가 낮은 재화생산에 특화하여 무역을 한다면 양국 모두 무역으로부터 이익을 얻을 수 있다고 보았다.

이때 생산하는 재화를 결정하는 것은 재화의 국내생산비로 재화생산의 기회비용을 말한다. 문제에서 주어진 표를 바탕으로 각 재화 생산의 기회비용을 알아보면 다음과 같다.

구분	의복(벌)	자동차(대)
중국	0.5	0.33
인도	2	3

기회비용 표에서 보면 중국은 자동차의 기회비용이 의복의 기회비용보다 낮고, 인도는 의복의 기회비용이 자동차의 기회비용보다 낮다. 따라서 중국은 자동차, 인도는 의복에 비교우위가 있다.

09

정답 ③

노동시장에서 기업은 한계수입생산(MRP)과 한계요소비용(MFC)이 일치하는 수준까지 노동력을 수요하려 한다.

- 한계수입생산 : $MRP_L = MR \times MP_N$, 생산물시장이 완전경쟁시장이라면 한계수입과 가격이 일치하므로 $P \times MP_N$, 주어진 생산함수에서 노동의 한계생산을 도출하면 $Y=200N-N^2$, 이를 N으로 미분하면 $MP_N=200-2N$
- 한계요소비용 : $MFC_N = \frac{\Delta TFC_N}{\Delta N} = \frac{W \cdot \Delta N}{\Delta N} = W$, 여가의 가치는 임금과 동일하므로 $W=40$이 된다.
- 균형노동시간의 도출 : $P \times MP_N = W \rightarrow 1 \times (200-2N) = 40$이다. 따라서 $N=80$이 도출된다.

10

정답 ②

역선택이란 감추어진 특성의 상황에서 정보 수준이 낮은 측이 사전적으로 바람직하지 않은 상대방을 만날 가능성이 높아지는 현상을 의미한다. 반면, 도덕적 해이는 감추어진 행동의 상황에서 어떤 거래 이후에 정보를 가진 측이 바람직하지 않은 행동을 하는 현상을 의미한다.

11

정답 ④

A국에서 해외 유학생과 외국인 관광객이 증가하면 달러 공급이 늘어나 A국 화폐의 가치가 상승하므로 환율은 하락한다. 환율이 하락하면 수출은 줄고, 수입은 늘어나서 경상수지가 악화될 것이다. 반면 B국에서는 해외 투자의 증가와 외국인 투자자들이 자금을 회수하므로 달러 수요가 늘어나 B국 화폐의 가치는 하락한다.

12

정답 ⑤

물은 우리 삶에 필수적으로 필요한 유용하고 사용가치가 높은 재화이지만 다이아몬드의 가격이 더 비싸다. 이는 다이아몬드가 물보다 희소성이 크기 때문이다. 여기서 희소성이란 인간의 욕망에 비해 그것을 충족시키는 수단이 질적으로나 양적으로 한정되어 있거나 부족한 상태를 의미한다.

13

정답 ②

유동성 함정은 금리가 한계금리 수준까지 낮아져 통화량을 늘려도 소비·투자 심리가 살아나지 않는 현상을 말한다.

오답분석

① 화폐 환상 : 화폐의 실질적 가치에 변화가 없는데도 명목단위가 오르면 임금이나 소득도 올랐다고 받아들이는 현상이다.
③ 구축 효과 : 정부의 재정적자 또는 확대 재정정책으로 이자율이 상승하여 민간의 소비와 투자활동이 위축되는 효과이다.
④ J커브 효과 : 환율의 변동과 무역수지와의 관계를 나타낸 것으로, 무역수지 개선을 위해 환율상승을 유도하면 초기에는 무역수지가 오히려 악화되다가 상당기간이 지난 후에야 개선되는 현상이다.
⑤ 피셔 방정식 : 명목이자율은 실질이자율과 인플레이션율의 합으로 나타나는 공식이다.

14

정답 ⑤

보상적 임금격차는 선호하지 않는 조건을 가진 직장은 불리한 조건을 임금으로 보상해 줘야 한다는 것이다. 대부분의 사람들은 3D 작업환경에서 일하기 싫어하기 때문에 이런 직종에서 필요한 인력을 충원하기 위해서는 작업환경이 좋은 직종에 비해 더 높은 임금을 제시해야 한다. 이러한 직업의 비금전적인 특성을 보상하기 위한 임금의 차이를 보상적 격차 또는 평등화 격차라고 한다. 보상적 임금격차의 발생 원인에는 노동의 난이도, 작업환경, 명예, 주관적 만족도, 불안전한 급료 지급, 교육훈련의 차이, 고용의 안정성 여부, 작업의 쾌적성, 책임의 정도, 성공·실패의 가능성 등이 있다.

15

정답 ③

- X재 수요의 가격탄력성 : '(X재 소비지출액)=(X재 가격)×(X재 수요량)'인데 X재 가격이 5% 상승할 때 소비지출액이 변화가 없는 것은 X재 수요량이 5% 감소함을 의미한다. 따라서 X재 수요의 가격탄력성은 단위탄력적이다.
- Y재 수요의 가격탄력성 : '(Y재 소비지출액)=(Y재 가격)×(Y재 수요량)'인데 Y재 가격이 10% 상승할 때 소비지출액이 10% 증가하였다. 이는 가격이 상승함에도 불구하고 Y재 수요량이 전혀 변하지 않았음을 의미한다. 따라서 Y재 수요의 가격탄력성은 완전비탄력적이다.

16

정답 ⑤

유량이란 일정기간 동안 측정된 변수를 말한다. 유량 변수로는 (국민)소득, 가계소득, 수출, 수입, 소비, 투자, 국민총생산량, 당기순이익 등을 들 수 있다. 반도체에 대한 수요량, 쌀의 공급량, 국내총생산, 핸드폰 수출량 등은 유량 변수이나, 통화량은 저량 변수(일정시점에 측정된 변수)에 해당한다.

PART 2

17

정답 ①

광공업 생산지수는 경기동행지수에 속하는 변수이다.

18

정답 ④

일물일가의 법칙을 가정하는 구매력평가설에 따르면 두 나라에서 생산된 재화의 가격이 동일하므로 명목환율은 두 나라의 물가수준의 비율로 나타낼 수 있다. 한편, 구매력평가설이 성립하면 실질환율은 불변한다.

19

정답 ⑤

산업 내 무역이론의 발생 원인으로는 규모의 경제, 독점적 경쟁 등이 있다. 리카도의 비교우위론과 헥셔－올린 정리, 요소가격균등화 정리는 모두 산업 간 무역을 설명하는 이론이며, 레온티에프의 역설은 헥셔－올린 정리와 정반대되는 레온티에프의 실증분석을 의미한다.

20

정답 ④

오답분석

ㅁ. 환불 불가한 숙박비는 회수 불가능한 매몰비용이므로 선택 시 고려하지 않은 ⓒ의 행위는 합리적 선택 행위의 일면이라고 할 수 있다.

05 사회복지학 적중예상문제

01	02	03	04	05	06	07	08	09	10	11	12	13	14	15	16	17	18	19	20
②	④	⑤	④	①	④	②	⑤	④	④	②	②	②	⑤	②	⑤	③	④	③	③

01

정답 ②

진단적 구분(Diagnostic Differentiation)은 개별사례에 대해 전문가가 어떤 재화 또는 서비스를 특별히 필요로 하는지를 판단하는 것이다. 장기요양등급판정위원회는 신청인이 신청자격요건을 충족하고 6개월 이상 동안 혼자서 일상생활을 수행하기 어렵다고 인정하는 경우 등급판정기준에 따라 노인장기요양보험의 수급자로 판정한다(노인장기요양보험법 제15조 제2항 참조).

오답분석

① 국민연금은 보상에 의한 할당이 이루어진다.
③ 아동수당은 경제적 수준과 상관없이 8세 미만의 아동이 있는 가구를 대상으로 하는 보편주의에 근거한 제도이다.
④ 국민기초생활보장제도는 자산조사(자산조사 욕구)에 의한 할당이 이루어지므로 선별주의 제도이다.
⑤ 장애인연금은 만 18세 이상의 중증장애인을 대상으로 진단과 자산조사에 의한 할당이 이루어지므로 선별주의 제도이다.

02

정답 ④

사회복지실천에서 통합적 접근방법

'환경 속의 인간(Person in Environment)'을 기본적인 관점으로 하여 인간과 환경을 단선적인 관계가 아닌 순환적인 관계로 이해하는 일반체계이론의 관점, 개인·집단·조직·지역사회 등 보다 구체적이고 역동적인 체계들 간의 관계를 가정하는 사회체계이론의 관점, 유기체와 환경 간의 상호교류 및 역학적 관계를 중시하는 생태체계이론의 관점 등을 포괄한다.

03

정답 ⑤

최근 사회복지행정환경의 변화로는 사회복지 공급주체의 다양화, 시설복지에서 지역복지로의 전환, 소비자 주권에 대한 인식 강화, 욕구(Need) 충족에서 수요(Demand) 충족을 위한 복지제공으로의 관점 전환, 원조 중심에서 자립(자활) 중심으로의 전환, 조직의 개방화와 투명화, 책임성에 대한 요구 증가, 민영화와 경쟁성 강화 노력의 증가, 기업의 경영관리기법 도입의 활성화, 그밖에 성과에 대한 강조, 마케팅 활성화, 품질관리의 강화, 빅데이터 활용의 증가 등이 있다.

04

정답 ④

학습조직의 발달 배경

- 급속한 환경 변화와 불확실성의 증가 : 산업사회에서 지식정보사회로 변화하면서 급속한 환경 변화에 따른 불확실성에 대비해야 한다는 인식이 확산되었다.
- 경영혁신의 초점 변화 : 벤치마킹, 고객만족경영, 성과중시경영 등 기존의 경영기법만으로 조직 전체의 장기적인 변화를 가져올 수 없다는 인식이 확산되었다.
- 효율적인 조직형태의 등장 : 창의성을 발휘하려는 조직구성원의 욕구와 함께 그러한 창의성을 필요로 하는 조직의 욕구가 높아졌다.

05

정답 ①

위험관리(Risk Management)는 서비스 관리 측면에서 고객과 이용자에 대한 안전 확보가 서비스의 질과 연결되어 있으며, 조직관리 측면에서 작업환경의 안전과 사고 예방책이 마련되어야 한다는 점을 강조한다.

오답분석

② 총체적 품질관리(TQM)는 기업조직의 품질관리를 위해 도입된 기법이지만, 최근 정부 및 공공기관을 비롯하여 사회복지기관과 같은 비영리조직에게도 그 활용 가능성이 높은 것으로 평가받고 있다.
③ 총체적 품질관리(TQM)는 조직운영, 제품, 서비스의 지속적인 개선을 통해 고품질과 경쟁력을 확보하기 위한 전 종업원의 체계적인 노력, 즉 조직구성원의 집단적 노력을 강조한다.
④ 서비스 품질에 관한 서브퀄(SERVQUAL) 모형의 구성차원으로 신뢰성(Reliability), 반응성 또는 응답성(Responsiveness), 확신성(Assurance), 공감성(Empathy), 유형성(Tangibles) 등이 포함된다.
⑤ 서브퀄에서 유형성(Tangibles)은 서비스 제공 혹은 상품생산을 위해 사용된 장비나 물리적인 시설 등의 외형(외관) 혹은 미적 상태와 연관된다.

PART 2

06

정답 ④

페이비언 사회주의(Fabian Socialism)는 복지국가를 사회주의의 한 과정으로 인식하면서, 시장경제의 문제점을 제거하기 위해 정부가 적극적으로 개입해야 한다고 주장한다. 또한 사회통합과 평등 추구를 위한 사회복지정책 확대를 지지하면서, 민주주의에 기반을 둔 대중의 참여를 강조한다.

오답분석

①·② 신우파(The New Right)는 반집합주의(Anti-collectivism)의 수정이데올로기 모형으로써, 국가 개입이 경제적 비효율을 초래하므로 민영화를 통해 정부의 역할을 축소해야 한다고 주장한다. 또한 복지국가는 개인의 자유를 침해할 수밖에 없다고 주장하면서, 자유를 개인중심의 단순히 강제가 없는 상태를 의미하는 소극적인 개념으로 파악한다.
③ 마르크스주의(Marxism)는 복지국가를 자본과 노동계급 간 갈등의 결과로 본다. 즉, 복지국가를 자본주의의 산물이자 자본주의 체제를 강화하는 수단으로 간주하므로, 그러한 개념 자체를 부정한다.
⑤ 녹색주의(Greenism)는 복지국가가 경제성장을 통해 환경문제를 유발한다고 주장하면서, 그에 대해 반대의 입장을 보인다.

07

정답 ②

파레토 효율은 어떤 사회적 배분이 다른 사람들의 효용을 줄이지 않으면서도 특정 사람들의 효용을 높일 수 있는 상태이다. 사회복지정책은 사회적 자원의 재분배를 통해 평등의 가치를 구현하는 것을 목표로 하지만, 그와 같은 과정은 특정한 사람들(예 빈자)의 효용을 높이기 위해 다른 사람들(예 부자)의 효용을 줄여야 하므로 파레토 효율의 정의상 소득재분배는 비효율적이다.

08

정답 ⑤

1980년대의 내용에 해당한다. 1983년 사회복지사업법 개정으로 사회복지관 운영 국고보조가 이루어졌으며, 1986년 '사회복지관 운영·국고보조사업지침'이 마련되었다.

09

정답 ④

장애급여는 산업재해보상급여에 기인한 급여의 일종으로, 업무상의 부상을 치료한 후에도 신체에 장애가 남아있는 경우에 정도에 따라 지급되는 금전 급여로 피재해노동자의 소득능력 손실의 보완을 목적으로 한다.

10

정답 ④

옹호(Advocacy)는 클라이언트의 이익 혹은 권리를 위해 싸우거나 대변하는 등의 적극적인 활동을 말한다. 사회정의 준수 및 유지를 궁극적인 목적으로 하며, 지역주민이 정당한 처우나 서비스를 받지 못하는 경우에 활용하는 기술이다.

오답분석

① 프로그램 개발(Program Development) : 목표를 실천하기 위한 사업들을 구체화하는 기술이다.
② 프로그램 기획(Program Planning) : 프로그램의 목표 설정에서부터 실행, 평가에 이르기까지 제반 과정들을 합리적으로 결정함으로써 미래의 행동 계획을 구체화하는 기술이다.
③ 자원개발・동원(Resources Development and Mobilization) : 지역주민의 욕구 충족 및 문제 해결을 위해 자원이 필요한 경우 자원을 발굴하고 동원하는 기술이다.
⑤ 지역사회 사정(Community Assessment) : 지역사회의 욕구와 자원을 파악하는 기술이다.

11

정답 ②

'사회적 경제'는 자본주의 시장경제가 발전하면서 나타난 불평등과 빈부격차, 환경파괴 등 다양한 사회문제에 대한 대안으로 등장한 개념으로써, 이윤의 극대화가 최고의 가치인 시장경제와 달리 사람의 가치를 우위에 두는 경제활동을 말한다.

오답분석

ㄱ. '사회적 기업'은 영리조직과 비영리조직의 중간 형태로, 사회적 목적을 우선적으로 추구하면서 영업활동을 통해 영리를 추구한다.
ㄷ. '사회적 협동조합'은 「협동조합기본법」에 따른 협동조합 중 지역주민들의 권익・복리 증진과 관련된 사업을 수행하거나 취약계층에게 사회서비스 또는 일자리를 제공하는 등 영리를 목적으로 하지 아니하는 협동조합을 말한다.

12

정답 ②

질적 조사(질적 연구방법)는 과정에 관심을 가지며, 선(先)조사 후(後)이론의 귀납적 방법을 주로 활용한다. 반면, 양적 조사(양적 연구방법)는 결과에 관심을 가지며, 선(先)이론 후(後)조사의 연역적 방법을 주로 활용한다.

13

정답 ②

사회복지서비스를 필요로 하는 사람(보호대상자)에 대한 사회복지서비스 제공은 현물(現物)로 제공하는 것을 원칙으로 한다(사회복지사업법 제5조의2 제1항).

오답분석

① '사회복지서비스'란 국가・지방자치단체 및 민간 부문의 도움을 필요로 하는 모든 국민에게 「사회보장기본법」에 따른 사회서비스 중 사회복지사업을 통한 서비스를 제공하여 삶의 질이 향상되도록 제도적으로 지원하는 것을 말한다(동법 제2조 제6호).
③ 보건복지부장관은 사회복지사가 법령에 따른 사회복지사의 자격취소 등의 사유에 해당하는 경우 그 자격을 취소하거나 1년의 범위에서 정지시킬 수 있다(동법 제11조의3 제1항 참조).
④ 사회복지법인을 설립하려는 자는 대통령령으로 정하는 바에 따라 시・도지사의 허가를 받아야 한다(동법 제16조 제1항).
⑤ 보건복지부장관은 시설에서 제공하는 서비스의 최저기준을 마련하여야 한다(동법 제43조 제1항).

14

정답 ⑤

지역사회의 기능을 생산・분배・소비(경제제도), 상부상조(사회복지제도), 사회화(가족제도), 사회통제(정치제도), 사회통합(종교제도) 등 다섯 가지로 구분한 학자는 길버트와 스펙트(Gilbert & Specht)이다.

15

정답 ②

ㄷ. 1987년 7월 사회복지전문요원제도가 시행되어 공공영역에 사회복지전문요원이 배치되었다.
ㄹ. 1995년 7월부터 1999년 12월까지 4년 6개월간 보건복지사무소 시범사업이 실시되었다.
ㄱ. 2004년 7월부터 2006년 6월까지 2년간 사회복지사무소 시범사업이 실시되었다.
ㄴ. 2012년 5월 시·군·구에 희망복지지원단을 설치하여 통합사례관리사업을 실시하였다.
ㅁ. 2015년 7월 「사회보장급여의 이용·제공 및 수급권자 발굴에 관한 법률」이 시행됨에 따라 기존의 '지역사회복지협의체'가 '지역사회보장협의체'로 개편되었다.

16

정답 ⑤

복지다원주의(Welfare Pluralism)는 복지혼합(Welfare Mix)을 통한 복지공급 주체의 다양화를 표방한다. 1980년대 영국의 대처리즘(Thatcherism)과 미국의 레이거노믹스(Reaganomics) 등으로 대표되는 신보수주의 성향은 복지공급의 영역을 국가로 제한하지 않은 채 사회복지서비스의 다양한 공급주체의 역할에 주목하였다.

17

정답 ③

'사회적 기업'이란 취약계층에게 사회서비스 또는 일자리를 제공하거나 지역사회에 공헌함으로써 지역주민의 삶의 질을 높이는 등의 사회적 목적을 추구하면서 재화 및 서비스의 생산·판매 등 영업 활동을 하는 기업으로서 고용노동부장관의 인증을 받은 자를 말한다(사회적기업 육성법 제2조 제1호).

18

정답 ④

헌신과 의무는 원조과정에서의 책임감을 의미하는 것으로, 일관성을 포함하는 개념이다. 사회복지사가 클라이언트를 위한 일에 자신을 내어줌으로써 클라이언트는 사회복지사와 관계형성을 통해 자신을 보다 정직하고 개방적으로 표출하게 된다. 사회복지사의 헌신적 태도는 일시적·순간적인 필요에 의해서가 아닌 일관되고 항구적인 의무에서 비롯된다.

19

정답 ③

근로복지공단의 사업(산업재해보상보험법 제11조 제1항 참조)

- 보험가입자와 수급권자에 관한 기록의 관리·유지
- 보험료징수법에 따른 보험료와 그 밖의 징수금의 징수
- 보험급여의 결정과 지급
- 보험급여 결정 등에 관한 심사 청구의 심리·결정
- 산업재해보상보험 시설의 설치·운영
- 업무상 재해를 입은 근로자 등의 진료·요양 및 재활
- 재활보조기구의 연구개발·검정 및 보급
- 보험급여 결정 및 지급을 위한 업무상 질병 관련 연구
- 근로자 등의 건강을 유지·증진하기 위하여 필요한 건강진단 등 예방 사업
- 근로자의 복지 증진을 위한 사업
- 그밖에 정부로부터 위탁받은 사업
- 그밖에 법령에 따른 사업에 딸린 사업

20

정답 ③

하나의 수급자격에 따라 구직급여를 지급받을 수 있는 날은 대기기간이 끝난 다음 날부터 계산하기 시작하여 피보험기간과 연령에 따라 [별표 1]에서 정한 일수가 되는 날까지로 한다(고용보험법 제50조 제1항).

좋은 성과를 얻으려면 한 걸음 한 걸음이 힘차고 충실하지 않으면 안 된다.

– 단테 –

PART 3

최종점검 모의고사

제 1 회 최종점검 모의고사

01	02	03	04	05	06	07	08	09	10	11	12	13	14	15	16	17	18	19	20
④	①	⑤	①	①	③	③	①	④	②	②	②	②	②	⑤	④	⑤	⑤	③	②
21	22	23	24	25	26	27	28	29	30	31	32	33	34	35	36	37	38	39	40
④	②	②	②	①	③	①	④	①	③	⑤	②	②	③	②	④	⑤	④	①	②
41	42	43	44	45	46	47	48	49	50	51	52	53	54	55	56	57	58	59	60
②	④	③	④	②	②	①	③	①	④	②	②	④	④	②	③	④	③	①	③
61	62	63	64	65	66	67	68	69	70	71	72	73	74	75	76	77	78	79	80
⑤	④	③	②	④	②	⑤	①	②	④	①	④	①	②	③	①	③	②	②	④
81	82	83	84	85	86	87	88	89	90	91	92	93	94	95	96	97	98	99	100
①	⑤	②	⑤	④	⑤	①	⑤	⑤	⑤	②	④	③	②	③	③	③	③	①	②

01 직업기초능력

01

정답 ④

고용노동부는 일자리사업 개선을 위해 성과평가 결과에 따라 성과가 좋은 사업의 예산은 늘리고, 성과가 낮은 사업의 예산은 줄이는 것을 원칙으로 평가 결과를 예산에 반영한다.

02

정답 ①

최저임금제도로 인건비가 높아지면 기업에는 경제적 부담이 될 수 있다. 그러나 근로자의 소비 지출 증가로 기업의 생산과 판매를 촉진시키므로 기업 입장에서 최저임금제도가 아무런 이득이 없는 것은 아니다.

오답분석

② 인건비 인상으로 인한 기업의 비용 부담 증가는 일자리의 제약이나 물가 상승으로 이어질 수 있다.
③ 근로자들이 안정된 임금을 받게 되면 소비력이 강화되고 소비 지출이 증가한다.
④ 최저임금제도는 불공정한 임금구조를 해소하고 경제적인 격차를 완화하는 데 도움을 준다.
⑤ 일정 수준 이상으로 설정된 최저임금은 근로자들의 생계비를 보장하고 근로 환경에서의 안정성을 확보할 수 있게 한다.

03

정답 ⑤

(라) 문단에 따르면 클라우지우스는 열기관의 열효율은 열기관이 고온에서 열을 흡수하고 저온에 방출할 때의 두 작동 온도에만 관계된다는 카르노의 이론을 증명하였다. 이로써 열효율에 관한 카르노의 이론은 클라우지우스의 증명으로 유지될 수 있었다.

오답분석

① (나) 문단에 따르면 열기관은 높은 온도의 열원에서 열을 흡수하고 낮은 온도의 대기와 같은 열기관 외부에 열을 방출하며 일을 하는 기관이다.
② (나) 문단에 따르면 수력 기관에서 물이 높은 곳에서 낮은 곳으로 흐르면서 일을 할 때 물의 양과 한 일의 양의 비는 높이 차이에 의해서만 좌우된다.
③ (가) 문단에 따르면 칼로릭은 질량이 없는 입자들의 모임이다. 따라서 가열된 쇠구슬의 질량은 증가하지 않는다.
④ (가) 문단에 따르면 칼로릭은 온도가 높은 쪽에서 낮은 쪽으로 흐르는 성질이 있다.

04

정답 ①

(다) 문단에 따르면 줄(Joule)은 '열과 일이 상호 전환될 때 열과 일의 에너지를 합한 양은 일정하게 보존된다.'는 사실(에너지 보존 법칙)을 알아냈다. 그런데 (라) 문단에 나타난 칼로릭 이론에 입각한 카르노의 열기관에 대한 설명에 따르면 열기관은 높은 온도에서 흡수한 열 전부를 낮은 온도로 방출하면서 일을 한다. 이는 열기관이 한 일을 설명할 수 없다는 오류가 있다.

오답분석

② (다) 문단에 따르면 화학 에너지, 전기 에너지 등은 등가성이 있으며 상호 전환될 수 있다.
③ (마) 문단에 따르면 클라우지우스가 증명한 내용이다.
④ (라) 문단에 따르면 카르노의 이론에 대해 문제를 제기한 내용에 관해 클라우지우스가 증명한 것이다.
⑤ (라) 문단에 따르면 카르노의 이론에 대해 클라우지우스가 증명한 내용이다.

PART 3

05

정답 ①

제6조에 따르면 지역본부장은 부당이득 관리를 수관한 1월 3일에 납입고지를 하여야 하며, 이 경우 납부기한은 1월 13일에서 2월 2일 중에 해당될 것이므로 A는 늦어도 2월 2일 이내에 징수금을 납부하여야 한다. 따라서 옳은 설명이다.

오답분석

ㄴ. 제7조에 따르면 지역본부장은 4월 16일 납부기한 내에 완납하지 않은 B에 대하여 납부기한으로부터 10일 이내인 4월 26일까지 독촉장을 발급하여야 한다. 이 독촉장에 따른 납부기한은 5월 6일에서 5월 16일 중에 해당될 것이므로 B는 늦어도 5월 16일까지 징수금을 납부하여야 한다.
ㄷ. 제9조에 따르면 체납자가 주민등록지에 거주하지 않는 경우, 관계공부열람복명서를 작성하거나 체납자 주민등록지 관할 동(읍・면)장의 행방불명확인서를 발급받는 것은 지역본부장이 아닌 담당자이다.
ㄹ. 제10조 제1항에 따르면, 관할 지역본부장은 체납정리의 신속 및 업무폭주 등을 방지하기 위하여 재산 및 행방에 대한 조사업무를 체납 발생 시마다 수시로 실시하여야 한다.

06

정답 ③

두 번째 문단은 우울증의 긍정적인 면모인 보호 기제로서의 측면에 대한 내용을 다루고 있다. ⓒ은 지금의 경쟁사회가 정신적인 소진 상태를 초래하기 쉬운 환경이라는 내용이므로, 오늘날 우울증이 급격히 늘어나는 원인을 설명하고 있는 세 번째 문단의 마지막 문장 바로 앞에 들어가는 것이 더 적절하다.

오답분석

① 우울증과 창조성의 관계를 설명하면서 그 예시로 우울증을 갖고 있었던 위대한 인물들을 들고 있다. 따라서 천재와 우울증이 동전의 양면과 같으므로 인류 문명의 진보를 이끌었다고 볼 수 있다는 내용의 ㉠은 문단의 결론이므로 삭제할 필요가 없다.
② 문장의 주어가 '엄청난 에너지를 소모하는 것' 즉, 행위이므로 이 행위는 어떤 상태에 이르게 '만드는' 것이 되어야 문맥이 자연스럽다. 따라서 문장의 주어와 호응하는 것은 '이르게도 할 수 있다'이다.
④ ㉣을 기준으로 앞 문장은 새로운 조합을 만들어내는 창조성 있는 사람이 이익을 갖게 된다는 내용이고, 뒤 문장은 새로운 조합을 만들어내는 일이 많은 에너지를 요하는 어려운 일이라는 내용이다. 따라서 뒤 문장은 앞 문장의 결과라고 보기 어렵다.
⑤ 세 번째 문단 앞 부분의 내용에 따르면 경쟁사회에서 창조성 있는 사람이 이익을 얻는다. 따라서 ㉤을 '억제하지만'으로 바꾸는 것은 어색하다.

07

정답 ③

제시된 보기의 문장은 미첼이 찾아낸 '탈출 속도'의 계산법과 공식에 대한 것이다. 따라서 보기에 제시된 탈출 속도에 대한 언급이 본문의 어디서 시작되는지 살펴봐야 한다. 본문의 경우 (가) 영국의 자연 철학자 존 미첼이 제시한 이론에 대한 소개, (나) 해당 이론에 대한 가정과 '탈출 속도'의 소개, (다) '임계 둘레'에 대한 소개와 사고 실험, (라) 앞선 임계 둘레 사고 실험의 결과, (마) 사고 실험을 통한 미첼의 추측의 순서로 쓰여 있으므로 보기의 문장은 '탈출 속도'가 언급된 (나)의 다음이자 '탈출 속도'를 바탕으로 임계 둘레를 추론해낸 (다)에 위치하는 것이 적절하다.

08

정답 ①

제시문은 나무를 가꾸기 위해 고려해야 하는 사항에 대해 서술하는 글이다. 먼저 나무를 가꾸기 위해 고려해야 할 사항들을 나열하고 그 중 제일 먼저 생육조건에 대해 설명하는 (가)가 첫 부분으로 적절하다. 그 다음으로 나무를 양육할 때 주로 저지르는 실수로 나무 간격을 촘촘하게 심는 것을 언급한 (라)와 그 이유를 설명하는 (다)가 이어지는 것이 자연스럽다. 그리고 (나)는 또 다른 식재계획 시 주의점에 대해서 이야기하고 있으므로 (다) 뒤에 나열하는 것이 적절한 순서이다.

09

정답 ④

색채를 활용하여 먼 거리에서 더 잘 보이게 하거나 뚜렷하게 보이도록 해야 할 때가 있다. 그럴 경우에는 배경과 그 앞에 놓이는 그림의 속성 차를 크게 해야 한다.

오답분석

① 색채의 대비는 2개 이상의 색을 동시에 보거나, 계속해서 볼 때 일어나는 현상이다. 전자를 '동시대비', 후자를 '계속대비'라 한다.
② 어떤 색을 계속 응시하면, 시간의 경과에 따라 그 색의 보이는 상태가 변화한다.
③ 색채가 어떠하며, 우리 눈에 그것이 어떻게 보이고, 어떤 느낌을 주는지는 색채심리학이 다루는 연구대상 중 가장 주요한 부분이다.
⑤ 멀리서도 잘 보여야 하는 표지류 등은 대비량이 큰 색을 사용한다.

10

정답 ②

연두색과 노란색과 같이 색상이 다른 두 색을 동시에 나란히 놓았을 때 서로의 영향으로 색상 차가 나는 것은 색상대비로 볼 수 있다.

오답분석

① 명도대비에 대한 내용이다.
③ 색순응에 대한 내용이다.
④ 보색잔상에 대한 내용이다.
⑤ 채도대비에 대한 내용이다.

11

정답 ②

미세먼지의 경우 최소 $10\mu m$ 이하의 먼지로 정의되고 있지만, 황사의 경우 주로 지름 $20\mu m$ 이하의 모래로 구분하되 통념적으로는 입자 크기로 구분하지 않는다. 따라서 $10\mu m$ 이하의 황사의 경우 크기만으로 미세먼지와 구분 짓기는 어렵다.

오답분석

①·⑤ 제시문을 통해서 알 수 없는 내용이다.
③ 미세먼지의 역할에 대한 설명을 찾을 수 없다.
④ 제시문에서 설명하는 황사와 미세먼지의 근본적인 구별법은 구성성분의 차이이다.

12

정답 ②

A는 경제 성장에 많은 전력이 필요하다는 것을 전제로, 경제 성장을 위해서 발전소를 증설해야 한다고 주장한다. 이러한 A의 주장을 반박하기 위해서는 근거로 제시하고 있는 전제를 부정하는 것이 효과적이므로 경제 성장에 많은 전력이 필요하지 않음을 입증하는 ②를 통해 반박하는 것이 효과적이다.

13

정답 ②

제시문은 세계 대공황의 원인으로 작용한 '보이지 않는 손'과 그에 대한 해결책으로 새롭게 등장한 케인즈의 '유효수요이론'을 설명하고 있다. 따라서 제시문의 주제는 '세계 대공황의 원인과 해결책'이다.

오답분석

① 고전학파 경제학자들이 주장한 '보이지 않는 손'은 세계 대공황의 원인에 해당하는 부분이므로 글 전체의 주제가 될 수 없다.
③ · ④ 유효수요이론은 해결책 중 하나로 언급되었으며, 일부에 지나지 않으므로 글 전체의 주제가 될 수 없다.
⑤ 세이 법칙의 이론적 배경에 대한 내용은 없다.

14

정답 ②

주택 또는 상가의 임대차계약은 민법에 대한 특례를 규정한 주택임대차보호법 및 상가건물 임대차보호법의 적용을 받는다.

15

정답 ⑤

지원자의 직무 능력을 가릴 수 있는 요소들을 배제하는 것은 기존의 채용 방식이 아닌 블라인드 채용 방식으로, 이를 통해 직무 능력만으로 인재를 평가할 수 있다. 따라서 ⑤는 블라인드 채용의 등장 배경으로 적절하지 않다.

16

정답 ④

블라인드 면접의 경우 자료 없이 면접을 진행하는 무자료 면접 방식과 면접관의 인지적 편향을 유발할 수 있는 항목을 제거한 자료를 기반으로 면접을 진행하는 방식이 있다.

오답분석

① 무서류 전형은 최소한의 정보만을 포함한 입사지원서를 접수하되 이를 선발 기준으로 활용하지 않는 방식이다.
② 블라인드 처리되어야 할 정보를 수집할 경우, 온라인 지원서상 개인정보를 암호화하여 채용담당자는 이를 볼 수 없도록 기술적으로 처리한다.
③ 무자료 면접 방식은 입사지원서, 인 · 적성검사 결과 등의 자료 없이 면접을 진행한다.
⑤ 기존에 쌓아온 능력 · 지식 등은 서류 전형이 아닌 필기 및 면접 전형을 통해 검증된다.

17

정답 ⑤

㉠은 지원자들의 무분별한 스펙 경쟁을 유발하는 반면, ㉡은 지원자의 목표 지향적인 능력과 역량 개발을 촉진한다.

18

정답 ⑤

모딜리아니 – 밀러 이론은 이상적 시장 상태를 가정했을 때 기업의 자본 구조와 가치는 연관이 없다는 이론이고, 이에 반대하여 현실적 요소들을 고려한 상충 이론과 자본 조달 순서 이론이 등장하였다. 반박에 직면하여 밀러는 다양한 현실적 요소들을 고려하였고, 그럼에도 불구하고 기업의 자본 구조와 가치는 연관이 없다는 결론을 도출하였다.

오답분석

① · ③ 밀러의 기존 이론이 고려하지 않은 것을 고려하였다.
② 개량된 이론에서는 개별 기업을 고려하였지만, 기존 이론에서 밀러가 개별 기업을 분석 단위로 삼았다고 볼 근거가 없다.
④ 기업의 자본 조달에는 타인의 자본이 소득세를 통해 영향을 준다고 하나, 결국 기업의 가치와는 무관하다는 결론을 재확인했다.

19

정답 ③

다섯 번째 문단에 나타난 내용을 요건에 따라, 이론이 부채와 요건 간의 관계를 어떻게 보고 있는지를 나타내면 다음과 같다.

구분	기업 규모	성장성
상충 이론	비례	반비례
자본 조달 순서 이론	반비례	비례

문제에서 A씨는 상충 이론에 따르므로 2행만 참조하면 된다. B기업은 성장성이 높은 규모가 작은 기업이므로, A씨는 B기업에게 부채 비율을 낮출 것을 권고하는 것이 타당하다. 기업 규모가 작은 경우에는 법인세 감세 효과로 얻는 편익보다 기대 파산 비용이 높다고 판단되고, 성장성이 높은 경우에도 기대 파산 비용이 높다고 보이기 때문이다. 이를 통해서 ①, ②, ④가 옳지 않은 것은 쉽게 판단할 수 있다.

⑤의 경우에는, 타인 자본에는 부채가 포함되므로 상충 이론과 배치되는 주장이다. 상충 이론은 부채 발생 시의 편익－비용의 비율이 기업 가치에 영향을 끼친다고 주장하므로 이 의견을 다르게 표현하고 있는 ③이 바르게 판단한 것이다.

20

정답 ②

제시문은 (가) 대상이 되는 연구 방법의 진행 과정과 그 한계 → (마) 융이 기존의 연구 방법에 추가한 과정을 소개 → (라) 기존 연구자들이 간과했던 새로운 사실을 찾아낸 융의 실험의 의의 → (나) 융의 실험을 통해 새롭게 드러난 결과 분석 → (다) 새롭게 드러난 심리적 개념을 정의한 융의 사상 체계에서의 핵심적 요소에 대한 설명 순서로 나열하는 것이 적절하다.

21

정답 ④

• 만나는 시간

(거리)=(속력)×(시간)이므로 두 사람이 이동한 시간을 x시간이라고 하자. 두 사람이 이동한 거리의 합은 16km이므로

$16=3x+5x$

$\therefore x=2$

따라서 두 사람은 출발한 지 2시간 만에 만나게 된다.

• 거리의 차

– 갑이 이동한 거리 : $3\times2=6$km

– 을이 이동한 거리 : $5\times2=10$km

따라서 두 사람이 이동한 거리의 차이는 $10-6=4$km이다.

22

정답 ②

영희가 집에서 할머니를 기다린 10분을 제외하면, 학교에서 병원까지 총 이동시간은 1시간 40분이다.

1시간 40분은 $1+\frac{40}{60}=1+\frac{2}{3}=\frac{5}{3}$시간이고, 집과 병원 사이의 거리를 $x$km라고 하자.

$\frac{2x}{4}+\frac{x}{3}=\frac{5}{3} \rightarrow \frac{5}{6}x=\frac{5}{3}$

$\therefore x=2$

23

정답 ②

처음에 빨간색 수건을 꺼낼 확률은 $\frac{3}{(3+4+3)}=\frac{3}{10}$이고,

다음에 수건을 꺼낼 때는 빨간색 수건이 한 장 적으므로 파란색 수건을 꺼낼 확률은 $\frac{3}{(2+4+3)}=\frac{3}{9}=\frac{1}{3}$이다.

따라서 처음에 빨간색 수건을 뽑고, 다음에 파란색 수건을 뽑을 확률은 $\frac{3}{10}\times\frac{1}{3}=\frac{1}{10}$이다.

24

정답 ②

2명씩 짝을 지어 한 그룹으로 보고 원탁에 앉는 방법은 원순열 공식 $(n-1)!$을 이용한다. 2명씩 3그룹이므로 $(3-1)!=2\times1=2$가지이고, 그룹 내에서 2명이 자리를 바꿔 앉을 수 있는 경우는 2가지씩이다. 따라서 6명이 원탁에 앉을 수 있는 방법은 $2\times2\times2\times2=16$가지이다.

25

정답 ①

- 7권의 소설책 중 3권을 선택하는 경우의 수 : ${}_7C_3=\frac{7\times6\times5}{3\times2\times1}=35$가지
- 5권의 시집 중 2권을 선택하는 경우의 수 : ${}_5C_2=\frac{5\times4}{2\times1}=10$가지

따라서 소설책 3권과 시집 2권을 선택하는 경우의 수는 $35\times10=350$가지이다.

26

정답 ③

여러 통화로 표시된 판매단가를 USD 기준으로 바꾸면 다음과 같다.

구분	A기업	B기업	C기업	D기업	E기업
판매단가(a)	8USD	50CNY	270TWD	30AED	550INR
교환비율(b)	1	6	35	3	70
$(a)\div(b)$	8	8.33⋯	7.71⋯	10	7.85 ⋯

따라서 C기업의 판매단가가 가장 경쟁력이 높다.

27

정답 ①

$92m^2$의 6억 원 초과 9억 원 이하 주택의 표준세율은 $0.02+0.002+0.002=0.024$이므로 거래금액을 x원이라고 하면

$x\times(1+0.024)=670,000,000\rightarrow1.024x=670,000,000$

$\therefore x\fallingdotseq654,290,000$($\because$ 만 원 단위 미만 절사)

28

정답 ④

- (가)$=723-(76+551)=96$
- (나)$=824-(145+579)=100$
- (다)$=887-(131+137)=619$
- (라)$=114+146+688=948$

$\therefore$ (가)+(나)+(다)+(라)$=96+100+619+948=1,763$

29

정답 ①

5급 공무원과 7급 공무원 채용인원 모두 2015년부터 2018년까지 전년 대비 증가했고, 2019년에는 전년 대비 감소했다.

오답분석

ㄴ. 2011 ~ 2021년 동안 채용인원이 가장 적은 해는 5급과 7급 공무원 모두 2011년이며, 가장 많은 해는 2018년이다. 따라서 2018년과 2011년의 채용인원 차이는 5급 공무원이 $28-18=10$백 명, 7급 공무원은 $49-31=18$백 명으로 7급 공무원이 더 많다.

ㄷ. 2012년부터 2021년까지 전년 대비 채용인원의 증감량이 가장 많은 해는 5급 공무원의 경우 2019년일 때 전년 대비 $23-28=-5$백 명이 감소했고, 7급 공무원의 경우 2012년일 때 전년 대비 $38-31=7$백 명이 증가했다.

ㄹ. 2019년 채용인원은 5급 공무원이 23백 명, 7급 공무원이 47백 명으로 7급 공무원 채용인원이 5급 공무원 채용인원의 2배인 $23\times2=46$백 명보다 많다.

30

정답 ③

ㄴ. 그래프를 통해 2월 21일의 원/달러 환율이 지난주 2월 14일보다 상승하였음을 알 수 있다.

ㄷ. 달러화의 강세란 원/달러 환율이 상승하여 원화가 평가절하되면서 달러의 가치가 높아지는 것을 의미한다. 3월 12일부터 3월 19일까지는 원/달러 환율이 계속해서 상승하는 추세이므로 옳은 설명이다.

오답분석

ㄱ. 3월 원/엔 환율의 경우 최고 환율은 3월 9일의 1,172.82원으로, 3월 한 달 동안 1,100원을 상회하는 수준에서 등락을 반복하고 있다.

ㄹ. 달러/엔 환율은 $\frac{(\text{원/엔 환율})}{(\text{원/달러 환율})}$로 도출할 수 있다. 그래프에 따르면 3월 27일 원/달러 환율은 3월 12일에 비해 상승하였고, 반대로 원/엔 환율은 하락하였다. 즉, 분모는 증가하고 분자는 감소하였으므로 3월 27일의 달러/엔 환율은 3월 12일보다 하락하였음을 알 수 있다.

31

정답 ⑤

다섯 번째 결과에 의해 나타날 수 있는 경우는 다음과 같다.

구분	1순위	2순위	3순위
경우 1	A	B	C
경우 2	B	A	C
경우 3	A	C	B
경우 4	B	C	A

• 두 번째 명제 : 경우 1+경우 3=11
• 세 번째 명제 : 경우 1+경우 2+경우 4=14
• 네 번째 명제 : 경우 4=6

따라서 C에 3순위를 부여한 사람의 수는 경우 1과 경우 2를 더한 값을 구하면 되므로 14−6=8명이다.

32

정답 ②

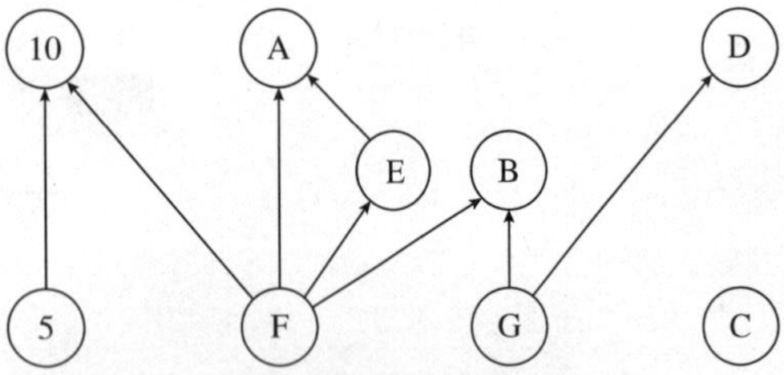

A, B, C를 제외한 빈칸에 적힌 수를 각각 D, E, F, G라고 하자.
F는 10의 약수이고 원 안에는 2에서 10까지의 자연수가 적혀 있으므로 F는 2이다.
10을 제외한 2의 배수는 4, 6, 8이고, A는 E와 F의 공배수이다. 즉, A는 8, E는 4이고, B는 6이다.
6의 약수는 1, 2, 3, 6이므로 G는 3이고 D는 3의 배수이므로 9이며, 남은 7은 C이다.
따라서 A, B, C에 해당하는 수의 합은 8+6+7=21이다.

33

정답 ②

바둑돌이 놓인 규칙은 다음과 같다.

구분	1번째	2번째	3번째	4번째	…	11번째
흰 돌	1	$2^2=4$	$3^2=9$	$4^2=16$	…	$11^2=121$
검은 돌	0	1	$2^2=4$	$3^2=9$	…	$10^2=100$

따라서 11번째 바둑판에 놓인 모든 바둑돌의 개수는 121+100=221개이다.

34

정답 ③

ⓛ과 ⓒ이 정언 명제이므로 함축관계를 판단하면 ③이 정답임을 알 수 있다.

오답분석

① 김과장이 공격수라면 안경을 쓰고 있지 않다.
② 김과장이 A팀의 공격수라면 검정색 상의를 입고, 축구화를 신고 있지 않다.
④ 김과장이 검정색 상의를 입고 있다는 조건으로 안경을 쓰고 있는지 여부를 판단할 수 없다.
⑤ 김과장이 A팀의 수비수라면 안경을 쓰고 있다.

35

정답 ②

'안압지 – 석굴암 – 첨성대 – 불국사'는 세 번째로 방문한 곳이 첨성대라면, 첫 번째로 방문한 곳은 불국사라는 다섯 번째 조건에 맞지 않는다.

36

정답 ④

C, D, F지점의 사례만 고려하면, F지점에서 마카롱과 쿠키를 함께 먹었을 때 알레르기가 발생하지 않았으므로 마카롱은 알레르기 발생 원인이 될 수 없으며, 빵 또는 케이크가 알레르기 발생 원인이 될 수 있다. 따라서 ④는 반드시 거짓이 된다.

오답분석

① A, B, D지점의 사례만 고려한 경우 : 빵과 마카롱을 함께 먹은 경우에는 알레르기가 발생하지 않았으므로, 케이크가 알레르기 발생 원인이 된다.
② A, C, E지점의 사례만 고려한 경우 : 케이크와 쿠키를 함께 먹은 경우에는 알레르기가 발생하지 않았으므로, 빵이 알레르기 발생 원인이 된다.
③ B, D, F지점의 사례만 고려한 경우 : 빵과 마카롱 또는 마카롱과 쿠키를 함께 먹은 경우에 알레르기가 발생하지 않았으므로, 케이크가 알레르기 발생 원인이 된다.
⑤ D, E, F지점의 사례만 고려한 경우 : 케이크와 마카롱을 함께 먹은 경우에 알레르기가 발생하였으므로, 쿠키는 알레르기 발생 원인이 될 수 없다.

37

정답 ⑤

E는 교양 수업을 신청한 A보다 나중에 수강한다고 하였으므로 목요일 또는 금요일에 강의를 들을 수 있다. 이때, 목요일과 금요일에는 교양 수업이 진행되므로 'E는 반드시 교양 수업을 듣는다.'의 ⑤는 항상 참이 된다.

오답분석

① A가 수요일에 강의를 듣는다면 E는 교양2 또는 교양3 강의를 들을 수 있다.
② B가 수강하는 전공 수업의 정확한 요일을 알 수 없으므로 C는 전공1 또는 전공2 강의를 들을 수 있다.

③ C가 화요일에 강의를 듣는다면 D는 교양 강의를 듣는다. 이때, 교양 수업을 듣는 A는 E보다 앞선 요일에 수강하므로 E는 교양2 또는 교양3 강의를 들을 수 있다.

구분	월(전공1)	화(전공2)	수(교양1)	목(교양2)	금(교양3)
경우 1	B	C	D	A	E
경우 2	B	C	A	D	E
경우 3	B	C	A	E	D

④ D는 전공 수업을 신청한 C보다 나중에 수강하므로 전공 또는 교양 수업을 들을 수 있다.

38

정답 ④

주어진 조건에 따라 부서별 위치를 정리하면 다음과 같다.

구분	경우 1	경우 2
6층	연구・개발부	연구・개발부
5층	서비스개선부	가입지원부
4층	가입지원부	서비스개선부
3층	기획부	기획부
2층	인사운영부	인사운영부
1층	복지사업부	복지사업부

따라서 3층에 위치한 기획부의 직원은 출근 시 반드시 계단을 이용해야 하므로 ④는 항상 옳다.

오답분석

① 경우 1에서 김대리는 출근 시 엘리베이터를 타고 4층에서 내린다.
② 경우 2에서 가입지원부의 김대리는 서비스개선부의 조대리보다 엘리베이터에서 나중에 내린다.
③ 커피숍과 같은 층에 위치한 부서는 복지사업부이다.
⑤ 엘리베이터 이용에만 제한이 있을 뿐 계단 이용에는 층별 이용 제한이 없다.

39

정답 ①

주어진 조건에 따라 학생 순서를 배치해보면 다음 표와 같다.

1번째	2번째	3번째	4번째	5번째	6번째	7번째	8번째
마	다	가	아	바	나	사	라

따라서 3번째에 올 학생은 가이다.

40

정답 ②

주어진 조건에 따라 A가 해야 할 일의 순서를 배치해보면 다음 표와 같이 두 가지 경우가 가능하다.

1)

월	화	수	목	금	토	일
d	c	f	a	i	b	h

2)

월	화	수	목	금	토	일
d	c	a	f	i	b	h

따라서 화요일에 하게 될 일은 c이다.

[41~43]

※ 자음과 모음을 규칙에 따라 치환한 것은 아래와 같다.

1. 자음

ㄱ	ㄲ	ㄴ	ㄷ	ㄸ	ㄹ	ㅁ	ㅂ	ㅃ	ㅅ	ㅆ	ㅇ	ㅈ	ㅉ	ㅊ	ㅋ	ㅌ	ㅍ	ㅎ
a	b	c	d	e	f	g	h	i	j	k	l	m	n	o	p	q	r	s

2. 모음

ㅏ	ㅐ	ㅑ	ㅒ	ㅓ	ㅔ	ㅕ	ㅖ	ㅗ	ㅘ	ㅙ	ㅚ	ㅛ	ㅜ	ㅝ	ㅞ	ㅟ	ㅠ	ㅡ	ㅢ	ㅣ
1	2	3	4	5	6	7	8	9	10	11	12	13	14	15	16	17	18	19	20	21

41

정답 ②

- 자 : m1
- 전 : m5C
- 거 : a5
- 1+5+5=11 → 1+1=2

42

정답 ④

- 마 : g1
- 늘 : c19F
- 쫑 : n9L
- 1+19+9=29 → 2+9=11 → 1+1=2

43

정답 ③

- e5A : 떡
- h9B : 볶
- l21 : 이

44

정답 ④

전문가용 카메라가 일반화됨에 따라 사람들은 사진관을 이용하지 않고도 고화질의 사진을 촬영할 수 있게 되었다. 따라서 전문가용 카메라의 일반화는 사진관을 위협하는 외부환경에 해당한다.

SWOT 분석

기업의 내부환경과 외부환경을 분석하여 강점(Strength), 약점(Weakness), 기회(Opportunity), 위협(Threat) 요인을 규정하고 이를 토대로 경영전략을 수립하는 기법

- 강점(Strength) : 내부환경(자사 경영자원)의 강점
- 약점(Weakness) : 내부환경(자사 경영자원)의 약점
- 기회(Opportunity) : 외부환경(경쟁, 고객, 거시적 환경)에서 비롯된 기회
- 위협(Threat) : 외부환경(경쟁, 고객, 거시적 환경)에서 비롯된 위협

45

정답 ②

ㄱ. 회사가 가지고 있는 신속한 제품 개발 시스템의 강점을 활용하여 새로운 해외시장의 소비자 기호를 반영한 제품을 개발하는 것은 강점을 통해 기회를 포착하는 SO전략에 해당한다.

ㄷ. 공격적 마케팅을 펼치고 있는 해외 저가 제품과 달리 오히려 회사가 가지고 있는 차별화된 제조 기술을 활용하여 고급화 전략을 추구하는 것은 강점으로 위협을 회피하는 ST전략에 해당한다.

오답분석

ㄴ. 저임금을 활용한 개발도상국과의 경쟁 심화와 해외 저가 제품의 공격적 마케팅을 고려하면 국내에 화장품 생산 공장을 추가로 건설하는 것은 적절한 전략으로 볼 수 없다. 약점을 보완하여 위협을 회피하는 전략을 활용하기 위해서는 오히려 저임금의 개발도상국에 공장을 건설하여 가격 경쟁력을 확보하는 것이 더 적절하다.

ㄹ. 낮은 브랜드 인지도가 약점이기는 하나, 해외시장에서의 한국 제품에 대한 선호가 증가하고 있는 점을 고려하면 현지 기업의 브랜드로 제품을 출시하는 것은 적절한 전략으로 볼 수 없다. 약점을 보완하여 기회를 포착하는 전략을 활용하기 위해서는 오히려 한국 제품임을 강조하는 홍보 전략을 세우는 것이 더 적절하다.

46

정답 ②

두 번째 문단의 '달러화의 약세 전환에도 불구하고'라는 말을 통해 달러화의 약세 매출에 부정적 영향을 미침을 알 수 있다. 따라서 달러화의 강세는 반대로 매출액에 부정적 영향이 아니라 긍정적 영향을 미칠 것임을 알 수 있다.

오답분석

① 세 번째 문단에 따르면 S기업은 낸드플래시 시장에서 고용량화 추세가 확대될 것으로 보고 있으므로 시장에서의 수요에 대응하기 위해 고용량 낸드플래시 생산에 대한 투자를 늘릴 것이다.

③ 두 번째 문단의 두 번째 문장에 따르면 기업이 신규 공정으로 전환하는 경우, 이로 인해 원가 부담이 발생한다는 내용이 나와 있다. 기업 입장에서 원가 부담은 원가의 상승을 나타내므로 옳은 설명이다.

④ 첫 번째 문단에서 매출액은 26조 9,907억 원이고, 영업이익은 2조 7,127억 원이다. 따라서 영업이익률은 $\frac{27,127}{269,907}\times 100 \fallingdotseq 10\%$이다.

⑤ 두 번째 문단에 따르면 2023년 4분기 영업이익은 직전분기 대비 50% 감소했다고 했으므로 3분기 영업이익은 4분기 영업이익의 2배이다.

47

정답 ①

AN(한국) – 21(2021년) – 34(34번째 주) – BEY(프리미엄) – WA(하양) – T(256GB)

오답분석

② AN2234BEYWAT : 2023년에 생산된 스마트폰이다.
③ BA2134BEYWAT : 중국에서 생산된 스마트폰이다.
④ AN2134BEYMLT : 초록색 스마트폰이다.
⑤ AN2134HQCWAT : 한정판 스마트폰이다.

48

정답 ③

DK(인도) – 20(2020년) – 01(첫 번째 주) – HQC(한정판) – VS(검정) – U(512GB)

오답분석

① DK2010HQCVSU : 열 번째 주에 생산된 스마트폰이다.
② DL2001HQCVSU : DL은 잘못된 제조공장 번호이다.
④ DK1001HQCVSU : 2020년은 20으로 나타내야 한다.
⑤ DK2001IOHVSU : 이벤트용 스마트폰이다.

49

정답 ①

입사순서는 해당 월의 누적 입사순서이므로 'W05220401'은 4월의 첫 번째 입사자임을 나타낼 뿐, 해당 사원이 2022년 자격관리부서 최초의 여직원인지는 알 수 없다.

50

정답 ④

M01220903	W03221005	M05220912	W05220913	W01221001	W04221009
W02220901	M04221101	W01220905	W03220909	M02221002	W03221007
M03220907	M01220904	W02220902	M04221008	M05221107	M01221103
M03220908	M05220910	M02221003	M01220906	M05221106	M02221004
M04221101	M05220911	W03221006	W05221105	W03221104	M05221108

따라서 여성(W) 입사자 중 기획부(03)에 입사한 사원은 모두 5명이다.

51

정답 ②

시간대별 필요 간호인력 수 자료에 따라 필요한 최소 간호인력 수를 정리하면 다음과 같다.

근무조 \ 시간대(시)	02:00 ~ 06:00	06:00 ~ 10:00	10:00 ~ 14:00	14:00 ~ 18:00	18:00 ~ 22:00	22:00 ~ 02:00	계
02:00 ~ 06:00 조	5명	5명	–	–	–	–	5명
06:00 ~ 10:00 조	–	15명	15명	–	–	–	15명
10:00 ~ 14:00 조	–	–	15명	15명	–	–	15명
14:00 ~ 18:00 조	–	–	–	0명	0명	–	0명
18:00 ~ 22:00 조	–	–	–	–	50명	50명	50명
22:00 ~ 02:00 조	0명	–	–	–	–	0명	0명
필요 간호인력 수	5명	20명	30명	15명	50명	10명	85명

따라서 A종합병원에 필요한 최소 간호인력 수는 85명이다.

52

정답 ②

02:00 ~ 06:00시의 필요 간호인력을 20명으로 확충한다면, 필요한 최소 간호인력 85명에 15명을 추가 투입해야 하므로 최소 간호인력 수는 85+15=100명이다.

53

정답 ④

제시된 조건에 따르면 매주 일요일에 일괄구매한 B, C부품은 그다음 주의 A제품 생산에 사용하며, 1개의 A제품 생산 시 B부품 2개와 C부품 4개가 사용된다.

1주 차에는 A제품의 주문량은 없고, B부품 50개와 C부품 100개의 재고가 있으므로, A제품 25개$\left(\because \frac{50}{2}=25,\ \frac{100}{4}=25\right)$를 만들어 재고로 남긴다.

2주 차에는 A제품 175개$\left(\because \frac{450}{2}=225,\ \frac{700}{4}=175\text{이므로 175개만 가능}\right)$를 생산하여, 1주 차의 재고 25개와 함께 총 175+25=200개의 제품을 주문량에 맞춰 모두 판매한다. 이때 B부품은 450−(175×2)=100개가 재고로 남는다.

3주 차에는 A제품 550개$\left(\because \frac{1{,}100}{2}=550,\ \frac{2{,}400}{4}=600\text{이므로 550개만 가능}\right)$를 생산할 수 있으며, 주문량에 따라 제품을 판매하면 550−500=50개의 재고가 남는다. 이때 C부품은 2,400−(550×4)=200개가 재고로 남는다.
따라서 3주 차 토요일 판매완료 후의 재고량은 A제품 50개, B부품 0개, C부품 200개이다.

54

정답 ④

1일 평균임금을 x원이라 놓고 퇴직금 산정공식을 이용하여 계산하면,
1,900만=[$30x$×(5×365)]÷365 → 1,900만=$150x$ → x ≒ 13만(∵ 천의 자리에서 올림)
1일 평균임금이 13만 원이므로 甲의 평균 연봉을 계산하면 13만×365=4,745만 원이다.

55

정답 ②

- 역의 개수 : 47개
- 역과 역 사이 구간 : 47−1=46구간
- 당고개에서 오이도까지 걸리는 시간 : 2×46=92분
- ㉮ 열차의 경우
  - ㉮ 열차와 오이도행 열차의 출발 시각 차이 : 6시−5시 40분=20분
  - 오이도행 열차의 6시까지 이동구간의 개수 : $\frac{20}{2}$=10구간
  - 오이도행 열차의 위치 순번 : 47−10=37번
  - 1번째 역과 37번째 역의 중간역 : (1+37)÷2=19번째 역
- ㉯ 열차의 경우
  - ㉯ 열차와 오이도행 열차의 출발 시각 차이 : 6시 24분−5시 40분=44분
  - 오이도행 열차의 6시 24분까지 이동구간의 개수 : $\frac{44}{2}$=22구간
  - 오이도행 열차의 위치 순번 : 47−22=25번
  - 1번째 역과 25번째 역의 중간역 : (1+25)÷2=13번째 역
- ㉰ 열차의 경우
  - ㉰ 열차와 오이도행 열차의 출발 시각 차이 : 6시 48분−5시 40분=68분
  - 오이도행 열차의 6시 48분까지 이동구간의 개수 : $\frac{68}{2}$=34구간
  - 오이도행 열차의 위치 순번 : 47−34=13번
  - 1번째 역과 13번째 역의 중간역 : (1+13)÷2=7번째 역

56

정답 ③

다음은 R대리가 각 교통편 종류를 택할 시 왕복 교통비용이다.

- 일반버스 : 24,000원×2=48,000원
- 우등버스 : 32,000원×2×0.99=63,360원
- 무궁화호 : 28,000원×2×0.85=47,600원
- 새마을호 : 36,000원×2×0.8=57,600원
- KTX : 58,000원

따라서 무궁화호가 47,600원으로 가장 저렴하다.

57

정답 ④

회사 근처 모텔에서 숙박 후 버스 타고 공항 이동 : 40,000원(모텔요금)+20,000원(버스요금)+30,000원(시간요금)=90,000원

오답분석

① 공항 근처 모텔로 버스 타고 이동 후 숙박 : 20,000원(버스요금)+30,000원(시간요금)+80,000원(공항 근처 모텔요금)=130,000원
② 공항 픽업 호텔로 버스 타고 이동 후 숙박 : 10,000원(버스요금)+10,000원(시간요금)+100,000원(호텔요금)=120,000원
③ 공항 픽업 호텔로 택시 타고 이동 후 숙박 : 20,000원(택시요금)+5,000원(시간요금)+100,000원(호텔요금)=125,000원
⑤ 회사 근처 모텔에서 숙박 후 택시 타고 공항 이동 : 40,000원(모텔요금)+40,000원(택시요금)+15,000원(시간요금)=95,000원

PART 3

58

정답 ③

주어진 조건에 의하면 C참가자는 재료손질 역할을 원하지 않고, A참가자는 세팅 및 정리 역할을 원하고, D참가자 역시 재료손질 역할을 원하지 않는다. A참가자가 세팅 및 정리 역할을 하면 A참가자가 받을 수 있는 가장 높은 점수는 90+9=99점이고, C·D참가자는 요리보조, 요리 두 역할을 나눠하면 된다. 마지막으로 B참가자는 어떤 역할이든지 자신 있으므로 재료손질을 담당하면 된다.

C·D참가자가 요리보조와 요리 역할을 나눠가질 때, D참가자는 기존 점수가 97점이므로, 요리를 선택할 경우 97+7=104점이 되어 100점이 넘어가므로 요리 역할을 선택할 수 없다. 따라서 A참가자는 세팅 및 정리, B참가자는 재료손질, C참가자는 요리, D참가자는 요리보조 역할을 담당하면 모든 참가자들의 의견을 수렴하면서 참가자 모두 최종점수가 100점을 넘지 않는다.

59

정답 ①

경제적 의사결정을 위해 상품별 만족도 총합을 계산하면 다음과 같다.

(단위 : 점)

상품	가격 \ 만족도	광고의 호감도 (5)	디자인 (12)	카메라 기능 (8)	단말기 크기 (9)	A/S (6)	만족도 총합
A	135만 원	5	10	6	8	5	34
B	128만 원	4	9	6	7	5	31
C	125만 원	3	7	5	6	4	25

이때, 각 상품의 가격대비 만족도를 계산하면, 단위 금액 당 만족도가 가장 높은 상품 B$\left(=\frac{31}{28}\right)$를 구입하는 것이 가장 합리적이다.

오답분석

② 단말기 크기의 만족도 만점 점수는 9점으로 카메라 기능보다 높기 때문에 단말기 크기를 더 중시하고 있음을 알 수 있다.
③ 세 상품 중 상품 A의 만족도가 가장 크지만, 비용을 고려해야 하기 때문에 상품 A를 구입하는 것은 합리적인 선택으로 볼 수 없다.
④ 예산을 125만 원으로 제한할 경우 상품 C를 선택할 것이다.
⑤ 만족도 점수 항목 중 휴대전화의 성능과 관련된 항목은 카메라 기능뿐이므로 지나치게 중시하고 있다고 볼 수 없다.

60

정답 ③

파일링시스템 규칙을 적용하면 2018년도에 작성한 문서의 경우, 2019년 1월 1일부터 보존연한이 시작되어 2021년 12월 31일자로 완결되므로 올바른 폐기연도는 2022년 초이다.

61

정답 ⑤

팀별로 총 환산점수와 환산등급을 정리하면 다음과 같다.

구분	창의력	전달력	기술력
A팀	7(80)	4(70)	6(100)
B팀	8(100)	2(50)	5(70)
C팀	3(70)	8(100)	2(40)
D팀	8(100)	3(50)	4(70)
E팀	8(100)	8(100)	6(100)

총 환산점수	환산등급
A팀 : $(80\times\frac{50}{100})+(70\times\frac{30}{100})+(100\times\frac{20}{100})=81$	B
B팀 : $(100\times\frac{50}{100})+(50\times\frac{30}{100})+(70\times\frac{20}{100})=79$	C
C팀 : $(70\times\frac{50}{100})+(100\times\frac{30}{100})+(40\times\frac{20}{100})=73$	C
D팀 : $(100\times\frac{50}{100})+(50\times\frac{30}{100})+(70\times\frac{20}{100})=79$	C
E팀 : $(100\times\frac{50}{100})+(100\times\frac{30}{100})+(100\times\frac{20}{100})=100$	A

따라서 가장 높은 등급을 받은 팀은 A등급인 E팀이다.

62

정답 ④

제시된 당직 근무 규칙과 근무 일정을 정리하면 다음과 같다.

구분	월	화	수	목	금	토	일
오전	공주원 지한준 김민정	이지유 최유리	강리환 이영유	공주원 강리환 이건율	이지유 지한준	김민정 최민관 강지공	이건율 최민관
오후	이지유 최민관	최민관 이영유 강지공	공주원 지한준 강지공 김민정	최유리	이영유 강지공	강리환 최유리 이영유	이지유 김민정

당직 근무 규칙에 따르면 오후 당직의 경우 최소 2명이 근무해야 한다. 그러나 목요일 오후에 최유리 1명만 근무하므로 최소 1명의 근무자가 더 필요하다. 이때, 한 사람이 같은 날 오전·오후 당직을 모두 할 수 없으므로 목요일 오전 당직 근무자인 공주원, 강리환, 이건율은 제외된다. 또한 당직 근무는 주당 5회 미만이므로 이번 주에 4번의 당직 근무가 예정된 근무자 역시 제외된다. 따라서 지한준의 당직 근무 일정을 추가해야 한다.

63

정답 ③

㉠ 각 팀장이 매긴 순위에 대한 가중치는 모두 동일하다고 했으므로 1, 2, 3, 4순위의 가중치를 각각 4, 3, 2, 1점으로 정해 네 사람의 면접점수를 산정하면 다음과 같다.

- 갑 : 2+4+1+2=9
- 을 : 4+3+4+1=12
- 병 : 1+1+3+4=9
- 정 : 3+2+2+3=10

면접점수가 높은 을, 정 중 한 명이 입사를 포기하면 갑, 병 중 한 명이 채용된다. 갑과 병의 면접점수는 9점으로 동점이지만 조건에 따라 인사팀장이 부여한 순위가 높은 갑을 채용하게 된다.

㉢ 경영관리팀장이 갑과 병의 순위를 바꿨을 때, 네 사람의 면접점수를 산정하면 다음과 같다.

- 갑 : 2+1+1+2=6
- 을 : 4+3+4+1=12
- 병 : 1+4+3+4=12
- 정 : 3+2+2+3=10

즉, 을과 병이 채용되므로 정은 채용되지 못한다.

오답분석

㉡ 인사팀장이 을과 정의 순위를 바꿨을 때, 네 사람의 면접점수를 산정하면 다음과 같다.

- 갑 : 2+4+1+2=9
- 을 : 3+3+4+1=11
- 병 : 1+1+3+4=9
- 정 : 4+2+2+3=11

즉, 을과 정이 채용되므로 갑은 채용되지 못한다.

64

정답 ②

하루에 6명 이상은 근무해야 하므로 하루에 2명까지만 휴가를 쓸 수 있다. 따라서 A사원이 4일 이상 휴가를 쓰면서 최대 휴가 인원 2명을 유지할 수 있는 기간은 6～11일만 가능하다.

오답분석

① A사원은 4일 이상 휴가를 사용해야 하므로 6～11일 중 토·일요일을 제외하고 3일만 사용한 7～11일은 불가능하다.

65

정답 ④

1, 2팀에서 팀장 또는 주임이 지정휴무를 사용하게 되면 다른 팀에서 지정휴무에 대한 대체근무를 해야 하므로 4번의 대체근무가 필요한데, 3팀의 경우 주임이 2명이기 때문에 대체근무 횟수의 최소화를 위해 2명의 주임이 동시에 지정휴무를 사용할 수 없다. 그렇기 때문에 3팀의 주임이 지정휴무를 쓰게 되더라도 대체가 필요 없다. 단, 3팀의 팀장이 지정휴무를 사용할 경우 대체가 필요하므로 지정휴무로 인한 대체는 총 5번이다.

10월 1일 1팀이 야간1이고 2팀이 비번이었으면 1팀의 팀장이 여행가는 27일의 1팀 근무는 비번으로 시작한다. 비번 – 휴무 – 주간1 – 주간2 – 야간1이기 때문에 연차 실 사용일은 3일이고, 3번의 추가 대체근무가 더 필요하다.

따라서 지정휴무로 인한 대체근무 5번과 연차로 인한 대체근무 3번으로 총 8번의 대체근무가 필요하다.

66

정답 ②

10월의 전기세는 기타 계절의 요금으로 구한다.

먼저 전기요금을 구하면 기본요금은 341kWh를 사용했으므로 1,600원이고, 전력량 요금은 다음과 같다.

- 1단계 : 200kWh×93.3원/kWh=18,660원
- 2단계 : 141kWh×187.9원/kWh=26,493.9원

그러므로 전기요금은 1,600+(18,660+26,493.9)=1,600+45,153.9=46,753원(∵ 원 미만 절사)이고, 부가가치세는 46,753원×0.1≒4,675원(∵ 원 미만 반올림), 전력산업기반기금은 46,753원×0.037≒1,720원(∵ 10원 미만 절사)이다.

따라서 10월 청구금액은 46,753+4,675+1,720=53,148원이므로 53,140원이다.

67

정답 ⑤

가격, 조명도, A/S 등의 요건이 주어진 조건에 모두 부합한다.

오답분석

① 예산이 150만 원이라고 했으므로 예산을 초과하였다.

② 신속한 A/S가 조건이므로 해외 A/S만 가능하여 적절하지 않다.

③ 조명도가 5,000lx 미만이므로 적절하지 않다.

④ 가격과 조명도도 적절하고 특이사항도 문제없지만 가격이 저렴한 제품을 우선으로 한다고 하였으므로 E가 적절하다.

68

정답 ①

직원 수가 100명이므로 주문해야 할 치킨은 50마리이다. 50마리 주문에 대해 ①～⑤ 각각의 선지로 주문할 경우의 비용을 계산해 보면 다음과 같다.

① A치킨에서 방문 포장하고 단체 주문 옵션을 선택한다.
15,000×50×[1−(0.35+0.05)]+50,000=500,000원

② B치킨에서 방문 포장하고 단체 주문 옵션을 선택한다.
16,000×50×[1−(0.2+0.03)]+15,000=631,000원

③ A치킨에서 배달을 시킨다.
15,000×50=750,000원

④ A치킨과 B치킨에서 전체의 반씩 방문 포장으로 단체 주문 옵션을 선택한다.
[15,000×25×(1−0.35)+50,000]+[16,000×20×(1−0.23)]+[16,000×5×(1−0.2)]+15,000
→ 293,750+325,400=619,150원

⑤ B치킨에서 배달을 시킨다.
16,000×50=800,000원

따라서 A치킨에서 방문 포장하고 단체 주문 옵션을 선택하는 ①이 최소 비용으로 치킨을 먹을 수 있는 방법이다.

69

정답 ②

1) K기사가 거쳐야 할 경로는 'A도시 → E도시 → C도시 → A도시'이다. A도시에서 E도시로 바로 갈 수 없으므로 다른 도시를 거쳐야 하는데, 가장 짧은 시간 내에 A도시에서 E도시로 갈 수 있는 경로는 B도시를 경유하는 것이다. 따라서 K기사의 운송경로는 'A도시 → B도시 → E도시 → C도시 → A도시'이며, 이동시간은 1.0+0.5+2.5+0.5=4.5시간이다.

2) P기사는 A도시에서 출발하여 모든 도시를 한 번씩 거친 뒤 다시 A도시로 돌아와야 한다. 해당 조건이 성립하는 운송경로의 경우는 다음과 같다.
   - A도시 → B도시 → D도시 → E도시 → C도시 → A도시
     – 이동시간 : 1.0+1.0+0.5+2.5+0.5=5.5시간
   - A도시 → C도시 → B도시 → E도시 → D도시 → A도시
     – 이동시간 : 0.5+2.0+0.5+0.5+1.5=5시간

   따라서 P기사가 운행할 최소 이동시간은 5시간이다.

70

정답 ④

• A씨가 인천공항에 도착한 현지 날짜 및 시각

독일시각	11월 2일	19시 30분
소요시간		+ 12시간 20분
시차		+ 8시간
		=11월 3일 15시 50분

인천공항에 도착한 시각은 한국시각으로 11월 3일 15시 50분이고, A씨는 3시간 40분 뒤에 일본으로 가는 비행기를 타야 한다. 비행 출발 시각 1시간 전에는 공항에 도착해야 하므로, 참여 가능한 환승투어 코스는 소요시간이 두 시간 이내인 엔터테인먼트, 인천시티, 해안관광이며, A씨의 인천공항 도착시각과 환승투어 코스가 바르게 짝지어진 것은 ④이다.

02 직무기초지식

71

정답 ①

오답분석

② 유치권 : 타인의 물건이나 유가증권을 점유한 자가 그 물건이나 유가증권에 관하여 생긴 채권이 변제기에 있는 경우에 그 채권을 변제받을 때까지 그 물건이나 유가증권을 유치할 수 있는 법정담보물권이다(민법 제320조).

③ 저당권 : 채권자가 채무자 또는 제3자로부터 점유를 옮기지 않고 그 채권의 담보로 제공된 부동산에 대하여 일반 채권자에 우선하여 변제를 받을 수 있는 약정담보물권이다(민법 제356조).

④ 양도담보권 : 채권담보의 목적으로 물건의 소유권을 채권자에게 이전하고 채무자가 이행하지 아니한 경우에는 채권자가 그 목적물로부터 우선변제를 받게 되지만, 채무자가 이행을 하는 경우에는 목적물을 다시 원소유자에게 반환하는 비전형담보물권이다.

⑤ 임차권 : 임대차계약에 의하여 임차인이 임차물을 사용·수익하는 권리이다(민법 제618조).

72

정답 ④

시효제도는 그 요건으로서 진정한 권리관계 여부를 묻지 않으므로 오히려 진정한 권리자의 권리를 불이익하게 할 수 있다.

73

정답 ①

해제조건 있는 법률행위는 조건이 성취한 때로부터 그 효력을 잃는다(민법 제147조 제2항).

오답분석

② 민법 제151조 제1항
③ 민법 제149조
④ 민법 제147조 제1항
⑤ 민법 제151조 제2항

74

정답 ②

법정대리의 소멸원인에는 본인의 사망, 대리인의 사망, 대리인의 성년후견의 개시 또는 파산 등이 있다(민법 제127조).

75

정답 ③

법규범은 자유의지가 작용하는 자유법칙으로 당위의 법칙이다.

76

정답 ①

사회보험의 보험납부비용은 당사자뿐만 아니라 사회적 위험에 동일한 확률로 처해 있는 모든 해당 국민 개개인을 공동체로 서로 결합시킨 후, 그 부담을 국가, 사업주, 당사자에게 일정비율로 분산시킨다.

77

정답 ③

개방형 인사관리는 인사권자에게 재량권을 주어 정치적 리더십을 강화하고 조직의 장악력을 높여준다.

개방형 인사관리의 장단점

장점	단점
• 행정의 대응성 제고 • 조직의 신진대사 촉진 • 정치적 리더십 확립을 통한 개혁 추진 • 세력 형성 및 조직 장악력 강화 • 행정에 전문가주의적 요소 강화 • 권위주의적 행정문화 타파 • 우수인재의 유치 • 행정의 질적 수준 증대 • 공직침체 및 관료화의 방지 • 재직공무원의 자기개발 노력 촉진	• 조직의 응집성 약화 • 직업공무원제와 충돌 • 정실임용의 가능성 • 구성원 간의 불신 • 공공성 저해 가능성 • 민·관 유착 가능성 • 승진기회 축소로 재직공무원의 사기 저하 • 빈번한 교체근무로 행정의 책임성 저하 • 복잡한 임용절차로 임용비용 증가

78

정답 ②

재의요구권은 자치단체장의 권한에 속하는 사항으로 단체장이 위법·부당한 지방의회의 의결사항에 재의를 요구하는 것이다. 지방자치단체장의 재의요구 사유는 다음과 같다.

- 조례안에 이의가 있는 경우
- 지방의회의 의결이 월권 또는 법령에 위반되거나 공익을 현저히 해한다고 인정된 경우
- 지방의회의 의결에 예산상 집행할 수 없는 경비가 포함되어 있는 경우, 의무적 경비나 비상재해복구비를 삭감한 경우
- 지방의회의 의결이 법령에 위반되거나 공익을 현저히 해한다고 판단되어 주무부장관 또는 시·도지사가 재의요구를 지시한 경우

오답분석

①·③·④·⑤ 모두 지방의회 의결사항이다.

지방의회 의결사항(지방자치법 제39조 제1항)
1. 조례의 제정 · 개정 및 폐지
2. 예산의 심의 · 확정
3. 결산의 승인
4. 법령에 규정된 것을 제외한 사용료 · 분담금 · 지방세 또는 가입금의 부과와 징수
5. 기금의 설치 · 운용
6. 대통령령으로 정하는 중요 재산의 취득 · 처분
7. 대통령령으로 정하는 공공시설의 설치 · 처분
8. 법령과 조례에 규정된 것을 제외한 예산 외의 의무부담이나 권리의 포기
9. 청원의 수리와 처리
10. 외국 지방자치단체와의 교류협력에 관한 사항
11. 그 밖에 법령에 따라 그 권한에 속하는 사항

79

정답 ②

규제피라미드는 규제가 또 다른 규제를 낳아 피규제자의 규제 부담이 점점 증가하는 현상이다.

오답분석

①·③·④·⑤ 모두 규제의 역설에 대한 설명이다.

80

정답 ④

각국에서 채택된 정책의 상이성과 효과를 역사적으로 형성된 제도에서 찾으려는 접근방법은 역사학적 신제도주의이다.

오답분석

① 행태론은 인간을 사물과 같은 존재로 인식하기 때문에 인간의 자유와 존엄을 강조하기 보다는 인간을 수단적 존재로 인식한다.
② 자연현상과 사회현상을 동일시하여 자연과학적인 논리실증주의를 강조한 것은 행태론적 연구의 특성이다.
③ 후기 행태주의의 입장이다.
⑤ 행태주의는 보수성이 강한 이론이며, 제도변화와 개혁을 지향하지 않는다.

행태론과 신제도론의 비교

구분	행태론	신제도론
차이점	방법론적 개체주의, 미시주의	거시와 미시의 연계
	제도의 종속변수성 (제도는 개인행태의 단순한 집합)	제도의 독립변수성 (제도와 같은 집합적 선호가 개인의 선택에 영향을 줌)
	정태적	동태적(제도의 사회적 맥락과 영속성 강조)
공통점	제한된 합리성 인정, 공식적 구조(제도)에 대한 반발	

81

정답 ①

교통체증 완화를 위한 차량 10부제 운행은 불특정 다수의 국민이 이익을 보고 불특정 다수의 국민이 비용을 부담하는 상황에 해당하기 때문에 대중정치상황의 사례가 된다.

오답분석

② 기업가정치상황은 고객정치상황과 반대로 환경오염규제, 소비자보호입법 등과 같이 비용은 소수의 동질적 집단에 집중되어 있으나 편익은 불특정 다수에게 넓게 확산되어 있는 경우이다. 사회적 규제가 여기에 속한다.
③ 이익집단정치상황은 정부규제로 예상되는 비용, 편익이 모두 소수의 동질적 집단에 귀속되고 그것의 크기도 각 집단의 입장에서 볼 때 대단히 크기때문에 양자가 모두 조직화와 정치화의 유인을 강하게 갖고 있고 조직력을 바탕으로 각자의 이익확보를 위해 상호 날카롭게 대립하는 상황이다. 규제가 경쟁적 관계에 있는 강력한 두 이익집단 사이의 타협과 협상에 따라 좌우되는 특징을 보이며 일반적으로 소비자 또는 일반국민의 이익은 거의 무시된다.

④ 고객정치상황은 수혜집단은 신속히 정치조직화하며 입법화를 위해 정치적 압력을 행사하며 정책의제화가 비교적 용이하게 이루어진다. 경제적 규제가 여기에 속한다.
⑤ Wilson의 규제정치모형에 소비자정치는 포함되지 않는다.

Wilson의 규제정치모형

구분		규제의 편익	
		집중	분산
규제비용	집중	이익집단 정치	운동가의 정치(기업가적 정치)
	분산	고객의 정치	다수의 정치

82

정답 ⑤

정직은 1개월 이상 3개월 이하의 기간으로 하고, 정직 처분을 받은 자는 그 기간 중 공무원의 신분은 보유하나 직무에 종사하지 못하며 보수는 전액을 감한다.

오답분석

① 직위해제는 신분을 박탈하는 처분은 아니고, 신분은 유지하되 직위만을 해제한다.
② 직권면직은 정원의 변경으로 직위의 폐지나 과원 등의 사유가 발생한 경우에 직권으로 신분을 박탈하는 면직처분을 말한다.
③ 해임은 공무원을 강제로 퇴직시키는 처분으로 3년간 재임용이 불가하다. 연금법에는 크게 영향을 주지 않으나, 금품 및 향응수수, 공금의 횡령·유용으로 징계 해임된 경우에는 퇴직급여의 1/8 내지는 1/4을 감한다.
④ 파면은 공무원을 강제로 퇴직시키는 처분으로 5년간 재임용 불가 퇴직급여의 1/4 내지는 1/2을 지급을 제한한다.

징계의 종류

- 견책(譴責) : 전과(前過)에 대하여 훈계하고 회개하게 한다.
- 감봉 : 1개월 이상 3개월 이하의 기간 동안 보수의 3분의 1을 감한다.
- 정직 : 1개월 이상 3개월 이하의 기간으로 하고, 정직 처분을 받은 자는 그 기간 중 공무원의 신분은 보유하나 직무에 종사하지 못하며 보수는 전액을 감한다.
- 강등 : 1계급 아래로 직급을 내리고(고위공무원단에 속하는 공무원은 3급으로 임용하고, 연구관 및 지도관은 연구사 및 지도사로 한다) 공무원 신분은 보유하나 3개월간 직무에 종사하지 못하며 그 기간 중 보수는 전액을 감한다.
- 해임 : 공무원을 강제로 퇴직시키는 처분으로 3년간 재임용이 불가하다. 연금법에는 크게 영향을 주지 않으나, 금품 및 향응수수, 공금의 횡령·유용으로 징계 해임된 경우에는 퇴직급여의 1/8 내지는 1/4을 감한다.
- 파면 : 공무원을 강제로 퇴직시키는 처분으로 5년간 재임용 불가 퇴직급여의 1/4 내지는 1/2을 지급제한한다.

83

정답 ②

기본적 귀인 오류는 긍정적인 결과와 부정적인 결과를 모두 초래한다. 복잡한 사회적 상황을 처리하는 데 필요한 시간과 에너지를 절약할 수 있지만, 행위자의 행동을 기질의 직접적인 결과라고 믿는다면 사회적 소외 계층에게 무관심해질 수 있다.

84

정답 ⑤

명목집단법은 여러 대안을 마련하고 그중 하나를 선택하는 데 초점을 두는 구조화된 집단의사결정 기법으로, 팀원 각자의 독창적인 사고를 제한한다는 전통적인 집단의사결정 기법의 단점을 보완한다.

오답분석

① 델파이 기법에 대한 설명이다.
② 고든법에 대한 설명이다.
③ 브레인스토밍기법에 대한 설명이다.
④ NM법에 대한 설명이다.

85

정답 ④

경쟁우위 전략에서는 원가우위 전략과 차별화 전략 중 하나만을 선택해야 하며, 두 가지 전략을 동시에 추구하면 높은 수익률을 거두지 못할 것이라고 보았다.

86

정답 ⑤

카르텔은 같은 종류의 상품을 생산하는 기업이 서로 가격이나 생산량, 출하량 등을 협정해서 경쟁을 피하고 이윤을 확보하려는 기업 연합이다. 대표적인 단체로 석유수출기구(OPEC)가 있다.

오답분석

① 트러스트(Trust)에 대한 설명이다.
② 콘체른(Konzern)에 대한 설명이다.
③ 신디케이트(Syndicate)에 대한 설명이다.
④ PMI(Post Merger Integration)에 대한 설명이다.

87

정답 ①

기술 조사 중 패널 조사에 대한 설명이다. 횡단 조사는 보편적으로 사용되는 조사로, 조사 대상을 특정한 시점에서 분석·조사하여 차이점을 비교·분석하는 조사이다.

88

정답 ⑤

오답분석

① 개념체계가 한국채택국제회계기준과 상충되는 경우 한국채택국제회계기준이 개념체계보다 우선한다.
② 재무제표의 기본가정은 계속기업이 유일하다. 이러한 계속기업의 가정은 역사적 원가 평가의 근거가 된다.
③ 기업은 현금흐름 정보를 제외하고는 발생기준 회계를 사용하여 재무제표를 작성한다. 즉 현금흐름표는 현금기준 회계를 적용하여 작성하고 그 외의 재무제표는 발생기준에 따른다.
④ 주석은 재무제표와는 별도로 공시하지만 재무제표에 포함된다.

89

정답 ⑤

수직의 수요곡선이란 수요가 완전비탄력적임을 의미한다. 공급곡선은 일반적인 형태라고 하였으므로, 이 경우 조세를 소비자가 모두 부담하게 되어, 부과된 조세만큼 시장가격이 상승한다.

오답분석

① 생산자 가격은 조세 부과 후에도 동일하다. 따라서 생산자 잉여는 불변이다.
② 조세가 모두 소비자에게 귀착된다.
③ 조세 부과로 인해 공급곡선은 상방이동 한다.
④ 수요곡선이 수직이므로, 공급곡선이 이동해도 시장 거래량은 불변이다.

90

정답 ⑤

생산가능곡선 내부의 점은 비효율적인 생산점, 선상의 점은 효율적인 생산점, 외부의 점은 현재 능력으로는 생산을 달성할 수 없는 점을 뜻한다. 현재 실업이 발생하고 있다는 것은 비효율적인 생산점에 있음을 의미한다. 따라서 실업의 감소는 생산가능곡선 내부의 점에서 생산가능곡선상의 점으로의 이동에 해당한다.

오답분석

① 생산가능곡선은 일반적으로 우하향하고, 원점에 오목한 형태를 가진다.
② 생산가능곡선상의 점들은 모두 생산측면의 파레토 효율을 만족한다.

③ 생산가능곡선의 접선의 기울기는 한계변환율(MRT)를 의미한다. X재를 가로축, Y재를 세로축에 표기할 때 MRT_{XY}는 'X재 한 단위를 생산하기 위해 포기해야 하는 Y재의 수량', 즉 X재 생산의 기회비용을 뜻한다.

④ 기술의 진보는 생산가능곡선을 바깥쪽으로 이동시킨다. X재 생산에서 기술진보가 발생하면 생산가능곡선이 X재 방향으로 확장된다. 이것은 생산가능곡선의 기울기가 감소하는 것이고, X재 생산의 기회비용이 감소함을 뜻한다.

91

정답 ②

실업률은 '(실업자)÷(경제활동인구)×100'으로 분자인 실업자 수가 증가하거나, 분모인 경제활동인구가 감소하는 경우 실업률은 상승한다. 전업주부는 비경제활동인구로 분류되므로, 직장인이 전업주부가 되면 비경제활동인구가 증가하고 경제활동인구가 감소하기 때문에 실업률이 상승한다.

오답분석

가. 취업준비생은 경제활동인구 중 실업자에 해당하고, 구직 포기자는 비경제활동인구에 해당한다. 따라서 취업준비생이 구직을 포기하는 경우, 실업자 수와 경제활동인구 수가 동시에 감소하여 실업률이 하락한다.

다. 취업 상태를 유지하고 있는 것이므로 실업률은 불변이다.

라. 대학생은 비경제활동인구에 해당한다. 부모님의 식당 등 가족사업장에서 주당 18시간 이상 근로하는 경우 취업자로 분류되기 때문에 분모인 경제활동인구가 증가하게 되어 실업률은 하락한다.

92

정답 ④

배제성이란 어떤 특정한 사람이 재화나 용역을 사용하는 것을 막을 수 있는 가능성을 말하며, 반대로 그렇지 못한 경우는 비배제성이 있다고 한다. 또한 경합성이란 재화나 용역을 한 사람이 사용하게 되면 다른 사람의 몫은 그만큼 줄어든다는 것으로 희소성의 가치에 의해 발생하는 경제적인 성격의 문제이다. 일반적으로 접하는 모든 재화나 용역이 경합성이 있으며, 반대로 한 사람이 재화나 용역을 소비해도 다른 사람의 소비를 방해하지 않는다면 비경합성에 해당한다. 비경합성과 비배제성 모두 동시에 가지고 있는 재화나 용역에는 국방, 치안 등 공공재가 있다.

93

정답 ③

공공부조란 빈곤자·장애자·노령자 등 사회적으로 보호해야 할 자에게 최소한의 인간다운 생활을 할 수 있도록 국가가 원조해 주는 사회보장제도를 말한다. 수급권자의 근로의욕을 저하시키고 수치심을 유발할 수 있다는 단점이 있다.

94

정답 ②

노동자가 10명일 때 1인당 평균생산량이 30단위이므로 총생산량은 10×30=300단위이다. 노동자가 11명일 때 1인당 평균생산량이 28단위이므로 총생산량은 11×28=308이다. 그러므로 11번째 노동자의 한계생산량은 8단위이다.

95

정답 ③

사회복지실천에서 전문적 관계의 특성

- 서로 합의된 의식적 목적이 있다.
- 클라이언트의 욕구가 중심이 된다.
- 시간적인 제한을 둔다.
- 전문가 자신의 정서를 통제하는 관계이다.
- 사회복지사는 특화된 지식 및 기술, 그리고 전문적 윤리강령에서 비롯되는 권위를 가진다.

96

정답 ③

국민기초생활 보장법 제4조 제2항에 따르면 급여의 기준은 수급자의 연령, 가구 규모, 거주지역, 그 밖의 생활여건 등을 고려하여 급여의 종류별로 보건복지부장관이 정하거나 급여를 지급하는 중앙행정기관의 장이 보건복지부장관과 협의하여 정한다.

오답분석

① 기준 중위소득이란 보건복지부장관이 급여의 기준 등에 활용하기 위하여 제20조 제2항에 따른 중앙생활보장위원회의 심의·의결을 거쳐 고시하는 국민 가구소득의 중위값을 말한다(국민기초생활 보장법 제2조 제11호).
② 소득인정액이란 보장기관이 급여의 결정 및 실시 등에 사용하기 위하여 산출한 개별가구의 소득평가액과 재산의 소득환산액을 합산한 금액을 말한다(국민기초생활 보장법 제2조 제9호).
④ 생계급여는 수급자의 주거에서 실시한다. 다만, 수급자가 주거가 없거나 주거가 있어도 그곳에서는 급여의 목적을 달성할 수 없는 경우 또는 수급자가 희망하는 경우에는 수급자를 제32조에 따른 보장시설이나 타인의 가정에 위탁하여 급여를 실시할 수 있다(국민기초생활 보장법 제10조 제1항).
⑤ 생계급여는 금전을 지급하는 것으로 한다. 다만, 금전으로 지급할 수 없거나 금전으로 지급하는 것이 적당하지 아니하다고 인정하는 경우에는 물품을 지급할 수 있다(국민기초생활 보장법 제9조 제1호).

97

정답 ③

탈상품화는 노동자가 일을 할 수 없는 상황에 처했을 때 복지를 통해 생계를 유지할 수 있는 정도(보장되는 정도)를 나타낸다. 탈상품화 정도가 높을수록 복지선진국을 의미한다.

98

정답 ③

산업재해보상보험법 제37조 제1항에 따르면 업무상 재해로 인정되는 업무상 질병은 업무수행 과정에서 물리적 인자, 화학물질, 분진, 병원체, 신체에 부담을 주는 업무 등 근로자의 건강에 장해를 일으킬 수 있는 요인을 취급하거나 그에 노출되어 발생한 질병을 가리킨다. 또한 업무상 부상이 원인이 되어 발생한 질병, 직장 내 괴롭힘, 고객의 폭언 등으로 인한 업무상 정신적 스트레스가 원인이 되어 발생한 질병, 그밖에 업무와 관련하여 발생한 질병을 포함하고 있다.

99

정답 ①

'지혜'는 에릭슨(Erikson)의 심리사회적 발달단계 중 노년기(65세 이후)에서 나타나는 심리사회적 위기의 긍정적 결과(혹은 자아강점)에 해당한다.

100

정답 ②

희망키움통장과 내일키움통장은 근로빈곤층의 탈빈곤과 자활의 활성화를 목적으로 하는 자산형성 지원사업으로, 2022년부터는 희망저축계좌 Ⅰ·Ⅱ 및 청년내일저축계좌로 사업이 개편되었다.

오답분석

① 의료급여의 급여비용은 대통령령으로 정하는 바에 따라 그 전부 또는 일부를 의료급여기금에서 부담하되, 의료급여기금에서 일부를 부담하는 경우 그 나머지 비용은 본인이 부담한다(의료급여법 제10조).
③ 기준 중위소득은 통계법에 따라 통계청이 공표하는 통계자료의 가구 경상소득(근로소득, 사업소득, 재산소득, 이전소득을 합산한 소득)의 중간값에 최근 가구소득 평균 증가율, 가구규모에 따른 소득수준의 차이 등을 반영하여 가구규모별로 산정한다(국민기초생활보장법 제6조의2 제1항).
④ 일정한 거소가 없는 사람으로서 경찰관서에서 무연고자로 확인된 사람은 의료급여 1종 수급권자의 대상에 포함된다(의료급여법 시행령 제3조 제2항 제3호).
⑤ 의료급여를 제외한 국민기초생활보장제도의 급여 종류별 부양의무자 기준은 사실상 폐지되었다.

제 2 회 최종점검 모의고사

01	02	03	04	05	06	07	08	09	10	11	12	13	14	15	16	17	18	19	20
③	④	④	③	④	②	④	②	③	⑤	②	⑤	③	④	③	④	①	③	③	①
21	22	23	24	25	26	27	28	29	30	31	32	33	34	35	36	37	38	39	40
④	③	②	④	③	①	③	①	④	①	②	①	②	⑤	②	④	⑤	①	①	②
41	42	43	44	45	46	47	48	49	50	51	52	53	54	55	56	57	58	59	60
④	⑤	④	②	①	③	②	⑤	③	③	④	③	⑤	③	②	①	⑤	④	③	②
61	62	63	64	65	66	67	68	69	70	71	72	73	74	75	76	77	78	79	80
④	②	②	②	⑤	①	③	③	①	③	④	④	⑤	①	④	③	④	①	②	②
81	82	83	84	85	86	87	88	89	90	91	92	93	94	95	96	97	98	99	100
⑤	①	③	②	①	③	②	②	①	④	③	④	④	①	③	④	②	⑤	②	④

01 직업기초능력

01

정답 ③

포도 재배 환경의 날씨가 더울수록 향은 진해진다고 하였으므로, 진한 향의 레드와인을 원한다면 기온이 높은 지역의 포도를 사용한 와인을 구매해야 한다.

오답분석

① 레드와인은 포도에서 과육뿐만 아니라 껍질과 씨를 모두 사용하여 제조한다.
② 기온이 높은 환경에서 재배한 포도로 만든 와인이 산도가 약해진다고 하였으므로, 레드와인 특유의 신맛이 강해지려면 기온이 낮은 환경에서 재배한 포도로 만들어야 한다.
④ 레드와인의 색상은 포도의 품종뿐만 아니라 포도의 재배 환경에 따라서도 영향을 받으므로, 같은 품종의 포도로 제조한 와인이라도 그 색상은 다를 수 있다.
⑤ 제시된 글에서 심혈관질환 중 고혈압 이외의 내용은 없으므로 모든 심혈관질환자들에게 유익한 영향을 준다고 보기는 어렵다.

02

정답 ④

제시문의 두 번째 문단에서 전기자동차 산업이 확충되고 있음을 언급하면서 구리가 전기자동차의 배터리를 만드는 데 핵심 재료임을 설명하고 있기 때문에 '전기자동차 산업 확충에 따른 산업금속 수요의 증가'가 글의 핵심 내용으로 적절하다.

오답분석

①·⑤ 제시문에서 언급하고 있는 내용이기는 하나 핵심 내용으로 보기는 어렵다.
② 제시문에서 '그린 열풍'을 언급하고 있으나, 그 현상의 발생 원인은 제시되어 있지 않다.
③ 제시문에서 산업금속 공급난이 우려된다고 언급하고 있으나 그로 인한 문제는 제시되어 있지 않다.

03

정답 ④

제7조 제5항에 따르면 소속기관장은 휴업급여와의 통합청구가 힘께 가능함을 안내하여야 한다고 되어 있으므로 의무가 발생한다.

오답분석

① 제6조 제3항에 따르면 해당 근로자가 공단에 신고한 특수형태근로종사자에 해당하는지 여부를 확인하는 것은 부서장이 아닌 소속기관장이다.
② 제7조 제1항에 따르면 근로자는 최초로 요양급여를 신청하려는 때에 요양급여신청서, 초진소견서를 반드시 제출하여야 하지만, 별지 제3－2호의 업무상질병 전문소견서는 소속기관장의 요구가 있는 경우에만 제출하면 된다.
③ 제7조 3항에 따르면 3년이 아니라 5년간 보관하도록 하여야 한다.
⑤ 제7조의2 제1항 제1호에 따르면 대리인으로 선임 가능한 인원은 배우자, 직계존속・비속 또는 형제자매이지, 자신의 조카는 그 대상이 아니다.

04

정답 ③

세 번째 문단에 따르면 '수급자들의 근로소득 공제율이 낮아 근로를 하고 싶어도 수급자 탈락을 우려해 일을 하지 않거나 일부러 적게 하는 경우도 생겨나고 있다.'라고 하였다. 즉, 수급자들은 수급자 탈락을 우려해 근로를 피하고 있으므로, 근로소득 공제율을 높이는 것이 탈수급을 촉진한다고 보기 어려우며, 이는 수급자들의 근로 의욕을 촉진한다고 보는 것이 더 적절하다.

오답분석

① 첫 번째 문단의 '신청조차 할 수 없도록 한 복지제도가 많아 역차별 논란'이라는 내용과, 마지막 문단의 '기초수급자들은 생계급여를 받는다는 이유로 긴급복지지원제도・국민내일배움카드・노인일자리사업・구직촉진수당・연금(기초・공적연금) 등 5가지 복지제도에 신청조차 할 수 없다.'라는 내용을 통해 알 수 있다.
② 세 번째 문단에 따르면 근로를 하다가 수급자 탈락을 할 가능성이 있어 근로 이전보다 생계가 어려워질 수도 있다.
④ 네 번째 문단의 '수급자들은 생필품조차 제대로 구입하지 못하고 있는 것으로 나타났으며'라는 내용을 통해 알 수 있다.
⑤ 국민내일배움카드 사용과 국민취업지원제도의 구직촉진수당 지급으로 수급자들이 자기개발을 할 수 있도록 하여 취업할 여건을 제공해줄 수 있다.

05

정답 ④

온건한 도덕주의는 일부 예술작품만 도덕적 판단의 대상이 된다고 보고, 극단적 도덕주의는 모든 예술작품이 도덕적 판단의 대상이 된다고 본다. 따라서 온건한 도덕주의에서 도덕적 판단의 대상이 되는 예술작품은 극단적 도덕주의에서도 도덕적 판단의 대상이다.

오답분석

① 두 번째 문단 네 번째 줄에서 톨스토이는 극단적 도덕주의의 입장을 대표한다고 하였다.
② 온건한 도덕주의에서는 예술작품 중 일부에 대해서 긍정적 또는 부정적 도덕적 가치판단이 가능하다고 하였으며, 미적 가치와 도덕적 가치의 독립적인 지위를 인정해야 한다는 언급은 없다.
③ 자율성주의는 모든 예술작품이 도덕적 가치판단의 대상이 될 수 없다고 본다.
⑤ 자율성주의는 예술작품의 미적 가치와 도덕적 가치가 서로 자율성을 유지한다고 보며, 미적 가치가 도덕적 가치보다 우월한 것으로 본다고 할 수는 없다.

06

정답 ②

제시문은 사회보장제도가 무엇인지 정의하고 있으므로 글의 제목으로 '사회보장제도의 의의'가 가장 적절하다.

오답분석

① 두 번째 문단에서만 사회보험과 민간보험의 차이점을 언급하고 있다.
③ 우리나라만의 사회보장에 대한 설명은 아니다.
④ 대상자를 언급하고 있지만 글 내용의 일부로 글의 전체적인 제목으로는 적절하지 않다.
⑤ 소득보장에 대해서는 언급하고 있지 않다.

PART 3

07

정답 ④

글쓴이는 동물들이 사용하는 소리는 단지 생물학적인 조건에 대한 반응 또는 본능적인 감정 표현의 수단일 뿐, 사람의 말과 동물의 소리에 근본적인 차이가 존재한다고 말한다. 즉, 동물들이 나름대로 가지고 있는 본능적인 의사소통능력은 인간의 것과 다르다는 것이다. 따라서 글쓴이의 주장으로 소리를 내는 동물의 행위는 대화나 토론·회의 같이 서로 의미를 주고받는 인간의 언어활동으로 볼 수 없다는 ④가 가장 적절하다.

08

정답 ②

제시문은 담배의 유해성을 설명한 후, 유해성과 관련하여 담배회사와 K건강보험공단 간의 소송이라는 흐름으로 이어진다. 따라서 (라) 약초로 알고 있던 선조의 생각과는 달리 유해한 담배 → (가) 연구결과에 따른 흡연자들의 높은 암 발생률 → (다) 담배의 유해성을 안건으로 담배회사와 소송을 진행하고 있는 K건강보험공단 → (나) 이에 대응하는 K건강보험공단 순으로 문단이 나열되어야 한다.

09

정답 ③

제시된 글은 철학에서의 '부조리'에 대한 개념을 설명하는 글이다. 따라서 부조리의 개념을 소개하는 (나) 문단이 나오고, 부조리라는 개념을 도입하고 설명한 알베르 카뮈에 대해 설명하고 있는 (라) 문단이 나오는 것이 적절한다. 다음으로 앞 문단의 연극의 비유에 관해 설명하고 있는 (가) 문단이 오고, 이에 대한 결론을 제시하는 (다) 문단 순서로 나열하는 것이 적절하다.

10

정답 ⑤

제시된 문단은 선택적 함묵증을 불안장애로 분류하고 있다. 그러므로 불안장애에 대한 구체적인 설명 및 행동을 설명하는 (라) 문단이 이어지는 것이 논리적으로 타당하다. 다음에는 불안장애인 선택적 함묵증을 치료하기 위한 방안인 (가) 문단이 적절하고, (가) 문단에서의 제시한 치료방법의 구체적 방안 중 하나인 '미술 치료'를 언급한 (다) 문단이 이어지는 것이 적절하다. 마지막으로 (다) 문단에서 언급한 '미술 치료'가 선택적 함묵증의 증상을 보이는 아동에게 어떠한 영향을 미치는지 언급한 (나) 문단이 이어지는 것이 가장 적절하다.

11

정답 ②

제시문에서 필자는 3R 원칙을 강조하며 가장 필수적이고 최저한의 동물실험이 필요악임을 주장하고 있다. 특히 '보다 안전한 결과를 도출해내기 위한 동물실험은 필요악이며, 이러한 필수적인 의약실험조차 금지하려 한다는 것은 기술 발전 속도를 늦춰 약이 필요한 누군가의 고통을 감수하자는 이기적인 주장'이라는 대목을 통해 약이 필요한 이들을 위한 의약실험에 초점을 맞추고 있음을 확인할 수 있다. 따라서 ②의 주장처럼 생명과 큰 관련이 없는 동물실험을 비판의 근거로 삼는 것은 적절하지 않다.

12

정답 ⑤

마지막 문단에 따르면 '라이헨바흐는 자연이 일양적일 수도 있고 그렇지 않을 수도 있음을 전제'하며, '자연이 일양적인지 그렇지 않은지 알 수 없는 상황에서는 귀납을 사용하는 것이 옳은 선택'이라고 한다. 그러나 ⑤와 같이 귀납이 현실적으로 옳은 추론 방법임을 밝히기 위해 자연의 일양성이 선험적 지식임을 증명하고 있는 것은 아니다.

오답분석

① 라이헨바흐는 '어떤 방법도 체계적으로 미래 예측에 계속해서 성공할 수 없다는 논리적 판단을 통해 귀납은 최소한 다른 방법보다 나쁘지 않은 추론'이라고 확언한다. 하지만 이것은 귀납의 논리적 허점을 현실적 차원에서 해소하려는 것이며, 논리적 허점을 완전히 극복한 것은 아니라는 점에서 비판의 여지가 있다.
② 라이헨바흐는 '귀납의 정당화 문제로부터 과학의 방법인 귀납을 옹호하기 위해 현실적 구제책을 제시'한다. 이것은 귀납이 과학의 방법으로 사용될 수 있음을 지지하려는 것이다.

③ 라이헨바흐는 '자연이 일양적일 경우 우리의 경험에 따라 귀납이 점성술이나 예언 등의 다른 방법보다 성공적인 방법'이라고 판단하며, '자연이 일양적이지 않다면 어떤 방법도 체계적으로 미래 예측에 계속해서 성공할 수 없다는 논리적 판단을 통해 귀납은 최소한 다른 방법보다 나쁘지 않은 추론이라고 확언'한다. 따라서 라이헨바흐가 귀납과 다른 방법을 비교하기 위해 경험적 판단과 논리적 판단을 활용했음을 알 수 있다.
④ 라이헨바흐는 '자연이 일양적인지 그렇지 않은지 알 수 없는 상황에서는 귀납을 사용하는 것이 옳은 선택'이라고 본다. 따라서 ④의 진술처럼 라이헨바흐는 귀납과 견주어 미래 예측에 더 성공적인 방법이 없다는 판단을 근거로 귀납의 가치를 보여 주고 있다.

13

정답 ③

제시문은 태양의 온도를 일정하게 유지해 주는 에너지원에 대한 설명이다. 태양의 온도가 일정하게 유지되는 이유는 태양 중심부의 온도가 올라가 핵융합 에너지가 늘어나면 에너지의 압력으로 수소를 밖으로 밀어내어 중심부의 밀도와 온도를 낮춰주기 때문이다. 즉, 태양 내부에서 중력과 핵융합 반응의 평형상태가 유지되기 때문에 태양은 50억 년간 빛을 낼 수 있었고, 앞으로도 50억 년 이상 더 빛날 수 있는 것이다. 따라서 빈칸에 들어갈 내용으로 '태양이 오랫동안 안정적으로 빛을 낼 수 있게 된다.'가 가장 적절하다.

14

정답 ④

빈칸의 뒤에 나오는 내용을 살펴보면, 양안시에 대해 설명하면서 양안시차를 통해 물체와의 거리를 파악한다고 하였으므로 빈칸에 거리와 관련된 내용이 나왔음을 짐작해 볼 수 있다. 따라서 빈칸에 들어갈 내용은 '사냥감과의 거리를 정확히 파악하는 데 효과적이기 때문이다.'가 가장 적절하다.

15

정답 ③

개별존재로서 생명의 권리를 갖기 위해서는 개별존재로서 생존을 지속시키고자 하는 욕망을 가질 수 있어야 하며, 이를 위해서 자신을 일정한 시기에 걸쳐 존재하는 개별존재로서 파악해야 한다. 따라서 '자신을 일정한 시기에 걸쳐 존재하는 개별존재로서 파악할 수 있는 존재만이 생명에 대한 권리를 가질 수 있다.'는 빈칸 앞의 결론을 도출하기 위해 개별존재로서 생존을 지속시키고자 하는 욕망이 개별존재로서의 인식을 가능하게 한다는 내용이 있어야 하므로 ③이 적절하다.

16

정답 ④

제시된 기사의 논점은 교과서는 정확한 통계・수치를 인용해야 하며, 잘못된 정보는 바로 잡아야 한다는 것이다. 갑, 을, 병, 무는 이러한 논점의 맥락에 맞게 교과서의 오류에 관해 논하고 있다. 하지만 정은 교과서에 실린 원전 폐쇄 찬반문제를 언급하며, 원전 폐쇄 찬성에 부정적인 의견을 펼치고 있다. 그러므로 기사를 읽고 난 후의 감상으로 적절하지 않다.

17

정답 ①

제시된 글은 우유의 긍정적인 측면을 강조하면서, 마지막에는 우유의 효과에 대한 부정적인 견해를 비판하고 있다. 따라서 글의 뒤에 올 내용으로는 우유 섭취를 권장하는 내용이 적절하다.

18

정답 ③

'적다'는 '수효나 분량, 정도가 일정한 기준에 미치지 못하다.'는 의미를 지니며, '작다'는 '길이, 넓이, 부피 따위가 비교 대상이나 보통보다 덜하다.'는 의미를 지닌다. 즉, '적다'는 양의 개념이고, '작다'는 크기의 개념이므로 공해 물질의 양과 관련된 ⓒ에는 '적게'가 적절하다.

19

정답 ③

㉢의 앞에 있는 문장과 ㉢을 포함한 문장은 여름철 감기 예방법을 설명한다. 따라서 나열의 의미를 나타내는 부사 '또한'이 적절하다. '그러므로'는 인과 관계를 나타내므로 적절하지 않다.

오답분석

① ㉠을 포함한 문단은 여름철 감기에 걸리는 원인을 설명하고 있다. 따라서 ㉠은 문단 내용과 어울리지 않아 통일성을 해치므로 ㉠을 삭제한다.

② ㉡의 '노출되어지다'의 형태소를 분석하면 '노출'이라는 어근에 '-되다'와 '지다'가 결합된 것이다. 여기서 '-되다'는 피동의 뜻을 더하고 동사를 만드는 접미사이다. '지다'는 동사 뒤에서 '-어지다' 구성으로 쓰여 남의 힘에 의해 앞말이 뜻하는 행동을 입음을 나타내는 보조 동사이다. 따라서 피동 표현이 중복된 것이다.

④ ㉣에서 '하다'의 목적어는 '기침'이며, '열'을 목적어로 하는 동사가 없다. '하다'라는 동사 하나에 목적어 두 개가 연결된 것인데, '열을 한다.'는 의미가 성립되지 않는다. 따라서 '열이 나거나'로 고쳐야 한다.

⑤ ㉤에서 '소량(少量)'의 '소(少)'는 '적다'는 뜻이므로 '조금씩'과 의미가 중복된다. 따라서 '소량으로'를 삭제해야 한다.

20

정답 ①

건강하던 수험생의 건강이 나빠진 상황에서 다시 예전의 상태로 되돌아가려는 것이므로 '찾다'보다 '되찾다'가 더 적절하다.

21

정답 ④

8월 태경이의 실적 건수를 x건, 건희의 실적 건수를 y건이라고 하면 $x+y=27$이다.

9월에 태경이의 실적 건수는 20% 증가했으므로 $1.2x$건이고, 건희의 실적 건수는 25% 감소했으므로 $0.75y$건이다.

$1.2x+0.75y=27 \rightarrow 8x+5y=180$

$x+y=27 \cdots$ ㉠

$8x+5y=180 \cdots$ ㉡

㉠과 ㉡을 연립하면 $x=15$, $y=12$

따라서 9월 태경이의 실적 건수는 $1.2x=1.2\times15=18$건이다.

22

정답 ③

열차의 길이를 xm라고 하자.

열차가 다리 또는 터널을 지날 때의 이동거리는 (열차의 길이)+(다리 또는 터널의 길이)이다.

열차의 속력은 일정하므로 다리를 통과할 때 속력과 터널을 통과할 때의 속력은 같다.

$$\frac{(x+240)}{16}=\frac{(x+840)}{40}$$

$\rightarrow (x+240)=2(x+840)$

$\rightarrow 3x=480$

$\therefore x=16$

23

정답 ②

K씨의 집과 휴가지 사이의 거리를 $x$km라고 하자.

갈 때와 돌아올 때의 시간 차이가 1시간 20분이므로

$$\frac{x}{80}-\frac{x}{120}=\frac{80}{60}$$

$\rightarrow 3x-2x=320$

$\therefore x=320$

24

정답 ④

미주가 집에서 출발해서 동생을 만나기 전까지 이동한 시간을 x시간이라고 하자. 미주가 이동한 거리는 $8x$km이고, 동생이 미주가 출발한 후 12분 뒤에 지갑을 들고 이동했으므로 이동한 거리는 $20\left(x-\frac{1}{5}\right)$km이다.

$8x=20\left(x-\frac{1}{5}\right)$

$\rightarrow 12x=4$

$\therefore x=\frac{1}{3}$

따라서 미주와 동생은 $\frac{1}{3}$시간, 즉 20분 후에 만나게 된다.

25

정답 ③

작년의 임원진 3명은 연임하지 못하므로 올해 임원 선출이 가능한 인원은 $17-3=14$명이다.
14명 중에서 회장, 부회장, 총무를 각 1명씩 뽑을 수 있는 방법은 다음과 같다.
${}_{14}P_3=14\times13\times12=2,184$가지
따라서 올해 임원을 선출할 수 있는 경우의 수는 2,184가지이다.

PART 3

26

정답 ①

내일 날씨가 화창하고 사흘 뒤 비가 올 모든 경우는 다음과 같다.

내일	모레	사흘
화창	화창	비
화창	비	비

- 첫 번째 경우의 확률 : $0.25\times0.30=0.075$
- 두 번째 경우의 확률 : $0.30\times0.15=0.045$

따라서 주어진 사건의 확률은 $0.075+0.045=0.12=12\%$이다.

27

정답 ③

- 2018년 대비 2019년 사고 척수의 증가율 : $\frac{2,362-1,565}{1,565}\times100 ≒ 50.9\%$
- 2018년 대비 2019년 사고 건수의 증가율 : $\frac{2,101-1,330}{1,330}\times100 ≒ 58.0\%$

28

정답 ①

연도별 사고 건수당 인명피해의 인원수를 구하면 다음과 같다.

- 2018년 : $\frac{710}{1,330} ≒ 0.53$명/건
- 2019년 : $\frac{395}{2,101} ≒ 0.19$명/건
- 2020년 : $\frac{411}{2,307} ≒ 0.18$명/건
- 2021년 : $\frac{523}{2,582} ≒ 0.20$명/건
- 2022년 : $\frac{455}{2,671} ≒ 0.17$명/건

따라서 사고 건수당 인명피해의 인원수가 가장 많은 연도는 2018년이다.

29

정답 ④

2022년 15세 미만 인구를 x명, 65세 이상 인구를 y명, 15～64세 인구를 a명이라 하면, 15세 미만 인구 대비 65세 이상 인구 비율은 $\frac{y}{x}\times100$이므로

(2022년 유소년부양비)$=\frac{x}{a}\times100=19.5\rightarrow a=\frac{x}{19.5}\times100\cdots$ ㉠

(2022년 노년부양비)$=\frac{y}{a}\times100=17.3\rightarrow a=\frac{y}{17.3}\times100\cdots$ ㉡

㉠, ㉡을 연립하면, $\frac{x}{19.5}=\frac{y}{17.3}\rightarrow\frac{y}{x}=\frac{17.3}{19.5}$

따라서 15세 미만 인구 대비 65세 이상 인구의 비율은 $\frac{17.3}{19.5}\times100\fallingdotseq88.7$%이다.

30

정답 ①

각각의 구매 방식별 비용을 구하면 다음과 같다.

- 스마트폰앱 : 12,500×0.75=9,375원
- 전화 : (12,500−1,000)×0.9=10,350원
- 회원카드와 쿠폰 : (12,500×0.9)×0.85≒9,563원
- 직접 방문 : (12,500×0.7)+1,000=9,750원
- 교환권 : 10,000원

따라서 피자 1판을 가장 싸게 살 수 있는 구매 방식은 스마트폰앱이다.

31

정답 ②

K공사는 계속 증가하고 있는 재생에너지를 활용하여 수소를 생산하는 그린수소 사업을 통해 재생에너지 잉여전력 문제를 해결할 것으로 기대하고 있으며, 이러한 그린수소 사업에 필요한 기술을 개발하기 위해 노력하고 있다. 이를 K공사의 SWOT 분석 결과에 적용하면, K공사는 현재 재생에너지의 잉여전력이 증가하고 있는 위협적 상황을 해결하기 위하여 장점인 적극적인 기술개발 의지를 활용하여 그린수소 사업을 추진한다. 따라서 K공사의 그린수소 사업은 위협을 피하기 위하여 강점을 활용하는 방법인 'ST전략'에 해당한다.

32

정답 ①

제시된 조건에 따라 각각의 컴퓨터에 점수를 부여하면 다음과 같다.

컴퓨터 \ 항목	램 메모리 용량	하드 디스크 용량	가격	총점
A	0	50	200	250
B	100	0	100	200
C	0	100	0	100
D	100	50	0	150
E	50	0	100	150

항목별 점수의 합이 가장 큰 컴퓨터를 구입한다고 하였으므로 갑은 A컴퓨터를 구입하게 된다.

33

정답 ②

먼저 문제에서 E가 참석할 수 없다고 하였고, 두 번째 조건에서 D 또는 E는 반드시 참석해야 한다고 하였으므로 D는 반드시 참석한다는 것을 알 수 있다.

다음으로 첫 번째 조건에서 A와 B가 함께 참석할 수는 없지만 둘 중 한 명은 반드시 참석해야 한다고 하였으므로 (A, D)와 (B, D)의 조합이 가능함을 알 수 있다. 그리고 세 번째 조건을 대우명제로 바꾸면 'D가 참석한다면 C도 참석한다.'가 되므로 (A, D, C)와 (B, D, C)의 조합이 가능함을 알 수 있다.

이때 마지막 조건에서 B가 참석하지 않으면 F도 참석하지 못한다고 하였으므로 (A, D, C)의 조합은 가능하지 않다는 것을 알 수 있다(∵ 4명의 직원으로 팀을 구성해야 함). 따라서 가능한 팀의 조합은 (B, D, C, F)의 1개이다.

34

정답 ⑤

국제해양기구의 마지막 의견에서 회의 시설에서 C를 받은 도시는 후보도시에서 제외한다고 하였으므로 대전과 제주를 제외한 서울과 인천, 부산의 점수를 정리하면 다음과 같다.

구분	서울	인천	부산
회의 시설	10	10	7
숙박 시설	10	7	10
교통	7	10	7
개최 역량	10	3	10
가산점	–	10	5
합산점수	37	40	39

따라서 합산점수가 가장 높은 인천이 개최도시로 선정된다.

35

정답 ②

재무팀이 2종목에서 이긴 상황에서 기획팀이 최대의 승점을 얻을 수 있는 경우는 다음과 같다.

i) 재무팀과의 맞대결을 펼친 단체줄넘기에서 승리
ii) 족구에서는 기획팀이 재무팀에 패배
iii) 피구에서는 재무팀이 인사팀에 승리
iv) 제기차기에서는 기획팀이 인사팀에 승리

이때 재무팀이 얻은 승점은 280점인데 반해 기획팀은 270점에 그치므로 기획팀이 종합 우승을 할 수는 없게 된다.

오답분석

① 법무팀은 모든 종목에서 결승에 진출하지 못했으므로 현재까지 얻은 120점이 최종 획득점수이다. 이때 기획팀의 경우 진출한 3종목의 결승전에서 모두 패하더라도 210점을 획득하므로 법무팀보다 승점이 높게 된다. 따라서 법무팀은 남은 경기결과에 상관없이 종합 우승을 할 수 없다.

③ 기획팀이 남은 경기에서 모두 지게 되면 얻게 되는 승점은 210점이며, 피구에서 인사팀이 재무팀을 이겼다고 가정하더라도 재무팀의 승점은 290점이 된다. 한편 이 경우 인사팀이 얻게 되는 승점은 220점에 불과하므로 결국 재무팀이 종합 우승을 차지하게 된다.

④ 재무팀이 남은 경기에서 모두 패하면 얻게 되는 승점은 220점이며, 기획팀과 인사팀의 승점은 마지막 제기차기의 결승결과에 따라 달라지게 된다. 만약 인사팀이 승리하게 되면 인사팀은 220점, 기획팀은 280점을 얻게 되고, 기획팀이 승리하게 되면 인사팀은 200점, 기획팀은 300점을 얻게 된다. 이를 정리하면 다음과 같다.

i) 인사팀 승리 : 기획팀(280점), 재무팀(220점), 인사팀(220점)
ii) 기획팀 승리 : 기획팀(300점), 재무팀(220점), 인사팀(200점)

따라서 인사팀이 승리하는 경우와 기획팀이 승리하는 경우 모두 재무팀이 종합 준우승을 차지하게 되므로 옳은 내용임을 알 수 있다.

⑤ 인사팀이 남은 경기인 피구와 제기차기에서 모두 이긴다면 인사팀이 얻을 수 있는 승점 합계는 220점이며, 이 두 종목에서 재무팀은 80점, 기획팀은 70점을 확보하게 된다. 그런데 단체줄넘기와 족구 모두 기획팀과 재무팀이 결승에 진출한 상태이므로 어느 조합의 결과가 나오더라도 두 팀의 종합승점은 220점을 넘게 된다. 따라서 인사팀은 종합 우승을 할 수 없다.

36

정답 ④

대화 내용을 순서대로 살펴보면 다음과 같다.

i) 민경과 지나 : 생일이 5명 중에서 가장 빠를 가능성이 있다고 하였으므로 지나의 생일은 3월이 되어야 한다. 다만 다른 3월생의 날짜를 알지 못하므로 가장 빠른지의 여부를 확신하지 못한다.

ii) 정선과 혜명 : 앞의 대화에서 지나가 3월생이라고 하였는데 정선의 생일이 그보다 빠를 가능성이 있다고 하였다. 따라서 나머지 3월생은 혜명이 된다.

iii) 지나와 민경 : 남은 생일은 6월(1명)과 9월(2명)이다. 만약 민경이 6월생이라면 나머지 정선과 효인은 9월생이 되어야 하므로 몇 월생인지 알 수 있다. 하지만 그렇지 않다고 하였으므로 민경은 9월생이 되어야 한다.

iv) 혜명과 효인 : 민경이 9월생인데 효인은 자신이 민경보다 생일이 빠른지를 확신할 수 없다고 하였다. 만약 효인이 6월생이었다면 당연히 자신의 생일이 빠르다는 것을 알 수 있지만 그렇지 않다고 하였으므로 효인은 9월생이어야 한다.

따라서 남은 6월생은 정선이 된다.

37

정답 ⑤

ㄴ. 갑이 1장만 당첨되고, 을이 응모한 3장 모두가 당첨되는 경우에 갑이 받는 사과의 개수가 최소가 된다. 이 경우에 갑은 25개 $\left(=\frac{100}{4}\times1\right)$의 사과를 받게 되므로 옳다.

ㄷ. 당첨된 직원이 한 명뿐이라면 그 직원이 모든 사과(100개)를 받게 되므로 옳다.

오답분석

ㄱ. 갑이 응모한 3장 모두가 당첨되고 을이 1장만 당첨된 경우에 갑이 받는 사과의 개수가 최대가 된다. 이 경우에 갑은 75개 $\left(=\frac{100}{4}\times3\right)$의 사과를 받게 되므로 옳지 않다.

38

정답 ①

주어진 조건에 따라 시험 과목의 순서를 배치해보면 다음 표와 같다.

경우 1)

첫 번째	두 번째	세 번째	네 번째	다섯 번째	여섯 번째
ㅁ	ㄹ	ㄱ	ㄴ	ㅅ	ㅂ

경우 2)

첫 번째	두 번째	세 번째	네 번째	다섯 번째	여섯 번째
ㅁ	ㄹ	ㄱ	ㄴ	ㅂ	ㅅ

따라서 세 번째로 시험 보는 ㄱ 다음에 보게 될 시험 과목은 ㄴ이다.

39

정답 ①

주어진 조건에 따라 잡화점의 매대 구성을 추론해보면 다음과 같다.

3층	수정테이프, 색종이
2층	수첩, 볼펜
1층	지우개, 샤프

따라서 매대 1층에는 샤프와 지우개가 있다.

40

정답 ②

주어진 조건에 따라 옥상 정원 구조를 추론해보면 다음과 같다.

1줄	은행나무, 벚나무
2줄	플라타너스, 단풍나무
3줄	소나무, 감나무
4줄	밤나무, 느티나무

따라서 벚나무는 은행나무와 함께 맨 앞줄에 심어져 있다.

41

정답 ④

조건의 명제들을 논리 기호화하면 다음과 같다.

- 첫 번째 명제 : (~연차 ∨ 출퇴근) → 주택
- 두 번째 명제 : 동호회 → 연차
- 세 번째 명제 : ~출퇴근 → 동호회
- 네 번째 명제 : (출퇴근 ∨ ~연차) → ~동호회

먼저 두 번째 명제의 경우, 동호회행사비 지원을 도입할 때에만이라는 한정 조건이 있으므로 역(연차 → 동호회) 또한 참이다. 만약 동호회행사비를 지원하지 않는다고 가정하면, 두 번째 명제의 역의 대우(~동호회 → ~연차)와 세 번째 명제의 대우(~동호회 → 출퇴근)에 따라 첫 번째 명제가 참이 되므로, 출퇴근교통비 지원과 주택마련자금 지원을 도입하게 된다. 그러나 다섯 번째 조건에 따라 주택마련자금 지원을 도입했을 때, 다른 복지제도를 도입할 수 없으므로 모순이 된다. 따라서 동호회행사비를 지원하는 것이 참인 것을 알 수 있다.

따라서 동호회행사비를 지원한다면, 네 번째 명제의 대우[동호회 → (~출퇴근 ∧ 연차)]에 따라 출퇴근교통비 지원은 도입되지 않고, 연차 추가제공은 도입된다. 그리고 다섯 번째 명제의 대우에 따라 주택마련자금 지원은 도입되지 않는다. 그러므로 K공단에서 도입할 복지제도는 동호회행사비 지원과 연차 추가제공 지원 2가지이다.

42

정답 ⑤

주어진 조건을 정리해보면 다음과 같다.

구분	A지사	B지사	C지사	D지사	E지사
경우 1	가	마	다	라	나
경우 2	나	마	다	라	가

따라서 항상 참인 것은 ⑤이다.

오답분석

①·②·③ 주어진 조건만으로는 판단하기 힘들다.
④ 가는 A지사에 배정될 수도, 배정받지 못할 수도 있다.

43

정답 ④

오답분석

① 필리핀의 높은 전기요금은 원료비가 적게 드는 신재생에너지를 통해 낮출 수 있다. 또한 열악한 전력 인프라는 분석 결과에 나타나 있지 않다.
② 자사는 현재 중국 시장에서 풍력과 태양광 발전소를 운영 중에 있으므로 중국 시장으로의 진출은 대안으로 적절하지 않다. 또한 중국 시장이 경쟁이 적은지 알 수 없다.
③ 체계화된 기술 개발 부족은 자사가 아닌 경쟁사에 대한 분석 결과이므로 적절하지 않다.
⑤ 자사는 필리핀 화력발전사업에 진출한 이력을 지니고 있으며, 현재 필리핀의 태양광 발전소 지분을 인수하였으므로 중국 등과 협력하기보다는 필리핀 정부와 협력하는 것이 바람직하다.

44

정답 ②

키보드, 스캐너, 마우스는 입력 장치에 해당하므로 14개, 출력 장치는 스피커, LCD 모니터, 레이저 프린터가 해당하므로 11개, 저장 장치는 광디스크, USB 메모리가 해당하므로 19개이다. 따라서 재고량 조사표에서 출력 장치가 11개가 되어야 한다.

45

정답 ①

조건의 명제들을 순서대로 논리 기호화하여 표현하면 다음과 같다.

- 첫 번째 명제 : $\sim C$
- 두 번째 명제 : $\sim B \rightarrow (C \wedge E)$
- 세 번째 명제 : $(\sim E \vee \sim F) \rightarrow D$
- 네 번째 명제 : $B \rightarrow (\sim A \wedge \sim E)$

첫 번째 명제가 참이므로 두 번째 명제의 대우[$(\sim C \vee \sim E) \rightarrow B$]에 따라 B는 공휴일에 영업한다. 그러므로 네 번째 명제에 따라 A와 E는 영업하지 않고, 다섯 번째 명제에 따라 F도 영업하지 않는다. 마지막으로 세 번째 명제에 따라 D는 영업한다. 따라서 공휴일에 영업하는 가게는 B와 D 2개이다.

46

정답 ③

B안의 가중치는 전문성인데 자원봉사제도는 (−)이므로 부당한 판단이다.

오답분석

① 전문성 면에서는 유급법률구조제도가 (+), 자원봉사제도가 (−)로 옳은 설명이다.
② A안에 가중치를 적용할 경우 접근용이성과 전문성에 가중치를 적용하므로 두 정책목표 모두에서 (+)를 보이는 유급법률구조제도가 가장 적절하다.
④ B안에 가중치를 적용할 경우 전문성에 가중치를 적용하므로 (+)를 보이는 유급법률구조제도가 가장 적절하며, A안에 가중치를 적용할 경우 ②에 의해 유급법률구조제도가 가장 적절하다. 따라서 어떤 것을 적용하더라도 결과는 같다.
⑤ 비용저렴성을 달성하려면 (+)를 보이는 자원봉사제도가 가장 유리하다.

47

정답 ②

- (총공급전력량)=8,600만+(150만×3)=9,050만kW
- (최대전력수요)=7,300만×(1−0.03)=7,081만kW
- (전력예비율)=$\frac{9{,}050만-7{,}081만}{7{,}081만}\times 100 ≒ 27.81\%$

따라서 정책목표인 30%에 미치지 않으므로 적합하지 않은 정책 대안이다.

오답분석

① • (총공급전력량)=8,600만+(150만×1)=8,750만kW
 • (최대전력수요)=7,300만×(1−0.1)=6,570만kW
 • (전력예비율)=$\frac{8{,}750만-6{,}570만}{6{,}570만}\times 100 ≒ 33.18\%$

③ • (총공급전력량)=8,600만+(150만×6)=9,500만kW
 • (최대전력수요)=7,300만×(1−0.01)=7,227만kW
 • (전력예비율)=$\frac{9{,}500만-7{,}227만}{7{,}227만}\times 100 ≒ 31.45\%$

④ • (총공급전력량)=8,600만+(150만×8)=9,800만kW
 • (최대전력수요)=7,300만kW
 • (전력예비율)=$\frac{9{,}800만-7{,}300만}{7{,}300만}\times 100 ≒ 34.25\%$

⑤ • (총공급전력량)=8,600만kW
• (최대전력수요)=7,300만×(1−0.12)=6,424만kW
• (전력예비율)=$\frac{8,600\text{만}-6,424\text{만}}{6,424\text{만}}\times 100 \fallingdotseq 33.87\%$

48

정답 ⑤

기업 대표이지만 VIP이므로 고객구분은 ㄷ, 대출신청을 하였으므로 업무는 Y, 업무내용은 B가 적절하며, 접수창구는 VIP실인 00이 된다.

49

정답 ③

기록 현황을 정리하면 다음과 같다.

ㄱXa10	ㄴYA05	ㄴYB03	ㄱXa01	ㄱYB03
10번 창구 없음 잘못된 기록	기업고객 대부계 대출상담 5번창구	기업고객 대부계 대출신청 3번창구	개인고객 수신계 예금 1번창구	개인고객 대부계 대출신청 3번창구
ㄱXab02	ㄷYC00	ㄴYA01	ㄴYA05	ㄴYAB03
개인고객 수신계 예금・적금 2번창구	VIP고객 대부계 대출완료 VIP실	기업고객 대부계 대출상담 1번창구	기업고객 대부계 대출상담 5번창구	기업고객 대부계 대출상담・신청 3번창구
ㄱYAB00	ㄱYaA04	ㄱXb02	ㄷYB0	ㄱXa04
개인−VIP실 불가 잘못된 기록	대부계−예금 불가 잘못된 기록	개인고객 수신계 적금 2번창구	0번 창구 없음 잘못된 기록	개인고객 수신계 예금 4번창구

따라서 잘못된 기록은 4개이다.

50

정답 ③

예금−3회, 적금−2회, 대출상담−4회, 대출신청−3회, 대출완료−1회
따라서 가장 많이 기록된 업무내용은 대출상담이다.

51

정답 ④

A, B → 대출상담과 대출신청을 나타내는 코드
Y → 대부계 업무를 나타내는 코드
ㄴ → 기업고객을 나타내는 코드
04 → 4번 창구를 나타내는 코드

52

정답 ③

8월 11일에 있는 햇빛새싹발전소 발전사업 대상지 방문 일정에는 3명이 참가한다. 짐 무게 3kg당 탑승인원 1명으로 취급하므로, 총 4명의 인원이 탈 수 있는 렌터카가 필요하다. 최대 탑승인원을 만족하는 A, B, C, D렌터카 중 가장 저렴한 것은 A렌터카이지만 8월 1 ~ 12일에 여름휴가 할인행사로 휘발유 차량을 30% 할인하므로 B렌터카의 요금이 60,000×(1−0.3)=42,000원으로 가장 저렴하다.

8월 18일 보령 본사 방문에 참여하는 인원은 4명인데, 짐 무게 6kg은 탑승인원 2명으로 취급하므로 총 6명이 탈 수 있는 렌터카가 필요하다. 최대 탑승인원을 만족하는 C와 D렌터카는 요금이 동일하므로 조건에 따라 최대 탑승인원이 더 많은 C렌터카를 선택한다.

53

정답 ⑤

- 슬로푸드 선물세트 : 28,000×0.71=19,880 → 19,800원(∵ 10원 단위 절사)
  - 마케팅부 주문금액(㉮) : 19,800×13=257,400원
- 흑삼 에브리진생 : 75,000×0.66=49,500원
  - 인사부 주문금액(㉯) : 49,500×16=792,000원
- 한과 선물세트 : 28,000×0.74=20,720 → 20,700원(∵ 10원 단위 절사)
  - 경영지원부 주문금액(㉰) : 20,700×9=186,300원

따라서 K공단의 주문총액은 396,000+257,400+384,000+792,000+186,300=2,015,700원이다.

54

정답 ③

첫 번째 조건에 의하면 내구연한이 8년 이상인 소화기는 폐기처분하여야 한다. 2023년 1월 1일을 기준으로 하였을 때, 제조연도가 2013년, 2014년인 소화기는 처분대상이 되므로 총 39개이며, 폐기처분비용은 10,000×39=39만 원이 발생된다.

두 번째 조건에 의하면 지시압력계가 노란색이거나 빨간색이면 신형 소화기로 교체처분을 하여야 한다. 2015 ~ 2017년까지 노란색으로 표시된 소화기는 총 5개이며, 빨간색으로 표시된 소화기는 3개이다. 따라서 교체비용은 50,000×(5+3)=40만 원이 발생된다.

세 번째 조건에 의하면 소화기는 최소한 60개 이상 보유하여야 한다. 2015 ~ 2017년의 소화기 총계가 51개이므로 9개의 신형 소화기를 새로 구매하여야 한다. 따라서 구매비용은 50,000×9=45만 원이 발생된다.

그러므로 최종적으로 발생된 전체비용은 39만 원+40만 원+45만 원=124만 원이다.

55

정답 ②

B버스(9시 출발, 소요시간 40분) → KTX(9시 45분 출발, 소요시간 1시간 32분) → 도착시간 오전 11시 17분으로 가장 먼저 도착한다.

오답분석

① A버스(9시 20분 출발, 소요시간 24분) → 새마을호(9시 45분 출발, 소요시간 3시간) → 도착시간 오후 12시 45분
③ 지하철(9시 30분 출발, 소요시간 20분) → KTX(10시 30분 출발, 소요시간 1시간 32분) → 도착시간 오후 12시 2분
④ B버스(9시 출발, 소요시간 40분) → 새마을호(9시 40분 출발, 소요시간 3시간) → 도착시간 오후 12시 40분
⑤ 지하철(9시 30분 출발, 소요시간 20분) → 새마을호(9시 50분 출발, 소요시간 3시간) → 도착시간 오후 12시 50분

56

정답 ①

두 번째 조건에서 경유지는 서울보다 +1시간, 출장지는 경유지보다 −2시간이므로 서울과 −1시간 차이다.

김대리가 서울에서 경유지를 거쳐 출장지까지 가는 과정을 서울시각 기준으로 정리하면

서울 5일 오후 1시 35분 출발→오후 1시 35분+3시간 45분=오후 5시 20분 경유지 도착→오후 5시 20분+3시간 50분(대기시간)=오후 9시 10분 경유지에서 출발→오후 9시 10분+9시간 25분=6일 오전 6시 35분 출장지 도착

따라서 출장지에 도착했을 때 현지 시각은 서울보다 1시간 느리므로 오전 5시 35분이다.

57

정답 ⑤

하루에 한 번만 이동하므로, 본사 복귀 전 마지막으로 9월 7일에 방문할 발전소는 산청발전소이다. 그러므로 청평발전소, 무주발전소, 예천발전소 간의 방문 순서만 정하면 된다. ①~⑤의 경로에 따른 이동소요시간을 계산하면 다음 표와 같다(마지막 날 산청발전소에서 본사로의 이동시간은 ①~⑤ 모든 경우에서 동일하므로 계산에서 제외하면 시간을 절약할 수 있다. 또한 계산상 편의를 위해 '1시간=60분'으로 환산하여 계산하였다).

구분	총소요시간
①	55분+45분+110분+35분=245분
②	55분+50분+110분+80분=295분
③	125분+110분+50분+65분=350분
④	125분+45분+50분+35분=255분
⑤	40분+50분+45분+80분=215분

따라서 이동에 소요되는 시간이 가장 작은 경로는 ⑤이다.

58

정답 ④

공정이 진행되는 순서는 다음과 같다.

7월							8월
		B	B			B	
25일	26일	27일	28일	29일	30일	31일	1일
A	A	A	C, A	주말휴식	주말휴식	C	

- 25~26일 A공정에 의해 100개 생산
- 27~28일 A공정에 의해 100개 생산
- 27~31일 B공정에 의해 150개 생산
- 28~31일 C공정에 의해 200개 생산

따라서 7월 31일이 되어서야 550개의 제품이 생산되므로 7월 31일에 생산이 끝난다.

59

정답 ③

먼저 A씨의 퇴직금을 구하기 위해서는 1일 평균임금을 구해야 한다.

3개월간 임금 총액은 6,000,000+720,000=6,720,000원이고, 1일 평균임금은 6,720,000원/80=84,000원이다.

따라서 퇴직금은 84,000원×30일×(730/365)=5,040,000원이다.

60

정답 ②

국민연금법에 따라 납부해야 할 금액을 정리하면 다음과 같다.

1) 제3항 – 사업장가입자

① 4,000,000×0.045=180,000원

③ 5,200,000×0.045=234,000원

2) 제4항 – 지역자입자, 임의가입자 및 임의계속가입자

② 3,000,000×0.09=270,000원

④ 1,600,000×0.09=144,000원

⑤ 2,500,000×0.09=225,000원

따라서 가장 많은 금액을 납부해야 하는 경우는 ②이다.

61

정답 ④

경로별 거리의 총합은 다음과 같다.

구분	거리 총합
경로 1	46.5+127+92.2+72.77=338.47km
경로 2	31.5+127+92.2+93.7=344.4km
경로 3	145.2+92.2+22.3+87.69=347.39km
경로 4	30.6+120.3+72.7+104.56=328.16km
경로 5	37.4+57.2+31.3+202.53=328.43km

따라서 장과장이 집에서 출장지까지 회사 차로 이동하는 최단거리의 경로는 328.16km인 '경로 4'이다.

62

정답 ②

입원제비용, 수술비를 제외한 입원비용 중 실손보험 병실의료비를 제외하고 실제로 부담하게 되는 금액을 묻고 있으므로, 오직 병실사용비용 중 실질부담금을 도출하면 된다.

건강보험 적용 후 실손보험 적용 전, 김주임이 부담하여야 하는 금액은 병실료는 1인실이므로 비급여 항목이기 때문에 전액 본인이 부담하게 되므로, 8일×160,000원=1,280,000원이 된다.

이 중 실손 보험을 통해 지급받는 8일간의 입원의료비를 도출하면 70,000원+[(160,000원−70,000원)×50%]×8일=920,000원이지만, 1일 10만 원 한도이므로 80만 원이 지급된다.

따라서 김주임이 실제로 부담하는 병실의료비는 1,280,000−800,000=480,000원이다.

63

정답 ②

- 예상수입 : 40,000×50=2,000,000원
- 공연 준비비 : 500,000원
- 공연장 대여비 : 6×200,000×0.9=1,080,000원
- 소품 대여비 : 50,000×3×0.96=144,000원
- 보조진행요원 고용비 : 50,000×4×0.88=176,000원
- 총비용 : 500,000+1,080,000+144,000+176,000=1,900,000원

총비용이 150만 원 이상이므로 공연 준비비에서 10%가 할인되어 50,000원이 할인된다. 따라서 할인이 적용된 비용은 1,900,000−50,000=1,850,000원이다.

64

정답 ②

먼저 W씨와 첫 번째 친구가 선택한 A, C강의의 수강료는 [(50,000원+80,000원)×0.9]×2=234,000원이다.

두 번째 친구의 B강의 수강료는 70,000원이고, 모든 강의를 수강하는 세 번째 친구의 수강료는 (50,000원+70,000원+80,000원)×0.8=160,000원이다. 따라서 네 사람이 결제해야 할 총액은 234,000+70,000+160,000=464,000원이다.

65

정답 ⑤

선택지에 해당되는 교통편의 비용을 계산해 보면 다음과 같다.

① 대형버스 1대 : 500,000원

② 소형버스 1대+렌터카 1대 : 200,000+130,000=330,000원

③ 소형버스 1대+택시 1대 : 200,000+(120,000×2)=440,000원

④ 렌터카 3대 : (80,000×3×0.95)+(50,000×3)=378,000원

⑤ 대중교통 13명 : 13,400×13×2×0.9=313,560원

따라서 다섯 가지 교통편 조합 중 가장 저렴한 방법은 13명 모두 대중교통을 이용하는 것이다.

66

정답 ①

각 교통편을 김대리의 기준에 따라 계산하면 다음과 같다.

• CZ3650 : (2×1,000,000×0.6)+(500,000×0.8)=1,600,000원
• MU2744 : (3×1,000,000×0.6)+(200,000×0.8)=1,960,000원
• G820 : (5×1,000,000×0.6)+(120,000×0.8)=3,096,000원
• Z391 : (7×1,000,000×0.6)+(100,000×0.8=4,280,000원
• D42 : (8×1,000,000×0.6)+(70,000×0.8)=4,856,000원

따라서 김대리가 선택하는 교통편은 CZ3650이다.

67

정답 ③

각 조에서 팀별로 한 번씩 경기를 치러야 하므로 조별 경기 수는 ${}_6C_2=\frac{6\times5}{2\times1}=15$경기이다. 1경기를 치르면 각 팀은 승무패 중 하나의 결과를 얻는다. 그러므로 한 조의 승무패의 합은 15×2=30이 되고, 승과 패의 수는 같아야 한다. 이를 활용하여 경기결과를 도출할 수 있고, 승점을 계산하면 다음과 같다.

1조			2조		
팀	결과	승점	팀	결과	승점
A	1승 4무	1×2+4×1=6점	G	3승 2패	3×2+2×0=6점
B	4승 1무	4×2+1×1=9점	H	2승 2무 1패	2×2+2×1+1×0=6점
C	1무 4패	1×1+4×0=1점	I	2승 1무 2패	2×2+1×1+2×0=5점
D	2무 3패	2×1+3×0=2점	J	3승 1무 1패	3×2+1×1+1×0=7점
E	3승 1무 1패	3×2+1×1+1×0=7점	K	1무 4패	1×1+4×0=1점
F	2승 1무 2패	2×2+1×1+2×0=5점	L	1승 3무 1패	1×2+3×1+1×0=5점

따라서 결승에 진출하는 팀은 1조의 B팀과 2조의 J팀이다.

68

정답 ③

밴쿠버 지사에 메일이 도착한 밴쿠버 현지 시각은 4월 22일 오전 12시 15분이지만, 업무 시간이 아니므로 메일을 읽을 수 없다. 따라서 밴쿠버 지사에서 가장 빠르게 읽을 수 있는 시각은 전력 점검이 끝난 4월 22일 오전 10시 15분이다. 모스크바는 밴쿠버와 10시간의 시차가 있으므로 이때의 모스크바 현지 시각은 4월 22일 오후 8시 15분이다.

69

정답 ①

평가지표 결과와 지표별 가중치를 이용하여 지원자들의 최종 점수를 계산하면 다음과 같다.

• A지원자 : (3×3)+(3×3)+(5×5)+(4×4)+(4×5)+5=84점
• B지원자 : (5×3)+(5×3)+(2×5)+(3×4)+(4×5)+5=77점
• C지원자 : (5×3)+(3×3)+(3×5)+(3×4)+(5×5)=76점
• D지원자 : (4×3)+(3×3)+(3×5)+(5×4)+(4×5)+5=81점
• E지원자 : (4×3)+(4×3)+(2×5)+(5×4)+(5×5)=79점

따라서 K공단에서 올해 채용할 지원자는 A, D지원자이다.

70

정답 ③

먼저 참가가능 종목이 2개인 사람부터 종목을 확정한다. D는 훌라후프와 줄다리기, E는 계주와 줄다리기, F는 줄넘기와 줄다리기, G는 줄다리기와 2인 3각, J는 계주와 줄넘기이다. 여기에서 E와 J는 계주 참가가 확정되고, 참가 인원이 1명인 훌라후프 참가자가 D로 확정되었으므로 나머지는 훌라후프에 참가할 수 없다. 그러므로 C는 계주와 줄넘기에 참가한다. 다음으로 종목별 참가가능 인원이 지점별 참가 인원과 동일한 경우 참가를 확정시키면, 줄다리기와 2인 3각 참여 인원이 확정된다. A는 줄다리기와 2인 3각에 참가하고, B·H·I 중 한 명이 계주에 참가하게 되며 나머지 2명이 줄다리기에 참가한다. 따라서 계주에 꼭 출전해야 하는 직원은 C, E, J이다.

02 직무기초지식

71

정답 ④

ㄷ. 공증은 확인·통지·수리와 함께 준법률행위적 행정행위에 속한다.
ㄹ. 공법상 계약은 비권력적 공법행위이다.

72

정답 ④

근로복지공단은 보험료율이 인상 또는 인하된 때에는 월별보험료 및 개산보험료를 증액 또는 감액 조정하고, 월별보험료가 증액된 때에는 국민건강보험공단이, 개산보험료가 증액된 때에는 근로복지공단이 각각 징수한다. 이 경우 사업주에 대한 통지, 납부기한 등 필요한 사항은 대통령령으로 정한다(고용보험 및 산업재해보상보험의 보험료징수 등에 관한 법률 제18조 제1항).

오답분석

①·② 고용보험 및 산업재해보상보험의 보험료징수 등에 관한 법률 제16조의2 제1항
⑤ 고용보험 및 산업재해보상보험의 보험료징수 등에 관한 법률 제30조

73

정답 ⑤

국민건강보험법 시행령 제9조 제1호에 의하면 1개월 동안의 소정(所定)근로시간이 60시간 미만인 단시간근로자가 직장가입자에서 제외된다.

오답분석

① 국민건강보험법 제6조 제2항 제1호
② 국민건강보험법 제5조 제1항
③·④ 국민건강보험법 시행령 제9조

74

정답 ①

형법은 국가형벌권의 발동한계를 명확히 하여 국가형벌권의 자의적인 행사로부터 국민의 자유와 권리를 보장하는 기능을 한다.

형법의 기능

보장적 기능	국가형벌권의 발동한계를 명확히 하여 국가형벌권의 자의적인 행사로부터 국민의 자유와 권리를 보장하는 기능을 한다.
보호적 기능	사회질서의 근본적 가치, 즉 법익과 사회윤리적 행위가치를 보호하는 형법의 기능을 말한다.
규제적 기능	행위규범 내지 재판규범으로서 일반국민과 사법 관계자들을 규제하는 기능을 한다.
사회보전적 기능	형벌수단을 통하여 범죄행위를 방지함으로써 범죄자로부터 사회질서를 유지·보호하는 기능을 한다.

75

정답 ④

헌법 제75조, 제95조, 제114조에 법규명령의 근거가 대통령령, 총리령, 부령, 중앙선관위원회규칙으로 명시되어 있다. 감사원규칙은 헌법에 명시된 규정이 없으나 감사원법에 근거한 법규명령으로 보는 것이 다수설의 입장이다.

76

정답 ③

소송능력은 소송의 당사자로서 유효하게 각종 소송행위를 할 수 있는 능력을 말한다. 이러한 능력이 없는 자를 소송무능력자라고 하는데, 미성년자, 피한정후견인, 피성년후견인이 이에 해당한다.

오답분석

① 행위능력 : 민법상 단독으로 유효하게 각종 법률행위를 할 수 있는 능력이다.
② 권리능력 : 민법상 권리의 주체가 될 수 있는 능력이다.
④ 당사자능력 : 당사자가 될 수 있는 일반적 · 추상적 능력(소송법상 권리능력)이다.
⑤ 등기능력 : 등기법의 규정에 의하여 등기할 수 있는 능력이다.

77

정답 ④

합리적 · 총체적 관점에서 의사결정이 가능하다는 것은 합리주의에 대한 설명이다.

오답분석

①·⑤ 점증주의는 타협의 과정을 통해 정치적 합리성을 예산결정에서 고려한다는 특징이 있다.
②·③ 제한된 대안을 탐색하고 소폭의 변화를 가져오기 때문에 분석비용이 절감되고 예산결정이 간결하다.

78

정답 ①

공식화의 수준이 높을수록 구성원들의 재량은 줄어들게 된다. 공식화의 수준이 높다는 것은 곧 하나의 직무를 수행할 때 지켜야 할 규칙이 늘어난다는 것을 의미하므로, 지나친 표준화는 구성원들의 재량권을 감소시키고 창의력을 저해하게 된다.

79

정답 ②

국무조정실의 통제는 행정부 내부의 공식적 통제방식이다. 그리고 직무감찰 기능은 감사원에서 수행한다.

행정통제의 유형

<table>
<tr><th>구분</th><th>공식성</th><th>통제 유형</th><th>내용</th></tr>
<tr><td rowspan="5">외부 통제</td><td rowspan="4">공식</td><td>입법 통제</td><td>법률, 외교에 대한 통제, 예산심의, 국정감사, 국정조사</td></tr>
<tr><td>사법 통제</td><td>사후적 · 소극적 구제, 행정소송, 헌법소원 등</td></tr>
<tr><td>선거관리위원회</td><td>선거에 관한 사무</td></tr>
<tr><td>옴부즈만</td><td>민원구제, 특별행정감찰관</td></tr>
<tr><td>비공식</td><td>국민 통제</td><td>선거, 여론, 시민참여, 이익집단</td></tr>
<tr><td rowspan="2">내부 통제</td><td>공식</td><td colspan="2">행정수반에 의한 통제(임명권, 행정입법, 개혁, 리더십), 정책 · 기획에 의한 통제, 감사원의 감사, 정부조직법에 의한 통제, 계층제적 통제</td></tr>
<tr><td>비공식</td><td colspan="2">행정윤리, 대표관료제, 노조, 내부고발자보호제, 행정문화</td></tr>
</table>

80

정답 ②

구조적 요인의 개편이란 조직 합병, 인사교류 등을 말하는 것으로, 이는 갈등해소 방안이다.

오답분석

③ 행태론적 갈등론은 갈등의 순기능론으로서 갈등을 불가피하거나 정상적인 현상으로 보고, 문제해결과 조직발전의 계기로 보는 적극적 입장이다.

81

정답 ⑤

지방공사란 자본금을 주식으로 분할하여 그 2분의 1 이상을 자치단체가 출자한 법인체를 말한다. 다만, 필요한 경우에는 자본금의 2분의 1을 넘지 아니하는 범위에서 지방자치단체 외의 자로 하여금 공사에 출자하게 할 수 있다(지방공기업법 제53조 제2항).

지방공사에 대한 출자(지방공기업법 제53조)

① 지방공사의 자본금은 그 전액을 지방자치단체가 현금 또는 현물로 출자한다.

② 제1항에도 불구하고 공사의 운영을 위하여 필요한 경우에는 자본금의 2분의 1을 넘지 아니하는 범위에서 지방자치단체 외의 자(외국인 및 외국법인을 포함한다)로 하여금 공사에 출자하게 할 수 있다. 증자의 경우에도 또한 같다.

82

정답 ①

성과규제에 대한 설명이다. 관리규제는 수단과 성과가 아닌 과정을 규제하는 것이다.

규제의 유형

구분	내용
성과규제	정부가 사회 문제 해결을 위해서 피규제자에게 목표를 정해주고 이를 달성할 것을 요구하는 규제
수단규제	정부가 사전적으로 목표달성을 위한 기술 등의 수단을 규제
관리규제	수단이나 성과가 아닌 과정을 규제

83

정답 ③

채찍효과란 고객의 수요가 상부단계 방향으로 전달될수록 단계별 수요의 변동성이 증가하는 현상으로, 발생원인으로는 자사 주문량에 근거하는 예측, 일괄주문처리, 가격 변동, 결품 예방 경쟁 등이 있다. 전자 자료 교환(EDI)의 시행은 리드타임을 단축시킴으로써 채찍효과를 제거할 수 있는 방안에 해당한다.

84

정답 ②

마케팅의 미시적 환경과 거시적 환경

- 미시적 환경 : 기업 자신의 핵심역량, 원료공급자, 마케팅 중간상, 고객, 경쟁기업, 공중 및 이해관계자 등
- 거시적 환경 : 인구통계적 환경, 경제적 환경, 자연적 환경, 기술적 환경, 정치적 환경, 문화적 환경 등

85

정답 ①

스캔론 플랜은 보너스 산정방식에 따라 3가지로 분류된다. 단일비율 스캔론 플랜은 노동비용과 제품생산액의 산출 과정에서 제품의 종류와 관계없이 전체 공장의 실적을 보너스 산출에 반영한다. 또한 분할비율 스캔론 플랜은 노동비용과 제품생산액을 산출할 때 각 제품별로 가중치를 둔다. 그리고 다중비용 스캔론 플랜은 노동비용뿐만 아니라 재료비와 간접비의 합을 제품생산액으로 나눈 수치를 기본비율로 사용한다. 이러한 모든 공식에는 재료 및 에너지 등을 포함하여 계산한다.

오답분석

② 럭커 플랜(Rucker Plan) : 럭커(Rucker)는 스캔론 플랜에서의 보너스 산정 비율은 생산액에 있어서 재료 및 에너지 등 경기 변동에 민감한 요소가 포함되어 있어, 종업원의 노동과 관계없는 경기 변동에 따라 비효율적인 수치 변화가 발생할 수 있는 문제점이 있다고 제시하면서, 노동비용을 판매액에서 재료 및 에너지, 간접비용을 제외한 부가가치로 나누는 것을 공식으로 하였다.

③ 임프로쉐어 플랜(Improshare Plan) : 회계처리 방식이 아닌 산업공학의 기법을 사용하여 생산단위당 표준노동시간을 기준으로 노동생산성 및 비용 등을 산정하여 조직의 효율성을 보다 직접적으로 측정, 집단성과급제들 중 가장 효율성을 추구한다.

④ · ⑤ 커스토마이즈드 플랜(Customized Plan) : 집단성과배분제도를 각 기업의 환경과 상황에 맞게 수정하여 사용하는 방식이다. 커스토마이즈드 플랜은 성과측정의 기준으로서 노동비용이나 생산비용, 생산 이외에도 품질 향상, 소비자 만족도 등 각 기업이 중요성을 부여하는 부분에 초점을 둔 새로운 지표를 사용한다. 성과를 측정하는 항목으로 제품의 품질, 납기준수실적, 생산비용의 절감, 산업 안전 등 여러 요소를 정하고, 분기별로 각 사업부서의 성과를 측정하고 성과가 목표를 초과하는 경우에 그 부서의 모든 사원들이 보너스를 지급받는 제도이다.

86

정답 ③

제시문은 영업권에 대한 설명이다. 내부적으로 창출한 영업권은 자산으로 인식하지 않는다.

87

정답 ②

오답분석

① 데이터 웨어하우스(Data Warehouse) : 사용자의 의사결정을 돕기 위해 다양한 운영 시스템에서 추출 · 변환 · 통합되고 요약된 데이터베이스를 말한다. 크게 원시 데이터 계층, 데이터 웨어하우스 계층, 클라이언트 계층으로 나뉘며 데이터의 추출 · 저장 · 조회 등의 활동을 한다. 데이터 웨어하우스는 고객과 제품, 회계와 같은 주제를 중심으로 데이터를 구축하며 여기에 저장된 모든 데이터는 일관성을 유지해 데이터 호환이나 이식에 문제가 없다. 또한 특정 시점에 데이터를 정확하게 유지하면서 동시에 장기적으로 유지될 수도 있다.

③ 데이터 마트(Data Mart) : 운영데이터나 기타 다른 방법으로 수집된 데이터 저장소로서, 특정 그룹의 지식 노동자들을 지원하기 위해 설계된 것이다. 따라서 데이터 마트는 특별한 목적을 위해 접근의 용이성과 유용성을 강조해 만들어진 작은 데이터 저장소라고 할 수 있다.

④ 데이터 정제(Data Cleansing) : 데이터베이스의 불완전 데이터에 대한 검출 · 이동 · 정정 등의 작업을 말한다. 여기에는 특정 데이터베이스의 데이터 정화뿐만 아니라 다른 데이터베이스로부터 유입된 이종 데이터에 대한 일관성을 부여하는 역할도 한다.

⑤ 데이터 스크러빙(Data Scrubbing) : 잘못된 데이터를 수정하거나 완료되지 않은 스토리지 풀의 데이터를 수정 및 복구하는 데이터 유지 관리 기능이다.

88

정답 ②

프로그램의 최고 단계 훈련을 마치고, 프로젝트 팀 지도를 전담하는 직원은 블랙벨트이다. 마스터블랙벨트는 식스 시그마 최고과정에 이른 사람으로 블랙벨트가 수행하는 프로젝트를 전문적으로 관리한다.

89

정답 ①

ⓐ · ⓑ 외국인의 국내 부동산 구입 증가와 국내 기준금리 인상은 자본유입이 발생하므로, 외환의 공급이 증가하여 환율이 하락한다(원화가치 상승).

오답분석

ⓒ · ⓓ 미국의 이자율이 상승하면서 자본유출이 발생하므로, 외환의 수요가 증가하여 환율이 상승한다(원화가치 하락).

90

정답 ④

기본적으로 통화량이 증가할 때 정부에서는 각종 출구전략을 통해 이자율을 상승시킨다.
통화량이 증가하면 채권수요가 증가하고, 이자율이 하락하기에 소비자의 구매욕구를 촉진시키거나 단위당 기대수익률이 높은 사업을 제시하여 투자를 활성화하며 향후 인플레이션 발생을 경고해서 구매력에 영향을 줄 수도 있다. 또한 대중들의 인지도가 높은 기업의 채권회수율의 하락을 공시하여 자연스럽게 이자율을 상승시킨다. 하지만 경제성장률과 물가상승률의 하락은 이자율을 낮춰 투자를 활성화해야 하는 상황이기에 시중에 통화량을 증가시키는 방안이다.

91

정답 ③

유량변수란 일정기간을 명시해야 측정할 수 있는 변수를 말하며 수요량, 공급량, 국민소득, 국제수지, 수출, 수입, 소비, 투자 등이 이에 해당한다.

저량변수란 일정시점에서 측정할 수 있는 변수를 말하며 통화량, 노동량, 자본량, 국부, 외채, 외환보유고 등이 이에 해당한다.

92

정답 ④

특허료 수취는 서비스수지(경상수지)를 개선하는 사례이다.

오답분석

① · ③ 투자수지(자본수지) 개선에 대한 사례이다.
② 서비스수지(경상수지) 악화에 대한 사례이다.
⑤ 소득수지(경상수지) 악화의 요인이다.

93

정답 ④

학습효과(R&D)모형은 의도적인 교육투자가 아니라 통상적인 생산과정에서 나타나는 학습효과의 중요성을 강조하는 모형으로, 의도적인 교육투자를 강조하는 모형은 인적자본모형이다.

94

정답 ①

롤스에 따르면 사회후생함수는 사회구성원 중 가난한 계층의 후생수준에 의해 결정된다. 즉, 사회후생함수 중 최빈자의 후생을 가장 중요하게 생각한다.

95

정답 ③

총급여액 등이 1,800만 원일 때, 근로장려금은 140만 원이다.

총급여액 등이 '1,200만 원 이상 3,200만 원 미만'의 범위에 해당하므로, (근로장려금)=200만 원−(1,800만 원−1,200만 원)×10/100=200만 원−60만 원=140만 원이다.

96

정답 ④

사회복지정책은 사회연대의식에 기초하여 사회적 평등을 실현하며, 사회적 적절성을 확보하는 것을 원칙으로 한다.

사회복지정책의 일반적인 기능

- 사회통합과 정치적 안정
- 사회문제 해결과 사회적 욕구 충족
- 개인의 자립 및 성장, 잠재능력 향상을 통한 재생산의 보장
- 기회의 재분배를 통한 사회구성원의 사회화
- 소득재분배와 최저생활 확보

97

정답 ②

권력자원이론(사회민주주의이론)은 사회복지정책의 발달에 있어서 정치적인 면을 중요하게 여기며, 사회복지정책의 발달을 노동자계급 혹은 노동조합의 정치적 세력의 확대 결과로 본다.

오답분석

① 산업화이론(수렴이론) : 산업화가 촉발시킨 사회문제에 대한 대응으로 사회복지제도가 확대된다고 주장한다.
③ 확산이론(전파이론) : 사회복지정책의 발달이 국가 간 교류 및 소통의 과정에서 이루어진다고 본다.
④ 사회양심이론 : 사회구성원들의 집단양심을 사회복지의 변수로 보면서, 사회복지를 이타주의가 제도화된 것으로 간주한다.
⑤ 국가중심이론 : 적극적 행위자로서 국가를 강조하고 사회복지정책의 발전을 국가 관료제의 영향으로 설명한다.

98

정답 ⑤

생태체계이론은 인간과 사회환경 사이의 관계를 이해하는 준거틀을 제시한다. 기존의 사회복지가 '환경 속의 인간'에 관심을 가져왔음에도 불구하고 개인, 가족, 집단을 중심으로 한 직접적인 실천에 초점을 맞추었다면, 생태체계이론은 보다 폭넓은 관점에서 인간과 사회환경, 문화와의 상호관계에도 관심을 기울인다.

99

정답 ②

이상행동 및 정신장애의 진단분류체계로 널리 사용되고 있는 것으로 미국 정신의학협회(APA)에서 발간하는 『정신질환 진단 및 통계편람(DSM)』과 세계보건기구(WHO에서 발간하는 『국제질병분류(ICD; International Classification of Diseases)』가 있다.

100

정답 ④

사회복지시설은 이용 대상에 따라 노인복지시설, 아동복지시설, 장애인복지시설 등으로, 이용 방법에 따라 생활시설과 이용시설로 분류된다. 생활시설은 가정 내에서 욕구가 충족될 수 없는 사람들을 대상으로 주거와 함께 돌봄 서비스를 제공하는 시설이다. 반면 이용시설은 사회복지 대상자가 본인의 집, 또는 시설에 거주하면서 통원하는 방법으로 다양한 서비스를 이용할 수 있도록 한다. 노인보호전문기관은 이용시설에 속한다.

사람이 여행을 하는 것은 도착하기 위해서가 아니라 여행하기 위해서이다.

– 괴테 –

근로복지공단 필기시험 답안카드

성 명

지원 분야

문제지 형별기재란	
(　　　)형	Ⓐ Ⓑ

수 험 번 호						
⓪	⓪	⓪	⓪	⓪	⓪	⓪
①	①	①	①	①	①	①
②	②	②	②	②	②	②
③	③	③	③	③	③	③
④	④	④	④	④	④	④
⑤	⑤	⑤	⑤	⑤	⑤	⑤
⑥	⑥	⑥	⑥	⑥	⑥	⑥
⑦	⑦	⑦	⑦	⑦	⑦	⑦
⑧	⑧	⑧	⑧	⑧	⑧	⑧
⑨	⑨	⑨	⑨	⑨	⑨	⑨

감독위원 확인
인

1	① ② ③ ④ ⑤	21	① ② ③ ④ ⑤	41	① ② ③ ④ ⑤	61	① ② ③ ④ ⑤	81	① ② ③ ④ ⑤
2	① ② ③ ④ ⑤	22	① ② ③ ④ ⑤	42	① ② ③ ④ ⑤	62	① ② ③ ④ ⑤	82	① ② ③ ④ ⑤
3	① ② ③ ④ ⑤	23	① ② ③ ④ ⑤	43	① ② ③ ④ ⑤	63	① ② ③ ④ ⑤	83	① ② ③ ④ ⑤
4	① ② ③ ④ ⑤	24	① ② ③ ④ ⑤	44	① ② ③ ④ ⑤	64	① ② ③ ④ ⑤	84	① ② ③ ④ ⑤
5	① ② ③ ④ ⑤	25	① ② ③ ④ ⑤	45	① ② ③ ④ ⑤	65	① ② ③ ④ ⑤	85	① ② ③ ④ ⑤
6	① ② ③ ④ ⑤	26	① ② ③ ④ ⑤	46	① ② ③ ④ ⑤	66	① ② ③ ④ ⑤	86	① ② ③ ④ ⑤
7	① ② ③ ④ ⑤	27	① ② ③ ④ ⑤	47	① ② ③ ④ ⑤	67	① ② ③ ④ ⑤	87	① ② ③ ④ ⑤
8	① ② ③ ④ ⑤	28	① ② ③ ④ ⑤	48	① ② ③ ④ ⑤	68	① ② ③ ④ ⑤	88	① ② ③ ④ ⑤
9	① ② ③ ④ ⑤	29	① ② ③ ④ ⑤	49	① ② ③ ④ ⑤	69	① ② ③ ④ ⑤	89	① ② ③ ④ ⑤
10	① ② ③ ④ ⑤	30	① ② ③ ④ ⑤	50	① ② ③ ④ ⑤	70	① ② ③ ④ ⑤	90	① ② ③ ④ ⑤
11	① ② ③ ④ ⑤	31	① ② ③ ④ ⑤	51	① ② ③ ④ ⑤	71	① ② ③ ④ ⑤	91	① ② ③ ④ ⑤
12	① ② ③ ④ ⑤	32	① ② ③ ④ ⑤	52	① ② ③ ④ ⑤	72	① ② ③ ④ ⑤	92	① ② ③ ④ ⑤
13	① ② ③ ④ ⑤	33	① ② ③ ④ ⑤	53	① ② ③ ④ ⑤	73	① ② ③ ④ ⑤	93	① ② ③ ④ ⑤
14	① ② ③ ④ ⑤	34	① ② ③ ④ ⑤	54	① ② ③ ④ ⑤	74	① ② ③ ④ ⑤	94	① ② ③ ④ ⑤
15	① ② ③ ④ ⑤	35	① ② ③ ④ ⑤	55	① ② ③ ④ ⑤	75	① ② ③ ④ ⑤	95	① ② ③ ④ ⑤
16	① ② ③ ④ ⑤	36	① ② ③ ④ ⑤	56	① ② ③ ④ ⑤	76	① ② ③ ④ ⑤	96	① ② ③ ④ ⑤
17	① ② ③ ④ ⑤	37	① ② ③ ④ ⑤	57	① ② ③ ④ ⑤	77	① ② ③ ④ ⑤	97	① ② ③ ④ ⑤
18	① ② ③ ④ ⑤	38	① ② ③ ④ ⑤	58	① ② ③ ④ ⑤	78	① ② ③ ④ ⑤	98	① ② ③ ④ ⑤
19	① ② ③ ④ ⑤	39	① ② ③ ④ ⑤	59	① ② ③ ④ ⑤	79	① ② ③ ④ ⑤	99	① ② ③ ④ ⑤
20	① ② ③ ④ ⑤	40	① ② ③ ④ ⑤	60	① ② ③ ④ ⑤	80	① ② ③ ④ ⑤	100	① ② ③ ④ ⑤

※ 본 답안지는 마킹연습용 모의 답안지입니다.

〈절취선〉

근로복지공단 필기시험 답안카드

성 명

지원 분야

문제지 형별기재란	
(　　　)형	Ⓐ Ⓑ

수 험 번 호						
⓪	⓪	⓪	⓪	⓪	⓪	⓪
①	①	①	①	①	①	①
②	②	②	②	②	②	②
③	③	③	③	③	③	③
④	④	④	④	④	④	④
⑤	⑤	⑤	⑤	⑤	⑤	⑤
⑥	⑥	⑥	⑥	⑥	⑥	⑥
⑦	⑦	⑦	⑦	⑦	⑦	⑦
⑧	⑧	⑧	⑧	⑧	⑧	⑧
⑨	⑨	⑨	⑨	⑨	⑨	⑨

감독위원 확인
인

1	① ② ③ ④ ⑤	21	① ② ③ ④ ⑤	41	① ② ③ ④ ⑤	61	① ② ③ ④ ⑤	81	① ② ③ ④ ⑤
2	① ② ③ ④ ⑤	22	① ② ③ ④ ⑤	42	① ② ③ ④ ⑤	62	① ② ③ ④ ⑤	82	① ② ③ ④ ⑤
3	① ② ③ ④ ⑤	23	① ② ③ ④ ⑤	43	① ② ③ ④ ⑤	63	① ② ③ ④ ⑤	83	① ② ③ ④ ⑤
4	① ② ③ ④ ⑤	24	① ② ③ ④ ⑤	44	① ② ③ ④ ⑤	64	① ② ③ ④ ⑤	84	① ② ③ ④ ⑤
5	① ② ③ ④ ⑤	25	① ② ③ ④ ⑤	45	① ② ③ ④ ⑤	65	① ② ③ ④ ⑤	85	① ② ③ ④ ⑤
6	① ② ③ ④ ⑤	26	① ② ③ ④ ⑤	46	① ② ③ ④ ⑤	66	① ② ③ ④ ⑤	86	① ② ③ ④ ⑤
7	① ② ③ ④ ⑤	27	① ② ③ ④ ⑤	47	① ② ③ ④ ⑤	67	① ② ③ ④ ⑤	87	① ② ③ ④ ⑤
8	① ② ③ ④ ⑤	28	① ② ③ ④ ⑤	48	① ② ③ ④ ⑤	68	① ② ③ ④ ⑤	88	① ② ③ ④ ⑤
9	① ② ③ ④ ⑤	29	① ② ③ ④ ⑤	49	① ② ③ ④ ⑤	69	① ② ③ ④ ⑤	89	① ② ③ ④ ⑤
10	① ② ③ ④ ⑤	30	① ② ③ ④ ⑤	50	① ② ③ ④ ⑤	70	① ② ③ ④ ⑤	90	① ② ③ ④ ⑤
11	① ② ③ ④ ⑤	31	① ② ③ ④ ⑤	51	① ② ③ ④ ⑤	71	① ② ③ ④ ⑤	91	① ② ③ ④ ⑤
12	① ② ③ ④ ⑤	32	① ② ③ ④ ⑤	52	① ② ③ ④ ⑤	72	① ② ③ ④ ⑤	92	① ② ③ ④ ⑤
13	① ② ③ ④ ⑤	33	① ② ③ ④ ⑤	53	① ② ③ ④ ⑤	73	① ② ③ ④ ⑤	93	① ② ③ ④ ⑤
14	① ② ③ ④ ⑤	34	① ② ③ ④ ⑤	54	① ② ③ ④ ⑤	74	① ② ③ ④ ⑤	94	① ② ③ ④ ⑤
15	① ② ③ ④ ⑤	35	① ② ③ ④ ⑤	55	① ② ③ ④ ⑤	75	① ② ③ ④ ⑤	95	① ② ③ ④ ⑤
16	① ② ③ ④ ⑤	36	① ② ③ ④ ⑤	56	① ② ③ ④ ⑤	76	① ② ③ ④ ⑤	96	① ② ③ ④ ⑤
17	① ② ③ ④ ⑤	37	① ② ③ ④ ⑤	57	① ② ③ ④ ⑤	77	① ② ③ ④ ⑤	97	① ② ③ ④ ⑤
18	① ② ③ ④ ⑤	38	① ② ③ ④ ⑤	58	① ② ③ ④ ⑤	78	① ② ③ ④ ⑤	98	① ② ③ ④ ⑤
19	① ② ③ ④ ⑤	39	① ② ③ ④ ⑤	59	① ② ③ ④ ⑤	79	① ② ③ ④ ⑤	99	① ② ③ ④ ⑤
20	① ② ③ ④ ⑤	40	① ② ③ ④ ⑤	60	① ② ③ ④ ⑤	80	① ② ③ ④ ⑤	100	① ② ③ ④ ⑤

※ 본 답안지는 마킹연습용 모의 답안지입니다.

2024 최신판 SD에듀 All-New 근로복지공단
NCS + 전공 + 최종점검 모의고사 5회 + 무료NCS특강

개정14판1쇄 발행	2024년 01월 30일 (인쇄 2023년 11월 17일)
초 판 발 행	2012년 12월 05일 (인쇄 2012년 11월 14일)
발 행 인	박영일
책 임 편 집	이해욱
편 저	SDC(Sidae Data Center)
편 집 진 행	김재희 · 강승혜
표지디자인	조혜령
편집디자인	김보미 · 곽은슬
발 행 처	(주)시대고시기획
출 판 등 록	제10-1521호
주 소	서울시 마포구 큰우물로 75 [도화동 538 성지 B/D] 9F
전 화	1600-3600
팩 스	02-701-8823
홈 페 이 지	www.sdedu.co.kr

I S B N	979-11-383-4709-9 (13320)
정 가	25,000원